K-도시의 미래를 새롭게 상상하다
다시 뛰는 포항, 함께 크는 지역

Reimagining the Future of K-Cities

도서출판 윤성사 219

K-도시의 미래를 새롭게 상상하다
다시 뛰는 포항, 함께 크는 지역

제1판 제1쇄	2025년 7월 16일
지 은 이	한국정책학회
	노승용·경국현·고영석·김수현·김시은·김응수·김중연·남윤우·박정원·박형준
	오승은·이성윤·이양희·이재철·이종섭·이지영·전희정·최익순·황은진
펴 낸 이	정재훈
꾸 민 이	안미숙
펴 낸 곳	도서출판 윤성사
주　　소	서울특별시 서대문구 서소문로 27, 충정리시온 제지층 제비116호
전　　화	대표번호_02)313-3814 / 영업부_02)313-3813 / 팩스_02)313-3812
전자우편	yspublish@daum.net
등　　록	2017. 1. 23

ISBN 979-11-93058-22-0 (93350)

값 33,000원

ⓒ 한국정책학회, 2025

지은이와의 협의에 따라 인지를 생략합니다.

이 책의 전부 또는 일부 내용을 재사용하려면 반드시 사전에 저작권자와
도서출판 윤성사의 동의를 받아야 합니다.

잘못 만들어진 책은 구입하신 서점에서 교환 가능합니다.

Reimagining the Future of K-Cities

K-도시의 미래를 새롭게 상상하다

다시 뛰는 포항, 함께 크는 지역

한국정책학회

노승용·경국현·고영석·김수현·김시은
김응수·김중연·남윤우·박정원·박형준
오승은·이성윤·이양희·이재철·이종섭
이지영·전희정·최익순·황은진

머리말

지역소멸의 위기 속에서 K-도시의 미래를 그리며

한국 사회는 지금, 전례 없는 인구 구조의 변화와 수도권으로의 집중, 지방의 고령화라는 삼중고에 직면해 있다. 이로 인한 지역소멸은 단지 몇몇 농산어촌의 문제가 아니라, 국가 전체의 지속가능성을 위협하는 구조적 위기다. 이 책은 바로 이 절박한 물음에서 출발했다. "도시와 지역은 다시 살아날 수 있는가?" 우리는 이 물음에 답하고자, 도시의 본질과 진화를 깊이 있게 탐색하고, 지역기반의 혁신 전략을 구체적으로 모색해 보고자 했다.

책은 크게 세 부분으로 구성되어 있다. 제1부는 도시와 지역이 직면한 도전과 그 이론적 맥락을 정리하고, 미래 도시의 방향으로 친환경 도시와 AI 도시를 제안한다. 이어지는 제2부는 포항이라는 구체적인 도시를 중심으로 도시 전환의 전략을 실증적으로 분석하며, 제3부에서는 각 지역에 뿌리내린 공공기관들의 사례를 통해 지역과 함께 호흡하며 상생을 실천하는 도시의 가능성을 보여준다. 이처럼 이 책은 도시 변화의 이론과 실제, 그리고 공공의 역할이라는 세 축을 통해 K-도시의 미래를 입체적으로 조망하고자 했다.

제1부에서는 먼저 인구 구조의 변화, 도시 공간의 재편, 산업 쇠퇴와 사회적 자본의 약화를 중심으로 도시가 맞이한 복합적 위기를 조망한다. 동심원이론, 도시축소이론, 사회적 자본론 등 다양한 이론적 프레임을 통해 오늘날 도시를 해석하고, 미래의 방향으로 '친환경 도시'와 'AI 도시'라는 두 모델을 제시하였다. 도시는 더 이상 물리적 공간의 단순한 재배치로 설명될 수 없으며, 삶의 방식과 공동체, 기술과 윤리가 교차하는 복합적 생태계로 이해되어야 한다는 점을 강조한다. 특히 도시의 지속가능성은 단순한 자원 관리가 아닌 인간 중심의 전환적 상상력에서 비롯되어야 한다.

제2부는 포항을 중심으로 한 사례 분석이다. 포항은 철강산업으로 급성장한 산업도시이지만, 현재는 인구 감소와 산업 쇠퇴, 도심 공동화라는 새로운 도전에 직면해 있다. 이 책은 포항의 어제와 오늘을 돌아보며, 피츠버그와 디트로이트 등 해외 도시의 전환 사례에서 얻은 통찰을 바탕으로, 포항의 미래를 설계하기 위한 전략적 방향을 제시한다. 창조도시로의 전환, 과학기술 기반 신산업 육성, 정체된 지역의 재구조화는 포항이라는 도시가 '철의 도시'에서 '미래

K-CITY
K-도시의 미래를 새롭게 상상하다
다시 뛰는 포항, 함께 크는 지역

의 도시'로 재도약하기 위한 핵심 축이다. 특히 지곡지구는 물리적 재개발을 넘어 도시정책의 새로운 실험장으로서, 공간 혁신과 공동체 회복, 인재 정착의 거점으로 주목된다.

제3부는 대한민국 곳곳에 위치한 공공기관들의 상생 모델을 소개한다. 각 지역에 자리 잡은 공공기관은 단순한 지방 이전을 넘어 지역공동체와의 상생을 실현한 대표적 사례들이다. 각 기관은 고유의 역할을 기반으로 청년 일자리 창출, 지역 기반 사회공헌, 에너지 전환, 안전 교육, 주민 참여형 거버넌스 등 다각도의 전략을 펼쳐 지역소멸 극복의 새로운 가능성을 열고 있다. 공공기관이 지역의 미래를 설계하는 주체로 작동할 수 있음을 보여주는 이들 사례는, 공공성과 지속가능성, 지역성과 혁신성을 통합하는 새로운 모델을 제시한다.

이 책은 단지 문제를 지적하는 데 그치지 않는다. 도시의 생명력을 회복하고, 지역이 다시 숨쉬도록 하기 위한 구체적 해법과 실천 전략을 모색한다. 이 과정에서 여러 연구자와 실무자들이 헌신적으로 참여해 주셨고, 각자의 현장에서 체득한 지식과 고민, 희망을 하나로 모아주셨다. 이 자리를 빌려 진심으로 감사드린다. 특히 새벽 6시 반에도 카카오톡으로 응원의 메시지를 전해주신 도서출판 윤성사 정재훈 대표님의 열정에 깊이 감사드린다.

이 책에는 여전히 채워야 할 빈틈이 있고, 더 깊이 다루어야 할 주제들도 남아 있다. 이는 전적으로 대표 저자의 부족함이며, 동시에 앞으로 더 정진해야 할 이유이기도 하다. 참여해 주신 모든 분들의 뛰어난 기여에 비해 대표 저자가 충분히 살려내지 못한 부분이 있다면, 그 또한 대표 저자의 책임이다.

부디 이 책이, 지역소멸이라는 시대적 위기를 함께 넘어서는 데 작은 디딤돌이 되기를, 그리고 대한민국 도시의 미래를 함께 그려나가는 데 한 줄기 실마리가 되기를 간절히 바란다.

2025년 7월
저자들을 대표하여
노승용

추천사

오늘날 대한민국은 그 어느 때보다 심각한 구조적 위기에 직면해 있습니다. 지역소멸과 수도권 집중, 고령화와 인구감소, 지역산업의 붕괴와 지방재정의 위기는 결코 지역 내부만의 문제가 아닙니다. 이는 대한민국 전체의 지속가능성과 직결된 국가적 과제이며, 더 이상 미룰 수 없는 시대적 요청입니다. 지방이 사라지는 사회는 결코 건강할 수 없으며, 지속가능한 국가는 균형 잡힌 지역의 성장 속에서만 비로소 완성될 수 있습니다.

이처럼 중대한 도전에 맞서기 위해 우리는 과감한 상상력과 더불어 혁신적이고 실천 가능한 전략을 필요로 합니다. 그런 점에서 『K-도시의 미래를 새롭게 상상하다』는 매우 시의적절하고 의미 있는 책이라 할 수 있습니다. 이 책은 단순한 도시개발 보고서를 넘어, 사람·기술·문화·생태가 공존하는 새로운 도시의 삶의 방식에 대한 깊은 통찰과 실질적 제안을 담고 있습니다.

특히 포항을 중심으로 펼쳐지는 이 책의 이야기는 특정 지역에 국한된 정책 사례가 아니라, 전국의 모든 지역에 적용 가능한 K-도시 전략의 전형을 보여줍니다. 지곡지구, 블루밸리, 포스텍, 포항테크노파크, 지역 공공기관들이 함께 만들어가는 혁신 생태계는 단순한 인프라 확장을 넘어 "다시 뛰는 지역, 함께 크는 도시"라는 비전을 구체화하는 실험장이자 현실적 대안입니다. 산업, 교육, 복지, 문화, 주거가 통합된 도시모델을 설계하는 일은 지방을 다시 살리는 일이며, 포항은 앞으로 대한민국 도시 정책의 미래를 설계하는 핵심 축이 될 것입니다.

이 책이 더욱 인상적인 이유는 도시의 미래를 논하면서도 '사람 중심'이라는 가치를 끝까지 놓치지 않는 데 있습니다. 인구가 줄어드는 시대에 어떤 방식으로 공동체를 회복할지, 어떤 도시가 고령자와 청년 모두에게 살고 싶은 공간이 될지를 치열하게 고민합니다. 빠른 기술 변화 속에서도 인간다움을 지키며 삶의 질을 높이는 도시를 지향하는 철학은 우리 사회 전체가 함께 공유해야 할 중요한 가치입니다.

K-CITY
K-도시의 미래를 새롭게 상상하다
다시 뛰는 포항, 함께 크는 지역

국회 행정안전위원회는 지방자치 강화와 지역균형발전, 시민의 안전과 삶의 질 향상이라는 목표 아래 정책적 노력을 기울여 왔습니다. 『K-도시의 미래를 새롭게 상상하다』는 이러한 노력과 맥을 같이하며, 좀 더 구체적이고 실천적인 정책모델과 전략을 제시하고 있다는 점에서 큰 의미가 있습니다. 특히 전문가와 지역이 협력해 만들어낸 집단지성의 산물이라는 점은 이 책의 신뢰성과 실행력을 더욱 높여줍니다.

이 책은 도시정책을 고민하는 행정가와 기획자, 지역 혁신을 모색하는 공공기관 종사자와 정책입안자, 그리고 지속가능한 미래를 설계하고자 하는 모든 지역사회 구성원에게 탁월한 길잡이가 될 것입니다. 나아가 이 책이 제안하는 K-도시 전략이 포항을 넘어 전국 곳곳으로 확산되고, 그 과정에서 대한민국 도시정책의 패러다임이 새롭게 전환되기를 기대합니다.

『K-도시의 미래를 새롭게 상상하다』가 던지는 질문과 제안은 단순한 정책의 언어를 넘어, 우리 사회가 지향해야 할 삶의 모습에 대한 성찰로 이어질 것입니다. 이제는 상상력을 실천으로 연결할 때입니다. K-도시의 실험이 대한민국의 지속가능한 내일을 여는 출발점이 되기를, 그리고 이 책이 그 길 위에 선 모든 이들에게 든든한 이정표가 되기를 진심으로 바랍니다.

2025년 7월
국회 행정안전위원회 위원장
국회의원 **신정훈**

차례

머리말 ······················· 4
추천사 ······················· 6

제1부
지속가능 도시

제1장
도시 인구구조와 공간변화이론

제1절 도시를 이해하는 이론적 지도 ······· 15
제2절 인구구조변화이론 ············· 16
제3절 도시축소이론 ················ 20
제4절 도시공간구조이론 ············· 22
제5절 도시경제성장이론 ············· 27
제6절 사회적 자본 ················ 33

제2장
도시의 위기, 지역소멸

제1절 지역소멸이론 ················ 36
제2절 우리나라의 지방소멸 ··········· 40
제3절 해외사례 ··················· 50

제3장
도시의 미래, 친환경 도시

제1절 미래 도시로의 전환과 친환경 도시의 필요성 ··················· 58
제2절 친환경 도시의 개념과 유형 ······· 60
제3절 친환경 도시의 원칙과 설계 전략 ···· 61
제4절 세계 친환경 도시의 주요 유형별 사례 분석 ··················· 64
제5절 친환경 도시 구현을 위한 정책, 기술, 인프라 ··················· 67
제6절 미래 도시와 친환경 도시의 전망 ···· 70
제7절 한국형 친환경 도시 전략과 향후 과제 ··················· 73

제4장
도시의 진화, AI시티

제1절 AI시티 개념 및 등장배경 ········· 76
제2절 AI시티 주요 기능 ·············· 79
제3절 AI시티 기대효과 ·············· 82
제4절 AI시티 적용사례 ·············· 84
제5절 AI시티 미래와 과제 ············ 92

제5장
지속가능한 도시를 위한 주택

제1절 지속가능한 도시와 주택 ········· 94
제2절 도시의 지속가능성 측면에서의 주택문제 ··················· 95
제3절 지속가능한 도시와 주택정책의 현황 ··················· 102
제4절 지속가능한 도시를 위한 주택정책의 미래 ··················· 108

K-CITY
K-도시의 미래를 새롭게 상상하다
다시 뛰는 포항, 함께 크는 지역

제2부
지속가능 도시, 포항 사례

제6장
포항의 어제와 오늘, 성찰과 전망

- 제1절 포항시장의 정책 어젠다 변화 · · · · · 115
- 제2절 시정백서 '시정운영방향'으로 본 정책 어젠다 변화 · · · · · · · · · · · · · · · · 117
- 제3절 주요 정책 사례 · · · · · · · · · · · · · · 121
- 제4절 주요 지표로 살펴본 10년의 성과 및 향후 과제 · · · · · · · · · · · · · · · · · 128

제7장
미국 도시 사례로 본 포항의 발전 전략: 피츠버그 모델과 디트로이트 모델

- 제1절 서론 · 133
- 제2절 포항의 실태 분석 · · · · · · · · · · · · 134
- 제3절 미국의 사례 분석 · · · · · · · · · · · · 143
- 제4절 두 도시의 정책 비교 및 시사점 · · · 183
- 제5절 정책적 제언 · · · · · · · · · · · · · · · · 187

제8장
창조적 도시, 포항의 전략

- 제1절 서론: 왜 지금 '창조적 도시 포항'인가? · 190
- 제2절 창조도시이론의 진화와 포항의 가능성 · 192
- 제3절 철강도시의 문화화: 포스코를 넘어 스틸 라이프스타일로 · · · 198
- 제4절 과학도시의 감성화: 연구하는 도시에서 사는 도시로 · · · · 203
- 제5절 다섯 개의 포항: 분절된 정체성과 창조적 연결 · · · · · · · · · · · · · · · · · 208
- 제6절 크리에이터 타운 전략: 포항형 창조도시의 구현 방식 · · · · · · 213
- 제7절 노마드 시티로 가는 길: 메가시티 시대의 새로운 도시 모델 · · 219
- 제8절 창조도시 포항을 위한 실행 전략: 건축디자인과 로컬 메이커스페이스 · · 223
- 제9절 결론: 포항은 창조도시가 될 수 있는가? · 230

제9장
포항의 신성장 전략

- 제1절 포항의 현황 · · · · · · · · · · · · · · · · 232
- 제2절 포항의 강점 · · · · · · · · · · · · · · · · 236
- 제3절 포항의 취약점 · · · · · · · · · · · · · · 240
- 제4절 포항의 신성장 전략 및 경쟁력 강화 방안 · 244
- 제5절 결론 및 제언 · · · · · · · · · · · · · · · · 257

제10장

지곡지구! 포항 미래전략의 시작, 정체된 땅에서 미래를 짓는 도시 재설계

제1절 왜 지곡지구인가? · · · · · · · · · · · 260
제2절 지곡지구 개발의 전략 · · · · · · · · · 266
제3절 지곡지구, 삶의 품격을 드러내는 공간
　　　· 273
제4절 지곡지구 재개발 기대효과 · · · · · · 279
제5절 미래 주거 패러다임으로서의 지곡지구
　　　· 285
제6절 새로운 개발 질서와 통합 마스터플랜:
　　　버티컬 가든시티의 방향성과 행정의 역할
　　　· 291

제3부
지속가능 도시와 공공기관

제11장

폐광의 아픔을 간직한 정선, 강원랜드! 글로벌 관광도시로 꽃피우다

제1절 폐광지역의 특성 · · · · · · · · · · · · 297
제2절 강원랜드의 설립 및 성과 · · · · · · · 301
제3절 강원랜드 향후 운영방향 및 제언 · · 317

제12장

사람과 기업을 부르는 힘, 지역 인프라 혁신: 한국교통안전공단

제1절 고령사회와 산업기반 약화에 따른
　　　지역소멸 위기 · · · · · · · · · · · · · · 320
제2절 한국교통안전공단의 지역발전 전략 · 322
제3절 자동차·모빌리티 인프라 건립
　　　주요 사례 및 성과 · · · · · · · · · · · 325
제4절 지역 일자리 창출과 사회공헌활동 · · 331
제5절 맺음말 · · · · · · · · · · · · · · · · · · 333

제13장

경주시 중저준위 방폐장 유치지역 발전성과 사례

제1절 중저준위 방폐장 유치지역 지원사업 현황
　　　· 335
제2절 경제적 영향 · · · · · · · · · · · · · · · 341
제3절 사회적 영향 · · · · · · · · · · · · · · · 345
제4절 종합 평가 및 시사점 · · · · · · · · · 351

제14장

한국남동발전(주), 상생의 에너지로 지역소멸 위기를 기회로

제1절 서론 · · · · · · · · · · · · · · · · · · · 354
제2절 한국남동발전(주) 개요 및
　　　사회공헌 추진체계 · · · · · · · · · · · 357

K-CITY
K-도시의 미래를 새롭게 상상하다
다시 뛰는 포항, 함께 크는 지역

제3절 한국남동발전(주) 사회공헌 사업현황 359
제4절 지자체·지역주민·대국민과의 소통 강화 365
제5절 사회공헌 성과 점검·환류 366
제6절 지역발전 성과 및 향후계획 367

제15장
전통과 역사가 숨 쉬는 전북의 미래를 여는 국민연금공단의 지속가능한 동행

제1절 전북특별자치도의 숙원사업과 위기 현황 368
제2절 국민연금공단의 전북 국제금융허브 발전 지원 사례 371
제3절 국민연금공단 사회공헌 특화브랜드 '마을자치연금' 추진 사례 374
제4절 지역발전 성과 및 향후 계획 378

제16장
영산강이 흐르는 천년도시, 나주를 지키는 한전KPS

제1절 나주시의 지역발전 현안 385
제2절 지역발전을 위한 한전KPS의 노력과 성과 387
제3절 한전KPS의 지역발전 성과 396

제17장
젊은 혁신도시 충북 진천·음성과 한국가스안전공사의 상생발전

제1절 대한민국 중심 충북, 충북의 중심 진천·음성의 지역 현안 399
제2절 한국가스안전공사와 손잡고 친환경 수소 도시로의 도약 401
제3절 에너지 산업 중심 지역 우수 인재 육성 및 적극 채용 407
제4절 여러 계층을 아우르는 감동이 있는 사회적 약자 복지 실현 409
제5절 지역 맞춤형 경제 활성화로 지역 결속력과 경쟁력 강화 411
제6절 지역주민 삶의 질을 향상하는 고품격 문화 콘텐츠 제공 414
제7절 공사와 지역이 함께하는 지역발전과 향후 과제 416

제18장
사람과 지역이 함께 자라는 길, 태안과 한국서부발전(주)의 상생 이야기

제1절 태안군 지역소멸 위기 현황 419
제2절 한국서부발전(주)의 사회공헌 전략 개요 422
제3절 한국서부발전(주)의 사회공헌 추진 사례 및 성과 424

참고 문헌 432
저자 소개 445

제1부
지속가능 도시

K-CITY

K-도시의 미래를 새롭게 상상하다
다시 뛰는 포항, 함께 크는 지역

제1장

도시 인구구조와 공간변화이론

제1절 도시를 이해하는 이론적 지도

  도시는 인간 사회의 가장 복합적인 산물이며, 변화의 최전선에 놓인 공간이다. 인구, 산업, 기술, 문화, 정치 등 다양한 요인이 교차하고 충돌하며 새로운 질서를 형성하는 곳이 바로 도시이며, 그 구조와 기능, 진화의 방향을 이해하는 일은 단지 도시만을 이해하는 것을 넘어 사회 전체의 미래를 조망하는 일이기도 하다. 오늘날 도시를 둘러싼 도전은 과거보다 훨씬 더 복잡하고 급진적이다. 저출산·고령화, 인구 이동의 양극화, 기후변화와 환경 위기, 디지털 전환과 플랫폼 경제, 그리고 지역소멸이라는 구조적 변화가 동시에 진행되며, 도시는 그 대응의 최전선에서 새로운 이론적 해석을 요구받고 있다.

  이에 따라 이 장에서는 도시를 이해하고 해석하는 데 필수적인 주요 이론을 중심으로 도시 변화의 구조와 메커니즘을 체계적으로 살펴본다. 첫째, 인구구조변화이론은 출생률, 사망률, 이주와 같은 인구학적 요인의 변화가 사회 전반에 어떤 구조적 변화를 가져오는지를 설명하는 이론으로, 지역소멸의 인과 메커니즘을 이해하는 데 중요한 분석 도구를 제공한다. 둘째, 도시축소이론은 인구 감소와 산업기반 붕괴로 인한 도시 기능의 수축과 공간의 와해 과정을 설명하며, 물리적·사회적 쇠퇴의 악순환 속에서 지역소멸 현상을 해석하는 이론적 토대를 마련한다. 셋째, 도시공간구조이론은 도시 내 활동과 토지이용이 공간적으로 어떻게 배열되는지를 설명하며, 도시 내외의 공간 불균형과 그로 인한 지역 격차, 기능 상실의 원인을 해명한다. 마지막으로 도시경제성장이론은 집적경제, 성장거점, 내생적 성장 등의 이론을 통해 도시가 어떻게 경제적 활력을 얻고 성장해 왔는지를 분석하며, 성장 기반의 상실이 지역소멸로 이어지는 경로를 밝히고 대안적 경제전략의 가능성을 탐색한다.

이처럼 도시를 설명하는 이론들은 단지 학문적 도구에 그치지 않는다. 그것은 오늘날의 도시 위기와 지역소멸이라는 구조적 현실을 이해하고, 미래 도시의 설계와 전략을 구상하는 실천적 자원이 된다. 특히 한국과 같은 초고령사회이자 수도권 집중이 심화된 사회에서는, 이러한 이론들을 바탕으로 도시의 지속가능성과 균형발전을 모색하는 것이 무엇보다 중요하다. 이 장은 그러한 문제의식 아래, 도시 인구구조와 공간변화에 관한 핵심 이론들을 심층적으로 조명하고, 이를 통해 독자가 오늘날 도시의 구조적 현실을 보다 명확히 이해하고, 미래 도시를 상상할 수 있는 이론적 지도(theoretical map)를 마련하는 데 기여하고자 한다.

제2절 인구구조변화이론

1. 인구구조변화이론의 개념과 정의

인구구조변화이론(Demographic Transition Theory)은 출생, 사망, 인구 이동과 같은 인구학적 요인들의 시간적 변화가 인구의 전체 규모뿐만 아니라 연령, 성별, 경제활동 상태 등 인구의 내부적인 구조를 어떻게 변화시키는지 설명하는 이론적 체계이다(박순창, 2012; 조영태, 2024). 이 이론은 단순히 인구의 양적 증감에만 국한하지 않고, 인구 구성의 질적 변화가 사회 전체의 경제, 복지, 노동시장, 문화 등 다방면에 미치는 영향을 종합적으로 해석한다(박순창, 2012; 조영태, 2024).

조영태(2024)는 인구구조 변화를 사회와 시장의 변화 및 미래 예측의 핵심 기준으로 간주하며, 인구의 질적 특성(출생률, 사망률, 고령화, 피부양인구 비율 등)과 인구 변화가 사회 각 분야(노동, 소비, 복지, 교육, 문화)에 미치는 파급력을 중시한다.

2. 인구구조변화이론의 대표 이론

인구구조변화이론은 토머스 맬서스의 『인구론』에서 출발하여, 인구증가와 자원 균형의 관계, 인구성장의 한계 및 사회경제적 파급 효과를 논의한 것이 이론의 출발점이다(조영태, 2024). 이후 산업화와 근대화, 도시화 및 의료기술의 도입 등 사회경제 환경 변화에 따라 인구구조 변동이 가속화되면서 Thompson(1929),[01] Notestein(1945)[02] 등 인구학자들이 단계별 인구변천이론을 체계화하였다.

고전적 인구변천이론의 한계를 보완하기 위하여 가족 구조와 가치관 변화, 피임 기술 도입, 여성의 사회적 지위 변동 등 사회문화적 요인을 본격적으로 반영한 제2차 인구변천이론이 등장하였고, 이후에는 보건의료 환경, 인구 이동, 이민, 노동시장 변화 등 복합요인에 근거한 통합적 이론들이 발전하고 있다(이병호, 2020).

1) 인구변천이론

인구변천이론(Demographic Transition Theory)은 경제발전과 산업화에 따라 전통 사회(고출생-고사망 단계)에서 근대 사회(저출생-저사망 단계)로 인구구조가 변화하는 3~5단계의 이행 과정을 설명한다. 초기 단계에서는 높은 출생률과 사망률이 균형을 이루며 인구가 완만하게 증가하지만, 위생과 보건의 향상으로 사망률이 먼저 감소하면서 인구가 급격히 팽창한다. 뒤이어 경제·사회적 요인으로 출생률도 하락해 전체적으로 저출산·저사망이 정착하면 인구 증가율이 낮아지고, 최종적으로는 인구가 안정되거나 감소하는 결과를 초래한다.

이 이론은 저출산·고령화와 같은 현대사회의 인구 변화 양상을 해석하는 기본적인 틀이며, 국가별 경제·사회 특성에 따라 단계별 전환 속도와 시기는 달라질 수 있다.

2) 제2차 인구변천이론

서유럽을 중심으로 등장한 제2차 인구변천이론(Second Demographic Transition: SDT)은

---

01 Notestein은 톰슨의 이론을 계승·발전시켜, 인구변천을 4단계(또는 후속 연구에선 5단계)로 좀 더 정교하게 이론화하고, 산업화 및 경제발전과 인구구조 변화 간의 관계를 체계적으로 분석했다.

02 Thompson은 세계 각국의 출생률과 사망률 자료를 비교 분석하여 인구의 구조적 변화를 '세 단계'로 나누어 설명하였으며, 이를 통해 현대 인구변천이론(Demographic Transition Theory)의 기초를 제공했다.

⟨표 1-1⟩ 인구변천의 단계

단계	출생률	사망률	인구 성장률	사회적 특징
1단계	높음	높음	매우 낮음	전통 농경사회, 어린이 노동력 중시
2단계	높음	급감	급격한 증가	위생·의학 발전, 영유아 사망 감소
3단계	감소	낮음	완만한 증가	교육·피임·도시화, 여성 지위 상승
4단계	낮음	낮음	정체 또는 감소	고령화, 저출산, 도시 소규모 가족

1960년대 후반 이후 출산율이 대체수준(2.1명) 이하로 떨어지고, 가족, 결혼, 출산에 대한 가치관이 급변하는 현상을 설명한다(이병호, 2020). 혼인율 하락, 동거·비혼·이혼의 증가, 기혼 여성의 취업 확산, 개인주의와 자기실현 가치의 강화, 피임 및 의료기술의 발전 등이 새로운 인구구조 변동의 근저에 놓여 있음을 강조한다(이병호, 2020).

이 이론은 단순히 양적 인구 감소뿐 아니라 가족 패턴, 생애주기, 인구 재생산 방식의 다원화 등 인구구조의 질적 변화가 사회 구조 전반에 미치는 복합적 효과에 주목한다(이병호, 2020).

3) 역학변천이론

역학변천이론(Epidemiologic Transition Theory)은 사망률 변화의 핵심 동인이 질병 구조(감염성-기생질환에서 만성-퇴행성질환으로의 전환)에 있음을 밝히며, 사망률 변동 패턴에 따라 인구구조가 다르게 변화함을 설명한다(우해봉, 2013). 영유아·아동기 사망률이 먼저 감소하는 시기에는 인구가 젊어지지만, 이후 고령층의 사망률 개선이 가속화되면 인구고령화가 촉진되는 구조적 특성이 관찰된다(우해봉, 2013).

3. 현대적 해석과 최근 연구 경향

현대 인구구조변화이론은 단순 인구 증가·감소 분석을 넘어, 저출산·고령화에 기초한 인구 피라미드의 역삼각형화, 생산가능인구 감소, 피부양 인구 증가, 노동공급 및 소비 위축 등 다양한 사회경제적 현상에 대한 심층 분석으로 확장되고 있다(우해봉, 2013; 조영태, 2024).

또한, 인구구조 변화와 노동시장의 구조적 불균형, 기술 혁신에 의한 산업구조 변화, 지역

소멸이나 도시 축소와 같은 공간적 영향, 사회보장 재정의 지속가능성, 연금 및 복지 제도의 위기 등 정책적 파급효과와 대응전략이 핵심 연구 의제이다(강현주, 2022; 김주영 외, 2019; 박순창, 2012; 박하일·박창귀, 2017; 장인수 외, 2020; 조영태, 2024).

특히 한국 등 동아시아 주요국은 세계에서 가장 빠른 속도로 저출산과 고령화가 진행되어, 단기간 내 생산가능인구가 급감하고 노년 부양비, 복지 재정 부담이 폭발적으로 증가하는 매우 특수한 경로를 겪고 있다. 이러한 맥락에서 생산성 제고, 기술혁신, 여성 및 고령자의 경제활동 촉진, 이민 개방, 연령통합형 사회정책 등 실천적 대안 모색이 활발히 논의되고 있다(강현주, 2022; 조영태, 2024).

4. 인구구조변화이론과 지역소멸

인구구조변화이론은 출생률, 사망률, 인구 이동 등의 요인이 시간에 따라 변화하며 인구의 양적 증감뿐 아니라 연령, 성별, 경제활동 상태 등 구조적 측면에 어떤 영향을 미치는지를 설명하는 이론이다(박순창, 2012; 조영태, 2024). 이 이론에 따르면 사회가 산업화되고 의료 기술이 발달하면서 사망률이 먼저 감소하고 이후 출생률이 하락하면서 인구 증가율이 점차 둔화된다. 최종적으로는 저출산·저사망 상태가 고착화되며 인구 정체 또는 감소 국면에 진입한다. 특히 제2차 인구변천이론은 여성의 사회 진출 확대, 가치관의 개인화, 비혼·저출산 등의 현상을 반영해 인구구조의 질적 변화를 설명한다(이병호, 2020).

이러한 인구구조 변화는 지역소멸이라는 심각한 사회문제로 이어지고 있다. 출산율 저하와 청년층의 대도시 집중, 고령화 가속은 농어촌 지역과 중소도시의 지속적인 인구 감소를 초래하며, 이는 교육, 의료, 교통 등 지역 기반 서비스의 약화를 낳고 악순환을 가속화한다(강현주, 2022; 조영태, 2024). 실제로 한국은 세계에서 가장 빠른 속도로 고령화와 인구감소가 진행되는 국가로, 지역의 생산가능인구 비중 감소와 고령화율 증가는 지역 공동체의 붕괴 위기를 불러일으키고 있다. 조영태(2024)는 인구구조변화가 단순한 통계 문제가 아닌, 지역의 생존과 직결되는 구조적 위기임을 강조하며, 이를 해결하기 위해 기술혁신, 고령자·여성 노동 참여 확대, 이민 수용 등 종합적 대응이 필요하다고 지적한다.

제3절 도시축소이론

1. 도시축소이론의 개념과 정의

도시축소이론(Urban Shrinkage Theory)은 인구 감소, 산업기반 붕괴, 주거·상업 기능 약화 등의 요인으로 인해 도시가 물리적, 경제적, 사회적으로 수축하는 현상을 설명하는 이론이다. 이 이론은 1990년대 이후 탈산업화 및 글로벌화로 인해 두드러지게 나타난 도시 쇠퇴 현상을 분석하기 위해 유럽과 미국을 중심으로 발전해 왔다.

Rink(2009)는 도시축소를 단순한 인구 감소 현상이 아닌, 도시 자체의 구조적 해체로 보았다. 그는 도시가 지속적인 인구 이탈과 경제 기능 상실을 겪는 과정에서 물리적 공간은 비어가고, 사회적·경제적 기반은 와해되며, 도시 전반이 '수축(shrinkage)'하는 상태에 이르게 된다고 설명한다. 이 개념은 특히 동독 도시들처럼 급격한 인구 유출과 산업 붕괴가 동시에 발생한 지역에서 뚜렷하게 나타났으며, 한국의 지방 중소도시나 농촌 지역에도 적용 가능한 개념적 틀을 제공한다.

2. 도시축소이론의 주요 내용

도시축소이론은 인구 감소, 경제기반 축소, 사회기반 약화, 물리적 공간 해체의 복합적 상호작용을 중심으로 구성된다. 이 가운데 Rink(2009)는 다음과 같은 핵심 요소들을 강조하였다.

첫째, 선택적 인구이동(selective migration) 현상이다. 특히 젊고 교육받은 인구가 도시를 떠나고, 고령층과 저소득층이 남게 되는 인구 구성의 비대칭적 변화가 축소의 시발점이 된다. 이는 출산율 저하와 맞물려 도시 전체의 경제활동인구를 감소시키며, 결국 지역경제의 동력 자체를 약화시킨다(서준교, 2014; Lima and Eischeid, 2017; Rink, 2009).

둘째, 하향적 악순환(downward spiral) 구조이다. 인구감소로 인해 상업시설과 사회서비스 수요가 줄어들면 해당 시설들은 점차 축소되거나 폐쇄되고, 이는 다시 지역의 정주 여건을 악화시켜 추가적인 인구 유출을 초래한다. 구형수 외(2016)는 이러한 악순환이 고용시장 악화, 교육 및 의료 접근성 저하, 생활 인프라 붕괴 등으로 이어진다고 지적한다.

셋째, 도시공간의 와해(perforation)와 황무지화(wilderness)이다. Rink(2009)는 도시 내에 사용되지 않는 공간, 즉 유휴지와 폐건물이 증가하면서 도시 구조 자체가 구멍 뚫린 것처럼 해체되는 현상을 'perforation'이라 설명한다. 그는 특히 이러한 와해된 도시공간이 생태적 야생으로 전환되는 도시 황무지(urban wilderness) 상태를 하나의 새로운 도시계획 개념으로 제시하였다. 이는 기존 도시계획에서 소외되었던 공간들을 재생적·생태적으로 전환하는 계기를 마련할 수 있음을 시사한다(Rink, 2009: 280-284).

3. 도시축소이론과 지역소멸

도시축소이론은 한국의 지역소멸 현상을 이론적으로 설명하는 데 있어 강력한 분석 도구가 된다. 지역소멸은 단지 인구가 감소하는 현상이 아니라, 구조적 쇠퇴의 악순환 속에서 지역의 생존 기반 자체가 무너지는 현상을 포함한다. 이는 곧 Rink(2009)가 제시한 축소의 메커니즘과 정확히 부합한다.

한국의 지역소멸은 출산율 저하와 선택적 인구이동이라는 인구학적 조건 아래, 산업 기반의 붕괴, 주거 및 교육 환경의 열악화, 그리고 의료 및 돌봄 인프라의 부족과 같은 조건들이 복합적으로 얽히며 발생한다. 이러한 변화는 지방 도시의 기능적 수축을 낳고, 결국 전체 지역사회의 해체로 귀결된다(임석회, 2016a, 2016b). Rink(2009)가 도시 황무지 개념을 통해 제시한 공간의 자연화 가능성은, 한국의 지역소멸 대응에서도 물리적 재생이나 생태적 전환, 공동체 기반의 회복 등을 통해 새로운 접근법을 모색할 수 있는 이론적 틀을 제공한다.

결과적으로, 도시축소이론은 단순한 인구정책 이상의 복합적 정책 대응, 즉 사회적 인프라 회복, 경제기반 재구축, 공간적 재편, 생태적 전환 등을 종합적으로 고려해야 한다는 점을 시사하며, 지역소멸에 대한 총체적 대응전략의 이론적 기반이 된다.

제4절 도시공간구조이론

1. 도시공간구조이론의 개념과 정의

　도시공간구조이론(Urban Spatial Structure Theory)은 도시 내 다양한 활동, 토지이용, 형태적 요소들이 물리적으로 어떠한 패턴과 질서를 이루며 공간적으로 배열되고 분포되는지를 설명하는 학문적 체계이다. 이 이론은 단순히 도시의 외관 형태뿐 아니라 경제활동, 사회적 상호작용, 교통의 흐름 등 도시 내에서 발생하는 총체적 관계와 다층적 작용을 포괄한다(김경용·김영욱, 2015). 도시공간구조는 도로, 건물, 교통 시스템, 공공 공간 등 물리적 인프라뿐만 아니라 도시 내 흐름의 역동성, 예컨대 출퇴근 패턴이나 통근, 경제적·사회적 기능 배치 등 비가시적 요소까지 연구 범위에 포함된다.

　이 이론에서는 도시의 공간구조를 도시 내 다양한 공간적 관계와 상호작용이 유기적으로 조직되고 기능하는 방식으로 정의하며, 도시계획학, 지리학, 사회학 등 다양한 관점에서 도시 안팎의 공간 계층 구조와 기능적 상호작용을 조명하고 있다. 도시공간구조는 도시 내 활동 및 토지이용의 공간 배치를 이해하고, 각 공간이 어떠한 사회적·경제적·문화적 요소와 상호작용하는지에 대한 분석적 토대를 제공하며, 도시정책, 도시계획, 감정평가 등의 실무적 의사결정에 있어서도 핵심적 역할을 담당한다(김경용·김영욱, 2015).

2. 도시공간구조이론의 주요 이론

　도시공간구조를 설명하는 대표적인 이론으로는 동심원이론(Concentric Zone Theory), 선형이론(Sector Theory), 다핵심이론(Multiple Nuclei Theory) 등이 있다. 이 세 가지 이론은 각각 도시의 토지 이용과 성장방식, 공간 분화 원리를 다르게 설명하고 있으며, 시대와 도시유형에 따라 상호 보완적으로 적용되어 왔다.

제1장 도시 인구구조와 공간변화이론

<표 1-2> 도시공간구조이론의 대표 이론

이론	시기	주요 학자	주요 공간구조 개념	배경 및 적용 도시	한계 및 비판
동심원이론	1920년대	Ernest W. Burgess	도시가 중심지에서 동심원상 5개 구역으로 확장	시카고	단순화, 교통발달 반영 미흡, 일반화 한계
선형이론	1930년대	Homer Hoyt	교통축을 따라 부채꼴(섹터)로 토지이용 확장	미국 대도시	교통축 과도강조, 단순과거경향 해석
다핵심이론	1940년대	Chauncy D. Harris & Edward L. Ullman	여러 개 전문화된 핵을 중심으로 도시성장	대도시, 현대도시	문화·정책 등 비경제적 요인 반영 약함

1) 동심원이론

동심원이론(Concentric Zone Theory)은 1925년 Burgess(1925)에 의해 제안되었으며, 튀넨의 고립국이론을 도시공간구조에 응용하였다. Burgess(1925)는 시카고 시를 경험적으로 분석하면서 도시는 중심부인 중심업무지구(CBD)를 중심으로 동심원 형태의 다섯 계층적 지대로 분화·확장된다고 설명하였다.

5대 지대 구조는 중심업무지구(CBD) → 천이지대(zone in transition) → 근로자 주거지대 → 중산층 주거지대 → 통근자 지대로 구분된다. 각 지대는 사회경제적 특성, 주거지·공업지·상업지로의 기능분화 및 계층별 이동 과정을 반영한다. 침입, 경쟁, 천이(계승) 현상이라는 도시생태학적 과정을 바탕으로 도시 팽창과 거주지 분화가 이루어진다고 설명한다(Burgess, 1925).

동심원이론의 특징은 도심에서 외곽으로 갈수록 접근성, 지대, 인구밀도가 낮아지며, 반대로 주거환경은 쾌적해지고 범죄, 빈곤, 질병 등의 도시문제가 줄어드는 경향을 보인다는 점이다(김혜영·이상헌. 2023; 남영우, 2015).

동심원이론은 토지이용 형태의 단순화와 실제 도시 패턴의 다양성 간 괴리가 크다는 점에서 비단이 존재한다. 또한, 교통 인프라와 사회적 요인 변화가 동심원 구조를 변형시키기 쉬우며, 시카고 이외 도시의 일반적 적용에 제약이 있다는 점에서 한계가 있다(김혜영·이상헌. 2023; 남영우, 2015).

2) 선형이론

선형이론(Sector Theory, 부채꼴이론)은 1939년 Hoyt(1939)에 의해 제안되었다. 도시에 방사형 교통망이 발달함에 따라 도시공간구조는 주요 도로망을 따라 부채꼴(섹터) 모양으로 성장한다고 보는 이론이다. 선형이론에 따르면 도시 주거, 상업, 공업 등의 기능공간이 원형으로 확장되지 않고 교통축을 따라 선형으로 분화된다. 선형이론에서는 주택가격 지불능력을 중시하여, 고소득층은 교통축 인근에, 저·중소득층은 그 밖의 섹터에 입지하는 경향이 있다. 또한, 선형이론은 교통의 발달, 소득 증가는 도시공간구조 변화의 주요 원인으로 간주된다고 본다(김혜영·이상헌. 2023; 남영우, 2015; Hoyt, 1939).

선형이론은 고소득층 주거지에 대한 강조가 지나쳐 도시 전체의 복잡성을 설명하기에는 한계가 있다. 또한, 과거 경향의 단순한 기술에 머무르며, 사회·문화적 토지이용 제약을 고려하지 못한다는 비판을 받고 있다(김혜영·이상헌. 2023; 남영우, 2015).

3) 다핵심이론

다핵심이론(Multiple Nuclei Theory)은 Harris와 Ullman(1945)이 제시한 이론으로, 그들은 기존의 동심원이론(버제스)이나 선형이론(호이트)의 한계를 지적하며, 실제 도시의 성장은 단일 중심(CBD)뿐만 아니라 복수의 전문화된 중심지(핵, nuclei)가 형성되어 기능적으로 분화된다는 점을 강조했다. 이들은 상호 연계되면서도 서로 다른 기능을 수행하는 여러 중심이 도시 내에 존재한다는 점을 설명하며, 도시의 복잡성과 다핵적 구조를 반영한 현실적 도시공간모델을 제시하였다. 즉, 도시 내 토지이용 패턴은 동질성뿐 아니라 교통망, 산업·상업 중심지, 주거지 등 복수의 중심점(핵) 주위에서 발달한다(김천권, 2004; 남영우, 2015).

Harris와 Ullman(1945)에 따르면, 다핵화 발생 요인은 특정 시설·입지요소에 대한 수요, 동종 활동의 집적지향성, 이질 활동들간의 입지적 비양립성, 지대 지불능력의 차이 등이다.

다핵심이론에 따르면, 도시 내에 유사 기능의 핵이 독립적이면서도 분화되어 입지한다(금융, 공업, 상업, 주거 등). 이러한 다핵심이론은 전통적 단핵구조와 달리 현대 대도시나 신도시의 복합성과 기능적 분화를 설명하기에 적합하다(김천권, 2004; 남영우, 2015).

그러나, 정책, 문화 등 비경제적 요소의 반영이 미흡하다는 지적이 존재한다. 더불어, 도시유형, 발달 정도에 따라 적용 폭이 상이할 수 있다는 한계가 있다(김천권, 2004; 남영우, 2015).

4) 기타 이론

이 외에도 도시공간구조이론에는 유상도시이론과 다차원이론 등이 있다.

Sharp(1932)는 영국의 도시 확장이 무계획적으로 간선도로를 따라 리본 형태로 진행되는 현상을 비판하며, 이를 "ribbon development"로 개념화하였다. Sharp(1932)는 이러한 선형 확산이 시가지의 무질서한 팽창과 농지 파괴, 교통 혼잡 등의 문제를 유발한다고 경고하며, 체계적인 도시계획의 필요성을 강조했다.

Sharp(1932)의 개념으로부터 발전된 유상도시이론(Ribbon Development Theory)은 교통수단의 발달이 도시공간의 확산에 미치는 영향을 설명하는 이론이다. 이 이론에 따르면 기존의 업무 시설이나 주택 등 도시 기능들이 주요 간선도로를 따라 리본(띠) 형태로 길게 늘어선 구조로 입지하게 되며, 이러한 확산은 도로를 중심으로 도시가 선형적으로 성장하는 특징을 가진다. 즉, 교통 접근성이 우수한 지역에 도시 기능이 집중되면서 도심에서 외곽으로 향하는 도로 축을 따라 도시가 점차 확장된다. 이는 도시의 무질서한 팽창을 야기할 수 있으며, 교통 혼잡과 기반시설의 비효율적 분산이라는 문제점을 수반하기도 한다(Hall, 2002).

Shevky와 Bell(1955)이 제시한 다차원이론(Multidimensional Theory)은 도시공간 구조를 이해하기 위해 동심원이론, 선형이론, 다핵심이론의 장점을 종합한 이론이다. 이 이론은 도시의 공간분포를 단일 요인이 아니라 사회계층, 도시화 정도, 인종 분포라는 세 가지 주요 차원을 기준으로 다면적으로 분석한다. 사회계층은 중심지로부터 외곽으로의 경제적 지위 차이를, 도시화는 도시 중심에서 외곽으로의 개발 및 토지이용 변화를, 인종 분포는 특정 인종이나 민족이 집중적으로 거주하는 공간적 패턴을 설명한다. 이처럼 다차원이론은 도시 내 다양한 사회적·경제적 요인이 복합적으로 얽혀 있는 현실을 반영하여, 도시 구조를 좀 더 정밀하고 입체적으로 설명하려는 시도를 보여준다(Berry and Horton, 1970).

3. 도시공간구조이론 발전 과정과 최근 연구 동향

도시공간구조이론은 20세기 초반 단순 공간구조(동심원, 선형 등)에서 출발하였으나, 산업화·탈산업화·세계화·정보화 시대를 거치며 도시 구조와 지역분화의 복잡성을 반영하는 방향으로 발전해 왔다(김천권, 2004; 남영우, 2015; 박순매·윤재신, 2018). 20세기 후반 이후에는 단순 물리적 구조의 설명을 넘어서, 사회적·경제적·정치적 변수, 정책, 문화, 인구 및 가구 변화 등 다양한 요인을 통합하려는 시도가 늘고 있다(김인·유환종. 1995; 남영우, 2015).

특히 최근에는 다음과 같은 흐름이 두드러진다.

첫째, 네트워크 도시 구조 개념이 부각되고 있다. 정보통신기술 및 경제 환경의 변화 속에서 복수의 중심과 네트워크 기반 도시 성장 및 공간구조 분석이 주목받고 있다(손정렬. 2011).

둘째, 빅데이터 및 공간정보 분석 활용이다. 도시공간의 시계열 변화, 중심지 변이, 분화패턴을 빅데이터 및 정량적 기법으로 분석하는 실증 연구가 증가하고 있다(박순매·윤재신, 2018).

셋째, 지역성 및 문화적 정체성이 강조되고 있다. 도시공간의 역사 변화, 사회적 다양성, 성별, 계층, 인종·민족적 분포, 문화적 정체성 등이 도시공간구조 연구의 중요한 요소로 반영되고 있다(권영상·염철호·고은정, 2008, 김천권, 2004).

넷째, 정책 및 계획과의 연계성이 강화되고 있다. 서울 등 주요 도시의 기본계획, 중심지 정책, 재개발·재구조화 동향 등 실무와의 연계가 활발해져 실증분석과 정책적 함의 도출이 강조되고 있다(박순매·윤재신, 2018).

4. 도시공간구조이론과 지역소멸

도시공간구조이론은 도시 내 다양한 활동과 토지이용이 물리적 공간상에서 어떻게 배열되고 조직되는지를 설명하는 학문적 틀로, 도시의 형태뿐만 아니라 교통, 경제활동, 사회구조 등 다층적 요인을 함께 고려한다(김경용·김영욱, 2015). 이 이론은 동심원이론, 선형이론, 다핵심이론 등을 통해 도시의 성장과 기능적 분화를 설명해 왔으며, 현대에는 빅데이터와 네트워크 분석을 통해 더욱 정교하게 도시의 공간변화를 해석하고 있다(박순매·윤재신, 2018).

이러한 도시공간구조이론은 지역소멸 현상의 원인과 경로를 이해하는 데도 중요한 분석 틀을 제공한다. 예컨대 다핵심이론은 수도권과 같은 중심지에 기능이 집중되면서 지방 중소도시는 상대적으로 쇠퇴하게 되는 도시체계의 구조적 불균형을 설명하는 데 유용하다(김천권, 2004). 도시의 공간구조가 중심지 중심의 집중 형태로 고착될수록 교통·교육·의료 등 주요 인프라가 수도권에 편중되고, 그 결과 지방은 청년층의 유출, 고령화, 서비스 기반의 약화 등으로 점차 소멸 위험에 직면하게 된다(남영우, 2015).

특히 한국은 1960년대 이후 동심원 구조에서 벗어나 강남 개발, 부도심 확산 등을 통해 다핵심 구조로 발전했으나, 수도권에 인구와 기능이 과도하게 집중되면서 지방 도시는 '중심지

제1장 도시 인구구조와 공간변화이론

상실' 상태에 놓이고 있다(김혜영·이상헌, 2023). 이 같은 공간적 불균형은 결국 지역소멸로 이어지며, 국토 전체의 지속가능성 위협 요인으로 작용한다. 따라서 도시공간구조이론을 기반으로 한 공간정책, 예컨대 분산형 도시 개발, 지방 거점도시 육성, 기능 분산 등의 전략이 지역소멸 대응의 핵심으로 제기되고 있다(손정렬, 2011).

제5절 도시경제성장이론

1. 도시경제성장이론의 개념과 정의

도시경제성장이론(Urban Economic Growth Theory)은 도시의 성장이 단순한 인구증가나 물리적 팽창을 넘어 경제적, 질적, 구조적 변화의 총체적인 현상임을 이론적으로 해석하는 학문적 체계이다(노형규·정의철, 2018). 이 이론은 도시 내에서 발생하는 경제·사회적 현상의 원인, 성장 메커니즘, 파급효과를 탐구하며, 산업 구조, 집적의 효과, 혁신, 네트워크, 정책 등의 요소가 도시 성장에 어떻게 기여하는지를 밝히는 것을 목표로 한다(노형규·정의철, 2018). 도시경제성장이론은 경제학과 지리학, 도시계획학적 관점을 융합하여, 도시가 왜 모이고 어떻게 발전하며, 어떤 요인들이 경제 성장의 동인이 되는가를 분석한다(Arthur O'Sullivan, 2022).

2. 도시경제성장이론의 대표 이론

도시경제성장이론의 이론적 기반은 고전 경제학에 뿌리를 두고 있다(노형규·정의철, 2018; Arthur O'Sullivan, 2022). 애덤 스미스와 데이비드 리카르도는 토지 이용과 입지, 임대료 결정 원리에 관한 초기 사상을 정립했으며, 마샬의 집적경제 개념은 오늘날 도시 집적, 산업 클러스터, 네트워크 도시 같은 이론으로 발전하였다(Arthur O'Sullivan, 2022; 노형규·정의철, 2018). 20세기 중반에는 윌리엄 알론소의 단일 중심지 도시모형, 아서 오설리반 등 현대 도시경제학자들의 연구를 통하여 토지시장, 교통, 거주, 산업 입지, 집적경제, 네트워크 등 다양한 차원의 이론이 구축되었다(노형규·정의철, 2018; Arthur O'Sullivan, 2022).

도시경제학의 발전은 1960~1970년대 경제 성장 및 지역 개발에 대한 관심이 강화되면서, Perroux(1950)[03]의 성장극이론(Growth Pole Theory), Myrdal(1957)[04]의 누적적 인과법칙(Cumulative Causation Theory) 등 불균형 발전론, 그리고 집적(agglomeration)과 외부효과의 본격적 탐구로 이어졌다(Duranton and Puga. 2004; Marshall,[05] 1980). 이후 정보화, 세계화, 기술혁신, 창조경제 등의 현대적 변화에 맞추어 네트워크 도시론, 창조산업 중심 이론, 지속 가능한 내생성장이론 등으로 확장되고 있다(정필립·우명제·남진, 2015).

1) 신고전파 이론

신고전파 이론(Neoclassical Growth Theory)은 전통적인 경제성장모형과 같이 도시 성장도 자본축적, 노동, 기술진보 등 생산요소의 축적과 효율적 분배에 의해 결정된다는 관점에 근거한다. 도시 내 자원의 이동, 시장기능, 생산함수(특히 한계생산체감의 법칙) 등에 따라 경제 성장과 인구의 공간 분포가 결정된다고 본다(노형규·정의철, 2018; Arthur O'Sullivan, 2022).

이 이론은 완전경쟁과 자유로운 생산요소 이동, 정부 개입 최소화를 기본 가정으로 하며, 시장 메커니즘이 지역 간 소득·자원 격차를 자동적으로 해소한다고 주장하는 균형성장이론[06]의 기반이 되기도 하였다.

---

03   Perroux는 경제공간 개념과 함께 성장극이론의 초기 개념을 제시하며, 특정 산업이나 기업의 성장이 중심이 되어 지역경제 전체에 파급효과를 미친다는 논지를 전개하였다.
04   Myrdal은 '누적적 인과성(circular and cumulative causation)' 개념을 통해 발전과 낙후가 상호작용하며 불균형이 지속된다고 설명한다. 발전 지역은 더 많은 자원과 인재를 흡수하고, 낙후 지역은 점점 악화되는 악순환 구조에 빠진다고 경고했다.
05   Marshall은 산업 내 기업의 집적이 초래하는 외부경제(지식 확산, 노동 시장 공유, 공급망 효과 등)를 설명하며, 이는 현대 도시경제학과 클러스터 이론의 기초가 되었다.
06   균형성장이론(Balanced Growth Theory)은 폴 로젠스타인-로단(P. Rosenstein-Rodan)이 1943년 발표한 논문 「동남부 유럽의 공업화」에서 처음 제시한 이론이다. 이 이론은 저소득, 저소비, 저투자, 저고용으로 이어지는 이른바 빈곤의 악순환(vicious circle of poverty)에 빠져 있는 대부분의 개발도상국이, 정부 주도의 종합적인 공업화 정책을 통해 이러한 악순환에서 벗어날 수 있다고 주장한다. 로젠스타인-로단은 이와 같은 공업화 정책이 정부의 적극적인 개입과 개발원조 등을 수반한 대규모 초기투자(big push)를 바탕으로, 주요 기간산업들에서 동시에 추진되어야 한다고 보았다. 특히 단순히 생산재 산업뿐만 아니라 소비재 산업도 함께 발전시켜야 하며, 이러한 동시적이고 포괄적인 산업 육성은 산업 간 보완적 관계를 촉진하여 상호 발전을 가능하게 한다. 결과적으로 시장이 확대되고 소득이 증가하면서 수요도 함께 증대되어 경제 전반의 성장을 이끌 수 있다는 것이 핵심 논지이다. 한편, 이러한 균형성장이론에 반해, 알버트 허쉬만(A. O. Hirschman)은 불균형성장이론(Unbalanced Growth Theory)을 제시하였다. 그는 특정 산업의 성장이 전방 및 후방 연관 산업에 미치는 효과—즉, 전방 효과와 후방 효과—를 강조하며, 모든 산업을 동시에 성장시키기보다는 전략적으로 일부 산업을 우선 육성함으로써 파급 효과를 유도하는 접근을 주장한다.

2) 내생적 성장이론

내생적 성장이론(Endogenous Growth Theory)은 경제 성장의 근본 원인이 도시 내부의 기술혁신, 인적자본 축적, R&D 투자 등 내생적 요인이라는 점을 강조한다(노형규·정의철, 2018; Arthur O'Sullivan, 2022). 전통적 외생적(Exogenous) 성장 모델과 달리, 지식이나 기술, 창의적 활동, 지식기반 산업의 클러스터 등이 도시의 장기적 성장동력이라고 설명한다(노형규·정의철, 2018; Arthur O'Sullivan, 2022).

도시에서는 혁신 클러스터, 연구개발, 창업 환경, 인재 네트워크의 결집 등이 고부가가치 산업을 이끌며, 이는 산출량·생산성 증가로 이어져 도시경제의 지속 가능한 확대를 유도한다(이규명·김진열·정문기, 2014). 기술, 지식, 정보와 같은 무형의 자원은 도시집적 및 네트워크 환경에서 더욱 빠르게 축적·확산되는 특징이 있다(이규명·김진열·정문기, 2014; Duranton and Puga. 2013).

3) 집적경제이론

집적경제이론(Agglomeration Economies Theory)은 산업과 인구가 특정 도시나 지역에 밀집할 때 발생하는 외부효과, 즉 거래비용 절감, 네트워크 효과, 지식 및 정보 공유 등 집적이익이 도시경제 성장의 주요 원인임을 강조한다(문윤상. 2018; Duranton and Puga. 2004). 이 이론에서는 집적의 경제가 창출하는 다양한 외부효과(고용 풀의 확대, 중간재·서비스시장 규모 증대, 지식 확산 등)를 통해 도시와 지역의 생산성과 경쟁력, 고용창출 효과가 크게 나타난다고 설명한다(문윤상, 2018).

집적효과는 지역화경제(특정 산업 내 기업 밀집), 도시화경제(여러 산업 간 시너지)로 세분할 수 있으며, 네트워크 도시론으로도 확장된다(문윤상. 2018; Duranton and Puga. 2004).

4) 성장거점이론

성장거점이론(Growth Pole Theory)은 일부 선도 도시나 산업(성장극, Growth Pole)이 집중적 투자를 통해 빠르게 성장하면서 주변지역으로 경제·산업적 파급효과가 확장된다는 불균형 성장론에 기초를 둔다(노형규·정의철, 2018; Arthur O'Sullivan, 2022). 특정 핵심 산업 집적지의 성장동력, 선도기업·기술의 도입이 전체 지역경제 성장·발전을 끌어올린다고 본다(노형규·정의철, 2018; Arthur O'Sullivan, 2022). 다만 성장거점의 파급효과가 제한적이거나 역류효과(Backwash

Effect)로 인해 주변 낙후가 심화될 수 있는 한계가 있다(노형규·정의철, 2018; Arthur O'Sullivan, 2022).

5) 경제기반이론

경제기반이론(Economic Base Theory)은 도시의 성장을 외부로부터 소득을 가져오는 기반산업의 성장에 의해 좌우된다고 설명한다. 기반산업(제1차, 제2차, 수출지향적 산업 등) 성장에 따라 도시 내 비기반산업(내수 서비스업 등)도 연쇄적으로 성장한다는 승수효과 개념을 적극 적용한다(노형규·정의철, 2018; Arthur O'Sullivan, 2022).

6) 성장기제이론 및 정치경제학적 접근

성장기제이론(Growth Machine Theory)과 정치경제학적 접근은 도시 내 이해집단(토지소유자, 기업, 정치권력 등)이 도시성장과정에서 연합 또는 갈등하며, 이 힘의 상호작용이 도시성장의 주요 동인 또는 한계를 결정한다고 본다(임조순·양준호, 2017; 정필립·우명제·남진, 2015). 성장연합(growth coalition)은 부동산 가치, 개발 이익, 교환가치 증대 등을 위해 기업주의 도시성장 전략을 모색하며, 갈등·정책·권력 구조 등이 도시 발전의 실제 양상에 큰 영향을 미친다고 분석합니다(임조순·양준호, 2017; 정필립·우명제·남진, 2015).

7) 네트워크 도시이론 및 현대적 해석

정보화와 운송혁명, 글로벌 가치사슬을 배경으로 네트워크 도시이론(Networked City Theory)은 복수의 도시 간 기능적 연결, 혁신적 네트워크, 분권적 클러스터 형성을 중심으로 경제 활력이 분산·융합되는 도시 구조와 성장패턴을 설명한다(김인·유환종, 1995; 손정렬, 2011). 이는 전통적인 단일 핵심이나 집적에 기반한 도시 이론을 넘어, 도시 바깥의 상호 연계성과 외부성이 도시성장에 결정적으로 작용함을 강조한다(김인·유환종, 1995).

3. 도시경제성장이론의 주요 개념과 정책적 의미

도시경제성장이론의 핵심 개념에는 다음과 같은 요소들이 있다.
첫째, 집적의 경제이다. 인구와 산업의 밀집이 창출하는 효율성과 외부효과, 규모의 경제,

육성된 노동시장, 중간재·서비스의 공동 이용, 정보와 지식의 신속한 확산이 도시경제를 성장시키는 주요 동인이다(김형준·박인권, 2018).

둘째, 혁신과 창조경제이다. 도시내 연구개발, 창조산업, 지식기반 집적은 기술진보와 고부가가치산업 육성의 근원으로, 내생적 성장론·창조경제론·혁신 클러스터 이론과 연결된다(김형준·박인권, 2018; 이규명·김진열·정문기, 2014).

셋째, 네트워크이다. 도시 내외의 상호작용, 연계성, 디지털 네트워크, 혁신공간, 다핵형 도시 구조 등이 현대 도시발전의 새 패러다임으로 강조된다(손정렬, 2011; Duranton and Puga. 2013).

넷째, 지식기반 경제이다. 인적자본의 축적과 지식의 빠른 순환·확산이 도시 경쟁력, 창업·혁신 생태계 조성, 장기 성장의 핵심임이 강조된다(노형규·정의철, 2018; 이규명·김진열·정문기, 2014; Arthur O'Sullivan, 2022).

이러한 도시경제성장이론은 도시성장·발전 정책 분야에서 실증적 시사점을 제시하고 있다.

첫째, 산업 구조와 성장이다. 중심도시의 산업 특화와 다양성이 경제성장에 미치는 영향은 지역별로 다르며, 산업구조의 역동적 조정이 중요함이 실증적으로 제시되고 있다(김민곤, 2019).

둘째, 거점 육성과 균형 발전이다. 성장거점 전략은 주변 파급효과와 균형발전을 함께 고려하는 정책적 선택이 요구됨을 시사한다(문윤상, 2018).

셋째, 창조산업과 혁신정책이다. 창조산업, 혁신 클러스터, R&D 기반의 중장기 도시발전 전략이 정부·지방자치단체 정책에서 큰 비중을 차지하고 있으며, 지역 맞춤형 지원정책의 정합성 제고가 중요하다(이규명·김진열·정문기, 2014).

넷째, 포용·지속가능 성장이다. 최근에는 양적 성장에서 질적 성장(지속 가능성, 사회적 포용, 복지 등)을 동시에 추구하는 대안적 발전 패러다임이 대두되고 있다(송주연, 2021).

4. 현대 연구 동향과 비판

최근 도시경제학 연구는 빅데이터, GIS, 실증적 계량분석 방법론의 도입으로 이론의 현실적합성·정확성 제고에 집중하고 있다(김인·유환종, 1995). 도시 간 네트워크, 혁신 생태계, 도시재생, 소득·복지의 분산효과, 지속가능성 등 복합적 요소를 통합적으로 분석하는 연구가 활성화되고 있다(정필립·우명제·남진, 2015). 한편, 기존 이론들의 한계—성장 중심 논리의 부정적 외부효과, 소득양극화, 지역 간 불균형 심화, 환경 문제 등—에 대한 비판과 수정 이론, 사회적 지속가능성, 내발적 발전, 거버넌스 관점의 통합적 이해도 강조되고 있다(남승균, 2015; 송주연, 2021; 정필립·우명제·남진, 2015).

5. 도시경제성장이론과 지역소멸

도시경제성장이론은 도시의 성장을 단순한 인구 증가나 물리적 확장으로 보지 않고, 산업구조, 기술혁신, 집적경제, 네트워크, 정책 등 복합적 요인이 작동하는 경제적·사회적·공간적 변화의 총체로 이해한다(노형규·정의철, 2018; Arthur O'Sullivan, 2022). 이러한 관점은 도시의 경제력 강화가 어떻게 지역의 활력을 창출하고 유지하는지 설명하며, 반대로 이러한 동인이 부족하거나 불균형할 경우 지역소멸로 이어질 수 있음을 시사한다.

예컨대 집적경제이론은 도시 내 산업과 인구의 집중이 생산성과 혁신을 자극한다고 보는데(문윤상, 2018), 이는 대도시의 경제력 집중을 정당화하는 이론이지만 동시에 비수도권의 기능 상실과 쇠퇴를 가속화하는 원인이 되기도 한다. 성장거점이론 또한 특정 도시나 산업에 집중 투자함으로써 주변으로 파급효과가 확산된다고 보지만, 실제로는 역류효과(Backwash Effect)를 통해 주변 지역의 인구와 자원이 중심 도시로 흡수되어 지역 격차를 심화시키는 결과를 초래한다(Arthur O'Sullivan, 2022).

특히 한국의 경우, 수도권 중심의 산업·인구 집중과 지방의 산업 기반 붕괴는 지역소멸을 가속화하고 있다. 이는 균형성장이론과 대비되는 불균형성장이론의 현실적 결과이며, 이러한 불균형을 해소하지 못할 경우 지방은 교육, 의료, 복지 등 공공서비스의 지속 가능성까지 위협받게 된다(노형규·정의철, 2018). 최근에는 내생적 성장론이나 네트워크 도시이론을 기반으로 지역 내 혁신 역량 제고, 창조산업 육성, 디지털 네트워크 기반 연계 전략이 제안되며, 지역 단위의 독립적 성장 경로와 지속 가능성을 모색하는 시도가 증가하고 있다(이규명 외, 2014; 정필립 외, 2015).

결국 도시경제성장이론은 지역소멸을 단지 인구 문제로 보기보다 경제적 중심성의 상실, 산업 기반 약화, 혁신 부재 등의 구조적 문제로 이해하게 하며, 이에 따라 자립형 지역 경제 생태계 조성, 창조적 도시전략, 네트워크 기반의 분권적 발전 전략 등 실천적 대안이 요구된다.

제1장 도시 인구구조와 공간변화이론

제6절 사회적 자본

사회적 자본 이론은 개인과 집단 간의 신뢰, 네트워크, 규범, 상호협력 등이 사회 내에서 자원을 창출하고 공유함으로써 공동체의 효율적 기능과 발전에 기여하는 개념이다. 특히 지역소멸 문제와 연계되어 사회적 자본은 지역사회의 회복력 강화 및 지속 가능한 발전에 중요한 역할을 한다.

1. 사회적 자본 이론의 정의와 주요 개념

사회적 자본은 "사람들 사이의 신뢰, 상호관계, 협력과 관련된 시민의 가치와 태도의 총체"로 정의되며(박희봉, 2002), 사회구조 내에서 행위자가 자원에 접근하고 이를 활용할 수 있는 능력을 의미한다. 부르디 외는 "제도화되거나 비제도화된 지속적 관계망에서 얻어지는 실질적 또는 잠재적 자원의 집합"으로 설명하며 사회적 자본이 사회적 계층과 권력 유지를 돕는 도구임을 강조했다(이준희, 2016). 콜먼은 사회적 자본을 "행위를 촉진하는 사회구조적 자원"으로 기능적 측면에서 정의했으며, 퍼트남은 "협력과 협동을 촉진하는 네트워크, 규범, 신뢰의 사회조직적 특성"으로 보았다.

사회적 자본의 핵심 구성요소는 다음과 같다.

- 신뢰(trust): 상호간 기대와 협력의 기반이 되는 정서적·인지적 요소.
- 사회적 네트워크(networks): 개인과 집단을 연결하는 관계망으로, 결속형(bonding)과 교량형(bridging)으로 구분됨
- 규범과 호혜성(norms and reciprocity): 상호 협력과 사회적 행동을 촉진하는 규범적 기반

2. 사회적 자본과 지역소멸

지역소멸은 인구감소와 경제쇠퇴로 지역공동체의 지속가능성이 위협받는 현상으로, 사회적 자본은 이를 극복하는 핵심 역량으로 평가받는다(최기조, 2006). 사회적 자본은 지역 내 주민

의 신뢰, 참여, 협력을 증진시켜 공동체 결속을 강화하고 지역 문제 해결 능력을 키우는 역할을 한다(김동철·김대건, 2021; 최경애, 2016).

사회적 자본이 풍부한 지역은 주민 참여와 네트워크 활동이 활발하고, 공동체 의식이 높아 지역 발전과 통합에 긍정적 영향을 미친다(김동철·김대건, 2021; 박혜영·김정주. 2012).

지역사회 신뢰는 지방정부 신뢰로 이어지며, 이것이 지역사회 안정과 성장에 중요하다. 신뢰 증진을 위해서는 주민과 지방정부 간 소통, 참여 기반 강화가 필요하다(최예나, 2016).

사회적 자본은 지역 내 자원 동원과 정보 공유를 촉진하고, 주민 주도의 마을 만들기, 사회적 경제 활동 등 다양한 지역 활성화 전략과도 연계된다(강서윤, 2022; 이지혜·신메이 카나·배정희, 2024).

지역별, 사회집단별 사회적 자본 수준 차이가 존재하며, 이는 지역소멸 위험도와 관련된다. 그래서 지역 특성에 맞는 사회자본 증진 정책이 중요하다(고경훈·안영훈·김건위, 2012).

사회자본의 결속(bonding)과 연결(bridging) 유형은 각각 지역 내 응집과 확장에 영향을 미치며, 지역주의 강화 또는 완화에도 차이가 있다(이현우·이지호·한영빈, 2011).

3. 사회적 자본의 부정적 측면과 한계

사회적 자본이 항상 긍정적 효과만을 낳는 것은 아니며, 집단 내 과도한 결속이 사회적 배타성과 지역주의 심화를 초래할 수 있음을 주의해야 한다(이현우·이지호·한영빈, 2011). 또한 사회자본 접근법은 지역 간 불평등, 이민자 통합 문제 등 현실적 한계와 복잡성을 충분히 반영해야 한다는 비판도 있다.

4. 정책적 시사점과 대응 방안

지방자치단체는 사회적 자본 증진을 위한 법적·제도적 기반 마련, 주민 참여 활성화, 네트워크 구축 지원에 적극 나서야 한다.

지속적인 신뢰 형성 교육과 상호협력 문화를 조성하는 장기적 노력이 필요하며, 자원봉사센터 설치, 지역기업과 협력 강화도 중요한 전략이다.

지방소멸 대응을 위해 사회적 경제 및 사회적 기업 활성화를 통한 지역 공동체 회복과 일자

제1장 도시 인구구조와 공간변화이론

리 창출 모델이 주목받고 있다(오단이·정은정·김선영·이은진·최유진, 2024; 이지혜·신메이 카나·배정희, 2024).

제2장 도시의 위기, 지역소멸

제1절 지역소멸이론

1. 마스다 히로야의 지방소멸

지역소멸에 관한 이론을 제시한 학자 중 한 명으로 일본의 마스다 히로야(增田寬也) 도쿄대 교수를 들 수 있다. 마스다는 일본의 지방소멸 문제를 체계적으로 분석하고 이론화한 인물로, 그의 연구는 일본뿐만 아니라 유사한 문제를 겪고 있는 다른 국가에도 중요한 시사점을 제공한다.

마스다는 일본에서 인구감소와 지방소멸 문제를 분석한 보고서 '지방소멸'을 통해 이 주제를 대중화하였다. 지방소멸은 인구감소, 고령화, 그리고 대도시로의 인구집중으로 인해 지방지역이 쇠퇴하고 사라질 위기에 처하는 현상을 말한다. 마스다는 현대 일본 사회의 구조적 변화와 인구 이동 패턴에 대한 심도 있는 분석을 통해 약 30년 후에 인구가 절반 이상 감소하는 일본의 시·정·촌이 50%에 다다를 것이라는 예측과 함께 지방소멸의 원인과 결과를 체계적으로 설명하였다. 그는 특히 지방 중소도시와 농촌 지역에서의 인구감소 문제를 강조하며, 이로 인한 경제적, 사회적 문제를 경고했다. 그의 이론은 지방의 인구감소, 고령화, 경제 약화가 상호작용하여 지역공동체의 기능을 상실하게 된다는 점을 설명하고 있다. 이 이론은 다음과 같은 주요 요소로 구성된다.

① 인구이동과 집중화: 지방 소멸의 주요 원인으로 젊은 층의 대도시로의 인구 이동을 지적하고 있다. 이는 교육, 취업, 생활 편의성 등 다양한 요인에 의해 촉진되며, 대도시로의 인구 집중화가 진행됨에 따라 지방의 인구 감소가 심화된다.
② 경제적 요인: 지역경제는 농업, 어업, 전통 제조업 등 비교적 쇠퇴하는 산업에 의존하는 경우가 많다. 이러한 산업의 경쟁력 저하와 일자리 부족은 지역경제의 약화를 초래하며, 이는 인구 유출을 가속화하는 요인으로 작용한다.
③ 고령화와 출산율 저하: 지방에서는 고령화가 급속히 진행되며, 젊은 인구의 유출로 인해 출산율 저하 현상이 두드러진다. 이는 지역 사회의 지속 가능성을 심각하게 위협하며, 지역 공동체의 소멸을 가속화시키는 결과를 초래한다.

마스다는 지방소멸을 막기 위해 중앙정부와 지방자치단체의 적극적인 정책 개입이 필요함을 강조한다. 지역 경제의 다각화, 젊은 인구 유입을 위한 생활환경 개선, 지역 특화 산업 육성 등이 이에 포함된다. 또한 지역주민과 공동체의 자발적인 참여와 협력이 중요하다고 강조한다. 지역자원을 활용한 경제 활성화, 문화와 전통의 재발견을 통해 지역에 대한 자부심을 고취하고 외부 인구의 유입을 촉진해야 한다.

마스다의 이론은 지방소멸 문제를 이해하고 해결하기 위한 중요한 이론적 틀을 제공하며, 이는 일본뿐만 아니라 유사한 문제를 겪고 있는 다른 국가에도 중요한 시사점을 제공한다. 이 이론은 인구구조 변화, 경제적 도전, 정책적 대응을 포괄적으로 다루며, 지방소멸을 방지하기 위한 전략적 방향성을 제시한다.

지방소멸은 단순히 인구감소의 문제를 넘어 지역의 존립 자체를 위협하는 심각한 문제이며 이를 극복하기 위해서는 지역의 특성을 살린 차별화된 전략과 함께 중앙정부와 지방정부, 그리고 지역주민들의 협력이 필수적이다.

2. 알렌 스콧

알렌 스콧(Allen J. Scott)의 지역소멸 이론은 주로 경제적 관점에서 지역 소멸 현상을 분석하고 설명하는 데 중점을 둔다. Scott의 이론은 다음과 같은 주요 요소로 구성된다.

① 산업구조의 변화: Scott은 전통적인 산업 구조의 변화가 지역 소멸의 핵심 요인 중 하나라고 본다. 특히 농업, 제조업 등 전통 산업의 쇠퇴는 지역 경제의 기반을 약화시키며, 이는 지역 소멸의 직접적인 원인이 된다. 기술발전과 글로벌화에 따른 산업 재편은 지역 일자리 감소를 초래한다.
② 글로벌 경제의 영향: Scott은 글로벌 경제의 변화가 지역 경제에 미치는 영향을 강조한다. 국제 무역과 경쟁의 심화는 지역 산업의 경쟁력을 저하시킬 수 있으며, 이는 지역 경제의 침체로 이어진다. 지역 경제가 글로벌 시장에 적응하지 못할 경우, 이는 지역 소멸을 가속화할 수 있다.
③ 노동시장의 축소: 지역 내 일자리 감소와 노동시장의 축소는 젊은 층의 대도시로의 유출을 초래한다. 이는 지역 인구 감소와 고령화를 가속화하며, 지역 사회의 지속가능성을 위협한다. Scott은 이러한 인구 이동이 지역 소멸의 중요한 메커니즘이라고 본다.
④ 경제적 기회의 부족: Scott은 지역경제가 새로운 경제적 기회를 창출하지 못할 경우, 이는 지역소멸을 피하기 어려운 상황으로 몰고 간다고 주장한다. 지역 내 경제적 다각화와 혁신이 부족하면, 이는 지역 사회의 장기적인 생존 가능성을 약화시킨다.

Scott의 이론은 지역 소멸을 경제적 요인과 그 구조적 변화의 관점에서 접근하며, 이를 해결하기 위해서는 지역경제의 경쟁력 강화와 새로운 경제적 기회 창출이 필요함을 강조한다. 이러한 접근은 지역 소멸 문제를 경제적 측면에서 해결하기 위한 정책 개발에 중요한 시사점을 제공한다.

3. 도런 매시

영국의 학자인 도런 매시(Doren Massey)는 저서 『공간분업론』에서 1970년대 초 영국과 이탈리아의 사례 연구를 통해 국가나 산업별로 다양한 유형의 공간분포가 나타나며 지역의 일자리 분포가 생산방식의 지리적 조직화 및 변화에 따라 결정됨을 주장하였다. 공간분업은 생산과정의 다양한 과업과 노동이 특정지역이나 집단에 따라 상이하게 배치되는 현상을 말한다.

즉, 각 지역이 가지는 고유한 사회적·경제적 특성을 활용하여 기업과 산업이 생산을 조직하기 때문에 서로 다른 산업구조와 노동시장, 계급구성이 나타난다고 보는 것이다.

Massey는 자본주의 발전과정에서 지역은 단순한 배경으로서 기능하는 것이 아니라 자본의 축적과 산업 재구조화 과정에 적극적으로 개입하게 되며, 때문에 어떤 지역은 성장하고 발전하는 반면, 어떤 지역은 쇠퇴와 실업, 인구유출을 경험한다고 본다. 공간분업론은 사회적 변화(예: 산업 구조조정, 여성 노동력의 증가 등)와 공간적 변화(예: 산업의 지역 이전, 도시-농촌 격차 등)가 서로 밀접하게 통합되어 전개된다고 바라보며, 따라서 공간은 사회적 관계와 권력, 경제적 이해관계가 투영되는 역동적 장(場)인 것이다.

또한 자본주의 생산 하에서는 기획, 설계, 연구개발 등의 기능은 수도권에 집중되게 되며, 중·저 숙련기술에 기반한 생산노동의 실행은 상대적으로 저임금이 가능한 지방에 입지하게 된다는 것이다. 산업전략이나 외부 환경변화에 따라서도 공간의 분업방식도 다르게 나타난다고 보았다.

Massey의 공간분업론은 지역 간 불균등 발전의 원인을 자본주의적 생산과정의 공간적 조직, 권력관계, 사회적 맥락에서 바라보며 산업 재구조화 과정에서 여성 노동력의 활용, 젠더에 따른 노동시장 차별 등도 공간분업의 중요한 요소로 분석하고 있다. 즉, 공간분업이 계급이나 젠더, 지역 간 불평등을 재생산하는 매커니즘으로 작용하며 이를 극복하기 위해서는 정치와 시민참여, 사회적 정의가 핵심이 되어야 함을 보여준다. 이러한 시각은 우리나라의 수도권 집중과 지역의 소멸을 설명하는데 유용한 이론이라 볼 수 있다.

4. 우리나라의 실증연구

이상호 외의 연구(2020)에서는 지역위기의 원인과 지역노동시장 유형에 따라 '제조업 산업쇠퇴-군산상생형 일자리 모델', '대학 소멸위기 광주/전남 및 경남의 지역혁신플랫폼 모델', '원도심쇠퇴: 부산 영도구 도시재생일자리 모델', '농어촌 청년인구유출: 경북 의성군 이웃사촌시범마을' 등의 네 가지로 유형화 하고 각 사례들의 개별적 함의를 토대로 대안적 모델과 전략, 정책수단을 제시하였다.

신재은과 우명제의 연구(2021)에서는 2005~2018년 16개 광역시·군의 GRDP/고용 데이터와 화물 물동량 OD분석을 시도하였다. 그 결과 도시간 네트워크 밀도가 1단위 증가할 시 회복탄력성이 0.37 증가하였고(p<0.05), 위기 전과 비교하여 고용성장률은 1%p 높아지고, 위기 후 복구기간은 23% 단축되는 것으로 나타났다.

차미숙·조은주의 연구(2021)에서는 우리나라 지자체 96개의 지방소멸 대응사업을 분석한 결과 지원대상은 청년(37%), 아동·청소년(32.6%), 신혼부부(23.9%) 순으로 나타났으며 사업유형은 육아지원(21%), 일자리창출(18%), 귀농귀촌(11%) 순으로 나타났다. 지방소멸 대응정책의 성공요인으로는 주민참여형 거버넌스가 구축되어 있는 경우 예산효율성이 2.3배 높아지며 정책의 지속성은 41개월에서 68개월로 연장되는 것으로 나타났다.

이러한 연구들의 시사점은 지방소멸 대응을 위한 정책이 단기적 인구유입 정책을 넘어 회복탄력성 제고를 위한 다양한 요인들을 고려한 종합전략 수립이 필수적임을 강조하며(Cha et al.) 특히 청년층 유치보다는 기존 주민의 사회적 지지방 강화가 회복속도를 40% 향상시키는 것으로 분석되었다(Cha et al., 2021; 최남희, 2015).

제2절 우리나라의 지방소멸

1. 현황

우리나라는 2020년 인구 데드크로스(출생<사망)를 달성한 이후 전국 228개 시·군·구 중 89.5%에서 인구감소가 지속되고 있다. 특히 충북 괴산군과 전남 곡성군 등에서 급격한 인구감소 추세가 관측되며 이는 단순한 인구감소를 넘어 지역경제 시스템의 붕괴로 이어지는 양상을 보이고 있다(Cha et al., 2021).

소멸위험지역[07]은 2016년에 우리나라에서 최초로 측정된 이래 해마다 증가하고 있는 추세이다. '주민등록인구통계'에 따르면 17개 광역시도 중 소멸 위험지역은 8개로 나타났으며, '전남', '경북', '강원', '전북'이 0.4 미만을 기록했고, 부산이 광역시 중에서는 최초로 소멸 위험 단계에 진입했다.

---

07 20~39세 여성 인구수를 65세 이상 인구수로 나눈 값으로, 소멸위험지수값이 0.5 미만이면 소멸위험진입단계, 0.2 미만이면 소멸고위험단계로 구분된다.

제2장 도시의 위기, 지역소멸

소멸 위험지역은 시·군·구별 기준으로 전국 228개 중 130곳으로 전국 57%에 이르렀다. 시도별로 살펴보면 전북이 전체 14개 시군 중 1곳을 제외하고 모두 소멸 위험지역으로 확인되어 93%로 가장 높았으며, 전남과 경북은 91%가 소멸 위험지역으로 확인되었다.

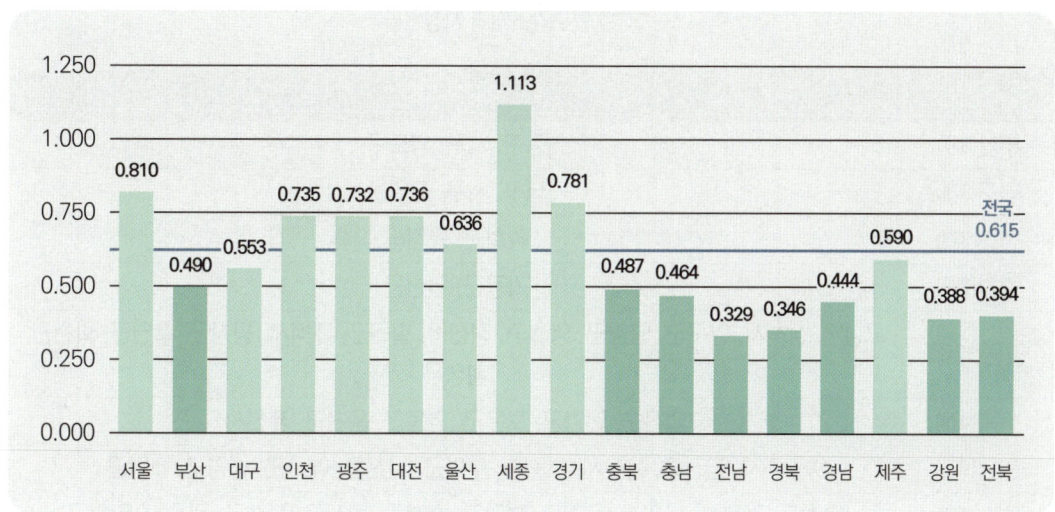

[그림 2-1] 시·도별 소멸위험지수값(2024년 3월)

출처: 국가통계포털(http://www.kosis.go.kr); 이상호(2024: 127)에서 재인용.

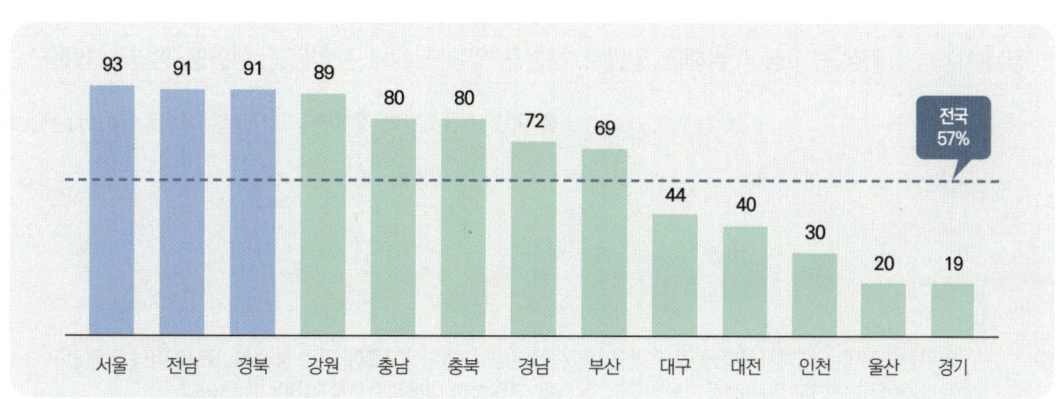

[그림 2-2] 시·도별 소멸위험지역 시·군·구의 비중(2024년 3월)

주: 서울, 광주, 제주는 0%임
출처: 국가통계포털(www.kosis.go.kr). 주민등록인구통계(2024.03.).

다음 〈표 2-1〉과 같이 2021년 10월 89개 시·군·구가 인구감소지역[08]으로 지정되었으며 행정안전부 고시에 의해 18개 지역이 관심지역[09]으로 지정되었다(〈표 2-2〉 참조). 또한 소멸위험지역은 17개 광역시도 중 8개이며 광역시중 부산이 최초로 소멸위험단계에 진입하였다. 도지역은 강원, 경북, 전남과 전북 4곳이 소멸위험지수값이 0.4 미만으로 좀 더 심각한 것으로 나타났다.

〈표 2-1〉 인구감소지역 지정현황

광역시·도	시·군·구
부산(3개)	동구, 서구, 영도구
대구(3개)	남구, 서구, 군위군
인천(2개)	강화군, 옹진군
경기(2개)	가평군, 연천군
강원(12개)	고성군, 삼척시, 양구군, 양양군, 영월군, 정선군, 철원군, 태백시, 평창군, 홍천군, 화천군, 횡성군
충북(6개)	괴산군, 단양군, 보은군, 영동군, 옥천군, 제천시
충남(9개)	공주시, 금산군, 논산시, 보령시, 부여군, 서천군, 예산군, 청양군, 태안군
전북(10개)	고창군, 김제시, 남원시, 무주군, 부안군, 순창군, 임실군, 장수군, 정읍시, 진안군
전남(16개)	강진군, 고흥군, 곡성군, 구례군, 담양군, 보성군, 신안군, 영광군, 영암군, 완도군, 장성군, 장흥군, 진도군, 함평군, 해남군, 화순군
경북(15개)	고령군, 문경시, 봉화군, 상주시, 성주군, 안동시, 영덕군, 영양군, 영주시, 영천시, 울릉군, 의성군, 청도군, 청송군
경남(11개)	거창군, 고성군, 남해군, 밀양시, 산청군, 의령군, 창녕군, 하동군, 함안군, 함양군, 합천군

출처: 인구감소지역 지정변경고시(행정안전부고시 제2024-15호).

---

[08] 인구감소지역은 지방자치분권 및 지역균형발전에 관한 특별법 제2조에 따라 출생률, 65세 이상 고령인구, 14세 이해 유소년인구 또는 생산가능인구의 수 등을 고려하여 대통령령으로 정하는 지역이다.
[09] 관심지역은 법률적 근거에 의한 개념은 아니며 행정안전부 고시에 따라 인구감소지역을 제외한 시군구 중 인구감소지수가 높은 순서대로 인구감소지역 수의 100분의20 내외의 수에 포함되는 지역으로 정의된다(행정안전부고시 제2024-6호 제2조). 2022년 현재 인구감소지역이 89개 지정되었으므로 그의 20%에 해당되는 18개 지역이 관심지역으로 지정되었다.

제2장 도시의 위기, 지역소멸

<표 2-2> 관심지역 지정현황

광역시·도	시·군·구
부산(2개)	금정구, 중구
인천(1개)	동구
광주(1개)	동구
대전(3개)	대덕구, 동구, 중구
경기(2개)	동두천시, 포천시
강원(4개)	강릉시, 동해시, 속초시, 인제군
전북(1개)	익산시
경북(2개)	경주시, 김천시
경남(2개)	사천시, 통영시

출처: 지방소멸대응기금 배분 등에 관한 기준(행정안전부고시 제2024-6호)의 별표1.

시·군·구의 경우 전체 228개 중 소멸위험지역이 130곳으로 57%에 해당하였으며 군지역뿐만 아니라 경북 상주·문경, 경남 밀양과 같은 시지역도 포함되었다. 전남, 전북, 경북의 경우 90% 이상의 시군이 소멸위험지역이다.

지방의 소멸 위험이 증가하는 이유는 전체 인구감소와 함께 일자리가 상대적으로 많고, 의료, 교육 등의 정주여건이 좋은 수도권지역으로의 인구유출도 하나의 원인으로 지목되고 있다. 수도권 인구는 2019년 이후 비수도권 인구를 넘어섰으며 매년 그 격차가 더 커지고 있다.

한국행정연구원이 '인구 감소 시대의 국민이 바라보는 지방 소멸과 대응 정책' 이슈를 위해 2023년에 전국의 전국 일반국민인 만 19~69세 남녀 3,000명을 대상으로 온라인 조사(2023.05.03.~05.15.)를 한 결과에 의하면, 국민들이 긍정적이라고 평가한 지방소멸 대응 정책으로는 '주택 및 교통 등의 정주 여건 개선'과 '삶의 질 높이는 사회적 서비스 확대'가 가장 높게 나타났다. 특징적인 것으로는 지역의 인구 유입과 유출 방지를 위한 요인으로 전통적인 관점인 경제 및 교육적 여건 개선보다는 개인의 삶의 질을 높일 수 있는 사회문화적 인프라 개선에 대한 의견이 더 높았다([그림 2-5] 참조).

[그림 2-3] 전국 시·군·구별 소멸위험지역 현황(2024년 3월)

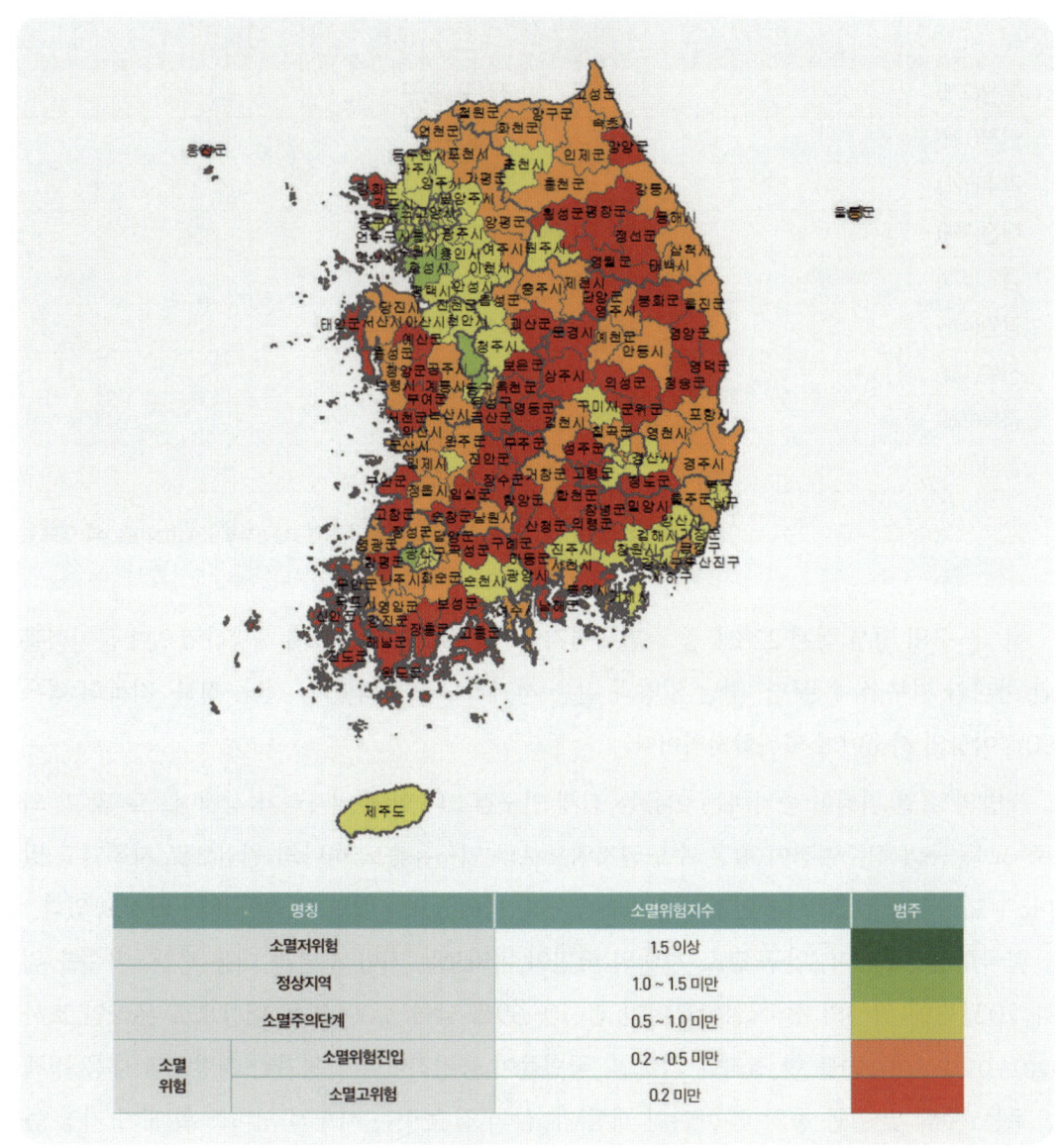

출처: 국가통계포털(http://www.kosis.go.kr); 이상호(2024: 129)에서 재인용.

[그림 2-4] 수도권과 비수도권 인구 비중

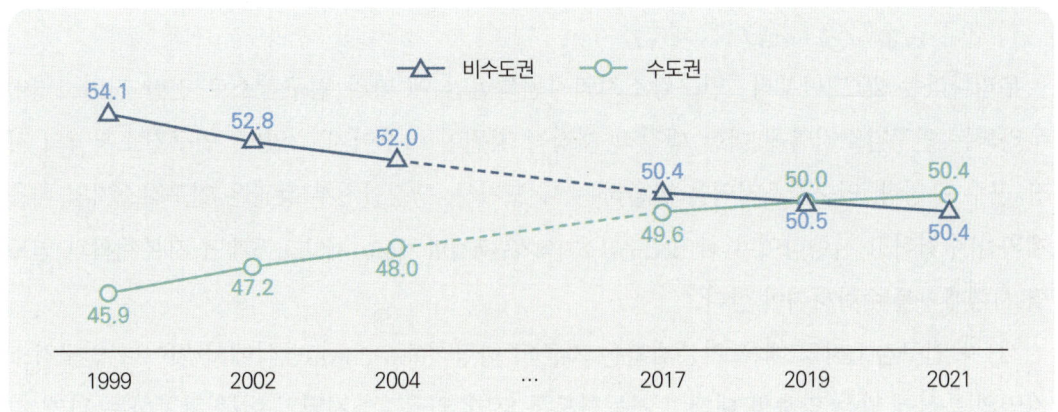

출처: 행정안전부 주민등록인구현황.

[그림 2-5] 지방소멸대응을 위한 지속적 발전 정책 ('긍정적' 평가 비율*, %)

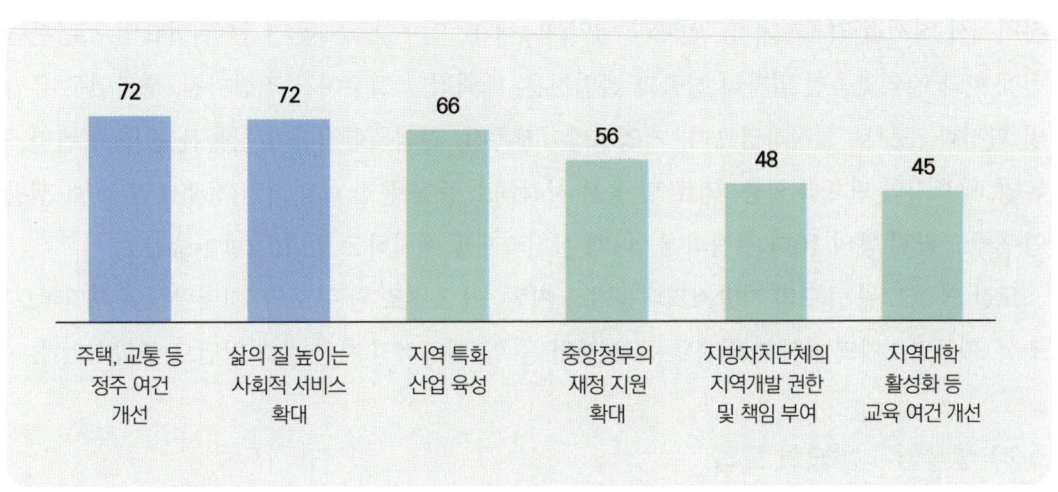

주: 9점 척도로 1~3점: 부정적, 4~6점: 보통, 7~9점: 긍정적
출처: 한국행정연구원(2023).

2. 대응정책

1) 인구감소지역 대응계획 수립

우리나라는 2022년부터 「인구감소지역지원특별법」에 따라 인구감소로 인한 지역소멸이 우려되는 인구감소지역에 대한 행정적·재정적 지원이 이루어지고 있다. 인구감소지역의 시장·군수·구청장, 인구감소지역을 관할하는 시·도지사, 행정안전부 장관은 인구감소지역 대응계획을 수립하고 시행하여야 하며(인구감소지역지원특별법 제6조~제8조), 5개년 기본계획과 연도별 시행계획을 수립하여야 한다.

제1차 인구감소지역 대응 기본계획은 기존의 하향식(top-down)방식에서 벗어나 인구감소지역의 특성에 맞는 맞춤형 대책이 가능하도록 89개 인구감소지역과 이를 관할하는 11개 시도가 상향식으로 수립한 기본계획을 종합한 인구감소지역에 대한 최초의 범정부 종합계획으로서의 의의를 지닌다. 인구감소지역 지정주기(5년)과 일치시키기 위해 2022에서 2026년까지로 설정하였고, 지방소멸 위기극복 및 새로운 활력제고를 목표로 3대 전략으로는 인구감소지역에서 경제적 격차(일자리), 인프라 열악(정주여건), 인구감소(사람)가 큰 위협요인으로 판단됨에 따라 지역맞춤형 일자리 창출과 산업진흥, 매력적인 정주여건 조성지원, 생활인구 유입 및 활성화 도모로 설정하였으며, 기업지방이전촉진, 지역특화일자리 창출을 통한 청년인구 유입, 낙후지역 인프라 확충, 의료 및 돌봄 사각해소 등을 통한 매력적인 정주여건 조성, 생활인구제도 확립 등의 16대 추진과제, 43개 실천과제를 제시하고 있다([그림 2-6] 참조).

또한 연 1조 원 규모의 지방소멸대응기금 지원, 연 2~3조 원 규모의 '지역활성화 투자펀드' 조성, 인구감소지역에 대한 맞춤형 특례 제정 등 행·재정적인 지원 강화 방안도 포함되었다.

2) 생활인구 개념의 도입

행정안전부는 인구감소지역의 지원을 위해 2022년 6월 10일 「인구감소지역지원특별법」[10]

---

[10] 인구감소지역지원특별법 제2조 2. "생활인구"란 특정 지역에 거주하거나 체류하면서 생활을 영위하는 사람으로서 다음 각 목의 어느 하나에 해당하는 사람을 말한다.
    가. 「주민등록법」 제6조 제1항에 따라 주민으로 등록한 사람
    나. 통근, 통학, 관광, 휴양, 업무, 정기적 교류 등의 목적으로 특정 지역을 방문하여 체류하는 사람으로서 대통령령으로 정하는 요건에 해당하는 사람
    다. 외국인 중 대통령령으로 정하는 요건에 해당하는 사람

및 동법 시행령을 제정하여 생활인구라는 새로운 인구개념을 도입하였다. 다음해인 2023년에는 '생활인구의 세부요건 등에 관한 규정'을 고시하여 생활인구의 구체적 개념정의와 작성지침을 마련한 바 있다. 또한 행정안전부와 통계청에서는 2024년부터 89개 인구감소지역의 월별 생활인구를 산정하여 공표하고 있다.

[그림 2-6] 제1차 국가 인구감소지역 대응 기본계획 목표, 전략, 추진기반

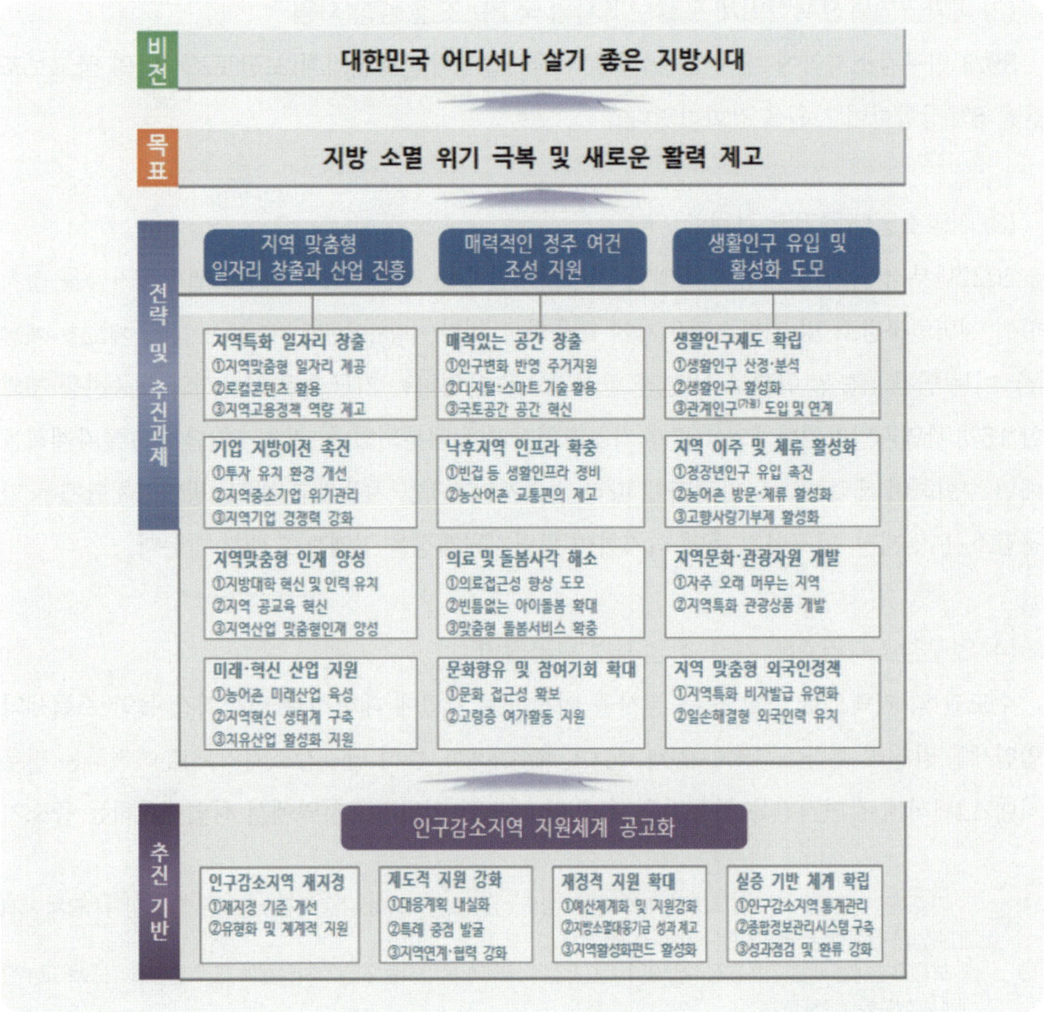

출처: 행정안전부 보도자료(2023). 제1차 인구감소지역대응 기본계획(https://nsp.nanet.go.kr/plan/main/detail.do?nationalPlanControlNo=PLAN0000044215).

3) 재정지원

(1) 지방교부세 지원

2022년을 기점으로 기준재정수요액[11]을 산정할 때 인구감소지역에 더 많은 보통교부세[12]를 배분하도록 우대하고 있다.[13]

(2) 국가균형발전특별회계 포괄보조사업 국고보조율 상향 지원

89개 인구감소지역에 대해 2023년부터 국가균형발전특별회계 포괄보조사업의 국고보조율을 5% 상향하여 지원을 강화하였다.[14]

(3) 지방소멸대응기금 지원

2022년부터 국가가 재정이 취약한 지방자치단체를 지원하고자 지방소멸대응기금을 설치하여 지역인구감소 및 지방소멸위기에 대응하고 있다(지방자치단체 기금관리기본법 제22조~제29조). 이는 연간 1조 원 규모로 10년간 한시적으로 운영하는 기금으로 서울시와 세종시를 제외한 15개 광역지방자치단체와 107개 기초자치단체에 배분되었다. 기초자치단체는 투자계획을 매년 수립하여 제출하고 평가결과에 따라 기초지원계정을 차등배분 받고, 광역자치단체는 인구감소지수, 재정, 인구여건 등에 의거하여 광역지원계정을 정액으로 배분 받는다.

(4) 인구감소지역 이전기업, 창업기업 세금감면

수도권 외 지역으로 공장 또는 본사를 이전하는 기업에 대해서는 일정기간 동안 소득세와 법인세를 감면해 준다(조세특례제한법 제63조, 제63조의2). 특히 인구감소지역으로 이전하는 경우 최대 12년까지 감면기간을 적용받을 수 있다.[15] 또한 인구감소지역에서 사업전환하는 중소기

---

11   기준재정수요액은 각 지방자치단체의 재정수요를 산정한 금액이며, 기준재정수입액은 각 지방자치단체 재정수입을 산정한 금액을 말한다(지방교부세법 제2조).
12   보통교부세는 매년 기준재정수입액이 기준재정수요액에 못미치는 지방자치단체에 그 미달액을 기초로 교부한다(지방교부세법 제6조).
13   2022년 지방교부세법 시행규칙을 개정하여 기준재정수요액 보정 시 인구감소지역에 대한 재정수요가중치를 30%에서 50%로 상향하여 인구감소지역에 대해 보통교부세를 확대 지원할 수 있는 근거를 마련하였다.
14   인구감소지역과 성장촉진지역에 공통 해당되는 지역은 최대 10% 상향지원할 수 있다.
15   광역시나 중규모 도시내 인구감소지역으로 이전하는 경우 감면기간 7년(100% 감면)에 추가로 3년(50% 감면) 적

제2장 도시의 위기, 지역소멸

업, 창업기업, 이전기업에 대해 취득세와 재산세를 감면해 준다.[16]

4) 특례적용

(1) 인구감소지역 등 취득주택 특례

2025년 1월 1일부터 기존 1주택 소유자가 인구감소지역 주택 또는 비수도권 소재 준공 후 미분양 주택을 취득 시에는 1세대 1주택 특례를 적용받는다. 지역경제 활성화와 원활한 주택 공급을 위한 취지에서 양도소득세 12억 원 비과세 및 장기보유특별공제 최대 80% 적용 혜택을 받을 수 있다.

(2) 개발특례 적용

인구감소지역에 소규모 관광단지를 개발할 수 있는 지정 기준이 5만㎡~30만㎡로 완화되고, 필수시설도 공공편익과 관광숙박 시설까지 2종으로 준다. 승인절차는 시·도지사(문체부 사전 협의)에서 시·군·구청장(시·도지사 사전협의)으로 바뀌고, 기존의 관광단지에 적용한 혜택인 개발부담금 면제와 취득세 감면, 공유재산 임대료 감면, 관광진흥개발기금 융자지원 등은 동일 적용한다.

5) 경상북도의 인구감소대응계획

경상북도는 2023년 1월부터 시행된 「인구감소지역지원특별법」에 따라 보육·교육, 의료, 주거, 교통, 문화기반 확충 및 청년·중장년 등의 정착지원, 생활환경 및 경관개선, 정보통신기술 활용 촉진 등에 지원을 받고 있다.

인구감소대응계획에 따르면 경상북도는 도 전체와 인구감소지역에 지방소멸대응기금 광역계정예산을 투입할 계획이며, 관심지역과 관련된 사업도 4개가 포함되어 있다. 지방소멸대응

---

16 용하고, 그 외 인구감소지역으로 이전하는 경우 감면기간 10년(100% 감면)에 추가로 2년(50% 감면)을 적용한다. 중소기업이 인구감소지역에서 사업 전환하는 경우 전환한 사업에 이용하려고 취득한 부동산에는 취득세 50%를 감면하고, 5년간 재산세의 50%를 감면한다(지방세특례제한법 제75조의3). 인구감소지역에서 창업하거나 사업장을 이전·신설하는 경우 취득한 부동산에 대한 취득세와 재산세를 5년간 면제하며, 이후 재산세를 3년간 50% 감면한다(지방세특례제한법 제75조의5).

기금 광역계정을 투입하는 사업은 42개 사업이며, 인구감소지역만 해당하는 사업은 21개, 관심지역만 해당하는 사업은 3개, 그 외 지역만 해당하는 사업은 2개, 인구감소지역, 관심지역, 그 외 지역에 해당하는 사업은 1개, 전역에 해당하는 사업은 15개로 구성되었다. 2025년도에는 지방소멸대응기금으로 1,494억 원을 확보하였다.

[그림 2-7] 경상북도 인구감소 비전, 목표, 전략

출처: 경상북도(2023). 경상북도 인구감소지역 대응 기본계획; 김민영·이소영(2024) p.42 재인용.

제3절 해외사례

1. 일본

일본은 우리나라와 유사하게 저출산과 고령화가 빠르게 진행되고 수도권의 인구집중도가 높으며(29%), 지방에서 수도권으로 이동하는 젊은이들로 인해 인구유출이 심각하다.

1) 마을·사람·일자리창생법(地方創生法) 제정

2014년에 제정된 이 법은 지방창생의 기본 이념, 국가의 책무, 지방창생 종합 전략의 수립과 실행, 지방창생본부 설치 등을 규정하고 있다. 급속한 저출산·고령화에 대응해서 수도권의 과도한 인구집중을 막고 지역사회의 안정과 활력 있는 일본사회를 유지하기 위해 모든 지자체는 5년마다 '마을·사람·일자리 창생 종합전략'과 '마을·사람·일자리 창생 장기비전'을 수립해야 한다. 이를 위한 전담기구·컨트롤 타워로 마을·사람·일자리 창생본부를 내각에 설치하여 관계부처와의 협력을 도모하고 있다. 우리나라의 인구감소지역과 유사하게 과소지역을 두고 있다.

2) 재정지원

일본 정부는 지방교부세를 줄이고 지방창생교부금을 배분하고 있다. 디지털 전원도시 국가구상 교부금(デジタル田園都市国家構想交付金)[17]을 통해 지자체가 지역 실정에 맞추어 주도적으로 지방창생을 위해 노력하고 지역의 과제를 해결하도록 지방재정계획 세출에 계상하고 있다. 또한 지방창생응원세제((地方創生応援税制)를 통해 기업이 지자체가 작성한 지역재생계획에 대해 기부하는 경우 기업에 대한 법인세(국세), 법인주민세와 법인사업세(지방세) 등을 공제해주는 제도이다. 이른바 기업판 고향납세(企業版ふるさと納税)라고 불리며 세금감면이 기부액의 최대 90%로 하고 있다. 본사를 이전하거나 지방에 위치한 지사의 기능을 확충하는 경우 오피스 감세, 고용촉진세제 특례를 적용하고 있다.

3) 후루사토 납세제(고향세)

2008년에 도입된 이 제도는 납세자가 소득세의 일부를 원하는 지역에 납부할 수 있게 하여 지방의 부족한 세수를 보충하는 역할을 한다. 후루사토 납세제(ふるさと納税)는 일본의 독특한 지방세 제도로서, 납세자가 자신의 출신지나 선호하는 지방자치단체에 기부를 함으로써 지역 발전에 기여할 수 있도록 설계된 제로, 지방자치단체 간의 재정 격차를 완화하고 지역 경제를 활성화하기 위한 목적으로 시행되었다.

후루사토 납세제의 주요 특징은 납세자가 선택한 지역에 기부를 하면, 해당 금액의 일부가 본인의 소득세 및 주민세에서 공제된다는 점이다. 이를 통해 기부자는 실질적인 세금 부담 없

---

17 2022년 지방창생정비추진 교부금과 지방창생 거점정비 교부금, 지역활성화 촉진 지불금을 통합하여 설치하였으며 지방의 사회적 과제를 해결하고 매력을 강화하기 위한 지자체의 노력을 지원한다(일본지방창생 홈페이지 http://www.chiwou.go.jp).

이 지역 사회에 기여할 수 있다. 또한, 기부에 대한 감사의 표시로 지역 특산품이나 상품권 등을 리워드로 받을 수 있는 경우가 많아, 이는 납세자의 참여를 유도하는 중요한 요소로 작용한다.

일본은 심각한 인구 감소와 고령화 문제에 직면하면서, 특히 지방 소도시와 농촌 지역에서 인구 유출이 가속화되었다. 이에 따라 지방자치단체의 재정 기반이 약화되고, 지역 경제의 침체가 우려되었다. 따라서 지역 경제를 활성화하고 지방 자치단체의 재정 자립을 지원하기 위한 새로운 방안이 필요하게 되었다. 후루사토 납세제는 이러한 배경에서 지역 주민뿐만 아니라 도시 거주자도 자신의 고향이나 특정 지역에 기여할 수 있는 기회를 제공하고자 도입되었다.

후루사토 납세제는 일본의 지방세법 개정을 통해 공식적으로 시행되었다. 이 법령은 납세자가 특정 지방자치단체에 기부할 경우, 해당 기부금을 소득세 및 주민세에서 공제받을 수 있도록 규정하고 있다. 후루사토 납세제의 실질적인 운영을 위해 기부금에 대한 세액 공제 제도가 마련되었다. 이는 기부자가 자신의 연간 소득세와 주민세에서 일정 금액을 공제받을 수 있도록 하여, 실질적인 세금 부담을 줄이는 역할을 한다.

각 지방 자치단체는 후루사토 납세제를 통해 기부금을 유치하기 위한 다양한 프로그램을 자율적으로 운영할 수 있다. 이에 따라 자치단체는 지역 특산품을 리워드로 제공하거나, 기부금을 지역 발전 프로젝트에 활용하는 등 다양한 전략을 펼칠 수 있다. 지방자치단체로 하여금 자체적으로 기부금을 유치하기 위한 다양한 캠페인을 벌이게 하며, 이를 통해 지역 특산물의 홍보 및 판매 촉진에도 기여한다. 후루사토 납세제를 통해 지방자치단체는 추가적인 재원을 확보할 수 있으며, 이는 지역의 공공서비스 향상 및 지역 활성화 프로젝트에 사용된다.

4) 인재 파견 정책

인재 파견 정책(地方創生人材支援制度)은 일본 정부가 공무원, 연구자, 민간기업의 사원 등 전문성을 지닌 인재를 부시·정·촌장 또는 간부직원, 자문 등으로 파견하여 그들의 노하우를 활용한 지방창생 추진이 가능하도록 지원하는 제도이다. 파견을 희망하는 지자체로부터 신청을 받아 중앙정부부처, 대학, 민간기업 등과의 매칭을 통해 인재를 지원한다. 2004년부터 시작된 '지역재생 매니저' 사업은 전문가가 지역에 3년간 상주하며 지역 활성화를 지원한다.

5) 후루사토 워킹홀리데이

후루사토 워킹홀리데이는 일본에서 지방 지역의 활성화를 도모하기 위해 도입된 프로그램으로, 도시 거주자들이 일정 기간 동안 일상에서 벗어나 지방에서 생활하며 지방의 자연환경과 지역 문화를 체험하며 일할 수 있는 기회를 제공하는 제도이다. 이 프로그램은 지방의 인구 감소와 경제 침체 문제를 해결하고, 도시와 지방 간의 인구 및 자원 균형을 맞추기 위한 목적으로 운영된다. 참가자들은 지역 사회에 참여하여 다양한 활동을 경험하게 된다. 참가자들은 지방에서 일할 수 있는 기회를 얻으며, 이는 지역 산업에 기여하고 지방 경제를 활성화하는 데 도움을 준다. 제공되는 일자리는 농업, 어업, 관광업 등 지역의 특성에 맞는 분야가 많다.

이 프로그램은 도시와 지방 간의 상호 교류를 촉진하고, 도시 거주자들이 지방의 실정을 이해하며 지역 사회와의 연결을 강화하는 데 목적이 있다. 이를 통해 지역 주민과의 유대감이 형성된다. 후루사토 워킹홀리데이는 지역에 인구유입을 촉진하고, 장기적으로는 지방에 정착하는 인구를 늘리는 데 기여할 수 있다. 이는 지역의 지속 가능한 발전을 도모하는 중요한 전략이다.

일본 정부와 지방자치단체는 이 프로그램의 성공적인 운영을 위해 다양한 지원을 제공하는데 주거, 교육, 생활 지원 등 참가자가 지방에서 원활하게 생활할 수 있도록 돕는다. 후루사토 워킹홀리데이는 이러한 특성을 바탕으로, 지방 창생의 일환으로 도시와 지방 간의 인구 및 자원의 균형을 맞추고, 지역 경제와 공동체의 활성화를 추구하는 프로그램이다. 2016년에 도입된 이 제도는 도시 청년들이 농촌에서 일정 기간 일과 관광을 함께 할 수 있도록 지원한다. 2019년까지 3,323명이 참여하여 큰 호응을 얻었다.

이러한 다양한 정책들은 지방소멸 문제에 대응하기 위해 지역 커뮤니티 재생, 인재 확보, 경제 활성화 등을 목표로 하고 있다.

2. 대만

2017년 12월 대만 행정원(行政院)은 국가 총인구의 감소, 저출산·고령화, 대도시 인구집중, 도농 불균형 발전 등의 문제를 해결하기 위해 '안거낙엽(安居樂業)',[18] '생생불식(生生不

---

18   안거낙엽은 사람들이 안정적으로 거주하고 직업을 가지며 행복한 삶을 살 수 있도록 하는 것이다.

息),'¹⁹ '균형대만(均衡臺灣)'²⁰ 등 3대 정책축을 발표하였다. 행정원은 중앙정부, 지방정부, 지역 활성화 관련 민간기업, 전문가가 참여하는 행정원 지방창생협의회(行政院地方創生會報)를 구성하였고, 2018년 5월 21일 총통이 제1차 회의를 주재하여 국가발전위원회에 '지방창생 국가전략계획(地方創生國家戰略計畫)'을 제출하도록 지시하였다. 2018년 11월 30일에 열린 제2차 회의에서는 2019년을 대만 지방창생의 원년으로 선포하고, 지방창생을 국가안보전략 차원으로 격상시켰다.

2020년 10월에는 지방창생을 위한 추진력을 높이기 위해 '지방창생추진 가속화계획(加速推動地方創生計畫)'(지방창생 2.0, 2021~2025), 2024년 2월에는 지속가능성, 공공복지, 공익을 핵심하는 '지속가능하고 공유되는 지방창생계획(2025~2028)(打造永續共好地方創生計畫)'(지방창생 3.0)을 제출하였다.

대만은 총 368개 행정구 중 134개를 '지방창생 우선추진지역(地方創生優先推動地區)'으로 지정하였다. 이는 인구규모와 인구변화율, 주민소득 등에 대한 분석을 바탕으로 주민의 경제적 취약성과 자원활용 우선순위를 고려하여 지정하였는데, 지방창생 우선추진 지역(地方創生優先推動地區)은 6개 직할시가 아닌 주로 중부, 남부, 동부 등 지역에 집중되어 있다.

재정지원의 경우 자원의 중복 투입을 막기 위해, 관련 기관의 자원을 통합하여 지방창생 사업을 공동으로 지원하도록 하고 있다. 즉, 자산조사 후, 11개 기관의 37개 계획을 통합하여 지방창생 사업을 공동으로 시작하고, 이후 필요에 따라 지방창생 사업 제안에 적절한 예산이 할당되며, 관련 계획과 내용은 지속적으로 검토·조정하여 지방창생 전략에 부합하도록 한다. 국가개발기금은 산업 혁신과 전환 기금, 벤처 투자 기금, 엔젤투자자 프로그램, 다양한 협력 투자 프로젝트를 통해 각 프로젝트 금액의 투자 비율을 높이며, 이를 통해 지방창생 사업에 대한 투자를 강화하고 있다.

또한 지역의 인재와 인력 부족을 해소하기 위해 중앙정부의 공무원, 은퇴한 공공 및 민간 부문 인재가 지역에서 서비스를 제공하도록 장려하고 있는데, 공무원들의 고향 채택(배치), 교환(이동, 전보), 지원을 조정하기 위한 플랫폼을 설립하였고, 지역이 지방창생 작업을 촉진할 수

---

19 생생불식은 대만 사회·경제의 지속적인 발전을 지원하고 인구감소와 고령화에서 벗어나 새로운 세대를 유치하여 꾸준한 발전을 이루는 것이다.
20 균형대만은 대도시와 농촌, 서쪽과 동쪽 지역 간 발전 격차를 줄이고 대만내 지역 간 균형 있는 발전을 추구하는 것이다.

있도록 은퇴한 공공 및 민간부문의 인재를 지원한다. 대학 사회 책임(USR) 프로그램을 통해 비전 설정을 지원하고 지방창생 서비스 팀을 설립하여 안내 및 상담을 제공하고 있다.

3. 스웨덴

스웨덴은 지방소멸 문제를 해결하기 위해 다양한 정책을 도입하고 있으며, 이러한 정책은 주로 지방의 경제 활성화, 인구 유입 촉진, 지역 공동체 강화에 초점을 맞추고 있다. 스웨덴은 지방의 산업과 경제를 혁신하기 위해 기술 개발과 스타트업 지원에 중점을 두고 있다. 이를 위해 지방에 연구개발 센터를 설립하고, 혁신 클러스터를 조성하여 기업 간 협력을 촉진한다. 또한, 지방 중소기업에 대한 금융 지원과 컨설팅 서비스를 제공하여 경쟁력을 강화하고, 새로운 일자리를 창출한다.

스웨덴은 디지털 인프라를 확충하여 지역 주민들이 원격 근무와 온라인 서비스를 활용할 수 있도록 지원하고 있다. 이는 도시와 지방 간의 디지털 격차를 줄이고, 지방의 생활 편의성을 높이는 데 기여한다. 고속 인터넷과 통신망의 구축은 지방의 경제활동을 활성화하고, 교육 및 의료 서비스 접근성을 향상시킨다.

또한 지방의 교육기관을 강화하고, 직업훈련 프로그램을 확대하여 지역 인재를 양성하고, 젊은 층의 지방 정착을 유도한다. 스웨덴은 지방 대학과 연구소를 지원하여 지역 특화 산업에 필요한 인재를 배출하고 있으며, 평생교육 기회를 제공하여 주민들이 경제 변화에 적응할 수 있도록 돕는다.

스웨덴은 지방의 주택 공급을 확대하고, 생활환경을 개선하여 인구 유입을 촉진하고 있다. 이를 위해 친환경 주택 건설을 장려하고, 공공 인프라 투자를 통해 생활의 질을 높이며 지방의 문화와 자연을 보존하고, 관광 산업을 활성화하여 지역 경제를 부양한다.

지방자치단체의 권한을 강화하고, 주민 참여를 유도하여 지역 문제를 해결하는 데 있어 자율성을 부여한다. 스웨덴은 지역주민과의 협력을 통해 지역맞춤형 정책을 수립하고, 실행하는 것을 중시한다. 지역 공동체의 결속력을 높이고, 주민들이 적극적으로 지역 발전에 참여할 수 있도록 다양한 프로그램을 운영한다.

스웨덴의 지방소멸 정책은 경제적, 사회적, 환경적 측면을 모두 고려하여 지방의 지속 가능한 발전을 도모하는 종합적인 접근 방식을 취하고 있다. 이러한 정책들은 지방의 자립성과 매력을 높여 인구 유입과 지역 활성화를 촉진한다.

스웨덴의 지방소멸 문제에 대응하는 정책들은 여러 법적 근거에 기반을 두고 있으며, 이들 법령은 지방자치와 지역발전을 지원하는 것에 중점을 두고 있는 데, 「지방자치법(Kommunallagen)」,[21] 「지역개발 및 계획법(Plan-och bygglagen)」,[22] 「지방재정법(Lagen om kommunal ekonomi)」[23] 등이 대표적이다.

4. 호주의 지역인구 유입정책

호주는 지역인구 유입을 촉진하기 위해 다양한 정책을 시행하고 있으며, 이러한 정책들은 주로 법적 근거를 바탕으로 지역의 경제 활성화와 인구 분산을 목표로 하고 있다. 주요 정책과 법적 근거는 다음과 같다.

1) 지역 이민 프로그램(Regional Migration Program)

호주는 특정 지역으로의 이민을 장려하기 위해 다양한 비자 프로그램을 운영하고 있으며, 이는 주로 호주 이민법(Migration Act 1958)에 근거한다. 지방 지역비자(Regional Visa): Subclass 491 및 494 비자 등은 지방에서 거주하고 일하는 조건으로 발급되며, 이는 지방의 인구 유입을 촉진하기 위한 중요한 도구이다. 이 비자들은 기술이민자와 그 가족이 지방에 정착하도록 유도하며, 일정 기간 이후 영주권 신청 기회를 제공한다.[24]

---

21 스웨덴의 지방자치법은 지방자치단체의 권한과 책임을 규정하고 있으며, 자치단체가 지역 발전과 주민 복지를 위해 자율적으로 정책을 수립하고 실행할 수 있도록 한다. 이 법은 지방자치단체가 지역 주민의 참여를 통해 지역 문제를 해결하고, 지속가능한 발전을 도모할 수 있는 법적 근거를 제공한다.

22 이 법은 스웨덴의 국토 이용과 지역 개발을 위한 기본적인 틀을 제공하며, 지방자치단체가 지역 특성에 맞는 개발 계획을 수립할 수 있도록 한다. 이를 통해 지방자치단체는 지역의 경제적, 사회적, 환경적 발전을 위한 다양한 프로젝트를 추진할 수 있다.

23 지방재정법은 지방자치단체의 재정 운영과 관련된 규정을 포함하고 있으며, 자치단체가 지역 발전을 위한 재정적 지원을 받을 수 있는 근거를 제공한다. 이 법은 특히 지방자치단체가 중앙정부로부터 재정지원을 받아 지역활성화 프로젝트를 추진할 수 있도록 한다.

24 주특정지역이민프로그램(State Specific and Regional Migration: SSRM)은 1996년 도입된 제도로, 낙후된 비도시지역 또는 지방에 3년 이상 거주하는 경우 영주권 신청 시 가산점 등 인센티브를 제공한다. 이 제도를 통해 신규 영주권자가 지방에 많이 거주하게 되었고 지역사회에 취업하여 지역경제 활성화와 인구구조 개선에 기여한 것으로 평가된다.

2) 지방 고용촉진 전략(Regional Employment Strategies)

호주는 지방의 고용기회를 확대하기 위해 다양한 프로그램을 운영하고 있으며, 이는 주로 호주 「고용법(Employment Services Act 1994)」과 관련되어 있다. 지방의 특정 산업이나 직종에 대한 인센티브를 제공하여, 기업이 지역인재를 고용하도록 유도한다.

3) 지역개발기금(Regional Development Fund)

호주는 지역 사회의 경제적 활력을 높이기 위해 다양한 개발기금을 운영하고 있으며, 이는 「지역 개발법(Regional Development Act)」에 의해 규정된다. 이 기금은 지방의 인프라 개선, 사업 개발, 관광 산업 활성화 등을 지원하며, 지역의 생활환경을 개선하여 인구 유입을 도모한다.

4) 지방 주택 보조금(Regional Housing Subsidies)

지방에의 정착을 장려하기 위해 주택 구매자나 임차인을 위한 보조금을 제공하고 있으며, 이는 주로 「주택법(Housing Assistance Act 1996)」에 근거한다. 지방에 주택을 구입하거나 임대할 경우, 다양한 재정적 지원을 받을 수 있어, 이는 지방 정착을 유도하는 중요한 요인이다.

5) 지방 커뮤니티 지원(Regional Community Support)

지방 커뮤니티의 사회적, 경제적 기반을 강화하기 위해 다양한 지원 프로그램이 운영되며, 이는 「사회복지법(Social Security Act 1991)」과 연계되어 있다. 지역 사회의 교육, 건강, 문화 활동을 지원하여 지방의 삶의 질을 높이고, 이를 통해 인구 유입을 촉진한다.

호주의 지역 인구 유인 정책은 이러한 법적 근거와 프로그램을 통해 지방의 경제와 사회적 환경을 개선하고, 인구 분산을 촉진하는 데 기여하고 있다. 이들 정책은 지방의 지속 가능한 발전을 도모하고, 국가 전체의 균형 잡힌 발전을 목표로 한다.

제3장
도시의 미래, 친환경 도시

제1절 미래 도시로의 전환과 친환경 도시의 필요성

21세기의 도시는 인류 문명의 총체적 문제를 압축적으로 드러내는 공간이자, 동시에 인류 생존의 돌파구를 모색할 수 있는 핵심 무대로 주목받고 있다. 도시화는 산업혁명 이후 가속화되어 왔으며, 오늘날 세계 인구의 약 56%가 도시에 거주하고 있다(UN DESA, 2022). 특히 2050년까지 이 비율은 약 70%에 이를 것으로 전망되면서, 도시는 전 지구적 차원에서 에너지 소비, 탄소 배출, 자원 고갈, 주거 불평등, 환경오염, 사회적 단절 등 다양한 위기의 집결지로 작용하고 있다.

실제로 도시 지역은 세계 에너지의 약 78%를 소비하며, 온실가스 배출의 약 70%를 차지한다(World Bank, 2020). 도시의 산업 활동, 자동차 중심의 교통 체계, 에너지 낭비형 건축물, 불투수 면적 확대로 인한 기후 탄력성 저하 등은 기후위기를 심화시키는 주요 원인으로 지목된다. 특히 도시 열섬현상, 미세먼지 증가, 극단적 기후현상의 빈발은 도시에 거주하는 인구의 건강과 삶의 질에 직격탄을 가하고 있다. 이러한 상황에서 단순한 환경 개선 수준을 넘어 도시 전반의 구조와 작동 원리를 전환하는 것이 시급한 과제로 대두되고 있다.

이러한 흐름은 글로벌 차원의 정책 및 담론에서도 확인할 수 있다. 유엔은 2015년 채택한 지속가능발전목표(SDGs)에서 제11번 목표로 '지속가능한 도시와 공동체(Sustainable Cities and

Communities)'를 제시하며, 도시 문제 해결 없이는 다른 어떤 지속가능성 목표도 달성할 수 없다는 점을 명확히 했다(UN, 2015). 이는 도시에 대한 새로운 접근법이 필요함을 의미하며, 그 중심에는 '친환경 도시'로의 전환이 있다.

친환경 도시는 단순한 녹지 확충이나 청정에너지 도입을 넘어, 도시의 생산과 소비, 이동, 생활 전반에 걸쳐 생태적 균형을 회복하고 자원의 순환을 지향하는 도시 모델이다. 이러한 전환은 경제 성장과 환경 보전이 상충 관계에 있다는 기존 패러다임을 넘어서는 것으로, 환경을 도시 경쟁력의 핵심 요소로 전환하려는 전략적 시도이기도 하다. 이 과정에서 도시 거버넌스, 시민 참여, 기술혁신, 제도 개혁 등이 통합적으로 작동해야 실질적인 변화가 가능하다.

도시의 전환은 무엇보다도 기후위기 대응이라는 인류의 최대 과제와 직결된다. IPCC 제6차 보고서(2022)는 "향후 10년이 기후변화 대응의 결정적 시기"임을 선언하며, 특히 도시를 탄소배출 저감과 기후적응의 중심 공간으로 규정하였다. 즉, 도시는 파괴의 원인이자 구원의 열쇠인 셈이다. 예를 들어, 도심 내 자동차 통행 제한, 건축물의 에너지 성능 강화, 자원 재순환 시스템 구축, 도시농업 활성화, 지역 에너지 공동체 형성 등의 전략은 기후변화 대응과 동시에 시민의 삶의 질 향상에 직접적으로 기여한다.

한국 사회에서도 이러한 도시 전환의 필요성은 갈수록 절박해지고 있다. 수도권 집중과 고밀도 개발, 주거난과 교통 혼잡, 고령화와 1인 가구 증가, 미세먼지와 도심 열섬 현상 등은 도시의 지속가능성을 위협하고 있다. 서울을 비롯한 대도시는 물리적 한계에 도달했으며, 기존 방식의 도시 확장이나 개발은 더 이상 해법이 되지 않는다. 이에 따라 서울시, 수원시, 세종시 등 여러 지자체는 '그린뉴딜' 또는 '탄소중립 도시' 선언을 통해 친환경 도시로의 전환을 본격화하고 있다. 그러나 이들 선언이 실질적 전환으로 이어지기 위해서는 계획 수립뿐 아니라 실효성 있는 제도 운영, 주민 참여 확대, 기술과 인프라의 통합이 병행되어야 한다.

친환경 도시로의 전환은 단순한 환경 정책의 범주를 넘어선다. 이는 도시 공간의 사회적 정의 실현, 지역 간 불균형 해소, 문화적 다양성과 회복력 증진, 디지털 기술과 생태 지식의 융합 등을 아우르는 포괄적 혁신이다. 예컨대, 저소득층 거주지역에 태양광 공동설비를 설치하거나, 교통약자를 위한 보행 인프라를 강화하는 정책은 환경과 복지를 동시에 고려한 도시설계의 실천이라 할 수 있다.

한편, 이러한 전환은 글로벌 경쟁에서도 중요한 의미를 가진다. 유럽연합은 2050년까지 탄소중립을 실현하기 위한 '유럽 그린딜'을 추진하며, 모든 도시정책을 지속가능성과 연결하고 있다. 중국은 500개 이상의 생태도시 프로젝트를 추진 중이며, 미국은 「인플레이션감축법 (IRA)」을 통해 도시 에너지 구조의 전환에 대규모 투자를 하고 있다. 이러한 흐름 속에서 한국 도시의 대응 전략도 보다 공격적이고 선도적인 접근이 요구된다. 즉, 단순히 추격자가 아닌 선도자로서의 도시 전략이 필요하다.

요컨대, 미래 도시로의 전환은 선택이 아니라 생존의 문제이다. 이는 단기적인 정책의제가 아니라 도시 구조의 총체적 혁신을 요구하는 중장기 과제이며, 친환경 도시로의 전환은 그 중심에 자리한다. 자연과 인간, 기술과 문화, 복지와 경제가 유기적으로 연결된 새로운 도시 패러다임을 구축하는 일, 그것이 바로 지속가능한 인류 사회로 나아가기 위한 첫걸음이다.

제2절 친환경 도시의 개념과 유형

친환경 도시는 도시개발과 환경보전이 양립 가능한 새로운 도시 패러다임으로 자리 잡고 있다. 친환경 도시는 환경 보호, 자원 순환, 에너지 절약, 생태 보존, 주민의 삶의 질 향상 등을 목표로 하는 도시 설계 및 운영 방식의 총체를 의미한다(Wheeler & Beatley, 2014). 이는 단순히 도심 내 녹지를 확장하는 것을 넘어 도시의 구조, 시스템, 정책, 시민 행동 전반에 생태적 가치를 통합시키는 개념이다.

친환경 도시의 정의는 시대와 담론의 변화에 따라 다양하게 나타난다. 1980년대 생태도시(ecocity)는 인간의 활동이 자연 생태계와 조화를 이루도록 유도하는 도시로 정의되었으며(Roseland, 1997), 2000년대 이후 지속가능한 도시는 환경뿐 아니라 사회적 형평성과 경제적 안정성까지 포괄하는 다차원적 개념으로 확장되었다. 최근에는 스마트 기술을 접목한 스마트 그린시티 개념이 부상하며, 디지털 기술과 환경 정책이 결합된 융합형 도시가 이상형으로 제시되고 있다(Kitchin, 2015).

친환경 도시의 주요 특징은 다음과 같다. 첫째, 에너지 자립 구조의 구축이다. 태양광, 풍력, 지열 등 재생에너지의 사용을 극대화하고, 지역 내 에너지 자급률을 높이는 구조를 마련한다. 둘째, 자원 순환형 도시를 지향한다. 음식물 쓰레기, 생활 폐기물, 폐수 등을 자원화하는 시스템을 구축하고, 폐기물 발생 자체를 줄이는 정책이 수반된다. 셋째, 생태계 회복력 강화를 추구한다. 도시하천 복원, 녹지축 연결, 생물다양성 확대를 통해 도시 내 자연 생태계를 복원하고 기후탄력성을 확보한다.

또한 친환경 도시는 도시 유형에 따라 다양한 형태로 나타난다. 대표적인 유형은 다음과 같다.

① 생태도시(ecological city): 자연과의 공존을 도시 설계의 핵심으로 삼아 도시와 생태계 간의 연계성을 강화한다. 주요 특징으로는 생태축 형성, 하천 복원, 녹색 기반시설 확대 등이 있다. 대표 사례로는 독일의 프라이부르크가 있다.
② 저탄소 도시(low carbon city): 온실가스 감축을 주된 목표로 하며, 에너지 효율 건축, 전기차 보급, 대중교통 확대, 탄소배출 규제 등을 중점 추진한다. 노르웨이 오슬로, 일본 요코하마 등이 대표 사례이다.
③ 스마트 그린시티(smart green city): 정보통신기술(ICT)과 환경정책이 융합된 형태로, 도시 전반을 데이터 기반으로 관리한다. 싱가포르, 암스테르담 등이 선도적인 모델로 꼽힌다.
④ 복지형 친환경 도시: 도시 취약계층의 주거, 이동, 복지를 함께 고려한 도시로, 녹지 접근성과 생활 인프라의 형평성을 강조한다. 이는 도시의 생태적 전환이 사회적 정의 실현과 결합될 때 실질적인 지속가능성 확보가 가능하다는 전제에 기반한다.

이처럼 친환경 도시 개념은 고정된 모델이 아니라, 다양한 지역적 맥락과 정책적 목표에 따라 변형되고 진화하는 유동적 실천 전략이다. 도시 계획가와 정책 결정자들은 각각의 지역 여건과 주민의 수요에 맞추어 적절한 친환경 도시 모델을 설계하고 추진해야 하며, 이를 위해서는 이론적 정의뿐 아니라 유형별 특성과 성공 사례의 세밀한 분석이 반드시 선행되어야 한다.

제3절 친환경 도시의 원칙과 설계 전략

친환경 도시를 실현하기 위해서는 단순히 녹지를 늘리고 탄소 배출을 줄이는 수준을 넘어서야 한다. 도시 전체의 구조와 기능, 정책과 기술, 시민의 행동까지 포괄하는 복합적이고 체계적인 설계 전략이 필요하다. 이러한 설계 전략은 '도시를 살아있는 생태계로 본다'는 시각에 기반하며, 이를 바탕으로 다음과 같은 네 가지 핵심 원칙, 즉 생태 순환성, 토지이용의 통합, 지역 맞춤형 설계, 시민참여 기반 거버넌스 등을 고려할 수 있다.

첫째, 생태 순환성(ecological circularity)의 원칙은 도시 내 자원의 선순환 구조를 구축하는 것을 핵심으로 한다. 이는 도시에서 소비되는 물, 에너지, 음식물, 폐기물 등을 외부에 의존하거나 일방향으로 배출하는 방식이 아니라, 내부에서 가능한 한 재생하고 순환시키는 체계를 구축하는 것을 의미한다. 예를 들어, 하수 처리수를 녹지관수에 활용하거나, 음식물 쓰레기를 바이오가스로 전환하여 지역 에너지로 활용하는 모델이 이에 해당한다. 이러한 방식은 자원 낭비를 줄일 뿐 아니라, 도시의 자립성과 회복력을 높이는 데 기여한다(Braungart and McDonough, 2009).

둘째, 혼합용도 토지이용(mixed-use land use)과 보행 친화적 설계(walkability)이다. 친환경 도시는 도시 기능을 공간적으로 통합하여 주거, 상업, 교육, 문화, 공공서비스 등 다양한 기능이 한 지역 내에서 복합적으로 작동하게끔 설계된다. 이로 인해 시민들은 장거리 이동 없이 일상생활을 영위할 수 있고, 자동차 이용을 줄여 에너지 소비와 탄소배출을 감소시킬 수 있다. 더불어 보행자 중심의 설계는 도시의 활력을 높이고, 커뮤니티 형성과 안전한 도시환경 조성에 긍정적인 영향을 미친다. 제인 제이콥스(Jane Jacobs)는 이러한 도시 구조를 '거리의 눈(Eyes on the Street)' 개념으로 설명하며, 도시의 안전과 공동체 회복력을 강조하였다(Jacobs, 1961).

셋째, 지역 맞춤형 설계(localization and contextualization)는 기후, 지형, 문화, 사회경제적 조건 등 지역의 특수성을 고려한 설계를 뜻한다. 이는 국제적으로 통용되는 일률적 모델이 아니라, 각 도시가 가진 고유한 조건에 기반한 '맞춤형 도시생태 전략'을 구축해야 함을 의미한다. 예컨대, 고온다습한 아시아 도시는 통풍과 그늘 확보를 위한 건축 설계가 필요하며, 물 부족 지역은 식수 재이용과 빗물저류 시스템 구축이 중요하다. 이러한 지역 맥락의 반영은 도시의 생태적 효과를 극대화할 뿐 아니라, 지역 주민의 문화적 수용성도 높이는 전략이 된다.

넷째, 시민참여 기반 거버넌스(citizen-driven governance)는 지속가능한 도시 설계에서 가장 핵심적인 사회적 원칙이다. 친환경 도시의 성공은 단지 전문가의 기술적 설계나 정부의 규제만으로 이루어질 수 없으며, 일상 속에서 실천하고 유지하는 시민의 행동 변화가 필수적이다. 이에 따라 공동 설계(co-design)와 공동 운영(co-production) 모델이 대두되고 있으며, 시민들이 직접 도시의 정책 결정 과정에 참여하고, 에너지 생산, 녹지 관리, 자원 순환 등 다양한 활동에 주체로 나서는 구조가 요구된다. 서울시의 에너지자립마을, 일본 요코하마의 시민협동형 태양광 발전소 등이 대표적이다.

이러한 원칙들을 실제 도시 설계에 반영하기 위해서는 구체적인 공간 전략이 요구된다.

첫째, 그린 인프라 구축이다. 이는 공원, 가로수, 도시숲, 수변공간, 녹색지붕, 벽면녹화 등 도시 생태계를 구성하는 자연 기반 시설을 체계적으로 연결하는 설계를 말한다. 이들 인프라는 도시의 탄소흡수 기능, 대기 정화, 기후완충, 생물서식처 제공 등 다양한 생태 서비스를 제공한다. 뉴욕시의 Million Trees NYC 프로그램은 100만 그루 나무 심기를 통해 도시의 미기후 조절 및 주민 건강 향상 효과를 입증하였다.

둘째, 수변 공간의 복원과 통합 관리이다. 도시화 과정에서 복개되거나 단절된 하천을 복원하고, 도시 하천과 저류지, 수변공간을 통합적으로 설계함으로써 홍수 완화, 생태축 형성, 시민 휴식공간 확보라는 삼중 효과를 실현할 수 있다. 독일 함부르크의 하펜시티(Hafen City)는 엘베강의 범람에 적응하는 친수형 도시공간으로 설계되어, 기후 변화 적응성과 도시의 정체성을 동시에 구현한 사례다(김정곤 외, 2015; 박길용, 2021).

셋째, 기후변화 대응형 건축 및 에너지 설계이다. 이는 제로에너지건축물(ZEB), 고단열 고기밀 건물, 재생에너지 통합, 스마트 계량기 기반의 에너지 모니터링 등을 포함한다. 바르셀로나의 Media-TIC Building은 IT 산업과 친환경 건축이 결합된 사례로, 건물 자체가 탄소배출을 최소화하면서도 쾌적한 환경을 제공하는 스마트 인프라이다.[25]

넷째, 지역경제와 연계된 커뮤니티 기반 설계이다. 이는 도시의 자원을 외부에서 조달하는 것이 아니라, 지역 내 자원과 경제구조를 활용하여 도시 순환을 가능케 하는 설계 전략이다. 지역 농산물 소비를 촉진하는 도시농업(박순애·김아미, 2025), 지역화폐, 공유경제, 마을기업 등이 이러한 구조의 중심에 있다. 이는 경제적 지속가능성과 함께 공동체 연대 강화에도 기여한다.

종합하면, 친환경 도시의 설계 전략은 물리적 공간, 생태적 기능, 기술적 요소, 사회적 과정이 유기적으로 결합된 다층적 구조로 이해되어야 한다. 단순한 환경 개선을 넘어, 도시 전체의 생태계 전환을 목표로 해야 하며, 이는 단기적 시혜 정책이 아닌 장기적 구조 개혁을 통해서만 가능하다. 이러한 설계 전략은 도시계획가, 건축가, 환경전문가, 정책결정자뿐만 아니라 시민 모두의 참여와 실천을 필요로 하며, 도시의 미래는 이들이 함께 구축하는 새로운 협치 모델 위에서 가능해진다.

25　출처: https://www.designdb.com/?menuno=1283&bbsno=2460&siteno=15&act=view&ztag=rO0ABXQAOTxjYWxsIHR5cGU9ImJvYXJkIiBubz0iOTkxIiBza2luPSJwaG90b19iYXNfMjAxOSoyBPC9jYWxsPg%3D%3D#gsc.tab=0. 2025년 6월 16일 10시 22분 검색.

제4절 세계 친환경 도시의 주요 유형별 사례 분석

친환경 도시가 이론적 개념을 넘어 실천의 영역으로 확장되기 위해서는 구체적인 사례 분석이 필수적이다. 세계 각국은 기후위기 대응, 지속가능성 강화, 삶의 질 향상을 목표로 다양한 도시 모델을 실험하고 있으며, 이러한 사례는 우리 도시가 나아갈 방향을 설정하는 데 있어 귀중한 참고 자료가 된다. 이 절에서는 유형별 대표적 친환경 도시 사례를 분석함으로써, 각 모델이 가진 특성과 전략, 성과와 한계를 입체적으로 조명하고자 한다.

1. 스마트 기반형: 싱가포르 '스마트 네이션' 전략

싱가포르는 도시국가라는 지리적 제약과 높은 인구밀도를 고려하여, ICT 기술을 기반으로 한 스마트 친환경 도시 전략을 추진해 왔다. Smart Nation Singapore[26]는 도시 전역을 디지털 네트워크로 연결하여 에너지 효율, 교통 흐름, 대기질, 수자원 관리 등 전 영역에서 데이터를 기반으로 한 의사결정을 가능하게 한다.

가장 두드러진 성과는 에너지 관리 시스템이다. 스마트미터, 건물 에너지 관리 시스템(BEMS), 태양광 예측 알고리즘 등을 통해 전력 소비를 최소화하며, 실시간으로 에너지 사용량을 모니터링한다. 또한 자율주행 셔틀, 공유 전기차, 자전거 플랫폼 등이 통합된 모빌리티-온-디맨드 시스템은 교통체증 완화와 온실가스 감축에 기여하고 있다.

이와 함께 싱가포르는 녹지 도시로서도 높은 평가를 받는다. 도시 속 정원 개념은 고층 건물의 옥상녹화, 수직정원, 도시 습지 조성 등을 통해 도시 내 탄소흡수원을 적극적으로 확보하고 있으며, 시민과 자연이 일상에서 만나도록 도시공간을 설계하고 있다.

2. 재생 기반형: 독일 프라이부르크의 보봉 지구

독일 프라이부르크는 친환경 도시의 모범 사례로 자주 언급된다. 그중 보봉(Vauban) 지구는

---

26 Smart Nation Singapore. 출처: https://www.smartnation.gov.sg/. 2025년 6월 1일 19시 48분 검색.

도시 재생 기반의 생태 도시 모델로 세계적인 주목을 받고 있다. 이 지구는 1990년대 폐쇄된 군부대 부지를 시민, 전문가, 시정부가 협력하여 친환경 주거지로 전환한 사례이다.

보봉 지구는 자동차 없는 도시를 지향한다. 차량은 외곽의 공공 주차장에 세우고, 내부는 보행자와 자전거 중심으로 설계되었다. 모든 주택은 고단열·고기밀 성능을 갖춘 패시브 하우스로 지어졌으며, 태양광 패널이 기본적으로 설치되어 있어, 에너지 소비가 거의 없는 제로에너지 커뮤니티를 실현하고 있다.

무엇보다 이 지구는 철저한 주민참여를 통해 설계·건설·운영되었다. 주민협의회는 주거지 설계뿐 아니라 에너지 정책, 공공 공간의 사용 방식까지 결정하는 데 실질적인 권한을 갖는다. 이로 인해 주민 만족도와 커뮤니티 결속력은 매우 높고, 타 도시에 대한 전파 가능성도 크다는 평가를 받는다.

3. 시민참여 기반형: 브라질 쿠리치바

브라질 쿠리치바는 시민참여와 창의적 행정 혁신을 통해 세계적인 지속가능 도시로 거듭난 사례이다. 1970년대부터 자이메 레르네르(Jaime Lerner) 시장을 중심으로 시작된 도시 개혁은, 대규모 투자가 아닌 소규모 실험과 시민의 생활 변화에 기반한 도시 설계 전략을 통해 진행되었다.

가장 유명한 사례는 버스전용차로(BRT) 시스템이다. 이는 고가의 지하철 대신 버스 시스템을 고속화하고 정시성을 확보하여, 대중교통 이용률을 획기적으로 높인 전략이다. 또한, 시민이 분리수거한 재활용 쓰레기와 식료품을 교환하는 '쓰레기-음식 교환 프로그램'은 빈민지역 환경 개선과 복지 강화를 동시에 달성했다.

도시 내 녹지도 시민과 함께 조성되었다. 강 유역을 따라 분산된 30여 개의 공원은 홍수 조절 기능과 생물다양성 보존 기능을 하며, 동시에 주민의 휴식 공간으로 활용된다. 이처럼 쿠리치바는 시민 중심 도시 거버넌스의 대표적 사례로, 개발도상국에서도 친환경 도시 구현이 가능함을 보여준다.

4. 저탄소 교통 중심형: 노르웨이 오슬로

오슬로는 유럽에서 가장 공격적으로 탄소중립 도시를 추진하고 있는 도시 중 하나이다. 이 도시는 2030년까지 탄소중립 달성을 목표로 설정하고, 교통, 건축, 에너지 등 전 분야에 저탄소 전략을 실행하고 있다.

대표적으로 2019년부터 오슬로 도심 내 자동차 없는 도시(car-free city) 정책을 시행하였다. 도심에서 민간 차량의 출입을 제한하고, 전기버스, 자전거, 도보 중심의 교통체계를 구축하였다. 이와 함께 전기차 충전 인프라 확대와 주차 요금 감면 등으로 전기차 보급률이 세계 최고 수준에 이르렀다.

건축 분야에서도 모든 신규 공공건축물에 대해 탄소배출 제로를 요구하며, 목재 구조물 사용, 재활용 자재 활용, 현장 공정의 에너지 효율 향상을 의무화하고 있다. 특히, FutureBuilt라는 도시혁신 프로젝트는 지속가능 건축과 도시 계획을 연계한 실험지구로, 새로운 도시 표준을 제시하고 있다.

5. 통합형 사례: 덴마크 코펜하겐

코펜하겐은 교통, 에너지, 기후, 사회 모두를 통합적으로 고려한 도시 설계로 세계 도시계획의 벤치마크로 여겨진다. 이 도시는 2025년까지 탄소중립을 달성하겠다는 구체적 목표를 수립하고 있으며, 이를 위해 모든 부문에서 체계적인 접근을 시행하고 있다.

자전거 도로망은 총연장 400km 이상으로, 전체 교통의 약 40%가 자전거로 이루어진다. 이는 온실가스 감축뿐 아니라 주민 건강, 교통혼잡 해소, 도시 미관 개선 등 다중 효과를 창출한다. 또한, 지역 열병합발전 시스템과 해상 풍력단지를 통해 전력과 난방의 대부분을 재생에너지로 공급하고 있다.

코펜하겐은 도시계획 수립 시 반드시 기후영향평가를 실시하며, 모든 공공 인프라와 정책에 있어 지속가능성 기준을 내재화하고 있다. 시민참여도 활발하며, 기후정책은 정치적 합의 수준에서 높은 정당 간 일치를 보이고 있어, 지속가능한 도시 전략이 정권 교체와 무관하게 일관되게 추진되고 있다는 점에서 높이 평가된다.

결론적으로, 세계의 다양한 친환경 도시 사례는 지역 여건에 따라 다르게 전개되지만, 공통적으로 ① 정확한 비전과 목표 설정, ② 정치적 리더십과 제도적 연속성, ③ 기술과 생태적 설계의 융합, ④ 시민의 적극적 참여가 핵심 성공 요인으로 작용하고 있다. 이러한 사례들은 단지 기술이나 인프라에 대한 보고가 아니라, 도시가 사회와 환경, 기술이 통합되는 살아있는 유기체라는 점을 다시금 상기시켜준다.

제5절 친환경 도시 구현을 위한 정책, 기술, 인프라

친환경 도시로의 전환은 단지 도시 설계나 이념적 선언에 머무르지 않는다. 실질적인 전환은 제도적 뒷받침, 기술적 실현력, 물리적 인프라가 통합적으로 작동할 때 가능하다. 즉, 정책은 방향을 설정하고, 기술은 실행을 가능케 하며, 인프라는 구조적 기반을 형성하는 삼위일체의 관계로 작동해야 한다. 본 절에서는 각 요소가 친환경 도시 구현에 어떻게 작용하는지 구체적으로 살펴본다.

1. 정책: 법적 제도와 행정 체계의 기반 마련

친환경 도시를 실현하기 위해서는 정책적 비전과 명확한 목표 설정이 전제되어야 한다. 이를 실현하기 위해서는 도시계획법, 환경영향평가제도, 탄소세, 녹색조달 정책 등 법적 제도 수단이 필수적이다. 유럽연합의 그린딜(European Green Deal)[27]은 대표적인 사례로, 2050년까지 탄소중립을 달성한다는 장기 목표 아래 도시 단위의 기후 계획 수립을 의무화하고 있다. 한국 역시 2021년 제정된 「기후위기 대응을 위한 탄소중립·녹색성장 기본법(약칭: 탄소중립기본법)」을 통해 지자체 차원의 탄소중립 계획 수립을 법제화하였다.

행정체계 측면에서도 통합적 도시 거버넌스 구축이 핵심 과제다. 전통적으로 토목, 교통, 환경, 주택 등은 분절된 행정 부서에서 개별적으로 다루어졌으나, 친환경 도시는 이들 요소가 상호작용하는 복합 시스템이므로 부서 간 협업과 통합이 필요하다. 이를 위해 싱가포르의 GovTech 조직 등은 ICT와 도시계획, 환경정책을 통합적으로 다루는 전담조직을 구성하여 정책의 일관성과 실행력을 높이고 있다.

27　European Commission. European Green Deal. 출처: https://commission.europa.eu/strategy-and-policy/priorities-2019-2024/european-green-deal_en. 2025년 6월 1일 20시 00분 검색.

또한 정책의 효과를 높이기 위해서는 재정 인센티브와 규제의 조화가 필요하다. 예를 들어, 친환경 건축물 인증제도에 따라 세금 감면이나 용적률 인센티브를 부여하는 정책은 시장 참여를 유도하는 긍정적 수단이다. 반대로 에너지 다소비 시설에 대한 탄소세 부과, 폐기물 매립세 등의 규제는 지속가능성 기준 미달 시설에 대한 비용 외부화를 유도한다.

2. 기술: 스마트 지속가능성의 실현 수단

친환경 도시 구현에서 기술은 핵심 촉매제 역할을 한다. 특히 정보통신기술(ICT), 인공지능(AI), 사물인터넷(IoT) 등은 도시의 자원 관리 효율성을 극대화하는 데 기여하고 있다. 예를 들어, 스마트 미터링을 통한 에너지 수요 분석, 실시간 교통 흐름 제어, 환경센서를 통한 대기 질 감시 시스템 등은 도시 전체를 데이터 기반으로 운영하는 '스마트 그린시티'의 실현을 가능하게 한다.

건축 분야에서는 제로에너지빌딩(ZEB), 패시브하우스, 탄소저감형 자재 개발 등 기술이 지속가능성을 높인다. 독일의 PHPP(Passivhaus Planning Package)는 건축 설계 단계에서 에너지 소비를 최소화할 수 있도록 지원하며, 바르셀로나, 빈, 서울 등 세계 각지의 공공시설에 적용되고 있다. 에너지 부문에서는 태양광, 지열, 바이오가스 등 분산형 에너지 시스템과 스마트 그리드가 확대되고 있으며, 지역 에너지 자립도 향상을 통한 탄소 감축 효과도 입증되고 있다.

교통 기술은 탄소중립 도시 실현의 또 다른 핵심이다. 자율주행 전기버스, 수소차 충전 인프라, 통합교통 앱(Mobility as a Service: MaaS)은 시민의 이동 편의성과 탄소배출 절감을 동시에 달성한다. 핀란드 헬싱키는 2025년까지 '자동차 소유 없는 도시'를 목표로 MaaS 기반의 교통 체계를 구축하고 있다.

3. 인프라: 공간적 실현과 생태적 기반

친환경 도시를 실현하기 위해서는 도시 공간 자체가 생태적 기능을 내재한 형태로 전환되어야 한다. 이를 위해서는 기존의 회색 인프라를 녹색 인프라로 대체하거나, 이 둘을 통합하는 청색-녹색 인프라의 개념이 적용된다.

녹색 인프라는 도시의 온실가스 흡수원일 뿐만 아니라 기후위기 적응 인프라이기도 하다.

제3장 도시의 미래, 친환경 도시

예를 들어, 도시숲과 녹지축은 도시 열섬 현상을 완화하고, 생물 다양성을 유지하며, 시민의 심리적 복지에 기여한다. 서울의 서울둘레길과 도시농업공원[28]은 이러한 기능을 갖춘 대표적 사례이다.

청색 인프라는 하천, 호수, 저류지, 빗물 정원 등의 수공간을 통해 도시의 물순환 체계를 개선하고 수해에 대응한다. 도심 하천 복개 해제와 저영향개발 기술은 도시의 회복탄력성을 높이는 전략이다. 서울 청계천, 뉴욕 하이라인, 코펜하겐의 클라우드버스트 도로망 등은 이러한 청색-녹색 인프라의 국제적 모범사례이다.

또한, 폐기물 인프라 역시 친환경 도시 구현의 핵심이다. 단순한 폐기물 수거 시스템을 넘어, 도시 내 폐자원을 다시 활용할 수 있는 순환경제 인프라가 구축되어야 한다(박순애·김아미, 2025). 일본 가나자와시의 자원순환센터는 음식물 쓰레기 퇴비화, 재활용 소재 가공, 폐기물 에너지화 시설이 복합적으로 구성되어 있으며, 지역 주민이 운영에 직접 참여하도록 설계되어 있다.

4. 정책-기술-인프라의 통합 설계 필요성

가장 중요한 것은 이 세 요소가 단절되지 않고 통합적으로 설계되어야 한다는 점이다. 예컨대, 탄소중립 정책이 선언되었더라도 이를 실현할 기술과 인프라가 없다면 공허한 약속에 그칠 수 있다. 반대로 기술과 인프라가 준비되어 있더라도, 정책적 목표와 행정적 리더십이 부재하다면 실행력이 부족하다. 따라서 도시 단위에서는 통합 기획-통합 투자-통합 운영이라는 3단계 전략을 통해 지속가능한 도시구현 체계를 정립해야 한다.

이러한 통합 전략은 도시의 크기나 경제 수준과 무관하게 적용 가능하다. OECD[29]는 도시 지속가능성 평가 지표(ISO 37120)를 통해 중소도시도 시스템 기반의 친환경 도시 구현이 가능함을 강조하고 있으며, 국내에서도 세종시, 수원시, 순천시 등은 규모에 비해 비교적 높은 지속가능성 점수를 기록하고 있다.

결국 친환경 도시는 거대한 선언이 아니라, 일상의 정책, 기술, 공간이 생태적으로 변하는

---

28 서울도시농업. 출처: https://cityfarmer.seoul.go.kr/index.do. 2025년 6월 16일 15시 06분 검색.
29 OECD. Green Growth in Cities. 출처: https://www.oecd.org/en/about/projects/green-growth-in-cities.html. 2025년 6월 1일 20시 07분 검색.

작지만 구체적인 전환의 총합이다. 행정가, 기술자, 시민 모두가 함께 참여하는 이 총합적 노력만이 지속가능한 도시의 미래를 현실화할 수 있다.

제6절 미래 도시와 친환경 도시의 전망

친환경 도시의 미래는 단순히 탄소배출을 줄이는 것을 넘어, 도시의 존재 방식 자체를 전환하는 총체적 변화와 연결된다. 기후위기, 고령화, 기술혁명, 팬데믹 등 복합 위기의 시대에 도시는 더 이상 성장의 공간만이 아니라 생존과 회복, 공동체 회복력의 중심으로 새롭게 자리매김하고 있다. 이 절에서는 향후 친환경 도시가 지향해야 할 방향성과 함께, 미래 도시로서 갖춰야 할 핵심 조건들을 전망하고자 한다.

1. 탄력성과 복원력의 도시로 전환

기후위기의 불확실성과 팬데믹 이후의 도시 취약성을 고려할 때, 미래 도시는 변화에 견디고 빠르게 회복할 수 있는 구조를 갖춰야 한다. 이러한 회복탄력성(resilience)은 생태계 회복력, 인프라 회복력, 사회적 회복력 등 다층적 개념으로 이해되어야 한다(박순애·김아미, 2025). 예를 들어, 침수 위험에 대비한 스펀지 도시(sponge city) 설계, 감염병 대비 도시 보건 인프라, 재난 시 공동체 기반 대응 체계 등이 중요하다. 중국 선전, 독일 함부르크, 미국 뉴올리언스 등은 이러한 회복 전략을 도시계획에 반영하고 있다.

또한, 자원 및 에너지의 지역 내 순환과 자급은 위기 상황에서 도시의 생존성을 높인다. 분산형 재생에너지 시스템, 도시농업, 지역 기반 자원관리 등은 공급망 위기 속에서도 도시의 기능을 유지할 수 있도록 돕는다.

2. AI와 디지털 전환 기반의 스마트 생태 도시

미래 도시는 디지털 기술과 생태적 가치가 결합된 스마트 생태도시(smart eco-city)의 형태로 진화할 가능성이 크다. 도시 전반의 에너지, 교통, 자원, 공간을 데이터로 연결하고 인공지능

(AI)을 통해 최적화하는 방식은 에너지 효율과 환경 영향을 동시에 줄인다.

예컨대, AI 기반의 교통신호 제어는 자동차 배기가스를 줄이고, 스마트 폐기물 관리 시스템은 수거 효율과 재활용률을 높인다. 한국의 세종 스마트시티, 중국의 시엔 스마트시티, 핀란드의 헬싱키 도시 운영 플랫폼은 이러한 미래 도시 모델의 선행 사례라 할 수 있다. 동시에 이러한 기술의 적용은 개인정보 보호, 알고리즘 투명성 등 새로운 도시 윤리 과제도 동반한다.[30]

3. 생태적 정의와 사회적 포용의 도시

미래 도시에서 지속가능성은 단지 환경의 문제가 아니라, 사회적 형평성과도 긴밀히 연결된다. 기후위기의 영향은 사회경제적 약자에게 더 크게 작용하며, 도시 설계가 공공서비스 접근성, 주거권, 이동권 등에서 불평등을 심화시킬 수 있기 때문이다.

따라서 친환경 도시 설계는 "누구를 위한 도시인가"에 대한 질문을 중심에 놓고, 환경정책과 사회정책의 결합을 추구해야 한다. 이는 생태적 정의(ecological justice) 또는 환경 복지(environmental welfare)라는 개념으로도 표현된다. 예컨대, 저소득층 대상 주거지에 에너지 효율 건축을 우선 도입하거나, 장애인과 노인을 위한 무장애 보행환경 구축, 도시열섬 피해지역에 우선적인 그린 인프라 설치 등이 포함된다.

4. 초연결·초협력 기반의 도시 거버넌스

미래 도시에서 거버넌스는 단일 기관이 아닌, 다양한 행위자의 협력 생태계로 진화한다. 이는 민-기업-정부-기술이 공동 기획과 공동 운영에 참여하는 형태로, 다중 이해관계자 거버넌스(multi-stakeholder governance)가 핵심이 된다.

이러한 초연결 거버넌스는 디지털 플랫폼 기반 참여(온라인 주민투표, 정책 플랫폼), 시민 주도형 실험(리빙랩, 시민과학), 기업의 ESG 참여 등을 통해 실현된다. 네덜란드 암스테르담의 도넛

---

[30] Smart Cities World. 출처: https://www.smartcitiesworld.net/trend-reports/cities-climate-action-report-2022. 2025년 6월 1일 20시 07분 검색.

경제 도시계획 등이 이러한 변화의 전형이다.

5. 지속가능성과 문화·심리적 가치의 통합

친환경 도시의 최종 목표는 물리적 탄소 감축이 아니라, 사람 중심의 지속가능한 삶을 실현하는 것이다. 이를 위해 도시 설계에는 환경적 기능과 함께, 심리적 안녕, 지역 정체성, 문화적 의미가 함께 고려되어야 한다.

예컨대, 도심 속 숲과 정원이 단지 탄소흡수원이 아닌 시민의 휴식처, 치유 공간으로 기능하거나, 지역 역사와 예술이 녹아든 도시재생은 지속가능성과 공동체 정체성을 동시에 담는다. 치유의 도시(healing city), 행복도시(happy city) 등은 이러한 패러다임의 전환을 상징한다.

결국 미래의 친환경 도시는 기술, 제도, 물리적 설계만으로는 완성되지 않는다. 그것은 새로운 도시 가치와 삶의 방식을 제안하고 실천하는 문화적 전환이며, 시민의 내면적 수용과 생활 속 실천이 동반될 때 진정한 의미를 갖는다.

6. 국제 도시 네트워크와 정책 확산의 중요성

마지막으로, 미래 도시 전략은 단일 도시의 노력만으로 실현되기 어렵다. 도시 간 협력과 지식 공유를 통해 집단 학습과 혁신을 촉진하는 글로벌 도시 네트워크가 점점 중요해지고 있다. C40 Cities, ICLEI, UCLG 등 국제 네트워크는 도시의 기후 행동, 에너지 전환, 친환경 인프라 구축을 촉진하는 실질적인 협력 플랫폼으로 기능하고 있다.

한국도 서울, 수원, 대전 등 주요 도시가 이 네트워크에 가입해 국제 사례 공유와 공동 프로젝트를 추진 중이며, 국가 차원의 도시외교 전략과 연계될 필요가 있다.

결론적으로, 미래의 친환경 도시는 고정된 모델이 아니라, 회복력-디지털-정의-참여-문화의 다섯 축을 기반으로 끊임없이 적응하고 진화하는 유기적 시스템이어야 한다. 그것은 단순히 환경 친화적인 도시가 아니라, 인간과 자연, 기술과 문화가 공존하는 통합적 도시로 나아가는 길이다.

제3장 도시의 미래, 친환경 도시

제7절 한국형 친환경 도시 전략과 향후 과제

지금까지 살펴본 세계의 친환경 도시 사례와 설계 원칙, 구현 수단은 한국 도시의 지속가능 전환에 중요한 시사점을 제공한다. 그러나 한국 도시들이 처한 특수한 맥락—고밀도 도시 구조, 수도권 집중, 고령화 속도, 기후변화 취약성, 정책 일관성의 한계 등—은 단순한 해외 모델의 이식만으로는 효과적인 친환경 도시 전환이 어렵다는 점을 시사한다. 따라서 이 절에서는 한국형 친환경 도시 모델 구축을 위한 전략 방향과 이를 실현하기 위한 정책적·제도적 과제를 종합적으로 제시하고자 한다.

1. 고밀도 도시 구조에 대응하는 복합형 녹색 전략

한국 도시, 특히 수도권 지역은 세계적으로도 드문 고밀도·고층 개발 형태를 띠고 있다. 이는 공간적 한계와 인프라 과밀, 에너지 소비 증가, 열섬현상 심화 등 환경적 부담을 초래한다. 따라서 단순히 공원을 확충하거나 녹지를 늘리는 방식보다는, 도시 공간 속 다양한 영역에 친환경 기능을 내재화하는 복합형 녹색화 전략이 필요하다.

예를 들어, 학교와 아파트 옥상에 녹지를 도입하고, 버스정류장·도로변 등에 소규모 수직녹화 시설을 설치하며, 기존 건축물의 리노베이션 시 패시브 설계를 적용하는 방식이다. 이러한 방식은 토지 소유권 문제와 고밀 공간의 제약을 극복할 수 있는 현실적인 대안이다.

2. 지역 기반 에너지 전환과 분산형 인프라 구축

한국은 에너지 수입 의존도가 높고, 수도권 중심으로 에너지 소비가 집중되어 있는 구조적 한계를 가진다. 이에 따라 지역 단위의 에너지 자립도를 높이고, 에너지 생산-소비의 탈중앙화를 실현하는 것이 필요하다. 태양광, 지열, 바이오에너지, 소규모 수력 등 지역 특성에 맞는 분산형 재생에너지 인프라를 확충해야 한다.

이와 함께 지역 에너지 커뮤니티를 활성화해 시민들이 에너지 생산 및 거래에 참여할 수 있는 제도적 기반도 필요하다. 제주도의 탄소중립섬 실험, 서울시의 에너지자립마을 등은 이러한 전략의 초기 모델로 주목된다.

3. 생활권 단위의 15분 도시 개념 도입

최근 주목받는 도시 설계 개념 중 하나는 15분 도시(15-minute city)이다. 이는 보행이나 자전거로 15분 이내에 일상생활에 필요한 모든 기능(주거, 일, 교육, 돌봄, 문화 등)을 이용할 수 있도록 도시를 설계하는 개념이다. 프랑스 파리에서 처음 본격화되었으며, 코로나19 이후 시민의 이동권과 지역 커뮤니티 회복에 효과적인 전략으로 확산되고 있다.

한국 도시 역시 이 개념을 생활권 단위로 도입할 수 있다. 특히 인구가 감소하거나 고령화가 심화된 지방 중소도시에서는 기존 도시계획보다 유연하고 밀도조절이 가능한 방식으로 적용이 가능하다. 이를 위해서는 대중교통 환승체계, 공유인프라, 도심 재생, 디지털 플랫폼 서비스가 결합된 통합 전략이 필요하다.

4. 디지털 기반의 도시 생태계 모니터링 체계 구축

친환경 도시를 실현하기 위해서는 환경 상태를 지속적으로 측정하고 분석할 수 있는 디지털 기반 모니터링 체계가 필수적이다. 대기 질, 수질, 도시열, 탄소배출, 에너지 소비, 교통 혼잡 등 다양한 도시환경 지표를 센서와 IoT 기술을 통해 실시간으로 수집하고, 이를 분석해 정책에 반영하는 체계가 필요하다.

서울시의 스마트시티 플랫폼, 대전시의 지능형 에너지 관제 시스템 등은 이러한 시도를 반영하고 있으며, 이를 통해 데이터 기반 도시 운영이 점차 가능해지고 있다. 향후에는 인공지능 기반 예측 시스템, 디지털 트윈 기술 등을 활용해 도시환경의 미래 변화를 시뮬레이션하고, 선제적 대응을 가능케 해야 한다(노승용 외, 2025).

5. 시민 참여형 거버넌스의 제도화

한국 도시행정은 아직도 일방향적 정책 결정 방식이 지배적이다. 친환경 도시는 기술이나 물리적 공간만으로 실현되지 않으며, 시민의 인식 전환과 실천, 그리고 제도 참여가 동반되어야 진정한 전환이 가능하다. 이를 위해 시민참여형 도시 거버넌스를 제도화하는 것이 핵심 과제이다.

예컨대, 도시계획 단계에서 주민참여예산제, 시민공론장, 지역 리빙랩 등을 제도화하고, 실행단계에서는 주민이 도시의 공간관리나 에너지 생산, 녹지 유지에 직접 참여할 수 있는 공동운영모델을 구축해야 한다. 광주광역시의 마을관리기업, 성남시의 공동체 태양광발전소 등이 이러한 방향을 잘 보여주는 국내 사례다.

6. 중앙-지방 협력과 장기 비전의 연계성 확보

한국은 지방정부의 자율성이 제한적이고, 중앙정부 주도의 정책 결정 방식이 강하다. 반면 친환경 도시는 지역 여건에 따라 다양한 전략이 필요하며, 분권적 정책 설계와 실행이 필요하다. 따라서 중앙정부는 국가 차원의 방향성과 법제도 기반을 마련하고, 지방정부는 지역 특성에 맞는 맞춤형 실행계획을 수립하는 수직적 협력 거버넌스가 필요하다.

아울러 정권 교체와 무관하게 지속 가능한 도시정책이 유지되기 위해서는 국가 차원의 도시 전환 로드맵과 같은 장기 계획이 필요하다. 유럽연합의 도시의회 헌장처럼, 한국도 각 도시가 준수해야 할 기본 원칙과 비전을 담은 도시 지속가능성 헌장을 마련하고, 이에 따라 정책 일관성을 확보할 필요가 있다.

결론적으로, 한국형 친환경 도시는 해외 모델의 단순한 복제가 아니라, 고유한 도시 구조와 사회문화적 조건에 맞는 통합적·진화적 모델이어야 한다. 고밀도 공간과 기술 강점을 활용하면서도 지역성과 시민성을 내포하는 도시로의 전환이야말로, 대한민국 도시의 지속가능성과 경쟁력을 함께 높이는 핵심 전략이다.

제4장 도시의 진화, AI시티

제1절 AI시티 개념 및 등장배경

　AI시티(artificial intelligence city, urban AI)는 인간의 힘으로만은 해결할 수 없는 도시문제를 해결하기 위해 AI를 활용하는 시스템으로 정의할 수 있다(Zhang et al., 2019). AI시티는 기존의 스마트시티에서 한 단계 더 진화한 도시 모델로, 인공지능 기술을 도시 전반에 적용하여 도시 전체를 하나의 지능화된 거대한 인공지능 시스템으로 재구성하여 하나의 거대한 지능형 시스템처럼 스스로 학습하고 판단한다. 기존의 스마트시티가 정보통신기술(ICT), IoT, 빅데이터 등 첨단기술을 도시 인프라에 접목하여 도시 인프라를 효율적으로 관리하고 자동화하는데 중점을 두었다면(강명구·이창수, 2015), AI시티는 그 한계를 넘어 도시 전체가 유기적으로 연결, 통합되어 운영되는 것이 핵심이라고 할 수 있다. 다양한 도시 기능 간의 데이터를 결합하며, 복잡한 시스템을 자동화함으로써 즉각적이고 장기적인 가치 창출을 촉진하여 에너지 및 교통 관리부터 공공안전에 이르기까지 전 세계 도시에서 AI시티가 발달되고 있다(Marta Galceran-Vercher, 2024). [그림 4-1]은 Atlas of Urban AI라는 웹사이트에서 제공하는 전 세계 도시의 AI이니셔티브를 의미한다. 현재 74개 도시에서 218개의 AI이니셔티브가 진행되고 있다. 그 중에서 서울은 약 10개의 AI이니셔티브가 진행되고 있다.

[그림 4-1] AI 이니셔티브

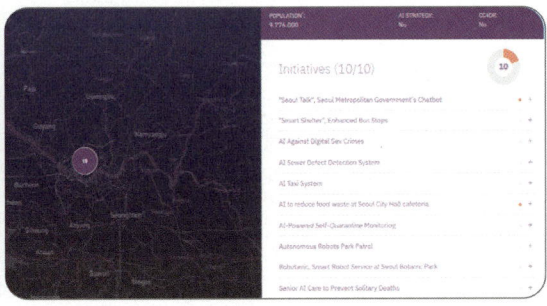

출처: Atlas of Urban AI(https://gouai.cidob.org/atlas/).

　AI시티는 도시인구의 증가와 기술혁신의 발달로 등장하게 되었다. 전세계적으로 도시인구의 급증이 가장 큰 원인이라고 할 수 있다. 전세계적으로 인구는 1960년 30억 명, 1990년 53억 명, 2020년 78억 명, 2024년 82억 명으로 추산되고 있으며, 지속적으로 증가하고 있음을 확인할 수 있다. 유엔통계에 따르면 도시 유입 인구는 1990~2000년 한해 평균 5,700만 명, 2010-2015년 한해 평균 7,700만 명씩 도시인구가 늘어났다고 분석한 바 있다. UN habitat는 도시지역에 거주하는 인구비율이 1950년 7억 5천만 명으로 전 세계 인구 30%에 그쳤지만, 2020년 56%, 2025년 58%, 2050년에는 약 66억 8천만 명으로 전 세계의 68%를 차지할 것으로 전망하기도 하였다. 도시인구의 증가는 환경오염, 주택 부족, 교통혼잡, 실업, 빈곤, 불평등, 에너지 부족, 범죄 및 안전 문제와 같은 문제의 양산과 직결된다. 실제 인구집중지역과 대도시는 세계 육지면적의 약 2%에 지나지 않지만 모든 도시가 온실가스 배출의 70% 이상 책임을 지고 있다고 분석된 바 있다(UN, 2019). 특히, 25개 대도시가 전 세계 도시 온실가스 52%를 차지한다고 알려져 있다(연합뉴스, 2021.7.12.). 이러한 기후위기로 발생하는 자연재해로부터 안전한 사회를 만들기 위해 데이터 AI기반 솔루션을 개발하려는 노력이 지속되고 있다. 예를 들면, 기상 및 위성데이터와 AI융합(예: Google Research의 Tree Canopy와 Flood Hub, IBM Sustainability Accelerator 등)을 통해 국지적 폭염 예측을 가능하게 하고, 해당 도시 주민과 지역사회에 조기 경고를 발송한다. 이외에도 홍수, 산불 등 재난 예측 도구를 활용하여 도시가 자연 재난에 대응력을 높일 수 있는 시스템을 구축한다. 나아가 유엔아동자선단체(UNICEF)는 아이들의 사진을 통해 영양실조를 진단할 수 있도록 딥러닝 연구를 진행 중이고(Catalyst, 2024), 한국사회보장

정보원은 빅데이터와 AI를 접목하여 아동학대 및 복지 사각지대 위기 집단을 발굴하고 있다(한국사회보장정보원, 2024). 이처럼 도시인구의 증가는 도시문제를 해결하기 위한 사회혁신을 가속화 한다.

둘째, 기술혁신은 도시의 변화를 동반한다(정지훈, 2016). 1차 산업혁명 전까지는 농사 등을 통해 자급자족과 물물교환 중심으로 도시가 발전하였고, 이 과정에서 장터라는 상업 중심지가 성장하였다. 이후 물과 증기를 이용한 기계화의 1차 산업혁명과 전기 에너지를 이용한 대량생산체제를 구축한 2차 산업혁명이 일어났다. 대규모 공장 운영으로 환경 오염 문제가 발생하기 시작하는 한편 철도와 자동차 산업이 발달하면서 고속도로를 건설하는 도시계획이 정착되었다. 상업지구, 공업지구, 거주지구 등 구획을 나눈 현재의 도시 형태가 나타나기 시작하였던 시기라고 할 수 있다. 이후 정보기술을 통한 인터넷 보급의 3차 산업혁명을 맞이하였다. 인터넷을 활용하여 정보를 공유하는 유시티(U-City)가 발달하면서 장소와 시간에 구애받지 않고 시민들이 다양한 정보를 제공받을 수 있는 도시가 형성되었다. IT기술 발전은 유시티의 발전과 스마트 도시 및 AI시티로 발전의 발판을 마련했다고 할 수 있다. 현재는 AI기술을 포함한 다양한 기술의 융합 중심의 4차 산업혁명이 도래하였다. 대표적으로 인공지능, 3D 프린팅, 자율주행 자동차, 사물인터넷, 빅데이터, 무인 운송수단, 나노기술 등 새로운 기술이 포함된다. 이러한 AI기술이 급속하게 발전되면서 도시 변화를 주도하는 원동력으로 자리매김하였다. 주변 환경을 스스로 인지하고 주행경로를 설정하는 자율주행 자동차, 전기자동차, 지능형 교통 시스템이 발달하면서 도시를 구성하는 자원과 기술을 유기적으로 연계하는 스마트시티가 확장되었다. 또한 드론 등을 이용하여 재난 안전 점검을 수행하거나 첨단 그리드 기술을 활용한 지속가능한 에너지 공급 등을 실현할 수 있다. 이렇듯 4차 산업혁명은 다양한 데이터와 기술을 기반으로 정보통신기술을 활용하여 현재 도시문제를 해결하고, 시민의 삶의 질 향상을 높여 지속가능한 도시로의 변화를 도모하고 있다. 이러한 측면에서 AI시티는 다양한 데이터와 기술을 기반으로 가치경제 활성화를 도모할 수 있는 실험실이자 중심지 역할을 수행하고 있다고 할 수 있다.

제2절 AI시티 주요 기능

AI기술은 도시의 구조와 생활 방식을 변화시킬 수 있다(엄기복, 2024). 인공지능의 기능과 발전에는 다양한 자원이 필요하며, 그중 많은 자원이 도시환경과 밀접하게 연관되어 있다(Cugurulo et al., 2023). 따라서 이를 활용한 AI시티는 도시공간에 존재하는 대상을 분석 및 예측할 수 있으며, 도시 주거자들의 의사결정에 영향을 주고받을 수 있게 된다. 이에 AI시티는 환경, 인프라, 장소, 인간을 포함하며, 알고리즘 시스템과 도시 맥락 간의 관계를 강조하는 것을 목표로 한다(Luusua et al., 2023). 이는 도시환경에서 파생된 데이터를 알고리즘을 통해 처리하는 모든 시스템으로 특징 되어질 수 있으며, 도시의 사회-공간 역학에 실질적인 응용을 제공한다(Popelka et al., 2023, p. 14). 즉, AI시티의 목표인 도시환경과 알고리즘의 역학관계를 [그림 4-2]와 같이 AI시티의 구성요소인 AI정책, 도시정책, 디지털 트윈, 시민의 참여, AI기술 등으로 설명할 수 있다. 나아가 AI시티 구조는 인프라, 데이터, 모델, 적용으로 나누어 볼 수 있다(Popelka et al., 2023). 인프라는 도시를 구성하는 물리적, 사회적 인프라로 건축, 교통 등을 포함한다. 데이터 수집과 네트워크 인프라는 IoT 기반 도시 센서를 통해 데이터를 수집하고 저장 인프라로 연결한다. 이렇게 저장 인프라에는 데이터베이스가 축적되고, 이후 데이터 클린징, 집계, 데이터셋 병합 등의 데이터 처리가 이루어진다. 이를 기반으로 상호작용형 데이터, 시각데이터 등을 통해 데이터 패턴과 이상치를 발견하며, 추세를 반영한 인사이트를 추출할 수 있다. 알고리즘과 머신러닝 모델을 활용하여 자동경보, 미래 예측, 시나리오 모델링 등 최적화를 할 수 있는 결론을 도출하며, 이 모든 것을 실제 정책 결정 현장에 적용시키는 과정을 통해 AI시티가 구현된다(Popelka et al., 2023).

AI시티 핵심의 목표는 네 가지로 요약할 수 있다. 첫째, 도시 운영의 효율성 극대화이다. AI와 데이터 기반 기술을 접목하여 다양한 운영시스템을 자동화하고 지능화함으로써 복잡성을 감소시키고 자원 활용을 최적화하고자 한다(Deloitte, 2021). 데이터 분석과 증거를 기반으로 문제를 미리 감지하고 예측하기 때문에 도시 운영의 자동화, 도시환경 개선 등 생태계를 확장시킬 수 있는 기회 또한 제공한다(Herath & Mittal, 2022). 둘째, 공공분야의 교육, 의료 서비스 등의 적합한 학습데이터를 적용하고, 공공클라우드 기반 GPU 리소스를 확보하고 관리한다(이세원 외, 2024). 현재 디지털플랫폼정부위원회에서는 공공부문 초거대 AI 서비스 개발지원 공

[그림 4-2] AI시티 구성 요소와 구조

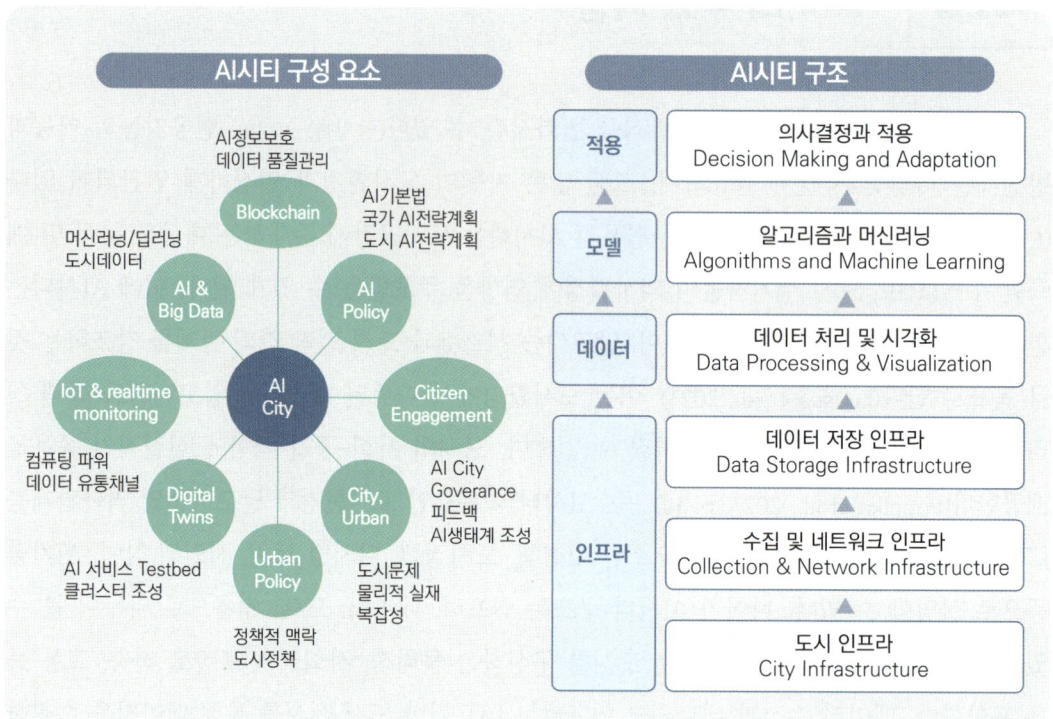

출처: (좌)저자 작성, (우)Popelka et al.(2023, p.46).

모사업을 추진중이며, 이를 통해 개발된 혁신적인 AI 서비스는 향후 민원 처리와 내부 행정업무 지원 등 다양한 분야로 확대·활용될 전망이다(디지털플랫폼정부위원회, 2024). 이렇게 다양한 분야의 데이터를 확보하여 학습데이터로 이용하고, 데이터 기반 서비스 제공뿐만 아니라 타 분야에도 적용할 수 있다. 셋째, AI시티는 혁신적인 정책을 강력하게 추진하고자 한다. 충분히 학습된 데이터를 효과적으로 활용하기 위해 다양한 AI시티 운영에 필요한 데이터 유통채널 전략을 마련하고(이세원 외, 2024), 이를 기반으로 시민 서비스 혁신을 추진한다. 뉴욕시의 경우, Applied AI Capital of the World를 공식 비전으로 선포하고 AI를 실제 도시문제 해결에 폭넓게 적용하는 동시에 기후, 교통, 안전, 보건 등 다양한 분야의 산업 경쟁력 강화의 실질적 도구로 삼고 있다. 이를 위해 뉴욕시는 오픈데이터 프로그램을 운영하고 있으며, 프로그램의 원활한 운영을 위해 이미 포용적 AI생태계 구축 및 프레임워크를 마련하고 있다. 이 외에도 수집 데이터 분석 형태, 데이터 표준, 데이터 관리, AI 애플리케이션 활용 등 여러 부처들이 정책집행 효과성을 높이기 위해 관련 문제에 대해 지속적으로 논의하고 있다(NYC, 2021). 넷째, AI시티를 구성하는 핵심 기술적 요인인 AI에 대하여 AI 관련법과 윤리 등 사회적 안전장치를 마련하고, 정부차원에서 AI 총괄 기관, 전담 실행 기관, 민관협의체, 윤리협의체 등 체계적인 제도적 기반을 구축한다(김소미, 2022). AI는 기술적 부문을 넘어 인문 사회영역에서 많은 변화와 이슈를 야기하고 있다. 이에 과거 스마트도시와 AI 정책의 연계성 및 관련 사례를 검토하여 정부·지자체·민간이 협력하여 체계적인 제도적 장치를 마련하고 있다. 일본의 경우 '통합혁신전략추진회의'에서 내각 관방 장관이 의장을 맡아 AI 전략 관련된 국가차원의 전반적인 제도적 기반을 마련하고 있으며, 민관 협력을 통해 수립된 AI 전략과 원칙을 본부 및 각 부처에 권고하고 있다(김소미, 2022).

AI시티는 기존의 유시티(U-City)와 스마트도시를 거쳐 발전하였으며, 이러한 과정을 통해 유시티와 스마트도시 모델과 유사한 특징을 지님과 동시에 발전된 기술과 사회적 요구를 수용할 수 있는 도시 모델의 새로운 패러다임으로 등장하고 있다(이세원 외, 2024). 다양한 관점에서 기존 도시 모델과 변화된 AI시티의 특징을 비교·요약할 수 있다. 첫째, 대상 및 수단의 변화 관점에서 기존 유시티는 신도시와 ICT 인프라 중심, 스마트도시는 유시티에서의 적용 범위 확장과 공공서비스 자동화가 중요 요소로 작용하였다면, AI시티는 적용 범위가 한정되지 않은 모든 도시에 적용 가능하며, 자율성 확보를 위해 AI모델, 하이퍼스케일 데이터 센터와 같은 인프라와 지능형 기계에 중점을 두고 있다(중소기업기술정보진흥원, 2018 이세원 외, 2024). 둘째, 핵심 기술 및 데이터 통합 방식에서 기존 도시 모델은 ICT 기술, IoT, 빅데이터, 클라우드 등을 사용하였다면, AI시티에서의 핵심 기술은 인공 일반지능(AGI), AIoT, 로봇과 같은 인공지능 기술로 발전하고, 데이터의 경우 AI가 활용할 수 있는 온톨로지 기반의 신뢰성 있는 데이터를 활용한다(중소기업기술정보진흥원, 2018; 이세원 외, 2024). 셋째, 사회적 가치 및 시민의 역할 측면에 있어서는 유시티는 정보 수요자가 시민이었고, 스마트도시의 경우 시민이 정보생산자와 공급자의 두 가지 역할을 모두 수행하는 주체로 시민 능동성의 강점이 존재하였다. AI시티에서는 시민이 생산과 공급자의 역할뿐만 아니라 감시자의 역할을 추가로 수행한다는 점에서 AI 리터러시의 중요성과 주체적이고 창의적 시민의 역할이 증대된다(중소기업기술정보진흥원, 2018; 이세원 외, 2024). 마지막으로 서비스와 플랫폼 분야에서 유시티는 데이터 활용의 한계로 인하여 민간 솔루션 개발이 미흡하였지만, 스마트도시의 경우 플랫폼 기반 민간 솔루션 개발이 이루어졌다. AI시티는 분야별 AI 에이전트 기반의 사전예방적 공공서비스, 개인 맞춤형 서비스, 공정한 의사결정 서비스, 데이터 보안 강화에 중요성을 강조하고 있다(중소기업기술정보진흥원, 2018; 이세원 외, 2024). 결과적으로 AI시티는 유시티와 스마트도시를 거쳐 한 단계 더 발전된 도시 모델의 유형으로 나아가고 있으나, 제도적·윤리적 측면에서는 책임 있는 AI 구현과 공공데이터 활용에 대한 구체적 지침과 제도적 장치의 필요성이 강조되고 있다.

한편, AI시티는 다른 형태의 인공지능과 차별되는 특징이 있다(Popelka et al., 2023). 첫째, 도시의 복잡성이다. 수많은 상호 연결된 부문이 도시 지역의 기능에 기여한다는 점이다. 앞서 살펴본 Atlas of Urban AI에서도 AI이니셔티브를 사회 서비스, 거버넌스 및 도시 서비스, 환경 및 자원, 이동성, 인프라 및 도시계획, 경제 및 비즈니스, 보안 및 회복력 등 일곱 가지 부문으로 분류한다. 이 외에도 AI시티는 범죄예방, 쓰레기 수거 최적화, 인프라 유지보수 예측, 금융, 의료, 미디어, 패션, 복지, 기후 등의 다양한 분야에도 유기적으로 연계하여 문제해결과 도시경쟁력 강화를 꾀한다. 두 번째 특징은 도시 AI가 특정 정책 맥락 내에서 작동한다는 사실이다. 지방정부의 의사결정이 도시의 수백만 명의 삶에 영향을 미치는 정치·행정적 영역이다. 시민들에게 제공되는 상하수도 서비스, 대중 교통서비스, 사회복지 서비스 등은 관료와 국민의 합의 및 협상 등에 따라 만들어진 정치적 의사결정이기 때문이다. 마지막으로 AI시티는 하이브리드적 특성을 갖는다는 것이다. AI시티는 디지털 영역에만 존재할 수 없으며, 물리적 도시 시스템의 물질성과 인프라 구성요소들 또한 필수적으로 요구된다. 또한 AI시티는 단순히 기술 중심이 아닌, 인간 중심의 가치를 함께 고려해야 한다는 점에서 AI시티만의 특징을 갖는다. 즉, 기술과 인간, 현실과 가상, 공공과 민간 등 둘 이상의 요소들이 융합될 때, 지속가능한 AI시티로 발전할 수 있다.

제3절 AI시티 기대효과

급격한 도시화로 인해 교통체증, 에너지 부족, 환경 오염 등의 문제가 심각해지고 있다. 기후 위기 대응을 위해 AI시티 내 재생에너지 통합, 자원순환 시스템이 필수적이라고 할 수 있다. AI시티 발전은 네 가지 기대효과를 예상할 수 있다. 첫째, AI시티는 최적화된 도시운영을 할 수 있다. IoT 센서 등으로 수집된 데이터를 AI가 분석하여 교통 신호를 동적으로 조정하고, 교통사고 발생 시, AI가 우회경로를 즉시 계산하여 응급차량 이동시간을 단축하는 등 실시간 교통흐름 데이터 기반으로 교통관리를 최적화할 수 있다. AI가 쓰레기통 적재량을 실시간 감지하여 수거 차량 경로를 계획하고 운영비용을 줄일 수 있으며, AI영상 분석을 통해 범죄, 화재를 조기 감지해 대응시간을 줄일 수 있다. 이렇게 AI기술을 통하여 도시의 공공서비스 제공 및 운영의 효과성을 높일 수 있다. 둘째, AI시티는 시민 중심형 서비스 강화를 꾀할 수 있다. AI 기반 플랫폼은 시민의 다양한 의견과 피드백을 실시간으로 수집·분석하여 정책 결정 과정에 반영함으로써 정책의 투명성, 신뢰성을 높일 수 있다. 시민이 직접 참여한 정책은 만족도가 크게 향상될 것이며, 실제 변화를 체감할 수 있게 하기 때문에 정책의 수용성이 높아진다. 즉, 정책 신뢰도와 행정 투명성이 제고된다는 장점이 있다. 또한 AI는 시민의 요구와 특성을 분석해 맞춤형 정보를 제공하고, 다양한 이해관계자가 쉽게 접근할 수 있도록 다국어·음성 지원 등 접근성을 강화하는 등의 개인 맞춤형 행정 서비스를 제공하다. 실제 AI 기반 시민참여 플랫폼(예: 리빙랩, 시민과학 등)은 다양한 계층의 의견을 반영해, 기존의 소외계층도 도시 운영에 적극적으로 참여할 수 있기에 디지털 격차 해소가 가능한 포용적 도시 서비스를 제공할 수 있게 된다. 셋째, 경제적 성장 동력 창출이 가능하다. AI시티 구축으로 데이터 분석·클라우드·사이버보안 등 신산업의 증가에 따라 일자리가 증가하고 제조·물류·건설 등의 전통산업과 AI기술이 융합하여 생산성 향상과 새로운 부가가치를 창출할 수 있다. 또한 데이터센터, 공공기관, 민간기관, 스타트업 등의 AI 혁신 클러스터를 조성하여 AI생태계를 구축함을 통해 디지털 대전환이 가능하게 될 것이다. AI생태계를 반영한 디지털 트윈을 활용하여 모델링과 예측분석 기술을 활용하여 핵심산업의 경쟁력 및 서비스 혁신을 가능하게 한다. 넷째, AI시티는 자연 친화적 도시구현이 가능하다. AI시티는 에너지 수요와 공급을 실시간으로 예측하여 최적의 에너지 분배를 가능하게 한다. 특히, AI시티는 전력망 부하를 예측하고 분산시켜 화석원료 의존도를 줄이고 신재생 에너지 활용률을 극대화한다. AI시티는 물 내 에너지 사용 패턴을 분석해 냉난방, 조명, 환기 등을 자동 제어함으로써 불필요한 에너지 소비를 줄일 수 있다. 또한, AI시티는 위성·드론·센서 데이터를 분석해 도시 내 최적의 나무 식재 위치, 녹지 확장 방안을 제시하기도 하고, 대기, 수질, 토양 등 환경 데이터를 실시간 분석해 오염 발생을 조기에 감지하고, 대응 방안을 신속히 제시하기도 한다. 즉, AI시티는 에너지 절감, 탄소 감축, 자원순환, 녹지 확충 등에서 기존 도시보다 월등한 환경 성과를 달성할 수 있다.

[그림 4-3] AI시티의 방향성과 기대효과

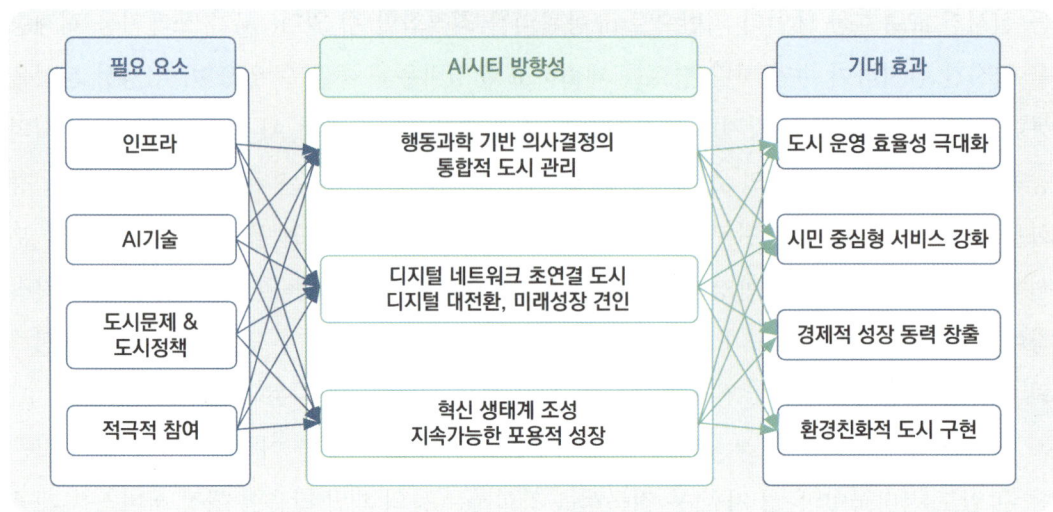

출처: 저자 작성

제4절 AI시티 적용사례

1. 홍콩

홍콩은 세계에서 인구밀도가 네 번째로 높은 도시이다. 2차 세계대전 이후 증가하는 인구와 건축 가능한 토지자원의 부족으로 인해 도시화가 급속하게 진행되었다. 2022년 기준 약 740만 인구가 좁은 토지에 집중되어 도시화와 함께 고층 아파트, 오피스 빌딩 건설이 도시발전의 주축이 되었다. 최근에는 고층 빌딩 중심의 도시 구조와 첨단 AI 및 스마트기술을 결합하여 효율성을 극대화하는 동시에 지속가능한 발전을 꾀하고 있다. 이는 도시의 무분별한 개발을 최소화하고 자연 보존을 가능하게 한다. 그 대표적인 예가 친환경 초고층 오피스, 상업 복합빌딩인 더블코브(Double Cove) 사례이다. 더블코브는 최초 민간 주거단지 개발지로 "걸을 수 있는 공원에 사는 것"을 테마로 내·외부를 설계하였다. 21개 고층 주거시설(18층~35층), 쇼핑몰, 클럽하우스, 유치원, 주차장, 정원을 포함하고 있는 대규모 단지로 국제적 친환경 인증과 수상 경력을 보유하고 있다.

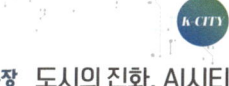

제4장 도시의 진화, AI시티

[그림 4-4] 홍콩 더블코브 사례

출처: HKGBC Guidebook on Urban Microclimate Study.

더블코브는 자연환경과 건물의 상호작용을 최대한 활용하여 에너지 소비를 줄이는 패시브 디자인 설계로 탄생 되었다. 더블코브는 BIM(건물정보모델링), 열섬 분석 등 설계단계부터 시공, 운영까지 디지털 트윈 기술을 활용하여 첨단 컴퓨터 시뮬레이션 구현으로 설계된 친환경 고층 아파트 단지이다. 컴퓨터 모델링을 통해 열복사, 온도, 강수량 등 도시 미기후 데이터를 기반으로 바람길 시뮬레이션을 구현하여 최적의 건물배치와 형태를 도출하는데 기여하였다. 이는 단지 내·외부의 공기흐름을 최적화하여 환기 효율을 30% 이상 향상시켜 냉방 에너지를 절감하는 성과를 얻었다. 나아가 단지 내 실시간 에너지와 물 사용 관련 모니터링 및 관리시스템을 통해 전력, 수자원 소비 패턴을 분석하고 운영 효율성을 지속적으로 개선했다. 또한, 재활용 빗물 시스템으로 연간 70% 물(연간 1,700톤)을 절약할 수 있게 설계하였다. 재생수는 조경용수, 청소, 화장실 등 다양한 용도로 활용되어 물 사용량을 대폭 줄였다. 실시간 데이터를 지역 스마트 그리드와 연계하여 재생에너지 잉여분을 확인할 수 있게 한다.

이 외에도 저탄소 교통을 위한 전기차 충전소와 통근 자전거 렌탈 서비스를 제공하고, 홈 자동화 시스템을 통해 에너지 소비를 관리할 수 있도록 설계하였다. 이처럼 보행친화형 거리, 압축적 개발, 지역공동체를 연계하여 더블코브 지역주민과 커뮤니티 시설을 하나의 유닛으로 연계하여 운영하고 있다. 이렇게 더블코브의 설계는 고밀도 도시에서도 자연환경과 조화를 이루며, 에너지·물·탄소 등 자원 절감과 기후 적응력을 크게 높였다. 이러한 혁신적 설계는 도시의 지속가능한 성장과 주민 삶의 질 향상에 실질적으로 기여하며, 미래형 친환경 도시 개발의 모범 사례로 평가받고 있다.

2. 싱가포르

싱가포르는 좁은 섬나라에 580만 명의 인구가 거주하는 인구밀도가 세계 3위인 나라이다. 교통, 환경 등 인구 과밀로 인한 도시문제를 해결하기 위해 2014년 스마트 네이션(smart nation) 프로젝트를 개시하고 스마트 국가로의 발전을 계획하였다. 스마트 네이션은 단순히 AI 인공지능 기술도입이 아닌 비즈니스 생산성 창출을 통해 싱가포르 경제 전반에 AI생태계를 확립하였다. 2030년까지 운송, 물류, 부동산, 의료, 교육 등 다양한 분야에 AI솔루션 개발 및 생태계 구축을 위해 노력하고 있다. 디지털 정부 서비스 제공을 위해 시민인증시스템인 싱패스를 도입하였고, 모바일 번호를 활용한 송금거래가 가능한 전자결재 서비스 PayNow, 비접촉식 요금 지급 시스템 SimplyGo, 시민 맞춤형 제공 서비스인 LifeSG Initiative 등을 도입하여 AI시티를 구현하고 있다.

최근 싱가포르는 디지털 트윈 기술을 활용하여 도시 전체를 3D 디지털로 구현한 버추얼 싱가포르(Virtual Singapore)프로젝트를 추진하였다. 버추얼 싱가포르는 국가연구재단(NRF), 3D 모델의 지형도 데이터를 제공하는 싱가포르 토지청(SLA), 정보통신기술 전문성을 제공하는 싱가포르 정부기술청(GovTech)의 협력체로 이외에도 Dassault Systèms 등 전문성을 보유한 기업과도 적극적으로 협력하고 있다. 디지털 트윈이라는 버추얼 싱가포르에는 도로, 빌딩, 아파트, 가로수, 공원 등 주요 모든 시설과 구조물에 대한 상세한 정보를 기록하고 있다. 도시 인프라와 환경정보를 실시간으로 시각화하고, 도시 인프라, 환경, 인구 데이터를 통합해 실시간 시뮬레이션과 예측 기반 의사결정을 지원하는데 활용되고 있다.

버추얼 싱가포르는 인구밀도가 높은 도시국가에서 도시계획과 자원관리의 복잡한 과제를 해결하는데 활용된다. 버추얼 싱가포르는 Dassault Systèmes의 3DEXPERIENCE City 플랫폼을 활용하여 레이저 스캐닝 항공기와 레이저가 장착된 차량으로 지형과 지표면 정보를 포착하고, 3D 모델링, 레이저 스캐닝, IoT 센서 네트워크 통합의 기술을 활용한다. 즉, 다각적으로 수집되는 정보를 바탕으로 3D디지털 모델을 만들고, 실시간 동적 데이터를 포함하여 싱가포르의 종합적인 디지털 모델을 만들었다. 즉, 버추얼 싱가포르 프로젝트는 첨단 디지털 모델링과 데이터 분석을 활용하여 도시성장을 관리하고, 주민들의 삶의 질을 향상시킬 수 있는 지속가능한 개발을 확보하고자 한다.

버추얼 싱가포르는 도시 인프라와 환경정보를 실시간으로 시각화하고, AI 기반 시뮬레이션, 실시간 데이터 통합, 예측 유지보수, 도시계획, 환경관리, 재난대응 등에 활용을 목적으로 하고 있다. AI 기반 시뮬레이션은 건물배치와 재질이 도시 온도에 미치는 영향을 예측하는 동시에 녹지 확장 계획 등과 관련한 열섬효과 분석을 할 수 있게 하고, 도시 구조물의 그림자, 열섬효과, 배수 흐름까지 시뮬레이션할 수 있어, 개발사업 전 단계에서 시뮬레이션 기반 의사결정이 가능하게 된다. 특히, 신축 고층 건물이 주변 지역에 미치는 영향까지 분석 가능하며, 시민들이 직접 시뮬레이션 정보를 활용할 수 있도록 공개 포털도 운영되고 있다 (Virtual Singapore Official Portal, 2023). 실제 싱가포르 북부의 미니 실리콘밸리로 불리는 펀골(Punggol)타운을 설계할 때 버추얼 싱가포르 플랫폼을 활용하여 전체 건물이 완공된 것처럼 3D로 구현하여 공기흐름의 실험을 진행하고 결과를 반영하고 건물배치를 조정하는 방식으로 타운 전체 대기질을 높일 수 있도록 설계하였다. 버추얼 싱가포르 플랫폼은 도시 계획자들이 많은 위험을 감수하지 않고 솔루션을 테스트할 수 있게 한다. 특히, 싱가포르의 경우 토지 부족으로 공간이 충분하지 않기 때문에 3D National Mapping 프로젝트의 일환으로 수집된 3D 지형 데이터와 공공기관의 이미지 데이터, OneMap, People Hub, Business Hub와 같은 비지리적 데이터를 통합하여 다각적인 정보를 한꺼번에 구동할 수 있어 도시관리 및 계획에 효율성을 높일 수 있다.

나아가 버추얼 싱가포르를 활용하여 비상 대응을 위한 도시 시나리오와 테스트 전략을 모델링 하였다. 홍수·화재 시뮬레이션을 통해 대피 경로 최적화, 2022년 집중호우 시 피해 규모를 40% 감소시키는 효과성을 입증하기도 하였다(Infrastructure Global, 2023). 이 외에도 코로나-19 대유형 기간 감염 확산 모델링으로 방역자원 배치 효율화(OPSI, 2024), 태양광 패널 최적 설치 위치분석으로 재생에너지 생산량 25% 증가(Fireraven, 2024), 도시 숲 조성 프로젝트에서 AI가 수종과 배치를 제안하여 미세먼지 저감효과 18% 향상(Fireraven, 2024)이라는 성과를 창출하면서 지속가능성을 혁신적으로 개선하고 있다. 마지막으로 시민이 가상 모델에 접속하여 개발 계획을 검토하고 의견을 제출할 수 있는 플랫폼을 제공할 수 있어 시민참여를 촉진할 수 있다.

버추얼 싱가포르는 단순한 3D 모델을 넘어 AI가 도시의 두뇌 역할을 하는 미래형 스마트시티의 표준을 제시하고 있다. 현재 15개국 이상이 버추얼 싱가포르를 벤치마킹 중이며 디지털 트윈 기술을 활용한 도시계획 국제 표준으로 자리 잡았다. 도시개발 전 단계에서 리스크를 최소화하고 시민참여를 극대화하는 혁신적 모델로 평가받고 있다.

[그림 4-5] 버추얼 싱가포르 프로젝트

출처: How we design and build a smart city and nation, TEDx Talks.

3. 네옴시티

사우디아라비아의 '비전 2030'을 실현하기 위해 2017년 발표된 핵심 프로젝트로 인공지능(AI)을 기반으로 한 인지 도시(cognitive city)를 표방하며 미래 도시의 새로운 표준을 제시하고 있다. 사우디아라비아 네옴시티는 넓은 사막지대에 지속가능한 미래도시이다. 네옴시티는 도로, 자동차, 배기가스 없이 100% 재생에너지로 운영되며 국토의 95%가 자연을 위해 보존되도록 설계되었다. 이를 위해 디지털 트윈 기술을 이용하여 도시 전체를 3D 가상모델로 구현해 설계·건설·운영 전 과정을 최적화하였다. 높이 500m, 길이 170㎞의 대규모 친환경 수직 도시 '더 라인(The Line)'을 중심으로 호화 리조트인 '신달라(Sindalah)', 최첨단 산업지구 '옥사곤(Oxagon)', 초대형 산악 관광지 '트로제나(Trojena)'를 설계하였고, 현재 건설되고 있다. '더 라인'의 수직 구조물은 AI시뮬레이션을 통해 에너지 효율과 일조량을 극대화하도록 설계되었다. 더 라인은 네옴시티 안의 가장 핵심적인 도시이다. 사막을 지하로 가로지르는 고속철도 위로 170km 수직 건축물이 들어서면서 주거 및 상업시설을 추가하고,

초고속 교통, 자율주행 등 첨단 교통체계를 구축하며, 전기로 운행되는 UAM(도심항공모빌리티) 도입하여 탄소배출 저감을 계획하고 있다. 또한 100% 에너지 및 식량을 자급자족할 수 있는 신재생에너지 설비와 스마트팜이 구축될 예정이다. 한편, 네옴시티 산업지구인 '옥사곤'은 자동화된 물류센터, 라스트 마일 배송 네트워크 연결을 목표로 건설되고 있다. 5G·위성통신·사물인터넷(IoT)을 결합한 네트워크 구축으로 실시간 데이터를 수집·분석하며, 옥사곤에 1.5GW 규모 AI 데이터센터를 건설하여 초연결 네트워크를 완성할 계획이다(연합뉴스, 2025). 인공지능, 로봇공학과 같은 첨단기술을 활용하여 대형 시설(그린수소 프로젝트, 모듈식 빌딩 공장)을 설계하고 있다. 마지막으로 '트로제나'는 네옴시티의 관광단지로 개발되고 있다. 1년 내내 야외스키 등의 익스트림스포츠를 즐길 수 있고 웰니스 패밀리 리조트 등 다양한 숙박시설과 예술, 음악 등의 문화행사를 제공하여 주민 및 방문객의 복지증진 서비스를 제공할 예정이다.

네옴시티는 과거의 정부 주도의 단편적 계획의 형식이 아니라 정부가 도시개발 프로젝트를 발주하고, 대기업 중심의 건설사가 프로젝트를 수행하는 형태로 민간부문에서 주도권을 갖고 있다는 점에서 차이점이 있다. 즉, 공급자 중심의 개발이 아닌, 수요에 부응하는 서비스를 제공하되 스마트 워크, 쇼핑 등 공간과 기술이 초연결 네트워크의 특성을 기반으로 한다는 특성을 갖는다. 거주자들이 필요한 서비스와 시설을 거주지로부터 10분 내에 도보, 자전거 또는 대중교통을 활용하여 접근할 수 있도록 '10분 도시'를 목표로 스마트시티, AI시티를 구축할 계획을 하였다(강민영 외, 2023).

[그림 4-6] 네옴시티

출처: NEOM project.

4. 핀란드 헬싱키

헬싱키는 핀란드의 수도로 핀란드 남부에 위치하고 있으며, 철도의 건설과 관광객 증가로 유입인구가 점점 늘어 현재 약 170만 명으로 핀란드 전체 인구의 약 30%를 차지하고 있다. 헬싱키는 도시에 AI인공지능 기술을 접목하는 다양한 혁신 프로젝트를 추진하고 있다. 특히 전담부서 FVHForum Virium Helsinki는 공공, 민간 등 약 750개 기관과 60개 도시협력 네트워크를 구축하는 등 AI시티 혁신 플랫폼 역할을 수행하고 있다. 헬싱키의 AI시티는 시민과 공공, 민간, 기타 공공기관, 대학 모두가 참여하여 최신기술이 접목된 도시 미래를 창조하고 있다. 즉, 사용자 주도 개방형 혁신(user-driven open innovation)에 기반하여 도시 공유 플랫폼에서 함께 만든 서비스를 활용해서 문제를 해결하고 원활한 서비스를 제공한다. 리빙랩(living lab)을 운영하여 시민·기업이 직접 참여하는 테스트 베드를 운영한다. 친환경 로봇 청소차, 모바일 게임 기반 교통 패턴 변경 실험 등을 통해 실제 도시문제를 해결하는 것이다.

헬싱키 남쪽으로 에코 비키(Eco-Viikki) 지역은 오랜 기간 자연보전지구로 대학 연구시설과 농지로 이루어져 있었다. 1960년부터 도심 신축 건축물 규제를 강화하면서 에코비키 지역에 주거 복합도시 건설을 계획하고 대규모 개발을 시작하였다. 이에 산림지대 보존과 관련한 문제를 해결하기 위해 주민, 환경 전문가, 공무원, 기업 등 다양한 이해관계자의 의견 조율을 거쳐 제로 에너지 기술을 도입하여 핀란드 최초의 친환경 생태주거단지를 조성하였다. 생태주거단지 조성을 위해 탄소배출 감소를 위한 태양광 패널 설치, 열 손실 막는 표준장치, 열 회수 장치, 순환 난방수를 이용한 난방 시스템 등 다양한 장치를 설치하였다.

헬싱키의 대표 프로젝트는 디지털 시너지 트윈 프로젝트(Digital Synergy Twin Project)이다. 디지털 시너지 트윈 프로젝트는 도시정책 관련 의사결정을 내리기 위하여 다양한 상황이 반영된 시뮬레이션을 구동하여 예측되는 문제를 발견하고 향후 계획을 마련하는 등 효과적 정책 의사결정에 기여하고 있다. 실제 도시와 비슷한 환경을 조성하여 문제의 솔루션을 실험하는 것이다. 디지털 시너지 트윈 프로젝트를 활용하여 하수도 막힘 예측(3,000km 구간 대상), 도로 노후화 분석 등 AI 모델을 적용해 유지보수 비용을 25% 절감한 바 있으며, 헬싱키 의대에서 딥러닝을 활용한 뇌신경 질환 진단 시스템(Aiforia)을 개발, 진단 시간을 45분에서 5분으로 단축하는 성과를 이루어 맞춤형 헬스케어를 제공할 수 있는 단초를 마련하였다(국토교통부, 2021).

[그림 4-7] 헬싱키 교통 시스템

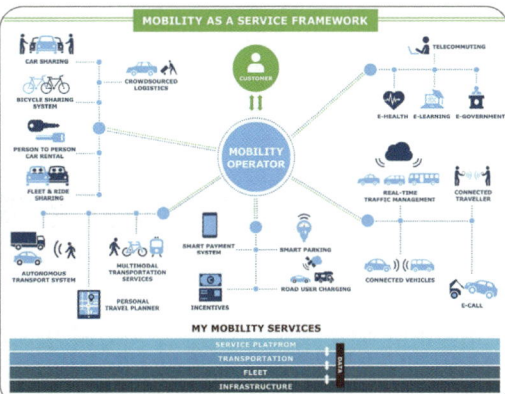

출처: Future Mobility Finland.

또한, 헬싱키는 세계 최초로 정보와 교통서비스를 접목하여 도심교통문제를 해결한 성공사례이다. 헬싱키의 모빌리티랩 프로젝트(Mobility Lab Helsinki)는 Jätkäsaari Mobility Lab의 후속 프로젝트로 헬싱키 서부 지역에서 전담부서의 지원 하에 스마트모빌리티 정책 수립을 위한 연구가 진행되었다. 도시 내 스마트 트래픽을 도출하기 위한 플랫폼 설치, 교통환경 개선 등을 목표로 프로젝트가 수행되었다. 프로젝트의 주된 내용으로는 도시 내 이해관계자와 지역 주민과의 협업을 통해 스마트모빌리티 현안을 발굴하고, 모빌리티 디지털 트윈 서비스 고도화를 위한 데이터 개선 등이 포함된다. 그 결과 2년 동안 23개의 파일럿 프로그램 발굴, 16개의 프로그램 진행, 15개 기업과 1,300명이 협업하는 성과를 거두었다. 이어 전기차 충전소 확대, 자전거 도로, 보행자 중심 도로 설계로 2025년 기준 교통부문 배출량 50% 감축을 목표로 설정하였다. 특히 공유 교통수단 확대를 위한 통합교통서비스(mobility as a service: MaaS)를 구축하였다. 교통 시스템이 각각 분리되어 운영되어 유기적으로 연동하는 것이 불가능했던 것이 통합교통서비스를 통해 교통 데이터를 통합적으로 관리하고 그 정보를 사용자의 편의성에 따라 제공하는 솔루션이다. 대중교통, 렌트카, 택시, 오토바이, 공공자전거 모든 교통수단을 조합하여 교통통합 정보망에서 가장 효율적인 경로를 제공하여 사용자가 최적의 이동경로를 계산하여 통합적인 서비스를 이용할 수 있다.

헬싱키는 최첨단 교통 시스템을 구축하면서 교통 인프라, 데이터 및 에너지 네트워크, 지능형 교통 기술 및 서비스, 다양한 데이터 자원과 서비스를 제공하며 실시간 및 장소 기반 디지털 데이터와 신뢰할 수 있는 데이터 전송을 통해 사용자 서비스를 생산할 수 있는 시스템을 구축하였다. 또한, 무선 광대역, 스마트폰, 기타 휴대용 스마트 기기 및 위치 서비스를 통해 운송 서비스를 더욱 발전시킬 수 있는 플랫폼을 형성하였다.

제5절 AI시티 미래와 과제

머신러닝 및 인공지능 기술의 비약적 발전은 우리의 미래와 도시 삶의 형태를 크게 변화시키고 있다. 실제로 AI시티와 스마트도시는 도시 운영의 효율성, 지속가능성, 시민 삶의 질 향상을 위해 빠르게 진화하는 중이다. 헬싱키와 같이 IoT 센서와 AI의 융합으로 실시간 데이터 기반 도시 운영이 본격화되고, 네옴시티처럼 AI가 태양광·풍력 발전량을 예측하고 스마트 그리드와 연동해 에너지 수요를 최적화하며, 홍콩처럼 디지털 트윈 기술로 건물의 에너지 소비 패턴을 분석해 탄소 배출량을 감축하는 등의 발달이 진화할 것이다. 또한 싱가포르처럼 시민 중심의 참여형 거버넌스가 구축되어 시민이 디지털 트윈 모델에 접속해 개발 계획에 피드백을 제공하여 공공서비스 제공에 직접 참여하는 것이 평범한 시대가 올 것이다.

앞선 사례들을 통해 AI시티의 발전을 위한 핵심과제를 도출할 수 있다. 첫째, AI시티 발전을 위해 도시 데이터의 확보와 품질관리가 필수적이다. 도시에서 일어나는 이슈 및 문제점을 발굴하여 새로운 도시 데이터(예: 민원, 소음, 재해 등)를 취득할 수 있기 때문에 데이터의 원활한 확보를 위해 데이터 유통채널을 다각화할 필요가 있다. 이렇게 수집된 데이터의 품질관리 역시 중요하다. 불완전하고 편향된 데이터가 의사결정 과정에 공유되면, 데이터 기반 객관적인 의사결정의 의도가 편향된 의사결정으로 변질될 수 있다. 이를 위해 다각적 데이터 수집과 크라우드소싱을 활용한 검증이 필요하다. 또한, IoT 센서·카메라 설치·유지비용을 관리하여 데이터 품질이 저하되지 않도록 데이터 AI알고리즘 활용으로 발생하는 부작용을 감소시킬 수 있도록 기준마련이 필요하다(이세원 외, 2024). 둘째, 디지털 인프라가 구축되어야 한다. 공공분야는 오픈 데이터 전략(Open Data Strategic Plan)을 포함하여 도시의 디지털 인프라 계획을 수립할 필요가 있고, 동시에 연구기관 및 기업이 AI인프라의 접근성을 향상시킬 수 있도록 고성능, 클라우드 컴퓨팅 리소스 투자를 적극적으로 해야 한다. 셋째, AI 기반 생태계를 육성해야 한다. 공공의 일방적 주도로 AI시티 개발이 이루어지기보다 다양한 이해관계자의 적극적인 협력을 통해 인프라 구축을 최우선 실행과제로 수립해야 한다. 정부, 지역 대학, 연구기관, 비영리기관, 기업, 시민이 유기적으로 연계된 AI클러스터 전략을 마련할 필요가 있다. AI클러스터는 단순 기술 집적지가 아닌 "혁신-공유-성장"의 선순환 생태계로 구축되어야 한다. 이를 위해 정책·기술·시민 참여가 유기적으로 결합된 전략이 필요하다. 이때 각 주체의 역할분담과 핵심 전략을 수립하여 기술과 산업의 융합 생태계를 구축할 수 있다. 정부는 인프라 구축 및 가이드라인을 제공하고, 대학 및 연구기관은 AI 핵심기술 개발 및 현장 문제 해결형 프로젝트 수행이 가능하며, 기업은 기술 상용화 및 시장을 확대하는 역할을 맡는다. 비영리기관은 시민 참여 플랫폼을 구축하거나 AI 취약계층을 지원하고, 시민은 실제 AI 서비스 테스트 베드에 참여하여 피드백을 제공할 수 있다. 이렇게 각각의 주체가 역할을 분담하여 유기적으로 연계된 AI클러스터를 형성함으로써 AI 기반 생태계 기반을 마련할 수 있다. 마지막으로 AI거버넌스를 마련해야 한다. AI 활용에 따른 신뢰성, 책임감을 높이기 위한 AI윤리 실천 정책이 필요하다. 특히, 윤리적인 문제를 예측하고 이를 위한 대책을 세워야 한다. 대량의 시민 데이터 수집으로 프라이버시 침해 우려가 예측된다. AI시티 인프라에 대한 사이버 공격은 데이터 보안과 시민의 안전 위험에 영향을 미칠 수 있으며, 도시의 붕괴로 이어질 수 있다. 이에 따라 데이터 접근 권한을 최소화하고, 실시간으로 접근 내역을 윤리협의체가 모니터링하고, 데이터 저장·전송 과정에서 강력한 암호화 기술을 적용해 외부 침입이나 유출 시에도 정보가 노출되지 않도록 암호화·익명화 기술 강화(예: 차분 프라이버시 기법, 동형 암호, 속성 기반 암호화 등)와 일반개인정보보호규정(general data protection regulation: GDPR)과 같은 규제 정책을 수반함으로써 데이터의 활용성과 프라이버시를 동시에 확보해야 한다. CCTV와 AI 결합으로 시민 행동이 과도하게 통제될 가능성이 우려되기 때문에 데이터 사용 목적 및 투명성을 보장할 필요도 있다. 또한, 디지털 격차에 대한 형평성 측면을 고려해야 한다. 스마트기술 접근성이 낮은 계층의 소외를 방지하기 위해 디지털 리터러시 교육 프로그램을 확대하고, 개발도상국의 디지털 인프라 확충에 힘써야 할 것이다. 즉, 도시 데이터 보안과 프라이버시 문제는 암호화·익명화·접근제어 등 첨단기술과 개인정보 보호법·투명성 강화 등 제도적 장치가 결합되어야 효과적으로 해결할 수 있다. 시민의 데이터 주권과 신뢰를 바탕으로, 안전하고 지속가능한 AI시티 생태계를 구축하는 것이 미래 도시 발전의 핵심과제이기 때문이다.

제5장 지속가능한 도시를 위한 주택

제1절 지속가능한 도시와 주택

주택은 인간의 기본권인 의식주 중 하나이자 일상생활에 기본이 되는 공간으로서 누구에게나 주어져야 하는 사회재(social goods)이다. 지속가능한 도시를 위해 주택은 도시민의 삶에 있어 더욱 중요한 의미를 가진다. 지속가능한 도시를 위한 대표적인 요소로서 3E를 꼽을 수 있는데, 이는 사회적 형평성(social Equity), 경제개발(Economic development), 환경보전(Environmental protection)을 포함하며 이를 보완한 지속가능성을 위한 Prism 모형 (Godschalk, 2004)에서 또 하나의 지속가능성의 요소로서 부가된 정주성(livability)이 균형적으로 잘 조합을 이루기 위해서는 주택부문의 역할이 요구된다. 많은 국가들에서 주택과 관련하여 도시의 지속가능성 측면에서 가장 중점을 두고 있는 사회적 형평성의 경우 사회적 배려가 필요한 주거취약계층의 주거권을 보장하고, 다양한 소득계층이 어우러져 살아갈 수 있는 주거지 조성을 통해 주거복지 실현한다는 점에서 중요하다. 환경보전의 관점에서는 에너지 효율을 높이고, 친환경 건축자재의 사용을 통해 온실가스 배출을 줄일 수 있으며 대중교통과 연계된 주거지 조성을 통해 자동차의 의존도를 줄이고 탄소배출을 감축할 수 있다. 경제개발의 측면에서 인구의 유입을 유도하고 지역 내 소비 기반을 확대하여 지역경제의 성장을 위해 주택은 필수적이다. 특히, 지역균형발전을 위해 개발된 행정중심복합도시로서 세종시와 혁신도시의 건설 시

주거지의 개발이 이러한 인구분산을 정책을 위하여 매우 중요한 역할을 한다. 마지막으로, 정주성과 관련하여 주택은 물리적 환경의 측면에서 주민들이 동네에서 편리하게 생활이 가능하도록 커뮤니티 공간을 조성하고 동네에 대한 애착심을 가질 수 있도록 사회적 환경을 조성하는데 필수적인 역할을 한다.

한국은 급속한 도시화를 거치면서 주택의 양적공급을 위한 정책이 주를 이루어 왔다. 1960~70년 급속한 도시화를 거치면서 심각한 주택부족 문제를 겪었으며, 서울의 경우 주택보급률이 한 때 50% 미만까지 하락하여 이에 대한 해결책으로 신규택지 개발 및 신도시 개발 등의 주택공급 위주의 정책들이 주를 이루었다(전희정, 2022). 이러한 양적 측면의 주택공급의 결과로서 2000년대 들어 대도시들의 주택보급률은 100%를 회복해 오면서 단순히 주택을 공급하는 문제에서 삶의 공간으로서 주거의 질적 수준 향상에 대한 관심이 높아져 왔다. 특히, 2015년 「주거기본법」의 제정과 함께 주거권의 개념을 명시화하고 주거지원과 주거선택의 다양성 보장을 위한 「주거급여법」의 시행, 공공주택 공급과 관리에 관한 「공공주택특별법」의 제정, 전월세 시장 안정화를 위한 민간임대주택 특별법 제정 등을 통한 주거취약계층의 주거복지를 위한 다양한 정책들이 시도되어 왔으며 이러한 주택정책 패러다임의 전환은 지속가능한 도시를 위한 사회적 형평성 측면의 주택의 역할을 공고히 하는 것으로 해석할 수 있다.

주택은 우리의 일상생활을 가능하게 하는 기본적인 요소 중 하나일 뿐만 아니라 주거지가 대부분의 도시에서 토지이용상 가장 큰 부분을 차지한다는 점에서 지속가능한 도시 조성을 위해 반드시 주택과의 연계성을 통해 그 방안을 모색해야 한다. 이 장에서는 현재 주택문제의 현황을 도시의 지속가능성 측면에서 살펴보고 이러한 주택문제와 관련된 주택정책의 현황, 지속가능한 도시를 위해 주택정책이 나아가야 할 방향에 대해서 논의하고자 한다.

제2절 도시의 지속가능성 측면에서의 주택문제

1. 주거취약 계층의 주택문제

지속가능성 측면에서 주택은 대부분 사회적 형평성과 관련하여 논의가 되어 왔다. 특히, 소득에 비해 과도한 주거비의 지출은 다른 항목에 대한 지출을 제한할 뿐만 아니라 정신건강에도 영향을 미치는 등 주거취약계층의 삶의 질에 부정적 영향을 미친다(김은지·전희정, 2023). 또한, 저출산과 고령화와 같은 인구구조의 변화로 인하여 자녀가 없는 가구 혹은 1자녀만 있는 가구들이 증가할 뿐만 아니라 1인 가구의 증가, 노인가구의 증가로 인하여 다양한 주거수요가 발생하여 전통적인 4인 가구 중심의 주택정책으로는 주거취약계층의 문제를 해결하기 어렵다.

1) 주거빈곤 문제

주거빈곤은 크게 주거비과부담과 주거수준미달의 문제로 나뉠 수 있다. 우선, 주거비과부담은 비용측면의 주거빈곤 문제로서 임차가구의 경우 월가구소득에 대한 월임대료의 비중, 자가가구의 경우 주택가격에 대한 연소득의 비율 계산될 수 있다. 주거비는 보통 가계지출에서 가장 큰 항목을 차지하고 있으며 임차가구 중 임대료가 소득대비 30%이거나, 자가가구 중 연소득대비 주택가격의 비율이 4 이상인 주거비과부담 가구는 저소득층 및 청년 1인 가구들에서 높게 나타나고 있다(전희정, 2022).

주거수준미달은 주거의 질적측면에서의 주거빈곤 문제이다. 우리나라의 경우 급속한 도시화 과정 속에 달동네라고 불리우던 산등성이에 집단거지주지를 형성하였고 이러한 과정에서 1960~70년대 수많은 불량주택이 양산되었다. 1980년대에는 아시안게임과 올림픽을 치루면서 달동네의 불량주택들이 재개발을 위해 철거되면서 도시빈민층은 적절한 주거수준에 미치지 못하는 쪽방, 비닐하우스 등으로 밀려나면서 또 다른 불량주거지역을 형성하기도 하였다. 2000년대에는 주거수준의 질적향상을 위하여 최저주거기준 제도를 도입하였으나, 2023년 주거실태조사자료에 따르면 현재 총가구의 3.6%가 여전히 최저주거수준에 미달하는 주택에 거주 중이다(국토교통부, 2024a). 특히 지하, 옥탑방, 고시원을 의미하는 '지옥고'와 같이 주거수준이 낮은 공간에서 거주하는 청년들의 주거문제는 많은 사회적 관심을 받아왔다.

2) 주거수요의 다양화

우리나라의 주택정책은 4인 가구의 전통적인 가구형태를 중심으로 이루어져 왔다. 하지만, 2000년대 들어 가구유형이 다양해져 이에 따른 주거수요도 다양해져 왔다. 특히, 〈표 5-1〉에서와 같이 1인 가구의 비중이 크게 증가하여 2024년 현재 1인 가구는 전체 가구의 33.9%인 가장 큰 비중을 차지하고 있다 (KOSIS, 2024). 뿐만 아니라, 〈표 5-2〉에서와 같이 총인구 대비

65세 이상의 노인인구의 비중 또한 2024년 현재 19.2%로서 2032년까지 27.1%까지 급격히 증가할 것으로 예상된다(KOSIS, 2024). 우리나라의 인구는 2020년부터 감소해 왔는데, 이러한 상황에서 1인 가구와 노인인구의 증가는 주거문제에 있어 기존과는 다른 양상으로 발생할 것이라는 예상할 수 있다.

〈표 5-1〉 총 가구 수 및 1인 가구 수 현황과 예측치

연도	총 가구 수(만가구)	1인 가구 수(만가구)	비율(%)
2012	1,811	456	25.1
2016	1,928	533	27.6
2020	2,073	647	31.2
2024	2,208	750	33.9
2028	2,287	803	35.1
2032	2,342	844	36.1

출처: KOSIS, 인구주택총조사(2024).

〈표 5-2〉 총인구 및 65세 이상 고령인구 현황과 예측치

연도	총 인구(만 명)	65세 이상(만 명)	비율(%)
2012	5,019	576	11.5
2016	5,121	675	13.2
2020	5,183	815	15.7
2024	5,175	993	19.2
2028	5,145	1,212	23.6
2032	5,113	1,383	27.1

출처: KOSIS, 인구주택총조사(2024).

우선, 1인 가구는 구조적·경제적 요인으로 인해 다양한 주거문제에 취약한 특성을 보인다. 이들은 일반적으로 소득 수준이 낮고 안정적인 경제 기반을 갖추지 못한 경우가 많아, 전체 가

구에 비해 주거비과부담 가구에 속할 가능성이 높다(박미선·조윤지 2020). 또한, 비교적 좁은 면적의 주택에 거주하는 경향이 있으며, 최저주거기준에 미달하는 주택에 거주하는 비율도 상대적으로 높게 나타난다(국토교통부, 2023a). 특히 지하, 옥탑방, 고시원 등 주거의 질이 낮고 안전·위생 환경이 열악한 환경에서 거주하는 사례가 많다. 1인 가구는 홀로 거주하기 때문에 물리적 수준이 낮은 주거환경의 문제에 노출되어 있을 뿐 아니라 사회적 고립감이나 불안정성 등의 심리적 문제로도 연결되기 쉽다. 이처럼 1인 가구는 다양한 차원의 주거취약성을 동반하며, 이에 대한 정책적 대응이 필요하다.

다음으로, 고령인구 비중의 급격한 증가하는 있는 반면, 노인들은 노인요양시설에 거주하기보다는 '현재 살고 있는 집이나 동네에서 지속적으로 거주하고 싶은 욕구'가 85.5%로 (정소양 외, 2024)로 매우 높아 Aging-in-Place(AIP)에 대응이 필요하다. 고령자들은 신체 기능 저하로 인해 계단이나 욕실 이용에 어려움을 겪는 경우가 많으나, 기존 주택은 이러한 변화에 충분히 대응하지 못하는 구조로 되어 있는 경우가 많다. 특히, 노인 안전사고의 대부분은 주택 내부에서 발생하고 있으며 이러한 사고의 가장 큰 원인은 미끄러짐, 넘어짐, 추락이 대부분이어서(한국소비자원, 2022) 주택의 물리적 개조를 통해 이러한 사고에 대한 예방이 필요하다. 또한, 노인들의 경우 상대적으로 생활반경이 좁아 사회적 고립 문제도 심화되고 있으며, 이는 정신건강과 일상생활에 부정적 영향을 미칠 수 있다. 따라서 노인가구를 위한 주거정책은 단순히 주택의 물리적 개조를 넘어서, 지역사회 차원의 돌봄 체계와 연계되어야 한다. 또한, 기술이 결합된 스마트홈 기술의 도입 등 다양한 요소를 통합적으로 반영한 주택정책의 접근이 요구된다.

2. 지방소멸과 주택문제

2019년 수도권의 인구비중은 총인구의 50%를 넘어섰고, 수도권과 비수도권 간 인구의 격차는 점차 커지고 있다. 이러한 수도권과 비수도권 간 인구의 격차로 인하여 지방도시들에서 인구가 급격히 감소하는 '지방소멸'의 문제가 발생해 왔으며, 이러한 지방소멸은 지역경제를 급격히 악화시키고 빈집을 대량으로 양산해 왔다. 〈표 5-3〉에서와 같이 통계청 기준에 따르면 2020년 현재 비어있는 기간이 12개월 이상인 미거주주택(빈집)은 387,326호로 농촌지역으로 분류될 수 있는 면 지역에서 8.5%로 그 비중이 가장 높으며, 지역적으로는 전라남도, 경상북도, 전라북도, 경상남도에서 순으로 높은 비중을 차지한다.

제5장 지속가능한 도시를 위한 주택

〈표 5-3〉 2020년 시·도별 미거주주택(빈집) 현황

시도	전체주택 수	빈집 수 (전체기간)	빈집% (전체기간)	빈집 수 (12개월 이상)	빈집 % (12개월 이상)
전국	18,525,844	1,511,306	8.158	387,326	2.091
동부	14,427,931	917,881	6.362	155,309	1.076
읍부	1,992,568	216,640	10.872	53,955	2.708
면부	2,105,345	376,785	17.897	178,062	8.458
서울특별시	3,015,371	96,629	3.205	10,724	0.356
부산광역시	1,275,859	113,410	8.889	22,120	1.734
대구광역시	809,802	39,069	4.825	7,409	0.915
인천광역시	1,032,774	65,861	6.377	10,752	1.041
광주광역시	538,275	41,585	7.726	6,670	1.239
대전광역시	496,875	26,983	5.431	4,323	0.870
울산광역시	394,634	30,241	7.663	6,124	1.552
세종특별자치시	136,887	14,385	10.509	1,888	1.379
경기도	4,495,115	272,358	6.059	41,742	0.929
강원도	644,023	84,106	13.059	22,251	3.455
충청북도	640,256	76,877	12.007	21,999	3.436
충청남도	865,008	106,430	12.304	30,961	3.579
전라북도	741,221	95,412	12.872	35,038	4.727
전라남도	802,043	122,103	15.224	51,283	6.394
경상북도	1,094,306	139,770	12.772	53,297	4.870
경상남도	1,296,944	150,982	11.641	54,511	4.203
제주특별자치도	246,451	35,105	14.244	6,234	2.530

출처: KOSIS, 인구주택총조사(2024).

관리가 미흡하거나 사람이 거주하지 않는 빈집은 안전성 문제를 넘어, 쓰레기를 불법적으로 투기하여 미관을 해치거나, 범죄를 유발하는 환경을 조성하여 범죄의 온상이 될 가능성이 높다. 뿐만 아니라, 이러한 부정적 영향은 근린효과(neighborhood effect)를 통해 인접한 주택으

로 전이(spillover)될 가능성이 있으며, 동네 전체에 부정적 영향을 끼칠 뿐 아니라 더 나아가 도시 전체를 쇠퇴시킬 수 있다. 따라서, 빈집은 단순히 개별주택을 관리하는 차원에서 그칠 것이 아니라, 광범위한 지역적 파급효과를 고려한 체계적이고 종합적인 대응 전략이 요구된다.

이처럼 빈집의 증가는 단순한 주거 문제를 넘어 광범위한 지역문제로 확산될 수 있으며, 지역의 경제적 활력에도 부정적인 영향을 미친다. 특히, 경제적 침체로 인한 빈집 발생과 빈집 증가로 인한 경제 쇠퇴가 맞물리며 악순환이 반복될 가능성이 크다. 빈집의 확산은 해당 지역의 주택가격 하락, 상권 위축, 외부 투자 저해, 부가적인 인구 유출 등 연쇄적인 부정적 영향을 초래하며, 이는 궁극적으로 지역경제의 전반적인 쇠퇴로 이어진다. 그 결과로서, 지방정부의 세수 감소, 인프라 유지 비용 증가, 공공서비스의 약화 등 도시 기능의 전반적 저하를 유발하여, 도시의 지속가능성을 심각하게 위협하는 요인으로 작용하게 된다. 따라서 빈집의 체계적인 관리와 적극적인 활용 전략을 통해 이러한 악순환을 차단하기 위한 실효성 있는 정책 대응이 필요하다.

3. 환경보전과 주택

한국의 건물부문 총에너지 소비량은 2021년 기준 34,344천 TOE에 달하며, 이 중 약 60%가 주거용 건물에서 사용되고 있으며, 주거용 건물 중 공동주택이 전체 에너지 사용의 43.2%, 단독주택이 15.9%를 차지하고 있다(국토교통부, 2022). 특히 공동주택은 전체 신축 건축물의 약 27%를 구성하며, 주요 주택유형으로 자리 잡고 있어 기후변화 대응 및 탄소중립 실현을 위한 핵심 정책 대상으로 간주된다(국토교통부, 2024b). 하지만, 현재 다수의 공동주택은 과거의 에너지 비효율적인 설계 기준에 따라 건설되었고, 이로 인해 단열 성능 부족, 에너지 낭비, 높은 유지관리 비용 등의 문제를 가지고 있다(국토교통부, 2022). 특히 대규모 아파트 단지의 경우 중앙집중식 냉난방 설비나 단일 열원 시스템에 대한 의존도가 높아, 에너지 소비 구조의 경직성과 비효율성이 두드러지는 경우가 많으며, 에너지 절감 및 온실가스 감축 측면에서 구조적으로 취약한 특성을 가진다.

이러한 상황을 고려해 볼 때 주택이 환경보전이라는 지속가능성의 핵심 요소와 밀접하게 연관되어 있음을 파악할 수 있다. 즉, 주택의 에너지 성능은 온실가스 배출과 직접적으로 연결되며, 이를 통해 환경보전의 가치가 제고되는가에 대한 중요한 변수로 작용한다. 실제로 2021

년 기준 주거용 건물은 국내 온실가스 배출량의 약13%를 차지하였고, 2015년부터 2023년까지 주거 부문에서의 온실가스 배출량은 약 16.7% 증가하였다. 이는 같은 기간 주거 부문 에너지 소비량이 15.3% 증가한 결과로, 1인 가구의 지속적인 확산과도 연관이 되는 것으로 알려져 있다(강찬수, 2025). 1인 가구는 일반적으로 단위 인구당 에너지 소비 효율이 낮아, 전체적인 에너지 수요와 온실가스 배출을 증가시키는 경향이 있다. 난방, 냉방 등 일상생활과 직결된 에너지 사용이 증가함에 따라, 주거 형태와 가구 구성 변화는 도시의 환경적 지속가능성에 중대한 영향을 미치는 요소로 부각되고 있다.

이외에도 혁신도시를 비롯한 신도시 개발의 많은 사례에서, 주거지들이 도시와의 공간적 연계성이 부족한 채 조성되는 경향이 있다. 이러한 주거지 개발 방식은 대중교통 체계의 구축과 운영을 어렵게 만들며, 결과적으로 자동차에 대한 의존도를 높이게 된다. 실제로 혁신도시는 기존 도심으로부터 떨어진 외곽 지역에 위치한 경우가 많아, 자가용 없이는 통근, 통학, 생필품 구매 등 일상생활의 많은 부분을 원활히 수행하기 어렵다. 이러한 자동차 중심의 생활 구조는 에너지 소비와 온실가스 배출을 더욱 가중시키는 요인으로 작용한다. 때문에 혁신도시와 같은 신규 주거지 개발에 있어서는 기존 도시와의 연계성, 대중교통 접근성, 복합용도 개발 등을 고려하여 개발되어야 한다.

4. 정주성과 커뮤니티 조성의 기반으로서 주택

주택은 단순히 거주를 위한 개별적이고 물리적인 공간만이 아닌 일상생활을 영위하는 공간으로서 주택을 둘러싼 인접지역의 물리적, 사회적 환경까지 고려한 커뮤니티 차원의 주택정책이 필요하다. 정주성(livability)은 지속가능성의 세 가지 핵심 요소인 사회적 형평성, 환경보전, 경제개발을 보완하는 개념으로, 주택정책에서의 정주성은 주거지의 쾌적성, 교통접근성, 편리성, 문화·여가시설에 대한 접근성 등의 물리적 수준뿐만 아니라 사회적 자본, 안전성, 공동체성, 교육환경과 같은 사회적 환경 등 주민의 삶 전반을 포괄하는 개념으로서 작동한다고 볼 수 있다. 이러한 정주성 개념은 특히 단순히 양적인 주택공급에 중점을 두던 기존의 주택정책에서 사람 중심의 주거환경 조성을 위한 기준으로도 활용될 수 있어 주거의 질 향상에 있어서도 중요한 요소이다.

앞서 논의한 바와 같이 과거 주택공급의 양적 확대는 전체 주택보급률을 높이는 데는 기여했지만, 지역 주민 간 사회적 자본과 공동체성은 점차 약화되었다. 특히 대규모 아파트 중심의 획일화된 주거환경은 주민 간 신뢰, 협력, 상호작용의 기회를 축소시켰고 이러한 변화는 지역 내 공동체 기반을 약화시키는 구조적 요인으로 작용하였다(하성규 외 2004). 한편, 아파트 외의 저층 주거지(다세대주택, 연립주택 등)는 주택정책의 우선순위에서 상대적으로 소외되어 왔다. 저층 주거지에서는 커뮤니티 시설의 부족, 공공공간의 관리 부재, 주변 환경의 물리적 노후화가 복합적으로 작용하여 거주 만족도와 생활의 질을 저하시켜 왔다.

이러한 정주성과 관련한 문제는 개별 주택의 개량만으로 해결되기 어렵고, 지역 단위의 커뮤니티 기반 물리적 환경 개선과 생활 인프라 확충, 주민 참여를 유도하는 공공공간 구성 및 프로그램의 운영 등 통합적 접근이 요구된다. 그럼에도 불구하고, 주택을 지역 커뮤니티의 핵심 구성요소로 간주하고 이를 반영한 주택공급 및 주거정책의 체계적 접근은 아직 충분히 이루어지지 않고 있다.

제3절 지속가능한 도시와 주택정책의 현황

1. 사회적 형평성과 주택정책

주거빈곤 완화를 위한 공공임대주택 정책과 생애주기 맞춤형 주거정책은 지속가능성의 주요 요소인 사회적 형평성을 증진하는 데 핵심적인 역할을 한다. 공공임대주택은 소득이 낮거나 주거취약한 계층에게 기본적인 주거 안전망을 제공함으로써 주거권을 실질적으로 보장하고, 생애주기 맞춤형 주거정책은 아동부터 고령자에 이르기까지 각 단계의 주거 수요에 대응하여 주거 불안정이 발생하지 않도록 체계적인 지원을 제공한다. 이러한 주택정책들은 주거비 부담을 경감하고, 양질의 주거환경을 보장함으로써 사회적 약자의 공간적 배제와 불평등을 완화하며, 다양한 계층과 세대가 도시에 함께 거주할 수 있는 여건을 조성한다. 결과적으로 지속가능한 도시로 나아가기 위한 사회적 형평성을 도모할 수 있다.

1) 주거빈곤 완화를 위한 주택정책

주거빈곤 문제를 완화하기 위한 대표적인 주택정책 중 하나가 공공임대주택 정책이다. 우리나라의 경우 여러 가지 유형의 공공임대주택이 존재하는데, 「공공주택특별법」상 공공임대주택은 신규건설을 통한 공공건설임대주택과 기존 주택을 매입하여 임대하는 매입임대주택으로 나눠진다. 또한, 기간 상으로는 5년 혹은 10년 임대 후 분양 전환되는 공공임대주택과 장기적으로 거주가 가능한 장기공공임대주택으로 구분할 수 있다. 분양전환되는 공공임대주택에 비해 장기공공임대주택이 저소득층의 주거안정에 기여하는 바가 크므로 정부는 장기공공임대주택을 재고를 높이고자 노력해 왔으며 2022년 현재 약180만호로 전체 주택재고의 8.2%이며, 이는 OECD 평균인 7%를 넘는 수준이다(박로명, 2025).

〈표 5-4〉 공공임대주택의 주요 유형별 특징

구분	영구임대	국민임대	장기전세	공공임대	행복주택	통합공공임대
① 임대기간	50년	30년	20년	5년/10년	30년	30년
② 공급조건	시세 30%	시세 60~80%	시세 80%	시세 90%	시세 60~80%	시세 35~90%
③ 공급규모	40㎡ 이하	85㎡ 이하 (통상 60㎡ 이하)	85㎡ 이하 (통상 60㎡ 이하)	85㎡ 이하	60㎡ 이하	85㎡ 이하
④ 공급대상	생계급여 또는 의료급여 수급자 등 (소득1분위)	무주택세대 구성원 (소득 2-4분위)	무주택세대 구성원 (소득3-4분위)	무주택세대 구성원 (소득3-5분위)	무주택세대 구성원 (소득2-5분위)	무주택 세대구성원 /무주택자

출처: 마이홈포털(2025).

〈표 5-4〉에서와 같이 현재 주요 공공임대주택의 유형으로서 영구임대, 국민임대, 장기전세, 공공임대, 행복주택을 포함하고 있다. 영구임대주택은 공공임대주택이 체계적으로 공급되기 시작한 1989년 처음으로 도입되어 최저소득계층을 위해 공급되는 공공임대주택이며, 50년 이상 또한 영구적인 임대가 가능한 장기공공임대주택으로서 시세의 30%만을 임대료로 지불한다. 1998년 도입되어 외환위기 이후 저소득층의 주거안정을 위해 도입된 국민임대주택의 경우 시세의 60-80% 수준의 임대료를 지불하고 소득 2~4분위를 대상으로 하며 입주민에게 분양하지 않고 2년마다 재계약을 하는 방식으로 최장 30년까지 거주할 수 있도록 한다. 장

기전세주택의 소득 3~4위 분의 가구를 대상으로 20년까지 거주할 수 있는 전세임대형 공공임대주택이다. 공공임대주택은 5년, 혹은 10년 이후 분양전환되는 주택이며 행복주택은 2013년에 도입되어 30년까지 거주할 수 있는 공공임대주택으로 대학생, 청년, 신혼부부를 중심으로 소득 2~5분위의 다양한 소득계층을 대상으로 하며 기존 대형 택지를 개발하여 공급한 공공임대주택들과 달리 역세권, 유휴시설 등 소규모 부지를 이용하여 공공임대주택을 공급한다. 보다 최근에는 기존의 다양한 공공임대주택 유형을 하나로 통합하여, 기존의 복잡한 공공임대주택의 유형을 단순화하고 공공임대주택 자격요건에 따라 다른 유형의 공공임대주택에 거주하도록 하는 기존의 방침과 달리 다양한 주거취약계층이 하나의 통합된 공공주택에 거주할 수 있도록 한다.

2) 생애주기 맞춤형 주택정책

우리나라는 1960~70년대 급격한 도시화 과정에서 발생한 주택 부족 문제가 일정 부분 해소됨에 따라, 주택정책의 중심축이 점차 양적 공급 중심에서 질적 개선 중심으로 전환되는 패러다임의 변화를 겪게 되었다(전희정, 2022). 이러한 주택정책의 전환은 단순한 물량 중심 공급에서 벗어나, 생애주기별 수요자 특성을 고려한 맞춤형 주거정책으로의 진화를 의미한다. 특히, 2017년에 발표된 '주거복지 로드맵'은 1인 가구의 증가, 저출산, 고령화 등 인구구조 변화에 대응하기 위해 주거 수요를 생애주기 관점에서 세분화하고, 이에 따라 정책을 차별화하여 제공하고자 하였다는 점에서 중요한 정책적 전환점으로 평가된다.

1인 가구 중 많은 비중을 차지하는 청년가구의 경우 이들의 안정적인 주거생활을 보장하고 이를 통해 저출생 문제까지 대응할 수 있도록 청년 맞춤형 주거지원이 확대되어 왔다. 청년 맞춤형 주거지원 프로그램으로서 청년들이 직장이나 학교 근처에 거주할 수 있도록 일자리연계형 공공임대주택이나 행복기숙사 등이 제공되어 왔다. 또한, 청년특화 임대주택을 공급하여 청년들이 필요로 하는 세탁실, 휴게실 등의 서비스가 제공되는 공공임대주택이 공급되어 왔다. 이외에도 자산형성을 도와 내집 마련의 기회를 제공하고자 청년가구를 주요 정책대상으로 하여 청약통장 개설과 이자율 지원 프로그램을 실시하고 있다(국토교통부, 2024a).

고령자 가구의 경우 노인의 신체적 특성을 고려하여 공공임대주택인 고령자복지주택이 공급되어 왔다. 이러한 고령자복지주택은 고령자의 안전성과 이동 편의성을 확보하기 위해 무장애(barrier-free) 설계 기준을 적용하고, 거주지 인근에 보건·복지·돌봄 등 다양한 생활지원 서비스를 연계하는 방식으로 운영된다. 특히 독거노인이나 거동이 불편한 고령자를 위해 엘리베이터, 손잡이, 미끄럼 방지 시설 등 물리적 환경을 개선하고, 건강관리 및 사회적 고립을 예방하기 위한 복지 프로그램도 함께 제공된다. 이러한 복합적 지원은 고령자가 요양시설로 이주하기 보다는 기존에 거주하던 지역에서 자립적으로 거주할 수 있도록 돕는 '에이징 인 플레이스(Aging in Place: AIP)'를 활성화 할 수 있으며 이를 통해 사회취약 계층의 주거권을 보장하며, 이를 통해 사회적 형평성을 제고한다는 측면에서 지속가능성을 도모한다.

2. 빈집정비를 통한 지역경제 활성화

빈집으로 인한 사회적 문제를 해결하고자 도시지역의 경우 2018년 「빈집 및 소규모주택 정비에 관한 특례법」을 제정하여 빈집실태조사를 실시하고, 빈집정비계획을 마련하여 빈집정비사업을 실시하기 위한 기반을 마련하였다. 농촌지역의 경우 도시지역에 비해 빈집에 대한 제도적 접근을 먼저 시작하였는데, 2000년 「농어촌 주택개량촉진법」 상의 빈집 철거와 정비규정 마련을 시작으로 2008년 「농어촌정비법」을 통해 빈집 관리, 철거 및 활용사업을 포함하여 관리해 왔다.

인구감소의 위기가 심각한 지방도시들에서 빈집 정비는 지역경제 활성화를 위하여 중요한 역할을 할 수 있다. 도시재생사업 및 새뜰마을 사업과의 연계를 통해 인구감소 위기의 지방자치단체들은 노후 주거지 내 방치된 빈집을 리모델링하여 청년 창업공간, 공유주택, 마을카페, 커뮤니티센터 등으로 개량하여 재사용함으로써 지역 내 경제적·사회적 활력을 유도하고 있다. 강원도 정선군 고한읍에서는 방치된 빈집을 정비하여 '고한 골목길 정원 카페'와 예술 창작 공간으로 활용하면서 관광객 유입이 증가하고, 인근 상권이 활성화되는 효과를 거두어 지역경제 활성화에 기여한 것으로 알려져 있다(송고, 2020). 또한 경북 의성군은 '빈집 활용 청년창업 지원사업'을 통해 빈집을 리모델링해 청년 창업자에게 저렴하게 임대하고, 이를 통해 지역에 새로운 일자리와 생활서비스를 창출하는 선순환 구조를 마련하였다(행정안전부, 2024).

농촌지역에서의 빈집활용 또한 지역경제 활성화를 위하여 큰 역할을 할 수 있다. '농촌 빈집 정비 및 활용지원사업'의 경우 장기간 방치된 농촌 빈집을 철거하거나 수리한 후 귀농·귀촌인을 위한 임대주택이나 공공시설로 활용할 수 있도록 지원하며, 농촌지역의 인구 유입 및 정주

여건 개선을 도모하고 있다. 예를 들어, 강원도 인제군은 '청년 농촌보금자리 조성사업'을 통해 빈집을 수리하여 청년 귀촌가구에 장기 임대하고, 일부는 게스트하우스나 마을기업 사무소로 전환하여 지역 내 소득원을 창출하는 방식으로 운영하고 있다(김보경, 2024). 이러한 사례는 농촌 빈집이 정책적 지원과 지역주민의 참여를 통해 지역경제 회복의 중요한 기반이 될 수 있음을 보여준다.

3. 친환경 주거환경 조성

지속가능한 도시를 위해서 주택정책을 통한 환경보전의 가치를 제고하는 것을 매우 중요하다. 기후변화 대응 및 탄소중립 실현을 위하여 2022년 3월 시행된 「탄소중립기본법」과 2023년 발표된 2030 국가 온실가스 감축 목표 및 2050 탄소중립 달성을 위한 제1차 국가 탄소중립·녹색성장 기본계획에 따라 2030년까지 예상 배출량 대비 40%의 탄소 감축이 필요한 실정이다(국토교통부, 2023b). 이러한 환경보전을 위한 정책적 목표가 주택정책에도 반영되어 왔는데, <표 5-5>에서와 같이 제3차 장기 주거종합계획은 건물부문 온실가스 배출량은 2018년 온실가스 배출량 대비 2030년까지 32.8% 감축을 목표로 하고 있으며, 공동주택의 경우 연도별 온실가스 배출량 목표는 2030년까지 9.45만 톤CO_2e로 감축하는 것을 목표로 하고 있다(국토교통부, 2024b).

<표 5-5> 국가기본계획 내 연도별 온실가스 배출량 목표

(단위: 만 톤CO_2e)

부문	2018 (기준연도)	2023	2024	2025	2026	2027	2028	2029	2030
합계	686.3	633.9	625.1	617.6	602.9	585.0	560.6	529.5	436.6
건물	52.1	47.6	47.0	46.0	44.5	42.5	40.2	37.5	35.0
공동주택	14.07	12.85	12.7	12.43	12.03	11.49	10.87	10.13	9.45

출처: 제3차 장기 주거종합계획.

국토교통부의 경우 '녹색건축 활성화 정책'을 통해 에너지 효율이 높은 주택을 장려하고, 주거단지 차원에서는 제로에너지건축물(ZEB) 도입을 추진하고 있다. 2020년 이후 일정 규모 이상의 건축물에 대해 ZEB 인증을 의무화하면서, 신축 공공임대주택에 고성능 단열재, 고효율 창호, 신재생에너지 설비(태양광, 지열 등)를 적용하고 있다. 이러한 정책은 물리적 시설물로서 주택에 대한 규제강화를 통해 친환경 주거환경 조성을 위한 시도라 할 수 있다.

2014년부터 추진된 장수명주택은 구조적 내구성을 강화하고 수선·리모델링이 용이하도록 설계되어, 자원 낭비를 줄이고 주택의 수명을 연장하는 것을 목표로 한다. 이는 건설폐기물과 탄소배출 저감에 기여하며, 재사용 부품과 지속가능한 자재 활용을 통해 순환경제 기반 마련에도 긍정적이다. 그러나 2015년부터 2022년까지 장수명주택 인증은 1,020건에 그쳤고, 최우수 및 우수등급 획득 사례가 없어 인센티브 제도의 실효성 제고를 위한 정책 개선이 요구된다(이현수, 2024).

주거환경 차원에서 탄소중립형 도시계획과 연계된 생태주거단지 개발은 저탄소 도시 구현을 위한 핵심 전략으로 추진되고 있다. 대표적으로 부산의 '에코델타시티'와 세종의 '스마트시티'는 수변공간, 공원녹지, 생태통로 등 친환경 인프라를 중심으로 설계되었으며, 보행 중심의 교통체계와 스마트 에너지 관리시스템이 도입되어 도시 차원의 에너지 소비 및 온실가스 배출 최소화를 목표로 하고 있다. 이러한 도시모델은 고밀·복합용도 개발을 통한 교통량 저감, 재생에너지 기반의 에너지 자립, 녹지를 통한 탄소 흡수 및 생태계 보호, 자원순환형 폐기물·물 관리 체계 등을 통해 탄소 저감 효과를 도모하고 있다(국토교통부, 2023b). 나아가, 이러한 생태주거단지는 최근 주목받고 있는 '15분 도시(15-minute city)' 개념과도 밀접하게 연결된다. 15분 도시는 주거, 직장, 교육, 의료, 여가 등의 주요 기능에 도보 또는 자전거로 15분 이내에 접근 가능한 도시 구조를 지향함으로써, 교통량 감소와 에너지 소비 절감, 나아가 탄소배출을 저감하여 환경보전을 도모할 수 있다.

4. 정주성 향상을 위한 커뮤니티 중심의 주택정책

정주성을 향상시키기 위한 주택정책은 단순히 개별적인 물리적 시설물로서의 주택을 양적으로 공급하는 데 그치지 않고, 주민이 장기간 안정적으로 거주하며 지역사회와 유기적으로 연결될 수 있도록 커뮤니티 기반의 주거환경 조성에 중점을 두어야 한다. 주택은 단순한 거주의 물리적 공간을 넘어, 생활권과 밀접히 연계된 사회적 공간으로 기능하기 때문에, 주택정책은 커뮤니티 형성을 핵심 요소로 포함해야 한다. 즉, 근린수준의 보행환경, 놀이터와 공원 등 공공 공간과 같은 물리적 환경뿐만 아니라, 주민 모임이나 공동체 활동이 이루어지는 사회적 환경의 조성을 함께 고려해야 한다. 이러한 관점에서 최근에는 신규 공공주택이나 민간 개발사업에 주민 커뮤니티센터, 공유부엌, 마을회의실 등 소통 공간의 설치를 필수적으로 반영하고 있다. 예를 들어, 신혼부부 특화형 공공주택인 신혼희망타운의 경우, '공동육아방,' '작은 도서관,' '주민카페' 등 다양한 커뮤니티 공간을 의무화하여, 주거의 질적 수준을 높이고 정주성을 제고하는 데 기여하고 있다.

이미 개발된 주거지의 경우에는 주민 주도의 공동체 활동을 가능하게 하는 물리적 공간 기반의 재정비 및 사회적 프로그램 활성화가 중요하다. 이를 위해 유휴 공간을 활용하여 마을도서관, 마을박물관, 마을사랑방 등 지역맞춤형 커뮤니티 공간을 설치하고, 이를 활성화할 수 있는 프로그램 지원과 커뮤니티 리더 양성정책이 함께 병행되어야 한다. 예를 들어, 광주광역시는 도시재생공동체센터를 중심으로 '마을공동체 공간 조성사업'을 통해 기존 단독주택이나 빈 점포를 리모델링하여 주민 커뮤니티 공간으로 전환하고, 지역활동가나 주민단체가 자율적으로 운영하도록 지원하고 있다(광주광역시도시재생공동체센터, 2025). 이처럼 물리적 기반과 사회적 프로그램을 병행하는 커뮤니티 중심의 정책은 지역에 대한 애착과 참여를 높여 주민의 장기 거주를 유도하고, 결과적으로 정주성 향상을 통해 도시의 지속가능성을 높이는 기반이 된다.

제4절 지속가능한 도시를 위한 주택정책의 미래

이 장에서는 도시의 지속가능성을 구성하는 핵심 요소로서 사회적 형평성, 경제개발, 환경보전, 정주성을 설정하고, 이들 요소의 관점에서 주택문제를 고찰하였다. 나아가, 이러한 지속가능성 요소들을 기준으로 현재 추진 중인 주택정책의 현황을 분석하였다. 현재 인구감소, 디지털 전환, 다문화 사회로의 이행과 같은 사회구조적 변화가 지속됨에 따라, 향후 지속가능한 도시를 위해서는 도시 간 연계성 강화를 통한 지역 생활환경의 회복, 기술 변화에 유연하게 대응하는 주거 정책, 외국인 주거 수요를 포용하는 다문화 대응형 주택정책 등의 새로운 정책적 고려가 요구된다.

1. 인구감소 시대의 도시 연계성 강화를 통한 지역 생활환경 회복과 주택정책 방향

인구감소와 지방소멸 문제가 심화됨에 따라, 정부는 세종시 개발을 비롯한 행정중심복합도시 조성, 혁신도시 및 기업도시 건설 등을 통해 수도권 과밀 문제를 완화하고 지방으로의 인구 유입을 유도하고자 하였다. 이러한 신규 도시 개발은 주로 개발비용과 용이성을 고려하여 기존 시가지와 떨어진 미개발지에서 이루어졌으며, 공공기관 이전과 대규모 공동주택 건설을 중심으로 추진되었다. 그러나 기존 도심과의 연계 없이 조성된 신규택지 개발은 인근 기개발 지역에서 인구가 대거 유출되는 결과를 초래하였고, 이는 기존 지역의 쇠퇴를 가속화시키며 정부가 당초 의도한 수도권 인구 분산 효과도 달성하지 못하는 한계를 드러냈다. 정부는 쇠퇴한 기개발지의 활력 회복을 위해 도시재생사업에 막대한 예산을 투입하고 있으나, 이는 결과적으로 신규개발과 도시재생 간의 정책적 비일관성 및 자원 배분의 비효율성을 보여주는 사례로 평가된다.

신규택지에 조성된 지역은 신축 건축물 중심의 획일적인 공간구조를 가지며, 상대적으로 높은 임대료로 인해 예술가나 문화적으로 특색 있는 소규모 상점의 입주가 어렵다. 그 결과, 대형 프랜차이즈 위주의 상업공간이 형성되고, 이는 지역 고유의 정체성과 문화 다양성을 약화시켜 정주성에 부정적인 영향을 미친다. 이러한 문제를 해결하기 위해 향후 주택정책은 개발의 효율성뿐만 아니라 기개발 지역과의 공간적·사회적 연계성을 종합적으로 고려하여 계획되어야 한다. 예를 들어, 부산 혁신도시의 경우, 도시 외곽의 신규 개발이 아닌 기존 도심 인근의 기개발 지역과 연계하여 조성함으로써 원도심의 활력 유지와 신규 정착 인구 간의 통합이 가능하도록 하였다(김태희 2022). 이러한 사례는 단절된 도시 공간을 연결하고 지역 상권 및 생활 기반을 보호하는 데 긍정적인 효과를 보여준다. 따라서 향후 주택 및 도시개발 정책은 기존 생활권과의 기능적 연결을 강화하고, 보행·대중교통 중심의 접근성을 높이는 방식으로 계획되어야 하며, 지역의 문화와 정체성을 보전할 수 있도록 저렴한 임대공간, 공동체 기반 문화시설, 사회적경제 조직의 입주를 지원하는 정책과 결합될 필요가 있다. 이와 같은 연계형 개발 전략은 도시의 정체성을 유지하면서도 지속가능한 도시발전을 유도하는 효과적인 대안이 될 수 있다.

2. 디지털 전환 시대의 스마트 주거정책

인공지능(AI), 사물인터넷(IoT), 빅데이터 등 디지털 기술의 발전은 주택의 단순한 거주 기능을 넘어 사용자 중심의 지능형 주거환경 구축을 가능하게 하고 있다(이길제 외 2022). 특히 1인 가구, 고령자 가구와 같이 돌봄이나 안전에 대한 요구가 높은 가구에 대해서 건강 모니터링, 자동화된 보안 시스템, 에너지 소비 최적화 등 개별 수요에 특화된 스마트 주택 모델이 유용하게 적용될 수 있다(송주형 외 2024; 이종호 외 2022). 이러한 기술 기반 주거모델은 거주자의 삶의 질 향상 뿐 아니라 돌봄 비용 절감, 자원 효율성 제고라는 측면에서도 지속가능한 주거정책의 중요한 수단이 될 수 있다.

현재 주택정책에서도 제로에너지주택(ZEH) 의무화, 녹색건축물 인증제도(G-SEED), 장수명 주택 제도 등의 제도적 노력이 진행되고 있으나, 디지털 전환 시대에 부합하는 통합적 정책 설계는 아직 미흡하다(임희지·양은정 2023). 이외에도 디지털 기술이 사용자 중심 플랫폼으로 확장되어야 함에도 불구하고, 현행 스마트 주거정책은 기술 중심적 접근에 머무르고 있다. 고령자, 1인 가구 등 돌봄 수요가 높은 계층을 대상으로 한 정책적 고려는 미흡하며, 낙상 감지, 고독사 예방, 정서적 교류 등 실질적인 돌봄 기능은 디지털 기술과 체계적으로 통합되지 못하고 있다.

향후 주택정책은 스마트 기술을 삶의 질 향상의 수단으로 활용하는 사용자 중심 정책으로 전환되어야 한다. 이를 위해 첫째, 기술과 제도의 연계성을 강화하여 스마트 기술이 실제 현장에서 통합적으로 구현되도록 해야 한다. 둘째, 돌봄 수요가 높은 계층에 대한 스마트 돌봄 기능의 적용 및 공공 지원을 확대하며, 셋째, 에너지·건강 데이터를 활용한 실시간 관리 시스템을 운영할 수 있도록 협력 체계를 정비해야 한다. 이러한 통합적 접근을 통해서 디지털 전환 시대에 지속가능도시를 도모하는 스마트 주거정책 실현이 가능하다.

3. 다문화 사회 정착을 위한 주거정책

우리나라는 이주노동자와 결혼이민자를 중심으로 외국인 인구가 빠르게 증가함에 따라, 국가 정책의 방향을 다문화주의로 전환해 왔다. 외국인 주민은 언어 및 문화적 장벽으로 인해 동일 국적 또는 민족 간 밀집 거주하는 경향이 강하며, 이로 인해 외국인 밀집지역에서는 기존

도시와는 이질적인 주거문화가 형성되기도 한다. 지금까지 이주노동자의 경우 단기 체류를 전제로 한 정책이 주를 이루었으며, 그들의 주거수준이나 거주환경에 대한 정책적 관심은 미흡한 수준에 머물러 있었다. 그러나 문화적 배경이 상이한 외국인의 증가는 사회적 갈등을 유발할 수 있으며, 외국인 밀집지역과 기존 지역 간의 주거지 분리는 도시 내 사회통합을 저해하고, 나아가 도시의 지속가능성을 위협할 수 있다(Jun & Ha 2015).

이와 같은 외국인 증가에 따른 사회적 배제 및 갈등 문제를 완화하고 도시의 포용성을 제고하기 위해서는 주택정책이 보다 적극적이고 체계적인 역할을 수행해야 한다. 특히 인구감소가 지속되고 있는 지방 중소도시의 경우, 외국인의 유입을 장려하여 인구감소의 위기에 대응하려는 방향은 불가피한 정책 과제가 되고 있으며, 이들의 정주화에 대응하기 위한 제도적 기반 마련이 요구된다. 현재 외국인을 위한 주거지원은 일부 민간단체를 중심으로 제한적으로 이루어지고 있으며, 공공부문에서의 명확한 정책 방향과 지원체계가 부재한 실정이다. 이에 따라 향후 주택정책은 외국인 대상 공공임대주택 공급, 주거 정보 제공, 언어·문화적 접근성을 고려한 커뮤니티 기반 주거지원 등 사회통합을 촉진하는 방향으로 설계되어야 한다. 이를 통해 다문화사회로의 전환을 보다 원활히 추진하고, 도시의 지속가능성을 제고할 수 있을 것이다.

제2부
지속가능 도시, 포항 사례

K-도시의 미래를 새롭게 상상하다
다시 뛰는 포항, 함께 크는 지역

제6장

포항의 어제와 오늘, 성찰과 전망

제1절 포항시장의 정책 어젠다 변화

1. 주요 시정 목표와 시정철학의 변화

최근 10년간 포항시의 시정 목표는 급변하는 지역 및 국가적 환경 속에서 유연하게 진화해 왔다. 2010년대 중반까지는 철강 산업 중심 도시 구조의 기반을 유지하면서, 산업 다변화를 위한 기초 전략이 함께 모색되었다고 볼 수 있다. 2017년 포항지진을 기점으로 시정 철학은 회복탄력성과 안전 기반 강화, 그리고 산업 전환을 통한 새로운 성장 동력 확보로 전환되었다. 이후 민선 7기 후반과 민선 8기로 이어지면서, 포항시는 기존의 제조업 중심 구조를 넘어서 배터리, 바이오, 인공지능 등 미래산업을 기반으로 한 글로벌 경제도시를 지향하게 된다.

2025년 기준, 포항시가 설정한 4대 추진전략의 비전은 '미래성장,' '도시활력,' '시민중심,' '생활행복'이다. 이 4대 비전은 구체적으로 24개 핵심 정책과제와 연결되며, 그 하위에 다수의 실행과제로 구체화되어 추진 중이다. 이 같은 전략은 시정 전반의 계획수립과 실행에 체계성을 부여하며, 기존의 부서별 단위사업 집행에서 목표 지향적 통합적 정책기획으로 전환을 시도하고 있다는 점에서 중요한 변화로 볼 수 있다.

좀 더 구체적으로, 포항시는 탄소중립, 디지털 전환, 이차전지 산업 육성 등 시대 흐름에 맞춘 신성장 동력 확보를 시정의 핵심 전략으로 설정하고, 미래 산업 기반 강화를 위한 정책적 노력을 지속해 왔다. 배터리 규제자유특구, 블루밸리 국가산업단지, 이차전지 산업 생태계 조성 등은 그러한 전략이 구체적으로 실현된 사례이다. 이와 동시에 도시재생사업, 스마트시티 구축, ESG 기반 행정 등 새로운 도시 운영 패러다임을 시정 운영 전반에 접목시키고 있다.

이러한 변화는 단지 산업구조의 물리적 전환에 그치지 않고, 포항이라는 도시 정체성의 재구성까지 포함하고 있다는 점에서 주목할 만하다. 예를 들어, 과거에는 '철의 도시,' '제조업 도시'라는 상징이 강했다면, 최근에는 'K-배터리 중심도시,' '지속가능한 해양관광도시'와 같은 서사가 강조되고 있다. 이는 단기적 성과 중심의 시정보다는, 장기적인 도시 비전과 정체성 구축을 위한 노력이 점점 강화되고 있음을 보여준다.

2. 시장 리더십 특성과 운영방식

시장 리더십의 운영방식도 최근 10년간 크게 변화하였다. 특히 민선 8기 이후, 포항시는 데이터 기반 행정과 숙의형 시민참여 행정이라는 두 축을 중심으로 시정을 운영하고 있다. 2025년 업무계획에 따르면, 포항시는 시민이 직접 제안하고 논의에 참여하는 거버넌스 체계를 강화하기 위해 다양한 소통 플랫폼을 운영하고 있으며, 아이디어 제안부터 정책집행까지 전 단계에 걸쳐 시민의 참여를 유도하고 있다.

이러한 시민 참여 노력과 발 맞춰, 과거의 하향식·관료중심적 의사결정 방식에서 벗어나, 전략지향적, 민관협력형 시정운영 방식으로 전환하고 있는 점도 주목할 만하다. 포항시가 운영 중인 민관 협치 거버넌스 사례로는 해양레저 분야 민관 협력 프로그램, 다양한 정책 추진위원회, AI·바이오 관련 민관협력 행사 및 정책 포럼 등이 있으며, 이는 단지 형식적 자문기구에 그치지 않고 시민들이 실제 사업 기획 및 정책결정 과정에 참여하는 구조로 점차 정착되고 있다.

최근에는, 시민과의 소통을 강화하고 정책결정의 폐쇄성 문제 등을 해결하기 위해 주요 정책에 대한 시민 의견 수렴 절차를 확대하고 있다. 디지털 기술을 기반으로 한 디지털 통합 플랫폼의 구축도 이와 같은 소통형 리더십 강화를 위한 시도의 일환이다. 이처럼 포항 시장의 리더십은 최근 10년간 위기 대응형 행정에서 전략 지향형 혁신행정으로 전환해 왔으며, 이는 단지 개인의 특성에만 의존한 결과만이 아니라 지역 구조 변화와 시민의 기대 수준 변화에 부응하려는 제도적 전환 노력의 일환으로 해석될 수 있다.

제6장 포항의 어제와 오늘, 성찰과 전망

제2절 시정백서 '시정운영방향'으로 본 정책 어젠다 변화

다음으로는 포항시가 2014년부터 2024년까지 발간한 시정백서의 '시정운영방향' 장(章)을 중심으로, 해당 시기 동안의 정책 어젠다 변화 양상을 키워드를 통해 정량적으로 살펴보고자 한다. 백서 전반의 방대한 분량 중에서도 시정운영방향에 대한 챕터는 시정철학과 정책 우선순위가 가장 명시적으로 서술된 항목이라고 볼 수 있다. 이를 통해 포항시가 최근 10년간 지향해온 정책적 관심사, 강조한 가치, 그리고 전략적 우선순위가 시간에 따라 어떻게 구성되고, 또 변화되어 왔는지를 텍스트 분석을 통해 검토해 보고자 한다.

시정백서 자료로는 2014년도부터 2024년도의 시간 범위를 포괄하는 다섯 개의 시정백서 자료를 활용하였다. 전체 백서 중에서도, 시정운영방향과 관련된 내용이 서술된 페이지 범위는 구체적으로 다음과 같다: 2014~2015년(41~61쪽), 2016~2018년(41~55쪽), 2018~2019년(43~55쪽), 2020.01~2022.06년(21~32쪽), 2022~2024년(39~62쪽). 텍스트 분석을 위해, 각각의 PDF 파일로부터 해당 범위의 텍스트를 추출한 후 자연어처리 기반 분석을 위한 전처리를 수행하였다.

우선 KoNLPy의 Okt 형태소 분석기를 활용하여 문장 내 모든 어절을 품사 단위로 분리한 뒤, 명사(Noun) 품사에 해당하는 단어만을 추출하였다. 이는 정책 키워드가 주로 명사로 표현된다는 행정 문서의 특성을 고려한 것이다. 또한 의미 분석의 정확도를 높이기 위해 포함하지 말아야 하는 단어 정제 기준도 함께 적용하였다. 구체적으로는 1) 한 글자로 구성된 단어, 2) 숫자 및 연도 정보, 3) 조사를 포함한 명사가 아닌 품사, 4) '사업', '계획', '추진', '확대', '조성', '기반' 등 행정 문서에 특정한 의미 없이 반복적으로 등장하나 분석적으로 기여도가 낮은 일반 행정용어를 불용어(stopwords)로 지정하여 제거하였다. 이와 같은 과정을 통해 분석 대상은 특정 정책분야나 행정 가치와 관련된 실질적 명사 키워드에 집중되도록 하였다.

정제된 데이터를 바탕으로 각 연도별 키워드 출현 빈도를 계산한 뒤, 상위 30개 단어를 기준으로 핵심 키워드를 도출하였다. 출현 빈도는 단어가 해당 연도의 시정운영방향 텍스트 내에서 얼마나 자주 등장했는지를 의미한다. 나아가 전체 기간(2014~2024년) 자료를 활용하여 분석한 결과도 연도별 분석 결과와 함께 제시함으로써, 포항시 시정운영 방향의 중장기적 핵심어와 그 일관성 혹은 변화 양상까지 함께 살펴보고자 하였다. 이러한 시도는 단순히 어휘적 빈도에 주목하는 것뿐만 아니라, 포항시 정부의 정책 어젠다 설정 및 그 우선순위가 시기별로 어떻게 변화하고 있는지를 구조적으로 분석하기 위함이다. 다음 〈표 6-1〉과 〈표 6-2〉는 앞서 언급한 텍스트 분석 결과를 보여준다.

〈표 6-1〉 '시정운영방향'을 통해 살펴본 연도별 단어 빈도 분석 결과(2014~2019)

순위	2014~2015		2016~2018		2018~2019	
	단어	빈도수	단어	빈도수	단어	빈도수
0	인프라	20	환동해	12	일원	9
1	맞춤형	19	영일만항	11	형산강	8
2	일자리	16	일자리	9	도시재생	6
3	목표	14	동해안	8	스마트	6
4	환동해	14	분야별	6	프로젝트	6
5	영일만항	14	신산업	5	안전도시	5
6	강소기업	12	실시설계	5	일자리	5
7	개통	11	초광역	5	영일만	5
8	복지	10	중소기업	5	복지	5
9	포항운하	9	도시공간	5	핵심전략	4
10	경쟁력	9	프로젝트	5	흥해읍	4
11	동해안	9	상품권	5	중앙동	4
12	시민행복	8	역점시책	4	지역경제	4
13	프로젝트	8	블루밸리	4	동해안	4
14	해양관광	8	플랫폼	4	생태복원	4
15	글로벌	7	경쟁력	4	신산업	4
16	노인	7	형산강	4	인프라	4
17	장애인	7	소통	4	영일만항	4
18	여성	7	문화도시	4	창업	3
19	투자유치	7	원도심	4	포항융합기술산업지구	3
20	고속도로	7	평생학습	4	청소년	3
21	브랜드	7	인프라	4	교육	3

22	스포츠	7	소규모	4	시민화합	3
23	분야별	6	읍면동	4	최우선	3
24	역점시책	6	포항사랑	4	기업유치	3
25	도심재생	6	공급과잉	3	송도구항	3
26	블루밸리	6	울산	3	친환경	3
27	구룡포	6	고속도로	3	시승격	3
28	창조도시	6	따른	3	혜택	3
29	정부	5	투자유치	3	재개발	2

〈표 6-2〉 '시정운영방향'을 통해 살펴본 연도별 단어 빈도 분석 결과(2020~2024, 전체)

순위	2020~2022		2022~2024		전체(2014~2024)	
	단어	빈도수	단어	빈도수	단어	빈도수
0	배터리	17	스마트	12	인프라	51
1	환동해	16	인프라	12	환동해	49
2	핵심전략	11	시민	10	일자리	46
3	인프라	11	어르신	10	경쟁력	32
4	기업	10	이차전지	9	영일만항	29
5	경쟁력	10	글로벌	9	복지	28
6	생태계	10	경쟁력	9	형산강	28
7	형산강	9	클러스터	9	스마트	27
8	스마트	9	일자리	9	맞춤형	25
9	분야별	8	탄소중립	8	동해안	21
10	의회	8	복지	8	프로젝트	19
11	소상공인	8	플랫폼	8	배터리	17
12	바이오	8	소상공인	8	플랫폼	17
13	일자리	7	확장	7	시민	16
14	도시재생	7	바이오	7	글로벌	16
15	지역	6	환동해	7	생태계	16
16	시민	6	형산강	7	소상공인	16

17	철강산업	6	안전도시	7	신산업	15
18	창업	6	전환	6	바이오	15
19	시행	6	생태계	6	핵심전략	15
20	해양문화관광	6	맞춤형	6	이차전지	14
21	추진방향	5	신산업	6	목표	14
22	이차전지	5	청년	6	도시재생	13
23	플랫폼	5	국민체육센터	6	안전도시	12
24	복지	5	철강	5	강소기업	12
25	코로나	5	그린웨이	5	개통	11
26	물류산업	5	생태복원	5	역점시책	10
27	중소기업	5	포항역	5	어르신	10
28	지역상권	4	혁신	5	기업	10
29	가속화	4	생활체육	5	중소기업	10

출처: 연도별 시정백서에서 데이터 추출

주어진 표를 기반으로 2014년부터 2024년까지의 시정방향 키워드를 연도별로 비교해 보면, 정책 어젠다의 흐름이 1) 기초 인프라 중심, 2) 지역 산업 강화, 3) 도시 혁신, 4) 첨단기술 및 지속가능성에 대한 강조로 점차 진화해 왔다는 것을 살펴볼 수 있다. 구체적으로, 초반기인 2014~2015년에는 '인프라,' '일자리,' '영일만항,' '환동해' 등이 상위를 차지하며 도시 기반시설 확충과 해양 중심의 지역개발이 핵심 정책 과제였음을 보여준다. 이후 2016~2018년에는 '동해안,' '신산업,' '초광역,' '중소기업' 등 지역 산업 육성과 광역경제권 구축 관련 키워드들이 등장하며 지역 주도 성장 전략이 전년도에 비해 좀 더 부각되었음을 알 수 있다. 2018~2019년에는 '도시재생,' '스마트,' '프로젝트,' '안전도시' 등의 키워드가 새롭게 상위에 오르면서 도시 공간 혁신과 종합적 정책 기획이 주요 정책 어젠다임을 시사한다. 2020~2022년에는 '배터리,' '핵심전략,' '경쟁력,' '생태계,' '플랫폼,' '바이오' 등이 급부상하며 디지털 전환 및 신성장 산업 육성이 정책 핵심으로 자리 잡았다는 것을 보여 주고, '코로나'라는 단어가 처음으로 등장한다. 2022~2024년에는 '스마트,' '이차전지,' '탄소중립,' '글로벌,' '플랫폼' 등의 키워드가 두드러지며 기후 대응, 첨단기술, 국제화 전략으로 이어지는 정책 전환의 흐름이 명확히 드러난다.

종합적으로 '인프라,' '환동해,' '일자리'는 장기적으로 지속되어온 핵심 키워드이며 '스마트,' '경쟁력,', '글로벌' 등은 최근의 기술 기반 전략으로 부상하고 있는 것을 확인할 수 있다. 이처럼 정책 키워드는 시간의 흐름에 따라 물리적 기반 → 지역산업 → 도시혁신 → 지속가능한 전략 산업으로 점진적으로 확장되며 변화해 왔음을 보여준다.

제3절 주요 정책 사례

최근 10년간 포항시는 전통적인 철강 중심 산업도시에서 벗어나, 지속가능하고 회복력 있는 도시로의 전환을 목표로 도시재생과 산업전환 전략을 동시에 추진해 왔다. 이러한 전략은 물리적 기반 개선을 넘어, 사회적 신뢰 회복과 경제 생태계 다변화를 통해 지역의 복합적 회복력(community resilience)을 강화하는 데 초점을 두고 있다고 볼 수 있다.

1. 도시재생 전략: 구도심의 기능 회복과 공동체 기반 강화

포항시의 도시재생 전략은 단순히 낙후된 기반시설을 정비하는 데 그치지 않고, 지역의 정체성과 공동체 회복을 함께 추구하는 방향으로 발전해 왔다. 이는 지역 주민의 삶의 질 향상과 도시 경쟁력 강화를 동시에 도모하려는 종합적 도시 정책의 일환으로, 전국 도시재생 뉴딜정책의 흐름을 지역 특성에 맞게 적용한 사례로 볼 수 있다.

대표적 사례인 중앙동 도시재생 뉴딜사업은 중심시가지형 유형으로 추진되었으며, 구 북구청사를 복합행정문화공간으로 리모델링하여 '꿈트리센터'를 조성하였다. 이 공간은 청소년 문화예술센터, 청년활동지원공간, 창작 스튜디오 등이 통합된 복합시설로, 지역 내 청년층의 문화적 활동 기반을 제공하고 있다. 이러한 접근은 물리적 공간 개선을 넘어, 공공영역을 지역사회와 재연결하고 공공성과 접근성을 동시에 높이는 사례로 해석할 수 있다. 행정학적 관점에서 이는 공공 공간의 기능과 의미를 재구성하는 공공영역의 재구성(reconfiguration of public space) 전략이 실제 정책으로 구현된 예시이다.

비슷하게, 신흥동에서는 '우리동네 살리기형' 도시재생 사업이 추진되었다. 이 사업은 상대적으로 소규모 예산으로 노후 주거지를 중심으로 마을기업 설립, 공유부엌 조성, 주민 역량 강화 프로그램 등을 연계하여 진행되었다. 특히 신흥동의 사례는 도시재생이 단지 기반시설의 정비를 넘어서, 지역 주민의 생활기반을 중심으로 사회적 자립과 지역경제의 내생적 성장을 동시에 추구하려는 시도라는 점에서 의미가 있다. 이는 주민 주도의 거버넌스를 강화하고, 도시재생이 지속가능한 지역 생태계를 구축하는 수단이 될 수 있음을 보여주는 사례로 해석된다.

한편, 송도동 도시재생사업은 해양자원과 문화 콘텐츠를 접목한 복합형 모델로 진행되었다. 해양레저 복합시설, 해양레포츠센터, 구 수협창고 리모델링을 통해 조성된 문화예술체험공간 등은 해안가 유휴공간을 중심으로 다기능적 시설을 통합한 형태다. 이러한 시설들은 복합용도 공공시설(mixed-use public facility)로서, 관광, 교육, 문화활동이 동시에 이뤄지는 거점 역할을 수행하고 있다. 이처럼 시민들이 다양한 방식으로 공간을 이용할 수 있는 다기능 공공공간 (multifunctional public space)의 확대는 도시의 가용 자원을 극대화하고 지역 정체성 회복에도 기여할 수 있다. 따라서, 이와 같은 포항시의 전략은 도시 내 기능과 공간의 통합적 재배치를 통해 시너지 효과를 창출하는 통합적 도시계획(integrated urban planning) 접근이 실제 정책 설계에 반영된 사례로 볼 수 있다. 다만, 대부분의 도시재생 사업이 중앙정부 공모에 의해 추진되며 외부 재원에 의존하고 있다는 점은 향후 과제로 남을 수 있다. 공간 조성 이후 장기적인 유지·관리, 지역 주민의 지속적인 참여 확보, 자생적 운영 구조 마련 등은 여전히 제도화가 필요한 부분이며, 특히 도시재생이 지역의 회복력 강화와 공동체 복원이라는 중장기 목표를 달성하기 위해서는 지역 거버넌스의 활성화가 중요하다고 볼 수 있다.

결과적으로, 포항시의 도시재생 전략은 지역 맞춤형 도시공간 재편성이라는 목표 아래, 공동체 기반을 복원하고 지역 경제 생태계를 강화하려는 다층적 접근을 보여주고 있다. 이러한 방향은 지역 내 사회적 자본을 회복시키고, 공동체 주도의 정책 실험을 가능하게 하며, 기존의 도시계획 방식에서 벗어나 지역주도형 도시 정책의 가능성을 확장시키고 있다는 점에서 주목할 만하다.

2. 산업전환 전략: 전통 제조 기반에서 미래 산업 중심으로

포항시는 철강 중심의 산업 구조에서 점차 탈피하여, 미래 지향적이고 지속가능한 산업 생태계를 구축하기 위한 산업전환 전략을 추진해 왔다. 특히 최근 10년간, 이차전지·수소에너지·바이오헬스 등 미래 유망산업 분야에 대한 전략적 투자를 통해 산업 기반의 고도화 및 지역 경제의 다변화를 도모하고 있다.

대표적으로, 포항시는 K-배터리 규제자유특구로 지정된 이후 에코프로, 포스코퓨처엠 등 주요 기업들이 대규모 투자를 진행하여 지역 내 이차전지 산업 생태계가 빠르게 확장되었다. 이를 뒷받침하기 위해 포항시는 이차전지 도심캠퍼스 조성, 이차전지 종합관리센터 및 시험평가센터 구축, 배터리 전문인력 양성 프로그램 운영 등 R&D 및 인력 기반 인프라를 단계적으로 확대하고 있다.

이러한 산업정책은 전통적인 공장 유치 중심 접근을 넘어, 산학연 협력 기반의 클러스터형 발전전략으로 진화하고 있다. 포스텍, 포항테크노파크, 지역기업 간의 협업 구조는 단순한 물리적 집적을 넘어, 기술개발, 인력양성, 창업지원이 통합된 정책 패키지형 접근(policy package approach)의 실제 사례로 해석될 수 있다. 이러한 체계는 협력적 정책 실행과 혁신 클러스터 이론의 실천 형태와도 연결된다. 특히 블루밸리 국가산업단지는 기존 철강산업 위주의 단일 중심 구조를 다핵형 산업 거점으로 전환하려는 포항시의 전략적 도시공간 정책의 일환으로 볼 수도 있다. 이 산업단지는 수소, 바이오, 탄소소재 등 신산업 유치를 목표로 조성되었으며, 도시 외곽에 분산된 산업 기능을 통해 공간분권(spatial decentralization)을 실현한 사례이다.

이러한 산업전환 흐름과 병행하여, 포항시는 마이스(MICE) 산업을 새로운 성장축으로 정립하기 위한 기반 조성에도 주력하고 있다. 최근에는 포항국제전시컨벤션센터 건립을 통해 대규모 전시·회의 수요에 대응 가능한 물리적 인프라를 확충하고 있으며, 산업·관광·문화 기능이 복합된 도시 구조로의 전환을 모색하고 있다. 2024년 제1회 세계녹색성장포럼(World Green Growth Forum: WGGF)을 개최한 것은 이 같은 전략의 일환으로, 향후에는 녹색성장 분야에서 국제적 교류와 협력이 이루어지는 플랫폼으로 발전시키는 것을 목표로 하고 있다. 이는 산업구조의 다변화와 함께 도시의 국제적 위상을 제고하고 지속가능한 성장기반을 확장하려는 정책 방향과도 연계된다.

포항의 산업 전환 전략은 급격한 산업 구조 해체가 아닌, 기존 주력산업과의 연결성을 유지한 점진적 산업전환을 지향하고 있다는 점이 특징적이다. 예를 들어, 포스코그룹은 전통적인 철강소재 기반에서 이차전지 소재로 확장함으로써 기존 산업기반을 활용한 고도화를 추진하고 있다. 이는 고용 충격을 완화하고 지역산업의 연속성을 유지하는 한편, 신산업으로의 전환을 달성하고자 하는 민간 및 정부의 노력을 보여준다. 이러한 맥락에서, 일부 전략은 기업 주도의 성격이 강하다는 점에서 지방정부의 정책 조정능력 확보가 중요한 과제로 제기될 수 있다.

3. 재난 극복과 회복력 강화

최근 10년간 포항시는 대규모 자연 및 사회 재난을 반복적으로 겪으며 도시의 회복탄력성(resilience)과 대응 역량을 체계적으로 구축하고자 하는 노력을 지속해 왔다. 특히 2017년 11월 15일 발생한 규모 5.4의 포항지진은 대한민국 역사상 두 번째로 큰 지진이자 국내 최초의 촉발지진으로 기록되었다(행정안전부 보도자료, 2017). 이 사건은 단순한 자연재해를 넘어, 신속한 정책 결정과 효과적인 위험관리의 중요성을 보여준 사례로 평가되며, 지방정부가 재난을 통해 학습하고 제도를 보완하는 학습과정을 보여준다.

지진 이후 포항시는 물리적 복구를 넘어서 사회적, 제도적 회복을 동시에 추구하는 다층적 전략을 수행하였다. 지진 피해 지역 중심으로 추진된 '흥해 특별재생사업'과 더불어, 지역 주민의 공동체 회복을 위해 재난트라우마센터, 공공도서관, 아이누리플라자 등 복합적 커뮤니티 인프라를 조성하였다. 이는 재난 회복의 물리적 차원을 넘어선 사회심리적 회복을 주요 정책 분야로 포함시켰다는 점에서 의의가 있다.

이와 함께, 포항시는 도시 기반시설을 통한 사전 예방 중심의 재난관리 체계를 강화하였다. 오천 항사댐 건설(900억 원), 형산강 하천환경정비사업(7,600억 원), 총 2,183억 원 규모의 빗물펌프장 및 저류시설 신설 등은 도시 인프라 차원에서 위험을 완화하는 회복력 기반 조치라고 볼 수 있다. 이는 전통적으로 사후 복구에만 주목하던 지방정부의 재난 대응 관행에서 위험 완화(mitigation) 및 회복력 설계(resilience by design)로의 정책 전환을 시도한 것으로 해석된다.

한편, 재난 대응과 관련하여 디지털 기반의 대응 역량도 주목할 만하다. 포항시는 디지털트윈 기반의 도시침수 대응 시스템을 도입하고, AI CCTV, 재난통합관리 시스템 등 첨단기술을 활용한 재난관리 체계를 구축하고 있다. 이러한 접근은 단순히 기술도입에 그치지 않고, 데이터 기반 정책 설계의 기반을 마련함으로써 증거 기반의 재난 대응체계를 실현하는 한편, 정부기관에 대한 시민들의 신뢰도를 제고하려는 노력으로 볼 수 있다.

특히 2020년 이후, 포항시는 도시 회복력 증진을 도시경영의 핵심 전략 중 하나로 다루고 있다. 이에 따라 복합재난 모의훈련 체계화, 회복력 중심 도시계획 수립, 재난취약계층 보호 프로그램 등을 본격 추진하고 있으며, 이는 지방정부가 단순한 사후적 복구의 주체를 넘어서 사전적 위험관리(pre-disaster risk governance)의 핵심 행위자로 진화하고 있음을 보여주는 대표적 사례다. 행정학적 관점에서 이는 적응적 거버넌스(adaptive governance)와 선제적 거버넌스(anticipatory governance)의 실천적 구현으로 볼 수 있다. 또한, 시민과의 협력 기반도 강화되고 있다. 우리 동네 안전 민관협의체, 노후 건축물 점검 강화, 안전특화거리 조성 등은 주민이 직접 참여하는 방식의 위험 감지 및 대응 체계를 구현하며 지역공동체 기반 회복탄력성 확보에 기여하고 있다.

4. 교육·문화·복지 인프라 확충

포항시는 도시의 지속가능성과 시민 삶의 질 향상을 위해 교육, 문화, 복지 분야에서 점진적이면서도 전략적인 인프라 확충을 추진해 오고 있다. 특히 정주 여건 개선과 인구 유입 기반 마련이라는 이중 과제를 동시에 고려한 정책 설계를 통해, 복지서비스의 질적 고도화와 사회적 형평성 제고를 함께 모색하고 있다.

구체적으로, 교육 부문에서는 '아이 키우기 좋은 도시' 실현을 위해 국공립 어린이집 확충, 육아종합지원센터 운영, 아동친화도시 조성 등의 정책이 추진되고 있으며, 이는 공공 보육의 접근성과 신뢰성을 강화하려는 정책적 노력으로 해석된다. 2023년 기준, 포항시는 총 20개의 국공립 어린이집을 운영 중이며, 보육교직원의 처우 개선과 함께 부모를 대상으로 한 양육정보도 제공하고 있다. 이러한 시도는 지방정부가 단순 서비스 제공을 넘어 복지 전달체계의 중간 허브로 기능하고 있음을 보여주는 사례로 평가된다. 하지만 일부 지역에서는 공공보육 자원의 편중 및 민간기관과의 연계방안 등 세부 과제도 남아있는 실정이다.

이러한 맥락에서, 포항시는 교육복지를 지역 간 격차 해소의 주요 수단으로 간주하고, 초·중·고교 대상의 다양한 학습지원 및 진로개발 프로그램을 추진해 오고 있다. 대학과 연계한 진로체험 사업, 취약계층 청소년을 위한 학업지원 바우처, 평생학습 플랫폼 구축 등은 분배적 정의 구현을 위한 교육 행정 전략으로 해석될 수 있다. 다만 인구감소와 학령인구 구조 변화 속에서 해당 사업의 지속가능성 확보는 중장기적으로 주목해야 할 과제로 떠오른다.

문화 인프라 부문에서는 생활문화의 확산과 문화격차 해소를 위한 전략이 함께 추진되고 있다. 포항문화재단은 지역 예술인 단체와 협업 프로그램을 운영하고 있으며, 포항예술공원, 생활문화센터, 마을 미디어 플랫폼 등 다기능 공간 조성을 통해 시민의 문화참여 기회를 확대하고 있다. 이와 같은 접근은 시민을 단순한 수혜자로 간주하기보다는, 공공문화의 공동 생산자(co-producer)로 인식하는 시도라고 볼 수 있다.

복지 분야에서는 포항형 복지전달체계 구축과 복지사각지대 해소를 위한 대응 체계 정비가 핵심 과제로 추진되고 있다. 읍면동 단위의 통합사례관리 강화, 찾아가는 복지서비스, 민관협력 기반의 복지 네트워크 구축은 지역 맞춤형 복지 거버넌스로의 이행을 나타낸다. 2024년부터 본격화된 복지사각지대 발굴·지원 로드맵은 행정 사각지대를 선제적으로 포착하고, 사회적 약자에 대한 예방적 복지를 제도화하려는 시도로 볼 수 있다. 향후 복지 수요의 다양성과 증가 속도에 맞춰 조직과 인력의 대응 역량을 육성하기 위해서는 이에 대한 제도적 보완과 지속가능한 재정 운영 기반이 무엇보다 중요해질 수 있다.

결과적으로, 포항시의 교육·문화·복지 인프라 전략은 도시 경쟁력 확보와 함께 공공서비스의 보편성과 포용성 확대라는 방향성을 동시에 지향하고 있다고 볼 수 있다. 이는 행정서비스가 단순한 수직적인 전달에 제한되는 것이 아니라, 시민과 함께 기획되고 실행되는 거버넌스 구조로 바뀌고 있음을 보여주는 지표이기도 하다.

5. 지속가능한 생태도시 정책

마지막으로, 포항시는 생태도시 전환이라는 전지구적 과제를 지역 차원에서 실현하기 위한 다양한 전략을 수립해 왔다. 특히 산업도시로서의 정체성과 환경적 지속가능성 사이에 균형을 맞추면서, 물리적 인프라 중심의 전통적 도시계획을 넘어서 환경, 에너지, 생태계 관리가 통합된 방식의 도시 운영을 추구하는 것으로 보인다. 이러한 시도는 단지 환경문제를 개별 정책 영역으로 다루는 것을 넘어서, 행정 전반의 패러다임을 '녹색 전환(green transition)' 중심으로 재편하려는 흐름으로 해석할 수 있다.

대표적으로 포항시는 "도시와 자연이 연결된 정원 속의 도시"라는 기조 아래, 도심 내 녹지 인프라를 확충하기 위한 '포항철길숲' 조성 사업을 추진하였다. 이 사업은 도심을 관통하던 폐철도 부지를 활용해 녹지공간으로 재편한 것으로, 문화·예술 요소를 접목한 복합 여가공간으로 조성되었다. 해당 사업은 2022년 산림청으로부터 '모범도시숲'으로 지정되었으며, 도심 내 녹색 생활환경의 질을 제고하는 한편, 도시재생과 생태복원, 주민 이용 활성화라는 측면에서 긍정적 평가를 받고 있다. 이와 같은 물리적 공간의 녹색 전환과 더불어, 제도적 기반 마련 역시 병행되고 있다. 포항시는 최근 「탄소중립 녹색성장 기본조례」를 제정하고, 자체 탄소중립

이행계획 수립에 착수하였다. 탄소중립 전담 조직을 신설하고, 부문별 감축 전략과 시민 실천 프로그램, 녹색산업 유치 전략 등을 동시에 추진하는 등 계획의 실효성을 확보하기 위해 노력하고 있다. 특히 '포항형 기후대응기금'을 통해 재정적인 차원의 지속 가능성을 확보하고자 하는 점은, 지방정부가 국가정책의 단순 이행 주체를 넘어 지역맞춤형 기후 거버넌스의 중심 행위자로 나아가려는 흐름을 보여준다.

이 외에도, 포항은 지난 10년간 생태계 보전과 도시녹화 정비 사업 등을 추진해 왔다. 형산강 생태하천 복원, 송도·칠포 해변 재생, 연일지구 그린웨이 조성 등은 단발성 환경개선 사업을 넘어서 도시 회복력 증진과 시민의 생활환경 개선을 동시에 도모하는 전략적 접근이라고 볼 수 있다. 포항시는 민간 기업인 포스코와 협력하여 도시숲을 조성하고, 공공녹지를 확대하는 등 다양한 민관 연계형 프로젝트를 추진하고 있다. 또한, 포항시는 생활폐기물 관리 체계를 고도화 하기 위한 기반 정비도 병행하고 있다. 예를 들어, 종이팩·플라스틱 등 품목별 정량제 분리배출 시범 도입, 음식물류 처리시설 개선, 소각장 현대화 사업 등은 단순한 처리 효율성 제고를 넘어 자원순환 도시로의 전환을 위한 기반적 조치라고 볼 수 있다. 폐기물 관리의 경우, 시민의 생활과 밀접하게 연결되어 있기 때문에, 물리적 기반시설 정비 외에도 시민 참여를 유도할 수 있는 유연하고 섬세한 정책설계가 병행될 필요가 있다. 포항시의 시범 정책은 이러한 방향에서 초기 모델을 제공하고 있다.

한편, 에너지 정책과 관련하여 포항시는 공공건축물 태양광 설치 확대, 제로에너지 빌딩 시범 도입, 노후 건물의 에너지 효율화 사업 등을 수행해 왔다. 특히 블루밸리국가산단 및 영일만산단에 RE100 기반 조성을 목표로 민간기업과의 협력체계를 구축하고 있는 점은 산업도시의 특성을 활용한 전환 전략이라는 점에서 주목할 만하다. 이처럼 산업과 에너지의 전환을 동시에 모색하는 접근은 포항시라는 지방정부의 전략적 기획 역량을 잘 보여주고 있는 사례이지만, 동시에 장기적 수요자 확보, 규제 정비, 인프라 투자 등 사전 조율이 필요한 정책 요소 등도 고려되어야 한다는 점에서 향후 과제로 남아있다.

종합하면, 포항시의 일련의 노력들은 궁극적으로 도시를 단지 환경을 고려하는 공간이 아니라, 자체적으로 생태적 회복력을 반영한 구조로 재설계하려는 시도라고 할 수 있다. 포항시의 접근은 전통적인 환경보호 중심 정책에서 한걸음 나아가, 도시 생태계 통합 관리체계 구축을 향한 노력으로 해석할 수 있다. 시민과 전문가, 기업이 함께 참여하는 지속가능 도시 거버넌스의 활성화는 이와 같은 정책들의 통합성, 일관성, 지속가능성에 기여할 수 있을 것으로 보인다.

제4절　주요 지표로 살펴본 10년의 성과 및 향후 과제

　최근 10년간(2014~2024) 포항시는 인구 구조, 산업 성장, 지방재정 운영 등 다양한 영역에서 유의미한 변화 흐름을 경험해 왔다. 도시의 정체성과 기능은 철강 중심의 산업도시에서 회복력 있는 혁신 도시로 점차 전환되었고, 시정 운영방식 또한 데이터 기반 정책과 숙의형 시민참여로 진화하고 있다. 앞서 살펴본 다양한 정책 어젠다와 사업 추진 흐름을 바탕으로, 이 결론에서는 몇 가지 핵심 지표를 중심으로 지난 10년의 성과를 성찰하고, 향후 포항시가 마주할 과제를 제시하고자 한다. 이는 정량적 데이터와 정책 방향 간의 연계성을 살펴보는 동시에, 향후 도시전략 수립에 필요한 시사점을 도출하는 데 목적이 있다.

　무엇보다 도시의 지속가능성과 회복력 확보를 위해 가장 기초적인 조건 중 하나는 인구 구조의 안정성이다. 2014년부터 2024년까지 포항시의 인구는 전반적으로 점진적인 감소 추세를 보이고 있다. 총인구는 2014년 51만 9천여 명에서 2024년 49만 1천여 명으로 줄어들며

[그림 6-1] 전체 연령별 인구 구조 변화(2014-2024)

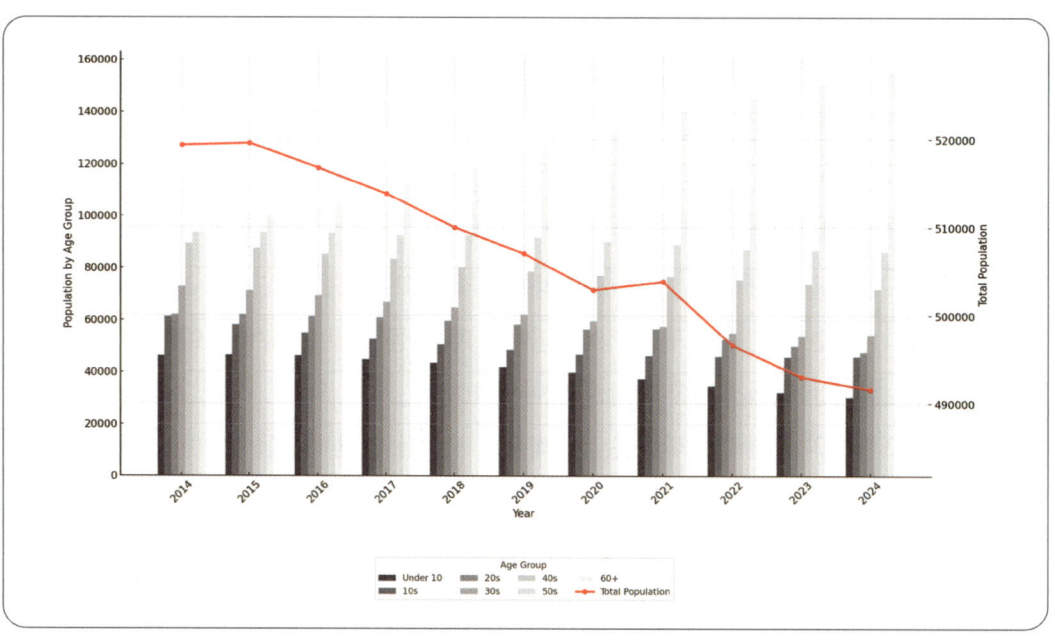

출처: 국가통계포털(KOSIS) 데이터 활용.

약 2만 8천 명 가량 감소하였다. 인구 감소는 대부분의 연령대에서 관찰되지만, 그 양상은 세대별로 상이하게 나타난다. 구체적으로, 0세~39세 인구는 전체적으로 지속적인 감소세를 보여왔다. 특히, 20대 인구 역시 같은 기간 동안 6만 2천여 명 수준에서 4만 7천여 명대로 줄어들며, 청년층의 유입보다 유출이 더 컸음을 시사한다. 이러한 청년층의 감소는 단지 인구 수의 문제를 넘어, 지역의 노동시장, 소비 기반, 공동체 역동성과 직결되는 구조적 요인으로 작용할 수 있다. 반면, 60세 이상 인구는 전반적으로 증가세를 보이고 있다. 특히 2024년 기준 60대 이상 인구는 약 16만 명에 달하며, 전체 인구의 약 32%를 차지하는 수준으로 확대되었다. 이는 고령화의 평균 수명의 증가가 동시에 반영된 결과로 볼 수 있다.

이와 같은 연령대별 구성 변화는 청년층의 상대적 축소와 고령층의 확대를 통해 포항시의 인구 구조가 점차 고령 중심으로 재편되고 있음을 나타낸다. 결과적으로, 포항시는 저출생과 고령화가 병행되는 인구구조의 변화 속에서 청년층 유입 전략과 고령친화 정책을 병행해야 하는 이중 과제를 안고 있다. 이러한 추세는 향후 교육, 노동, 복지 정책 전반에 걸쳐 구조적 대응이 요구되는 과제로 이어질 수 있다.

[그림 6-2] 청년인구(20~49세) 변화 추이(2014-2024)

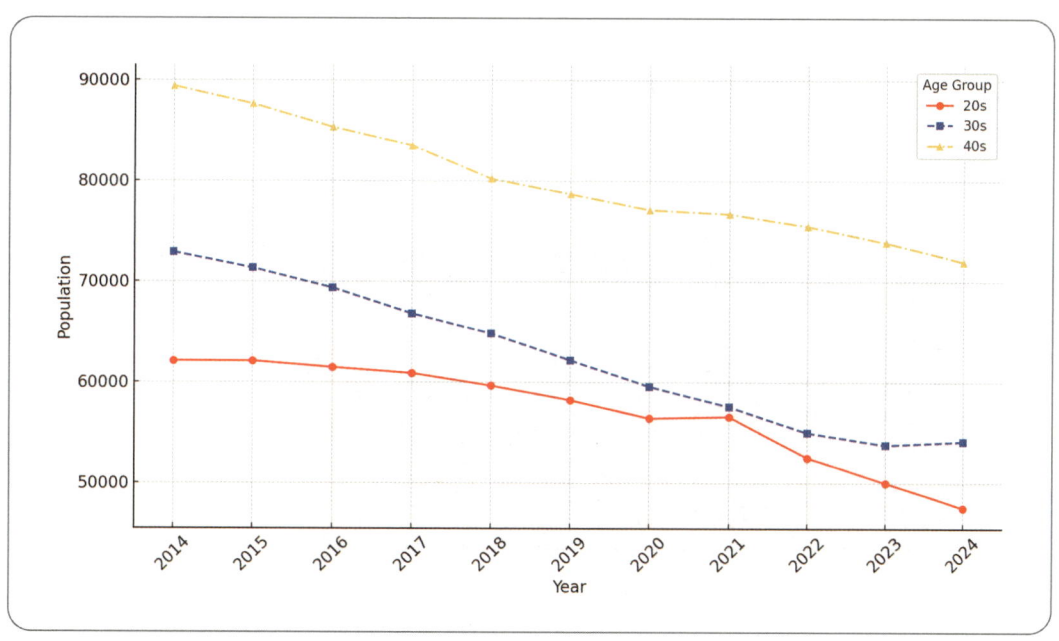

출처: 국가통계포탈(KOSIS) 데이터 활용.

한편, 이와 같은 인구 구조 변화와 더불어, 지역 경제의 기초라 할 수 있는 산업 성장 지표에서는 긍정적인 신호가 관찰된다. 2015년부터 2021년까지, 포항시의 지역내총생산(GRDP)은 전반적으로 지속적인 성장세를 보여 왔다. 당해년도 가격 기준으로 포항시의 GRDP는 2015년 약 16.6조 원에서 2021년에는 23.8조 원으로 약 43% 증가했으며, 2015년도 가격 기준으로 변환하여 실질가격으로 비교한 경우에도, 같은 기간 동안 16.6조 원에서 22.1조 원으로 상승함으로써 실질적인 성장을 보여주고 있다. 이는 포항시가 산업 기반을 유지하면서도 점진적으로 외연을 확장해 온 성과를 나타낸다.

산업별로 살펴보면, 제조업은 연평균 약 5~7조 원 규모로 지역 경제의 중추를 형성해 왔으며, 2021년에는 전년 대비 4조 원 이상 증가하여 10.6조 원을 기록하면서 전체 GRDP 증가에 크게 기여하였다. 이는 철강 중심의 전통 제조업 기반 위에 고부가가치 신산업의 결합이 이뤄졌음을 시사한다. 건설업과 공공행정, 국방, 및 사회보장 행정도 점진적인 증가세를 보이며, 지난 10년간 포항시가 수행해 온 도시 인프라 발전과 공공서비스 확대 노력을 반영하고 있다. 이 외에도, 사업서비스업은 2015년 약 1.2조 원에서 2021년 약 1.78조 원으로 성장

[그림 6-3] 산업별 GRDP(명목가격, 2015~2021)

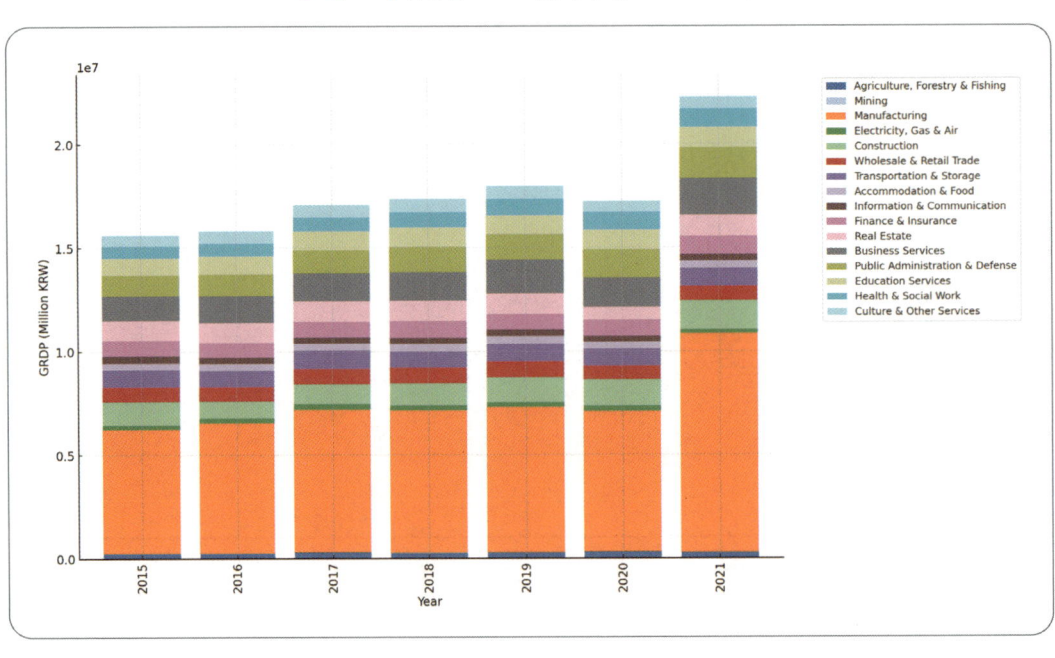

출처: 국가통계포털(KOSIS) 데이터 활용.

하였고, 보건 및 사회복지서비스업은 같은 기간 약 5,600억 원에서 9,100억 원으로 증가하며 고령화 및 복지 수요 확대에 따른 산업 구조 변화를 보여준다. 정보통신업은 큰 폭의 성장은 없지만 비교적 안정적인 흐름을 유지하며, 디지털 기반 경제의 일부를 차지하고 있음을 나타낸다. 반면, 광업은 2015년 이후 지속적으로 축소되어 2021년 기준 약 46억 원에 그치는 등 점차 지역 산업 구조에서의 비중이 낮아지고 있다. 또한, 부동산업은 2020년에 일시적으로 급감했다가 2021년에 회복하는 모습도 보여, 외부 환경이나 정책 변화에 민감한 구조임을 나타내고 있다.

산업 구조의 이러한 다층적 변화는 전통 제조업의 기반 위에 복지·서비스 산업이 점진적으로 성장하며 지역경제의 다변화와 복원력을 함께 강화해온 결과로 평가될 수 있다. 요약하면, 포항시는 지난 10년간 제조업 중심의 산업 기반을 유지하면서도 복지·공공서비스 및 일부 민간서비스 부문의 성장을 통해 균형 있는 경제 구조를 추구해 왔다. 특히 2021년의 GRDP 급증은 COVID-19팬데믹 이후 회복과 함께 지역산업의 재편 및 고부가가치화 전략의 결과로 해석될 수 있다.

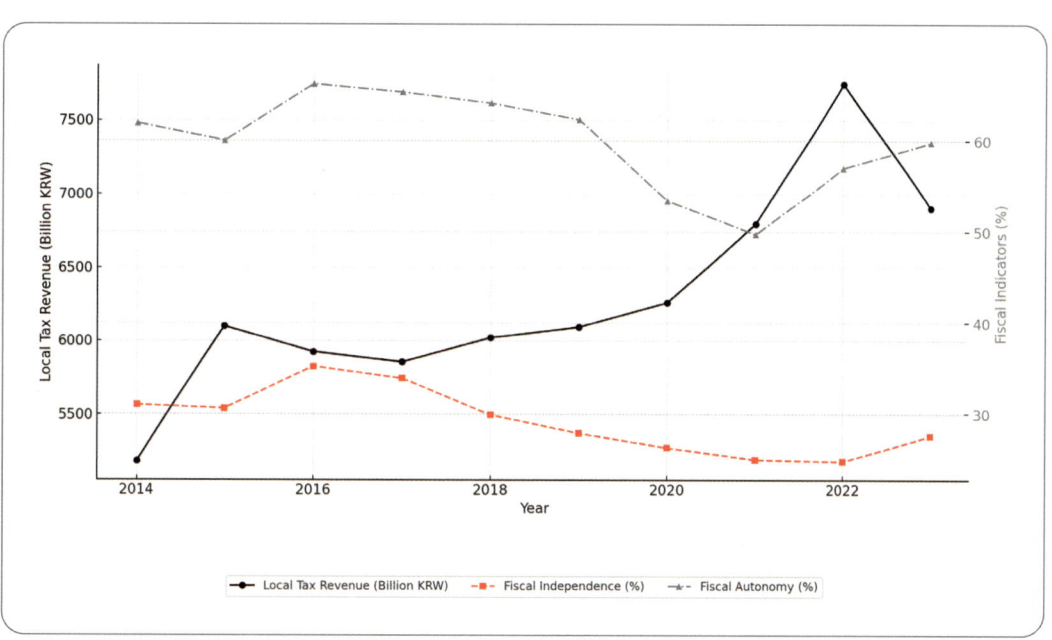

[그림 6-4] 지방세 실적 및 재정지표(2014~2023)

출처: 국가통계포털(KOSIS) 데이터 활용.

이러한 산업 및 인구 구조의 변화는 결국 지방재정의 구조와 안정성에도 직·간접적인 영향을 미친다. 2014년부터 2023년까지 포항시의 지방세 총 징수액은 전반적으로 증가세를 나타냈다. 2014년 약 5,184억 원이었던 지방세 총액은 2021년 6,796억 원, 2022년 7,746억 원으로 확대되었으며, 2023년에는 소폭 감소한 약 6,903억 원을 기록하였다. 이는 해당 기간 동안 지역경제 규모의 확대, 부동산 시장의 변동, 세목별 징수 실적 변화 등에 따라 지방세 수입이 점진적으로 조정되어 왔음을 보여준다. 세부적으로도, 시군세 항목에서 전반적인 증가 추세를 관찰할 수 있었다. 조사한 대부분의 연도에서 지방소득세, 재산세, 자동차세 등의 항목은 지속적인 확장세를 유지해 왔다.

그러나 지방세 수입의 증가에도 불구하고, 재정자립도와 재정자주도는 장기적으로는 하락세를 보이고 있다. 예를 들어, 2016년 재정자립도는 35.2%였으나 2021년에는 25.0%까지 낮아졌고, 재정자주도 역시 2016년 66.2%에서 2021년 49.7%로 감소했다. 이는 포항시의 자체 수입 비중이 일정 수준 유지되는 한편, 전체 재정 규모의 확대와 국고보조금 등 외부 이전 재원의 상대적 증가가 영향을 미쳤음을 시사한다. 또한, 기준재정 수요충족도(재정력지수)는 같은 기간 동안 일정한 등락을 보였으나, 대체로 30~40% 수준에서 유지되었다. 이는 지역의 재정 수요에 대한 대응 여력과 기준재정 규모 간의 관계를 반영한 결과로, 지역 여건과 중앙정부의 교부 정책 변화에 따라 일정하게 조정된 것으로 볼 수 있다. 정리하면, 포항시는 지난 10년간 재정 기반 확대와 구조 개선을 병행해 왔으나, 외부 재원에 대한 의존도 역시 일정 수준 이상 지속되고 있다는 점에서, 향후 중장기적인 재정 안정성과 자립기반 강화 방안에 대한 논의가 함께 다뤄질 필요가 있다.

이와 같은 인구 구조 변화, 산업 성장 흐름, 재정 여건의 변동을 종합해 볼 때, 향후 포항시는 지속가능한 도시 기반을 마련하기 위해 인구 감소와 고령화에 대응하는 균형 잡힌 인구정책, 산업 다각화 및 고부가가치화 전략, 그리고 재정 건전성과 자율성 강화를 위한 구조적 접근이 필요하다. 더불어, 정책 추진 과정에서는 시민 참여와 데이터 기반의 행정운영을 통해 정책의 실행력과 지속가능성을 함께 확보하는 방향으로 나아갈 필요가 있다.

제7장
미국 도시 사례로 본 포항의 발전 전략: 피츠버그 모델과 디트로이트 모델

제1절 서론

포항은 1973년 포항제철의 준공과 함께 급격히 성장하였다. 이에 '철의 도시'로 불리며 국가 경제 발전에 핵심적인 기여를 해 왔으며, 도시 전체의 정체성과 산업구조, 인구구조, 교육 및 생활환경에 걸쳐 중대한 영향을 끼쳤다. 특히, 포항은 인구증가율 대비 제조업 고용증가율이 2배를 웃도는 대표적인 산업도시로 구분되기도 하는 등 대한민국의 철강산업의 중심지로 자리매김했다(장철순, 2015). 그러나 최근 글로벌 철강 시장의 침체, 보호무역 강화, 인건비 상승 등 복합적인 위기로 인해 포항의 철강 중심 산업구조는 구조적 쇠퇴 국면에 접어들었다. 특히 주력 공장의 폐쇄와 축소 운영, 협력업체 도산, 청년 인구 유출, 상권의 침체 등은 더 이상 산업 일변도의 지역 정책이 지속 가능하지 않음을 보여주고 있다(포항철강산업단지 관리공단, 2025; 김도경, 2023).

이러한 도전은 포항만의 문제가 아니라, 20세기 후반부터 선진국 도시들이 겪어온 탈산업화(post-industrialization) 과정에서 흔히 발생했던 구조적 변화와 맞닿아 있다. 특히 제조업 중심 도시의 쇠퇴와 재편 문제는 도시계획, 경제, 사회통합 등 다양한 정책 영역에 걸쳐 복합적으로 작동하며, 이에 대한 대응 역시 다층적 접근을 필요로 한다. 이와 같은 맥락에서, 기존 철강 중심 산업도시에서 복합산업·지식기반 도시로 전환한 미국 피츠버그(Pittsburgh)의 사례는 포항시에 중요한 시사점을 제공한다. 피츠버그시는 1980년대 대규모 철강산업 붕괴 이후 대학, 민간, 공공 부문간 긴밀한 협력을 통해 연구개발(Research and Development: R&D) 중심의 첨단 산업도시로 변모했으며, 저소득층과 청년층을 포용하는 주거 정책을 병행함으로써 정주 인구를 안정시켰다(Schmenner, 1982; Robertson & Allen, 1986; Li et al., 2016).

또한, 유사한 위기를 겪으면서도 전통 산업의 회복과 신 산업 육성을 병행하는 접근을 시도한 디트로이트(Detroit)시의 사례도 주력 산업 유지와 다각화의 균형을 고민하는 포항에 있어, 또 다른 시사점을 제공한다. 디트로이트시는 한때 미국 자동차 산업의 심장부였으나, 세계화와 기술 변화 속에서 급격한 쇠퇴를 겪었고, 결국 2013년에는 미국 지방정부 역사상 최대 규모의 파산을 신청하기에 이르렀다(Bukowcxyk, 1984). 그럼에도 불구하고, 이후 디트로이트시는 지역 민간 자본의 재투자와 소상공인 창업지원, 스포츠·관광 중심 도시재생 전략을 통해 지역경제기반의 다양화와 도심 활성화에 나서며 서서히 회복의 발판을 마련하였다(Detroit Future City, 2013).

이에 이 장에서는 피츠버그와 디트로이트 두 도시의 전환 전략을 비교 분석하고, 이들이 추진한 산업다각화, 민관협력, 지역개발, 주거 및 인구정책 등의 방향성과 그 정책효과를 종합적으로 고찰하고자 한다. 이를 바탕으로, 현재 포항이 직면한 구조적 위기에 대응하고 지속 가능한 발전을 이루기 위한 실질적이고 효과적인 정책 대안을 제시하고자 한다.

제2절 포항의 실태 분석

1. 산업 구조

'철의 도시' 포항은 20세기 후반 대한민국의 철강 산업의 중심지로서 성장해 왔다. 1968년 설립된 포스코는 이후 1970년대 국가 주도 중화학공업화 정책에 따라 빠르게 성장했으며, 포항은 포스코를 중심으로 1차 금속, 조립금속, 운송장비 등 철강 전 공정을 담당하며 수많은 협력 업체들과 함께 '포항철강산업 단지 관리공단'의 형태로 산업 생태계를 형성했다(송성수, 2002; 한홍석, 2009). 철강 제조업은 단순한 주력 산업을 넘어 지역 고용과 도시 재정, 주민의 생

제7장 미국 도시 사례로 본 포항의 발전 전략: 피츠버그 모델과 디트로이트 모델

활 전반을 견인하는 핵심 축으로 기능을 해 왔다. 그러나 최근 몇 년 사이, 포항은 산업 구조 변화의 중대한 전환점을 맞이하고 있다. 포항은 상대적으로 늦은 대응과 정책 추진력 부족으로 인해 산업 다각화의 성과가 지체되었다는 점을 지적받았으며(이한비 외, 2021; 한국은행 포항본부, 2021), 글로벌 경기 침체, 중국의 과잉 공급과 이를 막기 위한 2025년 3월 12일부터 시작된 미국 트럼프 2기 행정부의 관세 정책 등은 한국 철강업계 전반에 위기를 가져왔다(한홍석, 2009; 철강금속신문, 2025). 더불어 고물가·고환율·고금리라는 국내 경제 여건이 겹치며, 포스코는 물론 다수의 중소기업들까지도 코로나19 팬데믹 시기보다 더 큰 구조적 압박을 받고 있다(매일경제, 2025). 실제 통계로도 산업 쇠퇴는 뚜렷하게 나타난다. 포항철강산업단지 관리공단에서 제공하는 통계에 따르면, 2015년 1월과 비교했을 때 2025년 1월의 종사자 수는 약 16% 감소하였으며, 철강 생산량은 12%, 수출량은 14%로 줄어들었다. 특히, 조립금속 분야는 생산량이 28%, 수출량은 56%가 감소하는 등 구조적 타격이 심각한 수준이다. 이는 철강 산업의 경쟁력 약화뿐만 아니라, 수출 산업으로서의 입지도 흔들리고 있음을 보여준다.

[그림 7-1] 년도별 총 종사자 수 변화

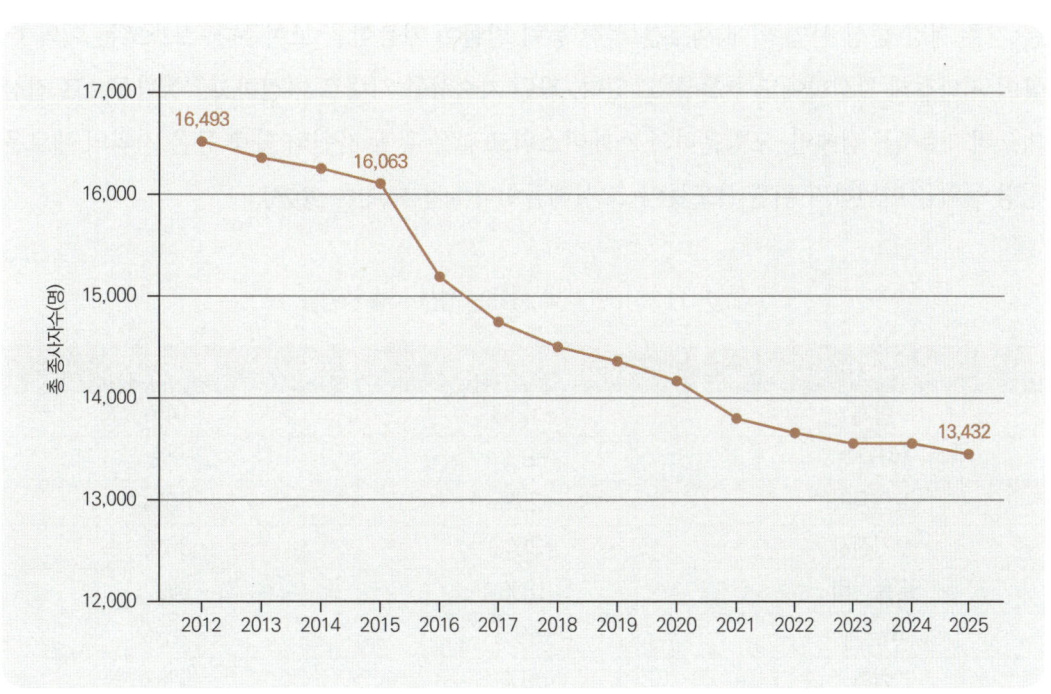

출처: 포항철강산업 단지 관리공단, 매년도 1월 기준.

이러한 감소세를 반영하듯, 포항 경제를 이끌어온 철강공장들은 최근 잇달아 가동 중단 상태에 들어갔다. 2024년 7월 포스코 포항제철소 1제강공장이 문을 닫은 데 이어 11월 1선재공장도 폐쇄됐다. 같은 달 현대제철 포항2공장은 노조의 반발로 인해 전면 폐쇄는 막았지만, 12월부터 사실상 운영이 중단되면서, 관련 협력업체들 또한 공급망 재편과 경영 불확실성에 직면하게 되었다(한경, 2025). 이러한 철강산업 침체의 여파는 지역경제 전반에도 큰 영향을 미쳤다. 통계청이 발표한 2024년 4분기 상권별 상가 공실률 자료에 따르면, 포항 중앙 상가의 중대형 상가 공실률은 37.3%, 소규모 상가는 19.6%로 나타났다. 이는 각각 전국 평균인 13.0%, 6.0%를 크게 웃도는 수치로, 지역 상권의 침체와 공실 증가 현상이 상대적으로 심화되고 있음을 시사한다.

이러한 위기를 극복하기 위해 포스코는 2024년부터 '7대 미래혁신과제'를 통해 철강 사업의 재건과 이차전지 소재분야의 경쟁력 강화, 글로벌 시장확대, 탄소중립 실현 등을 핵심 전략으로 설정하고 대응에 나섰다(포항시청, 2025). 주력 산업이 위축되는 가운데에서도 일부 분야는 성장세를 보이고 있는데, 〈표 7-1〉에 따르면 2015년 1월 대비 2025년 1월 기준으로 화학 분야의 생산량은 50%, 수출은 5% 증가한 것으로 나타났다(포항철강산업 단지 관리공단, 2025). 이는 기존 철강 중심 산업 외에 새로운 성장 동력 발굴이 가능함을 보여준다. 포스코는 이와 더불어 지역경제 활성화에도 힘을 쏟고 있다. 직원 기숙사를 시내로 이전하고, '청림동으로 점심 먹으러 가는 날' 캠페인, 포항운하와 스페이스워크 같은 관광 자원의 확충 등은 지역의 새로운 성장 동력을 마련하기 위한 시도들이 그 사례들이다(철강금속신문, 2025).

〈표 7-1〉 2015년 대비 2025년 생산, 수출 증감률

구분	생산 증감률	수출 증감률
합계	-12%	-14%
1차금속	-8%	-9%
조립금속	-28%	-56%
전기전자	-35%	-36%
운송장비	18%	5%
비금속	-56%	-28%
화학	50%	5%

출처: 포항철강산업 단지 관리공단.

제7장 미국 도시 사례로 본 포항의 발전 전략: 피츠버그 모델과 디트로이트 모델

포항시 또한 산업구조의 다각화를 위한 정책을 강력히 추진 중이다. K-배터리 거점도시 조성, K-수소경제 기반 마련, AI·빅데이터 기반 디지털 전환, 환동해 바이오 클러스터 구축, 이차전지 양극제 특화단지 활성화, 청년 창업 친화 도시 조성 등은 미래 산업으로의 전환을 겨냥한 전략이다(포항시청, 2025). [그림 7-2]에서 살펴볼 수 있듯이 포항의 전문, 과학 및 기술 서비스업 종사자 수가 증가하고 있다. 여기에 더해 포스텍 의과대학 설립, 스마트 병원과 친환경 시설 구축, 오천 항사댐 건설, 환동해 관광 중심도시 육성 등의 프로젝트도 함께 추진되며, 포항은 기존 철강 중심 도시에서 미래형 복합도시로의 도약을 준비하고 있다.

[그림 7-2] 년도별 전문, 과학 및 기술 서비스업 종사자 수 증감 현황

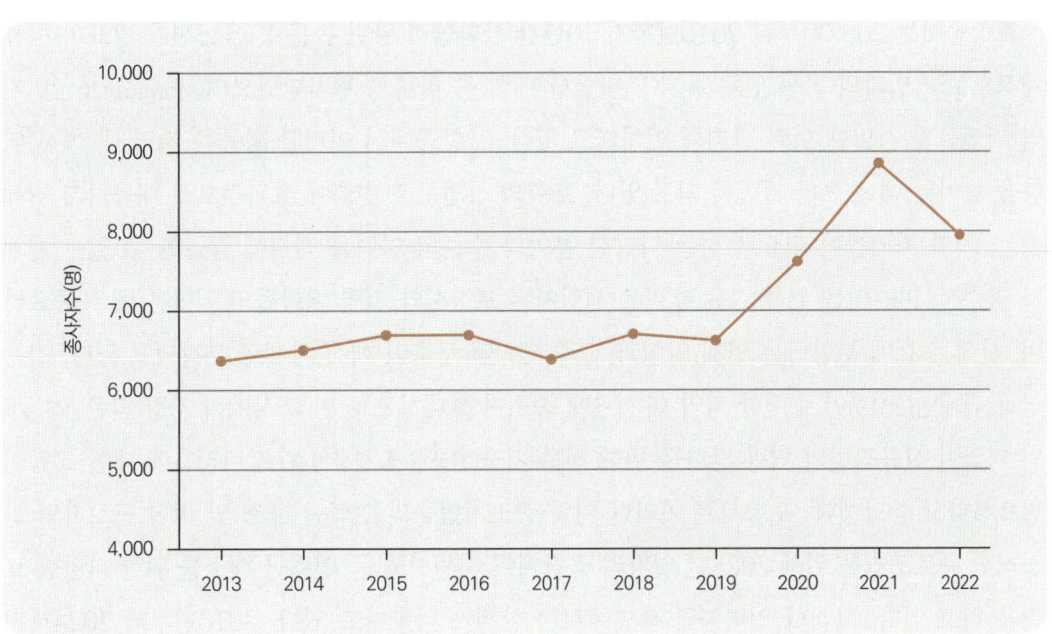

2. 민관협력과 대학의 역할

지역 내 대학은 민간 협력을 통해 산업 주체들과 유기적인 협력 관계를 구축하고, 이를 바탕으로 지역 발전과 경제 성장, 경쟁력 확보에 기여하는 중요한 역할을 수행한다(조영하, 2008). 포항에서는 이러한 연구개발(R&D) 역량과 기업체 간 협력이 '포항 R&BD (Research & Business Development) 기관협의회'를 중심으로 이루어지고 있다. 이 협의회에는 지역 내 4개 대학, 12

개 연구기관, 4개 지원 기관이 참여하고 있으며, 2015년부터 2023년까지 이들 기관의 직원 수와 연구비는 각각 연평균 1.5% 및 4.2%의 꾸준한 증가세를 보였다(김도경, 2023). 또한 4개의 지원기관은 예비 창업자를 대상으로 한 창업 지원과 기업의 성장과 발전을 지원하는 다양한 프로그램을 수행하고 있다. 최근 이차전지 양극재 산업(2022) 및 수소 특화단지(2024)로 선정되고, 또한 민간기업이 주도해 복합 도시를 개발하는 사업인 기업혁신파크 대상지로 지정(2024)됨에 따라 포항 R&BD 기관협의회는 철강산업 중심의 비교적 단일화된 지역적 산업구조의 특성을 첨단 산업 및 과학 중심으로 다양화시키기 위한 역량을 강화하기 위해 노력 중이다. 이 가운데, 1986년 설립된 포항공대는 지역 연구개발 생태계의 핵심 기관으로 자리매김하고 있다.

포항공대는 2007년부터 2016년까지 10년간 산학협력 관련 논문 13,545편을 발표하며 세계적으로 기업과의 공동 연구가 가장 활발한 대학 중 하나로 평가받았으며(Morgan, 2017), 지역 기업들과 긴밀한 협력 관계를 이어가고 있다. 포항공대의 이러한 활동은 지역 내 혁신 역량을 높이는 데 중요한 기반이 되고 있다. 포항의 산업구조 변화에 효과적으로 대응하기 위해서는, 지역 기업들이 필요로 하는 다양한 분야와 수준의 인력을 적시에 공급할 수 있는 체계가 필수적이다. 이를 위해 교육 훈련을 책임지는 포항시와 지역 대학들의 역할은 매우 중요하며, 산업 수요에 부합하는 인재 양성과 교육 시스템 구축이 핵심 과제로 부각되고 있다. 김은영과 김태영(2019)이 수행한 지역 내 103개 중소기업 대상으로 한 조사에서 가장 많은 38.4%의 기업이 신규직원의 역량 강화를 위해 전문 기술(제품설계/생산기술) 장비활용에 대한 교육이 필요하다고 응답했다. 포항시는 이러한 지역 중소기업들의 인력난 해소 및 청년 근로자의 안정적인 근로조건을 위해 2025년 일자리 공감페이 지원사업 등 인력난 해소를 위한 다양한 노력을 하고 있다. 그러나 인력공급 측면에서는 한계가 나타나고 있다. 2010년부터 2024까지의 연도별 포항의 대학생 수를 보면, 일반대학생의 수는 7천 명 전후로 크게 변화가 없는 데 반해, 포항의 다양한 기업이 요구하는 전문 기술 인력을 배출하는 전문대의 학생 수는 2012년 8,500명을 육박하였지만, 2024년에는 4,300명 수준으로 절반 가까이 감소하였다. 전문대학 학생은 전체 대학생의 약 38%에 불과하다([그림 7-3]). 다양한 분야의 전문 기술이 요구되는 산업구조의 다각화를 위해서는 기업수요에 부합하는 전문 역량을 갖춘 노동력의 추가적인 육성이 필요하다.

한편 지역 핵심산업을 개선하기는 지역사회와 관련 기관 간의 적극적인 협력체계가 요구된다. 최근 포항제철은 고부가가치의 친환경 철강 생산의 차별화 전략을 위해 현 시설을 2050년까지 수소환원제철 방식으로 전환하기 위한 준비를 하고 있다. 2025년 착공을 위한 현안으로, 사용될 부지를 위해 공유수면 매립을 위한 주민 동의를 받아야 하지만, 매립으로 인한 환경파괴를 우려한 지역 주민 및 환경단체의 반발로 2023년 주민설명회가 무산되는 등 갈등을 빚었다. 프로젝트 초기의 일정 차질은 비용 증가와 일정 지연을 초래할 수 있으며, 이는 장기적으로 프로젝트 기대효과를 저하시킬 우려가 있다. 따라서 사업 추진을 시행업체에만 의존할 것이 아니라, 사업 초기 단계부터 사업의 중요성과 필요성에 대한 지역사회의 공감대 형성, 관련 기관 간 충분한 의견교환 및 일치된 추진 전략 수립, 적극적인 협력체계 구축이 필수적이다.

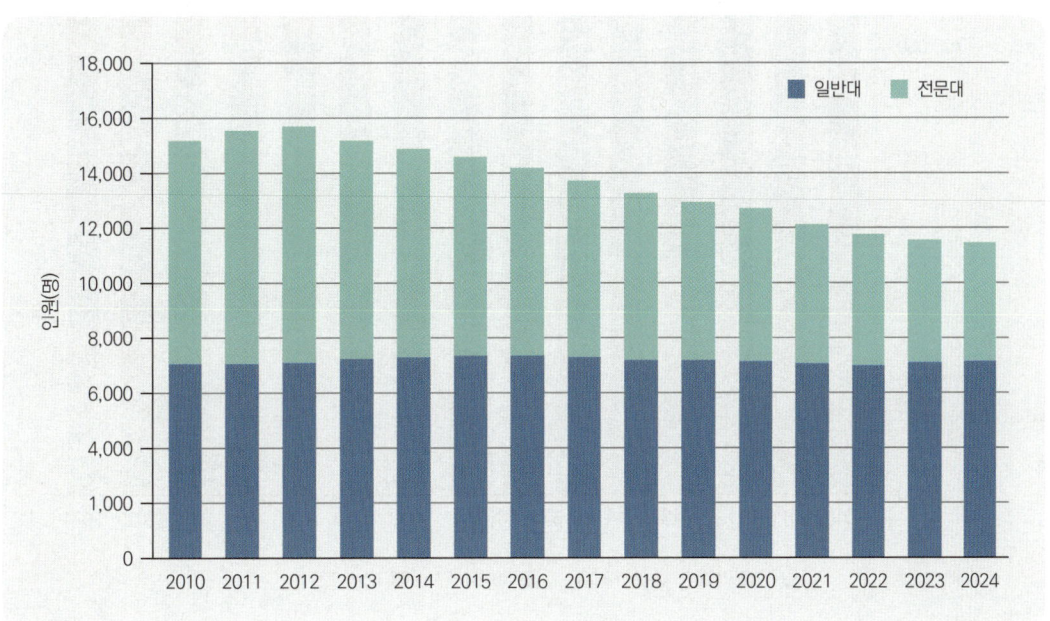

[그림 7-3] 연도별 포항시 전체 대학생(일반대/전문대) 수

3. 인구

1973년 포항제철의 준공으로 급격히 증가한 포항시는 1994년 도농복합형태시설치 등에 관한 법률(1994)에 따라 1995년 1월 1일 부로 영일군과 통합되면서 50만 명 이상의 인구를 유지해 왔다. 그러나 2015년 역대 최고를 기록한 이후 감소세로 전환되었으며, 2022년에는 「지

방자치법」상 '대도시'의 기준인 50만 명 이하로 떨어졌으며, 2024년 현재 거주자 기준 49만 명으로 집계되고 있다. 이는 산술적으로 계산을 하였을 때 2015년 이후 매년 3천 명씩 감소한 것이다. 2024년 말 경상북도가 발표한 장례인구추계(2022~2042)에 따르면 2042년 포항의 인구는 2022년 대비 약 13%가 감소한 43만 명 수준이었으며, 지속적으로 감소할 것으로 예측되고 있다(경상북도, 2024).

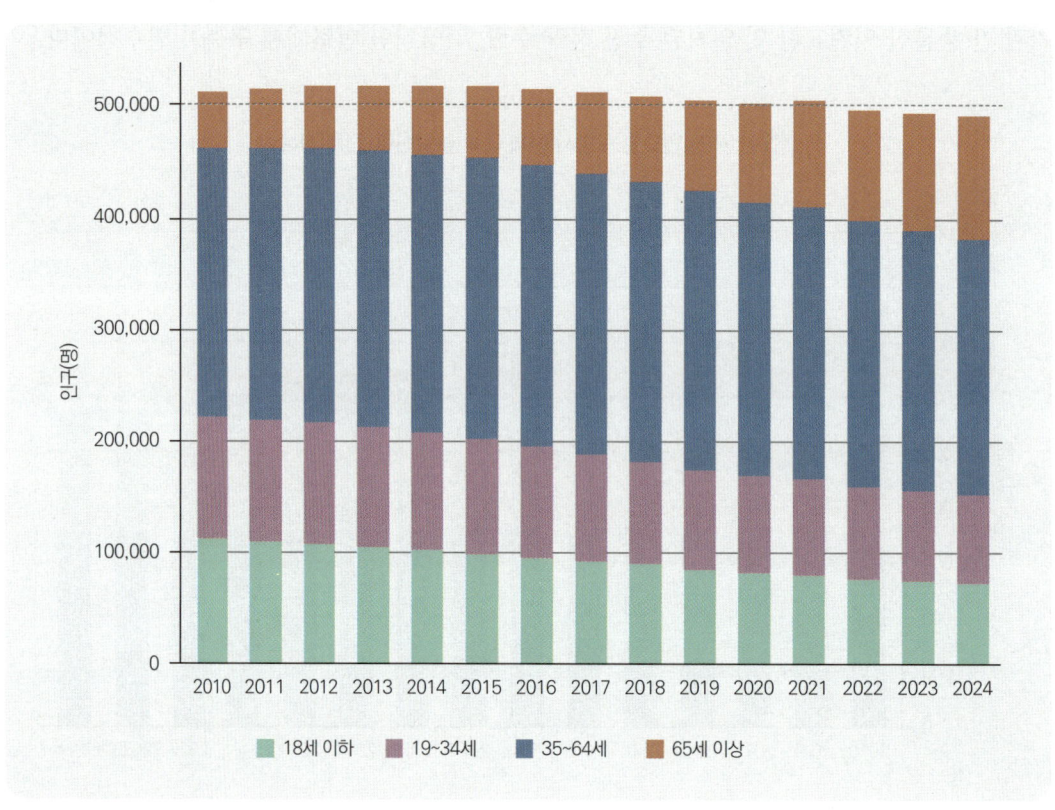

[그림 7-4] 포항시 인구(거주자 기준 연령대별) 변동 추이(2010~2024)

이러한 인구 감소의 가장 큰 요인 중 하나는 포항의 철강 산업 침체이다. 지역 주력산업의 침체로 일자리 감소가 심화가 청년인구의 수도권 집중 현상 및 장기간 누적된 저조한 출산율과 맞물려, 경상북도 최대의 도시인 포항의 인구감소율이 도(道)내 두 번째로 높은 상황에 이르게 되었다(이정택, 2023). 수도권을 제외한 대부분의 도시들이 경험하고 있는 인구 감소는 국가적 차원에서 광범위하게 나타나는 사회경제적인 구조의 변화와 결합된 복합적인 현상으로

제7장 미국 도시 사례로 본 포항의 발전 전략: 피츠버그 모델과 디트로이트 모델

지역의 특수한 경제구조, 주거 환경, 출산율 등 다양한 요소와 상호작용을 하며, 한 도시의 지속가능성과 경제적 안정성에 영향을 미친다(2018, 임석희). 하지만, 포항 중심지의 중대형 상가의 공실율은 전국 평균에 3배에 달할 정도로 포항의 경제적 활동은 침체기에 접어들어 그 문제가 심각한 상황이다(통계청, 2024). 경제적 쇠퇴와 인구 감소 간의 연관성은 국내외 연구를 통해 광범위하게 입증되어 왔다(Lafitte, 1941). 즉, 이러한 실업률 증가, 경제 침체, 인구유출 현상은 1970~80년대 미국 피츠버그시와 디트로이트시가 탈산업화를 겪으며 극심한 인구 감소를 경험한 역사적 과정과 유사한 양상을 보인다. 탈산업화에 인한 경제 불황을 극복하기 위해서는 지역 산업구조의 전환을 조기에 추진하여 안정적인 일자리를 제공하는 것뿐만 아니라, 주민들이 지역에 계속 정주할 수 있도록 저렴하고 질 높은 주거환경을 마련하는 것이 중요하다. 이러한 정책적 접근은 이미 여러 도시에서 시도되었으며 그 효과가 입증되었다. 구체적인 예로는 과거 제조업 또는 광업으로 성장한 도시들이었지만, IT 및 의료, 친환경에너지, 문화 및 관광산업으로 경제를 활성화시키고, 주택가격 안정화 정책과 함께 도시재생 프로젝트가 성공적으로 진행되어 인구의 유입이 증가하고 있는 피츠버그를 비롯한 다수의 사례가 보고되고 있다(Breingan & Bhatt, 2025; Elliott 외, 2017; Tatian 외, 2023).

다음으로, 수도권으로의 인구 집중으로 인한 지방인구 소멸을 그 이유로 볼 수 있다. 기존의 인구문제에 대한 사회적 시각은 저출산 및 고령화에 집중되었던 경향이 있다. 합계출산율이 0.7 수준에 머물러 있는 한국사회의 저출산은 인구감소의 매우 중요한 원인이었기 때문이다. 그러나, 출산율이 한국보다는 높은 미국의 경우, 인구이동을 인구변화의 지배적인 요인으로 인식하고 있다(USDA, 2019; Rogers & Wilder, 2022). 한국에서도 최근에는 수도권 인구집중과 지방인구 소멸이라는 사회적 문제가 대두되면서 인구이동이 지방 도시의 인구감소에 주요한 요인으로 부각되고 있다. 이에 대한 대응으로 중앙정부는 인구감소지역 89개소 및 관심지역 12개소를 지정하여 2031년도까지 약 1조 원의 지방소멸 대응기금을 지원하는 계획(행정안전부 고시 제2022-11호, 2022)을 발표하였으나, 포항시는 이 대상에 포함되지 못했다.

나아가 인구감소의 주요 요인으로 주거비용 부담을 지목할 수 있다. 주거비용 부담이 커질수록 해당지역에서는 인구유출 가능성이 높아진다(이찬영·문제철, 2016). 포항의 주택종합 월별 매매가격지수는 2022년 6월 이후 다소 하향추세에 있지만(한국부동산원, 2025), 여전히 매매가격이 수억 원대에 이르는 주택 가격은 저소득층이나 청년층에게 상당한 부담이다. 매월 지출해야 하는 관리비와 생활비도 저소득층에게는 부담이 아닐 수 없다. 이에 포항시는

2024년 저소득층의 주거비 부담을 완화하기 위해 기초주거급여 선정 기준을 완화하여 시행하고 있으며, 2025년에는 주거복지센터를 개소하여 취약계층의 주거고민을 해결하기 위한 노력을 하고 있다.

마지막으로, 포항이 당면한 인구감소의 원인은 청년인구(19~34세)의 유출이다. 2010년 이후 연령대별 인구 증감률을 분석한 결과([그림 7-5]), 청년 인구 증감률은 포항 전체 인구 증감률과 높은 상관관계를 보였으며, 회귀분석 결과 19~34세(청년인구)의 증감률이 포항 전체의 인구 증감률 변화에 큰 영향을 주고 있음이 잘 나타났다(결정계수 = 0.833). 인구 구성적인 측면에서 2010년 21.5%에 달했던 전체 인구에서 청년인구가 차지하는 비율이 해마다 감소하여 2024년에는 16.1%로 급격히 줄어들었다. 청년인구를 유입하기 위한 정책으로 포항시는 청년 어업인 정착지원사업(2024), 청년 징검다리 주택사업(2024) 등을 추진하고 있으며, 2025년에는 도심을 교육과 주거, 문화가 결합된 청년 친화형 공간으로 재구성하려는 포항 POBATT(Pohang Battery) 프로젝트(2025)를 출범시키며, 청년인구 유입을 위한 다양한 시도를 하고 있다.

[그림 7-5] 포항시 인구(연령대별 거주자) 증감률 변동 추이(2011~2024)

제7장 미국 도시 사례로 본 포항의 발전 전략: 피츠버그 모델과 디트로이트 모델

제3절 미국의 사례 분석

포항은 제조업 중심의 전문화된 산업구조를 통해 단기적으로 빠른 성장을 이루는 데 유리한 여건을 갖추었으나, 이러한 구조는 국내외 정세 변화에 따라 지역경제 전반이 급격한 영향을 받을 수 있다는 한계를 내포하고 있다(장철순, 2015; 손예령, 2024). 더불어, 지역 위기의 원인이 노동수요와 공급의 불균형이라는 구조적 문제에 있다는 지적도 제기되고 있다(이상호 외, 2021). 이에 이 장에서는 미국의 사례를 통해 산업구조의 지속가능한 전환이라는 관점에서 포항이 나갈 방향과 정책적 시사점을 도출하고자 한다.

특히, 미국의 피츠버그시와 디트로이트시는 러스트 벨트 중심 산업의 쇠퇴로 인한 고용 위기와 인구 감소로 인한 지역 소멸 문제에 직면했으나, 이를 극복하기 위해 다양한 정책적 시도를 해온 대표적인 도시들이다. 두 도시는 중심 산업 쇠퇴 이후 도시 재건이라는 공통의 과제를 안고 있었지만, 각자의 지역적 특성과 조건을 고려한 차별화된 전략을 통해 지속가능한 발전을 도모해 왔다. 이처럼 산업 쇠퇴에 선제적으로 대응하며 도시 구조의 전환을 시도한 미국 도시들의 경험은, 구조적 위기에 직면한 포항에 실질적이고도 시의적절한 정책적 함의를 제공할 수 있다.

1. 피츠버그

1) 역사적 배경

피츠버그시는 미국 펜실베이니아주(Pennsylvania State)의 앨러게니 카운티(Allegheny County)에 위치하며, 앨러게니강(Allegheny River)과 모논가헬라강(Monongahela River)이 합류해 오하이오강(Ohio River)을 형성하는 지점에 자리하고 있다([그림 7-6]). 이러한 수로망은 동서부를 연결하는 무역과 운송의 이점을 제공, 산업 중심지로서 도시가 발전하는데 큰 역할을 했다. 특히 앨러게니강은 북쪽으로 169km 떨어진 석탄과 석유 매장지로 흘러가 그 역할을 톡톡히 했으며, 사방으로 철도가 놓여 있어, 도시의 연결성을 극대화했다(Tarr & Muller, 2008).

이러한 지역적 특성을 바탕으로, 피츠버그시는 20세기 중반까지 세계 유수의 철강 생산 도시로 번영하여 '철의 도시(steel city)'로 불렸다. 앤드류 카네기가 1875년 이곳에 철강 공장을

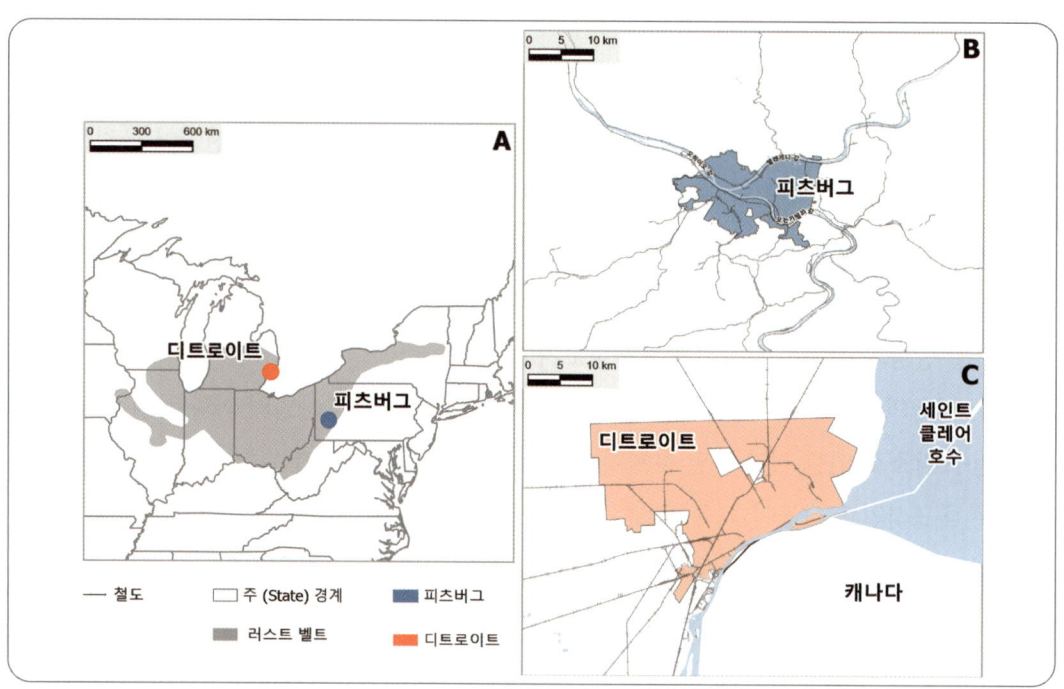

[그림 7-6] 러스트 벨트(Rust Belt)에 위치한 주요 도시 디트로이트(주황 점)와 피츠버그(푸른 점)의 지리적 위치(A), 피츠버그시의 상세 지도(B), 디트로이트시의 상세 지도(C)

세운 이후 미국 철강산업의 심장으로 자리 잡았으며, 1911년경 미국 철강제품 소비량의 50퍼센트를 피츠버그시에서 생산할 정도였다. 도시 인구는 1950년대 약 67만 명 수준으로 정점에 달했으나 그 후 탈공업화의 흐름을 타고 인구 감소세에 들어섰다. 1970년대부터 국제 경쟁 심화와 기술 변화로 미국 철강산업이 급격히 쇠퇴하자 피츠버그 경제도 직격탄을 맞았다. 1980년대에 미국 철강 제조업이 붕괴하면서 피츠버그 지역에서는 대량 실업 사태가 발생해 고용률이 25%에 불과할 정도로 심각한 경제적 위기에 직면했다. 특히 젊은 층을 중심으로 약 50만 명이 도시를 떠나는 등 도심 공동화 현상이 심각했다. 이는 세계적인 철강 중심지였던 피츠버그시가 '러스트 벨트'의 상징에서 몰락하는 계기가 되었다(Hershberg & Green, 1993; Mallach, 2018).

그러나 피츠버그시는 비교적 이른 시기부터 도시 재건을 위한 선제적인 노력을 기울였다. 이미 1940년대에 당시 데이비드 로렌스 시장과 기업인들이 주축이 된 앨러게니 컨퍼런스(Allegheny Conference)를 통해 도시의 장기 발전 전략을 수립하고, 매연 제거, 슬럼 정비 등 도시환경개선 사업을 추진하며 '피츠버그 르네상스'라 불린 도시 재생의 초석을 다졌다. 이러한 토대 위에 1980년대 이후에는 대학과 의료기관 등 '에듀-테크(Edu-Tech)' 및 의료 산업으로 경제 구조를 전환하는 전략을 펼쳤다(Markusen, 2004). 피츠버그는 카네기 멜론 대학교(Carnegie Mellon University: CMU)와 피츠버그 대학교(University of Pittsburg: Pitt) 등 오랜 교육·연구 인프라를 활용하여 첨단 연구개발(R&D)을 육성하고, 철강 산업으로 황폐해졌던 강변과 공장 부지를 정화하여 새로운 산업과 일자리 공간으로 탈바꿈되었다. 이러한 도시 전환 노력은 시간이 걸렸지만 서서히 성과를 내어, Forbes는 2010년에 피츠버그시가 미국에서 가장 살기 좋은 도시 1위로 선정되었으며, 2024년에는 가장 살기 좋은 도시 3위로 선정되는 등 긍정적인 평가를 받고 있다(Levy, 2010; Bloom, 2024). 피츠버그시의 사례는 제조업 중심지에서 지식기반 경제 도시로의 성공적인 변신 사례로 종종 언급되며, 한때 같은 고민을 겪은 디트로이트시 등 다른 러스트 벨트 도시들에게 벤치마킹 모델로 거론되고 있다.

2) 산업 구조 변화

(1) 상황적 배경

1970년대 후반부터 피츠버그시의 기반 산업인 철강이 값싼 해외 철강과 기술 변화로 경쟁력을 잃기 시작했다. 그 정점은 1980년대 초 철강 산업 붕괴로 나타났는데, 1981~1983년에 걸쳐 대규모 제철소 폐쇄와 실직 사태가 발생했다(Haller, 2005; Venkatu, 2018). 1980년 피츠버그시 지역 실업률은 18%를 넘었고, 지역 철강 생산능력의 75%가 사라지면서 13만 개에 달하는 일자리가 소멸하였다. 또한, [그림 7-7]에 나타난 바와 같이, 엘레게니 카운티의 제조업 비중은 1970년대 전체 산업 대비 50%에 달했으나, 1980년에는 21%로 절반 이하로 감소하였다. 이후에도 제조업 비중은 지속적으로 하락하여, 2020년에는 전체 산업 구조 중 제조업이 차지하는 비율이 9%에 불과한 수준으로 축소되었다(Manson et al., 2024). 전통 제조업 일자리 급감과 인구 유출로 도시 기반이 약화되자, 산업구조 전환은 더 이상 미룰 수 없는 과제가 되었다. 1980년대 피츠버그시의 인구는 빠르게 감소했고, 숙련된 젊은 인재들도 일자리를 찾아 외부로 떠났다(Hansen 외, 2003). 1994년 기준 61.4%가 피츠버그시 외 지역에 취업했고, 1999년에도 여전히 50.3%가 타 지역에서 일하고 있어, 지역 내 정착률이 낮은 것으로 나타났다(Hansen et al., 2003). 이런 상황적 배경에서, 지역 사회는 산업 정책과 인력 전환 전략을 전면 재편하여 경제를 회복시키고자 했다.

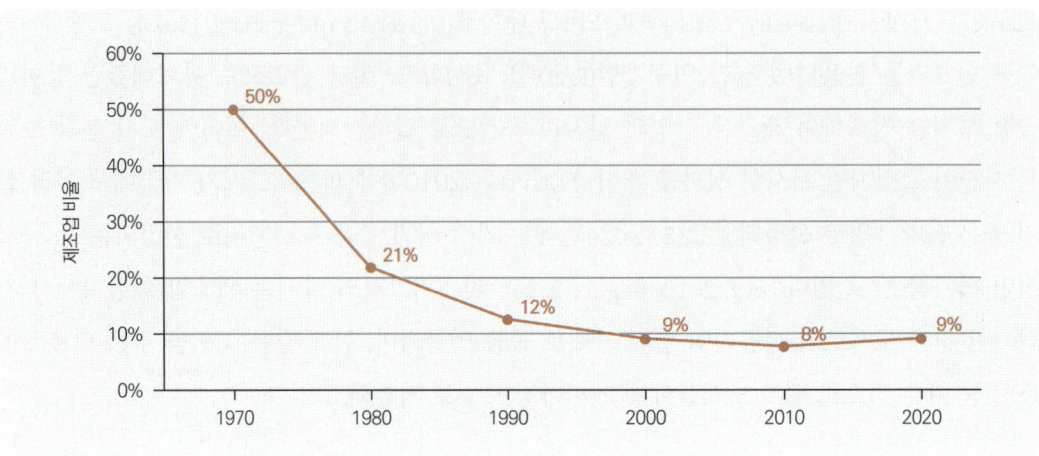

[그림 7-7] 피츠버그시 제조업 비율 증감현황(1970~2020)

(2) 정책적 대응

이러한 경기 침체를 극복하기 위해 피츠버그는 첨단 산업 육성을 통한 산업 다각화와 도시 재생을 목표로 다양한 정책적 대응을 추진하였다. 이 장에서는 피츠버그가 추진한 주요 전략, 피츠버그 르네상스, 전략 21, 교육과 의료(Eds & Meds), 그리고 오클랜드 혁신 지구 조성에 대해 구체적으로 살펴본다.

① 피츠버그 르네상스

1940년대에 피츠버그시의 공기는 제철소 매연으로 검게 물들어 투자자와 숙련 노동자가 머물기 어려운 환경이었고, 도시 이미지도 부정적이었다(Tarr, 2011). 이러한 위기를 타개하기 위해 1944년 주요 기업인과 재단이 주도하여 Allegheny Conference on Community Development(ACCD)이 결성되었고, 민관 협력을 통해 도시 재생을 추진하기 시작했다(Kreuzer 외, 2023). ACCD와 데이비드 로렌스(David L. Lawrence) 시장의 협력 하에 피츠버그시는 대대적인 도시 개조 계획인 '르네상스 I(Renaissance I)'을 전개하며, 낙후된 도시를 현대화하고 경제 기반을 다각화하기 위해 노력했다. 특히, 대기 오염 제거와 도심 재개발이 핵심 목표로 설정되었다(Kreuzer et al., 2023). ACCD는 우선 매연 문제를 해결하기 위해 시 정부와 함께 단계적 연료 사용 규제를 협상했고, 1949년에는 펜실베이니아주 의회를 통해 강력한 광역 대기오염 규제법을 통과시켰다. 이러한 연기에 대한 선제적 정책으로 피츠버그의 하늘은 점차 맑아졌고, 그 결과 투자 환경이 개선되어 보험사인 Equitable 등을 비롯한 대기업들이 도심 개발에 참여하도록 유도했다(Kreuzer et al., 2023). 실제로 맑아진 공기에 힘입어 Equitable 생명보험은 피츠버그시 도심에 대형 업무지구인 게이트웨이 센터(Gateway Center) 건설을 위한 자금을 투자하기로 결정했으며, 이는 전후 피츠버그시 경제재건의 핵심적인 출발점이 되었다.

이와 더불어, 지역 제조 일자리가 줄어들 조짐이 보이자, 피츠버그 지역 리더들은 산업 기반을 지키기 위한 새로운 시도를 전개했다. 1967년 설립된 지역 산업개발공사(Regional Industrial Development Corporation: RIDC)와 1970년 설립된 앨러게니 카운티 산업개발국(Allegheny County Industrial Development Authority: ACIDA)은 정부 저리융자를 통해 노후 시설을 개선하고 공장을 현대화하도록 기업들을 지원했다. 1963년부터 1979년까지 RIDC는 총 1억 680만 달러를 투입해 96개의 지역 산업 프로젝트에 융자를 제공했고, ACIDA도 1980년까지 6억 4,700만 달러를 지역 제조업에 지원함으로써 어려움에 처한 철강 기업들의 설비 투자와 환경 규제 준수를 뒷받침했다(Kreuzer 외, 2023). 더불어 피츠버그 광역의 여러 자치단체들도 자체 산업개발기관 7곳을 설립하여 유사한 융자 지원을 펼치는 등, 지역 차원에서 제조업 위기에 대응하고자 했다.

철강 산업의 급격한 붕괴를 목도한 피츠버그시는 1970년대 후반부터 '두 번째 르네상스(Renaissance II)'를 전개하며 다시 한번 지역 재건에 나섰다. 르네상스 II의 방향은 1기와 유사하게 도심 환경 개선과 재개발에 맞춰졌다. 다운타운에 최신식 오피스 빌딩과 상업 시설을 추가로 건설하여 도시 기능을 강화하고, 연방정부로부터 5억 달러의 자금을 유치해 경전철(Light Rail) 노선을 신설함으로써 대중교통 인프라를 향상시켰다. 이 시기에 지어진 대표적 랜드마크로는 피츠버그 유리본부 빌딩(PPG Place, 1984년 완공)이나 옥스포드 센터(One Oxford Centre, 1983년 완공) 등이 있으며, 1985년 개통된 경전철 'T' 노선은 도심과 교외를 연결하여 통근 환경을 개선하는 성과를 거두었다. 또한 시 당국은 다운타운 인근의 역사적 건축물과 문화공간을 정비하여 문화 지구(Cultural District)를 형성하는 등, 도시 미관과 문화 인프라 확충에도 힘썼다. 르네상스 II에서는 민관 협력의 범위와 성격도 변화하였다. 1기 르네상스에서 민간(기업)이 주도하고 정부가 지원하는 형태였다면, 2기에서는 시 정부가 좀 더 능동적인 기획 주체로 부상했다.

② **전략 21**

1985년 피츠버그시 정부와 앨러게니 컨퍼런스, 지역 대학, 기업들이 손을 맞잡고 '전략 21(Strategy 21)'이라는 장기 경제재건 계획을 수립하였다. 이는 21세기를 대비한 피츠버그/앨러게니 통합경제개발 전략으로서, 펜실베이니아 주 정부에 제출한 대규모 지원 요청 안이었다(City of Pittsburg et al., 1985; Kreuzer et al., 2023). 전략 21 계획에 따라 펜실베이니아주는 1985~86년에 걸쳐 피츠버그 지역의 기술 인프라와 산업단지 개발에 예산 지원을 시작했고, 이는 주 정부-지역정부-대학-기업 간의 장기적 협력 프로그램으로 자리 잡아 1990년대 이후의 산업 클러스터 조성에 토대가 되었다. 전략 21에서는 다섯 개 중점 영역의 사업을 제안했는데, 그 핵심은 산업구조 혁신과 인프라 현대화였다. 예를 들어, 폐쇄된 존스앤드라우플린(J&L) 제강소 부지를 첨단기술 산업단지로 재개발하는 프로젝트는 "첨단 기술을 통한 피츠버그 경제 전환의 주요 노력"으로 명시되어 전략 21의 상징적 사업으로 꼽혔다. 이 프로젝트는 이후 해당 부지에 피츠버그 테크놀로지 센터를 조성하여 로봇공학, 소프트웨어 등 신 산업 기업과 연구소를 유치하는 성과로 이어졌다. 또한 전략 21은 대학 주도의 첨단 기술 연구를 지역 경제 활성화의 동력으로 강조했는데, Pitt와 CMU가 추진한 여러 첨단 연구 프로젝트를 지원 대상으로 삼았다. 특히 CMU가 1984년 연방 정부로부터 1억 300만 달러 규모의 소프트웨어공학연구소(SEI) 유치를 성공한 사례를 들어, 피츠버그 대학들의 연구역량이 지역 경쟁우위 자산임을 부각시켰다.

③ **'교육과 의료'를 바탕으로 IT/의료/생명공학으로 산업 구조 전환 가속**

1980년대부터 추진된 정책적 노력의 성과가 조금씩 나타나기 시작하면서, 1990년대에는 피츠버그시 경제의 중심축이 교육(education)과 의료(medical) 분야로 이동하는 양상이 뚜렷했다(Lubove, 1995). 제조업 일자리는 크게 줄어든 반면, 대학과 의료기관이 새로운 고용의 중심이 되었고, 이를 활용한 산업정책이 펼쳐졌다. 피츠버그시에는 연구중심 대학(CMU, Pitt)과 Pitt의 의료 센터(University of Pittsburgh Medical Center: UPMC)등과 같은 대형 의료기관이 밀집해 있었는데, 철강 산업 쇠퇴 이후 이들 'Eds & Meds' 기관들이 지역 최대 고용주로 부상했다. 1990년대 중반까지 UPMC 산하 병원들은 지속적으로 확장하여 의료 부문에서 수만 개의 일자리를 창출했고, CMU와 Pitt는 연방 연구비 유치와 연구실적을 통해 세계적 수준의 연구 클러스터를 형성했다. 1986년 설립된 Pittsburg Supercomputing Center(PSC)와 CMU의

제7장 미국 도시 사례로 본 포항의 발전 전략: 피츠버그 모델과 디트로이트 모델

1979년 Robotics Institute 등은 대학 주도의 혁신 인프라로 기능하며 첨단 산업의 인적·기술적 자원을 축적했다. PSC는 설립 이후 17년 동안 고성능 컴퓨팅 자원을 제공하여 3,000편 이상의 논문 출간을 도왔고, 이 기간 동안 49개의 주의 1만 명 연구자들이 이용하였다(Westropp, 1996). 이러한 대학·의료를 기반으로 한 중심축의 성장에 힘입어, 1990년대 중반 피츠버그 지역 서비스 산업 고용이 제조업 고용을 추월하였고, 지역 GDP에서 의료·교육이 차지하는 비중도 제조업을 넘어서는 전환이 이루어졌다. 대학과 연구소에서 배출된 인재와 기술이 지역 내에서 사업화되도록 유도하는 정책도 강화되었다. CMU는 1990년대에 학생·교원 창업을 적극 장려하여 소프트웨어, IT 분야 스타트업 다수를 배출했다. 예컨대 1995년 CMU에서 검색엔진 회사 라이코스(Lycos)가 탄생해 성공적으로 성장함으로써 지역에 기술창업 붐을 일으켰다. 이를 지원하기 위해 피츠버그 기술협의회는 창업기업 네트워킹과 멘토링 프로그램을 확대했고, Innovation Works 등 벤처 지원기관이 벤 프랭클린 기술 파트너(Ben Franklin Technology Partners: BFTP) 자금으로 설립되어 스타트 업에 초기 투자금을 제공했다. 주 정부도 제조업 외신 산업에 세제 혜택을 주는 기업 유치 인센티브를 활용하고, 구 산업시설을 리모델링한 벤처 인큐베이터를 도심과 대학 주변에 조성하였다. 그 결과 소프트웨어/IT, 생명과학, 로봇공학 등의 분야에서 산업 클러스터가 형성되기 시작했다. 특히 로봇공학은 CMU의 세계적 연구력을 바탕으로 군사·산업용 로봇 벤처들이 다수 창업하며 "로보버그(Roboburgh)"라는 별칭을 얻기도 했다. 이러한 기술기업의 증가는 미약하나마 제조업 일자리 손실을 보완했고, 지역 경제에 첨단 R&D를 핵심으로 하는 새로운 정체성을 부여했다.

앨러게니 컨퍼런스는 1980년대부터 이어진 민관 협력 모델을 1990년대에도 확장하여, 지역 경제 전략을 지속적으로 업데이트했다. 1994년 컨퍼런스 산하에 피츠버그 지역 연합(Pittsburgh Regional Alliance)을 설립하여 10개 카운티를 포괄하는 광역 경제 다각화 노력을 전개했다. 이를 통해 각 지자체, 대학, 기업, 커뮤니티 조직이 참여하는 거버넌스 체계를 구축하고, 산업용지 재개발, 투자유치, 인력개발 등을 조율하였다. 이 시기 민간 재단들의 역할도 두드러졌는데, 멜론 재단, 하인즈 기금 등은 예술이나 복지뿐만 아니라 대학의 연구성과를 상업화하는 사업에 적극 투자했다. 실제로 피츠버그시의 주요 재단들은 1980년대 이후 30년간 대학의 과학기술 혁신을 신생 스타트업과 제품화로 연결하는 프로그램들에 자금을 지원하여, 지역에 기술혁신 역량이 뿌리내리는 데 크게 이바지했다. 이러한 노력 덕분에 1990년대 후반 피츠버그시는 철강 일변도의 도시에서 다양한 첨단 서비스와 제조가 혼재하는 지식경제 도시로서의 면모를 갖추기 시작했다.

나아가 2000년대 초 주 정부는 담배소송 합의금 등 재원을 활용하여 필라델피아와 피츠버그시에 생명과학 그린하우스(Life Sciences Greenhouse) 프로그램을 시작, 바이오텍 스타트업에 대규모의 기반이 되는 자본을 공급했다. 피츠버그 생명과학 그린하우스는 2002년 약 1억 달러의 기금으로 출범하여 지역 대학의 바이오 연구를 기업으로 연결하고, 의료기기·제약 신생기업 육성을 추진했다(Gleeson & Paytas, 2005). 이러한 노력과 UPMC의 지속 투자에 힘입어 의료·바이오 클러스터가 강화되었다. 한편 첨단제조 분야에서는 전통 제조기업들이 소재·화학 등 고부가가치 분야로 전환하고 대학과 연계한 나노기술, 신소재 연구를 통해 경쟁력을 유지하였다. 예를 들어 알코아(Alcoa)와 PPG 같은 기업은 본사를 피츠버그시에 두고 R&D 중심 기업으로 변모하여 지역에 남았다(Gleeson & Paytas, 2005).

④ 오클랜드 혁신지구 조성

2010년대에 접어들면서 피츠버그시는 정보기술(IT)과 로봇·자율주행 분야에서 세계적인 주목을 받게 되었다(Andes, 2017). CMU의 로봇공학 역량을 바탕으로 우버(Uber), 구글(Google) 등이 도시에 연구개발센터를 설립하며 외부 기술기업 투자 유치가 활발해졌다. 지역 스타트업 생태계도 자리 잡아, 교육기술(EdTech) 스타트업 듀올링고(Duolingo) 등이 글로벌 기업으로 성장하고 상장하기도 했다(Carter, 2016; Andes, 2017; InnovatePGH, 2017). 이러한 기업 성장의 배경에는 성숙한 창업 지원 인프라가 있었다. 피츠버그에는 2010년대에 접어들어 액셀러레이터, 공유 작업공간, 멘토십 프로그램, 벤처 펀드 등이 체계화되어 스타트업 지원 '파이프라인'이 구축되었다. 또한 지역 대학과 연구기관들이 앞장서 오픈 이노베이션 허브를 만들고자 2017년 Brookings 연구와 힐먼/하인즈 재단의 지원으로 오클랜드 혁신지구(Innovation District) 조성 계획을 수립하였다. 이는 대학 캠퍼스 주변에 벤처 캐피탈, 기업가, 연구자가 밀접하게 협력할 수 있는 공간과 프로그램을 제공하여 과학 발견을 신속히 사업화 하는 것을 목표로 한다. 이러한 혁신지향 정책으로 피츠버그시는 인공지능(AI), 자율주행차, 로봇, 소프트웨어 등 첨단 기술 분야에서 해당 규모의 도시 대비 뛰어난 연구·산업 경쟁력을 확보했다(Brookings Institution, 2017). 현재 피츠버그시에는 PNC은행, 구글, 우버, 바이엘, 듀올링고 등 다양한 산업의 글로벌 기업 및 본사가 존재하며, 스타트업부터 대기업까지 폭넓은 첨단산업 저변이 형성되어 있다.

(3) 정책적 효과

피츠버그시는 1940년대 후반부터 시작된 철강산업의 구조적 쇠퇴에 대응하기 위해, 수십 년에 걸쳐 산업구조의 대전환을 추진해 왔다. 이 과정은 단기간의 충격 대응이 아닌, 민관 협력 기반의 단계적 구조 재편이었다. 피츠버그 르네상스로 통칭되는 일련의 전략적 개입은 철강산업 일변도의 경제구조를 교육, 의료, 기술, 금융 등 지식 기반 서비스업 중심으로 전환하는 데 결정적 역할을 했다. 1980년대부터 눈에 띄는 성과 중 하나는 의료 및 고등교육 부문의 비약적 성장이다. 특히 UPMC는 지역 내 최대 고용주로 부상하며 기존 제조업 중심의 고용 구조를 대체하기 시작했다. Mitchell-Weaver(1992)에 따르면, 1990년대 중반까지 UPMC와 같은 대형 의료기관이 US Steel을 제치고 최대 고용주 자리를 차지했으며, 이는 서비스업 중심 고용 전환의 결정적 이정표로 간주된다. 또한, 기술 기반 경제 전환도 병행되었다. CMU의 컴퓨터과학 및 로봇공학 프로그램은 1980년대부터 민간 기술 창업 생태계의 기초를 다졌고, 그 결과 피츠버그시는 2000년대 이후 로봇공학, 인공지능, 바이오 메디컬 분야에서 두각을 나타내는 도시로 자리 잡았다. 2016년 기준 피츠버그시의 헬스케어 및 생명과학 산업은 지역 GDP의 약 10%를 차지하고 13만 3천여 명을 고용할 정도로 성장했으며, 이 해에만 18개의 관련 신규 투자 프로젝트로 향후 3천여 개의 일자리 창출이 기대되는 등 활발한 확장세를 보였다. Brookings Institution(2017)은 피츠버그를 "과학연구 대비 도시 규모 비례 성과가 매우 높은 도시"로 평가하며, 특히 로봇공학 분야에서 전국 평균 대비 45배 높은 연구 성과를 기록했다고 보고한다.

그러나 이러한 구조 전환의 성과는 지역 전체로 고르게 확산되지는 못했다. 대형 의료기관과 대학, 기술기업이 집중된 시내 및 동부 교외지역은 고용과 자산 가치의 상승을 경험했으나, 전통적 산업 지대였던 Monongahela Valley의 위성 도시들인 Braddock, McKeesport 등은 여전히 구조조정의 후유증에서 벗어나지 못하고 있다(Campbell, 2015; Mallach, 2018). Coulson과 Leichenko(2004)는 이 같은 지역 간 불균형을 "대도시 중심 성장의 그림자"로 평가하며, 광역 단위의 균형 잡힌 재배분 정책 부재를 지적하였다. 나아가 산업 전환 과정에서 발생한 노동시장 재편은 상당한 사회적 비용을 초래했다. 특히 1980년대 초반 대규모 구조조정으로 철강 산업에 종사하던 노동자들이 대거 실직하면서, 이들 중 상당수는 유사한 수준의 재고용 기회를 얻지 못했다. 무역조정지원(TAA)과 같은 재훈련 프로그램의 수혜자 비율은 극히 제한적이었으며, 실직자 다수는 낮은 임금과 복지 수준의 비 숙련 서비스업으로 이동할 수밖에 없었다(Klemanski & Dulio, 1992). 이는 중산층 생활수준의 하락을 유도하며 지역 내 계층 간 건강 및 소득 격차를 심화하는 요인으로 작용하였다. 실업률 회복 또한 실제 고용 증가보다는 인구 유출의 결과였다는 점에서 한계가 있다. Wolf-Powers(2013)는 1980~90년대 피츠버그의 실업률 감소가 도시 내 일자리 창출보다는 노동 가능한 인구의 외부 이주로 인해 발생한 착시 효과일수도 있음을 지적했다(University of Pittsburg, 2000).

3) 민관 협력과 교육의 역할

(1) 상황적 배경

철강산업의 쇠퇴로 인한 대내외적 경제적 문제는 피츠버그시만의 위기가 아니라 제조업 중심 기반의 펜실베이니아주 전체가 당면한 문제였으며, 주 의회 및 정부, 시민들로 구성된 펜실베이니아주의 계획 위원회(Pennsylvania State Planning Board)의 연구 결과(1981)는 시대적 위기가 펜실베이니아주의 경제력을 점점 더 악화시킬 것이며, 이를 타개하기 위한 방안으로 세제 혜택을 전제로 한 기업 유치와 같은 전통적인 접근법은 한계가 있고(Schmenner, 1982), 전통적으로 펜실베이니아주가 가지고 있던 기술혁신의 상업화(상업용 트랜지스터와 전자 컴퓨터인 에니악[ENIAC]이 펜실베이니아에서 처음으로 개발됨)와 R&D 능력(1975부터 5년간의 펜실베이니아주의 민간 R&D 투자액이 미국 내 4위임[Coy, 1983])을 기반으로 한 기술혁신이 필요하다는 결론을 도출하였다. 펜실베이니아주에는 기술혁신을 위한 최고 수준의 연구중심 대학교(펜실베이니아 대학교, 펜실베이니아 주립대학교, 카네기 멜론 대학교, 리하이 대학교 등)들이 있었으며, 펜실베이니아주 대학들의 당시 R&D 투자액이 미 전역에서 여덟 번째로 많았다(Pennsylvania Department of Commerce, 1983). 펜실베이니아주 정부는 산업계의 관심분야와 대학의 연구개발 분야의 전문성을 연결함으로써 지역경제 활성화에 기여할 수 있을 것이라는 결론에 도달하였다(Brunel & Burke. 2019).

(2) 정책적 대응

피츠버그시의 정책적 대응으로 도시가 가지고 있는 전통적인 과학, 의료 및 기술산업과 대학을 중심으로 구성된 민관협력의 성공적인 사례로 알려져 있다. 이에 이 장에서는 피츠버그의 Ben Franklin Partnership(BFP) 프로그램에 대해 구체적으로 살펴보고자 한다.

제7장 미국 도시 사례로 본 포항의 발전 전략: 피츠버그 모델과 디트로이트 모델

① Ben Franklin Partnership(BFP) 프로그램

1982년 경제구조의 다각화 및 펜실베이니아 소재 기업의 점유율 확대를 목표로 주 정부에 의해 시행된 Ben Franklin Partnership(BFP) 프로그램(Pennsylvania Department of Commerce, 1983)은 펜실베이니아주 4개의 지역 -펜실베이니아 대학교가 있는 동부(필라델피아시), Pitt 및 CMU가 있는 서부(피츠버그시), 펜실베이니아 주립 대학교가 있는 중북부(스테이트 칼리지시) 및 리하이 대학교가 있는 동북부(베슬리헴시)-을 거점으로 하는 공공과 민간의 협력 프로그램이다. 거점지역에는 주 정부 각료, 의원 및 주지사가 임명한 외부인사들로 구성된 감독 위원회의 결정에 따라 보조금을 배정받아 교육계, 산업계, 노동계, 금융계 및 지방정부와 경제개발 단체가 포함된 대학 주도의 컨소시엄인 지역발전 기술센터가 설립되었다. 지역발전 기술센터는 배정된 자금을 공동 연구개발, 과학교육/기술훈련 및 창업개발 등에 반드시 기여할 수 있도록 사용해야 했고, 주 정부가 지원하는 보조금에 상응하는(전체 예산의 최소 50%) 자금을 투자해야 했으나, 투자 분야를 선택하기 위한 권한과 책임은 전적으로 지역발전 기술센터에 포함된 대학과 기업에게 부여되었다. 보조금을 제공한 주 정부는 지역발전 기술센터의 의사결정에 존중하였고, 지역발전 기술센터들은 해지역의 강점과 가용한 자원을 충분히 이용하여 시장의 수요를 충족할 수 있는 다양한 기술 분야를 선택할 수 있었으며(상향식, bottom-up 방식), 구성주체들간 협력관계를 구축하면서 타 지역의 지역발전 기술센터들과 건전한 경쟁 하에 발전을 거듭하여 왔으며, 1999년 Ben Franklin Technology Partners(BFTP)로 명칭이 변경된 후 현재까지도 기술 중심의 펜실베이니아주 경제 번영에 큰 기여를 하고 있다(League, 2009).

피츠버그시에 설립된 서부 지역발전 기술센터는 Pitt와 CMU의 주도로 설립되었으며 (MPC Corporation, 1983), 23개의 대학기관, 100개 이상의 기업체, 다수의 노동단체, 벤처캐피털 회사 및 지역 경제단체들이 참여하였다. 특히 지역적으로 특화된 로봇공학, 첨단 기술소재 및 바이오 의학 분야에 중점을 둔 서부 지역발전 기술센터는 대학교와 기업체의 공동연구개발 뿐만 아니라 지역의 신기술을 보유한 소기업들을 대거 참여시켰는데 참여한 소기업들은 그들이 개발한 소프트웨어 들을 기술센터를 통해 상품화할 수 있는 기회를 얻었다. 한편, 철강산업 붕괴로 인한 고용구조의 불균형-일부 산업의 인력 과잉과 다른 산업의 인력 부족-은 지역사회에 중대한 과제가 되었다. 이에 대응하여 기술센터는 산업계가 필요로 하는 자격을 갖춘 인재 양성을 목표로, 기업 수요에 기반한 인력 데이터베이스를 구축하고, 장기 고용 트렌드 예측을 반

영한 학과 개편과 교육 훈련 프로그램을 설계했다. 이로써 대규모 미숙련 잉여 노동력의 발생을 억제하고, 산업 수요에 부합하는 기술 인력을 적시에 공급할 수 있는 체계를 마련할 수 있었다(Robertson & Allen, 1986). 서부 지역발전 기술센터는 1999년 Innovation Works로 조직명이 변경되었으며, 현재도 활발히 활동하고 있다(Innovations works, 2024).

이와 더불어, 1983년 피츠버그시가 포함된 앨러게니 카운티는 대규모 실직자들을 위한 직업전환 교육 프로그램(Displaced Workers Educational Training Program: DWETP)을 시행했다. 이 프로그램은 커뮤니티 칼리지를 통해 가동했다. 1983년 4월부터 5개월간 실직 노동자를 모집하여 무료 재교육을 제공한 이 프로그램은, 자격 요건을 충족한 실직 철강 노동자 약 6천 명에게 새로운 기술 교육과 직업훈련 기회를 부여하는 것을 목표로 했다.

(3) 정책적 효과

참여기관의 적극적인 노력과 긴밀한 협조 속에서 출발한 피츠버그시의 민관협력은 시행 초기부터 현재에 이르기까지 다양한 성과를 나타내고 있다. 특히 전문기술 보유자의 창업 활성화, 대학이 제공하는 실무 중심의 직업 교육 강화, 그리고 참여기관, 특히 대학들의 역할 변화 등은 민관협력의 구체적이고 지속적인 성과를 잘 보여준다.

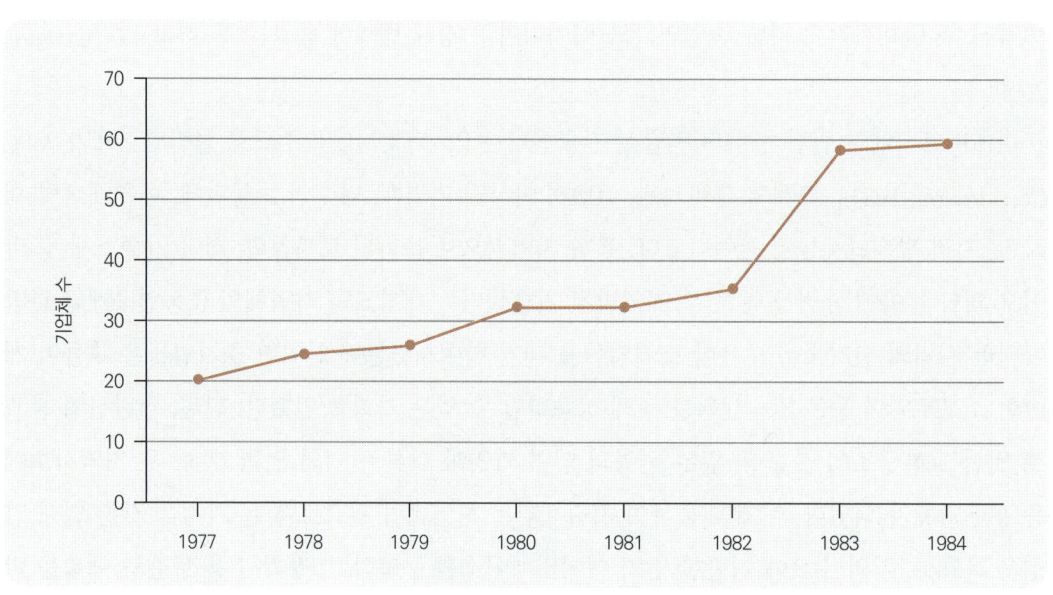

[그림 7-8] 앨리게니 카운티 소프트웨어 회사 수 증감

제7장 미국 도시 사례로 본 포항의 발전 전략: 피츠버그 모델과 디트로이트 모델

1970년대 후반에서 1980년대 중반까지는 피츠버그시의 소프트웨어 산업은 급격하게 변화하였지만, 소프트웨어 직종이 전체 직업에서 차지하는 비율은 여전히 미미했다. Ben Franklin Partnership(BFP)은 소프트웨어 기술능력을 가진 개인들이 역량을 발휘할 수 있도록 창업을 지원하고 재정적 지원과 개발된 소프트웨어가 기업에서 상용화 될 수 있는 기회를 부여하였으며, 이러한 결과 [그림 7-8]에서 보는 바와 같이 Ben Franklin Partnership 프로그램 초기인 1983년에 피츠버그시를 포함하는 앨리게니 카운티에서의 스타트업 기업들의 상당한 증가로 이어졌다(Weiss & Metzger, 1987). 또한, 14만 개 이상의 일자리를 창출하고 주 경제에 66억 달러 이상의 부가가치를 창출한 것으로 평가된다(미국 경제개발청, 2015).

서부 지역발전 기술센터를 중심으로 구축된 대학과 기업 간의 긴밀한 협력 관계는, 지역 내 우수 노동력의 수요와 공급을 좀 더 효율적으로 조율하는 데 중요한 기반이 되었다. 특히, 기업이 요구하는 특정 전문 지식을 갖춘 자격 있는 인재를 적시에 양성하기 위한 방안으로, 단기 직업교육 프로그램(certificate)의 확대가 적극 추진되었다. 이러한 certificate 프로그램은 짧은 교육 기간 내에 산업 현장에서 필요한 실무 중심의 기술과 지식을 효과적으로 제공하며, 경제적 효율성과 높은 취업 성공률 측면에서도 강점을 가진다(Bosworth, 2011). 따라서 피츠버그는 산업 변화에 유연하게 대응하면서도, 기업 수요에 기반한 전문 인력 양성을 안정적으로 실현해 나갈 수 있었다. 이러한 노동력 양성 전략은 현재까지도 지속되고 있으며, 인구 규모가 약 두 배 큰 디트로이트와 비교했을 때도, 직업교육(certificate) 과정을 이수한 인원 수에서 피츠버그가 지속적으로 앞서고 있는 것으로 나타난다([그림 7-9] 참조).

Ben Franklin Partnership(BFP) 프로그램의 핵심 목표 중 하나는 여러 기관들 간에 새로운 협력 관계를 구축하는 것이었으며, 그 중심 역할은 지역 대학들이 맡았다. 대학(university)은 단순한 교육기관(school)과 달리 지식의 창출과 변화를 주도하며, 그 결과를 책임 있게 관리하고, 공동체 발전에 기여해야 하는 사회적 책무를 지닌 기관으로 간주된다(Chen et al., 2015). BFP 프로그램 참여를 통해 피츠버그 지역의 대학들은 자신들이 지역사회 발전을 위해 수행해야 할 역할을 재정의했으며, 이전보다 훨씬 적극적인 지역 기여와 헌신을 실천하게 되었다. 특히, 피츠버그의 서부 지역발전 기술센터에 참여한 대학들은 산업계와 공동으로 창업 육성센터(start-up incubators)를 설립하여, 스타트업 기업에 저렴한 업무 공간을 제공하고, 창업지원, 회계, 데이터 처리, 사무 보조 등 각종 운영 서비스를 지원함으로써 지역 경제 재건에 핵심적인 역할을 수행하고 있다.

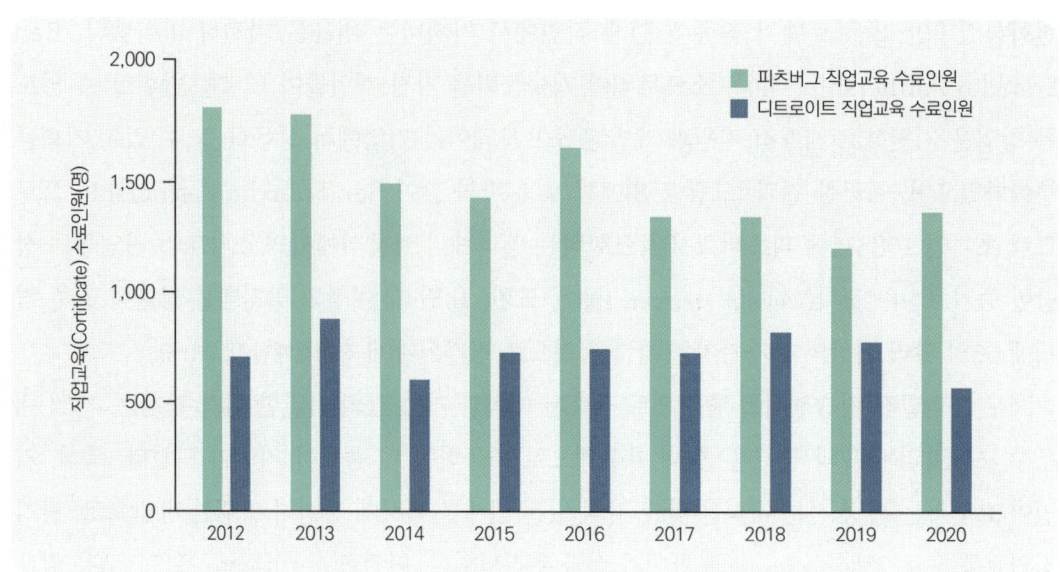

[그림 7-9] 피츠버그시와 디트로이트시의 직업교육(certificate) 수료자 증감 추이

대학과 기업은 본질적으로 지향점이 다를 수 있다. 대학의 주요 임무는 교육과 학문 연구이며, 반면 기업은 시장성과 직접 연결된 연구 개발, 제품화 및 생산공정 개선을 주요 목표로 한다. 그럼에도 불구하고, BFP 프로그램에 참여한 대학 연구자들은 기업들이 필요로 하지만 자체적으로 수행하기 어려운 연구 분야를 적극 지원했다. 이러한 대학의 역할 변화는 단순한 봉사 차원을 넘어, 정년 및 승진 평가 기준에 기업 협력 활동을 포함하는 대학의 제도적 뒷받침이 있었기에 가능했다(U.S. General Accounting Office, 1983).

BFP는 또한 대학 간 협력의 촉매제 역할도 수행했다. Pitt는 주 정부로부터 광범위한 지원을 받는 준공립대학(state-related university)으로, 공공의 목표를 수행해야 한다는 의무를 수반하기 때문에 민간 부문과의 협력에 일정한 제약이 있었다. 반면, 사립대학인 CMU는 규모가 작고 의사결정이 빠르며, BFP 이전부터 민간과의 긴밀한 협력관계를 구축해 온 경험이 있어 좀 더 유연하게 협력 구조로 전환할 수 있었다. 이처럼 두 대학은 지리적으로 인접해 있음에도 불구하고 조직적 성격과 운영 방식에서 차이가 있었다. 그럼에도 불구하고 BFP프로그램 하에서는 구성 대학들이 공동의 목표를 추구해야 했기 때문에 대학교들 간의 밀접한 협력체제를 구축하고 의미 있는 관계를 유지할 수 있는 토대를 만들어 주기도 하였다(Robertson & Allen, 1986).

제7장 미국 도시 사례로 본 포항의 발전 전략: 피츠버그 모델과 디트로이트 모델

이러한 협력은 최근에도 이어지고 있으며, 2024년 10월 두 대학은 NVIDIA와 함께 미국 최초의 AI 기술 커뮤니티를 공동 출범하였다. 이 커뮤니티는 의료, 로봇, 교육, 공공정책 등 다양한 분야에서 융합적 협력과 시너지 효과를 창출하고 있다(Snyder, 2024). 이처럼 보이지 않는 대학 간 협력의 인프라는 피츠버그시의 지속가능한 재도약을 이끄는 핵심 원동력 중 하나로 평가받고 있다.

4) 인구 및 주택정책

(1) 상황적 배경

Short와 Mussman(2014)은 미국 도시 인구의 장기적 변화 경향을 다음과 같이 분류한다. 첫째, 19세기 후반부터 1950년대까지는 산업도시의 성장과 자본 이동에 따라 도시로 인구가 집중되었고, 둘째, 제2차 세계대전 이후에는 전국적으로 교외화(suburbanization)가 확산되며 도시 내 인구는 감소하였다. 셋째, 1970년대 이후에는 탈산업화로 인해 전통 산업도시에서 인구 유출이 가속화되었고, 넷째, 2000년 이후에는 주거비, 고용·교육 기회, 건강 및 복지여건, 기후 등 다양한 요인에 따라 일부 도시로 인구가 다시 집중되는 경향이 나타나고 있다.

산업도시 건설과 자본의 이동에 따른 도시인구 집중 및 탈산업화에 따른 인구 감소의 전형적인 예로서 미국 펜실베이니아주의 피츠버그시를 들 수 있다. 철강 산업으로 특화된 산업도시로 육성되어 1900년에 약 32만 명이었던 시의 인구규모가 최고조에 이르렀던 1950년에는 68만 명으로 급속도로 증가하였으나, 탈산업화에 따른 공장폐쇄, 고용률 감소, 이로 인한 순이주율의 급격한 감소로 1960년부터 2000년까지 매 10년간 10%를 훨씬 상회하는 인구감소율 경험해야 했다. 특히, 1970~1980년 간의 18.5%라는 인구 감소율은 피츠버그시 역사상 가장 큰 인구 감소율이었다. 1980년 이후 인구감소는 지속되었으나, 그 감소 폭은 점차 완화되었으며, 마이너스임에도 불구하고 인구 증가율은 우상향의 트렌드로 변화하기 시작했다. 2010년 이후에는 약 30만 명을 상회하는 수준에서 안정적인 정주인구 수를 가지게 되었으며, 최근 미국 센서스 자료에 의하면 2023년에는 2020년 대비 소폭이지만 양의 인구증가율(0.09%)을 보였다([그림 7-10] U.S. Census Bureau, 2023).

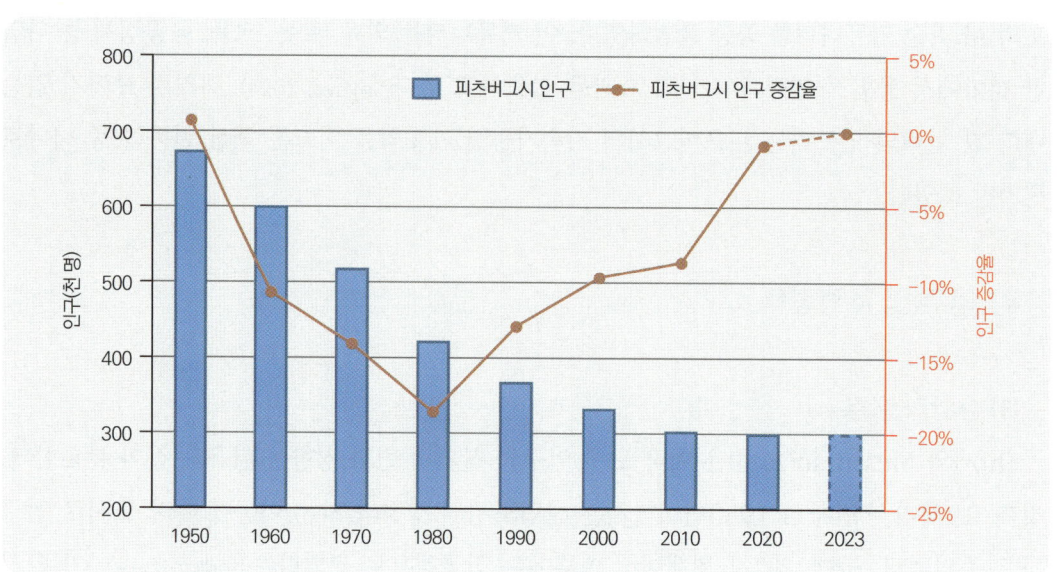

[그림 7-10] 피츠버그시 인구 및 인구 증감(1950-2023)

인구의 이동에 종종 인용되는 라벤슈타인(1885)의 이주의 법칙(Law of Migration)에 의하면 도시의 인구 증가는 자연증가(출생과 사망의 차이)라기 보다는 인구의 이주에 기인한다고 보았으며, 이를 오늘날에 적용할 때 상황에 따라 다를 수 있지만, 여전히 타당한 설명이다(Tacloi et al., 2015). 피츠버그시는 미국 도시들 중에서 인구의 유동이 매우 낮은 도시에 속한다. 도시의 면적(151.12 km²)은 일정하기 때문에 기존에 살고 있는 도시 내에 대규모 택지개발이 있지 않는 한 피츠버그시의 대규모 인구증가는 발생하지 않는다. 피츠버그시는 도시가 가지고 있는 높은 거주 적합성(livability)으로 타 도시로의 이주하는 인구가 적다. 피츠버그시 인구의 90%는 펜실베이니아주 출신이며, 외국 출생 및 영어를 모국어로 사용하지 않는 사람들의 비율이 낮은 40개의 미국 도시 중에 하나라는 것은 이를 잘 뒷받침한다(Madison, 2012). 그러나, 이주의 편익(benefits)이 비용(costs)을 초과할 때 사람들은 이주를 선택하는 동기를 갖는다(Barcus, 2004). 미국인의 주요 이주 요인은 주거, 가족, 직업, 및 기타 순으로 나타났다(Kerns-D'Amore, 2023). 최근 이주자 중 8~9%는 저렴한 주택가격을 이주의 동기로 선택했다(〈표 7-2〉). 즉, 피츠버그시의 인구 유동성은 낮지만, 한 도시의 주택공급과 가격은 그 도시의 인구의 증감에 상당한 영향을 주며, 특히 수입이 상대적으로 적은 청년층과 저임금 근로자 유입에 유리한 조건을 만드는 효과가 있다(Zonta, 2020).

제7장 미국 도시 사례로 본 포항의 발전 전략: 피츠버그 모델과 디트로이트 모델

<표 7-2> 미국인의 이주 동기

구분	주택	가족	직업/직장	기타
2021년	45.7%	24.6%	15.8%	13.9%
2022년	41.6%	26.5%	16.1%	15.9%

구분	새집/큰집	가격(비용)	자가마련	이웃환경	압류/퇴거	기 타
2021년	17.2%	8.9%	7.5%	6.0%	0.5%	5.7%
2022년	14.4%	7.7%	8.5%	4.7%	0.7%	5.5%

인구 변화는 도시가 가지고 있는 여러 가지 요인들이 복잡하게 얽혀 있고 복합적으로 작용하기 때문에 어느 특정요인들에 의해 영향을 받는지 정확하게 식별하는 것은 어렵다. 그럼에도 불구하고 피츠버그시의 2000년 이후의 인구 변화에 대하여 시 정부가 시행하였던 다양한 정책을 검토하는 것은 포항시가 직면하고 있는 인구 감소에 대한 대안을 모색하는데 시사점을 제공할 수 있을 것이다.

(2) 정책적 대응

1980년대 이후 피츠버그시는 지속적인 인구 감소에 대응하기 위해 브라운필드 재개발과 저소득층 주택정책을 핵심 전략으로 추진하였다. 시는 과거 산업시설 부지였던 브라운필드를 적극적으로 매입하고 환경 정화를 실시한 뒤, 이를 주거, 상업, 사무 공간 등으로 재개발함으로써 도시 내 주거 공간을 확대하고, 동시에 일자리 창출 기회로 활용하였다.

또한, 공공주택 건설 확대, 저소득층 주택 공급 의무화, 생활 안정 지원 등의 조치를 통해 취약계층의 주거권을 보호하고, 도시 외곽으로의 인구 유출을 방지하며 인구 유입을 유도하는 정책을 병행하였다. 이러한 다층적 주거 정책은 도시 재생과 사회적 포용을 함께 달성하려는 피츠버그시의 전략적 대응으로 평가된다.

① 브라운필드 재개발을 통한 주거용 토지 개발

미국 철강산업의 중심지였던 피츠버그시는 철강산업의 쇠퇴와 함께 산업구조의 변화, 경제 침체, 그리고 다수의 브라운필드(폐산업 부지) 발생이라는 어려움에 직면하였다. 산업시설의 폐쇄로 브라운필드가 시내 중심부 곳곳에 방치되게 되었다(Dunlop, 2012). 이로 인해 부동산의 수요가 상대적으로 낮아졌고, 주택가격 안정에 일부 기여한 면도 있었지만, 장기적으로 인구의 감소를 피할 수는 없었다. 피츠버그시의 브라운필드들은 피츠버그시 중심부를 통과하는 앨리게니강, 모농게헬라강, 오하이오강변을 따라 위치하는 경우가 많았다. 많은 유동인구 및 거주인구, 편리한 교통서비스, 발달된 인프라 및 근린시설 등 잘 갖추어진 입지특성 때문에 재개발에 유리한 조건을 갖추고 있었다. 방치되고 버려진 브라운필드에 대해 연방정부는 재개발을 장려하는 종합 대응, 보상 및 책임법(Comprehensive Environmental Response, Compensation, and Liability Act of 1980, CERCLA)을 제정하여 오염 부지 정화 및 재개발을 촉진하는 정책적 틀을 마련하고, 환경보호청(U.S. EPA)은 지방정부와의 협력을 강화하여 실질적인 재정 지원과 정책 조정을 수행했다. 피츠버그시는 이러한 연방 차원의 지원을 바탕으로 도심 내 브라운필드를 정화하고 재개발하는 데 성공했으며, 이를 통해 안정적인 주택 공급, 첨단 연구시설과 오피스 공간 확보, 그리고 인구 유출 억제에 긍정적인 효과를 거두었다.

피츠버그시의 브라운필드 오염부지 재개발이 성공적으로 진행될 수 있었던 요인으로 공공과 민간의 적극적인 협력, 브라운필드 오염부지의 정부 소유화 전략 및 대학기관의 참여를 들 수 있다(Li et al., 2016). 공공과 민간의 협력 모델은 자금 조달과 사업 실행을 공동으로 수행하는 방식으로, 협력적 파트너십, 공동 투자, 통합 접근, 상호이익 창출을 목표로 한 구조였다. 가장 어려운 문제인 부족한 자금을 조달하는 것은 공공과 민간, 두 주체가 공동으로 출자하였다. 브라운필드 오염부지가 개인의 소유일 경우 각종 규제, 자금 확보, 주민들 과의 협의에 어려움이 봉착하여 재개발이 수십 년간 지연되는 경우가 적지 않지만, 시 정부 소유일 경우 높은 우선순위를 가지기 때문에 연방정부 및 주 정부로부터 경제적 지원을 받을 수 있었다. 이를 위해 피츠버그시 도심 재개발 공사(Urban Redevelopment Authority)는 개인의 브라운필드 오염부지의 소유권을 적정한 비용으로 매입하였으며, 브라운필드 오염부지 소유자들은 시가 제공하는 세제혜택을 받고 소유권을 양도하였다. 도심 재개발 공사는 피츠버그시 및 관련부서와 협력하여 민간 개발업자들에게 유연한 비즈니스 환경을 제공하여 수익이 극대화될 수 있도록 민간업체를 지원하였다. 재개발 사업의 한 축이었던 대학기관은 첨단기술, 연구, 생태복구의 전문지식을 제공하여 재개발 사업의 효과를 높였으며, 재개발 사업 간에 시민들을 위한 브라운필드 오염지역 투어, 재개발 사업의 효과에 대한 주민 설명회 등을 개최하여 시민들의 신뢰감을 향상시켰다.

제7장 미국 도시 사례로 본 포항의 발전 전략: 피츠버그 모델과 디트로이트 모델

② 저소득자를 위한 주택정책

1980~2010년까지 피츠버그시는 브라운필드 지역을 주거 및 연구시설로 재개발함으로써 인구 감소 속도를 다소 완화할 수 있었다. 2010년 이후 인구의 안정적 유지는 저소득층을 위한 주택정책, 저렴한 주거비용 및 세제혜택이라는 또 다른 요인에 기인한다. 미국 센서스 사무소의 자료에 따르면 주택 비용은 미국인들의 이주에 가장 큰 영향을 미치는 요인이다. 저렴한 주택비용은 기존 거주민들에게 경제적 안정성을 제공하며, 생활 비용 부담을 감소시킴으로써 지역 내 지속적인 거주를 가능하게 하였으며, 동시에, 외부 지역에서 높은 주거비로 인해 경제적 압박을 경험한 인구를 유입시키는 유인 요인(pull factor)으로 작용한다.

피츠버그시가 저렴한 주택비용을 유지하고 저소득 계층의 주거 문제를 개선하기 위해 시행한 정책으로 포괄적 주거 구역제(Inclusionary Zoning)를 들 수 있다. 피츠버그 시내의 저소득층의 거주 비율이 높은 4개 지역(Bloomfield, Lawrenceville, Oakland and Polish Hill)에서 공적자금의 지원을 받는 개발자가 20세대 이상의 주택을 건축할 경우, 10%는 반드시 저소득층을 위한 주택으로 지정해야 한다. 포괄적 주거 구역제는 시의 조례로 제정되어 시행되고 있으며, 저소득 계층의 주거 안정에 많은 기여를 하고 있다. 최근 시행되고 있는 장기 주택 소유·거주자 세금면제 프로그램은 급격한 재산세 상승(연 25% 이상 또는 5년간 50% 이상)으로부터 주택 소유주들을 보호하기 위해 제정된 법안으로서 재개발 압박을 받고 있는 지역에서 10년 이상 동일한 주택에서 거주한 소유주들이 거주를 지속할 수 있도록 고안되었다. 특히, 저소득층(중간소득 120% 이내) 및 고령자를 포함하여 피츠버그시에 장기 거주하고 있는 주민들에게 세제 혜택을 부여하여 경제적 안정과 안정적 정주여건을 제공해 주어 이주를 예방하는 데 도움을 주는 것으로 평가된다(피츠버그시, 2025).

피츠버그시가 2014년 이후 시행하고 있는 랜드 뱅크 프로그램은 시내에 공실 주택을 시 소유로 전환하여 시민들에게 저렴한 비용으로 임대해 주는 프로그램으로 거대 주택건설 기업의 투기적 구매를 억제하고 지역의 부동산 가격을 안정시키는 동시에 저소득 계층이 실질적으로 평안하게 거주할 수 있도록 지원을 하고 있다. 저소득 주택 세금 공제 프로그램은 주택 개발자들이 중간소득 60% 이하인 저소득층에게 임대료를 적정가격으로 책정할 경우 피츠버그시는 저소득 주택 세금공제(Low Income Housing Tax Credits: LIHTC)를 주택 개발자에게 제공하며, 주택 개발자는 재정지원 혜택을 받아 저렴한 주택을 다른 저소득 시민들에게 제공하는 방식으로 주택가격 안정의 선순환 구조를 만들고 있다. 또한, 피츠버그시는 시 정부가 보유하고 있는

공공주택의 경우, 소득기반 임대료 책정방식을 적용하는데, 입주자의 소득에 따라 임대료가 결정되기 때문에 저소득층 주민들이 재정부담을 상당부분 완화해 준다.

② **생활안정 프로그램**

건축 설비 기술자, 조적(組積) 기술자 등과 같은 기술 직업 군은 반드시 필요하지만 4년제 대학교의 학위가 필요하지 않을 수 있다. 지역의 건축노동조합은 건축 기술자가 되고자 하는 사람들에게 수개월까지의 무료 교육을 제공함으로써 교육 수료 및 취업 후에는 기술을 가진 전문 직업인으로 가족을 부양할 정도의 임금과 혜택을 제공함과 동시에 지역사회에 기여한다는 자부심을 고취시킬 수 있는 역할을 한다. 그러나 교육기간 중에는 급여가 제공되지 않아 교통비 및 교육에 필요한 초기 비용을 본인이 부담하여야 한다는 현실적인 어려움에 당면해 있다. 연방 및 주 정부가 4년제 대학교의 학생들에게 많은 장학금의 혜택이 부여되는 것처럼 지역사회 발전을 위해 중요한 역할을 하는 기술 직업훈련을 받는 사람들도 동일한 경제적 혜택을 받아야 한다는 취지 하에 Bridge To Opportunity Grant가 시작되었다(2022). 즉, 경제적으로 부유하지 않은 기술교육생들에게 생활비, 교통비, 도구 및 초기 비용을 보조함으로써 경제적 어려움을 줄이고 좀 더 많은 사람들이 기술직업 훈련에 참여할 수 있는 통로인 것이다. 지원금은 대출형태로 제공이 되는데 교육기간을 완료하고 견습과정이 완료되면 대출금은 탕감해 주지만 교육을 완료하지 못하게 되면 대출금을 상환해야 한다.

(3) **정책적 효과**

브라운필드 재개발 사업의 대표적인 사례는 피츠버그 기술 센터(Pittsburgh Technology Center)와 써머셋(Summerset at Frick Park) 지역 주거시설 재개발이다. 피츠버그 기술 센터는 현재 1,000명이 넘는 사람들의 업무공간을 제공하고 있다. 이곳은 활발한 연구 활동과 기술 관련 고용을 통해 젊고 유능한 전문 인력의 정주를 유도하며, 이는 피츠버그시의 인구 유출을 억제하는 데 기여하고 있다. 써머셋 지역에는 713세대의 주택과 440,500m^2(약 12만 2천 평) 이상의 녹지가 조성되었으며, 수천 명의 피츠버그 시민에게 쾌적한 보금자리를 제공할 뿐만 아니라, 연간 5백만 달러를 재산세수는 피츠버그시의 건전한 재정에 기여를 하고 있다(Li et al., 2016).

제7장 미국 도시 사례로 본 포항의 발전 전략: 피츠버그 모델과 디트로이트 모델

[그림 7-11] Pittsburgh Technology Center 건립을 위한 브라운필드 재개발 전(1959, A)과 후(2025, B)의 위성영상과 Summerset at Frick Park 재개발을 위한 브라운필드 재개발 전(1995, C)과 후(2025, D)의 위성영상

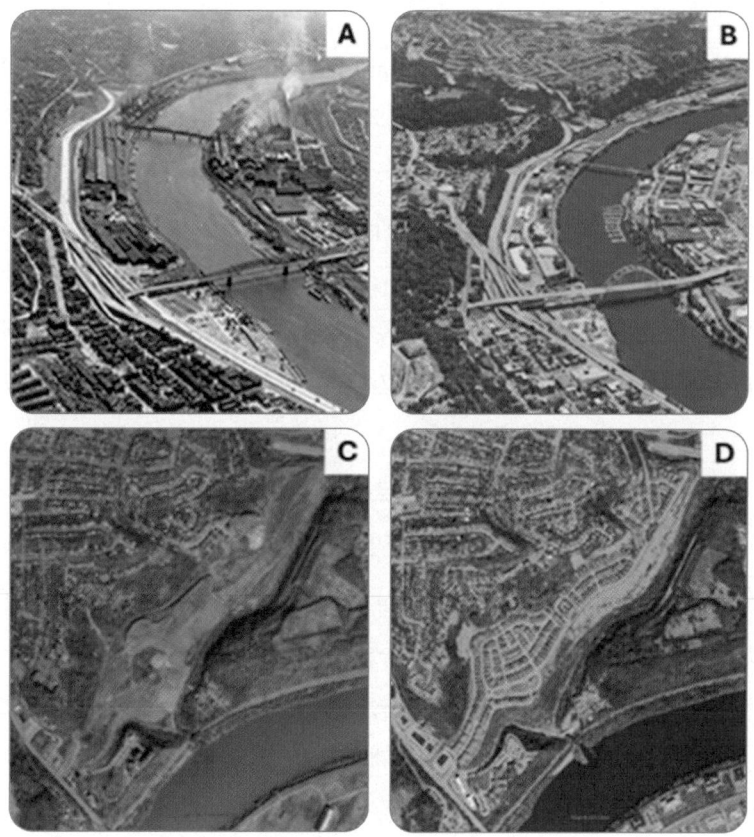

출처: A - PA Department of Highway, B, C & D - Google Earth.

저소득자를 위한 다양한 주택정책과 생활안정 프로그램들은 노후화된 주택의 개선을 위한 저소득 주택소유자의 경제적 부담을 최소화함은 물론, 전통적으로 이주율이 낮은 피츠버그 시민들이 기대를 충족하였고, 주택 임대료 또한 유사규모의 도시들에 비해 낮은 수준으로 유지될 수 있었다(NUMBEO, 2025). 특히, 2008년 글로벌 금융위기 동안 미국 대다수 도시들이 주택 가격의 급격한 변동을 겪은 반면, 피츠버그시는 상대적으로 안정적인 주택 시장을 유지하였다. 이 같은 주택 가격의 안정성은 2010년 이후 피츠버그시가 인구를 비교적 안정적으로 유지할 수 있었던 중요한 요인 중 하나로 평가된다.

2. 디트로이트

1) 역사적 배경

디트로이트시는 미국 미시간주(Michigan State)의 웨인 카운티(Wayne County)에 위치해 있으며, 북쪽의 세인트 클레어호(Lake Saint Clair)와 남쪽의 이리호(Lake Erie) 사이, 디트로이트강(Detroit River)을 끼고 자리한 전략적 요충지다. 이 강은 도시를 동부 해안과 중서부 지역으로 연결하는 중요한 물류 통로로 기능하며, 물자와 사람의 이동을 원활하게 했다(Freeman, 2004). 19세기 후반부터 20세기 초에 이르기까지 디트로이트시는 철도 개발의 중심지로 성장했으며, 총 30개에 달하는 철도 노선이 도시를 관통하였다. 이 철도들은 총 846km에 이르는 구간을 따라 공장과 주택이 체계적으로 배치되었고, 주요 철도 노선은 강변을 따라 부두와 연결되어 물류와 생산의 효율성을 극대화했다(Sugrue, 1996; Freeman, 2004).

이러한 지역적 특성을 바탕으로, 디트로이트시는 20세기 초부터 미국 자동차 산업의 중심지로 급성장하여 '모터 시티(motor city)'로 불렸다. 포드(Ford), 제너럴 모터스(General Motors: GM), 크라이슬러(Chrysler) 등 3대 자동차 회사의 헤드쿼터가 모두 위치하며 1950년경 도시 인구가 약 185만 명에 달할 정도로 번영을 누렸다. 그러나 1960년대 후반부터 인종 차별과 경찰 폭력에 항의한 1967년 대규모 흑인 폭동을 계기로 중산층 화이트 플라이트(White flight)가 가속화되었다. 화이트 플라이트는 화이트 액소더스(White exodus)라고도 불리며 인종적 다양성이 증가함에 따라 중산층의 백인이 도시 중심부에서 주변 지역으로 이주하는 현상을 말한다. 이와 더불어, 도시 정부의 부실한 운영과 부패 문제까지 겹치면서 서서히 쇠퇴의 길을 걷기 시작했다. 20세기 후반 내내 자동차 산업은 일본 등 해외 경쟁과 석유 파동 등에 직면해 일자리 감소를 겪었으며, 그에 따라 도시 인구도 꾸준히 유출되었다. 2008년 금융위기 때는 디트로이트시의 주요 자동차 제조사들이 도산 위기에 몰렸고, 결국 연방정부의 구제로 간신히 회생했지만 도시 경제는 큰 타격을 받았다. 그 결과 2013년에는 인구가 약 70만 명 수준으로 줄어 전성기의 3분의 1 이하가 되었고, 약 7만 8천 채에 달하는 집들이 빈집으로 남는 사회적 문제가 발생하였다. 세수 기반이 무너지면서 공공서비스도 붕괴하여 범죄율이 치솟고 주민의 3분의 1이 빈곤층이 되는 등 위기가 극심해졌다. 결국 디트로이트시는 2013년 7월 약 180억 달러의 부채를 감당하지 못해 미국 지자체 역사상 최대 규모의 파산을 신청하는 사태에 이르렀다. 이는 제조업 쇠퇴와 인구유출이 빚은 정점으로서, "한때 위대했던 도시의 몰락"이라는 세계적 충격을 주는 사건이다. 파산을 계기로 디트로이트시는 도시 미래에 대한 본격적인 재구상에 착수했으며, 이후 민관 협력을 통한 재건 노력을 전개하였다.

2) 산업 구조 변화

(1) 상황적 배경

1940년부터 1963년까지 디트로이트시는 세계적인 제조업 도시로 군림했으며, 실제 물리적 생산성 면에서는 타 도시가 따라오기 어려운 수준이었다(Freeman, 2004). 특히 1900년대 초, 디트로이트시는 포드, GM, 크라이슬러 등 3대 자동차 기업의 본사가 모여있는 등 자동차 산업을 중심으로 도시 경제가 부흥을 이뤘다. 그러나 1960년대 후반부터 인종 차별과 대규모 흑인 폭동, 도시 정부의 부실한 운영과 부패 문제까지 겹치면서 그 전의 명성과는 완전히 다른 쇠퇴의 길을 걷기 시작했다(DeRuiter-Williams, 2007; 송미경, 2013). 더불어, 20세기 후반 자동차 산업은 일본 등 해외 자동차 산업과의 경쟁심화, 석유 파동, 자동화로 인한 일자리 감소 등의 복합적 요인이 지속적으로 작용하여, 도시 인구는 꾸준히 감소하였다. 2008년 글로벌 금융위기는 이러한 쇠퇴를 더욱 가속화시켰다. 디트로이트의 주요 자동차 제조사들이 도산 위기에 몰렸고, 결국 연방정부의 구제로 간신히 생존했지만 도시 경제는 심각한 타격을 받았다. 제조업 쇠퇴의 초창기에 해당하는 1970년 당시 디트로이트 도시가 속한 웨인 카운티 전체 산업대비 제조업 비율은 37%로 여전히 높은 편이었지만, 이후 지속적으로 감소세를 보이며, 2010년 당시 15%까지 감소하여 제조업 비율이 최저치를 기록하였다([그림 7-12]; Manson et al., 2024).

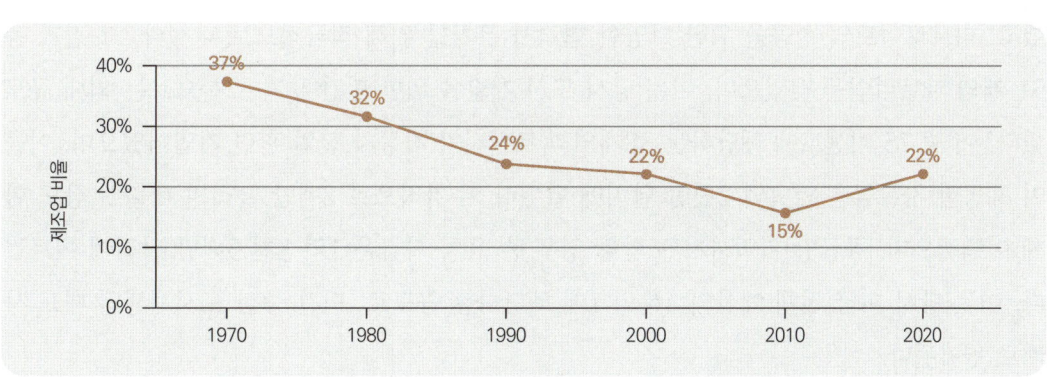

[그림 7-12] 디트로이트시 제조업 비율 증감현황(1970~2020)

(2) 정책적 대응

이러한 경기 침체를 극복하기 위해 디트로이트는 제조업 재활성화를 위한 다양한 정책적 대응을 추진하였다. 본 장에서는 디트로이트가 추진한 주요 전략, 디트로이트 르네상스, 산업 유지형 재개발 전략들, 세제 감면, 서비스업 및 관광산업 도입을 통한 경제 다각화 정책, 신 산업 육성과 재정 위기 극복을 위한 노력에 대해 구체적으로 살펴본다.

① 디트로이트 르네상스

쇠퇴해 가는 도시에 대응하기 위해, 디트로이트시는 다양한 도시재생 정책을 시행했다. 이는 기초 인프라 확충, 개발거점 조성, 제도적 장치 마련 등 다층적인 방식으로 전개되었으며, 특히 물리적 도심 재개발을 중심으로 한 자동차 산업 기반 회복에 중점을 두었다. 당시 지역 리더들은 피츠버그나 아틀랜타의 피치트리 센터의 사례에서처럼, 기업과 민간 주체가 도시 회복의 중심의 역할을 하기를 기대했다. 특히 핸리 포드 2세가 지역 경제 회복에 적극적으로 참여해 주길 바랬다. 이러한 기대는 1970년 겨울, 디트로이트 시장과 미시간 주지사, 포드 재단의 헨리 포드 2세, 디트로이트 재정 전문가 맥스 피셔 등을 비롯한 23명의 정·재계 인사들이 주축이 되어, 재개발을 위한 비영리 단체인 '디트로이트 르네상스 (Detroit Renaissance)'를 설립하면서 구체화되었다. 이 단체는 강변 대규모 부동산 개발, 특히 르네상스 센터 (renaissance center) 개발을 통해 도시경제 부흥을 시도하였다(Darden, 1990). 르네상스 센터 1단계에서는 총 33에이커 부지에 걸쳐 5개의 고층 타워에 오피스, 호텔, 레스토랑 등이 입점한 복합단지를 기획하였고, 1971년에 계획이 발표되어 1976년 개장하였다. 이 프로젝트는 디트로이트 도심의 경제 재활성화를 위한 핵심 개발 거점이자, 산업 구조 변화에 대응하려는 전략적 시도로 간주된다. 핸리 포드 2세는 초기 투자금의 61%를 부담하며 프로젝트를 주도했고, 디트로이트의 성공을 위한 다양한 협력사 유치를 위해 적극적으로 나섰다. 그 결과 총 51개의 파트너쉽을 맺었으며, 이는 당시 도시 개발을 위한 민간 투자 그룹으로는 최대 규모였다. 이 중 75 퍼센트에 해당하는 38개의 파트너사가 자동차 산업 관련 기업이었으며, 이들이 제공한 자본금은 약 1억 2천만 달러에 달했다. 추가적으로 2백만 달러의 대출 보장도 함께 이뤄졌으며, 공급망 기업까지 포함할 경우 총 유치 자금은 1억 3천 5백만 달러에 이르렀다. 이는 당시 미국 전체 예산의 4분의 1에 해당하는 규모로, 민간 중심 도시재생의 대표 사례로 평가된다.

제7장 미국 도시 사례로 본 포항의 발전 전략: 피츠버그 모델과 디트로이트 모델

르네상스 센터 2단계로 1981년 두 개의 오피스 용도 타워가 추가되었다. 디트로이트에 기반을 둔 미국 천연 자원 회사(American Natural Resources: ANR)는 천연 가스 파이프 라인, 트럭, 오일 가스 탐사 등을 다루는 회사였으며, 1983년 1,000명의 파이프 라인 관련 직원의 오피스를 르네상스 센터로 이전하였다(Darden, 1990).

② 산업 유지형 재개발 전략들

제조업 유출을 막기 위해 콜먼 알렉산더 영(Coleman Alexander Young) 시장은 두 가지 핵심 전략을 도입했다. 토지 수용권(eminent domain)을 통한 대기업 유치형 재개발 전략과 세제 감면이다. 첫 번째 전략의 기본 바탕이 된 토지수용은 지방정부가 공익을 위한 목적으로 민간이 소유한 토지나 재산을, 정당한 보상을 통해 수용하는 권한을 말한다. 이러한 정책을 바탕으로 콜먼 시장은 폴타운(Poletown) GM 공장부지 건설, 제퍼슨 북쪽 조립 공장(Jefferson North Assembly Plant) 확장을 실시하였다([그림 7-13]). 먼저, 콜먼 시장은 1980년대 초 GM 캐딜락 공장 신설을 위해 폴타운 지역의 465 에이커 부지를 비워줄 것을 요구했다. 해당 부지를 800만 달러에 매입하길 원했으며, 제너럴 모터스는 6,000개 고용, 20,000개 일자리를 보장하였다. 이에 디트로이트시는 1,176개 건물, 143개 기업, 16개 교회, 1개 병원, 3,438명 주민이 있는 폴타운 지역 전체를 철거하기로 결정하였고, 연방주택도시개발부(United States Department of Housing and Urban Development: HUD)의 자금 지원을 받아 부지 정리를 실시하였다(Bukowcxyk, 1984). 이 외에도 석유 위기와 해외 경쟁 심화로 인해 크라이슬러의 위기가 계속되자 1990년 기존 크라이슬러-차머스(Chrysler-Chalmers) 공장을 폐쇄하고, 제퍼슨 북쪽 조립 공장으로 확장하였다. 크라이슬러는 10억 달러 규모의 조립 공장 건설 계획을 발표하였으며, 공장 부지 확보를 위해 공장 부지 서쪽으로 20블록 이상을 철거해야 했다. 콜먼 시장은 15개의 사업체와 600채가 넘는 주택을 철거하고, 수천 명의 주민을 이주시켰으며, 유해물질 정화를 수행하기 위해 2억 6,400만 달러를 투입하였다(Brooker, 2023).

두 번째 전략은 세제 감면 혜택으로, 과감한 세제 혜택과 연방 지원금 활용으로 기업 투자를 장려했다. 예를 들어 시는 공장 신설이나 이전 기업에 대해 재산세를 일정 기간 감면해 주는 정책을 도입했고, 1978년 도심 개발청(Downtown Development Authority: DDA)을 도입하여 대출, 후원, 보조금, 공공 인프라에 대한 자본 개선 등을 늘리기 위해 민간 투자와 사업 성장을 지원하였다(Detroit Economic Growth Corporation, 2023). 이를 바탕으로, 재개발 사업에 세금

증대포획(Tax Increment Financing: TIF)을 적용할 수 있게 했으며, 앞서 언급된 공장의 재개발 전략과 밀접하게 맞물려 제조업 재활성화에 기여하였다.

[그림 7-13] 디트로이트 내 두 주요 산업지의 시공간적 변화(빨간색 경계 부분)를 나타낸 항공사진. 폴타운 1949년도(A)와 2022년도(B), 제퍼슨 북쪽 공장 1949년도(C)와 2022년도(D)

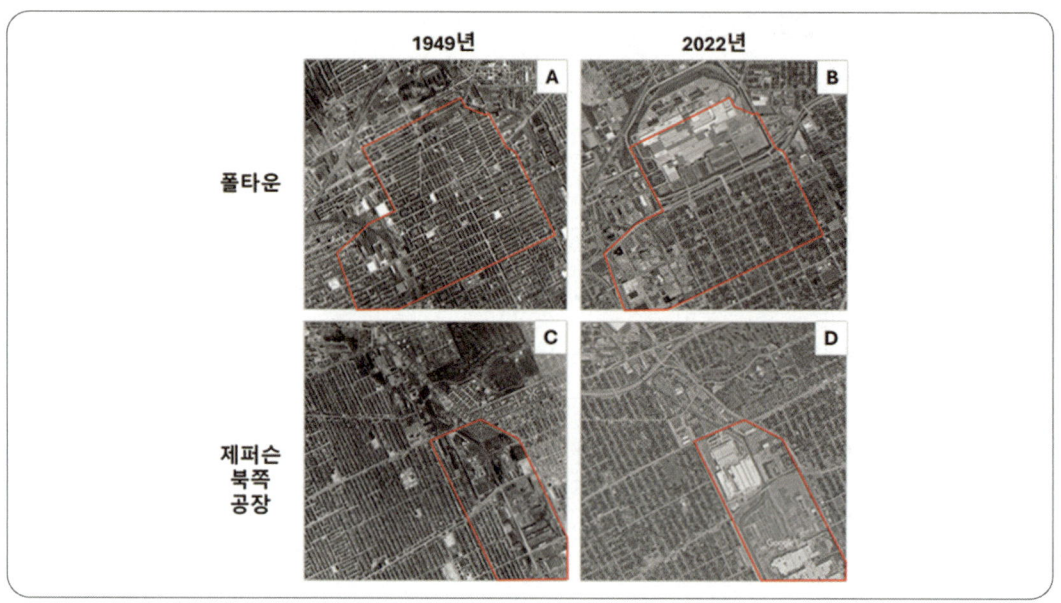

출처: 폴타운(https://sites.lsa.umich.edu/egalitarianmetropolis/poletown-east/), 제퍼슨 북쪽 조립 공장(https://www.bridgedetroit.com/detroits-cost-for-automotive-growth-generational-displacement/).

③ 세제 감면, 서비스업 및 관광산업 도입을 통한 경제 다각화 정책

다양한 정책 시행에도 불구하고, 계속되는 제조업 침체를 벗어날 수 없었기 때문에 이를 타개할 방법으로 연방 및 주 정부의 특별지정구역 혜택을 적극 활용하고, 서비스업 및 관광산업을 새로운 성장축으로 삼는 등 경제 다각화를 가속화했다([그림 7-14]). 구체적으로는, 연방정부의 경제활성화 지대(empowerment zone) 선정, 르네상스 존(renaissance zones) 도입, 카지노 도입 및 스포츠 시설 개발 등을 실행하였다. 첫째, 연방 경제활성화 지대다. 1994년 연방정부는 디트로이트 등 6개 도시를 1차 경제활성화 지대로 선정하여 2005년까지 10년 동안 집중 지원하였다. 디트로이트 경제활성화지대에는 약 1억 달러 규모의 연방 교부금과 세액공제 혜택이 주어져, 기업들은 해당 지역에 투자 및 고용 시 세금 감면을 받을 수 있었다. 시 정부는 이

제7장 미국 도시 사례로 본 포항의 발전 전략: 피츠버그 모델과 디트로이트 모델

를 활용해 동부 산업지대 등 낙후 지역에 기업 유치를 추진했고, 각종 도시 재개발 프로젝트를 병행했다. 그 결과 금융기관들이 경제활성화지대 내 개발사업에 10억 달러 이상을 투자 또는 대출 약정하여, 민간자본을 끌어들였다. 이 기간 동안 도심 곳곳에 폐허처럼 방치되었던 빌딩들이 재활용되어 호텔이나 아파트로 변모되었고, 버려졌던 창고들이 주거용 로프트로 탈바꿈하는 등 도심 경관 개선과 투자 증가가 이루어졌다.

[그림 7-14] 디트로이트 특별지정구역과 관광 산업 위치

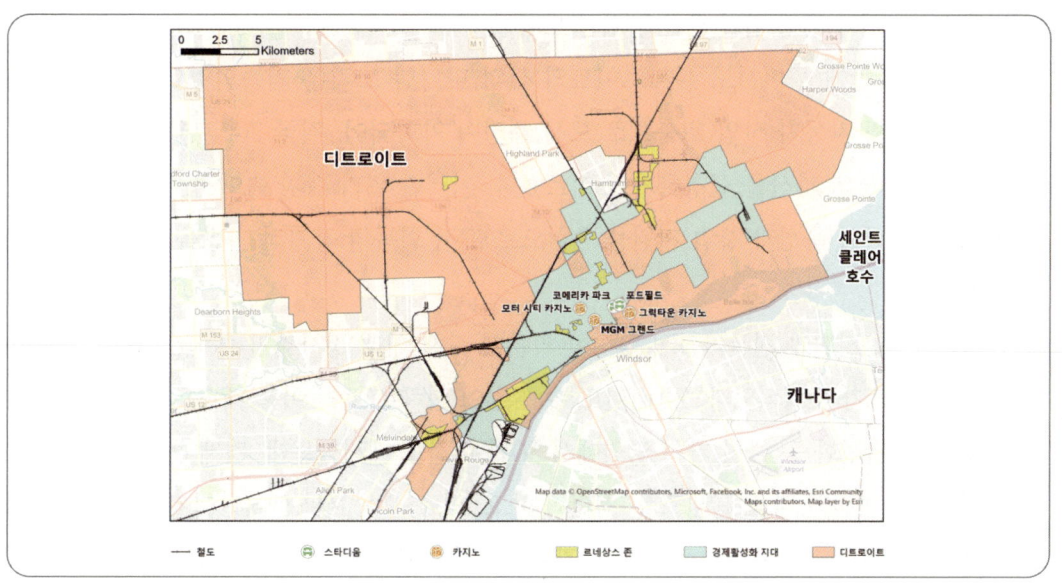

둘째, 주 정부의 르네상스 존이다. 르네상스 존 정책은 1997년부터 2012년까지 실시된 주 정부 차원의 세제 특구 정책으로, 대부분의 주·지방세를 면제해 주는 파격적인 인센티브였다. 구체적으로는 제조업 재건 및 산업 다각화 유도하기 위해, 해당 구역에 속한 거주민과 기업에 대해 12년간 주·지방세를 면제해주며, 이후 3년에 걸쳐 점진적으로 과세를 회복하는 총 15년에 걸친 혜택을 주었다(Sikmore & Sands, 2012).

셋째, 레저 관광 및 스포츠 인프라 개발이다. 1990년대 중반 시민투표와 주법 개정을 통해 디트로이트시는 시내 카지노 3곳을 허가하였으며, 1999년 MGM 그랜드(MGM Grand)와 모터 시티 카지노(Motor City Casino)가, 2000년 그릭타운 카지노(Greektown Casino)가 개장했다. 대형 레저 관광산업 육성으로 세수 확보와 고용 증대를 도모했으며, 당시 상설 카지노 복합단

지는 호텔·엔터테인먼트 포함 연 15억 달러 매출이 예상되었다. 이와 동시에, 1990년대 말 ~2000년대 초에는 프로 스포츠 구장들도 새로 지어졌는데, 2000년 야구장인 코메리카 파크 (Comerica Park)와 2002년 미식축구 경기장인 포드 필드(Ford Field)가 다운타운에 들어선 것이 대표적이다. 시와 주 정부는 일리치(Ilitch) 가문의 타이거스 구단과 포드 가문의 라이온스 구단에 투자를 이끌어내기 위해 공공자금 지원 및 세제 혜택을 제공했고, 그 결과 스포츠 경기를 중심으로 한 도심 방문객 증가 효과를 얻었다.

④ 신산업 육성과 재정 위기 극복을 위한 노력

2000년대 초반에 들어서도 디트로이트의 산업 다각화 노력은 지속되었으나, 2000년대 후반 금융위기와 자동차 산업 위축으로 도시 재정이 악화되어, 결국 2013년에는 미국 도시 역사상 최대 규모의 파산을 신청하기에 이르렀다. 이러한 위기 상황 속에서, 시 정부와 지역 파트너들은 신산업 육성과 창업 지원을 중심으로 도시 회복의 장기적 기반을 구축하고자 노력하였다.

2010년대 초, 시민과 전문가들이 참여한 가운데 도시 미래 청사진인 Detroit Future City 전략 프레임워크가 수립되었다. 2012년도 수립된 이 전략은 토지 이용 재편, 녹색 인프라, 경제 성장, 이웃 활성화 등 다섯 가지 영역에서 50년 비전을 제시했는데, 경제 분야에서는 디트로이트의 기존 강점인 자동차 제조를 '첨단화'하고, 의료·교육 (헬스/에듀), 디지털/크리에이티브 산업, 물류 허브라는 4대 새로운 축을 강화할 것을 제안했다(Detroit Future City, 2012). 이 전략은 Kresge 재단 등의 지원으로 마련되어, 이후 시 정부 정책과 민간투자 유치의 가이드 역할을 했다. 예를 들어 DFC 전략에 따라 산업 지구 재활용(공장 부지 녹지화나 경공업단지 조성)이나 일자리 중심지 조성(메이저 기업 본사, R&D 센터 유치) 등의 정책 방향이 잡혔다. 중소기업 육성을 도시 재생의 핵심으로 삼았다. 2015년 시작된 Motor City Match 프로그램은 창업 아이디어를 가진 이들에게 사업 계획 수립부터 공간 연결, 자금 지원까지 일괄 지원하는 것으로, 분기마다 최대 50만 달러(초기에는 10만 달러)의 보조금을 우수 창업자에게 지급하였다(Detroit Economic Growth Corporation, 2023). 이 프로그램은 연방 주택도시개발부의 Community Development Block Grant 자금과 이후 미국구조계획(American Rescue Plan Act: ARPA) 지원금을 활용하여, 2023년까지 1,700개 이상의 기업을 지원하고 148개의 신규 오프라인 사업장 개설을 도왔다. 이를 통해 카페, 소매점, 스타트업 허브 등 지역 밀착형 비즈니스들이 빈 건물

제7장 미국 도시 사례로 본 포항의 발전 전략: 피츠버그 모델과 디트로이트 모델

을 채우며 동네 활성화에 기여하고 있다. 이 밖에도 시는 Detroit Means Business 플랫폼을 만들어 행정·금융 절차 안내, 저금리대출 연계 등 소상공인 지원 서비스를 제공하였다. 이러한 노력은 파산으로 타격 입은 도시 경제의 기반에 활력을 불어넣은 것으로 평가된다.

2010년대 중반 이후 디트로이트시는 모빌리티 혁신을 새로운 성장동력으로 삼고자 했다. 2018년 포드사는 철수한 지 오래되었던 옛 미시간 중앙역 건물을 매입하여 7억 4천만 달러 규모의 재개발 투자를 시작하여, 해당지역을 자율주행차와 전기차 개발의 중심지로 조성하겠다는 계획을 발표했다. 이는 코크타운(Corktown) 혁신지구 프로젝트로 알려져 있으며, 2023년 현재 스타트업 인큐베이터, 자동차 테크 기업, 연구기관 등이 활발히 입주중이다. 또한 2019년 FCA(현 스텔란티스)는 약 45억 달러를 투자해 디트로이트 시내에 새로운 조립공장을 건설하고 기존 공장을 증설하였다. 한편, 디트로이트 도심에는 기술 창업 생태계가 형성되기 시작했다. 부동산 기업 Bedrock를 이끄는 단 길버트(Dan Gilbert)가 2010년대에 금융IT 기업들을 속속 다운타운으로 이전시키고 스타트업 공간을 제공하면서, 젊은 소프트웨어/하드웨어 스타트업들이 모여드는 추세가 나타났다. 시 정부와 주 정부도 이에 호응해 2017년 혁신 지구 3곳을 지정했는데, 앞서 언급한 코크타운(모빌리티), 다운타운-브러쉬파크(기업 R&D 및 디트로이트 혁신센터 계획 부지), 미드타운(헨리 포드 헬스와 미시건 주립대 연구시설) 등이다. 이러한 민관 협력 기반의 창업 생태계 강화 노력은 디트로이트를 스타트업 친화 도시로 변화시키는 데 핵심 역할을 하였으며, 2022년에는 Startup Genome 평가에서 세계에서 가장 유망한 창업 생태계 1위로 선정되는 성과를 이루었다.

(3) 정책적 효과

디트로이트시는 1970년대부터 시작된 도시 재생 및 산업 구조 변화 정책을 통해 경제 회복을 위한 다양한 전략을 추진했다. 이러한 정책들은 도시 경제와 사회에 긍정적인 변화의 단초를 제공하였지만, 동시에 여러 한계와 문제점도 드러났다. 주요 정책 효과를 종합적으로 분석하면 다음과 같다.

르네상스 센터는 초기 약 8,000개의 새로운 창출 효과를 거두었다(Darden, 1990; Feloni, 2018; Saunders, 2018). 특히 르네상스 센터 프로젝트의 첫 단계에서의 성공은 디트로이트 도시 경제를 새로운 경제 모델로 이끌기 위한 중요한 전환점을 마련했다. 그 후, ANR(미국 천연 자원 회사)의 사무소 이전과 같은 사례는 지역 경제에 실질적인 영향을 미쳤으며, 38%였던 오피스

점유율을 90%로 급상승하였다(Darden, 1990). 그러나, 이러한 효과에도 불구하고 초기 투자 규모는 예상보다 훨씬 더 커졌고, 3억 달러에 달하는 추가 투자 요구와 1억 3천만 달러의 운영 손실은 재정적으로 큰 부담을 안겼다. 또한, 1985년, ANR은 텍사스 휴스턴에 본사를 둔 석유기업인 코스탈(Coastal Corporation)에 의해 적대적 인수합병을 당하게 된다. 인수 조건에 따라 코스탈은 디트로이트 본사와 고용을 2년간 유지하겠다고 밝혔으나, 이후의 운영 방침은 장담할 수 없었다. 결국, 르네상스 센터는 민간 중심의 재개발이 불안정할 수 있음을 보여주었다(Darden, 1990). 1980년대에는 대출 이자조차 제대로 갚지 못하는 상황에 직면했으며, 소유 구조의 변화와 함께 프로젝트의 지속 가능성에 의문을 제기하게 되었다.

콜먼 시장의 재개발 전략과 세제 감면을 통해 제조업을 회복하려던 정책은 수천 개의 일자리를 창출했지만, 대규모 철거와 저소득층의 이주를 수반했다. 이러한 개발은 사회적 비용을 증가시키며, 기존 주민들의 생활 환경을 크게 변화시켰다. 비록 고용 창출 효과는 있었지만, 도시 내에서 발생한 사회적 불균형은 장기적인 문제로 남았다. 이와 마찬가지로 세제 감면 혜택은 특정 지역에 집중되었고, 그 효과는 제한적이었다. 르네상스 존 정책에 따라 일부 고가 부동산의 가치가 상승했지만, 이로 인해 세금 감면 혜택이 특정 자산에 편중되는 문제가 발생했다(Sands, 2003). 이에 따라 도시 내에서 세수 불균형과 형평성 문제를 초래했으며, 일부 지역은 여전히 불균형적인 경제 구조에서 벗어나지 못했다.

제조업의 침체에 대응하기 위한 노력으로 서비스업과 관광산업이 디트로이트 경제의 새로운 성장축으로 자리잡았다. 개장 초기 임시 카지노들만으로도 1만 1천 개 이상의 일자리를 창출하여 GM의 시내 고용인원에 맞먹는 수준을 고용하는 등 이러한 경제 다각화는 디트로이트의 일부 산업 부문에 긍정적인 영향을 미쳤지만, 이들 산업이 디트로이트 경제 전체를 이끌고 갈만큼 충분하지는 않았다. 특히 서비스업의 발전은 일부 지역에 국한되었으며, 제조업 기반의 복원에는 한계가 있었다.

하지만, 최근 디트로이트는 모빌리티 혁신과 기술 중심의 신산업 육성을 통해 새로운 성장 기반을 마련하고 있다. Motor City Match 프로그램을 통해 1,700개 이상의 기업을 지원하며, 지역 밀착형 비즈니스들의 활성화를 도왔다(Detroit Economic Growth Corporation, 2023). EntryPoint(2021)에 따르면, 2014년부터 2021년까지 웨인 카운티의 벤처 지원 스타트업 수는 58% 증가하였으며, 같은 기간 동안 스타트업의 벤처 자금 유치 총액은 8억 630만 달러로 333% 증가하였다. 나아가 디트로이트의 스타트업 생태계는 2022년 Startup Genome의 평

제7장 미국 도시 사례로 본 포항의 발전 전략: 피츠버그 모델과 디트로이트 모델

가에서 세계에서 가장 성장하는 스타트업 생태계 1위로 선정되었으며, 이는 도시가 새로운 산업 기반을 마련하고 있다는 긍정적인 신호로 해석될 수 있다. 특히 코크타운 혁신지구 프로젝트와 같은 민관 협력 모델은 디트로이트를 스타트업 친화도시로 변모하는 데 중요한 역할을 했다. 이처럼 디트로이트는 산업 쇠퇴의 상징에서 벗어나, 창업 중심의 새로운 도시 정체성을 구축해 가고 있다.

3) 민관 협력과 교육의 역할

(1) 상황적 배경

제2차 세계대전 이후의 경제 호황은 디트로이트시의 산업과 경제에 안정과 도약의 기회를 제공했지만(Sugrue, 2022), 인종 갈등(1940~1960년대), 교외로의 이주(1950년대 이후 현재까지), 석유파동(1970년대) 및 외국 자동차 기업과의 치열한 경쟁(1960년대 이후), 금융위기(2000년대) 등 복합적인 요인으로 디트로이트시는 과거의 '모터 시티'로서의 위상을 점차 상실하게 되었다. 특히, 1970-80년대 중반 취해진 다운타운 재개발과 같은 다양한 대응책에도 불구하고, 자동차 산업의 쇠퇴와 주택가격 버블로부터 이어진 글로벌 금융위기로 2000년부터 2009년까지 10년간 미시건 주에서 800,000만 개의 직업이 사라졌고(Lioudis, 2008), 디트로이트시는 마침내 파산신청을 하기에 이른다(2013). 이후 다운타운을 중심으로 투자와 고용 기회가 증가하며 도시 재생과 경제 회복의 조짐이 보이고 있지만, 디트로이트가 과거의 명성을 회복할 수 있을지는 여전히 불확실하며, 그에 대한 평가에는 시간이 더 필요하다.

(2) 정책적 대응

디트로이트시는 제조업 쇠퇴와 도시 침체에 대응하기 위해 민관 협력을 중심으로 다양한 정책을 추진해 왔다. 특히 대기업 주도의 민간 부문이 도시 이미지 개선과 경제 활성화를 위한 다운타운 재개발에 집중했으며, 상공회의소를 중심으로 한 직업 훈련 프로그램을 통해 실업 문제 해소를 도모했다.

① **다운타운 재개발 및 디트로이트 전략계획**

1970년대 디트로이트시는 쇠퇴하는 경제를 회복하기 위해 도시 재생에서 많이 사용되는 방식인 물리적 도심 재개발에 중점을 두었다. 다운타운 중심의 재개발은 투자와 고용의 기회가 증가되는 등 발전과 변화의 모습을 보여주었으며(Feloni, 2018), 도시 중심부의 비즈니스 활동 증가는 추가적인 투자로 이어져 산업기반시설(infrastructures)도 확장되었다(Saunders, 2018). 이와 같은 전략은 제조업 쇠퇴에 따른 경제적 충격을 일정 부분 완화하는 데 기여했으며, 다양한 민간 기업을 재개발 계획에 포함시키는 데 성공했다. 그러나, 1986년부터 추진된 디트로이트 전략계획(Detroit Strategic Planning Project)은 뚜렷한 성과를 내지 못했다. 미시간주의 법적 제약으로 인해 대규모 공공-민간 파트너십이 제한되면서, 시는 종합적인 계획보다는 개별 프로젝트 중심의 접근을 택할 수밖에 없었고, 그 결과 민간 기업 간의 협력도 느슨하고 단기적인 수준에 머물렀다(Somerstein, 2009). 미시건주의 법은 디트로이트시 정부가 소규모 민관 프로젝트를 위해서 공공-민간 파트너쉽(Public-Private Partnership)을 구성하는 것은 허용하지만, 대규모 인프라 사업과 같은 큰 이니셔티브를 지원하기 위한 공공-민간 파트너쉽을 허용하지 않았다(Somerstein, 2009). 그러한 이유로 각각의 프로젝트만을 수행할 수 있었던 기업들 간의 협력관계는 공동의 목표를 위한 긴밀한 협력이 없었고 규모가 큰 통합된 대규모 프로젝트를 위한 공공-민간 파트너쉽에 참여하는 것이 제한되었다.

전반적으로 디트로이트시의 민관협력은 피츠버그시의 Ben Franklin Partnership 프로그램과 같은 상향식(bottom-up) 모델의 공공-민간 협력 관계라기보다는 시 정부 주도의 하향식(top-down) 방식으로 이루어졌으며, 다양한 경제 주체 간에는 느슨한 협력 관계를 유지하였고, 자발적이고 적극적인 참여는 부족했다.

② Detroit Compact와 Detroit Drives Degrees

교육 분야에서는 디트로이트 공립학교, 산업계, 시 정부, 주 정부 간 협약을 바탕으로 한 Detroit Compact 프로그램이 추진되었다. 이는 학생이 일정 기준(학업 성취 및 출석)을 충족하면 대학 등록금 및 고용 기회를 제공하는 프로그램으로, 보스턴의 유사 사례를 모델로 삼았다(Dreier, 1989). 이 프로그램은 New Detroit(1967년 폭동에 대항하여 흑인, 기업계, 정부 지도자들이 조직한 도시 연합)가 개념적으로 발전시켰고 디트로이트시의 상공회의소의 후원으로 특정그룹(고등학생 및 졸업생)을 대상으로 시행되었다. 그러나 많은 자원을 지원하는 상공회의소와 적극적인 개입을 원하는 시 정부 간의 협력 부재로 인해 실행 과정에서 차질이 발생했다.

제7장 미국 도시 사례로 본 포항의 발전 전략: 피츠버그 모델과 디트로이트 모델

2015년부터 시작된 Detroit Drives Degrees는 교육 격차 해소를 위해 민간과 공공 부문이 광범위하게 협력한 프로그램으로, 디트로이트 상공회의소를 중심으로 지역 산업계와 대학들이 참여하고 있다. 이 프로그램은 디트로이트 및 인근 지역의 교육 시스템 전반을 개선하고, 학생과 주민들에게 고등교육 기회를 확대하는 것을 목표로 한다. 다양한 진로 선택과 학습 기회를 제공하며, 산업계와 교육계를 연결하는 가교 역할로 발전하고 있다(〈표 7-3〉).

〈표 7-3〉 디트로이트시 교육 관련 프로그램 및 내용

세부 프로그램명	내용
Detroit Drives Degrees Community College Collaborative	지역의 전문대(community college)에 재정적, 기술적 지원을 통해 학생들의 학위취득 및 취업을 지원
Detroit Regional Talent Compact	지역의 우수인재를 발굴하기 위한 프로그램으로 다수의 지역 대학교들이 참여, 인재 유치 및 지원
Detroit Drives Degrees Data Collaborative	학생들의 교육성과를 협력관계의 대학교들이 분석하고 개선책을 제시
Regional Student Transition and Engagement Program	고등학교 졸업 후 대학에 진학하는 학생들을 지원 (목표설계, 졸업 후 진로 등)
Detroit Talent Hub partnership	대학교들의 지원 하에 지역의 성인을 대상으로 고등교육 자격 취득 지원
Detroit Reconnect	성인을 대상으로 하는 교육(GED) 및 교육기관과 연결 및 기타 교육자금 지원

(3) 정책적 효과

디트로이트의 다운타운 재개발은 중심지에 자원이 집중되면서 외곽 지역에 공실과 폐허가 된 부지가 증가하는 부작용을 낳았다(Darden, 1990). 개발에 따른 이익 역시 대부분 다운타운의 상업지구 내부에서만 공유되어, 도시 전체의 균형 있는 발전으로 이어지지 못했다(Carter et al., 2023).

그러나 2017년 「연방 세제개혁법(The Tax Cuts and Jobs Act)」 시행 이후, 디트로이트의 다수 지역이 '기회 구역(opportunity zone, 소득기준으로 지정한 저소득 계층이 주로 거주하는 특정 지역, [그림 7-15])'으로 지정되면서 민간 투자자에게 세금 감면 혜택이 제공되었고, 이는 재개

발을 촉진하는 기반이 되었다. 디트로이트시는 미시건주 정부로부터 35년간 약 6억 1,500만 달러의 세수 확보를 승인 받았으며, 향후 10년간 추가로 약 5,200만 달러 규모의 부동산 세금 감면도 승인되어 민관 협력 기반의 재개발이 활발히 추진되고 있다(Srivastava, 2023). 이러한 정책적 노력의 결과, 오랜 기간 방치되어 왔던 노후 시설들이 민관협력으로 재개발 중이거나 재개발이 완료되어 Flex-N-Gate(포드자동차 협력업체)등 새로운 기업들이 입주하여 가동 중이다.

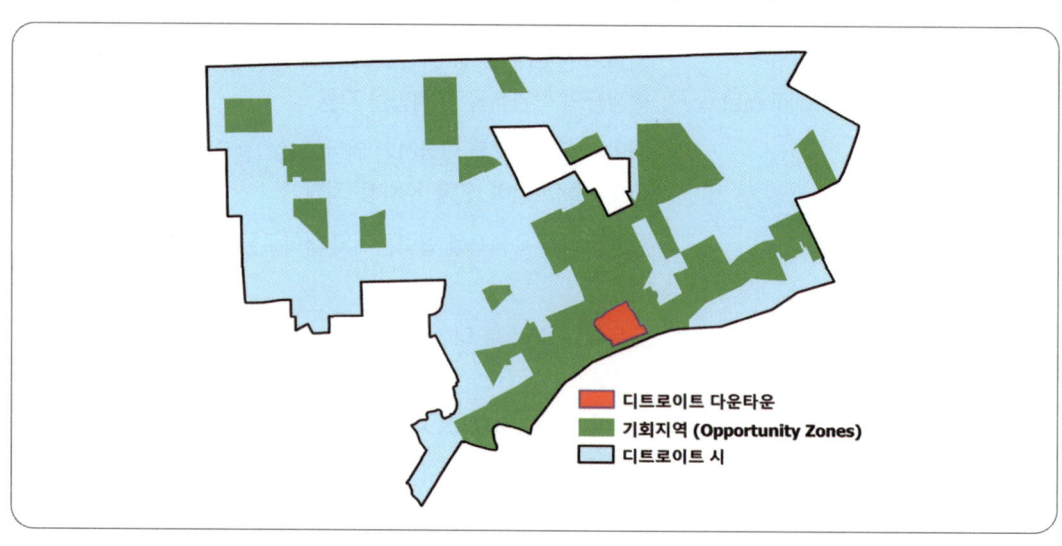

[그림 7-15] 디트로이트 다운타운 및 기회 구역(opportunity zone)

한편, Detroit Compact와 Detroit Drives Degrees를 포함한 교육 관련 정책의 성과도 점진적으로 나타나고 있다. 이들 프로그램의 직접적인 영향으로 단정하기는 어렵지만, 디트로이트시의 25~44세 인구 중 4년제 대학 졸업자의 비율은 2010년 11.01%에서 2023년 21.80%로 10%포인트 이상 증가했으며, 이러한 상승 추세는 지속되고 있다.

4) 인구 및 주택정책

(1) 상황적 배경

한때 미국에서 네 번째로 인구가 많았던 디트로이트시는 2020년 기준 인구가 63만 9천 명으로 인구 규모 면에서 27위로 하락하였다. 1950년부터 2020년까지 70년간 전체 인구의 약 65.4%가 감소했으며, 특히 2000년에서 2010년 사이에는 25%에 달하는 큰 폭의 인구 감소가 나타났다. 이러한 급격한 인구 감소는 자동차 산업 쇠퇴와 산업 분산으로 인한 실업률 및 이주율의 증가, 중산층의 교외 이주로 인한 세수 감소, 도시 기반시설의 노후화, 장기간 방치된 주택의 증가로 인한 주거 환경 악화와 범죄율 상승 등 복합적인 요인에 기인한다. 그러나 최근에는 도시재생 프로젝트의 성과와 첨단 기술 산업으로의 경제 다각화가 추진되며, 2023년에는 인구가 2020년 수준으로 회복되는 등 긍정적인 변화의 조짐이 나타나고 있다(U.S. Census Bureau, 2023; [그림 7-16]).

[그림 7-16] 디트로이트시 인구 및 인구 증감율

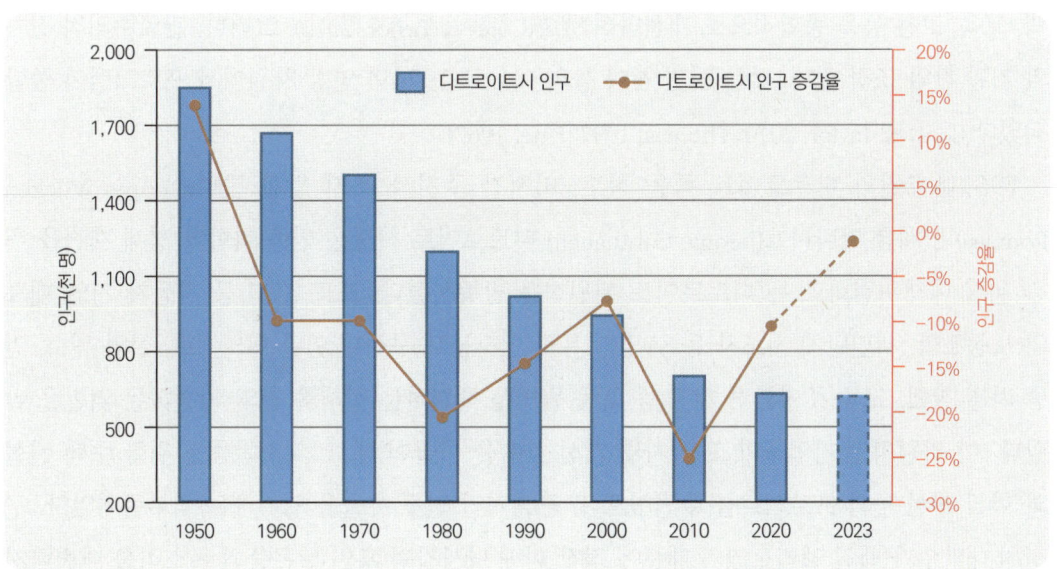

(2) 정책적 대응

인구감소에 대응하기 위한 디트로이트의 정책은 관료주의, 인종간의 갈등, 시민들의 참여 부족으로 초기 정책시행의 많은 어려움이 있었지만, 2010년대 중반 이후 주거시설을 개선하기 위한 황폐화 복구 프로그램이 많은 시민들의 참여 하에 성공적으로 진행되었고, 2020년 이후 인구 유입을 촉진하고 매력적인 도시로의 탈바꿈을 위해 노후주택 개선 및 대중 교통시설 개선 등의 다양한 프로그램을 진행하고 있다.

① 사회통합을 위한 주거 재생 실험, 모델 시티 프로그램과 뉴 디트로이트 위원

1960년대 후반, 디트로이트시는 급격한 인종 갈등과 도시 쇠퇴의 심화 속에서 주거 환경 개선, 교육과 고용 등을 종합적으로 개선하여 사회 통합을 위한 노력을 실시하였다. 그 대표적인 사례가 모델 시티 프로그램(Model City Program)과 뉴 디트로이트 위원회 모델(New Detroit Committee)이다.

모델 시티 프로그램은 대통령 린든 존슨의 '위대한 사회(great society)' 정책의 일환으로 시행된 연방 도시재생 시범사업이다. 1967년 7월 디트로이트 폭동과 같은 광범위한 도시 폭력, 기존 도시 재개발 프로그램에 대한 환멸, 빈곤과의 전쟁 초기의 관료적 어려움으로 인해 연방 프로그램 개혁에 대한 요구가 높아진 상황에서 실시되었다. 약 1만 명의 주민이 거주하는 23제곱 킬로미터의 도시 구역을 모델 도시로 전환하기 위해 4억 9천만 달러를 사용하였으며, 주택, 교육, 고용 등을 종합적으로 개선하려 했다(Corey & Taylor, 2010). 그러나, 관료주의적 절차와 기관 간의 조정 실패, 낮은 시민 참여 등의 이유로 1974년 연방 차원에서 프로그램이 중단되었다(Corey & Taylor, 2010; Thomas, 1997; Fine, 1967).

1967년 7월의 디트로이트 폭동 직후, 미시간 주지사 조지 윌컴 롬니(George Wilcken Romney)와 제롬 카바나흐(Jerome Cavanaugh) 디트로이트 시장은 인종 화합과 경제 재건을 위한 비상 대책위원회로 뉴 디트로이트 위원회를 발족시켰다. 포드, GM 등 자동차 기업 대표와 노동조합, 시민단체 지도자 등 39명의 유력 인사들로 구성된 민관 협의체로, 실업 해소, 인종 차별 철폐, 교육·주거환경 개선 등 폭동 원인을 해결하는 정책을 건의·지원하는 역할을 맡았다. 이 위원회는 기업들의 고용 차별 개선 약속을 이끌어 내고, 저소득층을 위한 주택 건설과 학교 개선 등의 프로젝트를 추진했으나, 근본적인 인구 유출을 막기에는 역부족이었다. 구성원 대다수가 백인 엘리트였기 때문에 정작 피해 당사자인 흑인 빈곤층의 목소리를 대변하지 못했다는 비판을 받았다(Darden et al., 1987).

② 주거지역 황폐화 복구 프로그램

산업의 쇠퇴로 인한 급격한 인구 감소는 디트로이트시의 높은 주택 공실율을 야기할 수밖에 없었다. 한 주택이 공실이 되면 반경 75m 내에서의 폭력범죄율이 75~110m 반경 대비 19%나 높은 것으로 보고되었으며(Cui & Walsh, 2015), 범죄율의 증가는 인구감소로 이어졌다(Foote, 2015). 2000년 이후 2010년까지 디트로이트시는 시 전역에 방치된 건물의 총 7%

를 줄이는 노력을 했지만, 지속적으로 늘어나는 공실율을 낮추는 데에는 별 효과가 없었다 (Hackworth, 2014). 2010년에 주택채무 문제로 어려움이 있는 서민들을 위해 5개의 주(캘리포니아, 플로리다, 미시간, 네바다, 애리조나)를 대상으로 한 연방정부의 Hardest Hit Fund(HHF) 프로그램(추후 18개 주로 확대)에 포함되었으나, 황폐화 문제를 다루기보다는 주택 안정성과 재정적 지원에 초점이 있었기 때문에 디트로이트시가 겪고 있는 황폐화 문제를 근본적으로 해결하기에는 역부족이었으며, 급기야 2014년에 이르러서는 공실율이 30%에 이르렀다(Bentley et al., 2016).

황폐화 문제가 더욱 심각해지면서 이를 해결하기 위한 체계적인 접근법이 필요하다는 인식이 확산되었고, 2013년 9월, 프로그램의 추진 주체로 시 정부, 민간 및 자선단체, 비영리 기관들이 협력하는 디트로이트 황폐화 제거 특별팀(Detroit Blight Removal Task Force)을 구성하였고, 2014년 5월 황폐화 복구 프로그램 계획(Detroit Blight Removal Task Force Plan)을 수립하고, 본격적으로 황폐화 제거 사업을 시행하였다. 황폐화의 범위를 정확히 정의할 데이터베이스가 부재하였기 때문에 황폐화 제거 특별 팀은 MCM(motor city mapping) 설문조사를 실시하여 38만 개 부지(parcel)에 대한 상세 정보(사진, 부지 점유상태, 쓰레기 방치 상태, 부지 활용 등)를 포함한 정보를 수집하여 데이터베이스를 구축하였으며, 총 8만 5천 개소(건물 79,000동과 공터 6,100개소)를 황폐화 복구 대상으로 확정했다. 그중 건물 40,000동은 철거하고 잔여 건물 39,000동은 복구(또는 추후 재검토)하여 시민들에게 주택으로 공급하며, 공터 등은 공공주택, 상가 및 산업시설의 용지로 활용하는 것으로 계획하였다.

디트로이트시의 황폐화는 재개발이 지속적으로 이루어졌던 다운타운의 일부를 제외하고는 도시 전역에 분포했다(Detroit Blight Removal Task Force Plan, 2014). 건물의 철거, 보수 및 신축을 위해 많은 노동력이 필요했고, 고용율의 상승을 촉진하는 계기가 되었으며, 자신의 집을 마련하기 위한 디트로이트 시민들도 폭증해 정비된 황폐지역을 구매하기 위해 경매에 참석한 시민들은 증가했고, 디트로이트시는 구매자에게 세금면제 혜택을 부여했다. 연방정부의 Hardest Hit Fund 외에 주택도시개발부(Housing and Urban Development: HUD)의 Community Development Block Grants(CDBG) 및 Neighborhood Stabilization Program(NSP)의 보조금도 프로그램에 활용되었지만, 자금의 부족으로 당초 2020년까지 완료 예정이었던 황폐화 제거는 연장이 불가피하였다.

2020년, 디트로이트시 정부는 황폐화 프로그램의 지속적인 추진을 위해 향후 30년간 재산세로 상환하는 채권을 발행하여 2억 5천만 달러 규모의 Proposal N을 출범시켰다. 이 프로그램은 자금의 부족으로 지연되었던 노후 주택 8,000채를 철거하여 공실율을 줄이고, 노후화된 주택 8,000채를 복구하여 서민들에게 저렴한 가격으로 주택을 지원하기 위한 목적이다(City of Detroit, 2020). 철거를 위해 디트로이트 시민들을 고용하는 디트로이트시 소재 회사와 계약을 우선시하고, 복구된 주택은 디트로이트 시민들에게 저렴한 가격에 판매한다. 판매 수익은 주택개량에 재투자되거나 예술 및 문화활동을 위한 자금으로 활용되고 있다.

③ Blight to Beauty Strategy

디트로이트시는 황폐화 복구 프로그램의 성과를 지속적으로 유지하고 도시 전반의 환경을 개선하기 위해 "Blight to Beauty Strategy"를 추진하였다. 이 전략의 핵심 목표는 도시 전역의 부동산 관리 기준을 강화하여 외관을 향상시키고, 좀 더 깨끗하고 안전한 도시 환경을 조성하는 것이었다. 이를 위해 시는 주기적인 점검을 통해 시정이 요구되는 건물에 대하여 소유자에게 해결을 할 시간을 주고, 건물의 소유자가 조치를 취하지 않는 경우 황폐화 티켓(blight ticket)을 발부 후, 시 정부가 직접 개선하며, 추후 청문회를 통하여 소유주의 책임이 인정되면 개선 비용을 건물 소유자에게 부과하는 방식이었다. 이 전략은 도시의 대표적인 14개 주요 간선도로 구역을 중심으로 우선 시행되었고, 도시의 전반적인 이미지 제고뿐만 아니라, 시민 스스로 도시 환경에 관심을 갖고 참여하도록 책임의식을 고취시켰다. 동시에, 주민들의 건강, 안전, 그리고 존엄성을 향상시키는 것을 중요한 정책 목표로 설정하고 있다City of Detroit, 2022).

④ 디트로이트의 대중교통과 도시재생

도심 활성화를 위한 인프라 구축의 일환으로, 1987년 개통된 "디트로이트 People Mover"는 다운타운을 순환하는 무인 모노레일로, 주요 업무지구와 관광지를 연결하여 도시 중심부에 경제적 활력을 불어넣고자 했다(그림 6-15). 이 시스템은 1970년대 연방정부의 지원으로 착공되었으며, 당시 도시 재생 전략의 상징적인 사업 중 하나였다(People Mover, 2025).

그러나 Dutta와 Tadi(2005)에 따르면, 개통 시점에는 이미 디트로이트의 인구와 방문객 수가 크게 감소한 상태였고, 이로 인해 피플 무버는 기대에 미치지 못하는 활용도를 보였다. 운영 비용 대부분이 공공 보조금에 의존하고 있으며, 실질적으로 지역 주민들의 일상적인 교통

제7장 미국 도시 사례로 본 포항의 발전 전략: 피츠버그 모델과 디트로이트 모델

수단으로 기능하지 못하고 있다는 점에서 한계를 드러냈다. 이는 피플 무버가 관광 및 상업 중심의 노선 운영에 치중한 결과로, 지역 주민들의 실제 교통 수요를 충족시키지 못한 사례로 평가된다. 이러한 한계는 디트로이트의 인구 감소와 경제 기반 약화가 도시 인프라 사업의 효과성에도 영향을 미쳤음을 보여준다.

[그림 7-17] 피플 무버

르네상스 역에서 본 피플 무버(2025. 3. 28. 촬영)   피플 무버 게이트(2025. 3. 28. 촬영)

(3) 정책적 효과

디트로이트시의 주택 공실율은 2010년 26%에서 2015년까지 증가하는 양상을 보였으나, 2014년 연방 및 주 정부의 지원 아래 본격 시행된 황폐화 복구 프로그램이 점차 효과를 나타내기 시작했다. [그림 7-18]에서 보는 바와 같이 프로그램 시행 다음 해인 2015년을 기점으로 디트로이트시의 주택 공실율은 서서히 감소하기 시작하였고 2023년에 이르러서는 22.34%에까지 이르게 되었다(미 센서스 자료, 2010~2023). 또한, 범죄율과 실업률 등 인구 유출을 촉진했던 주요 지표들도 개선 조짐을 보이고 있다. 강력범죄 중 하나인 살인사건 수는 2023년 252건, 2024년 203건으로 집계되어, 이는 1966년 이후 가장 낮은 수치를 2년 연속 기록한 것이다(Detroit City, 2024). 또한 실업률도 2020년 29%에서 2022년 16%로 감소하는 등(Wileden, 2022), 사회적 안정성과 경제 회복의 신호가 나타나고 있다.

[그림 7-18] 디트로이트시 연도별 주택(housing) 공실(율) 증감(1950~2020)

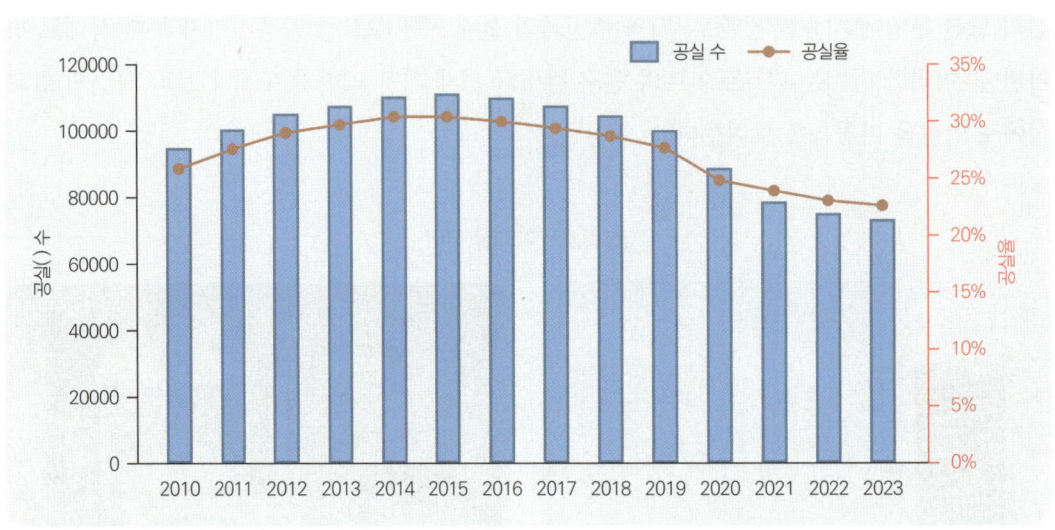

[그림 7-19] Beauty Strategy로 개선된 건물의 전(좌)과 후(우)

출처: 디트로이트시(https://detroitmi.gov).

제7장 미국 도시 사례로 본 포항의 발전 전략: 피츠버그 모델과 디트로이트 모델

황폐화 프로그램과 연계하여 추진되었던 Blight to Beauty Strategy 역시 긍정적인 도시 변화로 이어졌다. 이 전략은 단순한 주택 보수를 넘어, 5개의 예술 거리 조성, 6개의 레크리에이션 센터, 156개 공원 정비, 자전거 도로 및 보행 친화적 거리 정비 등 도시의 물리적 환경 개선에 기여하고 있다([그림 7-19]; Detroit City, 2024). 시민들의 자발적 참여를 바탕으로 깨끗한 거리 조성 캠페인도 활발히 전개되고 있다.

그러나 여전히 디트로이트는 과거의 쇠퇴 도시(shrinking city) 이미지에서 완전히 벗어나지 못하고 있다. 전국 평균 및 유사 규모 도시와 비교했을 때 여전히 높은 빈곤율, 낮은 중위 가구 소득, 그리고 상대적으로 높은 실업률은 인구 유입을 저해하는 요인으로 작용하고 있으며, 이는 향후 디트로이트가 극복해야 할 과제로 남아 있다.

제4절 두 도시의 정책 비교 및 시사점

피츠버그시와 디트로이트시는 지역의 1950년대 이후 핵심산업의 쇠퇴라는 공통된 역사적 흐름 속에서 도시 재건이라는 유사한 목표를 공유하였으나, 이를 추진하는 정책적 지원 측면에서는 뚜렷한 차이를 보였다(<표 7-4>). 이러한 정책의 수립 및 효과의 차이에는 거버넌스의 질, 사회 통합 능력, 그리고 민관 협력 방식에서의 차별성이 크게 작용했다. 피츠버그시는 백인 중산층 중심의 상대적으로 동질적인 사회 구조 덕분에, 민관 협력 주체간 이해 상충이 적었고, 도시 재생과 산업 전환에 대한 사회적 합의도 상대적으로 수월하게 형성될 수 있었다. 이는 피츠버그의 상향식(bottom-up) 의사결정의 밑바탕이 되었다. 반면, 디트로이트시는 인종간의 갈등과 고착화된 빈곤, 빈부 격차로 인해 공공 정책에 대한 시민들의 신뢰가 낮았고, 이러한 구조적 문제는 정책 실행의 주요 걸림돌로 작용하였다. 이에 따라 디트로이트는 주로 하향식(top-down) 의사결정 방식에 의존하게 되었고, 일부 정책은 도시 재정 부담을 심화시키거나 사회 갈등을 더욱 격화시키는 결과를 낳았다. 이로 인해 디트로이트는 도시 재건에 더 많은 시간과 사회적 비용을 치러야 했다. 이에 이 장에서는 앞서 분석한 정책 사례들을 비교하고, 피츠버그와 디트로이트의 경험을 통해 도출할 수 있는 시사점을 제시하고자 한다.

<표 7-4> 피츠버그와 디트로이트의 정책 비교 분석

구분	피츠버그	디트로이트
추진 주체	• 공공-대학-민간간 강력한 협력 체계	• 공공-특정 민간 기업 협력 체계 • 정부의 세제 및 인프라 지원을 바탕으로 한 자동차 산업 중심
추진 방식	• 상향식(bottom-up)	• 하향식(top-down)
지속가능성	• 고용·인구 안정, 산업 다각화 성공	• 파산 이후 산업 다각화 및 지역 창업 생태계 전환 중
산업 정책	• 철강 중심에서 교육/의료/IT 기반 지식산업으로의 다각화	• 자동차 중심 산업 구조 유지 + 문화관광산업 확대 • 대기업 중심 고용회복 시도했으나 성과가 분명하지 않아, 이후 창업지원 확대로 중심축 이동
교육 정책	• 장기적인 고용 트렌드에 기초한 정교화된 교육프로그램을 개설 및 노동력 양성. 잉여 노동력 최소화	• 산업계 중심의 직업교육 활성화
인구 및 주택 정책	• 단일 구조의 주거지역 재개발 추진체계, 조기추진, 시 전역의 다양한 지역으로 확대	• 이중 구조의 주거지역 재개발 추진체계, • 도심지역 위주 개발 집중 및 황폐화 프로그램과 연계

1. 산업정책

피츠버그시는 철강산업 붕괴 이후 도시 생존 자체를 위협받는 상황에서, 비교적 이른 시기부터 도시재생을 위한 선제적인 민관 협력 체계를 구축하였다. 이 과정에서 공공기관, 대학(CMU), 의료기관(UPMC) 등 주요 주체들이 협력하는 강력한 플랫폼이 형성되었고, 이를 기반으로 'Eds & Meds' 전략이 추진되었다. 특히 이 과정은 상향식 의사결정을 기반으로 한 자발적 연계 구조가 특징으로, IT·생명공학을 바탕으로 산업 다각화를 이뤘다는 점에서 주목할 만하다. 그 결과, 피츠버그시는 산업 구조 변환을 통해 연구 중심 도시이자 살기 좋은 도시로 자리매김하였다. 그러나 이러한 산업 구조 변화는 고학력 인재에 대한 수요를 기반으로 한 만큼, 기존 철강 산업 노동자들이 새 산업에 재흡수되지 못하고 비숙련 서비스업으로 밀려나는 등의 부작용도 초래하였다. 산업 구조의 재편이 지역 내 통합적, 포용적 성장으로 이어지지 못한 점

제7장 미국 도시 사례로 본 포항의 발전 전략: 피츠버그 모델과 디트로이트 모델

은 중요한 과제로 남는다.

반면 디트로이트시는 쇠퇴 초기에는 기존 제조업, 특히 기존 자동차 산업을 중심으로 하는 산업 재건을 우선시하였다. 토지수용권을 통한 대규모 도심 재개발과 세제 감면과 같은 하향식 의사결정과 르네상스 센터와 같은 대형 복합시설 개발, 관광산업 및 카지노 유치, 스포츠 경기장 중심의 도심 재생 전략 등이 이루어졌다. 이러한 전략은 단기적으로 일부 민간 자본 유입 효과를 가져오기는 했으나 수요예측을 간과한 무리한 공급과 투자로 인해 한계를 드러냈고, 결과적으로 도시 파산이라는 위기를 맞게 되었다. 그러나 디트로이트시는 이후 정책방향을 전환하여 창업지원 및 중소기업 육성 등 보다 분산적이고 지속가능한 산업 기반을 구축하기 시작했다. 특히 시민과 지역 기반 기업이 주도하는 재생 전략은 지역 참여를 확대하고, 도시의 새로운 산업 정체성을 형성하는 긍정적인 흐름으로 이어지고 있다. 비록 전환 과정에서 시행착오를 겪었지만, 최근 디트로이트는 회복 가능성을 보여주는 다양한 지표들을 통해 점진적인 성과를 나타내고 있다.

2. 민관협력과 교육의 역할

피츠버그시와 디트로이트시는 도시 재구조화 과정에서 모두 민관 협력체계를 활용하였으나, 그 구성과 작동 방식에는 뚜렷한 차이가 있었다. 피츠버그시는 대학이 중심이 된 공공-민간-학계 간의 유기적인 협력(Ben Franklin Partnership)을 통해 산업 다각화와 도시 재생을 추진했다. 이 과정에서 대학은 단순한 교육기관을 넘어 능동적인 파트너로 기능했으며, 고용 트렌드 기반의 노동 수요 예측, 기술 이전 및 창업 지원 등 다양한 방식으로 민간과의 협력을 주도했다. 산업계 역시 대학의 연구와 기술 개발에 적극 참여하고 응용기술을 공유하는 등 상호 보완적인 관계를 형성했다. 노동계, 금융계, 시민단체 등 다양한 주체들도 협력 전략에 기여하며 역할을 분담하였다. 시 정부는 이러한 다양한 주체들의 요구를 포용하고, 기관 간 협력을 장려하는 상향식(bottom-up) 정책 환경을 조성하였다.

디트로이트시의 민관협력은, 쇠퇴하는 자동차 산업의 회복과 도심 재개발에 초점을 맞춘 일부 대기업 주도의 협력 구조로 제한되었다. 협력의 주도권이 특정 기업에 집중되면서 참여기관간의 동등한 파트너쉽보다는 막대한 자금을 투자한 기업들의 의도가 반영된 재구조화 전략이 추진되었다. 협력의 범위는 서비스 분야 등 일부 산업에 국한되었고, 시민단체나 지원기관

의 참여는 소극적이거나 위축되는 경향을 보였다. 시 정부는 협력체 구성원 간의 대등한 참여 및 합의보다는 대기업 중심의 하향식(top-down) 의사결정을 통해 정책을 추진하였으며, 이는 협력의 다양성과 지속 가능성을 저해하는 요인이 되었다.

교육 부문에서도 두 도시는 상반된 대응을 보였다. 피츠버그의 대학들은 민관 협력의 핵심 주체로서 재구조화에 필요한 기술 인력 양성을 위한 데이터베이스를 구축하고, 이를 협력기관들과 공유하며 산업 수요에 맞춘 교육 프로그램을 정교하게 설계하였다. 이는 과잉 공급을 억제하는 한편, 창업 교육, 사무공간 및 자금 지원, 보조금 지급 등 실질적인 창업 생태계 조성에도 기여하였다. 이러한 유연하고 신속한 대응은 피츠버그 주요 대학들이 사립 또는 준 공립(state-related)이라는 다소 자율적인 운영 구조를 기반으로, 시대적 변화에 신속히 대응하기 위한 의사결정체계를 가졌다는 것에 기인한 것으로 볼 수 있다.

반면 디트로이트시의 대학들은 도시 재구조화 과정에서 제한적인 역할을 수행하였다. 도심 재개발 및 서비스 산업 중심의 전략에 대학이 적극적으로 참여할 기회가 적었으며, 산업구조 변화를 위한 직업 교육은 지역 상공회의소와 기업 중심으로 추진되었다. 공립학교로서의 구조적 한계는 대학들이 지역사회 문제 해결보다 연구기관으로서의 역할에 집중하게 만들었고, 이로 인해 재구조화 과정에서 대학의 영향력은 제한적이었다. 이러한 비교는 도시 재생에서 대학과 지역사회, 민간기업 간의 유기적 협력과 상호 신뢰 형성이 정책 효과를 결정짓는 중요한 요인임을 시사한다.

3. 인구 및 주택정책

피츠버그시와 디트로이트시 모두 급격한 인구 유출과 도시 쇠퇴에 대응하기 위해 브라운필드 재개발을 중심으로 한 주택 및 도시 재생 정책을 추진했다. 그러나 정책의 접근 방식과 제도적 구조에서는 뚜렷한 차이를 보였다.

첫째, 민관협력 체계의 구성에서 차이가 있다. 피츠버그시는 도시재개발을 전담하는 단일 핵심 기관인 도시재개발청(Urban Redevelopment Authority: URA)을 중심으로 민간 투자와 지역 대학의 협력을 결합해 주거 및 업무시설 재개발에 집중하였다. 이에 반해 디트로이트시는 디트로이트 경제성장공사(Detroit Economic Growth Corporation: DEGC)와 브라운필드 재개발청(Detroit Brownfield Redevelopment Authority: DBRA)이라는 역할이 분리된 이중 구조 아래에서

제7장 미국 도시 사례로 본 포항의 발전 전략: 피츠버그 모델과 디트로이트 모델

환경 정화 및 공공공간 조성에 중점을 둔 정부 주도형 재개발을 추진하였다.

둘째, 브라운필드 재개발의 시기와 공간적 확산에서도 차이를 보인다. 피츠버그는 1980년대부터 산업 침체로 인한 유휴부지를 대상으로 재개발을 시작했으며, 점진적으로 시 전역으로 확산되었다. 반면 디트로이트는 2000년대에 들어서야 본격적으로 재개발을 시작했으며, 초기에는 도심 지역에 국한되었다가 2010년대 들어서 황폐지역 복구 프로그램과 연계되면서 전 도시로 확대되었다.

셋째, 브라운필드의 소유권과 재개발 방식에서도 상이한 접근이 나타났다. 피츠버그는 공공 소유 토지를 중심으로, 주 및 연방 정부의 각종 지원과 혜택을 활용하여 정부가 브라운필드를 저렴한 비용으로 인수한 후 재개발을 추진하였다. 반면 디트로이트는 민간 소유의 브라운필드를 포함한 다양한 토지를 디트로이트 경제 성장 공사(Detroit Economic Growth Corporation: DEGC)가 관리하며 재개발을 조정하는 역할을 맡았다. 이로 인해 재개발 추진에 있어 피츠버그는 상대적으로 일관된 정책 실행이 가능했던 반면, 디트로이트는 민간 이해관계와의 조율이라는 복잡성을 수반하게 되었다.

제5절 정책적 제언

포항이 직면한 위기는 단순한 산업 경기 하락의 일시적 현상으로 받아들일 것이 아니라, 도시 전반의 패러다임 전환을 위한 중대한 기회로 인식되어야 한다. 이미 철강 중심 산업구조의 한계와 그로 인한 인구 유출, 청년층의 지역 이탈, 산업 생태계의 연쇄 위기를 경험하고 있으며, 이는 미국의 사례인 피츠버그와 디트로이트가 경험했던 상황과 유사한 궤적을 보여준다. 피츠버그는 공공-대학-민간 부문이 긴밀히 협력하여, 산업 다각화를 성공시켰고, 디트로이트는 심각한 산업 붕괴 이후 소상공인 창업 지원과 도시 재생을 통해 회복의 기반을 다져가고 있다. 이들의 경험은 포항에 중요한 시사점을 제공한다. 한편으로는 장기적인 관점에서 산업 기반을 다각화해야 하며, 다른 한편으로는 지역 공동체 회복과 사회통합을 바탕으로 한 새로운 경제 활동이 병행되어야 한다. 이에 따라 다음과 같은 정책적 제언을 제시한다.

첫째, 산업 구조의 다각화와 창업 생태계의 전략적 확장이다. 포항은 이미 철강산업 재건과 이차전지, 바이오, 수소에너지 등 핵심 분야를 중심으로 한 신산업 전환을 본격화하고 있으며

(포항시, 2025; 포항철강산업단지 관리공단, 2025), 포항창조경제혁신센터를 중심으로, 기술 지원, 조직 성장, 원스톱 상담, 도시 재생 기반 청년 창업 공간까지 실질적인 전주기 창업 지원 체계가 이미 작동하고 있다(포항창조경제혁신센터, 2025). 특히 포항시는 2025년 4월, 청년 창업 거점 조성 사업을 포스코와 체결하여 원도심 내 유휴 건물을 활용한 복합 레지던스 조성 등(안창한, 2025)을 통해 융합형 도시 재생 모델의 기반을 구축했다. 이처럼 포항은 이미 다양한 혁신 정책들을 실행에 옮기고 있으며, 앞으로의 과제는 시작된 변화들을 어떻게 연결하고, 도시 전체의 구조적 전환으로 심화할 것인가에 있다. 구체적으로는, 다음과 같은 전략적 확장에 대해 논의가 필요하다. 이제 막 체결된 복합 레지던스 업무협약의 경우, 복합 레지던스 조성을 넘어, 창업과 동시에 안정적인 생활 기반과 문화 활동이 가능한 창업-주거-문화 통합지구를 지속적으로 확대해 나가야 한다. 이를 통해 졸업 후 포항을 떠나는 청년인구를 줄일 수 있으며, 다른 지역에서의 고용인구 유입을 기대할 수 있다. 또한, 이 정책은 초기 공간과 시설의 과잉 공급을 막기 위해, 지역 수요조사와 수요자 참여 기반 기획이 선행되어야 한다. 이는 창업 공간이 단순한 '공간 제공'을 넘어서 실질적으로 사용되고 연결되는 창업 생태계의 일부가 되기 위해 필수적이기 때문이다. 포항은 이미 실행하고 있는 정책들을 전략적으로 연결하고 심화하여, 도시 전환 및 성장을 실질적인 변화로 완성해 나아가야 할 타이밍이다.

둘째, 민관협력을 위해 대학의 참여기회 확대와 대학의 적극적인 대응이 요구된다. 포항에는 한국 최초의 연구중심 대학으로 과학분야에 세계적 명성을 가진 포항공대와 IT 및 창업프로그램과 융합적 사고가 강점인 한동대학교를 비롯한 유수의 교육연구기관들이 있다. 이 기관들은 포항의 혁신적인 변화를 위한 연구와 기술을 바탕으로 새로운 산업을 유치하거나 기존 산업을 혁신하는데 중요한 역할을 수행할 수 있다. 이를 위해 대학은 단순한 전문 인력 양성에 머무르지 않고, 지역과 기업의 활발한 교류 및 협력연구를 통해 서로의 수요를 파악하고 강점을 더욱 발전시키는 기회, 즉 상호 보완적이고 지속 가능한 성장 구조를 구축해야 한다. 대학과 산업체 간의 활발한 교류 및 협력을 촉진하기 위해, 예를 들어 산업 수요를 반영한 공동 직업교육 프로그램 개발, 기업, 대학, 시 정부 간 정기적인 민관학 회의체 구성, 주요 사안 대응을 위한 공동 태스크 포스(task force: TF) 구성, 기술, 창업, 산업을 아우르는 기술인력 풀(pool) 구축 및 관리 등이 포함될 수 있다. 피츠버그시의 Ben Franklin Partnership 협력체에서 대학들이 보여주었던 것과 같이 기업이 요구하는 다양하고 정교화된 직업교육 프로그램을 개설할 필요가 있다. 나아가, 대학뿐만 아니라 전문대학, 평생교육원, 기술 부트캠프 등 다양한 교

제7장 미국 도시 사례로 본 포항의 발전 전략: 피츠버그 모델과 디트로이트 모델

육 플랫폼을 통해 연령과 배경을 아우르는 실무교육 기회를 제공해야 한다. 특히 이차전지, 바이오, 수소에너지, AI와 같은 신산업 분야에서는 단기 집중형 인재 양성 프로그램을 통해 시장 수요에 신속히 대응할 수 있는 인재를 양성하는 전략이 필요하다. 연구개발형 고급 인재와 실무형 기술 인재의 균형 있는 양성은 산업 전환과 고용 안정이라는 이중 목표를 동시에 달성하는 핵심 전략이 될 수 있다.

셋째, 인구감소에 대응하기 위한 정책으로 청년인구의 유입을 촉진할 수 있는 다양한 프로그램의 추진이 필요하다. 포항의 19~34세 청년 인구 비중은 2010년 21.5%에서 2024년 기준 16% 초반대로 감소하였다. 특히 3만 명 이상 청년이 이탈하였으며, 이들은 대부분 수도권으로 이동하고 있다. 이를 해결하기 위해 다음과 같은 정책이 필요하다. ① 실용적이고 경제적인 공동주택 공급 확대를 위한 시-건설사 협력 강화와 경제적으로 주거만족도가 높은 거주지를 구할 수 있는 것은 젊은 세대 유입에 중요한 요인 중 하나이다. ② 수도권 청년 대상 포항 홍보 및 채용 박람회 개최, ③ 청년 이주를 유도할 수 있는 생활·취업 연계형 인센티브 제공, ④ 기존 포항 내 농촌 지역 청년과의 경쟁 방지를 위한 차별화된 지원책 마련, ⑤ 도심 공동화 방지를 위한 수요 기반 주택 공급 정책 설계 등이다. 청년층 유입 정책은 단순한 유인책을 넘어서, 장기적으로 포항에서의 생활·정착·성장 가능성을 체계적으로 설계한 '청년 맞춤형 도시 전략'으로 전환되어야 한다.

넷째, 도시 경쟁력을 높이기 위해서는 다양한 주거 수요를 포용할 수 있는 다층적 주거 정책이 필요하다. 청년층과 저소득층을 위한 주택 공급 확대는 시의 주거 환경 안정과 인구 유입의 기반을 마련하는데 기여할 수 있으며, 다른 한편 도시 이미지와 상징성을 제고할 수 있는 첨단 스마트 주거 단지의 도입 또한 고려할 필요가 있다. 이는 포항시가 첨단 도시로의 도약과 이미지 리브랜딩 전략에 부합하며, 초기 단계에서 대규모 투자를 유치해 지역경제 활성화에 기여할 수 있다. 더 나아가 건설 이후에는 도심 지역의 재활성화는 물론 거주인구와 유동인구를 모두 끌어들이는 매력적인 공간으로 기능할 수 있다. 이는 산업구조의 다변화와 함께 도시 재구조화의 기반을 마련하는 중요한 발판이 될 것이다.

이 장에서는 피츠버그와 디트로이트 사례를 토대로 포항의 산업 구조, 민관 협력 및 교육, 인구 및 주택정책에 대해 분석하고, 포항이 지속가능한 전환과 성장을 실현하기 위한 중장기적 정책 방향을 제시하였다. 이미 시행 중인 다양한 혁신정책들을 유기적으로 연결하고, 도시 전반의 구조적 변화를 지향하는 통합적 전략 수립이 요구된다.

제8장

창조적 도시, 포항의 전략

제1절 서론: 왜 지금 '창조적 도시 포항'인가?

1. 포항의 전환점: 산업도시를 넘어선다는 것

2015년, 포스코는 창사 이후 첫 적자를 기록했다. 이는 단순한 실적 부진을 넘어, 한국의 대표적 산업도시인 포항이 근본적 전환점에 도달했음을 상징하는 사건이었다. 제조업 중심의 경제성장이 임계점에 도달한 한국 사회에서, 산업도시들은 더 이상 기존의 성장 방식으로는 미래를 담보할 수 없게 되었다. 포항 역시 예외가 아니다. 철강산업이라는 강력한 기반 위에 건설된 도시가 이제는 새로운 정체성과 발전 패러다임을 모색해야 하는 시점에 이른 것이다.

2. 메가시티론을 넘어: 창조도시라는 대안

한국의 지역도시 정책은 최근 '메가시티'라는 화두에 집중하고 있다. 부산-울산-경남, 대구-경북처럼 여러 도시를 행정적으로 통합하여 규모의 경제를 실현하자는 구상이다. 포항 역시 대구-경북 메가시티의 일부로 편입될 가능성이 높다. 그러나 수도권 위성도시들의 현재는 규모의 확대가 곧 삶의 질 향상을 의미하지 않음을 보여준다.

창조도시(creative city)는 이러한 양적 성장론에 대한 질적 대안이다. 찰스 랜드리가 처음 제시한 이 개념은 지난 20년간 진화해 왔다. 1세대 창조도시가 문화시설 중심의 재생이었다면, 2세대는 창조계급 유치 전략으로, 3세대는 창조산업 클러스터로 발전했다. 이제 우리가 주목해야 할 것은 4세대 창조도시다. 이는 특정 산업이나 계급이 아닌, 생활과 창의가 통합되는 공간에서 창조성이 일상적으로 발현되는 도시를 의미한다.

3. 다섯 개의 도시, 하나의 미래

포항은 하나의 도시가 아니다. 철강도시이자 과학도시, 수산도시이자 근대도시, 그리고 최근에는 드라마 '갯마을 차차차'로 대표되는 문화관광 도시이기도 하다. 이러한 복합적 정체성은 지금까지는 분절과 혼란의 원인으로 여겨졌다. 그러나 이제 이 다핵적 구조를 창조도시의 잠재력으로 읽어낼 때가 되었다.

창조도시론은 단일한 중심이 아닌 다중심성을, 위계적 질서가 아닌 수평적 네트워크를, 대규모 개발이 아닌 소규모 실험을 지향한다. 이러한 관점에서 포항의 다핵 구조는 약점이 아니라 강점이 될 수 있다. 각각의 도시 정체성이 독립적인 크리에이터 타운으로 발전하고, 이들이 유기적으로 연결될 때, 포항은 한국적 창조도시의 새로운 모델이 될 수 있다.

4. 이 글의 구성

이 장은 포항을 창조도시로 전환하기 위한 이론적 기반과 실천적 전략을 제시한다. 먼저 창조도시의 진화 과정을 살펴보고, 특히 4세대 창조도시로서 '크리에이터 타운' 모델의 가능성을 탐색한다. 그리고 포항의 핵심 정체성인 철강과 과학을 문화 콘텐츠로 전환하는 방안을 모색한 후 포항의 다섯 개 도시라는 복합적 정체성을 창조적으로 연결하는 전략을 제시한다. 크리에이터 타운과 노마드 시티라는 새로운 도시 모델을 포항에 적용하는 구체적 방안을 논의하고, 이를 실현하기 위한 실행 전략으로서 건축디자인과 로컬 메이커스페이스의 역할을 제안한다.

5. 창조도시 포항이 답해야 할 질문들

포항이 창조도시로 전환하기 위해서는 다음의 핵심 질문들에 답해야 한다.

> |이론적 기준| 창조도시란 무엇이며, 현재 한국에서 도시 모델로 주목 받는 메가시티와 어떻게 다른가? 포항에 적합한 창조도시 모델은 무엇인가?
> |콘텐츠 기반 도시 전략| 철강, 과학, 수산 등 포항의 산업유산을 어떻게 창조적 자산으로 전환할 수 있을까?
> |공간 전략| 분절된 도시 구조를 어떻게 창의적으로 연결하고 큐레이션할 것인가?
> |정책 전략| 크리에이터 타운을 도시 운영의 중심축으로 삼으려면 어떤 제도적 조건이 필요한가?

이러한 질문들에 대한 답을 찾아가는 과정이 곧 포항이 산업도시를 넘어 창조도시로 진화하는 경로가 될 것이다. 창조도시는 계획이 아니라 과정이며, 포항은 이제 그 과정을 시작할 준비가 되어 있다.

제2절 창조도시이론의 진화와 포항의 가능성

1. 창조도시론의 계보: 1세대에서 4세대까지

창조도시(creative city) 개념은 도시의 미래를 설계하는 대표적 패러다임으로 자리 잡았다. 이 개념의 진화 과정을 이해하는 것은 포항이 어떤 창조도시 모델을 선택해야 하는지를 판단하는 데 필수적이다.

1) 1세대 창조도시: 문화시설 중심 재생

1980년대 후반부터 1990년대까지의 1세대 창조도시는 쇠퇴한 산업도시를 문화로 재생시키는 모델이었다. 찰스 랜드리(Charles Landry)와 피터 홀(Peter Hall) 등이 주도한 1세대 창조도시 이론의 대표적인 사례가 빌바오의 구겐하임 미술관, 글래스고의 문화수도 프로젝트다. 이 시기 창조도시론은 대규모 문화시설 건립을 통한 도시 이미지 쇄신에 초점을 맞췄다. 그러나 이러한 접근은 종종 '빌바오 효과'의 신화에 갇혀, 건축물은 남았지만 지속가능한 창조 생태계는 형성되지 못하는 한계를 드러냈다.

2) 2세대 창조도시: 창조계급 유치

2000년대 초 리처드 플로리다가 제시한 '창조계급(Creative Class)' 개념은 창조도시론의 패러다임을 전환시켰다. 이 이론은 예술가, 디자이너, 엔지니어, 연구자 등 창의적 인재들이 모이는 도시가 경쟁력을 갖는다고 주장했다. 3T(Technology, Talent, Tolerance)를 갖춘 도시가 창조계급을 유치하고, 이들이 도시의 혁신을 이끈다는 논리였다. 샌프란시스코, 오스틴, 시애틀 같은 도시들이 이 모델의 성공 사례로 거론되었다. 그러나 이 접근은 젠트리피케이션을 가속화하고, 기존 주민을 소외시키는 비판을 받았다.

3) 3세대 창조도시: 창조산업 클러스터

2000년대 후반부터 2010년대에 걸쳐 창조산업(creative industries) 육성을 통한 도시 발전 전략이 본격화되었다. 1990년대 후반 영국 토니 블레어 정부부터 시작된 창조산업 정책은 디자인, 미디어, 소프트웨어, 공연예술 등 콘텐츠 산업을 도시 경제의 새로운 동력으로 삼았다. 존 호킨스(John Howkins)의 '창조경제(creative economy)' 개념도 이 시기의 중요한 이론적 기반이 되었다. 런던의 테크시티, 몬트리올의 멀티미디어 시티, 서울의 디지털미디어시티가 이 모델을 대표한다. 이 접근은 산업정책과 도시정책을 결합하여 구체적인 경제적 성과를 창출했지만, 여전히 대기업과 정부 주도의 하향식 개발이라는 한계를 벗어나지 못했다.

4) 4세대 창조도시: 크리에이터 타운

2010년대 중반부터 부상하고 있는 4세대 창조도시는 크리에이터와 로컬 브랜드가 주도하는 상향식 모델이다. 필자는 4세대 모델을 '크리에이터 타운'으로 정의한다. 크리에이터 타운은 특정 산업이나 계급이 아닌, 일상 속에서 창조성이 발현되는 생활형 창조도시를 지향한다. 서울의 성수동, 연남동, 망원동, 스톡홀름의 소도말름, 뉴욕의 브루클린, 도쿄의 시모키타자와가 대표적이다. 이 모델의 특징은 직주락(職住樂)이 통합된 복합용도 공간에서 소상공인과 크리에이터가 자율적으로 콘텐츠를 생산하고 커뮤니티를 형성한다는 점이다.

각 세대의 창조도시 모델은 완전히 대체되는 것이 아니라 중첩되고 공존하며 진화하고 있다. 특히 한국의 맥락에서는 소상공인의 창의성과 디지털 플랫폼의 결합이라는 독특한 조건 속에서 4세대 모델이 빠르게 확산되고 있으며, 이는 포항과 같은 중소도시에게 새로운 발전 가능성을 제시하고 있다.

2. 한국형 창조도시의 특수성: 크리에이터 타운 현상

한국의 창조도시 현상은 4세대 크리에이터 타운 중심으로 형성되고 있다는 점에서 서구와 뚜렷이 구별되는 특징을 보인다. 또 따른 차이점은 예술가나 이민자 커뮤니티가 아닌, 창의적 소상공인이 도시 변화의 주체라는 사실이다. 한국에서 크리에이터 타운이 구현되는 과정은 한국 도시의 특수 상황을 반영한다.

1) 소상공인 중심의 창조 생태계

한국의 소상공인은 약 700만 명으로 전체 고용의 30%를 차지한다. 이들 중 상당수가 단순한 생계형 자영업자가 아닌, 브랜드를 구축하고 콘텐츠를 생산하는 '크리에이터'로 진화하고 있다. 대기업 출신이나 고학력자들이 자신만의 브랜드를 창업하며, SNS를 통해 적극적으로 마케팅하고, 공간 자체를 콘텐츠화한다. 이는 베를린이나 암스테르담의 예술가 주도 재생과는 다른, 한국만의 독특한 창조도시 모델이다.

2) 주거지역의 상권화

한국 크리에이터 타운의 또 다른 특징은 중상층 주거지역이 창의적 상업공간으로 전환된다는 점이다. 서울의 대표적 크리에이터 타운인 성수동, 연희동, 망원동, 이태원은 모두 주택가격이 높은 중상층 지역이다. 이는 서구의 쇠퇴한 공업지역이나 이민자 밀집지역이 창조지구로 변모하는 패턴과는 정반대다. 한국에서는 기존의 양호한 주거환경과 커뮤니티 기반이 창조적 상권 형성의 토대가 된다.

3) 디지털 플랫폼의 역할

네이버, 카카오 같은 디지털 플랫폼이 로컬 크리에이터를 적극 지원하는 것도 한국적 특성이다. 네이버의 '스마트플레이스,' '프로젝트꽃,' 카카오의 '메이커스' 프로그램은 소상공인을 단순한 자영업자가 아닌 브랜드와 콘텐츠 생산자로 육성한다. 이러한 플랫폼의 역할은 크리에이터 타운의 가시성을 높이고, 지속가능한 비즈니스 모델을 구축하는 데 기여하고 있다.

3. 창조도시의 네 가지 원리

4세대 창조도시로서 크리에이터 타운이 성공적으로 작동하기 위해서는 다음의 네 가지 원리가 필요하다.

1) 자율성(autonomy)

창조성은 명령이나 계획으로 만들어지지 않는다. 크리에이터들이 자유롭게 실험하고 실패할 수 있는 환경이 조성되어야 한다. 이는 단순히 규제 완화를 의미하는 것이 아니라, 다양한 시도를 장려하고 실패를 용인하는 문화적 토양을 의미한다.

베를린이 유럽의 대표적 창조도시로 부상한 배경에는 바로 이러한 자율성의 문화가 있었다. 통일 이후 방치된 동베를린 지역은 예술가들에게 저렴한 공간과 함께 자유로운 실험의 장을 제공했다. 정부의 직접적 개입보다는 예술가들의 자발적 집적과 활동이 오늘날 베를린의 창조적 생태계를 만들어냈다. 뉴욕 브루클린의 윌리엄스버그도 마찬가지다. 산업 쇠퇴로 버려진 공간들이 예술가들의 자율적 점유를 통해 창조적 거점으로 변모했다.

2) 다핵성(polycentricity)

단일 중심의 도시가 아닌, 여러 개의 창조적 거점이 공존하는 구조를 의미한다. 각 거점은 고유한 정체성과 기능을 가지면서도, 전체적으로는 하나의 네트워크로 연결된다.

암스테르담은 이러한 다핵성의 모범적 사례다. 역사적 중심부인 요르단(Jordaan), 첨단 기술 기업이 밀집한 주이다스(Zuidas), 창조산업 클러스터인 NDSM, 대안문화의 중심지 데 파이프(De Pijp) 등이 각자의 특성을 유지하면서도 전체적으로는 하나의 창조도시 네트워크를 형성한다. 도쿄의 시부야, 하라주쿠, 시모키타자와, 키치조지 등도 각각 다른 문화적 정체성을 가지면서 전체적으로는 도쿄라는 거대한 창조적 생태계를 구성한다.

3) 연결성(connectivity)

물리적 연결(보행로, 대중교통)과 더불어 문화적·디지털적 연결이 중요하다. 크리에이터 타운들이 독립적으로 존재하면서도 축제, 마켓, 협업 프로젝트를 통해 연결될 때 시너지가 발생한다.

런던의 경우, 동쪽의 쇼디치(Shoreditch)와 브릭레인(Brick Lane), 남쪽의 브릭스턴(Brixton), 서쪽의 노팅힐(Notting Hill) 등 서로 다른 창조지구들이 지하철과 버스로 연결될 뿐만 아니라, 'First Thursdays'와 같은 공동 문화행사를 통해 네트워크를 형성한다. 파리의 경우도 벨빌(Belleville), 오베르캄프(Oberkampf), 마레(Marais) 지구가 각자의 정체성을 유지하면서도 파리 동부 창조벨트를 형성하며 상호작용한다.

4) 생활성(livability)

직주락이 통합된 일상 속에서 창조성이 발현되어야 한다. 이는 특별한 창작 공간이 아니라, 카페에서, 서점에서, 공방에서, 시장에서 자연스럽게 창의적 활동이 일어나는 환경을 의미한다.

포틀랜드는 이러한 생활성의 대표적 모델이다. 도시 곳곳의 독립 서점, 로컬 카페, 브루어리, 푸드카트가 단순한 소비 공간을 넘어 창조적 교류의 장으로 기능한다. 코펜하겐의 베스터브로(Vesterbro) 지구도 주거와 상업, 문화가 자연스럽게 혼재되어 있으며, 일상생활 속에서 디자인과 창의성이 발현되는 환경을 조성했다. 밴쿠버의 개스타운(Gastown)과 그랜빌 아일랜드(Granville Island)도 생활과 창작이 통합된 대표적 사례다.

4. 포항형 창조도시의 가능성

포항은 4세대 창조도시로 진화할 수 있는 독특한 조건을 갖추고 있다. 앞서 살펴본 네 가지 원리에 비추어 포항의 잠재력을 분석하면 다음과 같다.

제8장 창조적 도시, 포항의 전략

1) 강력한 산업 기반의 전환 가능성

철강과 과학이라는 산업 기반은 단순한 제조업을 넘어 문화 콘텐츠로 전환될 수 있는 잠재력을 지닌다. 피츠버그가 철강도시에서 의료·교육 도시로 전환한 것과 달리, 포항은 철강의 문화적 재해석을 통해 독특한 창조도시 모델을 만들 수 있다. 독일 루르 지역이 산업유산을 문화자원으로 전환한 것처럼, 포항도 제철소와 산업시설을 창조적으로 재활용할 수 있다.

2) 이미 형성된 크리에이터 타운들

효리단길, 구룡포, 유강 등에서 이미 자생적인 크리에이터 타운이 형성되고 있다. 이들은 서울에서 이식된 모델이 아니라, 포항의 지역적 특성을 반영한 독특한 공간들이다. 재래돼지 프리미엄 축산업, SF 독립서점, 적산가옥 카페 등은 포항만의 창조적 실험이다. 이는 자율성의 원칙이 이미 작동하고 있음을 보여준다.

3) 다핵 구조의 창조적 활용

북구와 남구, 원도심과 신도시, 해안과 내륙으로 분절된 포항의 구조는 오히려 다양한 실험이 동시다발적으로 일어날 수 있는 조건이 된다. 각 지역이 독자적인 크리에이터 타운으로 발전하면서도, 전체적으로는 하나의 창조도시 네트워크를 형성할 수 있다. 이는 다핵성의 원칙을 실현할 수 있는 이상적 조건이다.

4) 젊은 창조계급의 존재

포스텍 학생과 연구자, SF 작가 김초엽 같은 창작자, 로컬 브랜드를 운영하는 청년 창업가들이 이미 포항에서 활동하고 있다. 이들은 포항형 창조도시의 핵심 주체가 될 수 있는 인적 자원이다. 또한 포스코와 포스텍이라는 안정적 직장은 창조적 실험을 뒷받침할 수 있는 경제적 기반이 된다.

5) 물리적 연결 인프라

철길숲이라는 9.3km의 보행축은 도시의 주요 거점들을 연결할 수 있는 잠재력을 가지고 있다. 이는 연결성의 원칙을 실현할 수 있는 물리적 자산이다. 또한 상대적으로 교통 체증이 적고, 자전거나 보행으로 이동 가능한 거리에 주요 지역들이 위치해 있다는 것도 장점이다.

6) 생활형 창조공간의 출현

효리단길의 독립서점과 실험적 레스토랑, 구룡포의 레트로 카페와 편집숍, 유강의 재래돼지 연구소 등은 모두 생활성의 원칙을 구현하는 공간들이다. 이들은 단순한 상업 공간이 아니라, 일상 속에서 창의성이 발현되고 교류되는 장소로 기능하고 있다.

5. 소결

창조도시론은 1세대 문화시설 중심에서 시작하여, 2세대 창조계급, 3세대 창조산업을 거쳐, 현재는 4세대 크리에이터 타운 모델로 진화했다. 특히 한국형 창조도시는 소상공인 중심, 주거지역 기반, 디지털 플랫폼 연계라는 독특한 특성을 보인다.

포항은 이러한 4세대 창조도시로 발전할 수 있는 조건을 갖추고 있다. 강력한 산업 기반, 이미 형성된 크리에이터 타운들, 다핵 도시 구조, 젊은 창조계급의 존재는 포항만의 창조도시 모델을 만들 수 있는 자산이다. 자율성, 다핵성, 연결성, 생활성이라는 네 가지 원리를 바탕으로, 포항은 메가시티와는 다른 방식의 도시 발전 경로를 제시할 수 있다.

다음 절에서는 포항의 가장 강력한 정체성인 '철강'을 어떻게 창조적 자산으로 전환할 수 있는지를 구체적으로 살펴본다. 산업이 문화가 되고, 기술이 콘텐츠가 되는 과정을 통해, 포항형 창조도시의 첫 번째 실험이 시작될 것이다.

제3절 철강도시의 문화화: 포스코를 넘어 스틸 라이프스타일로

1. 철강도시 포항의 역설적 현실

"포항은 철강도시다." 이 명제는 누구도 부인할 수 없는 사실이다. 그러나 이 명제가 도시의 일상적 경험과 얼마나 연결되어 있는가는 별개의 문제다. 포항 시민에게 "일상에서 철강을 어떻게 체감하는가?"라고 묻는다면, 대부분은 선뜻 답하지 못할 것이다. 송도해변에서 바라보는 제철소의 거대한 스카이라인을 제외하면, 철강은 도시 어디에서도 가시적으로 드러

제8장 창조적 도시, 포항의 전략

나지 않는다.

포항의 도시 경관은 여느 중소도시와 크게 다르지 않다. 건축물에 철의 질감이 강조되지 않고, 공공 디자인에 철강의 미학이 반영되지 않으며, 거리의 조형물이나 가구에서도 철의 존재감을 찾기 어렵다. 스틸하우스 단지나 포항운하의 스틸아트는 예외적 사례일 뿐, 도시 전반의 정체성을 구성하지는 못한다. 철강산업은 포스코라는 기업의 영역에 갇혀 있고, 도시 문화와는 단절되어 있다.

더 근본적인 문제는 철강도시라는 정체성이 미래 비전과 연결되지 못한다는 점이다. 젊은 세대에게 철강은 '아버지의 산업'이며, 창의적이거나 미래지향적인 이미지와는 거리가 멀다. 포항이 계속해서 철강도시로만 인식된다면, 창조계급을 유치하거나 새로운 산업을 육성하는데 한계가 있을 수밖에 없다.

2. 철강 문화화의 글로벌 사례

포항만이 이러한 고민을 안고 있는 것은 아니다. 세계의 많은 산업도시들이 산업유산을 문화자원으로 전환하는 실험을 진행해 왔다.

독일 루르 지역은 포항과 유사한 철강·석탄 산업도시였다. 그러나 1980년대 이후 체계적인 문화 전환 전략을 추진하여, 2010년에는 유럽문화수도로 선정되었다. 촐페라인 탄광은 유네스코 세계문화유산이자 현대미술관으로, 두이스부르크 제철소는 산업문화공원으로 변모했다. 중요한 것은 단순한 보존이 아니라, 산업시설을 현대적 문화공간으로 재해석했다는 점이다.

'Steel City'로 불렸던 영국의 셰필드는 철강산업 쇠퇴 후 디자인과 창조산업 도시로 전환했다. 특히 금속공예와 산업디자인 분야에서 철강 가공 기술의 전통을 창의적으로 계승했다. 셰필드 할람 대학의 금속디자인학과, 밀레니엄 갤러리의 금속공예 컬렉션은 산업기술이 예술로 승화된 사례다.

도쿄 인근의 가와사키는 중공업도시에서 첨단산업도시로 전환하면서도 철강의 정체성을 유지했다. 특히 주목할 점은 철강 기술을 생활용품과 디자인 제품으로 확장한 것이다. 가와사키의 '철강 크래프트' 운동은 로컬 브랜드를 육성하고, 철을 소재로 한 생활용품 시장을 개척했다.

3. 한국 내 철강 문화화 사례

놀랍게도 한국에서 철강 문화화에 성공한 곳은 포항이 아닌 다른 도시들이다.

서울 문래동은 영등포의 작은 철공소 밀집지역이었다. 그러나 2000년대 후반부터 예술가들이 유입되면서 '문래창작촌'으로 변모했다. 핵심은 기존 철공소의 산업적 맥락을 유지하면서 예술과 결합시킨 것이다. 철재를 활용한 조형예술, 산업적 질감을 살린 인테리어, 철공소와 예술가의 협업 프로젝트가 활발하다. 카페와 갤러리들은 의도적으로 철의 질감과 산업미학을 강조한다.

충북 음성의 '철박물관'은 포항이 아닌 내륙도시가 철 문화를 선점한 아이러니한 사례다. 이 박물관은 철의 역사와 문화를 종합적으로 다루며, 특히 야외 전시장에는 철제 구조물로 만든 정자, 조형물, 가구가 배치되어 있다. 방문객들은 철이 단순한 산업재가 아니라 문화적 소재가 될 수 있음을 체험하게 된다.

4. 포항형 철강 문화화 전략

이러한 국내외 사례를 바탕으로, 포항만의 철강 문화화 전략을 제안할 필요가 있다.

철강을 산업이 아닌 라이프스타일로 재정의해야 한다. '스틸 라이프스타일'은 철의 견고함, 정직함, 지속가능성을 일상 속에서 구현하는 삶의 방식을 의미한다. 이는 단순히 철제품을 사용하는 것이 아니라, 철이 상징하는 가치를 추구하는 문화적 태도다. 스틸 패션은 금속 액세서리와 철 소재를 활용한 의류로, 스틸 리빙은 철제 가구와 조명, 생활용품으로, 스틸 푸드는 철판 요리와 스틸 식기 문화로, 스틸 레저는 자전거와 캠핑용품 같은 철제 레저용품으로 구현될 수 있다.

포항의 창조계급은 '스틸 크리에이터'로 특화되어야 한다. 이들은 철을 소재로 디자인, 공예, 예술, 제품개발을 하는 창작자들이다. 포스코의 기술력과 지역 크리에이터의 창의성이 결합할 때, 독특한 포항형 창조산업이 탄생할 수 있다. 이를 위해서는 포스텍-포스코 또는 한동대-포스코 연계 스틸 디자인 교육과정을 개설하고, 청년 크리에이터 대상 스틸 크래프트 워크숍을 운영하며, 스틸 크리에이터 레지던시 프로그램과 로컬 브랜드 창업 지원을 체계화해야 한다.

물리적 거점으로서 대학 내부나 외부에 '스틸 아트 메이커스페이스'를 조성해야 한다. 이 메이커스페이스는 단순한 예술공간이 아니라, 제작, 전시, 판매, 교육이 통합된 복합문화공간이다. 철 가공 장비와 디지털 제작 도구를 구비하고, 시제품 제작과 소량생산을 지원하며, 스틸 디자인 전시와 마켓을 운영하고, 시민 대상 철공예 교육 프로그램을 제공하며, 크리에이터 네트워킹과 협업 공간을 조성해야 한다.

도시 전체를 스틸의 미학으로 재구성해야 한다. 철강 도시는 획일적인 철재 사용이 아니라, 각 공간의 특성에 맞는 창의적 적용을 의미한다. 공공건축물 파사드에 철의 질감을 강조하고, 가로시설물에 스틸 디자인을 적용하며, 철길숲 구간에 스틸 아트 작품을 설치하고, 주요 상권에 철제 캐노피와 파고라를 설치하며, 스틸하우스 시범단지를 확대하는 방식으로 실현될 수 있다.

5. 철강 문화 콘텐츠 개발

철강의 문화화는 물리적 환경뿐 아니라 스토리텔링과 콘텐츠 개발로 확장되어야 한다.

포항과 철의 관계를 새롭게 서사화해야 한다. 이는 산업 발전의 역사가 아니라, 사람과 철이 만들어온 이야기여야 한다. 제철 장인들의 구술사, 포스코 가족들의 생활사, 철과 함께한 포항의 변천사, 미래 철강도시의 상상력 등이 스토리텔링의 주제가 될 수 있다.

포항시는 이미 2012년부터 스틸아트페스티벌을 개최하고 있으며, 최근에는 이를 국제적 수준의 비엔날레로 격상시키는 방안을 추진하고 있다. 그러나 현재의 페스티벌은 주로 조각 전시에 중점을 두고 있어, 보다 포괄적인 '스틸 컬처'로의 확장이 필요하다. 철제품 디자인 마켓, 불꽃 쇼와 타악 공연 같은 스틸 퍼포먼스, 철공예 체험 워크숍, 국제 스틸 디자인 공모전 등을 추가하여 철을 매개로 한 종합 문화예술 축제로 발전시켜야 한다. 비엔날레로의 전환을 계기로 장소 기반 프로젝트나 시민 참여형 프로그램을 강화한다면, 포항만의 독특한 스틸 문화를 세계에 알리는 플랫폼이 될 수 있을 것이다.

철강 문화를 디지털 콘텐츠로 확장하여 젊은 세대와 소통해야 한다. 철강도시 포항을 배경으로 한 웹툰이나 웹소설, 스틸 크래프트 유튜브 채널, 가상현실 제철소 체험 콘텐츠, 철의 과학을 다룬 에듀테인먼트 콘텐츠 등이 그 예가 될 수 있다.

6. 산업과 문화의 상생 모델

포항의 철강 문화화는 포스코와의 협력 없이는 불가능하다. 기업과 도시가 상생하는 모델을 구축해야 한다.

포스코는 단순한 철강 생산자가 아니라, 철 문화의 후원자이자 공동 창조자가 되어야 한다. 폐자재와 부산물을 활용한 업사이클링 프로젝트를 추진하고, 신소재 기술을 활용한 디자인 제품을 개발하며, 포스코 아트 컬렉션을 구축하고 공개하며, 직원 대상 스틸 크리에이터 교육을 실시하고, 퇴직 기술자의 멘토링 프로그램을 운영하는 방식으로 협력할 수 있다.

포스텍의 신소재공학과, 지역 대학의 디자인학과, 포스코 연구소가 협력하는 '철강 문화 R&D' 체계를 구축해야 한다. 친환경 철 소재 개발, 3D 프린팅용 금속 재료 연구, IoT가 결합된 스마트 철강 제품 개발, 철의 감성적 표현 기법 연구 등이 주요 연구 주제가 될 수 있다.

7. 소결

철강도시 포항의 문화화는 선택이 아닌 필수다. 산업 정체성에만 머물러서는 창조도시로 도약할 수 없다. 철을 문화적 자산으로 재해석하고, 일상 속에서 체감할 수 있는 콘텐츠로 전환해야 한다.

포항형 철강 문화화의 핵심은 '스틸 라이프스타일'이다. 이는 철을 소재로 한 제품이나 예술작품을 만드는 것을 넘어, 철이 상징하는 가치와 미학을 도시 전체에 구현하는 것이다. 스틸 크리에이터 육성, 스틸 아트 메이커스페이스 조성, 도시 경관의 스틸화, 철강 문화 콘텐츠 개발은 이를 실현하기 위한 구체적 전략이다.

중요한 것은 이 모든 과정이 하향식이 아닌 상향식으로, 기업 주도가 아닌 시민 주도로 진행되어야 한다는 점이다. 포스코는 후원자의 역할을, 시정부는 촉진자의 역할을 하되, 실제 문화 창조의 주체는 로컬 크리에이터와 시민이어야 한다.

다음 절에서는 포항의 또 다른 핵심 정체성인 '과학'을 어떻게 문화화할 것인지를 다룬다. 과학이 연구실을 벗어나 도시의 일상으로 스며들 때, 포항은 진정한 과학문화도시로 거듭날 수 있을 것이다.

제8장 창조적 도시, 포항의 전략

제4절 과학도시의 감성화: 연구하는 도시에서 사는 도시로

1. 과학도시의 한계와 가능성

포항은 포스텍을 중심으로 한 과학도시로 널리 알려져 있다. 그러나 이 명칭은 도시 전체가 과학을 일상으로 체감할 수 있다는 의미와는 거리가 있다. 연구소와 캠퍼스는 고립되어 있으며, 과학은 여전히 전문가 집단 내부의 언어로 남아 있다. 과학도시라는 수식어가 현실이 되기 위해서는, 과학이 삶의 일부로 전환되어야 한다. 이는 단지 연구개발 투자나 논문 수를 늘리는 문제가 아니라, 과학을 감성적이고 문화적인 경험으로 확장하는 작업이다. 이른바 '과학의 감성화'가 지금 포항에 요구되는 전환의 핵심이다.

포항의 과학도시로서의 문제는 구조적이다. 포스텍은 우수한 연구 성과를 내고 있지만, 그 성과가 도시의 문화나 시민의 일상과 연결되지 못한다. 캠퍼스는 도시 외곽에 위치하여 물리적으로 격리되어 있고, 연구 활동은 실험실과 논문에 머물러 있다. 시민들에게 포스텍은 자부심의 대상이긴 하지만, 직접적으로 경험하거나 참여할 수 있는 공간은 아니다. 이러한 단절은 과학도시라는 정체성을 추상적인 수사에 그치게 만든다.

2. SF와 컬리지타운: 감성적 과학의 문화적 징후

포항이 지닌 과학문화의 잠재력은 이미 일부 영역에서 모습을 드러내고 있다. 대표적인 사례는 SF소설가 김초엽이다. 포스텍 출신인 그녀는 기술과 감성이 조화를 이루는 서사를 통해 대중적 공감을 획득했으며, 그녀의 작품은 기술이 인간의 삶과 어떻게 만날 수 있는지를 섬세하게 상상한다. 이처럼 개인 창작자가 만들어낸 감성적 과학 서사는 포항이라는 도시가 가진 과학문화의 방향성을 제시한다.

김초엽이 창작을 시작한 공간은 포스텍 인근의 효자동과 유강 일대다. 이 지역은 포스텍 구성원들의 생활권이자, 효리단길과 같은 골목 상권이 자생적으로 형성된 곳이다. 라멘과 초밥을 파는 가게들, 독립서점과 공상과학 소품이 어우러진 골목길은 포항의 여느 상권과 다른 정서적 분위기를 자아낸다. 특히 달팽이책방은 작은 공간이지만, 과학과 SF, 청년 창업이라는 키워드가 집약된 장소로서, 도시의 창의성과 문화 감수성을 상징하는 중요한 기호다.

이러한 현상은 포항의 과학도시가 새로운 방향으로 진화할 수 있음을 시사한다. 과학은 더 이상 실험실에 갇힌 차가운 지식이 아니라, 상상력을 자극하고 감성을 움직이는 문화적 자원이 될 수 있다. SF라는 장르는 과학과 문학의 경계를 허물며, 기술의 미래를 인간적 관점에서 탐구한다. 포항이 이러한 감성적 과학문화를 발전시킨다면, 기존의 과학도시와는 차별화된 정체성을 구축할 수 있을 것이다.

3. 라이프스타일로서의 과학: 공간, 서점, 음식

과학의 감성화는 과학을 문화로 경험하게 만드는 공간과 프로그램을 통해 구현된다. 과학도서와 SF문학이 중심이 되는 독립서점, 실험적인 음식 문화를 시도하는 식당, 창작자와 연구자가 교류하는 커뮤니티 공간은 모두 도시의 과학문화를 일상화하는 장치가 될 수 있다. 과학이 철학이 되고, 디자인과 요리, 심지어 콘텐츠 기획의 소재가 되는 지점에서 포항은 기술의 도시를 넘어 상상력의 도시로 나아갈 수 있다.

실제로 포항에서는 이러한 실험이 조금씩 시작되고 있다. 효리단길 일대의 음식점들은 단순한 요식업을 넘어 실험적인 음식 문화를 선보인다. 재래돼지를 프리미엄 축산업으로 육성하는 송학농장의 이한보름 대표가 운영하는 에이징랩은 셰프들과 함께 재래돼지 요리를 연구하는 일종의 실험실이다. 이는 과학적 접근과 감각적 경험이 결합된 새로운 형태의 문화 공간이다.

이러한 감각적 경험은 특정 전문가가 아닌 시민 모두에게 열려 있어야 하며, 지식이 정보로만 남지 않고 삶의 방식으로 전환될 때 비로소 도시 정체성으로 자리 잡는다. 과학은 더 이상 정답을 맞추는 행위가 아니라 질문을 던지는 경험이며, 도시의 미적 질서와 창의적 실험은 이러한 질문과 응답의 반복 속에서 축적된다.

4. 대학도시에서 시민과 연결되는 도시로

포스텍이라는 국내 최고 수준의 이공계 대학과 여러 연구소들이 밀집한 포항은, 과학 기반의 도시로 성장할 수 있는 조건을 갖추고 있다. 그러나 이들은 물리적으로는 밀집되어 있지만 기능적으로는 고립되어 있어, 시민의 일상과 창의적 교류로 확산되지 못하고 있다. 진정한 대

제8장 창조적 도시, 포항의 전략

학도시는 연구와 생활, 학문과 일상이 자연스럽게 연결되는 구조를 갖춰야 한다.

대학과 도시의 연결은 단순히 대학 개방이나 공개 강좌 수준에서 그쳐서는 안 된다. 도서관에서 열린 강연이 이루어지고, 실험실이 주말 프로그램으로 개방되며, 시민이 연구자와 함께 토론하는 커뮤니티가 형성될 때, 대학은 도시의 일부가 되고 도시도 지식의 일부가 된다. 이는 물리적 공간의 공유를 넘어, 지식과 문화가 상호작용하는 생태계의 구축을 의미한다.

효자지구와 유강 일대는 이러한 연결성을 실현할 수 있는 공간적 잠재력을 지닌 지역이다. 상업과 주거, 교육과 여가가 교차하는 이 지점에 도시문화와 과학문화가 만나는 접점을 만들어야 한다. 지금처럼 서로의 기능이 병렬적으로 작동할 것이 아니라, 창의적인 상호작용을 설계함으로써 도시 전반의 감수성과 창의성을 끌어올릴 수 있어야 한다.

5. 포항형 컬리지타운 전략

포항이 과학도시의 감성화를 실현하기 위해서는, 효자지구 일대를 중심으로 한 포항형 컬리지타운 구상이 필요하다. 이 구상은 효리단길을 중심으로 한 저층 주거지와 소규모 상가를 리노베이션하고, 북카페와 독립서점, 실험적 음식점, 창작 스튜디오 등을 유치하여, 과학을 해석하는 생활문화지대로 전환하는 것을 골자로 한다.

효자지구(지곡단지)는 포스코가 조성한 전원형 사택단지로, 미국 교외 중소도시의 도시계획을 연상시키는 독특한 환경을 갖추고 있다. 넓은 도로와 정원이 딸린 단독주택들, 중앙에 위치한 골프장과 호텔 영일대, 스트립몰 형태의 상업지구는 한국의 일반적인 도시 풍경과는 확연히 다른 공간 구조를 보여준다. 이러한 미국식 도시 인프라는 개방적이고 여유로운 분위기를 조성하며, 포스텍 구성원들의 주거지로서 과학자들의 창의적 사고를 뒷받침하는 환경을 제공한다. 특히 지곡초등학교와 효자초등학교는 우수한 교육 환경으로 인해 지역의 앵커 시설 역할을 하며, 2017년 포항 지진 당시에도 이 지역의 부동산 가치는 안정적으로 유지되었다.

이러한 독특한 도시 환경은 과학문화와 일상이 자연스럽게 융합될 수 있는 이상적인 조건을 제공한다. 저층 주거지의 느슨한 밀도는 실험적인 상업 공간이 들어설 여지를 만들고, 미국식 보행 친화적 환경은 우연한 만남과 교류를 촉진한다. 효리단길 일대에 이미 형성되고 있는 독립서점, 실험적 레스토랑, 공방들은 이러한 도시 구조의 잠재력을 보여주는 사례들이다.

컬리지타운은 단순한 대학가 상권이 아니라, 지식과 문화가 융합되는 창조적 생태계다. 여

기서는 과학이 학문적 담론을 넘어 일상의 대화 주제가 되고, 연구 성과가 전시나 워크숍을 통해 시민과 공유되며, 기술적 혁신이 문화적 콘텐츠로 재생산된다. 포항형 컬리지타운은 이러한 순환 구조를 만들어내는 플랫폼이 되어야 한다.

이와 함께 포스텍과 지역 시민을 연결하는 과학문화 플랫폼이 필요하다. 예술과 기술이 결합된 콘텐츠를 기획하고, 시민이 참여할 수 있는 워크숍과 전시를 운영할 수 있는 공간이 확보되어야 한다. 김초엽 작가와 같은 지역 크리에이터를 중심으로 한 창작 라운지, 그리고 SF 콘텐츠 제작과 과학 해설을 중심으로 한 창작자 교육 프로그램 또한 지역 청년들의 창업과 브랜딩을 위한 중요한 자원이 될 수 있다.

이러한 계획이 실현된다면, 포항은 연구의 도시를 넘어 해석의 도시, 창의의 도시로 거듭날 수 있을 것이다. 그리고 이는 단지 포스텍의 역할에 의존하는 것이 아니라, 도시 전체가 새로운 문화적 주체로 재구성되는 과정이기도 하다.

6. 과학문화 콘텐츠의 개발

과학의 감성화는 구체적인 콘텐츠로 구현될 때 실체를 갖는다. 포항은 과학을 주제로 한 다양한 문화 콘텐츠를 개발하고 유통시킬 수 있는 체계를 구축해야 한다.

먼저 주목해야 할 것은 과학 스토리텔링이다. 포스텍의 연구 성과나 포항의 과학기술 발전사를 단순한 정보로 전달하는 것이 아니라, 인간적인 이야기로 재구성해야 한다. 연구자들의 도전과 실패, 발견의 순간들을 담은 다큐멘터리, 과학 원리를 쉽게 풀어낸 웹툰이나 애니메이션, 미래 기술이 일상에 미칠 영향을 상상한 SF 소설 등이 그 예가 될 수 있다.

과학 축제와 페스티벌도 중요한 콘텐츠다. 기존의 딱딱한 과학 전시회를 넘어, 놀이와 체험, 예술과 과학이 만나는 융합형 축제를 기획해야 한다. 포항 사이언스 페스티벌은 과학 실험 쇼, 메이커 마켓, SF 영화제, 과학 토크 콘서트 등 다양한 프로그램으로 구성될 수 있다. 특히 시민들이 직접 참여하고 창작할 수 있는 프로그램을 통해, 과학을 수동적으로 관람하는 것이 아니라 능동적으로 경험하게 해야 한다.

디지털 플랫폼도 과학문화 확산의 중요한 도구다. 포항만의 과학 콘텐츠를 제작하고 유통하는 유튜브 채널, 팟캐스트, 온라인 매거진 등을 운영할 수 있다. 여기서는 포스텍의 최신 연구 동향을 쉽게 설명하거나, 지역의 과학 관련 이슈를 다루고, 시민들의 과학적 호기심에 답하는 콘텐츠를 제공한다. 중요한 것은 일방향적 정보 전달이 아니라, 시민과의 쌍방향 소통을 통해 과학에 대한 관심과 이해를 높이는 것이다.

7. 과학 연구와 지역 산업의 연계

과학도시의 진정한 가치는 연구 성과가 지역 산업과 연결될 때 실현된다. 포항은 포스텍의 연구 역량을 지역의 새로운 산업 창출로 연결시킬 수 있는 체계를 구축해야 한다.

바이오, 신소재, 인공지능 등 포스텍이 강점을 가진 분야에서 스타트업을 육성하고, 이들이 지역에 정착할 수 있는 환경을 조성해야 한다. 단순한 창업 지원을 넘어, 연구실에서 시장까지 이어지는 전주기적 지원 체계가 필요하다. 특히 과학기술 기반 소셜벤처나 지역 문제를 해결하는 기술 기업들을 중점적으로 육성한다면, 과학이 시민의 삶을 직접적으로 개선하는 경험을 제공할 수 있다.

또한 기존 지역 산업과 첨단 과학기술의 융합도 모색해야 한다. 예를 들어, 전통적인 수산업에 IoT와 빅데이터를 접목한 스마트 양식, 철강 산업에 나노기술을 적용한 신소재 개발, 관광 산업에 AR/VR 기술을 결합한 체험형 콘텐츠 등이 가능하다. 이러한 융합은 지역 경제에 새로운 활력을 불어넣을 뿐 아니라, 과학기술이 실생활에 기여하는 구체적 사례를 만들어낸다.

8. 소결

포항이 진정한 과학도시로 거듭나기 위해서는 과학의 감성화가 필수적이다. 진정한 과학도시는 과학을 연구실과 논문에서 해방시켜, 도시의 일상과 문화 속으로 끌어들이는 작업이다. SF 문학, 실험적 음식, 과학 카페, 메이커 스페이스 등은 모두 과학을 감성적으로 경험할 수 있게 하는 매개체들이다.

포항형 과학도시의 핵심은 '사는 도시'다. 이는 연구만 하는 도시가 아니라, 과학적 사고와 창의성이 일상에 스며든 도시를 의미한다. 시민들이 과학을 두려워하거나 어렵게 여기지 않고, 자연스럽게 즐기고 참여할 수 있는 문화가 형성될 때, 포항은 진정한 과학문화도시가 될 수 있다.

이를 위해서는 포스텍과 지역사회의 경계를 허물고, 효자지구의 컬리지타운을 통해 물리적·문화적 접점을 만들며, 다양한 과학문화 콘텐츠를 개발하고, 연구 성과를 지역 산업으로 연결시키는 종합적 전략이 필요하다. 무엇보다 중요한 것은 과학을 특정 집단의 전유물이 아닌, 모든 시민이 공유하는 도시의 자산으로 만드는 것이다.

다음 절에서는 포항의 복합적 정체성을 어떻게 창조적으로 연결할 것인지를 다룬다. 다섯 개의 도시로 분절된 포항이 하나의 창조도시 네트워크로 통합될 때, 진정한 변화가 시작될 것이다.

제5절 다섯 개의 포항: 분절된 정체성과 창조적 연결

1. 다핵 도시로서의 포항

포항은 흔히 철강산업의 대표 도시로 불리지만, 실제로는 철강이라는 단일한 정체성만으로 설명될 수 없는 도시다. 행정구역상으로는 북구와 남구로 나뉘고, 생활권 역시 대구권과 부산권으로 갈라져 있다. 도심과 외곽, 원도심과 신시가지, 해안과 내륙, 공업지역과 어촌이 병존하며, 시민들의 도시 경험은 지역에 따라 뚜렷하게 이질적이다. 포항은 하나의 도시이기보다 다섯 개의 도시가 병렬적으로 놓여 있는 복합 구조의 도시이며, 각각이 고유한 문화와 풍경, 산업과 브랜드를 갖고 있다.

이러한 다핵 구조는 포항의 형성 과정과 밀접한 관련이 있다. 원래 어촌과 농촌이 산재해 있던 지역에 1970년대 포스코가 들어서면서 급속한 산업화가 진행되었고, 이 과정에서 기존 마을들과 신도시가 유기적으로 통합되지 못한 채 각자의 정체성을 유지하게 되었다. 결과적으로 포항은 하나의 통일된 도시 정체성을 갖기보다는, 여러 개의 서로 다른 도시들이 느슨하게 연결된 형태로 존재하게 되었다.

이를 단순한 혼란이나 파편화로 볼 것이 아니라, 창조도시 설계의 출발점으로 삼는다면, 포항은 다핵 도시의 역동성을 갖춘 창의적 실험장이 될 수 있다. 각각의 지역이 독자적인 문화와 산업을 발전시키면서도, 전체적으로는 하나의 네트워크로 연결되는 구조야말로 21세기 창조도시의 이상적 모델이 될 수 있기 때문이다.

제8장 창조적 도시, 포항의 전략

2. 철강도시: 정체성과 물리적 질감의 부재

포항의 산업적 정체성을 상징하는 철강도시는 제철소와 포스코타운을 중심으로 형성되어 있다. 그러나 이러한 산업 정체성은 도시 경관과 시민의 일상에는 뚜렷하게 체감되지 않는다. 제철소는 송도해변에서 스카이라인을 통해 조망될 뿐, 철이라는 물질은 공공공간이나 건축, 디자인 요소에 적극적으로 반영되지 않고 있다.

포항의 거리는 여느 지방도시와 다르지 않으며, 철강의 존재감은 산업 내부에서만 작동한다. 포항운하 주변에 설치된 일부 스틸아트 작품이나 지곡단지의 스틸하우스가 예외적으로 존재하지만, 이것만으로는 도시 전체의 철강 정체성을 구현하기에 부족하다. 철을 문화적 자산으로 전환하고, 도시의 질감과 이미지 속에 적극적으로 배치하는 전략이 없다면, 철강도시는 과거의 수식어로만 남게 될 것이다.

더 나아가 철강도시의 정체성은 포항의 미래 비전과도 연결되어야 한다. 단순히 철을 생산하는 도시가 아니라, 철을 창의적으로 해석하고 활용하는 도시로의 전환이 필요하다. 이는 철강산업의 고도화뿐만 아니라, 철을 매개로 한 문화산업과 창조산업의 육성을 통해 가능해질 것이다.

3. 미국도시: 지곡단지와 효리단길의 이질적 질서

포항 남구의 지곡단지는 포스코가 조성한 단독주택 중심의 전원형 사택단지로, 미국 중소도시의 공간구조와 유사한 풍경을 가진다. 넓은 도로와 정원이 딸린 단독주택, 공원과 스트립몰, 단지형 학교가 어우러진 이 지역은 도시 전체와는 다른 주거문화와 생활양식을 유지하고 있다. 이곳의 주민들은 대부분 포스코와 포스텍 관련 종사자들로, 상대적으로 높은 소득수준과 교육수준을 가지고 있다.

최근 이 일대에는 효리단길이라 불리는 골목상권이 형성되며 젊은 층을 중심으로 크리에이티브한 분위기가 확산되고 있다. 간편 일식당과 독립서점, 실험적 음식점들이 입점하면서, 포스텍과 지역사회의 접점이 만들어지고 있는 것이다. 효리단길의 앵커스토어들은 대부분 젊은 창업자들이 운영하는 독특한 콘셉트의 가게들로, 지역의 창조적 에너지를 보여주는 사례가 되고 있다.

미국도시 포항은 기존의 산업도시 이미지와는 다른 창의적 생활문화가 형성되는 새로운 거점이다. 특히 포스텍 구성원들과 지역 크리에이터들이 만나는 공간으로서, 과학과 문화, 기술과 예술이 교차하는 융합의 장이 되고 있다. 이러한 특성은 포항이 단순한 산업도시를 넘어 지식기반 창조도시로 발전할 수 있는 가능성을 보여준다.

4. 근대도시: 구룡포의 적산가옥과 레트로 콘텐츠

포항시 남구에 위치한 구룡포는 일본인 이주민이 형성한 수산업 마을로, 개항도시에 준하는 근대유산을 간직하고 있다. 1920년대부터 일본인들이 정착하여 어업을 개척했던 이곳에는 지금도 적산가옥들이 밀집해 있으며, 이는 한국 근대사의 복잡한 층위를 보여주는 문화유산이다.

구룡포의 적산가옥 거리는 단순한 역사적 유산을 넘어, 현재는 카페, 찻집, 공방, 편집숍, 숙소, 전시 공간 등 다양한 로컬 브랜드가 입점하며 레트로 문화 콘텐츠 지구로 재탄생하고 있다. 까멜리아&동백서점, 여든여덟밤, 디플레이스 같은 공간들은 과거의 건축물에 현대적 감각을 더해 독특한 분위기를 만들어내고 있다. 이들은 단순히 옛것을 보존하는 것이 아니라, 과거와 현재를 창의적으로 결합시키는 실험을 하고 있다.

전통과 현대가 공존하는 이 지역은 철강도시와는 전혀 다른 시간적 질서를 보여주며, 포항의 창의적 정체성에 깊이와 다양성을 부여한다. 구룡포는 보존 중심의 유산지구가 아니라, 예술과 상업, 체류와 창작이 결합된 실험적인 공간이다. 특히 젊은 창업자들이 오래된 건물을 리노베이션하여 새로운 콘텐츠를 만들어내는 과정은, 도시재생의 창의적 모델을 제시하고 있다.

5. 수산도시와 드라마도시: 전통과 대중문화의 교차

포항은 오랜 기간 동해안 수산업의 중심지로 기능해 왔다. 죽도시장은 과메기와 대게, 다양한 해산물의 유통 거점이며, 어시장 문화와 로컬 먹거리가 축적된 장소다. 연간 4,000억 원 규모의 과메기 시장은 포항 수산업의 상징적 존재이며, 이는 단순한 경제적 가치를 넘어 지역의 문화적 정체성을 구성하는 중요한 요소다.

그러나 생산지와 유통지가 분리되어 있고, 브랜드 경쟁에서는 인근 도시인 영덕에 밀리는 실정이다. 구룡포가 과메기의 생산지임에도 불구하고, 마케팅과 브랜딩에서는 영덕이 우위를 점하고 있는 것이다. 수산도시 개념은 포항이 전통산업 기반의 문화콘텐츠 전략을 재정립해야

제8장 창조적 도시, 포항의 전략

할 필요성을 보여준다.

한편, 포항은 최근 '갯마을 차차차'의 촬영지로 주목을 받으며 드라마도시로서의 새로운 대중문화 정체성을 얻게 되었다. 청하면과 구룡포읍 일대에서 촬영된 이 드라마는 산업도시나 과학도시와는 전혀 다른 따뜻한 감수성과 일상의 미학을 포항이라는 장소에 입혔다. 드라마의 성공은 실제 관광객 증가로 이어졌으며, 이는 문화콘텐츠가 도시 이미지를 변화시킬 수 있음을 보여주는 사례가 되었다.

대중문화가 만들어낸 이미지가 실제 지역경제와 도시브랜딩에 기여하는 방식은, 포항이 새로운 서사를 받아들이는 방식에도 영향을 미치고 있다. 드라마가 그려낸 따뜻하고 인간적인 포항의 이미지는, 차가운 산업도시라는 기존 인식을 보완하는 역할을 하고 있다.

6. 다섯 개 도시의 네트워크화 전략

포항의 다섯 개 도시는 각각 독립적인 정체성을 가지면서도, 전체적으로는 하나의 도시로 기능해야 한다. 이를 위해서는 물리적 연결뿐 아니라 문화적, 경제적 연결을 강화하는 전략이 필요하다.

첫째, 물리적 연결의 강화다. 철길숲은 효자역에서 시작하여 도심을 거쳐 구룡포까지 이어지는 9.3km의 녹지축으로, 다섯 개 도시를 물리적으로 연결할 수 있는 잠재력을 가지고 있다. 이 보행축을 따라 각 지역의 특성을 살린 테마 구간을 조성하고, 자전거 도로와 보행로를 정비하여 시민들이 자연스럽게 이동하며 각 지역의 매력을 경험할 수 있도록 해야 한다.

둘째, 스토리텔링을 통한 연결이다. 다섯 개 도시의 서로 다른 이야기를 하나의 큰 서사로 엮어내는 작업이 필요하다. 예를 들어 '포항 타임라인'이라는 콘셉트로 근대(구룡포)에서 현대(철강), 미래(과학)로 이어지는 시간여행 코스를 만들거나, '포항의 다섯 얼굴'이라는 테마로 각 지역의 특색을 부각시키는 문화관광 상품을 개발할 수 있다.

셋째, 디지털 플랫폼을 통한 연결이다. '포항 크리에이터 맵'과 같은 통합 플랫폼을 구축하여, 각 지역의 크리에이터 타운 정보를 한눈에 볼 수 있도록 하고, 지역 간 이동 경로와 연계 프로그램을 제공한다. 이를 통해 시민과 관광객이 포항의 다양한 얼굴을 효율적으로 경험할 수 있도록 지원한다.

넷째, 문화 프로그램의 연계다. 각 지역에서 개최되는 축제와 이벤트를 연계하여 시너지를 창출한다. 예를 들어 철강 페스티벌, 과학 축제, 근대문화제, 수산물 축제 등을 계절별로 배치하고, 공통 프로그램을 운영하여 도시 전체가 하나의 문화 플랫폼으로 작동하도록 한다.

7. 창조적 큐레이션: 도시를 편집하다

포항의 다섯 개 도시를 하나로 엮는 것은 단순한 연결이 아니라 창조적 큐레이션의 과정이다. 이는 각 지역의 고유한 특성을 유지하면서도, 전체적으로는 조화로운 도시 경험을 만들어내는 섬세한 작업이다.

큐레이션의 첫 단계는 각 지역의 핵심 가치를 명확히 하는 것이다. 철강도시는 '산업의 미학,' 미국도시는 '지식의 일상화,' 근대도시는 '시간의 층위,' 수산도시는 '바다의 맛,' 드라마도시는 '이야기의 온기'로 정의할 수 있다. 이러한 핵심 가치를 바탕으로 각 지역의 공간, 콘텐츠, 프로그램을 일관성 있게 구성한다.

두 번째는 전환 지점의 설계다. 한 도시에서 다른 도시로 이동하는 경계 지점을 창의적으로 디자인하여, 자연스러운 전환과 함께 기대감을 조성한다. 예를 들어 철강도시에서 과학도시로 이동하는 구간에는 '미래로 가는 문'이라는 콘셉트의 조형물을 설치하거나, 근대도시에서 수산도시로 가는 길목에는 '시간의 물결' 같은 연출을 통해 공간적 서사를 만들어낸다.

세 번째는 크로스오버 프로그램의 개발이다. 각 도시의 특성을 융합한 새로운 콘텐츠를 만들어 도시 간 교류를 촉진한다. 철강 기술을 활용한 과학 전시, 근대 건축물에서 열리는 현대미술전, 수산물을 활용한 분자요리 실험실 등이 그 예가 될 수 있다. 이러한 크로스오버는 각 도시의 경계를 허물고 새로운 창조적 가능성을 열어준다.

8. 소결

포항은 철강, 미국, 근대, 수산, 드라마라는 다섯 개의 도시로 구성된 다핵 구조를 가지고 있다. 이는 일견 혼란스럽고 분절된 것처럼 보이지만, 오히려 다양한 실험과 창조가 동시다발적으로 일어날 수 있는 잠재력을 내포하고 있다.

문제는 이들이 각기 흩어져 있고, 연결되지 않으며, 도시의 통합적 서사나 전략으로 통합되지 못하고 있다는 점이다. 철길숲이라는 물리적 연결축이 존재함에도 불구하고, 이 보행축은 상권이나 이야기와 유기적으로 연계되지 못하고 있다.

포항이 창조도시로 도약하기 위해서는 이 다핵 구조를 창의적으로 큐레이션할 수 있는 전략이 필요하다. 다섯 개의 도시가 각각 독립적인 콘텐츠 클러스터로 기능하면서도, 도시 전반의 창의성과 생활문화가 교차하고 순환하는 구조를 만들어야 한다. 이를 위해서는 건축적 연결뿐 아니라 브랜드, 이야기, 문화행정, 콘텐츠 기획이 통합적으로 작동해야 한다.

창조도시는 하나의 중심이 모든 기능을 흡수하는 공간이 아니라, 다양한 중심들이 연결과 상호작용을 통해 집단적인 창의성을 발현하는 공간이다. 포항은 이와 같은 복합창조도시로 진화할 수 있는 잠재력을 이미 갖추고 있다. 다음 절에서는 이러한 잠재력을 실현하기 위한 구체적 전략인 크리에이터 타운 모델을 제시한다.

제6절 크리에이터 타운 전략: 포항형 창조도시의 구현 방식

1. 창조도시의 작동 단위로서 크리에이터 타운

지금까지 논의한 포항의 다핵 구조는 그 자체로 잠재적인 창조도시의 기반이 된다. 그러나 창조도시는 단지 공간의 병렬적 배열로 완성되지 않는다. 각 공간이 창의적 실험의 현장으로 작동하려면, 그 안에 사람이 있어야 하고, 그 사람이 콘텐츠를 만들고, 그것이 다시 소비와 브랜드, 커뮤니티로 이어지는 순환 고리가 구축되어야 한다. 이 모든 과정을 가능하게 하는 가장 현실적인 도시 단위가 바로 크리에이터 타운이다.

크리에이터 타운은 대규모 산업 단지나 스타트업 클러스터와는 다른 개념이다. 이는 직주락이 가능한 소규모 복합용도 구역이며, 독립적인 콘텐츠 생산자가 주체가 되는 도시 생태계다. 카페와 책방, 공방과 소형 브랜드 매장이 모여 하나의 상권을 형성하고, 그 상권이 도시의 새로운 문화적 의미를 생산한다. 서울의 망원동, 성수동, 연남동에서 이미 확인된 이 모델은 이제 포항의 각 핵심 지역에서 실험될 수 있다.

포항의 크리에이터 타운이 갖는 특별한 의미는 산업도시의 전환이라는 맥락에 있다. 제조업 중심의 대규모 생산 체계에서 창의성 중심의 소규모 생산 체계로의 이행은 단순한 산업 구조의 변화가 아니라 도시 작동 원리의 근본적 전환을 의미한다. 크리에이터 타운은 이러한 전환을 구현하는 가장 구체적이고 실천적인 단위가 될 수 있다.

2. 포항의 다섯 가지 크리에이터 타운 모델

포항에서 크리에이터 타운 전략은 단일 모델이 아니라, 각 지역의 정체성과 문화 자산에 따라 특화된 모델로 설계되어야 한다. 포항이 가진 다섯 개의 도시 정체성은 각각 독특한 크리에이터 타운으로 발전할 수 있는 기반이 된다.

첫째, 스틸 타운이다. 제철소와 포스코타운 인근 지역은 철강을 도시 브랜드의 핵심으로 삼는 크리에이터 타운으로 발전할 수 있다. 이곳에서는 스틸 아트와 철 기반 소비재 제작이 결합된 창조적 생태계가 형성된다. 스틸 아트 메이커스페이스를 중심으로 공예, 디자인, 건축, 콘텐츠가 융합되며, 철의 물성을 창의적으로 해석하는 다양한 실험이 이루어진다. 폐철과 산업 부산물을 활용한 업사이클링 프로젝트, 철재 가구와 조명 디자인, 금속 공예품 제작 등이 주요 활동이 될 수 있다.

둘째, SF 타운이다. 포스텍과 효리단길, 유강 일대를 연결하는 과학 기반 생활문화 구역은 과학과 상상력이 만나는 크리에이터 타운으로 설정할 수 있다. 이곳은 과학소설 작가, 과학 콘텐츠 크리에이터, 독립서점 운영자, 실험요리사 등 다양한 창작자들이 모이는 컬리지타운형 크리에이터 타운이다. 과학의 원리를 예술적으로 해석하거나, 미래 기술을 상상력으로 그려내는 창작 활동이 활발하게 이루어진다. SF 독립서점, 과학 카페, 메이커 스페이스, 실험 레스토랑 등이 이 지역의 앵커 스토어가 될 수 있다.

셋째, 레트로 타운이다. 구룡포는 이미 적산가옥과 근대유산을 활용한 레트로 문화 기반 콘텐츠가 자연스럽게 형성된 공간이다. 이곳은 단순한 보존 지구가 아니라, 과거와 현재를 창의적으로 연결하는 시간 기반 콘텐츠 타운으로 발전해야 한다. 빈티지 숍, 앤티크 카페, 전통 공예 공방, 근대 건축 갤러리 등이 조화롭게 어우러지며, 시간의 층위를 체험할 수 있는 독특한 공간으로 진화한다.

넷째, 시푸드 타운이다. 죽도시장과 포항 구항 일대는 수산업의 전통을 현대적으로 재해석하는 크리에이터 타운이 될 수 있다. 이곳에서는 해산물을 활용한 창의적 요리, 바다를 주제로 한 예술 작품, 해양 문화 콘텐츠 등이 생산된다. 전통 어시장의 활기와 현대적 감각이 결합된 새로운 형태의 도시 공간이 만들어진다.

다섯째, 스토리 타운이다. '갯마을 차차차' 촬영지인 청하면과 석병리 일대는 드라마와 이야기를 주제로 한 크리에이터 타운으로 발전할 수 있다. 이곳은 영상 콘텐츠 제작자, 시나리오 작가, 독립 영화감독 등이 활동하는 창작 기지가 되며, 일상의 이야기를 예술로 승화시키는 다양한 프로젝트가 진행된다.

3. 크리에이터 타운의 공간 구성 원리

크리에이터 타운이 성공적으로 작동하기 위해서는 특정한 공간 구성 원리가 필요하다. 이는 단순한 상업지구나 주거지구와는 다른, 창조적 활동을 촉진하는 독특한 공간 문법이다.

첫째, 직주락 근접성이다. 크리에이터들이 살고, 일하고, 즐길 수 있는 기능이 도보 거리 내에 혼재되어야 한다. 이러한 직주락 센터는 대규모 기능 분리가 아닌, 소규모 혼합 용도를 지향한다. 1층은 상점과 작업실, 2층은 사무실과 스튜디오, 3층은 주거 공간으로 구성되는 복합 건물이 이상적이다. 도시의 수직적 혼합은 다양한 활동이 자연스럽게 교차하고 융합될 수 있는 환경을 만든다.

둘째, 유연한 공간 활용이다. 크리에이터 타운의 공간은 고정된 용도가 아니라 가변적 활용이 가능해야 한다. 낮에는 카페로 운영되다가 저녁에는 공연장이 되고, 주말에는 플리마켓이 열리는 식의 시간대별 변화가 가능해야 한다. 이를 위해서는 이동식 가구, 접이식 벽체, 야외 공간과의 연계 등 유연한 공간 설계가 필요하다.

셋째, 우연한 만남의 공간이다. 창의성은 계획된 회의보다 우연한 만남에서 더 자주 발생한다. 크리에이터 타운에는 이러한 우연한 만남을 촉진하는 공용 공간이 풍부해야 한다. 골목길의 벤치, 건물 사이의 작은 광장, 옥상 정원, 공용 작업실 등이 그러한 역할을 한다. 이러한 공간에서 서로 다른 분야의 크리에이터들이 자연스럽게 교류하고 협업의 기회를 찾게 된다.

넷째, 실험과 전시의 결합이다. 크리에이터 타운은 창작 과정과 결과물이 동시에 공개되는 투명한 공간이어야 한다. 유리창을 통해 작업 과정이 보이는 공방, 거리로 열린 갤러리, 쇼윈도우를 활용한 전시 공간 등이 이러한 원리를 구현한다. 이는 창작자와 시민 사이의 거리를 좁히고, 창조적 활동에 대한 관심과 참여를 유도한다.

4. 창조적 생활과 지속가능한 경제

크리에이터 타운 전략의 핵심은 공간 제공에만 있지 않다. 중요한 것은 그 공간에서 창의적 활동을 가능하게 하는 생활 인프라와 지속가능한 경제 모델이다. 이는 단순한 창업지원센터나 임대료 보조 정책으로는 달성될 수 없다.

창조적 생활을 위해서는 먼저 적정한 주거 환경이 보장되어야 한다. 크리에이터들은 대부분 불안정한 수입 구조를 가지고 있어, 합리적인 임대료의 주거 공간이 필수적이다. 포항은 공공임대주택을 크리에이터 타운 내에 배치하거나, 쉐어하우스 형태의 공동주거 모델을 도입할 수 있다. 또한 작업실 겸 주거가 가능한 로프트형 공간을 조성하여, 창작 활동과 일상생활이 자연스럽게 연결되도록 해야 한다.

경제적 지속가능성을 위해서는 다양한 수익 모델이 필요하다. 크리에이터 타운의 수익원은 단순한 제품 판매를 넘어, 경험 판매, 교육 프로그램, 콘텐츠 라이선싱, 공간 대여 등으로 다각화되어야 한다. 예를 들어 스틸 타운의 경우, 철 공예품 판매뿐 아니라 워크숍 운영, 기업 연수 프로그램, 디자인 컨설팅 등을 통해 안정적인 수익을 창출할 수 있다.

또한 로컬 브랜드의 성장을 지원하는 체계적인 시스템이 필요하다. 초기 창업 단계에서는 공간과 장비 지원, 성장 단계에서는 마케팅과 유통 지원, 안정 단계에서는 해외 진출과 프랜차이즈 지원 등 단계별 맞춤형 지원이 이루어져야 한다. 포항시는 '포항 크리에이터 브랜드 인증제'를 도입하여, 우수한 로컬 브랜드에 대한 품질 보증과 마케팅 지원을 제공할 수 있다.

크리에이터 타운의 경제가 지역 전체와 연결되는 것도 중요하다. 지역 농산물을 활용한 메뉴 개발, 지역 제조업체와의 콜라보레이션, 지역 관광 상품과의 연계 등을 통해 크리에이터 타운이 지역 경제의 허브 역할을 하도록 해야 한다.

5. 거버넌스와 운영 체계

크리에이터 타운의 성공은 적절한 거버넌스와 운영 체계에 달려 있다. 이는 정부 주도도, 시장 자율도 아닌 제3의 방식이 필요하다.

가장 이상적인 모델은 민관협력 거버넌스다. 포항시는 기반 시설과 제도적 지원을 제공하고, 크리에이터들은 콘텐츠와 프로그램을 운영하며, 중간 지원 조직이 양자를 매개하는 구조

제8장 창조적 도시, 포항의 전략

다. 이를 위해 '포항 크리에이터 타운 운영위원회'를 구성하여, 정책 결정과 사업 실행을 담당하도록 한다. 운영위원회는 시청 관계자, 크리에이터 대표, 전문가, 시민단체 등으로 구성되어 다양한 이해관계를 조정한다.

각 크리에이터 타운별로는 자치 운영 조직을 두어 자율성을 보장한다. 스틸 타운 협의회, SF 타운 커뮤니티, 레트로 타운 조합 등의 형태로 크리에이터들이 직접 운영에 참여하도록 한다. 이들은 입주 심사, 공동 마케팅, 축제 기획, 공용 공간 관리 등을 자체적으로 결정하고 실행한다.

중간 지원 조직으로는 '포항 크리에이터 타운 센터'를 설립한다. 이 센터는 창업 지원, 교육 프로그램, 네트워킹 행사, 홍보 마케팅 등을 총괄하며, 크리에이터와 행정 사이의 가교 역할을 한다. 특히 초기 창업자를 위한 인큐베이팅 프로그램과 성장 단계 기업을 위한 액셀러레이팅 프로그램을 운영하여, 크리에이터의 전 생애 주기를 지원한다.

재원 조달은 다양한 채널로 이루어져야 한다. 시 예산뿐 아니라 중앙정부 지원금, 기업 후원, 크라우드 펀딩, 수익사업 등을 통해 재정적 지속가능성을 확보한다. 특히 포스코, 포스텍 등 지역 주요 기관과의 파트너십을 통해 안정적인 지원 기반을 구축하는 것이 중요하다.

6. 네트워킹과 교류 프로그램

크리에이터 타운의 활력은 내부 교류뿐만 아니라 외부와의 연결에서도 나온다. 포항의 크리에이터 타운들은 서로 연결되어야 할 뿐만 아니라, 국내외 다른 창조도시들과도 적극적으로 교류해야 한다.

먼저 포항 내 다섯 개 크리에이터 타운 간의 교류를 활성화한다. '포항 크리에이터 위크'를 연례 행사로 개최하여, 각 타운의 크리에이터들이 서로의 작품을 전시하고 협업 프로젝트를 진행하도록 한다. 또한 '크리에이터 익스체인지 프로그램'을 통해 타운 간 임시 이주와 협업을 지원한다. 예를 들어 스틸 타운의 금속 공예가가 SF 타운에서 과학 기술을 활용한 새로운 작품을 만들거나, 레트로 타운의 디자이너가 시푸드 타운에서 바다를 주제로 한 컬렉션을 개발하는 식이다.

포항 내 대학들의 전략적 네트워킹도 중요한 요소다. 포스텍과 한동대는 지리적으로 떨어져 있지만, 각자의 강점을 살린 협력 네트워크를 구축할 수 있다. 포스텍이 과학기술 중심의 연구를 담당한다면, 한동대학교는 인문학적 상상력과 사회혁신, 글로벌 네트워크를 통해 창조도시의 또 다른 축을 형성한다.

특히 한동대의 ICT창업학부, 콘텐츠융합디자인학부, 국제개발협력대학원은 기술과 창의성, 사회적 가치를 결합하는 융합형 인재를 양성하고 있다. 이들은 포항의 각 크리에이터 타운에서 활동하는 창작 주체가 될 수 있으며, 특히 스토리 타운과 레트로 타운에서 문화 콘텐츠를 개발하는 데 기여할 수 있다.

한동대가 추구하는 '세상을 바꾸는 대학'이라는 비전은 크리에이터 타운의 사회혁신적 성격과 맞닿아 있다. 대학의 창업보육센터와 소셜벤처 프로그램은 지역 사회 문제를 창의적으로 해결하는 스타트업을 육성하며, 이는 크리에이터 타운의 지속가능한 발전에 기여한다.

양 대학 간의 온라인 플랫폼과 디지털 협업 시스템은 지리적 거리를 극복하는 방안이 된다. 공동 프로젝트, 온라인 워크숍, 가상현실을 활용한 협업 공간 등을 통해 두 대학의 인재들이 크리에이터 타운에서 함께 활동할 수 있는 기반을 마련한다.

국내 다른 도시들과의 네트워킹도 중요하다. 서울의 성수동, 제주의 탑동, 전주의 한옥마을, 부산의 전포동 등 성공적인 크리에이터 타운들과 정기적인 교류를 갖는다. 공동 전시, 팝업 스토어, 아티스트 레지던시 등을 통해 서로의 경험을 공유하고 새로운 기회를 창출한다.

국제적 네트워킹을 위해서는 해외 창조도시들과 자매결연을 맺는다. 일본의 가나자와, 영국의 브리스톨, 독일의 베를린 등 창조도시로 유명한 곳들과 정기적인 교류 프로그램을 운영한다. 국제 레지던시 프로그램을 통해 해외 크리에이터를 유치하고, 포항의 크리에이터들도 해외에서 활동할 기회를 제공한다.

온라인 플랫폼을 통한 가상 네트워킹도 활용한다. '글로벌 크리에이터 타운 네트워크'에 참여하여, 전 세계 크리에이터들과 온라인으로 협업하고 정보를 공유한다. 특히 코로나19 이후 활성화된 온라인 협업 도구들을 적극 활용하여, 물리적 거리를 넘어선 창조적 교류를 실현한다.

7. 소결

크리에이터 타운은 포항이 창조도시로 전환하기 위한 가장 구체적이고 실천적인 전략이다. 이는 단순한 도시재생이나 상권 활성화를 넘어, 도시의 작동 원리를 근본적으로 바꾸는 패러다임 전환이다.

제8장 창조적 도시, 포항의 전략

포항의 다섯 개 도시 정체성은 각각 독특한 크리에이터 타운으로 발전할 수 있는 잠재력을 가지고 있다. 스틸 타운, SF 타운, 레트로 타운, 시푸드 타운, 스토리 타운은 포항만의 독특한 창조도시 모델을 구성하는 요소들이다. 이들이 독립적으로 발전하면서도 유기적으로 연결될 때, 포항은 한국형 창조도시의 새로운 전형을 제시할 수 있다.

크리에이터 타운의 성공을 위해서는 적절한 공간 구성, 지속가능한 경제 모델, 참여적 거버넌스, 활발한 네트워킹, 체계적인 성과 관리가 필요하다. 이 모든 요소들이 조화롭게 작동할 때, 크리에이터 타운은 단순한 공간을 넘어 창조적 생태계로 진화한다.

다음 절에서는 이러한 크리에이터 타운들이 더 큰 도시 체계 속에서 어떻게 연결되고 작동하는지를 다룬다. 노마드 시티라는 새로운 도시 모델을 통해, 포항이 메가시티와는 다른 방식으로 도시의 미래를 설계할 수 있음을 제시한다.

제7절 노마드 시티로 가는 길: 메가시티 시대의 새로운 도시 모델

1. 메가시티 담론의 재검토

한국의 도시정책은 최근 메가시티라는 화두에 집중하고 있다. 부산-울산-경남, 대구-경북처럼 여러 도시를 행정적·경제적으로 통합하여 규모의 경제를 실현하고자 하는 구상이다. 이러한 접근의 배경에는 글로벌 도시 경쟁에서 규모가 곧 경쟁력이라는 인식이 자리 잡고 있다. 그러나 메가시티가 과연 유일한 미래 도시 모델인가?

수도권의 현실은 메가시티의 역설을 보여준다. 세계적 규모의 메가시티로 성장한 수도권이지만, 그 안의 많은 도시들은 독자적 정체성을 상실하고 서울의 베드타운으로 전락했다. 규모의 확대가 자동으로 삶의 질 향상으로 이어지지 않으며, 오히려 지역 간 격차와 정체성 상실이라는 부작용을 낳고 있다.

포항이 직면한 선택도 이러한 맥락에서 이해되어야 한다. 대구-경북 메가시티에 편입될 경우, 행정적 효율성은 높아질 수 있지만 포항만의 독특한 다핵적 구조와 창조적 잠재력이 희석될 위험이 있다. 이는 단순히 한 도시의 문제가 아니라, 메가시티 시대에 중소도시가 선택할 수 있는 발전 경로에 대한 근본적 질문을 제기한다.

2. 노마드 시티: 네트워크형 메가시티의 대안

노마드 시티는 기존 메가시티 모델에 대한 대안적 접근이다. 이는 단일 중심의 위계적 통합이 아닌, 다중심의 수평적 네트워크를 지향한다. 메가시티가 '규모의 논리'를 따른다면, 노마드 시티는 '연결의 논리'를 따른다.

이론적으로 노마드 시티는 들뢰즈와 가타리의 리좀(rhizome) 개념과 연결된다. 리좀은 뿌리 줄기처럼 시작과 끝이 없이 중간 지점들이 서로 연결되고 확장되는 구조로, 수직적 위계가 아닌 수평적 네트워크를 형성하는 존재 방식을 의미한다. 리좀은 중심이 없고, 위계가 없으며, 어느 지점에서든 다른 지점과 연결될 수 있는 네트워크 구조를 의미한다. 도시 구조에 적용하면, 이는 각 지역이 독립적으로 작동하면서도 필요에 따라 유연하게 연결되는 형태를 뜻한다.

현대 사회의 변화도 노마드 시티의 필요성을 뒷받침한다. 디지털 노마드, 긱 이코노미, 원격 근무의 확산은 고정된 중심지보다는 다양한 거점을 오가며 활동하는 라이프스타일을 가능하게 했다. 도시도 이러한 유연성과 이동성을 수용할 수 있는 구조로 진화해야 한다.

3. 크리에이터 타운 네트워크와 노마드 시티

앞 절에서 논의한 크리에이터 타운은 노마드 시티의 기본 단위가 된다. 개별 크리에이터 타운이 독립적인 창조 생태계라면, 노마드 시티는 이들을 연결하는 상위 구조다. 이는 단순한 물리적 연결을 넘어, 각 타운의 특성을 살리면서도 시너지를 창출하는 네트워크 체계를 의미한다.

포항의 경우, 스틸 타운, SF 타운, 레트로 타운, 시푸드 타운, 스토리 타운이라는 다섯 개의 크리에이터 타운이 노마드 시티의 노드(node)가 된다. 각 노드는 고유한 정체성과 기능을 유지하면서도, 전체적으로는 하나의 창조적 네트워크를 형성한다. 이는 전통적인 도시 계획의 기능적 분리와는 다른, 특성의 분화와 연결이라는 새로운 원리를 따른다.

중요한 것은 이러한 네트워크가 고정된 것이 아니라 유연하게 재구성될 수 있다는 점이다. 상황과 필요에 따라 특정 타운 간의 연결이 강화되거나 약화될 수 있고, 새로운 타운이 추가되거나 기존 타운이 변화할 수 있다. 이러한 적응성이 노마드 시티의 핵심 특징이다.

4. 분권형 거버넌스의 이론적 기초

노마드 시티는 거버넌스 측면에서도 새로운 모델을 제시한다. 전통적 메가시티가 중앙집권적 통합을 지향한다면, 노마드 시티는 분권적 자치를 기반으로 한다. 이는 단순한 행정 효율성의 문제가 아니라, 창조성과 다양성을 유지하기 위한 필수 조건이다.

정치철학적으로 이는 보충성의 원리(principle of subsidiarity)와 연결된다. 보충성의 원리는 유럽연합의 핵심 운영 원칙으로, 의사결정은 가능한 가장 가까운 수준(local level)에서 이루어져야 하며, 상위 조직은 하위 조직이 효과적으로 수행할 수 없는 기능만을 담당해야 한다는 원칙이다. 의사결정은 가능한 한 가장 낮은 수준에서 이루어져야 하며, 상위 수준은 하위 수준이 처리할 수 없는 문제만을 다루어야 한다는 원칙이다. 크리에이터 타운의 자율성은 이 원리의 구현이며, 노마드 시티 전체의 조정 기능은 보충적 역할에 그친다.

경제학적으로는 티부 가설(Tiebout hypothesis)이 이론적 근거를 제공한다. 티부 가설은 찰스 티부가 1956년 제시한 지방공공재 이론으로, 시민들이 발로 투표(voting with their feet)하여 자신의 선호에 맞는 지역 공공재와 조세 조합을 제공하는 지역으로 이주함으로써 자원 배분의 효율성이 달성된다는 이론이다. 시민들이 자신의 선호에 맞는 지역을 선택할 수 있을 때, 각 지역은 차별화된 서비스를 제공하게 되고 전체적인 효율성이 증가한다는 이론이다. 노마드 시티의 다양한 크리에이터 타운은 이러한 선택권을 제공하며, 건전한 경쟁과 협력을 통해 발전한다.

5. 메가시티와 노마드 시티의 변증법적 관계

노마드 시티는 메가시티를 부정하는 것이 아니라, 메가시티의 한 형태로서 새로운 가능성을 제시한다. 이는 양자택일의 문제가 아니라 변증법적 종합의 문제다. 메가시티의 규모와 노마드 시티의 유연성이 결합될 때, 21세기 도시의 이상적 모델이 만들어질 수 있다.

예를 들어, 대구-경북 메가시티 구상 속에서 포항이 노마드 시티 모델을 채택한다면, 전체 메가시티의 다양성과 창조성이 증대될 수 있다. 대구가 행정과 금융의 중심이라면, 포항은 창조와 실험의 중심이 되는 식의 기능적 분화가 가능하다. 이는 획일적 통합이 아닌 다양성 속의 통일을 실현하는 방안이다.

더 나아가 전국적 차원에서도 서울 중심의 단일 메가시티가 아닌, 여러 노마드 시티들이 네트워크로 연결된 '메타-시티(Meta-City)' 구조를 상상할 수 있다. 포항, 전주, 강릉, 제주 등이 각자의 특성을 살린 노마드 시티로 발전하고, 이들이 상호 연결되는 국가적 창조 네트워크를 형성하는 것이다.

6. 글로벌 맥락에서의 노마드 시티

노마드 시티 모델은 한국적 특수성을 넘어 글로벌한 함의를 갖는다. 세계 각국이 도시화와 지역 불균형 문제에 직면한 상황에서, 중소도시의 창조적 발전 모델은 보편적 관심사가 되고 있다.

유럽연합의 '스마트 전문화(smart specialization)' 전략은 각 지역이 자신의 강점을 살린 특화 발전을 추구하도록 장려한다. 일본의 '지방창생' 정책도 지역의 고유한 자원을 활용한 내생적 발전을 강조한다. 노마드 시티는 이러한 세계적 흐름과 맥을 같이하면서도, 네트워크와 유연성을 더욱 강조하는 진화된 모델이다.

특히 아시아의 급속한 도시화 맥락에서 노마드 시티는 중요한 대안이 될 수 있다. 중국, 인도, 동남아시아 국가들이 메가시티 중심 개발의 부작용을 겪고 있는 상황에서, 한국이 선도적으로 제시하는 분산형 창조도시 모델은 지역 전체의 지속가능한 발전에 기여할 수 있다.

7. 소결

노마드 시티는 메가시티 시대의 새로운 도시 모델이다. 이는 규모의 논리를 넘어 연결의 논리를, 통합을 넘어 네트워크를, 획일성을 넘어 다양성을 추구한다. 포항이 가진 다핵적 구조와 크리에이터 타운의 잠재력은 이러한 노마드 시티 모델을 실현하기 위한 이상적 조건이다.

이론적으로 노마드 시티는 리좀적 네트워크, 보충성의 원리, 티부 가설 등 다양한 개념적 기초 위에 서 있다. 실천적으로는 크리에이터 타운이라는 구체적 단위를 통해 작동하며, 분권적 거버넌스와 유연한 연결 구조를 통해 지속된다.

중요한 것은 노마드 시티가 메가시티를 대체하는 것이 아니라, 메가시티의 진화된 형태로서 새로운 가능성을 제시한다는 점이다. 대구-경북 메가시티 구상 속에서 포항이 노마드 시티로 발전한다면, 이는 전체 메가시티의 창조성과 다양성을 증진시키는 촉매 역할을 할 수 있다.

궁극적으로 노마드 시티는 21세기 도시 문명의 새로운 방향을 제시한다. 고정과 유동, 집중과 분산, 통합과 자율이 창조적으로 결합되는 도시. 그것이 바로 포항이 추구해야 할 미래 도시의 모습이다.

제8절 창조도시 포항을 위한 실행 전략: 건축디자인과 로컬 메이커스페이스

포항은 철강과 과학이라는 전통적 산업 기반 위에, 이제 창조도시로 전환하려는 실험을 시작하고 있다. 이 실험은 도시의 정체성과 공간 구조를 재해석하고, 새로운 창의 주체를 도시의 중심에 배치하는 과정이다. 하지만 아이디어와 서사만으로 도시는 바뀌지 않는다. 창조도시는 콘텐츠를 수용할 수 있는 구조적 환경과, 콘텐츠를 생산할 수 있는 기반시설 없이는 작동하지 않는다. 그렇기 때문에 실행 전략은 도시철학을 실현하는 구체적 장치이자, 창조도시가 현실화되는 물리적 조건이다.

이 절에서는 창조도시 포항을 구현하기 위한 실행 전략으로서 두 가지 핵심 축을 제안한다. 첫째는 크리에이터가 머물고 활동할 수 있는 건축과 디자인 기반의 도시 설계이며, 둘째는 콘텐츠를 생산하고 협업하며 실험할 수 있는 로컬 메이커스페이스 운영이다. 전자는 창작자를 유인하고 정착시키는 도시의 공간적 구조를, 후자는 그들이 활동을 지속할 수 있는 창의적 생태계를 구축하는 데 핵심적인 역할을 한다.

1. 창조도시의 물리적 기반: 건축과 디자인의 조건

창조도시는 콘텐츠만으로 완성되지 않는다. 콘텐츠를 담을 수 있는 물리적 그릇이 필요하며, 그 그릇은 단지 하드웨어가 아니라 창조성이 촉발되는 건축 환경과 공간 구조여야 한다. 최근 정부가 추진 중인 '문화가 있는 산업단지' 정책은 이러한 인식을 반영한 시도라 할 수 있다. 유휴 공장과 창고, 노후 건물을 문화예술 공간으로 전환하고, 창작과 소비가 공존하는 산업단지로 재구성하는 이 정책은 산업 기반의 도시재생이 문화 기반으로 이행되는 흐름을 상징한다.

포항은 철강산업의 중심지로서, 대단위 산업단지와 공업지구를 다수 보유하고 있다. 그러나 이 공간들은 대부분 외부인에 폐쇄되어 있으며, 도시민의 일상과 유리되어 있다. 창조도시로의 전환은 이 공간들을 창의적 실험의 무대로 탈바꿈시키는 데서 출발해야 한다. 이를 위해 필요한 것은 콘텐츠 유치 이전에 창작자들이 머물고 실험할 수 있는 건축적 조건이다.

포항이 가진 산업 건축물들은 오히려 창조적 재해석의 좋은 재료가 될 수 있다. 거대한 공장 건물의 높은 천정과 넓은 공간은 대규모 예술 작업이나 공연에 적합하며, 창고의 구조적 유연성은 다양한 용도 전환을 가능하게 한다. 중요한 것은 이러한 공간을 단순히 보존하거나 철거하는 것이 아니라, 새로운 용도와 의미를 부여하여 재활성화하는 것이다.

2. 포항형 건축 환경의 재구성

포항의 창조도시 전환을 위한 건축 전략은 크게 세 가지 층위에서 접근해야 한다. 첫째는 기존 산업 시설의 창의적 전환, 둘째는 주거지역의 복합용도화, 셋째는 공공공간의 창조적 재설계다.

산업 시설의 창의적 전환은 포항이 가진 가장 큰 자산을 활용하는 전략이다. 제철소 주변의 유휴 공장이나 창고를 스틸 아트 메이커스페이스로 전환하거나, 폐쇄된 산업 시설을 복합문화공간으로 재생하는 것이 그 예다. 독일 루르 지역의 졸페라인 탄광이 문화복합단지로 변모한 것처럼, 포항의 산업 유산도 창조적 재해석을 통해 새로운 가치를 창출할 수 있다. 특히 철강산업 시설의 거대한 스케일과 독특한 구조는 그 자체로 강력한 공간적 체험을 제공할 수 있어, 예술가나 크리에이터들에게 매력적인 작업 환경이 될 수 있다.

주거지역의 복합용도화는 크리에이터 타운의 기본 조건이다. 효리단길이나 구룡포처럼 이미 자생적으로 형성되고 있는 지역들을 보면, 주거와 상업, 문화가 자연스럽게 혼재된 구조를 갖고 있다. 이러한 혼합 용도는 계획적으로도 유도되어야 한다. 1층은 카페나 갤러리, 2층은 작업실이나 사무실, 3층은 주거 공간으로 구성되는 '무지개떡 건축'은 직주락이 통합된 창조적 환경을 만드는 데 이상적이다. 포항시는 용도지역 규제를 완화하고, 리모델링 지원 정책을 통해 이러한 전환을 촉진해야 한다.

공공공간의 창조적 재설계는 도시 전체의 창의성을 높이는 중요한 전략이다. 철길숲과 같은 선형 공원은 단순한 녹지가 아니라 창조적 활동의 무대가 되어야 한다. 곳곳에 야외 전시 공간, 버스킹 무대, 임시 설치물을 위한 플랫폼을 마련하여, 일상 속에서 예술과 창작을 경험할 수 있도록 한다. 또한 주요 광장이나 공원에는 메이커스페이스와 연계된 야외 작업장을 설치하여, 시민들이 창작 과정을 직접 목격하고 참여할 수 있도록 한다.

3. 크리에이터 친화적 건축 디자인 가이드라인

포항이 진정한 창조도시가 되기 위해서는 개별 건축물 차원에서도 크리에이터 친화적인 설계 원칙이 적용되어야 한다. 이를 위한 디자인 가이드라인을 제시하면 다음과 같다.

첫째, 가변성과 유연성이다. 크리에이터들의 작업은 끊임없이 변화하므로, 공간도 이에 대응할 수 있어야 한다. 이동 가능한 파티션, 접이식 벽체, 모듈화된 가구 시스템 등을 통해 공간을 자유롭게 재구성할 수 있도록 한다. 특히 메이커스페이스나 코워킹 공간은 다양한 규모의 프로젝트에 대응할 수 있는 유연한 구조를 가져야 한다.

둘째, 투명성과 개방성이다. 창작 과정이 외부에 노출되는 것은 크리에이터와 시민 사이의 거리를 좁히는 중요한 요소다. 대형 유리창, 오픈 스튜디오, 거리로 열린 작업장 등을 통해 창작 활동이 도시의 일상적 풍경이 되도록 한다. 이는 크리에이터들에게는 자신의 작업을 알리는 기회가 되고, 시민들에게는 창조성을 일상적으로 경험하는 계기가 된다.

셋째, 복합성과 연결성이다. 하나의 건물이나 블록 안에서도 다양한 기능이 공존하고 연결되어야 한다. 지상층의 상업 공간과 상층부의 작업실이 내부 계단이나 아트리움으로 연결되거나, 건물과 건물 사이가 브리지나 공중 통로로 이어지는 등 수평적, 수직적 연결을 통해 우연한 만남과 교류를 촉진한다.

넷째, 지역성과 정체성이다. 포항의 건축은 지역의 특성을 반영해야 한다. 철강도시의 정체성을 살린 금속 파사드, 해양도시의 특성을 반영한 물결 모양의 디자인, 과학도시의 이미지를 구현한 하이테크 요소 등을 적절히 활용한다. 특히 철의 질감과 색채를 건축 디자인에 적극적으로 도입하여, 포항만의 독특한 도시 경관을 창출한다.

4. 로컬 메이커스페이스: 지역 콘텐츠의 사업화 플랫폼

창조도시의 두 번째 핵심 전략은 지역 특화 콘텐츠를 실질적으로 사업화할 수 있는 기술 인프라의 구축이다. 로컬 메이커스페이스는 일반적인 메이커스페이스와 달리, 지역의 고유한 창조 자원을 상품과 서비스로 전환하는 데 필요한 특화된 기술을 교육하고 실습하는 플랫폼이다.

로컬 메이커스페이스의 핵심 기능은 세 가지로 요약된다. 첫째, 지역 콘텐츠에 특화된 제작 기술의 제공이다. 각 크리에이터 타운의 고유한 소재와 테마에 맞는 장비와 기술을 갖추어, 해당 분야의 창작과 사업화를 지원한다. 둘째, 전통 기술과 현대 기술의 융합이다. 지역의 전통적 제작 기법을 디지털 기술과 결합하여, 새로운 가치를 창출한다. 셋째, 창작에서 사업화까지의 전주기 지원이다. 아이디어 구상부터 프로토타입 제작, 소량 생산, 마케팅까지 지원하여, 창작물이 실제 비즈니스로 연결되도록 돕는다.

포항의 로컬 메이커스페이스는 다섯 개의 크리에이터 타운 각각의 특성에 맞춰 설계되어야 한다. 스틸 아트 메이커스페이스는 철강 산업의 기술력을 문화 콘텐츠로 전환하는 기술을, SF 메이커스페이스는 과학 기술을 창의적 콘텐츠로 변환하는 기술을, 시푸드 메이커스페이스는 해산물을 새로운 식품과 요리로 개발하는 기술을 중점적으로 다룬다.

5. 포항형 메이커스페이스의 특화 전략

포항의 로컬 메이커스페이스는 각 크리에이터 타운의 콘텐츠를 사업화하는 데 필요한 맞춤형 기술과 인프라를 제공한다.

| 스틸 아트 메이커스페이스 |는 포항의 철강 산업 유산을 창조적 콘텐츠로 전환하는 핵심 시설이다. 전통적인 용접, 단조, 주조 기술과 함께 3D 금속 프린팅, 레이저 커팅 등 첨단 기술을 갖춘다. 포스코와의 협력을 통해 산업 부산물을 예술품과 디자인 제품으로 재탄생시키는 업사이클링 프로그램을 운영한다. 특히 철제 가구, 조명, 인테리어 소품 등 실용적인 제품 개발에 중점을 두어, 창작물의 상업적 가치를 높인다. 포스코 은퇴 기술자들이 멘토로 참여하여, 산업 현장의 노하우를 창조적 제작에 활용할 수 있도록 지원한다.

| SF 메이커스페이스 |는 과학 기술을 대중적 콘텐츠로 변환하는 기술을 제공한다. 아두이노, 라즈베리파이 등을 활용한 인터랙티브 장치 제작, VR/AR 콘텐츠 개발, 과학 교육 키트 제작 등을 지원한다. 포스텍 연구실과 연계하여 최신 과학 기술을 쉽게 이해할 수 있는 전시물이나 교육 도구로 개발하는 프로젝트를 진행한다. 특히 과학 원리를 활용한 장난감, 교구, 체험

전시물 등의 상품화에 중점을 둔다.

| **레트로 메이커스페이스** |는 구룡포의 근대 유산과 레트로 문화를 현대적으로 재해석하는 공간이다. 적산가옥의 건축 요소를 활용한 인테리어 소품, 근대 시대의 디자인을 재현한 생활용품, 옛 사진과 자료를 디지털화한 아카이브 제품 등을 제작한다. 전통 인쇄술과 디지털 프린팅을 결합한 레트로 출판물, 근대 복식을 현대적으로 재해석한 패션 아이템, 옛 간판과 타이포그래피를 활용한 그래픽 디자인 등 시간의 층위를 느낄 수 있는 다양한 상품을 개발한다. 특히 지역 어민들의 전통 기술과 생활 문화를 기록하고 재현하는 프로젝트도 함께 진행한다.

| **시푸드 메이커스페이스** |는 해산물의 가치를 극대화하는 가공 기술을 제공한다. 분자요리 기법, 발효 기술, 식품 3D 프린팅 등을 활용하여 전통 해산물을 새로운 형태의 식품으로 개발한다. 미활용 해산물의 고부가가치화, 해산물 기반 건강식품 개발, 프리미엄 수산 가공품 제작 등을 지원한다. 지역 어민들과 협력하여 지속가능한 수산업 모델도 함께 모색한다.

| **스토리 메이커스페이스** |는 지역 이야기를 다양한 콘텐츠로 제작하는 기술을 제공한다. 소규모 스튜디오, 편집실, 음향 작업실을 갖추고, 웹드라마, 다큐멘터리, 유튜브 콘텐츠 등 다양한 형태의 영상물 제작을 지원한다. 드론 촬영, 360도 카메라 등 새로운 촬영 기법도 교육하며, 지역 이야기를 글로벌 콘텐츠로 만드는 프로젝트를 진행한다. 특히 '갯마을 차차차' 같은 성공 사례를 분석하고, 포항만의 독특한 이야기를 발굴하여 콘텐츠화하는 작업에 주력한다.

이러한 특화된 메이커스페이스들은 단순한 제작 공간을 넘어, 지역 콘텐츠의 사업화를 위한 종합적인 지원 시스템으로 기능한다. 기술 교육, 시제품 개발, 시장 테스트, 판로 개척까지 전 과정을 지원하여, 창작이 실제 비즈니스로 이어지도록 돕는다. 이를 통해 포항의 다양한 창조 자원이 경제적 가치를 창출하고, 지속가능한 창조 생태계를 구축할 수 있다.

6. 메이커스페이스의 운영 체계와 프로그램

메이커스페이스의 성공은 장비와 공간만으로 이루어지지 않는다. 이를 운영하는 체계와 프로그램이 더 중요하다. 포항의 메이커스페이스는 다음과 같은 운영 원칙을 따라야 한다.

첫째, 개방성과 접근성이다. 메이커스페이스는 전문가만을 위한 공간이 아니라, 초보자도 쉽게 접근할 수 있어야 한다. 이를 위해 단계별 교육 프로그램을 운영하고, 장비 사용법부터 창작 기법까지 체계적으로 가르친다. 또한 저렴한 이용료 정책을 통해 경제적 장벽을 낮추고, 야간과 주말에도 운영하여 직장인들도 이용할 수 있도록 한다.

둘째, 협업과 공유다. 메이커스페이스는 개인 작업뿐만 아니라 협업 프로젝트를 장려한다. 정기적인 '메이커 밋업'을 개최하여 서로의 프로젝트를 공유하고 피드백을 주고받는다. 또한 '콜라보레이션 데이'를 통해 서로 다른 분야의 메이커들이 함께 작업할 기회를 만든다. 작업 과정과 결과물은 온라인 플랫폼을 통해 공유하여, 다른 메이커들이 참고하고 발전시킬 수 있도록 한다.

셋째, 교육과 전파다. 메이커스페이스는 창작 기술을 배우고 가르치는 교육의 장이 되어야 한다. 정규 교육 과정으로는 '메이커 아카데미'를 운영하여, 기초부터 고급까지 체계적인 커리큘럼을 제공한다. 또한 '주니어 메이커 프로그램'을 통해 청소년들에게 창작의 즐거움을 전파하고, '시니어 메이커 클럽'을 통해 은퇴자들의 경험과 기술을 활용한다.

넷째, 비즈니스 연계다. 메이커스페이스는 취미 활동에 그치지 않고 비즈니스로 발전할 수 있도록 지원한다. '프로토타입에서 제품까지' 프로그램을 통해 시제품 개발부터 양산, 마케팅까지 전 과정을 지원한다. 또한 '메이커 마켓'을 정기적으로 개최하여 제품을 판매할 수 있는 기회를 제공하고, 온라인 쇼핑몰과도 연계하여 지속적인 판로를 확보한다.

7. 건축과 메이커스페이스의 시너지

건축디자인과 메이커스페이스는 각각 독립적인 전략이 아니라, 서로 시너지를 창출하는 통합적 전략이다. 창조적 건축 환경은 메이커들을 유인하고, 메이커스페이스는 그 공간에 생명력을 불어넣는다.

예를 들어, 스틸 아트 메이커스페이스가 위치한 건물 자체가 철의 미학을 구현한 건축물이라면, 그 공간에서 작업하는 것 자체가 영감의 원천이 될 수 있다. 거대한 철골 구조가 노출된 천장, 녹슨 철판으로 마감된 벽면, 철제 계단과 난간 등은 모두 창작의 재료이자 영감이 된다. 또한 건물의 일부를 야외 작업장으로 연결하여, 대형 작품 제작이나 용접 작업이 가능하도록 한다.

메이커스페이스에서 제작된 작품들은 다시 도시의 건축적 요소가 된다. 철제 조형물은 거리의 랜드마크가 되고, 금속 공예품은 건물의 장식 요소가 되며, 인터랙티브 미디어 작품은 공공

건물의 파사드를 장식한다. 이러한 순환 구조를 통해 도시 전체가 하나의 거대한 메이커스페이스이자 갤러리가 된다.

또한 메이커스페이스는 건축물의 리노베이션 과정에도 참여한다. 오래된 건물을 개조할 때 메이커들이 직접 가구를 제작하거나 인테리어 요소를 만들어 설치한다. 이는 비용을 절감할 뿐 아니라, 공간에 독특한 정체성을 부여하는 효과도 있다. 실제로 많은 크리에이터 타운에서는 DIY 문화가 발달하여, 상점주들이 직접 간판을 만들거나 인테리어를 꾸미는 경우가 많다.

8. 소결

건축디자인과 메이커스페이스는 창조도시 포항을 실현하기 위한 두 개의 핵심 축이다. 전자는 창의적 활동을 담을 수 있는 그릇을, 후자는 그 안에서 실제로 일어나는 창작 활동을 의미한다. 이 둘이 유기적으로 결합할 때, 도시는 진정한 창조적 생태계로 작동하게 된다.

포항은 산업도시의 유산을 창조적으로 재해석할 수 있는 독특한 조건을 갖추고 있다. 거대한 산업시설, 다양한 도시 텍스처, 축적된 기술력은 모두 창조도시의 자산이 될 수 있다. 중요한 것은 이러한 자산을 어떻게 활용할 것인가의 문제다.

건축적으로는 산업시설의 창의적 전환, 주거지역의 복합용도화, 공공공간의 재설계를 통해 크리에이터 친화적인 도시 환경을 조성해야 한다.

또한 메이커스페이스는 지역별 특성에 맞춰 스틸, SF, 레트로, 시푸드, 미디어 등으로 특화하여 운영함으로써 각 타운의 정체성을 강화하고 창작 활동을 지원해야 한다.

이러한 전략은 단기간에 완성되는 것이 아니라 장기적인 관점에서 단계적으로 추진되어야 한다. 파일럿 프로젝트를 통해 가능성을 검증하고, 점진적으로 확산시키며, 궁극적으로는 도시 전체의 창조적 생태계를 구축하는 것이 목표다. 이 과정에서 가장 중요한 것은 유연성과 적응력이다. 계획에 얽매이지 않고 상황에 따라 전략을 수정할 수 있어야 한다.

성과 측정과 개선도 지속적으로 이루어져야 한다. 경제적 지표뿐만 아니라 문화적, 사회적 가치도 함께 평가하고, 국제적 벤치마킹을 통해 포항의 위치를 객관적으로 파악해야 한다. 무엇보다 크리에이터들의 목소리를 직접 듣고 그들의 필요를 반영하는 것이 중요하다.

포항이 성공적으로 창조도시로 전환한다면, 이는 단순히 도시 하나의 변화를 넘어 한국 중소도시 발전의 새로운 모델을 제시하는 것이다. 산업도시에서 창조도시로의 전환은 21세기 많은 도시들이 직면한 과제이며, 포항의 실험은 이에 대한 하나의 해답이 될 수 있다.

제9절 결론: 포항은 창조도시가 될 수 있는가?

포항은 지금, 산업도시라는 오래된 이름을 넘어 새로운 도시 정체성을 찾아야 하는 전환점에 서 있다. 철강과 과학이라는 강력한 기반은 여전히 유효하지만, 그것이 도시의 미래를 보장하지는 않는다. 산업은 도시의 조건이지만, 정체성은 아니다. 미래의 도시는 무엇을 얼마나 생산하느냐가 아니라, 어디서 어떻게 살아가고 싶은가에 대한 질문에 어떻게 답하는가에 의해 결정된다.

이 장은 포항을 하나의 도시로 보지 않고, 다섯 개의 도시로 읽는 데서 출발했다. 철강도시, 미국도시, 근대도시, 수산도시, 드라마도시는 각각 다른 시간, 다른 공간, 다른 감각의 층위를 가지고 있다. 이 다핵 구조는 문제이자 가능성이다. 문제는 이질적 조각들이 연결되지 않고 분절되어 있다는 점이며, 가능성은 각 조각이 창조의 실험 단위로 작동할 수 있다는 점에 있다.

포항형 크리에이터 타운은 이러한 가능성을 실현하기 위한 구체적 전략이다. 이는 단순한 상권 재생이 아니라, 콘텐츠와 공간, 사람과 산업을 통합하는 도시 설계의 새로운 기본 단위다. 스틸 타운, SF 타운, 레트로 타운, 시푸드 타운, 스토리 타운은 각각의 정체성을 유지하면서도 전체적으로는 하나의 창조적 네트워크를 형성한다.

노마드 시티는 이러한 크리에이터 타운들이 더 큰 도시 체계 속에서 작동하는 방식을 제시한다. 이는 메가시티의 규모 중심 접근과는 다른, 질과 다양성 중심의 도시 모델이다. 각 타운이 자율적으로 운영되면서도 전체적으로는 유기적으로 연결되는 분권적 구조는 21세기 도시가 나아가야 할 방향을 보여준다.

실행 전략으로서 건축디자인과 로컬 메이커스페이스는 이러한 비전을 현실로 만드는 구체적 방안이다. 산업시설의 창의적 전환, 주거지역의 복합용도화, 공공공간의 재설계는 창조적 활동을 위한 물리적 기반을 제공한다. 동시에 특화된 메이커스페이스들은 실제 창작 활동이 일어나는 플랫폼이 된다.

포항이 창조도시로 성공적으로 전환하기 위해서는 몇 가지 조건이 충족되어야 한다. 첫째는 비전의 공유다. 포스코, 포스텍, 한동대라는 3대 축을 중심으로 시정부와 시민사회가 창조

제8장 창조적 도시, 포항의 전략

도시라는 목표를 공유하고 협력해야 한다. 포스코는 산업의 문화화를, 포스텍은 과학의 감성화를, 한동대는 창의와 사회혁신의 융합을 통해 각자의 역할을 수행하면서도 시너지를 창출할 수 있다. 둘째는 자율성의 보장이다. 크리에이터들이 자유롭게 실험하고 실패할 수 있는 환경이 조성되어야 한다. 셋째는 인내심이다. 창조도시 형성은 단기간에 이루어지지 않으며, 지속적인 노력과 장기적 관점이 필요하다.

포항은 이미 창조도시가 될 수 있는 많은 자산을 가지고 있다. 강력한 산업 기반과 기업의 사회적 책임, 우수한 교육 인프라와 글로벌 네트워크, 다양한 문화 자원과 역사적 층위, 그리고 무엇보다 변화를 추구하는 에너지가 있다. 문제는 이러한 자산을 어떻게 창조적으로 연결하고 활용할 것인가이다.

창조도시 포항은 완성된 청사진이 아니라 진화하는 생태계다. 그것은 누군가가 만들어주는 것이 아니라, 지역의 모든 주체가 함께 만들어가는 집단적 창작물이다. 포스코-포스텍-한동대가 핵심 동력을 제공하고, 크리에이터와 시민이 창조적 활동을 실천하며, 정부가 이를 지원하고 촉진할 때, 포항은 한국형 창조도시의 새로운 모델이 될 수 있다.

"포항은 창조도시가 될 수 있는가?" 그 답은 이제 실천의 영역에 있다. "우리는 어떤 도시가 되고 싶은가?"라는 질문에서 "우리는 어떤 도시를 만들어가고 있는가?"라는 행동으로 전환될 때, 포항의 창조도시로의 여정은 이미 목적지에 가까워지고 있는 것이다. 산업도시의 견고한 기반 위에 창의와 혁신의 날개를 다는 것, 그것이 바로 포항이 걸어가고 있는 길이다.

제9장

포항의 신성장 전략

제1절 포항의 현황

1. 인구 현황 및 변화

포항시는 2024년 9월 기준 약 49만 2천 명의 인구를 보유하고 있다. 이는 경북 동해안 지역에서 가장 큰 도시 중 하나로 손꼽히는 수준이다. 과거 2000년대 초반에는 인구가 약 51만 명을 넘기도 했으나 이후 점차 감소세를 보이다가, 최근 몇 년간 다시 49만 명 선을 유지하며 안정적인 추세를 보이고 있다.

다만, 전체 인구 중 20~30대 청년층 비율은 약 21% 수준으로, 인근 산업도시인 구미 등과 비교해볼 때 젊은 세대의 유입이 상대적으로 부족한 상황이다. 이는 지역 내 청년 일자리 부족과 정주 여건 미흡 등 구조적인 문제가 복합적으로 작용한 결과로 해석된다. 따라서 향후 지속적인 인구 유입과 정착을 유도하기 위해서는 청년층 대상의 고용 창출, 주거환경 개선, 문화 기반 확충 등이 병행되어야 할 것으로 보인다.

2. 주력 산업

포항시는 전통적으로 철강산업을 중심으로 성장해온 대한민국 대표적인 산업 도시이다. 특히 세계적인 철강기업인 포스코(POSCO)의 본사와 제철소가 위치해 있으며, 1972년 가동을 시작한 포항제철소는 국내 최초의 통합 제철소로서 도시의 산업 기반을 견인해 왔다. 이와 함께 조선, 금속, 기계 등 중공업 분야의 연관 기업들이 포항에 집적되며 견고한 산업 클러스터가 형성되었다.

최근에는 산업구조의 다변화와 고도화를 목표로 2차전지 및 배터리 소재 산업이 새롭게 주목받고 있다. 포스코퓨처엠(POSCO Future M)을 비롯한 신소재 기업들이 활발히 투자하고 있으며, 향후 양극재 시장에서만 연간 70조 원에 달하는 매출이 기대되고 있다. 이에 더해 포항시는 테크노파크, 강소연구개발특구, 창업지원센터 등을 중심으로 기술 창업과 R&D 기업 유치를 강화하고 있으며, 이와 관련된 신규 일자리 창출과 지역경제 활성화가 기대된다.

또한 포항공과대학교(POSTECH)를 중심으로 첨단 융합기술 산업도 성장 중이다. 국가 과학 기반시설인 방사광가속기와 생명과학연구소 등 우수한 R&D 인프라가 집중되어 있으며, 이로 인해 고급 기술 인력의 양성과 산학연 협력이 활발하게 이루어지고 있다. 이러한 흐름 속에서 포항은 전통 철강산업에 기반을 두면서도 첨단소재, 에너지, 바이오 등 미래 성장 동력을 확보해가는 산업 전환의 길목에 서 있다.

3. 지역 경제 구조 및 특징

포항의 지역 경제는 철강 산업을 중심으로 형성된 제조업 기반 위에 해운·물류, 기술혁신, 문화관광 등 다양한 부문이 유기적으로 결합된 구조를 띠고 있다. 특히 영일만항을 중심으로 한 항만 물류 인프라는 철강과 원자재의 수출입에 중요한 역할을 하며, 포항을 환동해 경제권의 핵심 거점 도시로 자리매김하게 했다.

최근에는 이러한 전통 제조업 중심 구조를 넘어 배터리 소재, 수소에너지, 스마트 산업 등 신성장 동력으로 산업 기반이 다변화되고 있다. 이와 함께 POSTECH과 포항테크노파크를 중심으로 하는 산학연 협력 체계가 고도화되며, 지역 내 연구개발과 기술이전, 창업 생태계가 활발히 구축되고 있다.

또한 포항시는 관광 및 문화 산업에도 적극적으로 투자하고 있으며, 스페이스워크와 같은 상징적 문화 인프라를 중심으로 방문객 유입이 증가하고 있다. 이러한 산업 다각화 노력은 지역경제의 외부 충격에 대한 회복 탄력성을 높이고 있으며, 중장기적으로 자생력 있는 지역경제 모델로의 전환을 가능케 하고 있다.

4. 문제 인식 및 정책 과제

포항시는 산업과 연구 인프라 측면에서는 전국적으로 손꼽히는 경쟁력을 갖추고 있지만, 지속가능한 발전을 위해 해결해야 할 과제 또한 분명하다.

우선, 청년층의 지역 유입과 정착을 유도하기 위한 노력이 시급하다. 현재 포항은 우수한 교육기관과 산업체를 보유하고 있음에도 불구하고, 20~30대 인구 비중은 낮은 편이다. 대부분이 제조업 중심 중장년층이 주를 이루고 있으며 이는 지역의 장기적 성장 동력을 위협할 수 있다. 이를 극복하기 위해서는 청년층을 위한 양질의 일자리 창출, 주거·문화·복지 환경 개선, 스타트업 및 창업 생태계 활성화가 함께 추진되어야 한다.

POSTECH 등 우수한 연구 기관을 중심으로 매년 상당수의 박사급 인력이 유입되고 있으나, 이들의 장기 정착률은 상대적으로 낮은 편이다. 예컨대, 지방 이전 및 정착을 지원하기 위해 연구실·주거 보조금 등 인센티브를 제공하고 있음에도 불구하고, 수도권에 비해 미흡한 생활 인프라와 가족 동반 지원 부족으로 인해 상당수가 타 지역으로 이동하고 있다.

이로 인해 지역 내 연구 역량은 단기적 성과 창출에 그치고, 창업 및 후속 연구 단계에서 인력 공백이 발생하여 기술 기반 스타트업의 성장과 혁신 클러스터 완성도가 저해되고 있다. 따라서 고급 인력의 정주를 뒷받침하기 위해서는 연구·산업 연계형 일자리 확대뿐 아니라 주거·교육·문화 등의 생활 여건을 종합적으로 개선하는 정책적 노력이 절실하다.

또한 기존 철강 중심 산업구조에서 배터리 소재, 수소 에너지, AI·바이오 등 고부가가치 산업으로의 구조 전환을 보다 본격적으로 추진할 필요가 있다. 포항의 산업 기반은 오랜 기간 포스코를 중심으로 한 철강 및 중공업 클러스터에 집중되어 왔다. 그러나 글로벌 시장에서는 저탄소·친환경 산업으로의 패러다임 전환이 가속화되고 있으며, 기존의 대규모 자본집약형 철강업은 향후 수익성과 성장 잠재력이 점차 둔화될 것으로 예상된다.

특히 신흥 경쟁국들의 저가 공세와 탄소 국경조정세 도입 가능성은 포항의 전통 산업 구조에 심각한 리스크로 작용하고 있다. 이에 따라 포항은 지금의 단일 산업 의존 구조가 지역 경제의 지속가능성을 위협하는 주요 요인임을 인식해야 한다.

이러한 배경에서, 포항이 미래 경쟁력을 확보하려면 배터리 소재, 수소 에너지, AI·바이오 등 첨단 고부가가치 산업으로의 체계적인 전환이 필수적이다. 하지만 현재 지역 내 R&D 투자 비중과 대학·기업 간 협력 수준은 선도 도시 대비 현저히 낮으며, 핵심 원천기술 확보와 인력 양성 속도도 뒤처져 있다.

또한, 첨단 산업 인프라와 규제·지원 체계의 미비는 스타트업 및 외부 전문 인력 유입을 저해하는 요인으로 작용하고 있다. 이러한 구조적 취약점을 방치할 경우, 포항의 산업 전환은 지연될 뿐만 아니라 지역 경쟁력 하락을 가속화할 수 있다. 이를 위해 지역 내 R&D 역량을 고도화하고, 대학-기업 간 기술 협력과 인재 교류를 제도적으로 강화해야 하는 것은 포항이 맞닥뜨리고 있는 중·장기적 숙제다.

아울러 관광 및 문화산업의 경쟁력을 높여 지역 경제의 외연을 확대하는 것도 중요하다. 포항은 스페이스워크, 영일대 해수욕장, 환호공원 등 대표적 관광 랜드마크를 보유하고 있지만, 이들 자원은 여름철과 도심 인근에 집중돼 있어 사계절·전 지역으로 분산된 관광객 유치에는 한계가 있다. 특히 동해안 연안 관광지와 내륙 지역 간의 연계 프로그램이 부족하여 관광객의 체류 기간이 짧고, 주변 상권으로의 소비 효과가 제한적이다. 이로 인해 지역경제의 외연이 충분히 확장되지 못하고 있으며, 일시적 성수기 수익에 의존하는 구조적 취약점이 드러나고 있다.

또한 지역 문화 자산을 기반으로 한 차별화된 콘텐츠가 부족해 '포항' 고유의 도시 브랜드로서 자리매김하지 못하고 있다. 지역 축제나 전통 행사는 소규모에 머무르는 경우가 많고, 청년 예술가·크리에이터와의 협업 플랫폼이 미흡해 새로운 문화 트렌드를 담아내기 어렵다. 이로 인해 외지 방문객 유입은 늘고 있으나 재방문율과 장기 체류율이 낮아, 관광산업이 지역 문화·예술 생태계와 결합된 지속가능한 성장 모델로 발전하지 못하고 있다.

마지막으로, 의료 시설의 부재이다. 포항시는 종합병원·병원급 의료기관과 의원급 의료기관이 다수 분포하여, 2025년 설 연휴 기준으로 총 145개의 의료기관(병원급 이상 12곳, 의원급 133곳)과 78개의 약국이 운영되고 있다. 그러나 상급종합병원(3차 병원)은 단 한 곳도 없어, 암·심뇌혈관·이식 수술 등 중증·난치성 질환 치료가 불가능하며, 응급 환자의 경우 대구·울산 등 인접 대도시로 이송되는 상황이 빈번하다.

이로 인해 지역민은 치료 시기 지연, 이송 비용 및 가족 동반 부담 증가, 추가 숙박비 지출 등으로 의료 접근성이 크게 저하되고 있으며, 이는 삶의 질 저하로 이어지고 있다. 아울러 포항의 바이오·헬스케어 R&D 역량이 현장 임상과 분리되어, POSTECH 등 연구 기관에서 개발된 첨단 의료기술이 지역 의료현장에 적용·검증되는 연결고리가 약화되는 문제도 발생하고 있다.

종합적으로 볼 때, 포항은 기존 산업자산과 연구기반을 바탕으로 미래형 도시로의 전환 가능성을 지니고 있으며, 이를 실현하기 위해서는 산업구조 고도화, 인구 구조 개선, 정주 여건 혁신이라는 세 가지 축이 균형 있게 추진되어야 할 것이다. 이를 위해 포항이 가지고 있는 장점에 대해 보다 구체적으로 살펴보고 이를 토대로 포항의 신성장 전략에 대해 좀 더 구체적으로 논의하고자 한다.

제2절 포항의 강점

1. 포스코: 글로벌 철강·소재 혁신의 심장

포항제철소를 기반으로 한 포스코는 연간 약 2,000만 톤의 조강 생산능력을 보유한 세계 최대 규모의 통합제철소다. 1972년 가동 이래 축적된 제철공정 운영 노하우는 고강도·경량화 소재(자동차용 고장력 강판 등)뿐만 아니라, 양극재·캐소드 재료 등 2차전지 핵심 부품 소재로까지 영역을 확장하고 있다. 특히 최근에는 수소환원제철(HyREX) 공정과 전기로(EAF) 전환 투자를 병행하며, 탄소중립 전환을 선도하는 친환경 철강 기업으로 재탄생하고 있다.

1) 프리미엄 강재 개발

- 자동차 경량화용 AHSS(Advanced High Strength Steel) 시리즈: 전통 강재 대비 인장강도 20% 이상 향상, 경량화 효과로 글로벌 완성차 OEM 납품 실적 보유
- 해양플랜트·풍력 타워용 내식강(Weathering Steel): 해양환경·극저온 환경에서 우수한 내구성

2) 친환경 전환 기술
- HyREX 공정 시범설비 운영(연 5만 톤 규모): 철광석에 수소 환원제를 활용, CO_2 배출량 30% 저감 목표
- EAF 전기로 확장 투자(2025년 완공 목표): 스크랩 철강 재활용 비율을 기존 10%에서 25%로 상향

3) 소재·부품 가치사슬 통합
- 캐소드·양극재 소재 개발 자회사(포스코퓨처엠)의 글로벌 양극재 시장 점유율 8% 확보
- 자동차·배터리 OEM과 협업한 '소재→모듈→시스템' 통합 공급체계 구축

포스코의 이러한 혁신 역량은 단일 철강 공급을 넘어, 미래형 모빌리티·에너지 시장의 핵심 소재 허브로서 포항의 경제 체력을 비약적으로 강화시킬 수 있는 가능성을 보인다.

2. 포스텍: 세계적 연구개발·혁신 거점

포항공과대학교(POSTECH)는 공과대학 QS 세계 랭킹 50위권 내에 꾸준히 이름을 올리는 국내 유일의 연구중심 사립대학이다. 2024년 기준 SCI급 논문 피인용도(CNCI) 상위 1%를 기록하며, 매년 약 300여 편의 SCI 논문과 50여 건의 국내외 특허를 출원한다. 이 같은 기초과학·응용연구 인프라는 다음과 같은 다섯 가지 축으로 구성된다.

1) 최첨단 국가 연구시설 집적
- 방사광가속기(PAL-XFEL): 세계 5대급 초고휘도 빔라인, 나노 물성·생체분자 연구 선도
- 중이온 가속기, 펨토초 레이저 연구센터: 기초과학 난제 해결형 실험 인프라

2) 스타트업 및 기술이전 활성화
- 최근 5년간 POSTECH 기반 창업기업 120개, 누적 투자유치액 4,000억 원 돌파
- Tech Transfer Office 설립(2023년): 연평균 기술이전 계약 30건, 기술료 수익 150억 원

3) 글로벌 산학연 네트워크
- MIT, 스탠퍼드, 막스플랑크연구소 등 50여 개 해외 기관과 공동연구
- 국제 학술대회(PIIF) 연례 개최: 20개국 300여 기관 참여, 50여 건 MOU

4) 융합연구 클러스터
- 바이오·나노·AI 융합연구센터: AI 기반 신약 스크리닝, 나노센서 개발
- 에너지·소재 융합연구단: 차세대 배터리·수소연료전지 소재 공동 개발

5) 인재 양성 및 교류
- 박사과정 입학생 중 외국인 비중 20%, 졸업생 중 15% 해외 연구소·기업 취업
- 교원 315명, 대학원생 1,200여 명, 학부생 2,000여 명이 상시 연구 활동

포스텍은 이처럼 기초·응용·상용화 전 단계에 걸친 토털 R&D 플랫폼을 갖추고 있어, 포항이 신성장 산업으로 도약할 때 반드시 필요한 원천기술과 인재를 공급하는 견고한 기반이 된다.

3. 풍부한 인적 자원 및 전문 인력 풀

포항 지역에는 POSTECH·경북대학교를 비롯해 20여 개 대학·연구소에서 총 1,200여 명의 대학원급 연구자가 활동 중이며, 이 중 30% 이상이 박사학위 소지자다. 여기에 포스코·현대중공업·기계공업공단 등 주요 기업의 R&D 센터에 3,500여 명의 연구개발 인력이 집결해 있어, 산업 현장과 학계 간 기술 교류가 활발하게 이루어진다.

1) 산학 협력 프로그램
- 정규 학부·대학원 커리큘럼에 기업 연계 과제 수업 20종목 운영
- 인턴십·교환연구 프로그램을 통한 연간 300명 이상의 학생 기업 현장 실습

2) 국제 교류 및 학술 네트워크
- 포항국제산업기술포럼(PITF): 연 1회, 20개국 300여 기관·기업 참여
- 학술·기술 워크숍: 연간 15회 이상, 총 200여 건 발표

3) 연구인력 정착 지원
- POSTECH 신진교원·박사후 연구원 대상 정착 보조금(최대 5억 원)
- 포항시 주거·복지 지원 프로그램: 신혼부부 전용 주택, 교육비 지원

이처럼 포항은 고급 연구 인력뿐만 아니라 현장형 기술 인재를 대규모로 양성·유치할 수 있는 견고한 인적 자원 풀을 확보하고 있다.

4. 지역 자치단체의 선제적 리더십

경상북도·포항시는 '포항형 혁신도시' 조성을 목표로 대규모 재정·정책 패키지를 운영 중이다. 2024년 기준 지원 예산 1,500억 원 규모이며, 특히 다음과 같은 제도를 통해 민간 투자와 기업 활동을 촉진하고 있다.

1) 세제 및 재정 인센티브
- 배터리·수소·바이오 분야 스타트업 최대 5년간 법인세·취득세·재산세 전액 감면
- R&D 매칭펀드 운영: 지방·중앙·민간 배분 비율 4:4:2, 연간 500억 원 지원

2) 규제 샌드박스 및 실증 특구
- 지방 규제 샌드박스 시범지정(2023년): 제약·헬스케어·드론·자율주행 분야 실증 허용
- 강소연구개발특구 지정(2022년): 포항테크노파크 중심, 163억 원 규모 프로젝트 진행

3) 산업 클러스터 조성 및 부지 제공
- 기계·소재·바이오 산업단지 5개, 총 1,200만㎡ 규모
- 유휴 공장·부지 도시재생 프로그램과 연계한 저비용 입주 지원

4) 거버넌스 및 협업 체계
- 민·관·학 협의체 구성: 연 4회 포항 혁신포럼 개최
- 전문 연구기관·기업 CEO·지방정부 대표가 참여하는 거버넌스 위원회 운영

포항시와 경북도는 이처럼 정책·재정·규제 분야에서 유기적 협업을 통해 혁신기업 유치와 산업 전환을 강력히 지원하고 있으며, 이를 통해 민간 투자 활성화와 신산업 생태계 조성의 촉매제 역할을 수행하고 있다.

이처럼 포항은 세계적 철강 역량(포스코), 최첨단 R&D 허브(포스텍), 전략적 물류 인프라, 풍부한 인적 자원, 선제적 정책 리더십이라는 다섯 가지 강력한 축을 바탕으로, 전통 산업을 넘어 배터리·수소·AI·바이오 등 고부가가치 신산업으로의 체계적 전환을 실행할 최적의 조건을 갖추고 있다. 이들 요소가 유기적으로 결합될 때, 포항은 진정한 혁신도시로서 지속가능한 성장 궤도에 오를 수 있을 것이다.

제3절 포항의 취약점

1. 의료 인프라 및 서비스 접근성 부족

경상북도 동해안권, 즉 포항, 경주, 울진을 비롯한 지역은 심각한 수준의 의료 인프라 부족 문제에 직면해 있다. 이 지역에는 상급종합병원이 전무한 상태로, 중증 질환 치료를 담당할 수 있는 병원조차 존재하지 않는다. 현재 포항시에 위치한 포항메디컬센터가 유일한 종합병원이지만, 이 병원의 병상 수는 95개에 불과하여 중증 환자를 안정적으로 수용하기에는 역부족이다. 의료 수요에 비해 공급이 턱없이 부족한 상황이다.

이와 같은 인프라 부족은 의료 인력에서도 그대로 드러난다. 동해안권의 인구 1,000명당 의사 수는 1.39명으로, 이는 전국 평균인 2.3명의 절반에도 미치지 못하는 수치다. 이러한 수치는 곧 응급 상황이나 중증 질환 발생 시, 환자가 신속하게 적절한 진료를 받을 가능성이 매우 낮다는 현실을 반영한다.

의료 서비스의 접근성이 떨어지는 현실은 환자와 가족에게 직접적인 부담으로 작용하고 있

다. 의료 사각지대에 놓인 이들 지역의 주민들은 위급한 상황이 발생했을 때, 대도시로의 이송과 치료를 선택할 수밖에 없다. 이는 시간적·경제적 비용뿐만 아니라 생명의 위협이라는 문제로 이어진다.

더불어, 이러한 지역 의료 불균형은 주민들의 전반적인 주거 만족도를 저하시키고, 해당 지역에 대한 사회적 신뢰와 가치 평가에도 부정적인 영향을 준다. 생활의 기본 조건이라 할 수 있는 의료 시스템의 부재는 지역 공동체의 지속 가능성까지 위협하며, 결국 지역 이탈과 인구 감소라는 악순환으로 이어질 가능성이 크다.

의료 인프라의 결핍은 단순히 치료 기능의 부재에 그치지 않는다. 임상시험과 의료연구를 위한 여건이 부족하다는 점은 동해안권이 미래 의료기술 기반 산업에서 소외될 수밖에 없는 구조를 만들고 있다. 연구 인프라와 연계되지 않는 의료 환경은 대학, 연구기관, 산업체와의 협업을 가로막고, 지역 경제에 있어 고부가가치 산업으로의 전환을 어렵게 만든다.

이와 같은 문제를 해결하기 위해서는 의과대학의 설립과 상급종합병원의 유치가 반드시 필요하다. 이는 단순한 병상 확충이나 인력 증가 차원이 아니라, 지역 전체의 의료 체계와 연구 역량을 강화하기 위한 근본적 조건이다. 의과대학은 지역 내에서 의료 인력을 양성하고 정착시키는 기반이 되며, 상급종합병원은 지역민이 안심하고 삶을 영위할 수 있는 최소한의 안전망이 된다.

지역의 의료 체계가 균형 있게 발전하기 위해서는 이러한 기반 조성이 선제적으로 이루어져야 한다. 그것은 단순한 복지 차원을 넘어 지역사회의 지속 가능성과 직결된 과제이며, 앞으로의 지역 정책이 반드시 해결해야 할 핵심 목표 중 하나이다.

2. 제조업 노동력 고령화 및 외국인 노동자 의존도

경상북도 포항을 중심으로 한 지역 제조업은 한국 산업을 지탱하는 주요 기반 중 하나로 기능해 왔으나, 현재 그 지속 가능성은 심각한 도전에 직면해 있다. 가장 핵심적인 문제는 제조업 인력의 고령화와 외국인 노동자에 대한 의존도 심화이다. 통계청이 발표한 "2024 이민자 체류 실태 및 고용조사"에 따르면, 국내에 체류 중인 외국인 취업자의 45.6%가 광업 및 제조업에 종사하고 있으며, 포항의 제조업 현장도 이러한 외국인 인력에 대한 의존도가 매우 높은 실정이다. 이는 단기적으로는 인력 부족을 메우는 해결책이 될 수 있으나, 중장기적으로는 산업 경쟁력의 지속 가능성을 약화시킬 수 있는 구조적 불안 요소로 작용한다.

한편, 한국고용정보원의 보고에 따르면 포항 제조업 생산직 근로자 중 50대 이상 고령 인력의 비중은 42%에 이르고 있으며, 이는 전국 평균인 34%를 크게 상회하는 수치이다. 이러한 고령화는 단순한 인구 구조의 변화가 아닌 산업기반 자체의 노쇠화를 의미한다. 특히 생산 현장에서 오랜 시간 축적된 숙련 기술은 대부분 '구술'과 '시연'을 통해 비공식적으로 전수되어 왔기 때문에, 베이비부머 세대 숙련 인력이 대거 은퇴할 경우 노하우의 단절 가능성이 매우 크다. 이로 인해 현장의 기술력과 생산 효율성, 공정 안정성 모두가 크게 위협받을 수밖에 없다.

이와 같은 문제는 자동화 전환을 통해 일정 부분 보완될 수 있으나, 포항의 다수 중소 제조업체는 자동화 설비 도입에 필요한 자본과 기술 인프라가 아직 충분히 마련되어 있지 않다. 자동화가 본격적으로 추진되기 전까지는 여전히 사람의 손에 의존할 수밖에 없는 현실에서, 인력 고령화와 기술 전승의 단절은 생산 공정의 안정성 저하와 제품 품질 관리의 불확실성을 야기한다. 이는 결국 지역 제조업의 신뢰도와 경쟁력을 약화시키는 요인으로 작용할 가능성이 크며, 더 나아가 지역 산업 생태계 전반의 지속 가능성에도 심대한 영향을 미친다.

3. 대외 정책 리스크 노출

포항은 국내 철강산업의 중심지로서 국가 경제와 지역 산업의 핵심 축을 담당하고 있지만, 글로벌 무역 환경 변화에 매우 민감하게 반응할 수밖에 없는 구조적 특성을 안고 있다. 특히 대외 정책 리스크에 노출되어 있다는 점은 포항 철강산업의 지속 가능성과 지역 경제의 안정성 측면에서 심각한 우려를 불러일으키고 있다.

대표적인 사례로, 2018년 미국이 「무역확장법」 232조(Section 232)에 따라 철강 제품에 고율의 관세를 부과한 사건을 들 수 있다. 당시 미국 정부는 자국 안보를 명분으로 전 세계 철강 수입품에 25%의 관세를 일괄적으로 적용하였고, 이 조치의 직격탄을 맞은 국내 철강업체들은 수출 물량이 약 15% 감소하는 결과를 초래했다. POSCO를 포함한 주요 기업들은 단기간 내 매출 타격과 공급량 조정에 직면하였고, 일부 생산라인에 대한 구조조정이 불가피해졌다. 이는 곧 지역 내 고용 감소와 협력업체 연쇄 타격으로 이어지며, 지역 경제 전반에도 파급효과를 일으켰다.

이러한 대외 리스크는 일회성 변수로 그치지 않는다. 최근 들어 미국을 비롯한 주요 선진국들이 무역 보호주의적 기조를 지속적으로 강화하고 있으며, 자국 산업 보호를 위한 비관세 장벽도 점차 확대되는 추세다. 이러한 흐름 속에서 포항의 철강 밸류체인은 외국 정부의 정책 변화에 대해 구조적으로 취약한 모습을 보이고 있다. 특히 수출 의존도가 높은 산업 특성상, 특정 국가의 정책 변화가 기업의 경영 실적과 지역 경제에 직결되는 구조다.

철강 밸류체인이 흔들릴 경우 그 여파는 단순한 기업의 수출 감소에 그치지 않는다. 부품 소재 업체, 물류 서비스, 건설 및 기계 등 철강 관련 연관 산업 전반에 불안정성이 확산되며, 이는 곧 지역 내 고용의 불안과 경제 기반의 침식으로 이어질 수 있다. 대체 시장의 부재, 현지 생산 인프라의 미비, 수출 제품의 다양성 부족 등도 동시에 존재하는 한계로 작용하면서, 철강 산업의 글로벌 리스크 흡수 능력은 더욱 약화되고 있다.

포항은 국제 무역 질서의 변화, 특히 미국과 같은 주요 수출국의 정책 변화에 매우 높은 민감도를 갖는 구조를 가지고 있으며, 이는 지역 경제의 변동성을 키우는 근본적 원인이 되고 있다. 철강이라는 단일 주력 산업에 대한 높은 의존도는 포항의 산업 생태계 전반에 있어 구조적 리스크로 자리 잡고 있다. 대체 시장 발굴 및 현지 생산 확대, 제품 다각화를 통한 리스크 분산 전략 수립이 시급하다.

4. 관광·MICE 인프라 및 브랜드 가치 약화

포항은 동해안을 대표하는 도시 중 하나로서 천혜의 해안 경관과 다양한 지역 자원을 보유하고 있음에도 불구하고, 관광 및 MICE(회의·포상관광·컨벤션·전시) 산업 분야에서는 뚜렷한 경쟁력을 확보하지 못하고 있는 실정이다. 2019년 기준으로 포항을 찾은 연간 관광객 수는 약 120만 명에 불과한데, 이는 인근의 대표 관광도시 경주시의 연간 800만 명 방문객에 비해 매우 낮은 수준이다. 두 도시간 접근성이나 자연·문화 자원의 질적 차이가 크지 않다는 점을 고려하면, 포항의 관광 유치 실적은 지역 인프라와 콘텐츠, 브랜드 전략 전반에 걸친 구조적 한계를 보여준다.

특히 MICE 산업의 경우, 포항은 그 기반이 매우 취약하다. 규모 있는 컨벤션센터나 전문 회의 공간이 부족하여 전국 단위 또는 국제 수준의 대형 회의·전시·이벤트를 유치할 수 있는 물리적 기반이 마련되어 있지 않다. 실제로 지역 외부 단체가 포항을 개최지로 선택한 MICE 행사는 연간 10건에도 미치지 못하는 수준이며, 이는 유사 규모의 타 도시들과 비교해도 현저히 낮은 실적이다. 결과적으로 관광객의 장기 체류를 유도하거나, 고부가가치를 창출할 수 있는 산업형 관광 수요를 유입시키는 데 실패하고 있다.

포항은 해변, 축제, 어촌 문화 등 다양한 자원을 보유하고 있음에도 불구하고, 이를 '경험'이나 '브랜드'로 전환하여 고부가 관광으로 연결시키는 데 어려움을 겪고 있다. 해양 관광이나 여름 축제는 특정 시기와 날씨에 제한되는 반면, 사계절 내내 운영 가능한 테마 콘텐츠, 산업 관광, 문화 융합형 관광 콘텐츠의 개발은 아직 미흡하다. 관광지로서의 도시 정체성과 매력을 지속적으로 확산시킬 수 있는 스토리텔링, 공간 전략, 고객 맞춤형 콘텐츠 기획 등의 측면에서도 전략적 접근이 부족한 실정이다.

또한 디지털 전환 시대에 발맞춘 관광 브랜드화 및 마케팅 전략의 부재는 포항이 수익성 높은 관광 및 MICE 시장으로 진입하는 데 큰 장애 요인이 되고 있다. 타 도시들이 유튜브, SNS, 빅데이터 기반 타깃 마케팅 등을 활용하여 지역 이미지를 재정의하고 관광객의 방문을 유도하고 있는 데 비해, 포항은 여전히 단편적 이벤트 중심의 홍보에 머물러 있어 글로벌 및 국내 소비자와의 접점을 확대하는 데 한계가 있다. 도시 이미지와 연결되는 브랜드 자산을 축적하고, 이를 관광 및 산업적 가치로 연결하는 체계적 전략의 부재는 포항의 관광 성장 가능성을 제한하는 요인으로 작용하고 있다.

이처럼 관광과 MICE 분야 모두에서 인프라 부족, 콘텐츠 미흡, 브랜드 전략 부재가 복합적으로 작용하며, 포항은 고부가 관광 시장에서 점차 소외되고 있다. 이는 단순한 방문객 수 감소를 넘어 지역의 도시 경쟁력과 지속 가능한 경제 기반 확대에 중대한 제약이 되고 있으며, 향후 산업 다변화와 지역 활력 회복을 위해 반드시 해결되어야 할 구조적 과제로 남아 있다. 국제 컨벤션센터 건립, 디지털 브랜드 캠페인 추진 및 차별화된 관광 콘텐츠 개발을 통한 전환점 확보가 시급한 상황이다.

제4절 포항의 신성장 전략 및 경쟁력 강화 방안

여기에서는 제2·3절에서 도출한 강점과 취약점을 유기적으로 연결하여, 포항시가 2035년까지 "Smart & Sustainable Pohang"으로 도약하기 위한 다섯 개 축의 전략 과제를 제안한다. 각 과제는 ① 의료·바이오 클러스터, ② 스마트 제조혁신, ③ 글로벌 리스크 헤지, ④ 관광·MICE 고도화, ⑤ 인재·정주 생태계로 구분하며, 실행 로드맵과 재원·거버넌스까지 포함해 제시한다.

1. 전략 과제 제시

1) 의료·바이오 메가클러스터 구축

1. 의과대학·상급종합병원 'Pohang MedX' 설립
   - 의대 정원 100명/년, 600병상 규모 병원 : 2026년 착공, 2030년 개원
   - 임상시험센터·AI 진단 플랫폼 연동으로 POSTECH 바이오·AI 연구와 실시간 데이터 공유
2. 바이오·디지털헬스 특화 규제특구 지정
   - 첨단재생의료·디지털치료기기 Fast-Track, 인허가 기간 30% 단축
   - 민간 IRB(기관생명윤리위원회) 공동운영, 글로벌 CRO 유치
3. 산·학·병 연계 창업 허브
   - MedX Bio Foundry(10,000㎡): 벤처랩·GMP-Pilot·임상자문 통합 공간
   - 향후 10년간 바이오 스타트업 300개, 고급 일자리 7,000개 창출 목표

의료·바이오 메가클러스터 조성은 'Pohang MedX'라는 새로운 거점 설립을 중심축으로 한다. 우선 2026년 착공을 목표로 의과대학과 600병상 규모의 상급종합병원을 하나의 캠퍼스에 통합 배치해 2030년 개원을 추진한다. 연간 100명의 의대 정원을 확보하면 지역에서 배출되는 전문의와 연구인력이 꾸준히 공급돼, 현재 포항이 겪고 있는 중증·응급 의료 공백을 구조적으로 해소할 수 있다.

이 병원은 임상시험센터와 AI 기반 진단 플랫폼을 갖추어 POSTECH의 바이오·인공지능 연구 결과가 실시간으로 환자 진료와 연동되도록 설계된다. 이를 통해 융합연구―예컨대 방사광가속기 데이터와 병원 영상 데이터를 결합한 신약 타깃 검증―가 일상적으로 이뤄지는 생태계를 만들고, 연구·치료·사업화의 선순환을 촉진한다.

클러스터 전역은 바이오·디지털헬스 특화 규제자유특구로 지정해 첨단재생의료와 디지털

치료기기 허가 절차를 30% 이상 단축한다. 민간 기관생명윤리위원회(IRB)를 공동 운영해 다기관 임상시험을 간소화하고, 글로벌 임상시험수탁기관(CRO)을 유치해 해외 제약·디지털헬스 기업의 초기 진입 문턱을 낮춘다.

이와 연계해 1만㎡ 규모의 'MedX Bio Foundry'를 구축한다. 이 공간은 GMP-Pilot 생산라인, 벤처랩, 임상·규제 자문을 한곳에 묶어 연구자가 실험실 단계에서 시제품, 임상시험, 사업화를 끊김 없이 진행하도록 돕는다. 계획대로 운영될 경우 향후 10년 안에 바이오·디지털헬스 스타트업 300개가 창업하고, 고급 연구·임상·제조 일자리 7,000개 이상이 창출될 것으로 예상된다.

결과적으로 Pohang MedX는 지역 의료 접근성을 획기적으로 개선함과 동시에, 포항을 동해안권 바이오·헬스케어 산업의 핵심 거점으로 부상시키는 촉매 역할을 하게 될 것이다.

2) 스마트 제조 및 피지컬 AI 전환

> 1. 'Steel-to-Smart' 이니셔티브
>   - 포스코·중견기업 250개 라인 디지털 트윈 60% 이상 보급('30)
>   - 공정·설비 데이터 Lake 구축 → AI-코파일럿·현장 AR Tutor 즉시 배포
> 2. 노하우 디지털 라이브러리(D-KMS)
>   - 은퇴 예정 숙련공 동작·센서 데이터 수집 → 대규모 행동 모션 DB 구축
>   - 피지컬 AI 로봇 1,000대(2035년)로 반복·고위험 작업 자동화, 외국인 인력 의존도 15%P 감소
> 3. AI 마이스터고·테크니컬 대학원 신설
>   - 고교·대학원 통합 연계, 로봇정비·데이터엔지니어 양성 500명/년 배출

스마트 제조 및 피지컬 AI 전환은 포항 철강 산업의 근간을 "철에서 데이터로" 이동시키는 구조적 혁신을 목표로 한다. 첫 단계로 포스코와 중견 협력사는 'Steel-to-Smart' 이니셔티브를 공동 가동한다. 여기서는 250개 생산 라인 가운데 최소 60%에 디지털 트윈을 구축해 설비 상태와 공정 변수, 품질 데이터를 초단위로 수집·예측한다. 이 데이터는 시 당국과 기업이 공동 운영하는 클라우드 데이터 레이크에 집적되고, AI 코파일럿이 불량 징후를 실시간 경고하

며, 작업자에게는 AR 튜터가 절차별 최적 동작을 시각 안내한다. 맥킨지·딜로이트가 제시한 벤치마크에 따르면 이러한 디지털 트윈과 예측정비 체계는 평균 생산성을 20% 이상 높이고 품질 불량률을 30% 가량 낮출 수 있다.

고령 숙련 인력의 은퇴와 외국인 노동자 의존도를 동시에 완화하기 위해 '디지털 지식 라이브러리(D-KMS)'도 병행 구축한다. 은퇴를 앞둔 장인級 기술자의 작업 동작과 센서 로그를 모션 캡처로 수집해 3년 동안 120만 건 규모의 행동 데이터베이스를 만들고, 이를 학습한 피지컬 AI 로봇 1,000대를 2035년까지 현장에 투입한다. 반복적이거나 고위험 공정은 로봇이 담당하고, 작업자는 고부가가치 공정 관리와 데이터 분석으로 역할이 전환된다. 이 과정에서 외국인 근로자 의존도는 현재 추정치보다 15%P 감소할 것으로 예측된다.

지속 가능한 인력 생태계를 위해 교육 체계도 재설계한다. 포항시는 교육부와 협력해 AI 마이스터고와 테크니컬 대학원을 연계 설립하고, 로봇 유지보수·데이터 엔지니어링·공정 AI 모델링 등 현장 밀착형 커리큘럼을 운영한다. 매년 500명 가량의 전문 인력이 배출되면 디지털 전환 속도를 현장에서 즉시 흡수할 수 있는 인적 기반이 마련된다. 궁극적으로 스마트 제조와 피지컬 AI 전환은 생산성 향상과 비용 절감이라는 직접 효과를 넘어, 숙련 기술의 세대 단절 문제를 해소하고 제조 현장의 안전성과 글로벌 경쟁력을 동시에 끌어올리는 핵심 동인이 될 것이다.

3) 글로벌 리스크 분산 및 그린·하이엔드 소재 전략

1. 수출 다변화 '1+3'(미국 + EU·인도·중남미)
    - EAF(전기로) 기반 그린스틸 브랜드 출시, EU CBAM 비용 연 1.2조 원 절감
    - 인도·브라질 합작 스크랩-EAF 허브 투자, 현지화 비중 30%까지 확대
2. 고부가 소재 포트폴리오
    - 수소환원제철 HyREX-HBI, Ni-rich·LMR 양극재, 고엔트로피합금 등 차세대 소재 비중 40% 목표
3. 환율·관세·탄소 가격 통합 헤지 플랫폼
    - 파생상품·탄소크레딧 스왑 풀 조성, 지역 금융기관·거래소와 공동 설계

글로벌 리스크 분산과 그린·하이엔드 소재 전환 전략은 외부 통상 충격과 탄소 규제에 구조적으로 취약한 포항 철강 밸류체인의 체질을 근본적으로 바꾸는 것을 목표로 한다. 첫째, 수출 시장을 '1 + 3' 구조로 재편한다. 미국은 여전히 최대 고객으로 유지하되, EU·인도·중남미를 동등한 축으로 키우는 방식이다. 이를 뒷받침하기 위해 포스코는 전기로(EAF) 기반 그린스틸 브랜드를 출시해 2026년 본격화되는 EU 탄소국경조정제도(CBAM)에 대응한다. 사전 시뮬레이션에 따르면, 전기로·재생에너지 조합만으로도 톤당 120달러에 달할 수 있는 CBAM 부담을 연간 1조 2천억 원 가량 절감할 수 있다. 동시에 인도·브라질 합작으로 스크랩-EAF 허브를 구축해 현지화율을 30%까지 끌어올리면 원가 절감과 관세 리스크를 동시에 낮출 수 있다.

둘째, 제품 포트폴리오의 40%를 하이엔드·저탄소 소재로 전환한다. 구체적으로는 수소환원제철 HyREX 공정에서 생산한 직접환원철(HBI)을 고엔트로피(HEA) 합금·극저온용 강재 등에 적용하고, 배터리 가치사슬과 연동되는 Ni-rich·LMR(리튬·망간 풍부) 양극재를 대량 양산한다. 이들 제품은 탄소 집약도가 기존 열연 코일 대비 최대 70% 낮고, 단위 부가가치는 최대 세 배까지 높다. 2028년 HyREX 데모 플랜트가 가동되면 포항은 세계 최초로 수소 기반 저탄소 강재와 2차전지 핵심 소재를 동시에 공급하는 '그린-하이브리드 소결점'이 된다.

셋째, 변동성이 큰 환율·관세·탄소 가격을 통합적으로 관리하기 위해 파생·크레딧 스왑 풀을 조성한다. 지역 금융기관과 공동으로 원-달러, 유로-원 FX 선물과 철강·탄소선물, 그리고 K-ETS 배출권을 교차 헤지하는 플랫폼을 설계해 기업 규모와 무관하게 리스크 완화 수단을 제공한다. 장기적으로는 영일만항 배후단지에 '그린 스틸·탄소 거래센터'를 설치해 실물-파생 복합 거래를 집적시킴으로써, 포항이 단순 생산 거점을 넘어 아시아-태평양 저탄소 소재 가격 형성 허브로 진화하도록 지원할 계획이다.

이 세 갈래 전환이 맞물리면, 포항 철강 밸류체인은 ① 통상·관세 충격 흡수 능력 향상, ② 고부가·저탄소 제품 비중 확대, ③ 금융·탄소 시장 지배력 강화라는 삼중 효과를 확보하게 된다. 이는 지역 경제의 외부 의존도를 획기적으로 낮추고, 글로벌 탈탄소 전환 국면에서 포항을 '그린 하이엔드 소재의 전략 수출기지'로 자리매김시키는 핵심 동력이 될 것이다.

4) Destination Pohang 2.0: 관광·MICE·문화 브랜드 고도화

1. 국제컨벤션센터(POEX) + 해안 MICE 벨트
   - 연면적 25,000㎡, 3,000석 플렉서블 홀, 2029년 개장 → 연 200회 이상 행사 유치
   - 영일만·환호공원과 연계한 Marine-Tech Expo·국제 배터리 컨퍼런스 상시 개최
2. 디지털 브랜드 및 사계절 콘텐츠
   - 메타버스 'Blue-Pohang' 플랫폼, NFT 패스·AR 스탬프 투어 구현
   - 해상 드론라이트쇼, K-Blue 도시축제, 수변 미디어아트 파사드 상설화
3. 관광 수익 고도화
   - 체류형 관광객 1인당 지출 40% 상승, 연간 방문객 120 만 명 → 400 만 명 확대
   - 지역 소상공인 매출 연 5,000억 원 증대 목표

Destination Pohang 2.0은 산업·학술 중심 도시라는 기존 이미지를 넘어, '바다·기술·문화'가 결합된 체류형 관광·MICE 허브로 도시 브랜드를 재정의하는 프로젝트다. 핵심 인프라는 영일만 일대에 2029년 개장을 목표로 건립될 국제컨벤션센터 POEX다. 연면적 2만 5,000㎡, 3,000석 플렉서블 홀·대형 전시 공간·해안 전망 회의실을 갖춘 POEX는 연간 200회 이상의 산업·학술·문화 행사를 수용하도록 설계된다. 설비 규모는 울산전시컨벤션센터(8,000㎡)나 오송 C-Plex(1만㎡)의 두 배 이상으로, 부산 BEXCO·제주 ICC와 함께 국내 5대 종합 MICE 거점 체계를 완성한다. 센터 개장과 동시에 개최될 Marine-Tech Expo와 글로벌 배터리 컨퍼런스는 포스코의 그린스틸, POSTECH의 2차전지 연구, 지역 조선·해양 클러스터를 한데 모아 '해양-친환경-소재' 삼각 축을 세계 시장에 선보이는 상시 플랫폼이 될 것이다.

디지털 측면에서는 'Blue-Pohang'이라는 메타버스 기반 도시 브랜드를 구축한다. 방문객은 NFT 기반 패스 한 장으로 컨벤션 등록·교통·숙박·지역 상점 결제를 통합 이용하고, AR 스탬프 투어를 통해 영일만항·환호공원·죽도시장을 게임처럼 탐방하며 데이터를 포인트로 환전할 수 있다. 오프라인 경험도 사계절 내내 확장된다. 여름에는 해상 드론 라이트쇼가 야간 해안을 수놓고, 겨울에는 수변 미디어아트 파사드가 빛 축제를 연출한다. 5월에는 블루오션 ESG 포럼과 연계된 K-Blue 도시축제가 열려, 해양 쓰레기 업사이클 전시와 수소연료선박 체험을 동시에 제공한다. 이렇게 계절 편중을 해소하고 디지털-현장 연동 콘텐츠를 늘리면,

2019년 120만 명 수준이던 연간 방문객을 2030년 400만 명까지 끌어올리고 체류형 관광객 1인당 지출을 40% 이상 높이는 것이 현실적인 목표가 된다.

경제적 파급효과도 뚜렷하다. 컨벤션센터 직·간접 고용은 개장 첫해 3,500명, 지역 소상공인 매출 증가분은 연 5,000억 원이 예상된다. 메타버스·NFT 플랫폼은 로열티 기반 수익을 창출해 지역 문화 예술 스타트업의 안정적 수입원이 되고, 드론·미디어아트 등의 행사 제작 생태계는 POSTECH 디자인·ICT 인력의 현장 실습 기회로 이어진다. 무엇보다 "바다를 품은 첨단도시"라는 차별적 이미지는 철강과 연구개발 중심이던 포항의 인식을 전환해, 국내외 투자자와 청년 인재에게 매력적인 정주 도시라는 메시지를 각인시킬 것이다.

결과적으로 Destination Pohang 2.0은 대규모 하드웨어(POEX)와 디지털 플랫폼(Blue-Pohang), 사계절 문화 콘텐츠(K-Blue·드론쇼)를 통합해 산업·관광·브랜드 가치의 동시 상승을 견인한다. 이는 의료·바이오·스마트제조 전략과 더불어 포항을 대한민국 동해안의 대표 글로벌 혁신도시로 완성하는 마지막 퍼즐이다.

5) 인재·정주 생태계 혁신

1. 청년·고급인력 정착 패키지
   - 'P-Talent Visa'(특화 비자) + 주거보조금(최대 3억 원) + 자녀 교육 바우처
2. Tech-Living Lab District
   - 옛 산업단지 리노베이션 → 주거·코워킹·문화가 융합된 15-Minute Campus
3. 글로벌 캠퍼스 프로그램
   - POSTECH-MIT·ETH 복수학위, 해외 연구소-기업 R&D 스핀오프 촉진
   - 2030년까지 외국인 대학원생 비중 30% 목표

포항의 장기적인 성장 동력은 고급 인재가 지역에 머물며 역량을 발휘할 수 있는 정주 생태계 구축에 달려 있다. 이를 위해 시는 우선 'P-Talent Visa'를 도입해 연구·창업 분야 전문인력에게 체류 요건을 대폭 완화하고, 최대 3억 원까지 단계별 주거 보조금을 제공한다. 여기에 자녀 교육 바우처와 동반 취업 지원 프로그램을 결합해, 수도권 대비 생활 인프라에 대한 심리적 장벽을 실질적 인센티브로 상쇄할 계획이다. 이러한 패키지는 해외 연구소·테크 기업에서

활동하던 과학자와 엔지니어가 포항으로 옮겨 올 유인을 높이고, 포항공과대학교(POSTECH) 박사 졸업생의 지역 정착률을 끌어올리는 데 핵심 역할을 한다.

주거·문화·업무 환경이 한데 어우러진 Tech-Living Lab District도 조성한다. 노후 산업단지를 리노베이션해 15분 생활권 안에 실험실·코워킹 스페이스·창업 인큐베이터·문화시설·공공임대를 배치하는 방식이다. 입주 스타트업은 저렴한 임대료와 공용 장비를 활용해 초기 비용 부담을 줄일 수 있고, 거주 연구자는 출퇴근 시간 없이 생활과 연구를 병행할 수 있다. 이 구역은 도시재생뉴딜의 경제기반형 모델을 벤치마킹해 국비·지방비·민간투자를 3:4:3 구조로 조달하며, 지역 건설사와 청년 예술가·디자이너를 설계 단계부터 참여시켜 지역 경제 파급 효과도 극대화한다.

글로벌 교육·연구 네트워크 확대 역시 정주 생태계의 핵심 축이다. POSTECH은 MIT·ETH와 복수학위 과정을 개설해 대학원생이 해외 캠퍼스에서 1년 이상 연구한 뒤 포항으로 돌아와 창업·연구를 이어가도록 촉진한다. 또한 해외 연구소·기업과 연계된 스핀오프 제도를 도입해, 프로젝트가 상용화 단계에 접어들면 법인을 포항에 설립하도록 세제·규제 인센티브를 제공한다. 이런 프로그램이 안정적으로 운영되면 2030년까지 POSTECH 외국인 대학원생 비중은 현재 20%에서 30% 이상으로 확대되고, 연간 500명 규모로 배출될 로봇정비·데이터 엔지니어 인력이 스마트 제조 전환 속도를 현장에서 흡수하게 된다.

결국 이러한 인재·정주 전략은 경제적 지원, 생활 인프라 혁신, 글로벌 커리어 패스라는 세 축을 통합해 "올 때는 쉽고, 머무를 이유가 분명한 도시"라는 포항의 매력을 체감 가능하게 만들 것이다. 이는 의료·바이오 클러스터와 스마트 제조 생태계, 관광·MICE 브랜드와 유기적으로 결합해, 포항이 단순 산업 도시를 넘어 지속 가능한 혁신 인큐베이터 도시로 자리매김하는 데 결정적 기여를 하게 된다.

2. 실행 로드맵 및 거버넌스

실행 로드맵은 2025년부터 2035년까지 네 단계로 전개된다. 첫 단계인 Kick-off(2025)에서는 핵심 사업의 법적 기반과 예비타당성 절차를 일괄 처리한다. 의과대학 및 상급종합병원은 복지부·교육부 예타를 동시에 통과해 부지를 확정하고, 국제컨벤션센터(POEX)는 착공을 준비한다. 같은 해 하반기에는 포스코와 20개 협력사가 참여한 스마트 제조 시범라인 20곳이 가동되며, 산업부 규제샌드박스 승인을 받은 바이오·디지털헬스 특구 지정을 신청한다.

〈표 9-1〉 로드맵

단계	기간	핵심 마일스톤	주관 기구
Phase 1 Kick-off	2025	의대·병원 예타 통과, ICC 착공, 스마트라인 20개 가동	시·도 + 포스코·POSTECH
Phase 2 Scaling	2026~2027	HyREX Pilot, Bio Foundry 개관, AI 마이스터고 개교	P-Future 이사회
Phase 3 Integration	2028~2029	상급종합병원·ICC 준공, 그린스틸 브랜드 론칭	산·학·병·관 컨소시엄
Phase 4 Global Showcase	2030~2035	메가클러스터 완전 가동, G20·COP 유치, 방문객 400만 달성	글로벌 어드바이저리 보드

Scaling 단계(2026~2027)에서는 물적·제도적 투자 규모가 급격히 확대된다. 포항 MedX 캠퍼스는 기초 공사에 돌입하고, HyREX 파일럿 설비와 'MedX Bio Foundry'가 골조 공사를 마친다. 교육 측면에서는 AI 마이스터고가 1기 신입생을 받아 로봇정비·데이터공정을 중심으로 수업을 시작하고, Tech-Living Lab District 1차 구역이 준공돼 스타트업과 연구팀이 입주한다. 동시에 시는 EU CBAM 대응을 위한 그린스틸 브랜드를 공식 출시하고, 인도·브라질 합작 EAF 허브에 대한 해외투자협약(MOU)을 체결한다. POEX는 2026년 말 준공을 예정하고 있다.

Integration 단계(2028~2029)에 접어들면, 상급종합병원과 이미 준공되어 있을 POEX를 통해 의료·산업·관광 인프라가 물리적으로 연결된다. MedX 데이터 플랫폼과 스마트 제조 데이터 레이크를 API로 결합해 바이오-제조 융합 연구가 실시간으로 가능해지고, 'Blue-Pohang' 메타버스는 컨벤션 참가 등록·도시 교통·투어 예약을 하나의 앱에서 처리하도록 통합된다. 이 시기에 영일만 해안 MICE 벨트가 완성돼 해양-친환경-소재를 주제로 한 Marine-Tech Expo와 국제 배터리 컨퍼런스가 상설 개최된다.

마지막 Global Showcase 단계(2030~2035)에서는 메가클러스터가 완전 가동된다. 의과대학이 첫 졸업생을 배출하고, 피지컬 AI 로봇 1,000대가 전 공정에 배치되어 외국인 노동 의존도를 의미 있게 낮춘다. 시는 G20 디지털·그린산업 장관회의와 COP 회의 유치를 공식 제안하며, 연간 400만 명의 방문객과 3조 원대 관광 소비를 달성한다. 병원과 Bio Foundry가 공동 개발한 디지털 치료기기는 국내 최초로 미국 FDA와 유럽 CE 동시 승인을 받아 글로벌 시장에 진출한다.

이 모든 사업의 상위조정은 'P-Future 이사회'가 맡는다. 이사회는 포항시장과 경북도지사, 포스코 회장, POSTECH 총장을 공동의장으로 하고, 산업부·복지부·중기부 국장이 정부 위원으로 참여한다. 각 축별로는 의료·바이오, 스마트제조, 관광·MICE, 인재·정주 등 네 개의 전문위원회가 설치되어 연-분기별 성과 지표를 관리한다. 자금 집행의 투명성을 위해 포항시 산하에 공공-민간 합작 SPC(MedX SPC, POEX SPC, Smart-Manufacture SPC)가 설립되며, 이들은 정책금융기관과 ESG 펀드에서 조달한 자금을 프로젝트 파이낸스 방식으로 운용한다. 또한 시민 100인 패널과 청년 자문단이 연 2회 공개 검증 토론에 참여해 사업 추진 과정에 대한 사회적 합의를 확보하도록 설계되어 있다. 이러한 다층 거버넌스 구조는 대규모 복합 프로젝트의 실행력을 높이면서도, 이해관계자 간 책임성과 투명성을 균형 있게 보장한다.

3. 재원 조달 계획 및 사업의 경제성

포항 신성장 프로젝트의 총투자액은 2025~2035년 10년간 5.1조 원이다. 세부적으로는 의료·바이오 2.0조, 스마트제조 1.3조, 관광·MICE 1.0조, 인재·정주 0.8조 원이며, 국비·정책금융 46%(2.21조), 지방비 19%(0.97조), 민간 35%(1.92조) 분담 구조로 설계되었다.

〈표 9-2〉 재원 조달 계획

분야	규모(조 원)	재원 구조(국·지·민·정책금융)
의료·바이오	2.0	4 : 2 : 4
스마트제조	1.3	3 : 1 : 4 : 2
관광·MICE	1.0	3 : 2 : 4 : 1
인재·정주	0.8	2 : 3 : 4 : 1
합계	**5.1**	—

1) 지방 재정 부담 – "연평균 1,000억 원 안팎"

포항시 2025년 본예산은 2조 8,900억 원이며, 1회 추경을 포함하면 3조 195억 원 규모다. 지방비 몫 0.97조 원을 10년 동안 균등 집행하면 연 970억 원이 필요하다. 이는 최근 추경을 포함한 시 예산의 3.2% 수준으로, 국·도비 증가율(연평균 4~5%)을 감안하면 재정 여력 내에서 충분히 흡수 가능하다.

2) 국비·정책금융 조달 타당성

정부 공모·특별회계·정책금융 프로그램이 이미 확보된 사업 유형이므로, 국비·정책금융 2.21조 원은 현실적 조달 범위로 판단된다.

〈표 9-3〉 국비·정책금융 조달

분야	국비·정책금융 근거	적용 비율
의료·바이오	교육부·복지부가 2030년까지 의대·의료시설 확충에 5조 원 이상 투입 계획, 2025년 예산에만 1.16조 원 반영(newsis.com)	40%
스마트제조	산업부·중기부 스마트공장 고도화 지원: 단위 사업비의 최대 70% 국비 보조(레벨3~5 기준)(sjtp.or.kr, mss.go.kr)	32%
관광·MICE	국토부·문체부 지방 MICE 공모사업 : 컨벤션센터 건립비의 국·지 매칭 50%까지 지원(울산·오송 사례)	30%
인재·정주	도시재생뉴딜 경제기반형 모델 : 국·지·민 34 : 25 : 41 구조로 평균 1조 원 규모 사업 승인 사례 다수 (burtis.or.kr)	20%

3) 민간 투자 유치 가능성

의료·바이오 분야의 경우, 국내 5대 병원·VC가 수도권 외 메디컬 캠퍼스에 직간접 투자(세브란스 용인 8,000억, 현대차·두나무 바이오펀드 5,000억)한 선례가 있다. 첨단재생·DTx 규제특구 지정(예정)과 글로벌 임상 CRO 유치 계획은 민간 자본의 투자 동인을 강화한다.

스마트제조 분야의 경우, 포스코·협력사 자체 ESG·스마트 전환 계획(2025~2030년 9.3조 원)과 맞물려 민간부담 0.6조 원을 충분히 소화할 수 있다.

관광·MICE 분야는 국내 컨벤션센터의 PF·VGF(운영적자 보전) 구조를 그대로 적용하면, 운영 SPC가 차입금의 70%까지 정책금융·리츠 자금을 활용할 수 있어 민간 지분 0.4조 원 조달이 가능하다.

4) 사업의 경제성

비용·편익 분석 결과를 종합하면, 2025~2035년 동안 총 5조 1천억 원이 투입되는 포항 신성장 프로젝트는 순현재가치 기준으로도 충분한 경제적 타당성을 확보한 것으로 나타난다. 단순 할인 현금흐름 분석(EIRR 7%, 20년) 기준, 총편익(B/C)은 1.46으로 나타나며, GRDP 확대와 지방세(법인·취득·재산세) 증가는 지방비 투입액(연 970억 원)을 8.5년 내 회수할 수 있는 수준이다.

〈표 9-4〉 사업의 경제성

지표	2024년	2035년 목표	기여도
GRDP	15조 원	33조 원	+120%
신규 고급 일자리	-	3.2만 개	바이오 7천·제조 1.5만·MICE 1만
관광 소비	4,800억 원	3.2조 원	+560%
제조 불량률	기준치	-25%	원가 연 5,000억 원 절감

민간·국비·정책금융을 포함한 전체 투자액을 20년간 운용하며 사회적 할인율을 7%로 적용한 순현금흐름 모델에서 편익/비용(B/C) 비율은 1.46을 기록했다. 총 5.1조 원(연 0.51조 원 × 10년)의 사업비를 10년간 균등 투입하고, 편익이 사업이 가시화되는 6년 차부터 보수적으로 연 0.8조 원으로 15년간 발생한다. 보수적으로 가정할 때, 사회적 할인율 7%로 현재가치를 평가하면 B/C 비율 1.46을 얻는다. 사회적 할인율은 기준 실질 할인율에 장기 물가상승률 2% 내외를 고려하고 지방 대규모 복합사업의 위험 수준을 고려한 0.5% 수준의 위험 프리미엄을 추가한 수치이다.

편익 항목은 △지역총생산(GRDP) 증가분 18조 원(2024년 15조 → 2035년 33조 원), △고급 일자리 창출 3만 2천 개(바이오 7천·스마트제조 1만 5천·MICE 1만), △제조 공정 불량률 25% 감소로 인한 연간 5천억 원 원가 절감, △관광·MICE 소비 확대(4,800억 원 → 3조 2천억 원) 등을 보수적으로 계상하였다.

지방재정 측면에서는 지방비 부담분이 연평균 970억 원 수준에 머무르는데, GRDP 성장과 법인·취득·재산세 증가분이 이를 약 8년 6개월 만에 상환할 것으로 추계된다. 다시 말해, 포항시가 지출하는 매년 예산 대비 3% 안팎의 투입이 2.5배 이상의 세수·경제효과로 되돌아오는 구조다. 이러한 수치는 대규모 융복합 투자를 평가하는 국내 공공투자관리센터(PIMAC)의 기준치를 상회하는 수준으로, 재정 건전성과 투자 대비 편익이 모두 정책 실행에 필요한 현실적·경제적 근거를 충실히 갖추고 있음을 의미한다.

이 절의 내용을 종합하면, 총사업비 5.1조 원 가운데 국비·정책금융 46%, 민간 자본 35%가 이미 정책·시장 매커니즘으로 실증된 조달 구조이며, 지방비 부담은 연간 예산의 3% 내외에 불과하다. 또한 GRDP와 세수 증대 효과까지 고려하면 재정 건전성과 투자 대비 편익 모두 충분한 타당성이 확보된 것으로 평가된다.

4. 기대 효과

2035년이 되면 포항 신성장 프로젝트의 종합적인 파급효과가 뚜렷하게 가시화된다. 먼저 지역내총생산(GRDP)은 2024년 15조 원 수준에서 33조 원으로 두 배 이상 확대돼, 동해안권 최대 경제권역으로 자리매김한다. 고용 측면에서는 바이오·의료 클러스터에서 7천 명, 스마트 제조 부문에서 1만 5천 명, 관광·MICE 산업에서 1만 명 등 총 3만 2천 개의 고급 일자리가 새로 만들어져 청년 순유입을 이끌고 지역 인구 구조를 젊게 바꾼다.

〈표 9-5〉 기대 효과

분야	총사업비	국비	지방비	민간	정책금융	투자효율(2035년 GRDP 대비)
의료·바이오	2.0조 원	0.8	0.4	0.6	0.2	GRDP + 2.8조 원
스마트제조	1.3조 원	0.4	0.13	0.6	0.17	생산성 + 22%
관광·MICE	1.0조 원	0.3	0.2	0.4	0.1	소비 + 3.2조 원
인재·정주	0.8조 원	0.16	0.24	0.32	0.08	취업률 + 15%
합계	5.1조 원	1.66	0.97	1.92	0.55	–

의료 분야 역시 대격변을 맞는다. 상급종합병원 개원과 의과대학 배출 인력의 현장 정착으로 지역 의료 자급률이 사실상 '0'에서 75% 수준까지 올라가고, 응급·중증 환자의 대도시 이송률은 지금보다 40% 이상 감소한다. 제조 현장에서는 디지털 트윈과 피지컬 AI가 전 공정을 관통하면서 불량률이 25% 줄고, 외국인 노동력 의존도는 15%P 가량 낮아져 생산 안정성과 기술 독립성이 크게 향상된다.

관광 부문의 변신도 두드러진다. 국제컨벤션센터 POEX를 중심으로 한 해양 MICE 벨트와 사계절 디지털 콘텐츠가 본격 가동되면서 연간 방문객은 120만 명에서 400만 명으로 증가하고, 관광·MICE 소비 규모는 3조 원대에 진입한다. 이는 지역 소상공인 매출을 연 5천억 원 이상 끌어올리고, 문화·예술 스타트업 생태계에 안정적인 수입원을 제공한다.

요약하자면, 의료·바이오·스마트제조·관광·인재 정주 생태계가 맞물려 생성한 이 다층적 상승 효과는 포항을 "제조와 과학, 문화가 융합된 글로벌 혁신 허브"로 탈바꿈시키며, 지역 경제의 질적·양적 성장을 동시에 견인하는 핵심 동력이 될 것이다.

제5절 결론 및 제언

1. 결론

포항은 세계적 철강 역량과 첨단 R&D 인프라, 정책적 지원 체계를 모두 갖춘 반면, 의료 공백·노동 고령화·통상 리스크·관광 브랜드 약화라는 구조적 한계를 동시에 안고 있다. 이 장에서는 이러한 강점과 취약점을 교차 분석해 ① 의료·바이오 메가클러스터, ② 스마트 제조 및 피지컬 AI, ③ 그린·하이엔드 소재 중심의 수출 다변화, ④ Destination Pohang 2.0 관광·MICE 고도화, ⑤ 인재·정주 생태계 혁신이라는 다섯 축의 통합 전략을 제시했다. 총투자 5.1조 원은 국비·정책금융 46%, 민간 35%, 지방비 19%로 분담하고, 사회적 할인율 7%를 적용한 경제성 분석에서도 편익/비용 비율이 1.46 이상으로 확인되어 재정 건전성과 투자 수익성이 모두 담보된다. 실행 로드맵에 따라 2035년이면 GRDP가 두 배로 확대되고, 고급 일자리 3만 2천 개, 관광객 400만 명, 의료 자급률 75% 달성 등 구체적 성과가 가능하다.

2. 제언

첫째, 중앙정부는 의과대학 신설·상급종합병원 건립, 스마트팩토리 고도화 등 핵심 사업을 국가균형발전 프로젝트로 명시해 국비 지원을 조속히 확정해야 한다. 둘째, 포항시는 'P-Future 이사회'와 분야별 SPC를 통해 재원·인허가·시민 의견을 일원화하고, 민간 자본 유치를 위한 세제·규제 인센티브를 패키지화해야 한다. 셋째, 포스코·POSTECH 등 핵심 주체는 그린스틸·2차전지·바이오헬스 등 전략 제품에 공동 브랜드를 적용해 글로벌 시장과 투자자의 신뢰를 선점할 필요가 있다. 끝으로, 모든 사업은 ESG·디지털 전환 지표를 공통 KPI로 삼아 투명성을 높이고, 청년과 시민이 체감할 수 있는 문화·주거·교육 서비스를 병행해 "머무를 이유가 분명한 도시"로 완성해야 한다.

이러한 합의형 거버넌스와 단계별 실행이 이뤄질 때, 포항은 동해안권을 넘어 대한민국 산업 전환을 선도하는 글로벌 혁신 허브로 확고히 자리매김할 것이다.

K-CITY

제10장

지곡지구!
포항 미래전략의 시작,
정체된 땅에서
미래를 짓는 도시 재설계

제1절 왜 지곡지구인가?

1. 지곡지구 개요 및 현황

지곡지구는 포항시 남구의 심장부에 위치한 핵심 생활권으로, 도시의 정체성과 미래를 함께 담아낸 상징적 공간이다. 이곳은 교육, 연구, 행정, 의료 기능이 인접한 복합 자족형 거점지구로, 도시 전반의 균형 발전과 전략적 재편의 축으로 작용하고 있다.

특히 지곡지구는 세계적 수준의 이공계 대학인 포스텍(POSTECH)을 중심으로, 포항테크노파크, 첨단산업단지, 포항성모병원, 세명기독병원 등 고급 기술·연구·의료 인프라가 도보권 내에 근접한 유일한 지역이다. 이에 따라 교수, 연구원, 전문 기술인력 등 중산층 이상의 전문직 수요가 지속적으로 유입되고 있으며, 특히 학군 프리미엄 또한 두드러진다.

지곡초, 제철초, 제철중, 제철고 등으로 이어지는 지역 내 명문 학군 체계는 학부모들에게 높은 신뢰를 받고 있으며, 실제로 이 지역 학생들은 포스텍은 물론 서울대·연세대·고려대로의 진학률이 매우 높은 전국적 수준의 명문고로 자리 잡고 있다. '초·중·고·대학'까지 이어지는 일관된 학군 시스템은 포항 내 어떤 지역과도 비교할 수 없는 경쟁력을 자랑하며, 가족 단위 거주 선호도를 결정짓는 핵심 요인 중 하나로 작용한다.

또한 포항시청, 남구청, 포항교육지원청, 법원, 경찰서 등 주요 행정기관이 인접되어 있어, 지곡지구는 단순한 주거지를 넘어 포항시의 기능적 중추이자 도시 운영의 심장부로 기능한다. 이처럼 생활, 업무, 교육, 의료, 행정이 통합된 고밀 복합지구는 단기간에 조성될 수 없는, 오직 시간과 축적된 인프라를 통해 형성된 도시의 핵심 자산이다.

하지만 지곡지구는 현재 물리적 노후화의 한계에 직면해 있다. 대부분의 아파트 단지들이 1990년대 초중반에 준공된 노후 건축물로, 약 30년 가까이의 시간이 흐르며 배관 및 전기설비, 단열, 주차, 도로 환경 등에서 심각한 기능 저하를 겪고 있다. 이로 인해 주거 품격이 크게 훼손되고 있으며, 실제 주민들의 삶의 만족도를 떨어뜨리는 주요 요인이 되고 있다.

더욱이 최근 포항 북부 지역에 브랜드 신축 아파트들이 대거 공급되며, 지곡지구는 상대적으로 낙후 이미지를 더욱 강하게 인식 받는 상황에 놓여 있다. 넓은 주차장, 스마트 커뮤니티, 최신 설계 등으로 무장한 신규 단지들과의 직접적인 비교가 이루어지며, 상대적 박탈감이 주

제10장 지곡지구! 포항 미래전략의 시작, 정체된 땅에서 미래를 짓는 도시 재설계

민들 사이에서 확산되고 있는 실정이다.

그럼에도 불구하고 지곡지구는 여전히 포항 최고 수준의 입지 프리미엄과 상징성을 지닌 지역이다. 교육, 연구, 의료, 행정 기능이 단일 생활권 내에 통합된 도시 내 유일무이한 공간으로서, 지곡지구는 도시의 얼굴이자 경쟁력을 상징하는 중심축이다. 이러한 장점은 재개발을 통해 더욱 구조화되고 확장될 수 있으며, 단순한 노후 주거 개선을 넘어 포항의 대표 프리미엄 주거지로 재탄생할 수 있는 잠재력을 갖추고 있다.

지금이야말로 지곡지구가 가진 상징적 입지, 압도적 학군, 연계된 도시기능을 미래형 도시 공간으로 승화시키기 위한 전략적 결단이 필요한 시점이다.

2. 지곡지구, 포항 미래 도시구조의 남부권 축

지곡지구는 포항시 남구에 위치한 중심 생활권이자, 포항시의 미래 도시구조 재편 과정에서 전략적으로 핵심적인 역할을 담당할 수 있는 지역이다. 포항시는 "2030 도시기본계획"을 통해 기존의 북부권 편중 개발 구도에서 벗어나 남북 균형 발전을 추구하고 있으며, 이 과정에서 지곡지구는 남부권의 핵심 거점이자, 포항시 중심권으로 지정되어 있다.

지곡지구는 주요 교육·연구·행정 기능과 인접해 형성된 전략적 복합생활권이다. 세계적 연구기관인 포스텍(POSTECH)과 그에 인접한 병원 및 테크노파크, 첨단산업단지와의 연계는 고부가가치 산업 종사자 및 전문직 인구의 유입을 견인할 수 있는 조건을 갖추고 있다. 이는 단순한 주거 수요 확대를 넘어, 질적 수준이 높은 정주 인구의 유입 가능성을 의미하며, 도시 내 사회경제적 구조를 고도화할 수 있는 기초가 된다.

실제 "포항 2030 도시기본계획"에서는 지곡지구를 '정주형 자족생활권'으로 설정하고, 기존 도심의 기능과 새로운 신도시 기능이 유기적으로 결합되는 복합 중심지로 발전시킬 것을 제안하고 있다. 이 구상은 단순한 주택 공급 차원을 넘어, 포항시 전체 도시 구조를 양축형(雙軸型)으로 재편하려는 정책적 방향과도 부합한다.

지곡지구는 이미 시청, 법원, 경찰서, 남구청 등 주요 행정기관이 인접되어 있어 도시기능 분산의 기반이 마련되어 있으며, 지곡IC 및 주요 간선도로와의 연계성을 통해 대외 접근성 또한 우수한 편이다. 이러한 교통 및 행정 입지 여건은 '포항시의 허브'로서 지곡지구의 역할을 실질화할 수 있는 하드웨어적 조건이기도 하다.

[그림 10-1] 포항시 생활권 구분 – 2030 포항시 기본계획 참고

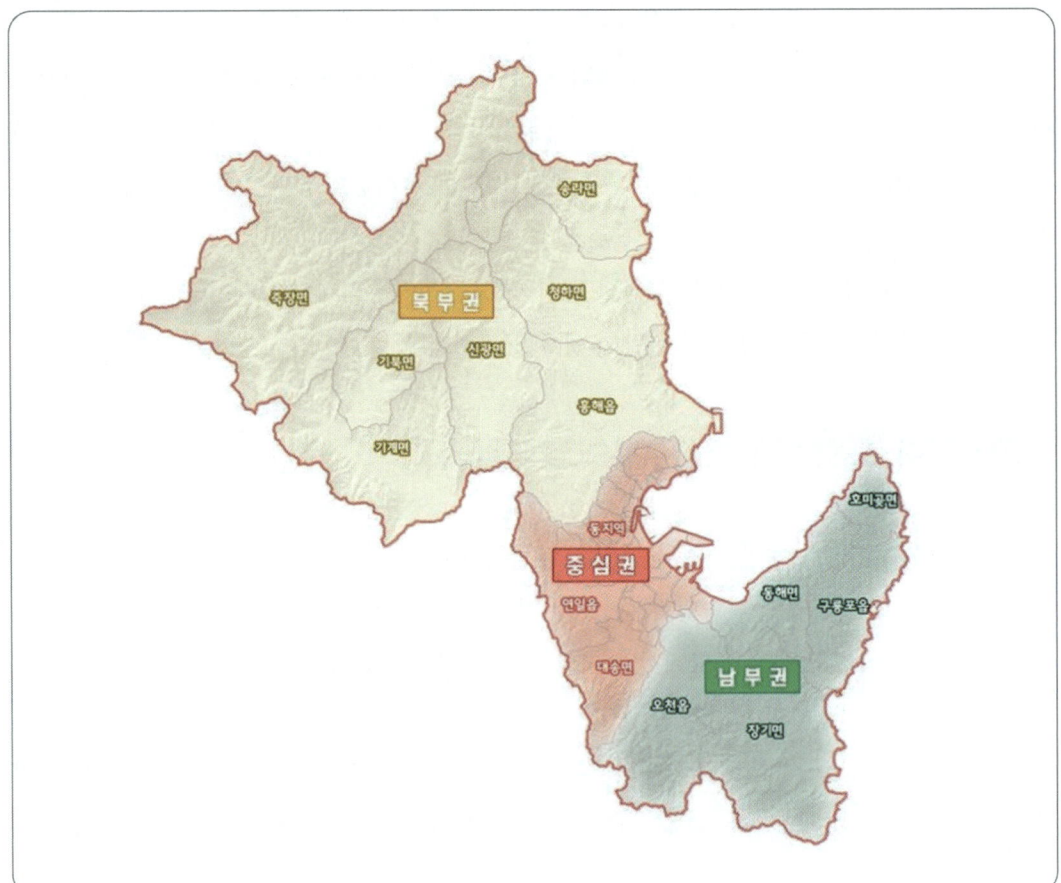

한편, 인접 생활권인 양덕지구와 효자지구는 최근 아파트 공급을 통해 주거지로서 부상하고 있으나, 교육·행정·산업의 중심성과의 거리, 지역 내 상업 편중 구조, 단지의 규모 등 여러 측면에서 지곡지구와는 명확히 구분된다. 특히, 지곡지구는 단순한 주거지라기보다는 교육·연구·행정·생활이 유기적으로 결합된 다기능 복합거점으로서 도시 계획적 위계가 한 단계 높다고 평가된다.

결론적으로 지곡지구는 포항시 도시계획상 다음의 세 가지 기준에서 전략적 가치가 입증된다.

제10장 지곡지구! 포항 미래전략의 시작, 정체된 땅에서 미래를 짓는 도시 재설계

> 첫째, "도시기본계획"과의 정합성 확보
> 둘째, 남북 균형 발전을 위한 공간 축으로서의 기능
> 셋째, 교육·연구·행정 기능이 인접된 복합 정주 여건

향후 지곡지구가 주거환경 정비 및 고급화된 재개발을 성공적으로 추진할 경우, 이는 단순한 물리적 개발이 아니라 포항 전체 도시구조의 질적 도약을 이끌어낼 기점이 될 수 있다. 이러한 맥락에서 현재 논의되고 있는 '재개발'과 '재건축'의 개념을 간략히 짚고 넘어갈 필요가 있다.

재개발은 낙후된 지역의 기반시설과 주거환경을 포괄적으로 개선하는 도시 정비 사업이다. 도로나 상하수도 등 도시기반시설이 부족하고 건축물의 노후도가 심한 지역이 주요 대상이며, 전면 철거 후 새로운 도시환경을 조성하는 방식이라는 점이 특징이다. 반면, 재건축은 주거환경은 양호하나 건축물이 노후된 공동주택 단지를 대상으로 하는 사업으로, 기반시설은 그대로 두고 건물만 철거 및 신축하는 방식이다. 주민들의 재정착률이 높은 반면, 안전진단 등 절차가 까다롭다는 점에서 재개발과는 구별된다.

따라서 지곡지구와 같이 기반시설이 전반적으로 낙후되어 있고 도시 구조 자체의 근본적인 정비가 요구되는 지역에는 '재건축'보다는 '재개발' 방식이 더 적합하다고 판단된다. 이는 다음과 같은 네 가지 이유에서 비롯된다.

첫째, 기반시설의 노후화가 심각하기 때문이다. 지곡지구는 단지 내부뿐만 아니라 주변 도로, 상하수도, 공공시설 등 도시 기반 인프라 전반이 노후화되어 있으며, 이 모든 요소가 정비의 대상이 된다. 재건축은 주로 건축물 자체에만 초점을 맞추기 때문에 이러한 기반시설 문제를 근본적으로 해결하기 어렵다. 반면, 재개발은 구역 전체를 대상으로 하기 때문에 기반시설까지 포함한 전면적인 정비가 가능하다.

둘째, 지곡지구는 복합적인 지역 구조를 지니고 있다는 점이다. 이 지역은 동일한 시기에 형성된 단일 아파트 단지가 아니라, 다양한 형태의 주거지와 노후 건축물들이 혼재되어 있는

구조를 보인다. 이러한 복합적인 지역에는 개별 단지 단위의 접근보다는 구역 단위의 통합적 접근이 필요하며, 이는 재개발 방식이 더 효과적이라는 점을 뒷받침한다.

셋째, 도시계획과의 연계 가능성이 높다는 점에서 재개발이 유리하다. 지곡지구는 단순히 노후 건축물을 신축으로 대체하는 수준을 넘어서, 도로망, 상업시설, 공공공간, 보행 동선 등 도시 구조 전반을 재설계해야 하는 상황이다. 재개발은 도시계획과의 연계를 통해 이러한 통합적 개편을 가능하게 하며, 보다 체계적이고 전략적인 도시공간의 재구성이 가능하다.

넷째, 정책적 유연성과 추진 동력 확보 측면에서도 재개발이 유리하다. 재건축은 안전진단 기준 강화, 초과이익환수제, 층수 제한 등 다양한 규제로 인해 추진이 지연되거나 무산되는 경우가 많다. 반면, 재개발은 공공기관의 직접 개입과 제도적 지원이 가능하며, 관련 절차가 비교적 유연하게 운영되어 추진 동력을 확보하기에 좀 더 용이하다.

이와 같은 점들을 종합적으로 고려할 때, 지곡지구와 같은 지역에는 재건축보다는 재개발 방식이 도시의 미래를 위한 합리적이고 지속가능한 선택이 될 수 있다.

〈표 10-1〉 재개발과 재건축 비교

구분	재개발	재건축
대상	지역 전체 정비	단지 중심 정비
범위	기반시설 + 주거지	주거지(아파트) 위주
규제 요건	상대적으로 유연	안전진단 등 까다로움
목적	도시환경 개선	주거시설 개선

3. 한계점에 도달한 물리적 인프라: 지곡지구 노후 아파트 재개발의 구조적 필연성

지곡지구는 포항시 중심권에 위치한 대표적인 주거 밀집지역으로, 수십 년간 지역 내 핵심 생활권으로 기능해 왔다. 그러나 현재 지곡지구를 구성하는 주요 아파트 단지들은 대부분 1990년대 초중반에 지어진 노후 주거지로, 준공 후 약 30년 가까이 경과했거나 경과 시점에 접어든 단지들이 주를 이루고 있다. 그 결과 물리적 노후화, 기능 저하, 안전성 부족 등 전반적인 주거환경의 한계가 명확하게 드러나고 있다.

제10장 지곡지구! 포항 미래전략의 시작, 정체된 땅에서 미래를 짓는 도시 재설계

[그림 10-2] 지곡지구 현재 모습

　실제로 이들 단지는 건물 외관에서부터 세월의 흔적이 뚜렷하게 나타나며 결로, 누수, 단열 미흡, 방음 부족 등의 문제가 일상화되어 있다. 특히 당시 건설 기준에는 내진설계가 반영되지 않아 구조적 안전성에 대한 우려가 크며, 노후화된 배관 및 전기 배선은 반복적인 수리와 유지 관리 비용 증가로 이어지고 있다. 전문가들은 이러한 단지의 상태를 "개별 보수 수준으로는 해결 불가능한 구조적 한계에 도달했다"고 진단한다.

　주차 공간 부족 역시 구조적인 문제로 자리 잡고 있다. 해당 단지들이 지상 주차 중심으로 주차공간을 보유하고 있으나, 좁은 주차면적과 비효율적 구조로 인해 실제 거주 만족도를 떨어뜨리는 주요 요인으로 작용하고 있다. 현재의 자동차 보유 수준에 크게 미치지 못한다. 이로 인해 단지 내 이면도로 및 인근 도로까지 차량이 무질서하게 주차되며 보행 안전성을 저해하고, 소방차 진입 등의 위급 상황 대응에도 큰 장애가 발생하고 있다. 이러한 주차난은 단순한 불편을 넘어, 주거환경 질 하락 및 입주민 간 갈등의 주요 요인으로 작용하고 있다.

　공용시설 역시 문제다. 승강기, 상하수도, 놀이터, 체육시설 등은 대부분 1990년대 기준으로 설치된 것으로, 현재 생활수준에 부합하지 못하고 있다. 또한 이 지역의 기반 인프라(도로망, 통신선로, 오수처리 등) 역시 대부분 30년 전의 계획을 기준으로 구성되어 있어, 부분적인 보수로는 도시 기능을 감당하기 어려운 실정이다.

실제 일부 단지는 리모델링을 통해 주거환경 개선을 시도했으나, 내진설계 미비, 벽식 구조 등 근본적인 건축 구조의 한계로 인해 리모델링의 효과는 제한적이었고, 오히려 비용 대비 효율성 문제로 인해 주민 갈등이 야기되는 사례도 발생하고 있다.

이처럼 개별 단위 개선의 한계를 넘어서는 복합적인 문제 상황 속에서, 지곡지구는 이제 단순한 '노후 단지'를 넘어서 '도시 기능 재정비 대상지'로 전환되어야 할 시점에 와 있다. 전면 재개발을 통해 구조적 문제를 해결하고, 주차·보안·복지시설 등을 포함한 현대적 도시주거 환경을 갖춘 새로운 단지로 탈바꿈하는 것이 가장 합리적인 해법이다.

이는 단지 차원의 개선을 넘어, 포항시 전체의 도시 경쟁력 제고, 인구 유출 방지, 지역 내 소비 활성화 등에도 긍정적인 파급 효과를 가져올 수 있다. 따라서 지곡지구 재개발은 단지 '노후 대책'이 아닌, 미래형 도시구조를 실현하기 위한 전략적 전환점으로 보아야 한다.

제2절 지곡지구 개발의 전략

1. 개발을 미루는 대가: 시간에 갇힌 지곡지구

지곡지구 재개발을 논의할 때 반드시 함께 고려해야 할 질문이 있다. 바로 "만약 지금 개발하지 않는다면, 어떤 일이 벌어질 것인가?"라는 점이다. 개발을 추진함으로써 얻을 수 있는 기대효과만큼이나, 개발을 유보하거나 회피했을 때 발생하는 구조적 손실은 깊고도 치명적이다. 이는 단순한 시간의 지연이 아니라, 지역 전체의 미래가치를 영구히 소멸시킬 수도 있는 위험을 뜻한다.

1) 물리적 노후화의 가속 → 주거 만족도 급락

현재 지곡지구는 준공 후 30년 된 노후 아파트가 대다수를 차지하고 있다. 외벽 균열, 누수, 단열 취약, 낡은 승강기와 배관 시스템 등은 이미 거주자들의 삶의 질을 실질적으로 저하시켰다. 이러한 물리적 한계는 시간이 흐를수록 악화되며, 개선이 아닌 퇴보의 길로 이어진다. 문제는 단순히 생활의 불편이 아니라, 삶의 안정성과 안전 자체가 위협받는 구조라는 점이다.

2) 자산 가치 하락 → "시간에 갇힌 지역"의 현실화

주택은 거주의 공간이자 자산이다. 그러나 노후 아파트의 지속적 가치 하락은 피할 수 없는 현실이다. 인근 지역에 공급된 신규단지 중심으로 가격이 상승하고 있지만, 지곡지구는 상대적으로 '투자 매력'을 잃은 지역으로 인식되고 있다. 개발이 지연되면 이 격차는 더 커지고, 결국 지곡은'시간에 갇힌 동네'로 낙인찍힐 수 있다. 이는 단순한 부동산 가격의 문제가 아니라, 자산을 후세에 물려주려는 부모 세대의 꿈마저 무너뜨릴 수 있는 치명적인 손실이다.

3) 고령화 심화 → 사회적 활력의 이탈

지곡지구는 중장년층과 고령 세대의 비중이 높다. 그러나 이러한 세대 역시 더 나은 주거 조건과 복지 환경을 갖춘 신축 단지로의 이동을 고려하고 있으며, 젊은 세대는 이미 노후화된 지역을 기피하고 있다. 이 흐름이 계속된다면, 지곡지구는 고령층만 남은 '정체된 공동체'로 전락하게 되고, 소비 기반 약화 → 상권 침체 → 인구 유출 → 커뮤니티 해체의 도미노 현상이 발생할 수 있다.

4) 경쟁력 상실 → 타이밍을 놓친 개발의 실패

도시는 끊임없이 재편되고 있으며, 포항 역시 주요 생활권을 중심으로 고급 단지가 잇달아 조성되고 있다. 이 가운데 지곡지구가 지금의 타이밍을 놓친다면, 향후 인허가, 분양, 시공 환경은 더욱 불리해질 가능성이 크다. 또한 현재와 같은 입지 프리미엄조차 후속 개발지에게 빼앗기게 된다면, 지곡은 포항의 중심에서 영영 밀려나는 리스크(risk)에 직면하게 된다.

지금의 선택은 단순히 개발을 미루는 문제가 아니라, 지곡지구가 가진 가능성과 잠재력이 점차 약화될 수 있다는 신호로 받아들여질 수도 있다. 노후화가 진행되며 생활환경의 불편함은 누적되고, 주변 지역의 신축 단지들이 빠르게 도시의 중심을 대체하면서 지곡지구가 가진 상징성과 경쟁력도 자연스럽게 희미해질 수 있다.

반면, 지금은 입지·수요·정책 여건이 균형을 이루고 있는 시점으로, 주민 공감과 행정의 협력을 바탕으로 단계적 재개발을 시작할 수 있는 가장 실현 가능한 타이밍으로 평가된다.

'지금 당장'이 아니라, '지금부터' 준비하고 조율해 나간다면, 지곡지구는 다시 한 번 포항의 중심이자 대표 브랜드 주거지로 거듭날 수 있다.

"도시는 기다려주지 않는다. 그러나 우리가 함께 준비하면, 다음 기회를 만드는 주체가 될 수 있다."

2. SWOT 분석 기반 지곡지구 개발의 전략적 당위성

지곡지구의 재개발은 단순한 노후 아파트의 교체 수준을 넘어서, 포항시 전체 도시 구조를 미래지향적으로 재편하는 전략적 사업이다. 이 사업은 도시의 공간과 기능을 재구성하는 총체적 작업으로, 단일 주거지 개발이 아닌 지역 전체의 가치와 정체성을 새롭게 정의하는 기획이 요구된다. 이러한 관점에서 지곡지구 개발의 필요성과 방향성을 보다 입체적으로 분석하기 위해 SWOT 분석 틀을 적용해 보면 다음과 같은 결과를 도출할 수 있다.

| **첫째, 강점(strengths)** | 측면에서 지곡지구는 포스텍, 포항테크노파크, 남구청 등 교육, 행정, 첨단 산업시설이 집적된 포항 남부권의 핵심축에 위치해 있다. 교통 접근성이 뛰어나고, 쾌적한 녹지 환경과 우수한 교육 여건이 공존하는 복합생활권이라는 점에서 주거 선호도가 높다. 이러한 조건은 도시적 브랜드 가치를 형성하고, 포항을 대표하는 상징적 주거지로 탈바꿈할 수 있는 강력한 잠재력을 내포하고 있다.

| **둘째, 약점(weaknesses)** |으로는 지곡지구 내 다수의 아파트가 준공 30년이 지난 노후 단지로, 구조적 안전성이나 생활 품질 측면에서 심각한 문제가 나타나고 있다. 주차 공간 부족, 방음·단열 미흡, 커뮤니티 시설의 부재 등은 일상적 불편을 가중시키고 있으며, 이로 인해 일부 주민은 재개발 과정에서 발생할 수 있는 생활환경 변화나 이주 문제에 대해 불안감을 느끼고 있다. 특히 고령층 주민 사이에서는 심리적 저항이 높게 나타나는 점도 해결해야 할 과제이다.

| **셋째, 기회(opportunities)** | 요인으로는 포항시의 "2030 도시기본계획"이 지곡지구를 중심축 확장 가능 지역으로 설정할 가능성이 높다는 점이 있다. 고령화, 1~2인 가구 증가, 스마트 복합단지에 대한 수요 증대 등 사회구조의 변화는 새로운 형태의 고급 주거단지 수요를 자극하고 있다. 현재 포항에는 프리미엄 주거단지가 부족한 상황이므로, 지곡지구를 고급화된 신주거지로 조성할 경우, 희소성과 수요를 동시에 선점할 수 있다. 서울 강남권 재개발 사례에서 입증된 브랜드 프리미엄 효과는 자산가치 상승이라는 실질적 이점을 제공할 수 있는 근거가 된다.

제10장 지곡지구! 포항 미래전략의 시작, 정체된 땅에서 미래를 짓는 도시 재설계

〈표 10-2〉 SWOT 분석을 통한 전략

유형	전략
강점 극대화 전략	• 포항 명품 주거벨트 구축
약점 해소화 전략	• 스마트 재건축 기술 • 맞춤형 주거 품질 개선
기회 선점 전략	• 정책 연계 • 수요 유입 전략 강화
위협 대응 전략	• 공감 기반 소통 • 단지의 차별화 전략

| **넷째, 위협(threats)** | 요인으로는 포항 내 다른 지역들이 이미 고급화된 신규 단지를 선도하고 있다는 점이 있다. 만약 지곡지구 개발이 적기를 놓칠 경우, 외부 투자 수요 유입이 어려워질 수 있다. 더불어 일부 주민의 반대 여론이 장기화되거나, 공공의 지원이 지연될 경우 사업 자체의 타이밍과 추진력이 약화될 가능성도 존재한다.

이러한 SWOT 분석을 종합적으로 고려할 때, 지곡지구는 강점과 기회를 극대화하면서, 약점과 위협 요인을 전략적으로 보완할 수 있는 "도시구조 전환형 재개발"의 최적지임이 분명하다. 따라서 지곡지구 재개발의 방향은 다음과 같은 네 가지 전략축으로 정리할 수 있다.

| **첫째, 강점을 극대화하는 전략이 필요하다.** | 지곡지구를 포항의 '명품 주거벨트'로 포지셔닝하고, 서울 고급 아파트 단지를 벤치마킹하여 브랜드 가치, 경관 디자인, 커뮤니티 인프라 측면에서 프리미엄 주거단지를 구현하는 것이다.

| **둘째, 약점을 해소하는 전략이 요구된다.** | 스마트 건축 기술을 활용하여 주차 공간 확보, 단열 및 방음 개선, 보안 강화, 커뮤니티 시설 확충 등 물리적 한계를 근본적으로 개선해야 하며, 동시에 중장년 및 고령층을 위한 맞춤형 생활서비스를 도입해 거주 만족도를 끌어올려야 한다.

| **셋째, 기회를 선점하는 전략이 중요하다.** | 포항시의 도시정책 및 광역계획과 연계하여 지곡지구를 특화지구로 지정하거나 광역거점으로 포함되도록 하고, 이를 통해 외부 수요 유입과 정부 차원의 투자 연계를 유도할 수 있어야 한다.

| **넷째, 위협에 대응하는 전략 역시 필수적이다.** | 주민과의 신뢰 기반을 형성하고, 설명회나

공청회를 통해 공감대를 조성함으로써 내부 저항을 완화하고, 지곡지구만의 입지적 강점, 교육과 행정 중심축이라는 상징성, 고급 브랜드로서의 차별성을 부각시켜 포항 내 경쟁지역 대비 확고한 시장 우위를 확보해야 한다.

결론적으로 지곡지구는 단순한 주거 환경 개선을 넘어서, 포항시 미래 경쟁력을 상징하는 전략적 개발지로 전환될 수 있다. 오늘의 선택은 단지의 외형을 바꾸는 것이 아니라, 시민의 삶의 질과 지역 위상을 새롭게 정의하는 일이다.
"지금이 바로 그 전환점이다."

3. 단계별 추진 로드맵과 참여형 거버넌스 전략

지곡지구 재개발은 단순한 물리적 정비사업이 아니라, 포항시 도시재생과 이미지 쇄신의 핵심축이자 상징적 공간 전환의 계기가 되어야 한다. 이를 위해서는 단계별 실행 시나리오와 주민 참여 중심의 거버넌스, 도시 브랜드 전략이 함께 작동해야 지속 가능하고 수용성 높은 재개발이 가능하다.

1) 1단계: 개발 방향 설정 및 공감대 형성

기초 조사와 사업 타당성 검토를 통해 개발 방향에 대한 원칙과 비전을 설정하고, 주민들과의 소통을 통해 공감대와 신뢰 기반을 구축하는 단계이다. 공청회, 설명회, 설문조사 등을 통해 다양한 의견을 수렴하고, 기존 공동체 유지방안, 예상 부담금, 재정착 가능성에 대한 정보를 투명하게 공유해야 한다.

2) 2단계: 제안계획 구체화

법적 절차에 따라 도시계획적 기준과 여건을 반영한 개발 방향을 구체화하는 단계로 이어진다. 이때 교통, 교육, 환경, 기반시설 등 도시기능 전반과의 연계성을 고려해 마스터플랜 차원의 방향성이 보완되어야 하며, 스마트단지, 녹지 축, 생활 시설 등 복합 기능이 함께 검토되어야 한다. 법적 틀 내에서 조율 가능한 실현 전략 수립을 의미한다.

3) 3단계: 조합 설립 및 사업 파트너 선정

주민 중심의 조합 설립을 통해 사업의 추진 주체가 구성되며, 행정은 조합 설립 요건에 대한 지원과 정보 제공, 중립적 자문기구 마련 등을 통해 주민의 주도권을 보장해야 한다. 이후 시공사 선정은 브랜드, 시공 능력, 주민 선호도 등을 기준으로 투명하고 객관적으로 진행되어야 한다.

4) 4단계: 공공 인프라 연계 사업 실행

착공 이후에는 공공기관과의 협업을 통해 교통, 교육, 복지, 환경 등 도시기반 시설과의 연계가 강화되어야 한다. 도시 차원의 맥락 속에서 단지가 조화롭게 자리 잡도록 하고, "포항을 대표하는 미래형 주거지"라는 도시브랜드 메시지를 시공과 함께 구체화해야 한다.

5) 5단계: 커뮤니티 재구축

완공 후에는 원주민의 재정착을 적극 지원하며, 입주 초기의 공동체 회복과 주민 커뮤니티 활성화 프로그램이 운영되어야 한다. 관리비 지원, 소통 공간 운영, 공동 행사 등 주민 중심의 새로운 도시 문화가 정주성과 지역 자긍심을 높이는 기반이 될 것이다.

각 단계에서 '주민 참여형 거버넌스'는 핵심 원칙으로 기능해야 한다. 주민 대표 위원회, SNS 기반 소통 플랫폼, 마을방송, 세대별 자문단 등을 통해 주민의 실질적 참여와 영향력 있는 의견 반영 구조를 설계해야 한다. 또한, '포항의 맨하탄'이라는 도시 브랜드 비전을 현실화하기 위해, 고급 브랜드 이미지, 상징 조형물, 자연 친화적 단지 설계, 포스텍 연계 교육 환경, 청년창업 지원과 스마트 기술 도입 등, 지곡지구만의 차별화된 스토리와 정체성이 구축되어야 한다.

결론적으로, 재개발은 시간의 순서만으로 완성되는 것이 아니라, 사람 중심의 가치와 스토리, 전략이 결합될 때 도시의 품격을 높일 수 있다. 지곡지구는 이제 새로운 포항의 얼굴로서, 단계별 전략적 로드맵과 참여적 구조 안에서 완성되어야 한다. 지곡지구 재개발은 단순히 낡은 주거 공간을 허물고 새로 짓는 사업이 아니다. 이것은 포항 도시의 미래 구조를 새롭게 설계하고, 도시의 위상을 끌어올리는 종합적 재도약의 기회이다. 단계별로 체계적으로 접근하되, 그 중심에는 '사람'과 '삶'이 있어야 한다. 주민과 함께 계획하고, 주민이 주도하며, 최종적으로 삶의 질이 변화되는 과정을 공유할 수 있어야 한다. 또한, 도시 브랜드 전략은 단지 외관이나 이름에 머무는 것이 아닌, '우리가 사는 곳'이라는 자부심을 가질 수 있도록 하는 정체성과 메시지를 담아야 한다.

지금이 아니면 더 늦어질 수 있다. 더 노후화되기 전에, 경쟁 도시보다 뒤처지기 전에, 포항이 선택받는 도시가 되기 위해, 지곡지구는 과감하게, 그러나 섬세하게 변화를 시작해야 한다. 지곡지구는 미래 포항을 상징하는 랜드마크가 될 수 있다. 전략적 로드맵, 주민 중심의 거버넌스, 감동이 있는 도시 브랜드가 조화를 이룰 때, 비로소 이 재개발은 진정한 도시 재창조로 완성된다.

4. 재개발 반대 여론의 이해: 심리적 저항과 정책적 설득의 균형

지곡지구의 재개발 및 재건축은 물리적 환경 개선, 주거가치 상승, 도시경쟁력 회복이라는 측면에서 정책적 정당성을 충분히 갖추고 있음에도, 일부 주민들 사이에서는 재개발에 대한 우려와 신중한 시각이 여전히 존재하고 있다. 따라서 이를 존중하고 충분히 논의해 나갈 필요가 있다. 이는 경제적 손익 계산만으로는 해소되지 않는 복합적 심리 요인이 내재된 문제이며, 단순한 찬반 구도보다는 보다 정교한 이해와 대응이 요구된다.

첫째, 이주 불안과 분담금 부담에 대한 현실적 우려가 가장 일반적인 반대 근거로 나타난다. 오랜 기간 거주하던 공간을 떠나야 하는 '강제 이주'는 특히 고령층에게 정서적 불안과 생활 혼란을 초래할 수 있으며, 임시 거주지의 품질, 거리, 생활 편의성 등에 대한 불확실성도 상당하다. 또한, 재입주 시 요구되는 분담금 역시 실질적 부담으로 작용한다. 고정수입이 없는 세대에서는 분담금의 추정과 실제 금액 간 차이에 대한 불신이 형성되기 쉽고, 건설 자재비 상승, 금리 인상 등 외부 경제 환경 변화는 이러한 불안을 가중시키는 요인으로 작용한다.

둘째, 기존 공동체의 해체에 대한 심리적 저항이 존재한다. 같은 단지에서 수십 년간 함께 살아온 이웃들과의 관계, 일상적 인사, 작은 돌봄 문화는 단순한 주거지 이상의 공동체 정서를 형성한다. 이러한 관계망이 해체될 경우 '심리적 고립감'과 '생활 리듬의 붕괴'로 이어질 수 있다는 점에서, 일부 주민은 개발의 물리적 이익보다 공동체 유지를 더 중요한 가치로 여긴다. 특히 노년층일수록 '변화보다는 안정'을 선호하는 경향이 강하며, 이는 단기간 설득으로 해결되기 어려운 구조적 심리 기제다.

| 셋째, 현재 입지에 대한 만족감과 변화 회피 심리도 주요 요인이다. | 지곡지구는 포항 내에서도 교육, 교통, 공공시설 등 정주 여건이 잘 갖춰진 지역으로, 일부 주민에게는 단지 노후화가 삶의 질을 직접적으로 저해하지 않는다고 느껴진다. 이에 따라 "지금도 충분히 살 만하다"는 인식과 함께, 재개발을 "괜히 나서는 위험한 모험"으로 인식하는 경향이 존재한다. 이는 변화에 대한 '합리적 회의'라기보다는, 불확실성을 회피하고자 하는 인지적 보수성(cognitive conservatism)의 전형적인 사례로 볼 수 있다.

이와 같은 심리적·정서적 요인들을 단순한 '이기주의'나 '비합리적 반대'로 해석하기보다는, 생활 안정성과 신뢰 부족에 기반한 현실적 대응으로 이해할 필요가 있다. 따라서 정책 수립 및 커뮤니케이션 과정에서는 다음과 같은 세 가지 전략이 병행되어야 한다.

| 첫째, 경제적 불안을 완화할 수 있는 투명한 정보를 제공해야 한다. | 분담금 추정치의 논리, 금융 지원 제도, 이주 대책 등을 구체적으로 설명하고, 유사 지역 사례와 수치를 근거로 실질적인 대응 가능성을 보여주어야 한다.

| 둘째, 정서적 연속성을 보장하는 커뮤니티 대책이 마련되어야 한다. | 재개발 후에도 기존 이웃과의 연속적 정주가 가능한 방식(예: 단지 내 블록 배정 고려, 커뮤니티 프로그램 유지 등)을 설계 단계에서 반영할 수 있도록 행정적 배려가 필요하다.

| 셋째, 공감 기반의 커뮤니케이션 전략이 필요하다. | 설명회, 간담회 등에서 개발 이익만 강조하기보다는 주민의 불안, 상실감, 두려움을 진지하게 청취하고 이를 정책에 반영하는 '상호 설득' 구조를 형성해야 한다.

결국 지곡지구의 성공적인 재개발은 설계 도면과 자금 계획의 문제가 아니라, 사람과 마음의 문제다. 삶의 안정을 잃지 않고, 더 나은 미래로 이동할 수 있다는 확신을 심어주는 것, 그것이 설득의 시작이 되어야 한다.

제3절 지곡지구, 삶의 품격을 드러내는 공간

1. 위계의 완성: 입지에서 주거까지, 사회의 정점으로

지곡지구는 이미 포항에서 손꼽히는 핵심 입지를 확보한 지역이다. 포스텍이라는 세계적 수준의 과학기술대학, 포항테크노파크 및 첨단산업단지, 시청·법원·경찰서·종합병원 등 주요 공공기관이 인접한 이 지역은, 교육·연구·행정·의료 기능이 균형 있게 집약된 포항시의 실질적 중심축이라 할 수 있다. 외부 주민들조차 지곡지구를 "포항에서 가장 살기 좋은 지역"으로 인식할 만큼, 입지 위계는 이미 지역의 상징성과 자부심의 원천이 되어 왔다.

하지만 이처럼 뛰어난 입지에도 불구하고, 현재 지곡지구의 주거환경은 그 위계에 상응하지 못하는 실정이다. 준공된 지 약 30년 안팎이 된 노후 단지들이 대부분인 상황에서, 외관은 물론 주차, 단열, 방음, 안전 등 전반적인 주거 조건은 시대의 기준에 크게 미달한다. 다시 말해 '입지적 명성'과 '실제 거주 환경' 사이에 괴리가 존재하며, 이는 지곡지구의 상징성과 도시 위상에 걸맞지 않는 현실이다.

이제 필요한 것은 입지 위계에 걸맞은 주거 위계의 완성이다. 단순히 낡은 건물을 헐고 새로 짓는 수준을 넘어서, 이 지역이 지닌 위상을 물리적 공간으로 구현하고, 포항의 대표 고급 주거지로 재정의하는 일이다. 현대사회에서 주거는 단순한 공간이 아닌, 개인의 문화 수준, 사회적 계층, 자산 가치를 아우르는 종합적 상징으로 기능한다. 프리미엄 아파트 단지는 그 자체로 하나의 '사회적 브랜드'가 되고, 주민의 위상은 그 거주지와 함께 상향 조정되는 경우가 많다.

이런 흐름은 이미 서울 및 수도권 고급 주거지 사례에서 확인할 수 있다. 강남 반포, 도곡, 한남 등에 위치한 프리미엄 브랜드 단지들은 단순히 고급 주택이 아니라, 해당 지역 주민의 사회적 정체성과 삶의 방식까지 규정하는 생활문화의 중심지로 기능하고 있다. 브랜드 아파트는 외형적 품질을 넘어, 도시 내 위계를 분명히 하고, 자산 가치 상승의 상징으로 작동한다.

그뿐만 아니라, 현대 주거단지에서 중요한 것은 '외관'은 물론이고 '커뮤니티'도 중요하다. 품격 있는 외벽 디자인, 녹지율 높은 조경, 야간 경관 조명, 차별화된 단지 내 보행동선은 주민들의 자긍심을 자극하는 상징적 장치이며, 북카페, 피트니스센터, 공유오피스, 작은 도서관, 어린이 문화공간 등 커뮤니티 시설은 실질적인 삶의 질 향상으로 이어진다. 이 모든 요소는 다시 자녀의 교육 환경, 가족의 삶의 안정성, 세대 간 계승 가치로 확장된다.

결국, 지곡지구의 재개발은 단순한 주거환경 개선을 넘어, "입지 위계 → 주거 위계 → 사회적 위계"라는 상승 구조의 정점에 지곡을 올려놓는 역사적 기회다. 이 과정에서 주민은 단지 개선의 수혜자가 아니라, 도시 품격 재정립의 주체가 된다. 지금 이 선택은 단지의 외형을 바꾸는 것이 아니라, 삶의 위상과 다음 세대의 자부심을 바꾸는 '공간 자본의 승격'이라 할 수 있다.

제10장 지곡지구! 포항 미래전략의 시작, 정체된 땅에서 미래를 짓는 도시 재설계

[그림 10-3] 미래 지곡지구(예시)

2. 미래형 주거의 기준: 자족형 스마트단지로의 전환

지곡지구 재개발의 핵심은 단순히 낡은 아파트를 신축하는 데 그치지 않는다. 이 사업은 생활, 복지, 환경, 기술이 유기적으로 통합된 '자족형 스마트단지'로의 전환이라는 더 큰 비전을 품고 있다.

과거의 아파트가 '잠만 자는 공간'이었다면, 앞으로의 주거단지는 하루 24시간을 단지 안에서 완결적으로 누릴 수 있는 주거 생태계가 되어야 한다. 지곡지구는 이러한 미래형 주거모델을 실현하기에 최적의 입지 조건과 공간 구조를 갖추고 있다.

1) 녹지 중심의 건강한 일상

삶의 질을 좌우하는 중요한 요소 중 하나는 쾌적한 녹지 환경이다. 기존 지곡지구는 녹지 공간이 부족하고 단지 배치가 폐쇄적이지만, 재개발을 통해 단지 전체를 공원형 조경 구조로 재설계할 수 있다. 어린이 놀이터, 중앙광장, 산책로, 생태 연못, 쉼터 등은 단지 안에서 자연을 누릴 수 있는 환경을 제공하며, 주민의 심리적 안정과 공동체 활성화에 긍정적인 역할을 하게 된다.

[그림 10-4] 녹지 중심의 건강한 일상

출처: 아시아경제(2016.9.12.); 희림종합건축사사무소; 유엔스튜디오.

2) 전 세대가 함께 누리는 커뮤니티 공간

현대적 아파트에서 가장 주목받는 요소는 질 높은 커뮤니티 시설이다. 피트니스센터, 실내 골프연습장, 북카페, 키즈카페, 시니어라운지, 작은 도서관, 공유 오피스, 공동 육아실, 고령자를 위한 건강관리실, 인지능력 유지 프로그램 등, 이러한 시설은 단순한 부대시설을 넘어 '세대 간 공존'과 '삶의 질'을 끌어올리는 핵심 기반이 된다. 특히 고령화가 빠르게 진행 중인 사회에서, 의료·복지 기능이 결합된 생활공간은 새로운 표준이 되어가고 있다.

[그림 10-5] 전세대가 함께 누리는 커뮤니티 공간

출처: https://www.shutterstock.com/ko/image-illustration/3d-rendering-indoor-golf-simulator-2423279991(좌측)
https://pixabay.com/photos/eating-canteen-museum-1006009/(우측)

3) 스마트 기술로 완성하는 미래 주거

에너지 효율, 보안, 편의성, 관리비 절감 등 다양한 요소를 갖춘 스마트 시스템 도입은 이제 선택이 아니라 필수다. 에너지 절감형 스마트홈 설비, AI 기반 보안감지 시스템, 무인택배함, 번호 인식 주차 유도 시스템, 태양광 기반 공용전기 설비 등은 이는 젊은 세대의 니즈를 충족시키는 것은 물론, 노년층의 생활 안전성과 편의성을 동시에 확보하는 해법이기도 하다. 기존 노후 아파트에선 구현할 수 없는 이러한 스마트화는 지곡지구의 전환 가치를 정량적으로 입증해 주는 요소가 된다.

[그림 10-6] 스마트 기술로 완성하는 미래 주거

출처: https://pixabay.com/photos/smart-home-smarthome-city-panorama-3988583/

4) 일상의 모든 것을 해결하는 상업·생활 인프라

자족형 단지의 또 다른 조건은 생활 인프라의 내재화다. 마트, 병원, 약국, 음식점, 학원, 카페 등이 단지 내 또는 연계 구역에 함께 계획되면, 외부 이동 없이 대부분의 생활을 해결할 수 있다. 이는 특히 고령층, 어린 자녀를 둔 가정, 맞벌이 가정에게 압도적인 편의성과 시간 효율을 제공한다. 단순한 편리함을 넘어, 삶의 구조 자체를 변화시키는 것이다.

지곡지구는 이러한 자족형 스마트단지로의 진화에 가장 이상적인 조건을 갖춘 지역이다. 단지 입지와 주변 시설, 토지 규모, 행정적 접근성 모두를 종합했을 때, 단일 아파트 단지가 아닌 '도시 안의 도시'로 기능할 수 있는 유일한 후보지다.

지금의 재개발은 단순한 '재건축'이 아니다. 주거의 질, 삶의 질, 지역의 브랜드, 그리고 도시의 이미지를 함께 끌어올리는 포항형 미래주거의 시작점이 바로 지곡지구가 될 수 있다. 그리고 이는 자산가치 상승을 넘어선, 도시경쟁력의 핵심 기반이기도 하다.

제10장 지곡지구! 포항 미래전략의 시작, 정체된 땅에서 미래를 짓는 도시 재설계

[그림 10-7] 일상의 모든 것을 해결하는 자족형 단지

출처: https://www.shutterstock.com/ko/image-photo/modern-glass-skyscrapers-seen-upper-floors-2525496665

제4절 지곡지구 재개발 기대효과

1. 지곡지구 개발이 가져올 포항 전체의 긍정적 파급효과

지곡지구 개발은 단순히 하나의 생활권을 재편하는 문제를 넘어, 포항시 전체의 공간 구조와 도시 전략에 중대한 영향을 미치는 정책적 행위이다. 지금까지는 지곡지구 내부의 잠재력과 조건을 중심으로 개발의 필요성을 설명해 왔다. 하지만 이 지점에서 더 중요한 시각 전환이 필요하다. 지곡의 변화는 곧 포항의 변화이며, 지곡의 성공은 곧 도시 전체의 미래로 연결된다.

1) 도시 불균형 구조 해소의 기회

현재 포항시의 주거 및 상업 인프라는 특정 지역에 과도하게 집중되어 있다. 이는 지역 간 자산가치 격차와 교통 혼잡, 주거지 부족 등의 문제를 초래한다. 지곡지구는 이러한 불균형 구조를 재편할 수 있는 대안적 공간 축으로 기능할 수 있으며, 도시 균형 발전의 새로운 중심지가 될 수 있다.

2) 주택 시장의 심리적 완충지대

지곡지구가 장기적으로 계획적 공급 기능을 수행하게 되면, 주거 수요의 급등에 따른 특정 지역 과열 현상을 완화할 수 있다. 이는 단순한 공급 확대의 의미를 넘어서, 포항 전체 주택 시장의 안정성과 예측 가능성을 확보하는 장치가 된다. 수요와 공급이 예측 가능한 구조 아래 움직이는 도시일수록, 외부 투자자와 기업에게도 신뢰할 수 있는 시장으로 인식된다.

3) 도시 기반시설의 효율적 확장

지곡지구는 이미 대학교, 연구소, 벤처기업 등이 집적된 지역으로, 자생적인 기능 축이 형성되어 있다. 여기에 계획적 개발이 이루어질 경우, 교통망 및 기반 인프라가 자연스럽게 확장되며, 이는 포항 전역의 이동성 개선과 생활권 확장으로 이어진다. 특히 북구와 남구를 아우르는 도심 간 연결축으로서, 지곡은 새로운 도시 흐름의 중심이 될 수 있다.

4) 포항의 도시 브랜드 전략 다핵화

지금까지 포항의 도시는 단일한 중심에 기능이 집중되어 왔다. 하지만 오늘날의 도시 경쟁력은 하나의 중심이 아니라, 여러 개의 자족적 거점(다핵도시 구조)에서 비롯된다. 지곡지구가 연구, 거주, 업무, 문화 기능을 복합적으로 갖추게 되면, 이는 포항시 전체의 브랜드 가치를 한 단계 높이는 계기가 된다. 타 지자체와의 경쟁에서도, 포항은 단지 '제철 도시'가 아닌 지식·주거·기술 복합도시로 진화할 수 있다.

5) 지산학 협력 모델의 거점으로서 지곡지구

최근 지방소멸 위기와 인구 감소가 전국적으로 현실화되고 있다. 이러한 흐름 속에서 등장한 개념이 바로 '지산학(地産學)' 협력 모델이다. 이는 지자체(地)-산업계(産)-대학(學)이 공동으로 지역 문제를 해결하고, 지속 가능한 생태계를 구축하는 새로운 지역 혁신 전략이다. 단순한 산학협력을 넘어, 지자체가 정책과 인프라, 공간 플랫폼을 주도하며 산업과 학문을 연결하는 구조이다.

지곡지구는 이러한 지산학 모델을 실현하기에 최적의 입지이다. 이미 포스텍을 비롯한 대학과 연구소, 스타트업 기반이 존재하고 있으며, 여기에 포항시가 정책 주도권을 갖고 지산학 플랫폼 거점지구로 개발할 경우, 청년 정주, 기업 유치, 지역 일자리, 지역 콘텐츠가 순환하는 포항형 지속가능 도시 모델을 실험하고 실현할 수 있다.

이러한 구조는 지곡의 성공을 넘어서, 포항 전체의 도시 전략과 연결되는 공공적 실험장이자, 새로운 시대의 도시혁신 플랫폼이 될 수 있다.

결론적으로, 지곡지구 개발은 단지 지역 이기주의적 관점에서 접근할 수 있는 사안이 아니다. 이는 포항시 전체의 도시 미래를 어떻게 설계할 것인가에 대한 전략적 선택이며, 지곡의 변화는 곧 포항의 변화를 뜻한다.

"지금 우리는 한 지역의 개선이 아닌, 지역 전체의 구조 전환과 지속가능한 생태계 구축이라는 큰 흐름 속에서 지곡을 이야기하고 있다."

2. 기반시설의 확장과 도시의 성장동력 확보

지곡지구의 재개발이 단순히 아파트 단지의 물리적 교체에 그치는 것이 아니라, 지역 전체의 도시 인프라를 재구조화하는 기회가 되어야 한다. 이러한 맥락에서 교통체계와 생활 인프라의 개선은 재개발 계획의 핵심 축이 된다. 기존 기반시설의 한계를 진단하고, 미래 도시 수요에 부응하는 방향으로 확장 가능한 인프라 계획이 필요하다.

우선 교통 인프라 측면에서 지곡지구는 주요 간선도로와의 접근성이 상대적으로 낮은 편이다. 현재 지곡로를 중심으로 한 도로망은 출퇴근 시간에 정체 현상이 빈번하며, 대중교통 노선 또한 포항 도심과의 직결성이 부족하다. 이를 개선하기 위해서는 지곡지구 중심부를 관통하는 도로 신설 또는 확장, 인접 주요 도로와의 연결도로 보강이 필요하다. 특히 포항 도심 및 KTX 신경주역 등 외부 광역 교통망과의 연계성이 완성될 경우, 지곡지구의 위상은 한층 강화될 수 있다.

대중교통 측면에서도 개편이 요구된다. 현재 버스 노선은 불균형적이며, 배차 간격도 길어

주민의 불편을 유발하고 있다. 재개발과 연계한 환승센터 구축, 순환버스 및 BRT(간선급행버스 체계) 도입 등 지곡지구를 중심축으로 하는 대중교통 체계 구축이 필요하다. 이를 통해 자가용 중심의 교통 구조를 보완하고, 탄소중립형 친환경 도시로의 전환을 유도할 수 있다.

생활 인프라 측면에서도 다각도의 계획이 필요하다.

| 첫째, 교육 인프라 확충이다. | 지곡지구 내 초·중학교는 재개발로 인한 인구 유입이 예상되는 만큼, 향후 교육 수요 변화에 유연하게 대응할 수 있도록 학교 시설의 점진적 확충이나 기능 재조정에 대한 검토가 필요하다. 특히 포스텍이라는 고등교육기관이 인접한 점을 고려할 때, 이 지역은 전통적으로 교육에 대한 수요와 기대가 높은 생활권으로, 미래 세대를 위한 교육 인프라에 대한 선제적 논의가 요구된다.

| 둘째, 의료시설 확충이다. | 현재 지곡지구 인근에는 대형 병원이 부족하여 응급 상황 대응 및 고령 인구의 만성질환 관리에 취약하다. 보건소 기능 강화, 중규모 종합병원 유치, 고령자 맞춤형 건강관리센터 도입 등을 통해 보건 복지의 질적 향상이 가능하다.

| 셋째, 상업 및 근린생활시설이다. | 지곡지구 내 상업시설은 아직도 제한적이며, 단지 중심 상업지구 및 스트리트형 상업시설 도입으로 '단지 내 소비'가 가능한 자족형 주거지 조성이 필요하다. 대형 마트보다는 주민 친화형 로컬 상권, 복합 커뮤니티 상가, 공유 오피스 공간 등이 주목받고 있다.

| 넷째, 녹지 및 여가시설도 중요하다. | 산책로, 어린이 공원, 실버케어 공원, 주민 커뮤니티 광장 등은 도시의 삶의 질을 결정짓는 요소이며, 이는 단지의 경쟁력으로도 직결된다. "살기 좋은 곳"이라는 정체성은 물리적 설계가 아닌 일상의 편의와 쾌적성에서 비롯된다.

종합적으로 지곡지구 재개발은 단지 중심이 아닌, 도시 기반시설과 생활 인프라를 아우르는 통합적 관점에서 접근하는 것이 바람직하다. 교통, 교육, 의료, 상업, 녹지 등 주요 기능 간 연계가 균형 있게 조화될 경우, 지곡지구는 단순한 주거단지를 넘어 포항의 신성장축이자, 거주 선호 1순위 지역으로 도약할 수 있을 것이다.

3. 인구 및 정주 여건 변화

지곡지구의 재개발은 단순한 주거지 개선을 넘어, 포항시의 인구 구조와 정주 여건 변화에 중요한 전환점이 될 수 있다. 특히 청년층, 연구직 종사자, 가족 단위 세대의 유입은 지곡지구

제10장 지곡지구! 포항 미래전략의 시작, 정체된 땅에서 미래를 짓는 도시 재설계

를 미래형 도시 공간으로 변화시키는 핵심 동력이 된다.

| **첫째, 청년층과 전문직의 유입 가능성이다.** | 지곡지구는 포스텍과 포항테크노파크, 바이오산업단지 등 고급 연구개발 기관과 산업체가 인접해 있어 R&D 종사자, 연구원, 스타트업 종사자 등 청년 및 전문직의 정착 가능성이 매우 높은 지역이다. 재개발을 통해 최신 스마트 인프라, 셰어 오피스, 커뮤니티 허브 등이 조성된다면 이러한 계층의 지속 가능한 유입과 정착이 가능해진다.

| **둘째, 가족 중심의 주거 수요다.** | 재개발로 고급 브랜드 아파트와 생활 인프라가 구축되면, 자녀 교육, 안전한 환경, 여가 공간을 중시하는 30~40대 가족 세대의 수요가 급격히 증가할 수 있다. 학교, 공원, 병원 등 생활 기반 시설이 함께 조성될 경우, 지곡지구는 중산층 가족의 핵심 정주지로 부상할 수 있다.

| **셋째, 정주 여건과 커뮤니티 강화다.** | 지곡지구는 단지 중심이 아닌 지역 커뮤니티 단위로 개발되어야 하며, 이는 기존 원주민과 신규 유입 인구 간의 통합된 공동체 형성으로 이어질 수 있다. 지역 명칭 유지, 커뮤니티 광장, 마을 축제 등 상징성과 정체성을 지켜나가는 개발은 "머무르고 싶은 지역"으로서의 지속 가능성을 확보한다.

결론적으로, 지곡지구 재개발은 단순히 아파트를 짓는 것이 아니라, 새로운 인구를 유입하고 정착시키는 인프라를 조성하는 전략적 사업이다. 청년, 연구직, 가족층이 안착할 수 있는 구조를 마련하고, 지역 공동체가 살아 숨 쉬는 공간으로 거듭난다면 지곡지구는 미래 세대가 선택하는 핵심 생활권으로 도약할 수 있다.

4. 공동체 회복 – 관계의 재생과 소속감의 복원

지곡지구 재개발과 관련해 주민들이 가장 민감하게 반응하는 문제는 단순한 물리적 이전이 아니다. 진짜 우려는 '공동체 해체,' 즉 함께 살아온 이웃과의 관계가 끊어지고, 오랫동안 익숙했던 골목과 이름이 사라지는 데서 오는 심리적 단절감이다. 특히 고령층이나 장기 거주자에게는 주거 이전 자체보다도 "내가 살던 동네가 사라진다"는 상실감이 더 큰 불안 요인으로 작용한다. 따라서 지곡지구의 재개발은 단순한 건물 교체가 아니라, '공동체 회복'을 중심에 둔 주거환경 재편이어야 한다. 아래는 이를 실현하기 위한 세 가지 전략적 접근이다.

1) 원주민 재정착을 위한 실질적 장치 마련

개발 이후에도 기존 주민이 다시 돌아올 수 있는 구조를 만드는 것이 가장 우선이다. 이를 위해서는 다음과 같은 제도적 장치가 필요하다.

① 분양가 부담 완화: 장기 거주자에게 우선 공급권 제공 및 실거주 요건을 만족할 경우 가격 할인 등 고려
② 금융 지원: 중도금 대출 및 이주비 지원 프로그램 운영
③ 공공임대 또는 공공지원 민간임대 비율 확보: 사회적 배려 계층의 안정적 재정착 유도

이러한 장치는 "재개발은 떠나는 것"이라는 인식을 "재개발은 돌아오기 위한 준비"로 전환시키는 중요한 심리적 기제가 된다.

2) 정체성을 보존하는 상징 공간과 이름의 계승

새로운 공간이 심리적으로 단절된 이질적 환경이 되지 않기 위해, 과거의 정체성을 공간적으로, 이름으로, 기억으로 이어주는 설계가 필요하다. 지곡이라는 동네 이름을 신축 단지 명칭에 그대로 반영하거나 일부 유지, 기존 골목길의 기억을 테마거리로 조성하여 '기억의 장소화'를 추진한다. 마을회관, 경로당, 작은 도서관 등 주민들의 정서적 기반이 되었던 시설을 현대적 형태로 재해석하여 재배치한다. 이러한 공간은 "지금은 없어졌지만 마음 속에는 여전히 존재하는 동네"를 현실 속에 다시 만들어내는 역할을 한다.

3) 커뮤니티 중심의 공간 계획

관계 회복은 의지만으로 되지 않는다. 사람이 만나는 구조를 만들어야 유대가 생긴다. 이를 위해 단지 내 커뮤니티 공간은 단순한 부대시설이 아니라, 공동체 재생의 중심 인프라가 되어야 한다.

① 중앙광장: 주민이 자연스럽게 마주치는 열린 공간
② 커뮤니티 센터: 다양한 연령층을 위한 프로그램 운영
③ 시니어 라운지와 어린이 놀이터: 세대 간 공존을 유도

제10장 지곡지구! 포항 미래전략의 시작, 정체된 땅에서 미래를 짓는 도시 재설계

④ 작은 도서관·북카페·공유 주방 등 주민 참여형 공간 등

이러한 공간은 단순한 시설이 아니라, 관계의 복원과 이웃 간 연대 회복의 출발점이 된다. 특히 공공임대 중심의 대규모 단지에서는 주민 간의 단절과 고립이 문제되는 사례가 많았으므로, 민간·공공이 협력해 '공동체 설계'까지 개발계획에 포함하는 것이 바람직하다.

결론적으로 지곡지구의 재개발은 물리적 단절이 아닌, 관계의 재생이어야 한다. 떠나는 개발이 아니라 다시 돌아오는 개발, 소외되는 단지가 아니라 더 강한 소속감을 만드는 단지가 될 수 있도록 설계하고 소통하는 것이 지금 이 시점에서 가장 중요한 설득 논리이자 실행 전략이다. 주민에게는 "동네를 잃는다"는 공포보다, "더 좋은 이웃관계로 돌아올 수 있다"는 확신이 필요하다.

그리고 "그것이 가능하다는 증거를, 지곡지구가 보여줄 수 있다."

제5절 미래 주거 패러다임으로서의 지곡지구

지곡지구의 재개발은 단순한 물리적 공간 정비를 넘어, 포항시의 미래 주거 정책을 상징하는 선도적 도시계획이 되어야 한다. 특히 지곡지구는 단일한 주거단지를 넘어서, 주거·상업·업무·준주거 등 다양한 기능이 혼재된 복합 도시공간이다.

이에 따라 주거지역은 전체 지구를 포괄하는 통합적 마스터플랜 아래에서 순차적인 재개발을 추진하되, 상업·업무 및 준주거 지역은 각 용도에 맞는 개발 전략과 논리를 바탕으로 병렬적으로 발전시켜야 한다.

이러한 공간 구성은 지곡지구를 단순한 주거지 수준이 아닌, 기능 복합형 미래 도시로 재편하는 방향성을 제시하며, 포항시 도시계획의 새로운 이정표가 될 수 있다. 특히 본 사업은 단지의 하드웨어적 재건축을 넘어, 새로운 생활양식과 도시구조를 반영한 '미래형 주거지 조성'이라는 비전을 품고 있다.

한편, 지곡지구 내 일부 준주거지역에 대해서는, 고층 복합개발이 전체 도시계획의 흐름과 조화를 이루는 방향에서 자연스럽게 논의될 수 있다. 예컨대 약 30층 내외의 복합시설이 도입된다면, 이는 단순한 고도 중심의 개발이 아니라, 지곡지구의 마스터플랜이 지향하는 스카이라인 구성과 입체적인 토지 활용 전략 속에서 충분히 조화롭게 수용될 수 있는 방식이라 할 수 있다.

이러한 접근은 주민들이 기대하는 쾌적한 정주 환경과 자산 가치의 안정성, 그리고 지곡지구의 도시 이미지 향상에도 긍정적인 영향을 줄 수 있을 것으로 보인다. 궁극적으로는 이러한 방향이 주민들과의 공감대를 바탕으로, 지곡지구의 계획적 완성도를 높이는 데에도 의미 있는 역할을 할 수 있을 것이다.

지곡지구는 일부 지역에서 선도 시범지구로서의 가능성을 보여주고 있다. 지곡지구의 주거 지역은 다수의 개별 단지로 구성되어 있어, 전체적인 합의와 실행까지는 일정한 시간이 소요될 수밖에 없다. 이에 반해, 준주거·상업·업무지역은 물리적·행정적 측면에서 보다 유연하게 개발을 추진할 수 있는 여건을 갖추고 있으며, 이러한 지역에서의 계획적이고 조화로운 개발은 지곡지구 전체 재편의 방향성과 가능성을 미리 보여주는 선도 시범지구로 기능할 수 있다. 이는 단순히 선행 개발이라는 의미를 넘어서, 주민 공감대 형성, 도시 브랜드 이미지 구축, 실질적 투자 신뢰 확보 등 다양한 측면에서 지곡지구의 장기 마스터플랜 실행에 기여하는 상징적 출발점이 될 수 있다.

이러한 가능성을 염두에 두고, 지곡지구의 개발 방향은 다음 다섯 가지 축을 중심으로 구성된다.

1. 고층화와 스카이라인 재편: 토지의 전략적 고밀도 활용

지곡지구는 포스텍과 테크노파크를 중심으로 한 포항 최고 수준의 고급 배후 수요가 밀집된 지역으로, 중산층 이상의 전문직 가족들이 안정적으로 정착할 수 있는 고층·고급 주거단지 도입이 자연스럽고 타당한 선택이다.

30층 이상 고층 설계는 단순한 '높이 경쟁'이 아니다. 이는 도시 조망을 아우를 수 있는 입체적 주거 자산이며, 상업시설, 커뮤니티, 보행녹지 등과 어우러지는 도시형 복합공간으로 진화할 수 있는 플랫폼이다. 이러한 변화는 지곡지구를 포항의 미래를 상징하는 새로운 스카이라인으로 재정의할 것이며, 이곳에 사는 것만으로도 자긍심이 느껴지는 새로운 정체성을 부여하게 된다.

또한, 고층화는 토지의 전략적 고밀도 활용이라는 도시계획적 의미를 넘어, 건물 사이에 더 많은 녹지와 휴식 공간을 확보할 수 있는 기회를 제공한다. 즉, '빽빽한' 도시가 아니라, '비워진 공간의 여백'이 주는 쾌적함과 감성적 안정감을 누릴 수 있는 구조로 설계될 수 있다는 점

제10장 지곡지구! 포항 미래전략의 시작, 정체된 땅에서 미래를 짓는 도시 재설계

[그림 10-8] 고층화와 스카이라인 재편: 토지의 전략적 고밀도 활용

출처: https://pixabay.com/photos/park-lake-trails-pathway-road-5444531/

에서, 지곡은 단순한 주거지가 아닌 도시 속 '정원 같은 주거지'로 바뀔 수 있다.

이러한 변화는 단지의 상품성만을 높이는 것이 아니다. 지곡지구 주민들이 "이곳이 바로 포항의 얼굴이자 중심"이라는 자부심을 가질 수 있도록, 공간의 품격과 스카이라인의 상징성을 함께 담는 진정한 도시의 재구성이다.

2. 커뮤니티 기반 주거단지: 라이프스타일 맞춤형 설계

현대 주거단지는 단순한 거주의 공간을 넘어서, 삶의 질을 완성하는 플랫폼으로 진화하고 있다. 지곡지구에는 다음과 같은 커뮤니티 복합 시설이 반영되어야 한다. 입주민 전용 피트니스센터, 실내 골프 연습장, 북카페, 공유 오피스, 세대별 맞춤 시설로 키즈카페, 시니어 라운지, 커뮤니티 주방, 문화센터 등이 그것이다. 이러한 시설은 세대 간 융합과 유대를 촉진하고, 생활 만족도는 물론 단지의 차별화된 가치를 결정짓는 핵심 요소가 된다.

[그림 10-9] 커뮤니티 기반 주거단지: 라이프스타일 맞춤형 설계

출처: https://www.shutterstock.com/ko/image-photo/modern-gym-setting-focus-on-rack-2513782741(좌측 상)
https://pixabay.com/photos/hotel-podjavorn%c3%adk-restaurant-1191725/(우측 상)
https://pixabay.com/photos/gym-fitness-equipment-sport-5977600/(좌측 하)
https://pixabay.com/photos/swimming-pool-swim-summer-2704420/(우측 하)

3. 공공 인프라와의 유기적 연계: 안전하고 스마트한 생활권 구축

지곡지구는 인접 공공시설과의 연계성이 탁월한 지역이다. 이를 적극 반영한 인프라 설계가 필수적이다. 포스텍, 인근 학교와의 통학 동선 안전 설계, 산학 연계 커뮤니티 공간 확보, 종합

병원 및 보건소와 연계한 응급의료 네트워크 구축, 보행친화 도로 체계, 자전거 전용도로 등을 통해 '자동차 중심'이 아닌 '사람 중심 도시' 실현이 가능하다. 이와 같은 설계는 공공성과 도시 기능성을 모두 확보하는 중요한 요소이며, 스마트시티 요소와의 연계도 가능하다.

[그림 10-10] 공공인프라와의 유기적 연계: 안전하고 스마트한 생활권 구축

출처: https://www.shutterstock.com/ko/image-photo/green-technology-environmental-concept-sustainable-development-1983321920

4. 프리미엄 브랜드 아파트 도입: 주거 신뢰와 자산가치 상승

현대건설, 삼성물산, 롯데건설, 포스코건설 등 국내 주요 건설사의 프리미엄 브랜드 유치는 단지의 상징성과 위계 형성에 결정적인 역할을 한다. 브랜드 아파트는 단순한 건축 수준이 아닌, 일관된 디자인, 고급 서비스, 커뮤니티 품질을 통해 단지의 정체성을 형성한다. 이는 외부 투자자 유입, 타지역 대비 브랜드 우위, 지역 내 주거 선호도 확산으로 이어진다. 즉, 지곡지구를 포항의 반포, 포항의 한남동으로 만들 수 있는 실질적 기초가 되는 셈이다.

5. 녹지 중심의 감성적 공간 구성: 회복과 힐링의 일상화

미래형 주거단지에서 녹지는 단순한 조경이 아닌, 일상 회복과 정서 안정을 위한 생활 기반이 된다. 단지 내 순환형 산책로, 생태 놀이터, 옥상 정원, 커뮤니티 테라스, 사계절 체감 가능한 조경 디자인, 바람길을 고려한 구조, 자연광 확보를 고려한 건물 배치와 저층부 커뮤니티 설계 등은 주민들의 심리적 만족도를 높이는 감성적 요소이자, 단지 전체의 자산 가치를 높이는 핵심 자원으로 작동한다.

[그림 10-11] 녹지 중심의 감성적 공간 구성: 회복과 힐링의 일상화

출처: https://pixabay.com/photos/cycling-children-park-path-7175375/(좌측)
https://www.shutterstock.com/ko/image-photo/nice-modern-leisure-city-park-2237318763(우측)

결론적으로 지곡지구는 '살기 위한 공간'이 아닌 '살고 싶은 공간'으로 거듭나야 한다. 지곡지구의 재개발 기본계획은 단순한 공간 재구성이 아니라, 포항시 도시주거정책의 전환점이자, 미래 세대가 머무를 수 있는 고품질 정주 기반 조성이라는 상징적 의미를 담고 있다. 이 설계는 해체가 아니라 창조이며, 과거를 지우는 것이 아니라 다음 세대를 위한 공간을 그리는 첫 번째 청사진이다. 지금의 선택이 지곡지구를 포항의 상징으로 만들 수 있다.

제10장 지곡지구! 포항 미래전략의 시작, 정체된 땅에서 미래를 짓는 도시 재설계

제6절 새로운 개발 질서와 통합 마스터플랜: 버티컬 가든시티의 방향성과 행정의 역할

1. 현황과 문제 제기

지곡지구는 현재 지구단위계획이 수립되지 않은 상태다. 지난 2016년 계획 수립 시도는 주민 반대로 무산되었고, 이후 별도의 법적·행정적 가이드라인 없이 개발이 개별 필지 단위로 산발적으로 추진되고 있다.

이러한 방식은 도시 전체의 일관된 경관 조성, 기반시설 확보, 기능 간 연계에 구조적 한계를 낳고 있다. 특히 준주거지역의 경우, 법적으로 고밀도 개발이 가능한 용도지역임에도 불구하고, 전체적인 계획 부재 등의 이유로 개발이 지체되고 있는 상황이다.

이는 실질적인 재산권 침해의 우려가 있으며, 민간 투자 위축, 나아가 도시 전반의 활성화 저해 요인으로 작용하고 있다.

2. 새로운 방향: 기능 분리 아닌 기능 특화, 그리고 통합된 도시구조

지곡지구 개발은 단순한 주거 확장이 아닌, 포항시 미래 주거정책을 선도할 고밀도 복합도시 개발의 전환점이 되어야 한다.

주거지역은 기존의 단독·저층 중심 개발을 넘어서, 커뮤니티 중심의 고층·고밀 복합주거지로 재설계되어야 하며, 준주거지역은 업무, 상업, 주거 기능이 유기적으로 작동하는 도심형 복합거점으로 기능해야 한다.

중요한 것은 '기능의 분리'가 아니라, 기능 간의 조화와 상호 특화다. 이를 실현하려면 지곡지구 전체를 포괄하는 통합 마스터플랜 수립이 반드시 선행되어야 한다. 이 마스터플랜은 공간적 경계를 뛰어넘어, 도시의 방향성과 질서에 대한 새로운 합의 체계로 기능해야 한다.

3. 행정의 역할과 선도사업 제안

포항시는 이러한 변화의 방향성을 뒷받침하기 위해, 통합 마스터플랜을 기반으로 다음과 같은 역할을 수행해야 한다.

- 고도, 용적률, 커뮤니티 공간 배분에 대한 기본 가이드라인 제시
- 민간 주체가 자율적으로 참여하되, 통합 도시목표에 부합하도록 유도
- 선도사업지 지정을 통해 고밀 복합개발의 시범 사례를 제시하고, 전체 지곡지구 개발의 모델과 방향성을 실증적으로 구현

특히 준주거지역은 법적 용도에 부합하는 병렬적 개발 전략이 필요하며, 기존의 획일적 계획방식이 아닌 유연한 물리적·행정적 접근이 바람직하다. 단일 블록 중심의 점 개발이 아니라, 기능 간 연계성과 흐름을 고려한 입체적 설계를 통해 복합개발의 가치를 최대화해야 한다.

이러한 준주거지역은 단순한 고밀도 개발지가 아니라, 지곡지구 전체 개발의 방향성과 가능성을 상징하는 선도 시범지역으로 조성되어야 하며, 도시공간의 상징성과 실현 가능성을 동시에 입증할 수 있는 정책 실험 지대로서의 기능을 수행해야 한다.

따라서 행정적 조율과 민간 제안 방식의 전략적 해법을 검토하여 볼 수 있다. 이 방식은 민간 자본의 속도, 유연성, 시장 이해도를 활용하여, 복합적이고 창의적인 개발안 제시가 가능하다. 도시계획법상 민간 제안에도 공공기여를 조건으로 용적률이나 층수 완화가 가능하기 때문에 실현성도 높다. 행정지침의 유연화을 통하여, 지침을 '정책 기준'이 아닌 '전략적 가이드라인'으로 재해석하고, 도시계획위원회와의 협의를 통해 현실 반영적 해석 변경이 가능하다. 행정 해석은 절차적 시간은 짧지만, 도시공간의 미래상과 공공성 확보 논리가 함께 병행되어야 한다.

결론적으로 실행을 위한 전략적 선택지로 '세 가지 방향'을 검토할 수 있다.

① 일반 건축법 체계에서 개발을 유도하는 방식
② 공공기여를 조건으로 고층·고밀 개발을 인정하는 방식
③ 행정 해석의 유연화를 실현하는 방식

이 세 가지 전략은 병행 가능하며, 중장기적으로는 ②와 ③번을 통합적으로 추진하는 것이 가장 효과적이다. 민간 투자자에게는 실질적인 사업모델을, 주민에게는 미래 도시의 구체적 비전을 보여주는 방식으로 설계된다면, 이 선도사업은 계획과 실현 사이의 간극을 좁히는 촉매제 역할을 할 수 있다.

궁극적으로, 이와 같은 전략은 포항형 복합도시의 미래를 실험하고 검증하는 제도적·공간적 플랫폼으로 작용하게 될 것이다.

4. 법적·사회적 정당성 확보와 주민 공감대 형성

현재 지곡지구의 개발 가능성을 뒷받침하는 법령과 도시계획 간의 비일치, 그리고 자의적 행정 운용은 투자 위축과 행정 신뢰도 하락이라는 이중의 문제를 야기한다.

이러한 불신 구조를 해소하기 위해서는 단순한 제도 정비를 넘어, 주민과의 소통을 통한 공감대 형성이 병행되어야 한다. 도시개발은 물리적 구조의 변화일 뿐만 아니라 사회적 합의의 과정이며, 이 과정이 투명하고 설득력 있게 진행될 때, 비로소 지속가능한 도시 이미지가 형성된다.

행정은 다음과 같은 방향으로 정당성과 신뢰를 회복해야 한다.

- 법적 기준과 도시계획 간 일치성 확보
- 미래지향적 개발 기준과 주민·민간이 신뢰할 수 있는 실행 로드맵 제시
- 공공성과 사익이 조화를 이루는 투명하고 예측 가능한 개발 질서 정립
- 지역사회와의 지속적인 협의 구조를 통해 공감대 형성갈등 최소화

이러한 행정의 역할은 단순히 제도적 미비를 보완하는 데 그치지 않는다. 그것은 도시에 대한 긍정적 이미지 구축, 민간 투자자의 신뢰 회복, 나아가 지곡지구를 포항형 미래도시로 도약시키는 기반 마련이라는 실질적 효과로 연결될 것이다.

지곡지구는 포항시 미래 도시 전략에서 주거·상업·산업 기능이 결합된 자족형 복합개발로 발전할 수 있는 잠재력을 갖고 있다. 낡은 행정계획에 갇힌 규제 틀에서 벗어나야 한다. 시장 수요, 지역 가치, 도시 전략을 일치시키는 조정의 시점에 도달했다. 이제는 "어떻게 개발할 것

인가"의 구체적 로드맵과, 행정-민간이 함께 하는 적극적 전략 설정이 필요하다.

    과거의 규제는 행정의 안전장치였지만, 이제는 도시의 성장판을 막는 족쇄가 되었다. 지곡지구는 지금이야말로, 전략과 의지를 통해 미래형 도시공간으로 재설계되어야 할 결정적 시점이다.

제3부

지속가능 도시와 공공기관

K-도시의 미래를 새롭게 상상하다
다시 뛰는 포항, 함께 크는 지역

제11장

폐광의 아픔을 간직한 정선, 강원랜드! 글로벌 관광도시로 꽃피우다

제1절 폐광지역의 특성

1. 폐광 전·후의 정선군 경제적 특징

1) 광업 중심의 단일산업 지역

정선군은 한때 대한민국 산업화를 떠받친 중심적인 광업 지역이었다. 특히 석탄산업은 1970~1980년대 정선군을 비롯한 강원 남부 탄광지역 경제의 핵심 축으로 기능하였다. 이 시기 강원도는 전국 석탄 생산량의 약 68%를 차지하였으며, 이로 인해 태백, 삼척, 영월, 정선 등지를 중심으로 탄광촌이 대규모로 형성되었다. 특히 1988년 기준으로 보면, 국내 무연탄 총생산량 24,295천 톤 중에서 강원도 내 탄광지역에서 생산된 양은 무려 16,486천 톤으로, 전체의 67.9%에 달했다.

정선군 또한 이 같은 산업구조의 흐름 속에서 광업 중심의 지역경제를 형성하였다. 1980년대 정선군의 지역내총생산(GRDP) 구성에서 석탄산업이 차지하는 비율은 무려 67%에 이를 정도로, 지역 경제의 기반은 사실상 광산업에 전적으로 의존하고 있었다. 광산업은 단순히 산업구조를 구성한 데 그치지 않고, 상권의 형성, 인구 구조, 사회 인프라 배치 등 전반적인 지역의

〈표 11-1〉 광업 활성화 시기의 정선군 경제 지표

구분	1985년
총 인구	73,000명
광업 종사자 수	13,500명
지역총생산(GRDP)	1,500억 원
고용률	72.4%
청년(20~39세)인구	36.2%

출처: 통계청 인구총조사, 노동부 산업별 고용조사, 강원도정연보.

생활양식을 규정지었다. 광산 노동자와 그 가족들이 밀집된 주거 단지와 상업지구, 교육시설 등이 탄광 중심으로 배치되었고, 탄광이라는 단일 산업에 특화된 도시 구조가 정선군 전반에 형성되었다.

하지만 이와 같은 산업 집중 구조는 산업 쇠퇴기 이후 지역의 구조적 취약성으로 이어졌다. 석탄 자원의 점진적인 고갈과 더불어, 정부의 에너지 정책 전환, 환경 규제 강화 등으로 석탄 산업이 구조적으로 침체되면서 정선군은 인구 감소, 경제력 약화, 지역 소멸 위기 등 다중적 위기에 직면하게 되었다. 특히 석탄 산업 외 대체 산업이 부족하였고, 도로, 통신, 문화 등 기초 사회간접자본(SOC) 인프라 또한 석탄 중심 구조 하에서는 후순위로 밀려나며 상대적으로 낙후된 채 남아 있었다.

결과적으로 정선군은 단일 산업 의존형 지역경제의 전형적인 사례로, 산업 쇠퇴에 따른 지역의 구조적 취약성과 인구 감소의 고리를 단적으로 보여준다. 이러한 지역은 탄광이라는 성장의 기억을 간직하고 있으나, 동시에 탈산업화 이후 새로운 정체성과 생존 전략을 모색해야 하는 이중적 과제를 안고 있다.

2) 석탄산업 합리화 정책에 따른 변화

1980년대 말에 접어들면서 대한민국 석탄산업은 급격한 쇠퇴의 길로 접어들게 된다. 이는 국내외 에너지 정책의 변화, 석탄 소비구조의 전환, 국내 탄광의 탄질 저하, 그리고 영세 탄광의 난립 등이 복합적으로 작용한 결과였다. 석탄은 더 이상 효율적이고 경제적인 에너지원으로 간주되지 않았으며, 석유와 가스 등 대체 에너지원이 부상하면서 석탄의 입지는 좁아지기

제11장 폐광의 아픔을 간직한 정선, 강원랜드! 글로벌 관광도시로 꽃피우다

〈표 11-2〉 폐광 직전 시기의 정선군 경제 지표 비교

구분	1985년	1995년(폐광직전)	증감
총 인구	73,000명	54,000명	↓26%
광업 종사자 수	13,500명	2,500명	↓80%
지역총생산(GRDP)	1,500억 원	1,030억 원	↓30%
고용률	72.4%	58.1%	14.3%p
청년(20~39세)인구	36.2%	21.7%	14.5%p

출처: 통계청 인구총조사, 노동부 산업별 고용조사, 강원도정연보.

시작했다.

이러한 변화에 대응하여 정부는 1989년 '석탄산업 합리화 정책'을 본격적으로 추진하였다. 이는 비경제적이고 비생산적인 탄광을 정리하여 에너지 산업 구조를 전환하고, 에너지의 효율성을 제고하려는 목적에서 마련된 정책이었다. 그 결과, 1988년까지만 해도 전국에 347개가 존재하던 탄광은 1년 만인 1989년에 130개로 급감하였으며, 이는 전체 탄광의 약 62.5%가 문을 닫는 대규모 구조조정이었다.

이 정책의 충격파는 정선군을 정면으로 강타하였다. 당시 정선군은 탄광 종사자 수 기준으로 전국 최대의 광산 지역이자, 산업 전환의 직접적인 영향을 받는 대표적인 폐광지역이었다. 정선, 사북, 고한 등 지역 내에는 수많은 광산 종사자들과 그 가족이 밀집해 있었는데, 광산 폐쇄와 함께 대규모 실직 사태가 발생하였다. 이로 인해 약 15,000명이 넘는 실업자가 발생하였으며, 자영업자의 줄도산 또한 이어졌다. 지역 내 경제 생태계가 사실상 붕괴된 것이었다.

이러한 경제적 충격은 인구구조와 정주환경에도 심각한 영향을 끼쳤다. 청년층을 중심으로 가족 단위의 대규모 인구가 수도권 및 타 도시로 이주하였고, 이로 인해 공동주택의 공실률이 급격히 상승하였다. 한때 활기를 띠던 주거지역은 순식간에 텅 빈 공동주택지로 변모하였고, 주택 가격은 급락하여 부동산 자산가치가 붕괴되었다. 인구 감소는 지역 교육기관의 존립 기반도 흔들리게 하였으며, 초·중·고등학교의 통폐합과 폐교가 잇따라 이루어졌다. 이와 같은 일련의 변화는 도시 슬럼화, 즉 도시의 물리적·인구적 축소 과정을 급속히 가속화시켰다.

1980년대 말과 1990년대 초에 걸쳐 진행된 석탄산업의 구조조정은 정선군에 있어 단순한

산업 쇠퇴 이상의 의미를 갖는다. 이는 산업 구조의 근본적인 전환과 함께 지역 공동체의 해체, 생활 기반의 상실, 정체성의 위기까지 동반한 총체적 변화의 시기였다. 특히 이러한 충격은 준비 없는 산업 전환이 지역 사회에 얼마나 심대한 후유증을 초래할 수 있는지를 잘 보여주는 사례로, 오늘날 폐광지역 재생정책이나 지역소멸 대응 전략을 설계하는 데 있어 중요한 역사적 교훈을 제공한다.

2. 폐광지역 사회문제 해결로 도시의 지속가능성 확보 필요성 대두

1990년대 중반에 이르러 석탄산업 구조조정의 후폭풍은 정선군을 비롯한 폐광지역에서 본격적인 사회 갈등과 집단행동의 형태로 표출되기 시작한다. 광산업의 붕괴는 단지 실직과 경제적 쇠퇴에 그치지 않고, 지역 주민의 생존 기반 전체를 위협하는 현실로 이어졌고, 이에 대한 집단적 저항이 전국 폐광지역 곳곳에서 촉발되었다.

가장 대표적인 사례로는 1995년 발생한 '정선 고한·사북사태'를 들 수 있다. 이는 석탄산업 합리화 정책으로 인한 대규모 해고와 생계 붕괴에 맞선 광부들과 지역 주민들의 집단행동으로, 정선군의 중심 탄광지역이었던 고한과 사북 일대에서 다수의 시위와 점거가 이어졌다. 이어서 1999년에는 태백 지역에서도 유사한 방식의 소요사태가 벌어졌으며, 2000년에는 삼척에서도 대규모 항의운동이 발생하는 등, 강원도 남부 탄광지대를 중심으로 연쇄적인 생존권 투쟁이 빈번하게 일어났다.

이러한 일련의 사태는 단순한 지역민의 불만 표출이 아니라, 기존 산업 기반의 붕괴가 지역 공동체의 존립 자체를 위협하는 구조적 위기임을 보여주는 상징적 사건이었다. 탄광이 단순한 일자리 제공처가 아니라 마을 공동체의 정체성과 생계, 문화와 공동생활의 근간을 이루는 '삶의 터전'이었음을 여실히 드러낸 것이다. 결국 산업 정책의 급격한 전환은 지역사회의 삶 전체를 붕괴시켰고, 이는 곧 사회적 저항으로 이어진 것이다.

이러한 상황은 정부 정책의 전환을 촉진하는 계기가 되었다. 정부는 석탄산업 쇠퇴로 인한 폐광지역의 급격한 낙후화가 단지 지역경제의 문제가 아니라, 국가 균형발전과 공동체의 지속가능성 차원에서 접근해야 할 사안임을 인식하게 되었다. 이에 따라 1995년, 정부는 「폐광지역 개발지원에 관한 특별법」을 제정하였다. 이 법은 폐광지역의 경제적 회복과 구조 다변화, 기반시설 확충, 주민의 생활 안정 등을 포괄적으로 지원하기 위한 법적·제도적 기반을 마련하는 것이었다.

　이 특별법의 제정은 단순한 보상 차원이 아닌, 지역의 재생과 자립을 위한 종합적 전략의 출발점이라는 점에서 중요하다. 이는 폐광지역을 단지 과거의 유산으로 남겨두는 것이 아니라, 새로운 성장 동력과 지역 정체성의 재구성을 위한 정책적 실험의 장으로 바라보는 인식의 전환을 의미했다. 또한, 산업 쇠퇴와 이에 따른 지역소멸 위기에 대응하기 위한 국가적 책무를 공식화한 조치로서, 이후 폐광지역 진흥지구 지정, 폐광기금 조성, 지역개발계획 수립 등 다양한 후속 정책의 토대가 되었다.

　고한·사북사태와 같은 집단적 생존권 투쟁은 지역이 처한 현실을 전국적 의제로 끌어올리는 결정적 계기였으며, 이는 법률 제정이라는 제도적 대응으로 이어졌다. 이는 한국 산업사와 지역정책사에 있어 중요한 분기점이 되었으며, 이후 지역소멸 문제와 지속가능한 지역사회 구축을 위한 정책 논의에서 폐광지역의 경험은 교훈적 사례로 반복적으로 인용되고 있다.

제2절 강원랜드의 설립 및 성과

1. 설립 목적 및 경과

　광산의 폐쇄와 함께 정선군은 단일 산업에 의존하던 경제 구조가 급속히 붕괴되며 자립이 어려운 구조로 전환되었다. 석탄산업의 쇠퇴는 단순한 산업의 축소를 넘어 지역 전체의 사회경제적 기반을 붕괴시키는 현상으로 나타났고, 이에 따라 실업률은 급격히 증가하고, 청년과 가구 단위의 인구 유출이 가속화되었다. 인구 감소는 소비 기반의 약화, 지역 상권의 붕괴, 주택 공실 증가, 교육시설 폐쇄로 이어졌으며, 정선군은 구조적으로 지속 가능성이 결여된 지역으로 변화하게 되었다.

　정부는 이러한 상황을 예견하고 1986년부터 '석탄산업 합리화 정책'을 본격적으로 추진하였다. 이 시기 한국은 산업구조의 다변화와 더불어 에너지 수급 방식 또한 변화하고 있었다. 석유, 가스 등 다른 에너지원의 활용이 늘어나는 반면, 석탄 소비는 점차 감소세를 보이고 있었고, 석탄 산업은 더 이상 국가 에너지 전략의 중심축이 될 수 없다는 인식이 확산되었다. 이에 따라 정부는 기존의 석탄 관련 법률들—「석탄개발임시조치법」, 「석탄광업육성에 관한 임시조치법」,「석탄수급조정에 관한 임시조치법」—을 통합하여「석탄산업법」을 제정하였다. 이로써 석탄산업 전반을 구조조정하고, 관련 정책을 일원화할 수 있는 제도적 토대를 마련하게 되었다.

또한 정부는 같은 해 동력자원부 산하에 석탄산업 구조조정을 위한 전담 조직을 신설하였다. 이 조직은「석탄산업법」을 근거로 비경제적인 광산을 정리하고, 광산 종사자에 대한 퇴직 및 전직 지원, 에너지 공급체계의 전환 등을 구체화하여 실질적인 정책 집행에 착수하였다. 이로써 한국의 석탄산업은 1986년을 기점으로 정책적으로 관리되는 퇴장 국면에 들어서게 되었으며, 이와 동시에 폐광지역의 미래 대책 마련이 중요한 국가적 과제로 떠오르게 되었다.

이러한 흐름 속에서 1995년 제정된「폐광지역 개발지원에 관한 특별법」은 폐광지역 재생의 전환점을 마련한 법률로 평가된다. 이 법은 석탄산업 구조조정으로 인해 급속히 침체된 지역의 경제 회복과 지역 개발을 제도적으로 뒷받침하기 위해 제정되었다. 법의 주요 내용은 크게 세 가지로 요약된다. 첫째, 폐광지역 경제 활성화를 위한 종합적인 지원 대책을 마련할 수 있는 근거를 제공하였고, 둘째, 폐광지역 개발기금을 조성하여 재정적으로 뒷받침하였으며, 셋째, 폐광지역 경제 자립을 위한 수익모델로서 '강원랜드' 설립 및 운영을 가능하게 하였다. 강원랜드는 단순한 카지노 운영을 넘어, 그 수익을 지역에 환원하는 구조를 통해 지속 가능한 지역 경제 생태계를 구축하기 위한 실험적 모델로 작동하게 되었다.

이후 해당 법률은 여러 차례의 개정을 거치며 지원 대상의 범위를 확대하고, 산업 다변화 및 자립 기반 마련을 위한 정책 수단을 보완해 왔다. 초기에는 강원도 내 일부 탄광지역을 중심으로 시행되었으나, 점차 타 지역으로도 확대 적용되었고, 신재생에너지, 관광, 농산물 가공 산업 등 다양한 신성장 산업을 통해 폐광지역의 경제 체질을 전환하고자 하는 노력이 병행되었다.

요컨대, 정선군을 비롯한 폐광지역이 직면한 위기는 단순한 산업 쇠퇴의 문제가 아닌, 공동체의 해체와 생존 기반의 붕괴라는 총체적 위기였으며, 이에 대응한 국가정책은「석탄산업법」과「폐광지역 개발지원에 관한 특별법」이라는 이중의 제도적 축을 통해 진행되었다. 이 두 법률은 산업 전환의 충격을 완화하고, 폐광지역이 새로운 형태의 자립을 구축할 수 있도록 도운 핵심 기반으로 기능하였다. 정선의 사례는 산업 쇠퇴 지역이 국가 정책과 제도적 지원을 통해 어떻게 새로운 발전 모델을 모색할 수 있는지를 보여주는 중요한 교훈으로 남아 있다.

제11장 폐광의 아픔을 간직한 정선, 강원랜드! 글로벌 관광도시로 꽃피우다

[그림 11-1] ㈜강원랜드 주요 연혁

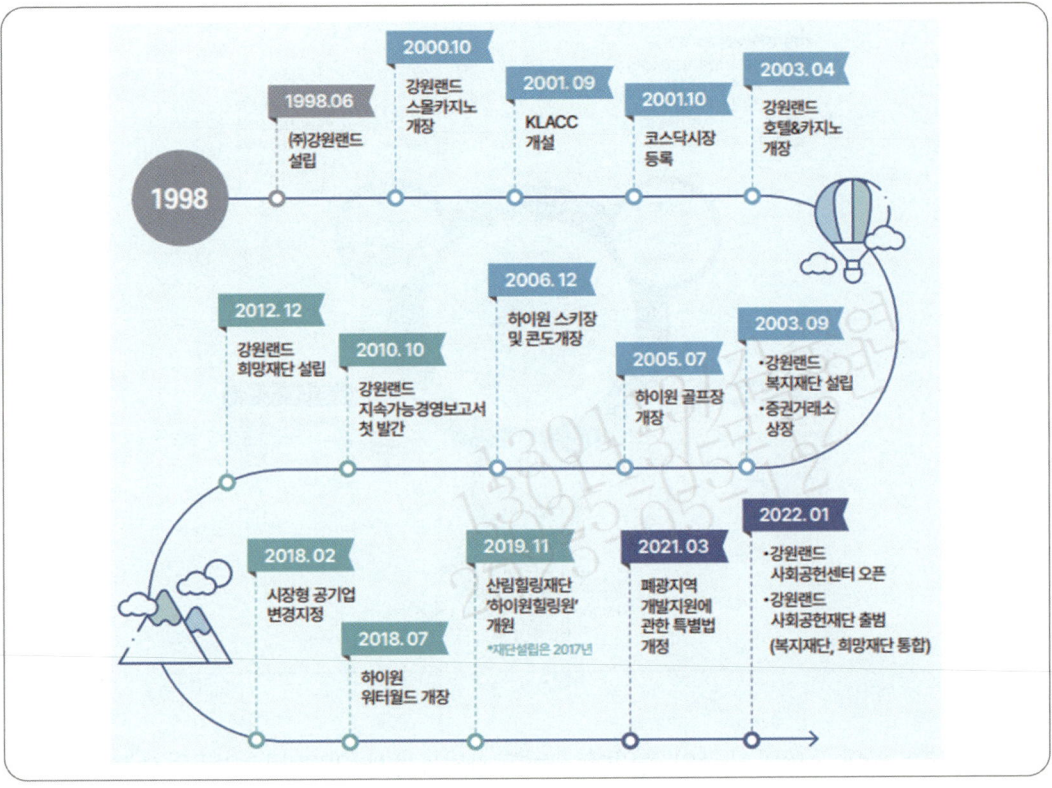

정선 지역은 석탄산업 붕괴 이후 극심한 경제 침체와 인구 유출이라는 이중의 위기에 직면하였다. 이러한 구조적 위기를 극복하기 위한 폐광지역 경제 활성화 전략의 핵심 방안으로 등장한 것이 바로 카지노 산업을 기반으로 한 관광·레저 산업의 육성이었다. 이 과정에서 설립된 대표적 상징이 바로 강원랜드이며, 이는 단일 산업에 대한 의존성을 극복하고 지역의 자립 기반을 마련하기 위한 정부와 지방의 협력적 전략의 산물이었다.

강원랜드는 단순한 카지노가 아니라, 폐광지역의 경제 회복과 재정 기반 확충을 위한 전략적 복합사업으로 기획되었다. 그 설립에는 「폐광지역 개발지원에 관한 특별법」에 따라 폐광지역개발기금과 관광진흥개발기금의 재원을 마련할 수 있는 법적 근거가 함께 마련되었다. 즉, 강원랜드의 영업 수익 일부는 폐광지역 전체의 재생을 위한 기금으로 환원되는 구조로 설계되었으며, 이는 단순한 기업 이익이 아니라 지역사회 전체의 공공재정으로 순환되도록 하는 모델로 기능하였다.

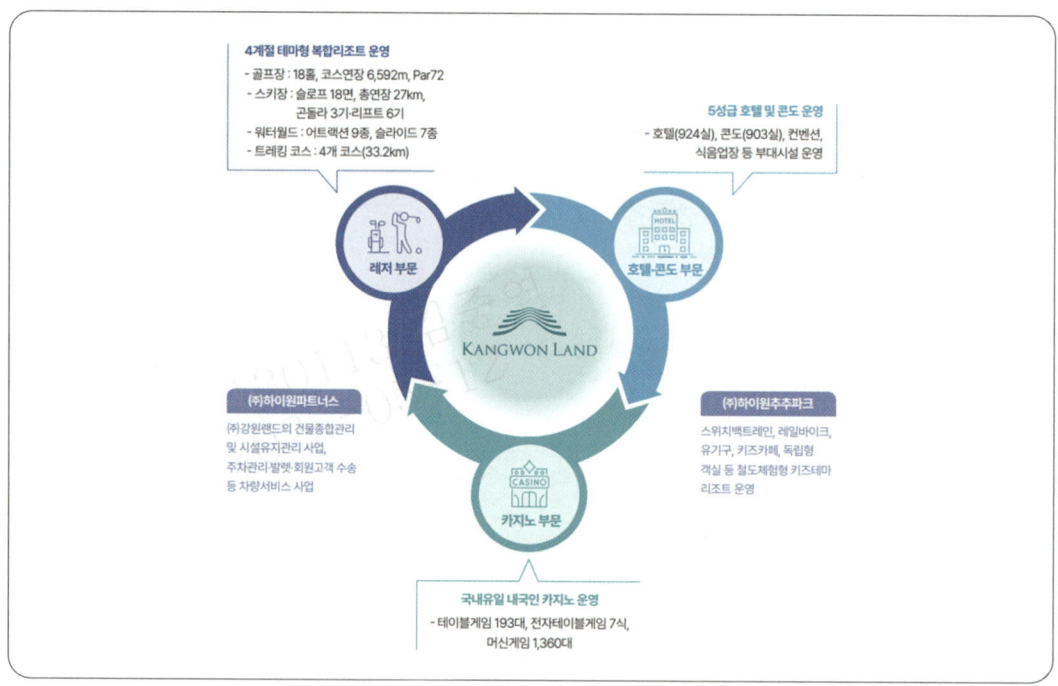

[그림 11-2] ㈜강원랜드 주요 사업 현황

　강원랜드는 국내 유일의 내국인 출입이 가능한 카지노로서, 2000년 10월 임시 영업장에서 첫 개장을 시작하였다. 당시로서는 내국인의 카지노 출입을 허용한다는 점에서 사회적으로 논란이 있었지만, 폐광지역이라는 특수한 지역적 상황과 국가 차원의 균형 발전이라는 정책적 명분이 이를 정당화하는 근거가 되었다. 이후 강원랜드는 고객 수요의 증가와 사업 확장을 반영하여 2003년 4월 메인호텔 자리로 본격적인 시설 확장을 진행하고, 본 영업장을 중심으로 카지노 운영을 확대하였다.

　카지노 산업을 중심으로 한 수익 기반이 안정화되자, 강원랜드는 이를 관광·레저산업으로 확장하는 다각적 사업을 추진하였다. 골프장, 스키장, 콘도, 워터월드 등 다양한 여가 시설이 순차적으로 개장되었고, 이로 인해 정선 지역은 국내 최대 규모의 사계절형 가족 복합리조트 단지로 탈바꿈하게 되었다. 이러한 인프라는 폐광지역이라는 부정적 이미지를 '힐링 관광지'로 전환하는 데 중요한 역할을 하였으며, 관광객 유입, 지역 상권 회복, 일자리 창출이라는 긍정적 파급효과를 가져왔다.

　또한 강원랜드의 성장은 단순한 관광산업 육성을 넘어 폐광지역 개발정책의 실질적 수단으

제11장 폐광의 아픔을 간직한 정선, 강원랜드! 글로벌 관광도시로 꽃피우다

로 자리매김하였다. 수익의 일정 비율이 폐광지역개발기금으로 환수되어, 이 기금은 정선뿐만 아니라 태백, 삼척, 영월 등 강원 남부 폐광지역 전체의 지역개발 사업에 투입되었다. 이를 통해 지역 내 기반시설 정비, 청소년 교육사업, 소상공인 지원, 농촌 활성화 프로젝트 등 다양한 분야에서 폐광지역의 지속가능성을 높이는 데 기여하였다.

정선의 강원랜드 모델은 산업 쇠퇴 이후 지역경제를 회복하기 위한 대체산업 전략의 대표적 사례로 자리잡았다. 단일 산업 지역이 극복해야 할 한계—고용 감소, 소비시장 축소, 생활 인프라 붕괴 등—를 관광·레저 산업이라는 새로운 동력으로 전환시킴으로써 지역 회생의 가능성을 입증한 것이다. 물론 여전히 카지노 산업의 도덕적 문제, 지역 내 소득 양극화, 외부 자본 유입에 따른 문화변형 등 복합적 과제가 존재하지만, 강원랜드는 폐광지역 재생의 대안적 모델로서 국내외에서 주목받는 성공 사례로 기록되고 있다.

강원랜드의 중장기 경영전략은 단순한 기업의 수익 극대화에 머무르지 않는다. 그 전략의 핵심은 '폐광지역의 경제적 지속가능성'이라는 지역 공공성과 사회적 가치에 초점을 맞추고 있다. 정선군을 포함한 폐광지역이 직면한 구조적 위기를 장기적으로 회복하고, 자립 가능한 지역 경제 생태계를 조성하기 위한 전략적 방향이 기업의 경영 철학에 내재되어 있는 것이다.

강원랜드는 설립 초기부터 폐광지역 경제 활성화를 핵심 사명으로 내세웠고, 이를 실현하기 위한 구체적 전략을 지속적으로 정교화해 왔다. 우선 경제적 측면에서 강원랜드는 카지노 및 관광산업을 핵심 동력으로 삼아 지역 내 경제 순환을 유도하는 구조를 강화해 왔다. 레저오락 중심의 카지노 운영을 통해 수익을 창출하는 동시에, 이 수익이 지역사회로 환원되도록 하는 선순환 체계를 구축해온 것이다. 이를 위해 강원랜드는 '건전한 레저오락형 카지노' 실현, '지역 경제 활성화 견인'을 중점 전략으로 설정하고 있으며, 이는 단순한 수익성보다 사회적 기여도와 경제적 파급효과를 강조하는 방향이다.

매출 목표 역시 이러한 전략과 연계되어 설정되어 있다. 강원랜드는 연 매출 2조 원 달성을 중장기 목표로 삼고 있으며, 이를 위해 사업 경쟁력 제고와 손익 구조의 개선, 신규 수익원 창출에 집중하고 있다. 단순히 수입을 확대하는 데 그치지 않고, 이를 폐광지역의 지역 소득 증대와 실질적 생활 여건 개선으로 연결하고자 하는 점에서 기업의 전략은 공공성과 경영 효율성을 동시에 지향하고 있다.

산업 다변화 전략 또한 중요한 축으로 자리하고 있다. 강원랜드는 전통적인 카지노 중심 수익 모델에서 벗어나, 웰니스 리조트, MICE 산업(회의·포상관광·컨벤션·전시), 지역 특화산업 등 다양한 산업군으로의 확장을 추진하고 있다. 이는 폐광지역이 가진 자원과 정체성을 활용한 고유한 산업 생태계 조성의 일환으로, 관광 외에 교육, 문화, 건강, 비즈니스 등 다방면의 기능을 아우르는 복합 산업군을 형성하려는 노력이다. 특히 지역 농특산물, 공예품, 향토 문화자산과 연계한 지역 브랜드 상품화는 지역 기업과의 협력 모델을 통해 공동체 기반의 경제 구조를 활성화하는 핵심 수단으로 작용하고 있다.

[그림 11-3] 2030 ㈜강원랜드 중장기 경영전략 체계

미션	폐광지역의 경제를 진흥시켜 지역발전과 주민생활 향상을 도모하고 여가문화 선도를 통해 국민행복 증진에 기여한다.			
비전	"즐거운 삶과 더 나은 세상을 만드는 행복쉼터"			
핵심가치	존중 / 윤리 / 안전 / 효율 / 도전			
경영방침	효율 경영	상생 추구		변화 선도
경영목표 (2030)	전사매출 2조원 (영업이익 6,000억원)	이용객 1,000만명 (외국인 15만명)	KL-지역경제 기여도 S등급	KL-ESG A+등급
전략방향	카지노 건전한 엔터테인먼트형 카지노 실현	리조트 아시아 최고 웰니스 복합리조트 조성	폐광지역 폐광지역 경제활성화 견인	경영관리 지속성장을 위한 기업가치 제고
전략과제 (12개)	• 카지노 운영 경쟁력 강화 • 카지노 미래 경쟁력 확보 • 예방중심 중독관리 강화	• 리조트 운영 경쟁력 향상 • 차별화된 웰니스 리조트 조성 • 마케팅·홍보 고도화	• 지역 소득증대 지원 • 지역 성장기반 조성 • 지역 특화기반 조성	• 경영 리스크 관리 고도화 • 환경·사회적 책임경영 강화 • 기업생산성 혁신
실행과제 (57개)	카지노 고객 서비스 품질 만족도 제고 등 10개	고객이 즐길 수 있는 리조트 조성 등 15개	사회가치 실현을 위한 공공(우선)구매 활성화 등 9개	전사 재난관리체계 일원화 등 23개
주요 성과지표	계 전사매출, 계 영업이익 비 사행산업 건전화평가	계 이용객 수, 계 외국인 수 비 웰니스 복합리조트 조성	계 KL-지역경제 기여도 비 지속 가능한 일자리 창출	계 KL-ESG 등급 계 공공기관 안전관리등급 계 종합청렴도 평가
모니터링	• 고객경험혁신위원회 • 도박문제예방자문위원회	• 마케팅전략자문위원회 • 마케팅전략회의	• 기부금심의위원회 • 계약심의위원회	• ESG위원회 • 투자심의위원회
	현안점검회의(매주)	간부회의(매월)		확대간부회의(분기)

또한 이러한 경영 전략은 폐광지역개발기금이라는 재정적 기반 위에서 실현되고 있다. 강원랜드는 수익의 일정 부분을 해당 기금으로 적립하여, 이를 통해 지역 내 사회기반시설 정비, 청년창업 지원, 지역문화 콘텐츠 개발 등 다양한 프로젝트에 재원을 공급한다. 이처럼 기업 수익의 사회적 환원은 경영 전략의 단순한 부속이 아니라, 폐광지역 회복의 실질적 동력으로 기능하고 있으며, 지방 재정의 한계를 보완하는 핵심 통로로 자리 잡고 있다.

강원랜드의 경영 전략은 '지역과의 공존'을 목표로 한 지속가능한 발전 모델이라고 할 수 있다. 폐광이라는 공동체의 트라우마 위에서 출발한 기업이 지역사회의 재건과 자립에 기여하는

방향으로 성장 전략을 수립하고 실행에 옮기고 있다는 점에서, 이는 공공성에 기반한 민간 기업의 대표적인 성공 사례로 평가받는다. 특히 수익 창출과 동시에 지역 회복에 실질적으로 기여하는 이중 구조는 향후 유사 지역이나 탈산업화 지역에 적용할 수 있는 모델로서 중요한 시사점을 제공한다.

사회적 지속가능성 측면에서도 강원랜드는 경제적 지속가능성을 지원하는 방향으로 전략을 운영하며, 지역 주민과의 상생, 성장 기반 조성, 사회공헌 강화, 주민참여 확대 등을 통해 지역 소득 증대와 사회공헌사업을 강화하고 있다.

2. 폐광지역의 지속가능성에 관한 강원랜드의 역할

1) 폐광지역의 경제적 지속가능성 기여

강원랜드는 폐광지역의 경제 회생과 지속가능한 발전을 목적으로 설립된 특수 공기업으로, 2000년 설립 이래 강원도 정선을 중심으로 한 탄광지역의 경제 구조 전환을 주도해 왔다. 석탄 산업의 붕괴로 인해 광범위한 실직, 인구 유출, 지역경제 기반의 붕괴를 겪은 정선군과 그 인근 지역은 새로운 산업 기반을 절실히 필요로 하였고, 이에 대한 응답으로 강원랜드가 등장하였다. 기업의 설립 목적 자체가 '지역경제 활성화'라는 점에서, 강원랜드는 일반 공기업과는 차별되는 구조적 정체성을 지니며, 이는 중장기적인 경영 전략 전반에도 반영되어 있다.

경제적 지속가능성은 강원랜드 경영전략의 핵심 키워드이다. 이는 단기적 수익 창출을 넘어, 지역의 자립적인 경제 생태계 구축, 안정적인 일자리 제공, 외부 충격에 대한 회복 탄력성 확보 등을 포함하는 개념이다. 즉, 단일 기업의 성과를 넘어 지역 전체가 지속적으로 성장할 수 있는 구조를 만들고, 궁극적으로는 폐광이라는 구조적 충격에서 벗어난 건강한 지역경제 모델을 형성하는 데 초점이 맞춰져 있다.

이러한 관점에서 살펴볼 수 있는 대표적인 성과 사례로는 '폐광지역개발기금'과 '콤프 제도(하이원포인트제도)'를 들 수 있다. 먼저 폐광지역개발기금은 강원랜드의 카지노 영업을 통해 창출된 수익의 일정 부분을 지역사회에 환원하는 제도로, 법적 근거에 따라 적립된 기금은 지역 내 사회간접자본(SOC) 확충, 주민 복지 증진, 청년 창업 지원, 문화관광 인프라 구축 등 다방면에 활용되고 있다. 이는 공공성과 기업 수익성을 연계한 대표적인 선순환 모델로 평가되며, 폐광지역 재생의 재정적 기반으로 작동하고 있다.

또 하나의 사례인 콤프 제도(complimentary system)는 세계적으로 보편화된 카지노 산업 운영 방식으로, 고객의 게임 참여 실적 또는 손실 금액, 기대수익 등을 기준으로 일정한 혜택을 무상으로 제공하는 제도이다. 강원랜드는 이를 '하이원포인트제도'로 운영하며, 카지노 이용 고객에게 숙식, 교통, 골프비, 물품 등을 무상으로 제공하고 있다. 이는 단순히 마케팅 전략을 넘어 고객 유치 및 지역 체류 시간을 연장하고, 관광객의 지역 소비를 촉진함으로써 지역경제 전체에 파급효과를 유도하는 기능을 수행한다. 「카지노영업준칙」에 근거하여 운영되는 이 제도는 카지노 산업의 경제적 파급력을 극대화하는 도구로서 기능하고 있다.

하지만 이러한 카지노 중심 구조에는 제도적 불확실성이 내재되어 있었다. 「폐광지역 개발 지원에 관한 특별법」(이하 폐특법)은 내국인이 출입 가능한 카지노 운영을 일정 시한에 한정하고 있었고, 이 시한이 종료될 경우 카지노 운영 지속 여부가 불투명한 상황이었다. 이로 인해 폐광지역은 지속가능한 대체산업 발굴이 마무리되기 전까지 구조적 불안정성을 안고 있었으며, 지역사회 내부에서도 이에 대한 우려가 존재했다.

이러한 상황은 2021년 폐특법의 3차 개정으로 전환점을 맞았다. 최초 1995년 제정된 폐특법은 2005년과 2012년에 각각 1차, 2차 연장을 거치며 존속 기한을 늘려왔고, 2021년의 3차 개정을 통해 적용 시한이 2045년까지 20년 추가 연장되었다. 동시에 법령에는 운영 종료 시점에 '경제 진흥 효과 및 법의 목적 달성 여부'를 평가해 존속 여부를 재판단하도록 명문화하여, 실질적으로 카지노 산업의 항구적 운영이 가능해졌다. 이는 폐광지역의 경제 회복이 완전히 이루어지기 전까지 안정적인 수익 기반을 확보할 수 있다는 점에서, 지역사회에 안도감을 주었고, 강원랜드의 산업적 입지를 제도적으로 공고히 하는 결과를 낳았다.

[그림 11-4] 폐광지역개발기금 운영 현황

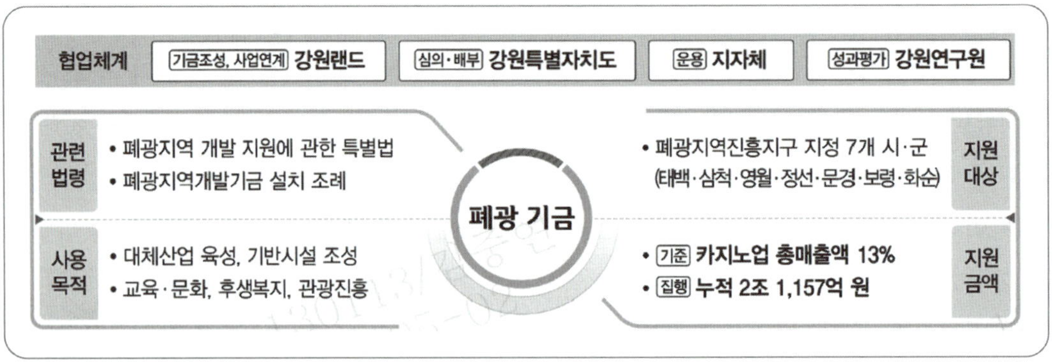

협업체계	기금조성, 사업연계 강원랜드	심의·배부 강원특별자치도	운용 지자체	성과평가 강원연구원
관련 법령	• 폐광지역 개발 지원에 관한 특별법 • 폐광지역개발기금 설치 조례	**폐광 기금**	• 폐광지역진흥지구 지정 7개 시·군 (태백·삼척·영월·정선·문경·보령·화순)	지원 대상
사용 목적	• 대체산업 육성, 기반시설 조성 • 교육·문화, 후생복지, 관광진흥		• 기준 카지노업 총매출액 13% • 집행 누적 2조 1,157억 원	지원 금액

제11장 폐광의 아픔을 간직한 정선, 강원랜드! 글로벌 관광도시로 꽃피우다

강원랜드는 이제 단순한 카지노 운영 기업을 넘어, 폐광지역을 대표하는 안정적 산업 기반으로 기능하고 있다. 수익의 환원 구조, 지역경제 파급효과, 법적 안정성 확보라는 세 축이 갖추어짐에 따라, 강원랜드는 폐광지역 재생 전략의 중심축이자 모델 케이스로 자리매김하게 되었으며, 이는 향후 산업 전환기를 겪는 다른 지역에도 중요한 정책적 시사점을 제공한다.

〈표 11-3〉 폐광기금 납부현황

(단위: 백만 원)

연도	~15년	'16년	'17년	'18년	'19년	계
기금액	1,334,665	166,523	158,248	124,841	145,189	
연도	'20년	'21년	'22년	'23년	'24년	
기금액	224,966	100,751	159,050	171,628	177,338	1,334,665

강원랜드는 카지노 산업을 통해 지금까지 총 2조 7,632억 원의 폐광기금을 납부하였으며, 이 기금은 지역 기반시설과 문화시설 등 다양한 사업에 활용되어 폐광지역 현안 해결과 성장 동력 확보에 기여하고 있다. 특히, 코로나19 시기까지는 법인세 차감 전 순이익의 25%를 기금으로 납부했으나, 2021년부터는 카지노 매출액의 13%로 확대하여 납부하고 있다. 이는 상장기업으로서 주주 및 기관의 재정적 손해를 감수하면서도 지역 경제 활성화라는 목적 달성을 위해 기금 납부 금액을 자발적으로 확대한 결과이다. 이러한 노력으로 2024년에는 역대 최대인 1,773억 원을 납부하며 지역 경제 회생에 크게 기여하였다.

[그림 11-5] 폐광기금 운영 목적 달성을 위한 기금산정 방식 변경 현황

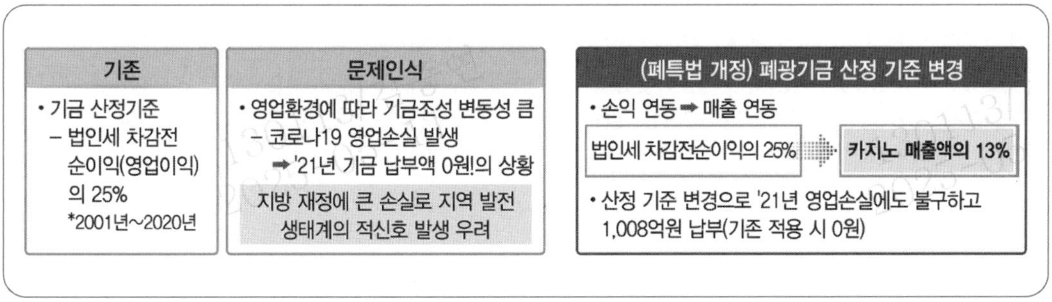

기존	문제인식	(폐특법 개정) 폐광기금 산정 기준 변경
• 기금 산정기준 - 법인세 차감전 순이익(영업이익)의 25% *2001년~2020년	• 영업환경에 따라 기금조성 변동성 큼 - 코로나19 영업손실 발생 ➡ '21년 기금 납부액 0원의 상황 지방 재정에 큰 손실로 지역 발전 생태계의 적신호 발생 우려	• 손익 연동 ➡ 매출 연동 법인세 차감전순이익의 25% ➡ 카지노 매출액의 13% • 산정 기준 변경으로 '21년 영업손실에도 불구하고 1,008억원 납부(기존 적용 시 0원)

[그림 11-6] 2024년도 폐광지역의 폐광기금 운영 우수사례

구 분	정선군	태백시	영월군	삼척시	강원도 공통
2024년 우수사례 (강원연구원 선정)	• 풍요로운 빛의 도시 조성사업(진행)	• 태백시 교육환경 개선사업(완료)	• 영월군 가족센터 건립사업(완료)	• 산업전사 기념공원 조성사업(완료)	• 폐광지역 기업이전 - 주거환경개선 등
지원액(백만원) /누적 사업수	333,592 / 168개	324,677 / 139개	290,186 / 216개	299,785 / 95개	342,504 / 173개

또한, 강원랜드는 전 세계 카지노 중 유일하게 카지노 고객에게 제공되는 콤프 제도를 운영하고 있다. 콤프 제도는 회사 기여도에 따라 무료로 숙식, 교통서비스, 골프비용, 물품(기프트카드 포함) 등 다양한 서비스를 제공하는 제도로, 「카지노영업준칙」(문화체육관광부 고시)에 따라 카지노 사업자가 고객 유치를 위해 운영하는 것이다. 강원랜드는 이 콤프를 폐광지역 내에서 화폐처럼 사용할 수 있도록 하여 소상공인의 자립과 지역 경제 활성화에 기여하고 있다. 지역사회의 의견을 반영해 콤프 사용 가맹점 확대, 1일 사용 한도, 가맹 계약 대상 업종 등도 지속적으로 개선하고 있다. 이 제도는 지역 소상공인의 매출 증대와 폐업 방지, 자립 지원에 기여하며, 지방소멸 위기 대두 이전부터 설립 목적에 부합하는 지역 균형 발전을 위한 지역 친화적 제도라 할 수 있다.

〈표 11-4〉 콤프(하이원포인트) 지역사용 현황

(단위: 백만 원)

연도	'04년	'05년	'06년	'07년	'08년	'09년	'10년	'11년	'12년	'13년	'14년
금액	1,877	3,620	4,361	2,988	10,921	13,500	12,136	11,908	16,642	18,266	19,682
연도	'15년	'16년	'17년	'18년	'19년	'20년	'21년	'22년	'23년	'24년	합계
금액	23,761	27,224	31,592	37,319	40,075	10,941	13,733	28,377	32,824	35,480	397,227

2) 폐광지역의 사회적 지속가능성 기여

광업 산업의 쇠퇴로 인한 인구 유출과 정주 인구 감소, 생활 인프라 부족 등으로 인해 폐광

제11장 폐광의 아픔을 간직한 정선, 강원랜드! 글로벌 관광도시로 꽃피우다

지역의 사회적 지속가능성 역시 위협받고 있다. 의료, 교육, 교통 등 필수 공공 서비스의 접근성이 낮아지며 지역 주민의 삶의 질이 저하되는 문제가 발생하였고, 이를 해결하기 위해 강원랜드는 다양한 사업을 통해 사회적 역할을 확대해 왔다.

강원랜드는 사회적 환경 변화에 대응하고 국가 관광정책 변화에 적극 참여하기 위해 2023년 한국관광공사와 폐광지역 관광 활성화를 통한 지방소멸 공동 대응을 위한 MOU를 체결하였다. 이를 바탕으로 디지털 관광주민증 사업, 폐광지역 관광콘텐츠 발굴 등 다양한 공동 사업을 추진하고 있다. 내부적으로는 지역 관광 클러스터 구축, 지역 연계 마케팅, 맞춤형 거버넌스 구축 등을 통해 지역 현안 해결에 힘쓰고 있다.

〈표 11-5〉 지역사회와의 거버넌스 구축

지역상생 소통 간담회	폐광지역 소통·협력 전략협의체
• 참여: KL기관장, 지자체단체장, 지역사회단체 • 내용: 폐광지역 주요 관광콘텐츠·산업시설 시찰 – 지역관광 활성화를 위한 협력체계 기반 마련	• 구성: KL 실무부서, 지역행사 주관단체 대표·실무자 • 협업: 지역축제 봉사단 지원 및 홍보부스 운영, 사내망·기관 유튜브·SNS활용 축제 홍보 및 축제 연계 리조트 프로모션 제공(시설이용 할인)

리조트는 지역 관광 거점으로서 자체 콘텐츠의 한계를 극복하고, 지역과 연계한 차별화된 콘텐츠를 운영해 지역과 리조트가 함께 성장하는 관광 활성화를 지속적으로 추진하고 있다. 예를 들어, 폐광지역의 스토리가 담긴 '정태영삼' 스토리 버스를 운영하여 지역 이야기 해설과 관광지 투어를 제공하고, 지역 영수증을 활용한 리조트 시설 할인 정책, 리조트 시설 이용 시 지역 상품권 페이백 등 다양한 프로그램을 운영하고 있다. 또한, 하이원 여자오픈 대회, 댕댕이 트레킹(국내 최대 반려견 행사) 등 대규모 행사를 지속 개최하여 지역 특산물 홍보와 판매 부스 운영 등으로 지역 경제 활성화에 기여하고 있다.

이와 더불어, 리조트 단독 축제나 단순 상품 판매를 넘어 지역 상생형 사계절 축제를 운영하고, 지역 문화를 경험할 수 있는 연계 콘텐츠를 개발하여 리조트 방문 고객의 지역 방문을 촉진하고 있다. 회사 SNS 인프라를 활용한 지역 대표 축제 홍보, 지역 축제 연계 리조트 프로모션 등을 통해 지역 관광 소비로 연결되는 선순환 구조를 구축하고 있다.

[그림 11-7] 지역 상생형 사계절 축제 연계 운영 사례

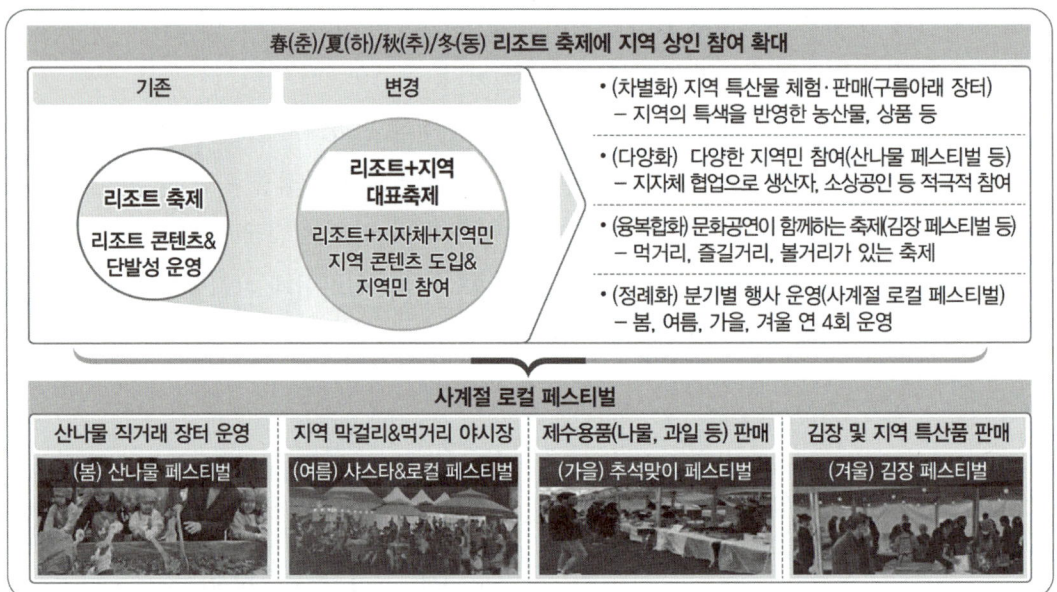

〈표 11-6〉 지역 연계 관광활성화 성과

연도	2022년	2023년	2024년
지역관광 이용객수(명)	77,972	111,013	151,207
지역 기여 매출액(억 원)	17.8	23.7	43.9

지역업체의 자생력 강화와 소득 증대를 위해 폐광지역 계약특례 제도인 지역 우선구매 정책을 운영하고 있으며, 2024년 기준 폐광지역 구매액은 1,840억 원, 구매업체 수는 277개로 지속 증가하고 있다. 또한, 임직원들의 전통시장 및 영세 자영업자 방문을 유도하여 2024년에는 부서지원비 4억 5천만 원을 지역 상권에 투입하였다.

또한, 신입 직원 채용 시 지역 주민(폐광지역) 우대 정책을 도입해 채용 예정 인원의 50%를 지역 인재로 선발하여 인구 유출 최소화에 기여하고 있으며, 강원랜드의 콤프 제도[01] 등을 통

---

01   카지노 게임을 통해 지급되는 콤프는 1시간 동안 최대 게임을 참여하는 경우로 통상 강원랜드의 영업환경(고객 대비 적은 게임기기 수량, 영업장 혼잡 등)을 고려하면 최소 지역에서 콤프를 이용한 식사(10,000원)비용 적립을 위해서는 3시간 이상의 영업장내 체류를 해야 하고, 기관의 시설을 이용하기 위한 대중교통 및 지역식당 이용 등의

제11장 폐광의 아픔을 간직한 정선, 강원랜드! 글로벌 관광도시로 꽃피우다

해 폐광지역으로 유입되는 생활인구[02]는 지역 내 지속 가능한 소득원을 제공하고 있다.

〈표 11-7〉 지역소득 증대를 위한 우선구매 제도 현황

연도	추진내용
폐광지역 제한경쟁	기획재정부 고시금액의 1/2 미만의 물품, 용역, 공사 용역 7개 부문: 시설/운전·주차/폐기물 관리, 제설장비, 식당, 임대, 소독
수의계약	폐광지역 직접생산품/ 용역 4개 부문: 청소, 세탁, 경비·보안, 광산시설물관리
식자재구매	당사 호텔·리조트에서 사용하는 식자재를 유자격자*를 통해 관리 및 납품 * 유자격자 등록명부 관리(공고를 통한_수시 모집)

〈표 11-8〉 폐광지역 구매액 현황

연도	2020년	2021년	2022년	2023년	2024년
구매액(억 원)	1,247	1,289	1,454	1,632	1,840

〈표 11-9〉 지역주민 고용현황(2024년말 기준)

(단위: 명)

구분	폐광지역	폐광지역 외 지역	소계
강원랜드	1,870(50.1%)	1,861(49.9%)	3,731
협력업체	1,903(85.6%)	319(14.4%)	2,222
합 계	3,773(63.4%)	2,180(36.6%)	5,953

※ 협력업체 고용인원: 사회적기업, 자회사 등의 채용인력

---

[02] 시간을 고려하면 지역 내 고객이 체류하는 시간은 5시간이 넘을 것으로 추정
생활인구는 국가 총인구 감소, 지역 간 인구유치 경쟁 상황 극복을 위해 새롭게 도입된 인구의 개념으로서 정주 인구뿐만 아니라 지역에서 체류(통근, 통학, 관광 등)하며 지역의 실질적인 활력을 높이는 사람까지 인구로서 정의함. '인구감소지역 지원 특별법'에 따른 생활인구는 주민등록인구, 외국인등록인구, 체류인구를 포함함. 생활인구의 개념의 도입에 있어 중요한 비중을 차지하는 체류인구는 통근, 통학, 관광 등의 목적으로 방문하여 체류하는 사람으로서 월 1회, 하루 3시간 이상 머무는 사람으로서 이러한 체류인구는 3사 통신사 정보와 카드 사용 정보를 통해 측정

〈표 11-10〉 폐광지역 생활인구 강원랜드 기여 현황

구분	강원랜드 근로자	협력사 근로자	건설/용역 근로자	하이원포인트 사용고객	합계	폐광지역 전체인구
2020년	4,045	2,035	578	4,818	11,476	183,494
2021년	3,760	2,023	554	6,002	12,339	177,852
2022년	4,052	2,026	502	9,429	16,009	175,542
2023년	4,252	2,074	503	10,773	17,602	172,887
2024년	4,436	2,088	504	11,245	18,273	170,830
2025년	4,540	2,101	505	12,280	19,426	167,824

아울러, 지역사회 니즈를 반영한 임직원 자발적 재능기부 봉사를 꾸준히 진행하고 있으며, 연간 봉사 참여 인원은 3,750명, 활동 시간은 16,938시간에 달한다. 이러한 활동을 통해 2024년 기준 4년 연속 지역사회공헌 인정제 최고 등급(Level 5, 보건복지부 및 한국사회복지협의회 주관)을 유지하고 있다.

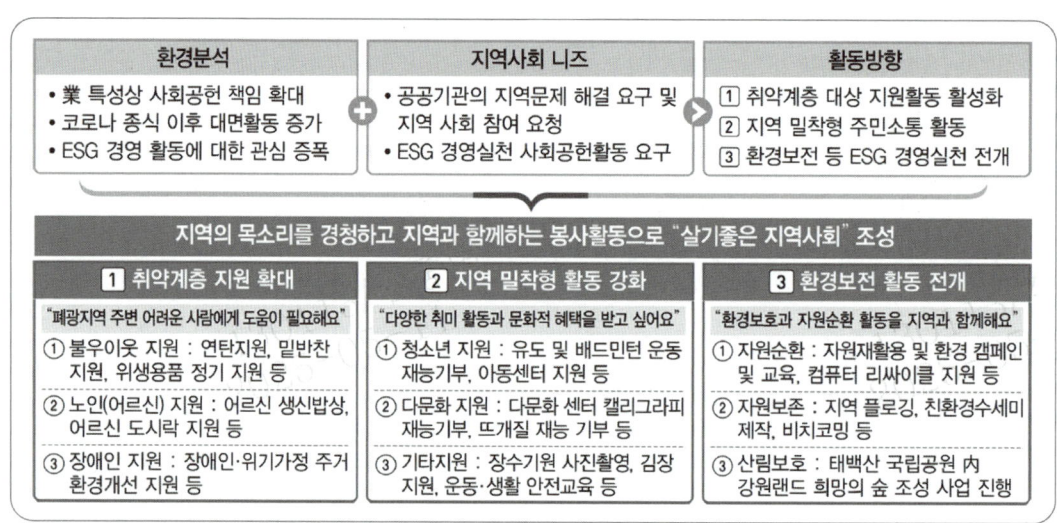

[그림 11-8] 임직원 자발적 재능기부 봉사활동 현황

또한, 낙후된 폐광지역의 미래 인재를 육성하기 위해 2008년부터 열악한 교육환경과 경

제11장 폐광의 아픔을 간직한 정선, 강원랜드! 글로벌 관광도시로 꽃피우다

제적 어려움을 해소할 수 있도록 체계적인 교육 장학사업을 지원하고 있다. 현재까지 강원랜드 장학생은 총 8,595명에 이르며, 장학금 지급 총액은 20,181백만 원에 달해 지역 학생들에게 큰 도움을 주고 있다. 특히 강원랜드 장학금을 받은 학생들이 지역 인재로 성장하여 다시 강원랜드의 일원이 되어 후배 학생들의 멘토가 되는 선순환 구조가 마련되는 등, 장학사업의 성과가 뚜렷하게 나타나고 있다. 이러한 노력의 결과로 교육부로부터 '교육기부 우수기관(2025~2027년)'으로 재지정 되었으며, 유네스코의 '지속가능발전 교육 프로젝트(2022년 6월~2025년 5월)' 인증도 획득하였다.

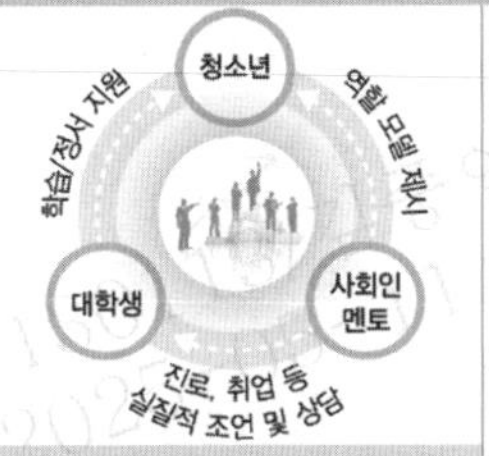

[그림 11-9] 폐광지역 미래인재 육성 사업 현황

아울러 창업기업 발굴 및 폐광지역 이전을 지원하기 위해 2019년부터 현재까지 총 418억 원이 투입된 넥스트 유니콘 사업을 강원랜드 주도로 추진하고 있다. 넥스트 유니콘으로 선발된 청년 창업기업들은 폐광지역 산업구조 변화를 주도하고, 지역에 정착하여 지역 기업으로 성장할 수 있도록 관리받고 있다. 현재까지 21개사가 선발되었고, 이 중 8개사가 지역으로 이전을 완료했다. 이전 기업의 고용 창출 누적인원은 84명이며, 향후 모든 기업이 이전을 완료

할 경우 중장기적으로 고용 인원은 1,577명에 이를 것으로 추산된다.

[그림 11-10] 청년 창업기업 지원을 위한 넥스트 유니콘 사업 현황

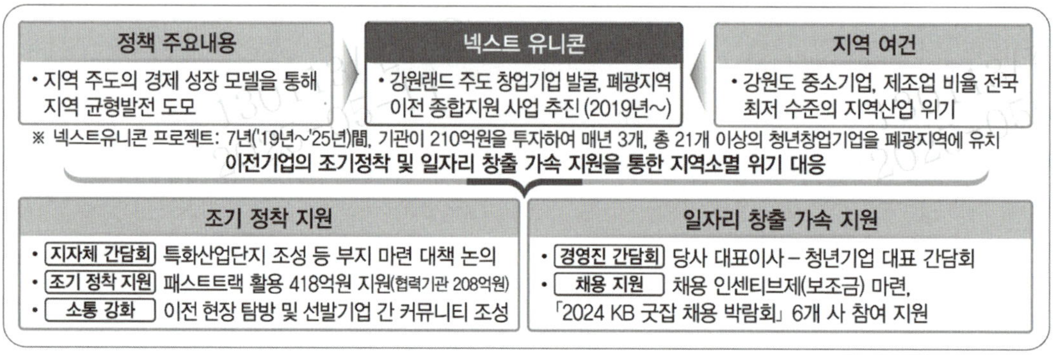

정책 주요내용
• 지역 주도의 경제 성장 모델을 통해 지역 균형발전 도모
넥스트 유니콘
• 강원랜드 주도 창업기업 발굴, 폐광지역 이전 종합지원 사업 추진 (2019년~)
지역 여건
• 강원도 중소기업, 제조업 비율 전국 최저 수준의 지역산업 위기
※ 넥스트유니콘 프로젝트: 7년('19년~'25년)間, 기관이 210억원을 투자하여 매년 3개, 총 21개 이상의 청년창업기업을 폐광지역에 유치
이전기업의 조기정착 및 일자리 창출 가속 지원을 통한 지역소멸 위기 대응
조기 정착 지원
• 지자체 간담회 특화산업단지 조성 등 부지 마련 대책 논의
• 조기 정착 지원 패스트트랙 활용 418억원 지원(협력기관 208억원)
• 소통 강화 이전 현장 탐방 및 선발기업 간 커뮤니티 조성
일자리 창출 가속 지원
• 경영진 간담회 당사 대표이사 – 청년기업 대표 간담회
• 채용 지원 채용 인센티브제(보조금) 마련, 「2024 KB 굿잡 채용 박람회」 6개 사 참여 지원

더불어 인구 국가 비상사태와 국가위기 극복을 선도하기 위해 지역 의료 환경 개선과 고용 취약계층의 일자리 확대에도 지속적으로 힘쓰고 있다. 인구감소에 따른 지역 교통난 해소를 위해 기관의 지속적인 노력과 지역사회의 협력으로 2023년 태백선 준고속열차(ITX-마음)를 정선군 사북역에 정차하도록 하였으며, 그 결과 사북역의 일평균 이용객이 2,178명으로 증가하여 지역 경제 활성화와 관광객 유치에 크게 기여하고 있다.

[그림 11-11] 인구감소로 인한 지역위기 해결을 위한 사업추진 현황

정책 주요내용
• 인구 국가 비상사태 선언
– 저출산 고령사회 대응 대책 마련
출생~노후, 사회적 책임이행
• 공기업 최초 저출생 극복위원회 설치
• 지역 일자리 확대 및 의료체계 구축
지역 여건
• 지역 의료환경 문제 심각
• 정선군 노인인구 33% 초고령화
공기업최초 저출산 극복 상생위원회 출범
노사공동상생TF, 이사회 내 위원회
• 지역거주 장려형 출산지원금 확대 등
출산지역 | 첫째 | 둘째 | 셋째이상
폐광지역 | 300만원 | 400만원 | 500만원
타 지역 | 40만원 | 200만원 | 300만원
* (기존) 40만원/40만원/300만원
의료취약지역의 의료 환경 지원
공공 의료체계 구축
'24.7월 업무협약
강원랜드
정선군
총 10억원 사업비 지원
지역소재 병원 협업
의료인력 확충, 장비 지원
병원 본관동 신축 지원 등
• 정선군 유일의 산부인과 진료 확대 등
고용 취약계층의 일자리 확대
청년부터 노인까지
• 노인 시니어 그린, 老老케어(346개)
• 장애인 지역 청년장애인 일자리 확대
– 하이원베이커리 직무 확대(11개 → 12개)
• 청년, 경단녀 24~54세 경력단절 여성 20~34세 청년(사회공헌 업무 등 10개)

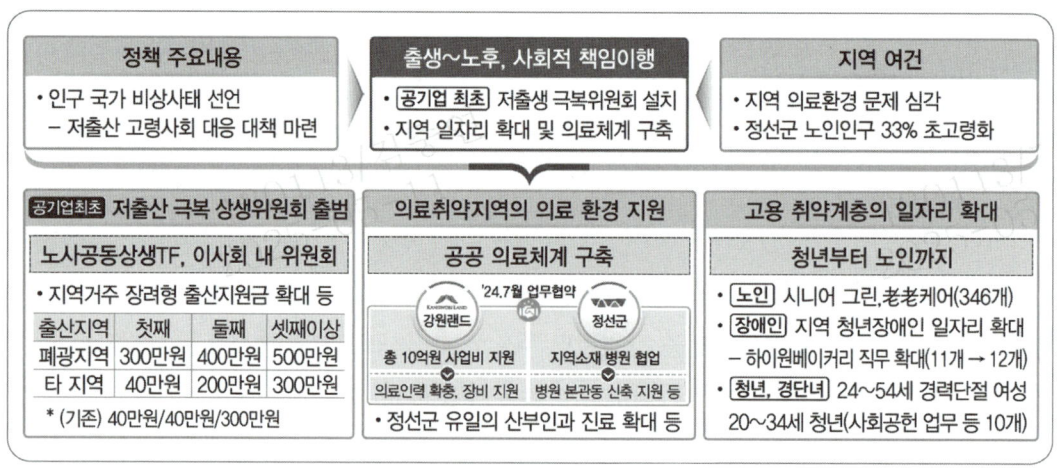

제11장 폐광의 아픔을 간직한 정선, 강원랜드! 글로벌 관광도시로 꽃피우다

　폐광지역의 급격한 인구감소 문제를 해결하고 지역사회를 되살리기 위해 민·관·산이 협업하여 폐광지역 4개 시·군별 마을특화사업을 추진하고 있으며, 이를 통해 총 446명의 마을특화사업 활동가를 양성하고 33건의 마을 특화 주민공모사업을 발굴하는 등 지역 공동체 활성화에도 힘쓰고 있다.

[그림 11-12] 폐광지역 4개시·군별 마을특화사업 추진 현황

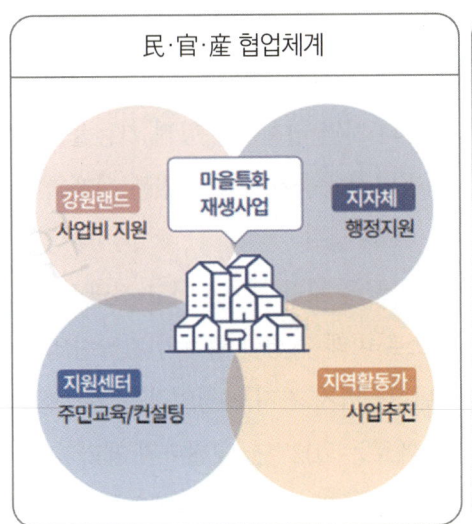

구분	정선군	태백시	영월군	삼척시
중점사업	공간·문화재생	집수리	골목정비	창업·먹거리
활동가 양성	해봄학교	집수리 전문가 과정	주민역량 교육	도시재생 대학
총 사업 수	8개 사업	6개 사업	6개 사업	18개 사업

제3절 강원랜드 향후 운영방향 및 제언

1. 강원랜드 향후 운영방향

　강원랜드는 폐광지역의 단일산업 붕괴에 따른 구조적 위기를 극복하고자 설립된 공기업으로, 석탄산업의 사양화에 따른 경제침체와 인구 유출, 고용 붕괴 등 복합적 문제에 대응하기 위해 지역경제 회복과 지속가능한 성장을 목표로 출범하였다. 특히 강원랜드는 폐광기금 납부를 통해 지방자치단체가 안정적으로 재정을 확보할 수 있도록 지원하고 있으며, 카지노 산업을 포함한 관광·레저산업을 중심으로 폐광지역을 '관광문화 도시'로 전환하는 데 주도적인 역할을 수행하고 있다.

이러한 방향성 아래 강원랜드는 관광객 유치를 통한 지역 내 소비 촉진, 숙박·요식업·서비스업 등 연관 산업의 성장을 유도함으로써 지역경제에 파급효과를 창출하고 있다. 관광객 수의 증가에 따라 지역 내 일자리가 확대되었고, 그 결과 정선군은 폐광지역 중에서도 상대적으로 안정적인 경제 성장을 지속할 수 있었다. 이와 함께 강원랜드는 지역 고용 창출, 지역 기업과의 거래, 사회공헌 프로그램을 통해 지역경제의 선순환 구조 형성에 기여하고 있으며, 이는 공기업으로서 설립 목적을 충실히 실현하고 있는 사례로 평가된다.

실제 경제적 성과를 나타내는 대표적 지표인 지역내총생산(GRDP) 성장률을 통해 이를 확인할 수 있다. 1995년 정선군의 GRDP는 약 1,030억 원에 불과했으나, 2023년에는 약 2,100억 원으로 두 배 이상 증가하였다. 이는 특정 공공기관이 하나의 지역 경제에 복합적 기능을 수행하며 실질적인 구조 전환을 이끌어낸 드문 사례로, 한국 지역정책사에서 의미 있는 선례를 제공한다.

이와 같은 성과를 기반으로 강원랜드는 향후 운영의 방향성을 보다 체계적이고 전략적으로 다듬고 있다. 현재 강원랜드는 K-HIT 프로젝트를 중심으로 미래 경쟁력 확보와 관광산업 다각화를 위한 로드맵을 추진 중이다. 우선 1단계로 2025년 8월까지 카지노 영업장을 리모델링하여 고객 밀집도를 완화하고 공간 효율성을 높이며, 2단계로는 2027년 12월까지 제2카지노를 조성할 예정이다. 3단계로는 2030년까지 대규모 공연시설 및 비카지노 콘텐츠를 포함한 '엔터테인먼트형 카지노'를 구축함으로써, 기존의 단기 체류형 관광산업에서 복합 콘텐츠 기반의 체류형·재방문 중심 관광산업으로의 전환을 목표로 하고 있다.

또한, 로컬브랜드 육성, 지역 특산품을 중심으로 한 지역몰 운영 등 지역 경제와 직결된 매출형 사업을 육성함으로써 "강원랜드와 지역이 함께 성장하는 구조"를 지향하고 있다. 이처럼 강원랜드는 단순한 수익 창출 중심의 카지노 운영을 넘어, 지역의 브랜드 가치 제고와 경제적 회복력을 강화하는 종합 플랫폼으로 거듭나고 있으며, 이는 정선군이 지속 가능한 강소도시로 자리잡는 데 중대한 기여를 하게 될 것으로 기대된다.

2. 제도개선 등 정책적 제언사항

강원랜드는 석탄산업 쇠퇴로 인해 낙후된 폐광지역의 경제 회복을 목적으로 설립된 유일한 공기업으로, 2000년 출범 이래 폐광지역 도시의 소멸 방지를 위해 24년 이상 다양한 사업을

제11장 폐광의 아픔을 간직한 정선, 강원랜드! 글로벌 관광도시로 꽃피우다

추진해 왔다. 정부와 지방자치단체가 최근 도시 소멸 대응을 위한 다양한 정책을 마련하고 있는 가운데, 강원랜드는 이미 이보다 훨씬 앞서 폐광지역의 인구 감소와 경제 침체 문제에 선제적으로 대응한 모델 사례로 기능해 왔다.

특히 콤프 제도(complimentary system)와 같은 세계 유례없는 지역상생형 제도를 도입하고, 복합리조트화 전략을 통해 카지노 산업을 지역경제 재건의 동력으로 삼는 등 다양한 영업정책을 통해 폐광지역과 상생하는 기반을 마련해 왔다. 이러한 활동은 도시 소멸 방지를 위한 실질적 효과를 일부 증명하고 있으나, 여전히 제도적 한계가 존재한다. 현재까지도 강원랜드의 사업이 지역 소멸을 얼마나 효과적으로 저지하고 있는지에 대한 체계적인 성과 측정 지표가 부족하며, 구체적인 인과 관계보다는 정성적 추정에 의존하는 경우가 많다.

따라서, 향후 폐광지역뿐만 아니라 기타 지방소멸 위험지역에 공공기관이 추가로 설립되거나 기존 공공기관이 해당 역할을 일부 수행하게 될 경우, 초기부터 성과 측정이 가능한 정책 지표를 수립하고, 이를 정기적으로 평가할 수 있는 데이터 관리체계를 갖추는 것이 시급하다. 특히 인구변동, 지역 고용률, GRDP, 창업률 등 다양한 계량적 지표를 기반으로 사업 성과를 다차원적으로 분석할 수 있는 체계를 갖추어야 하며, 이를 통해 도시 소멸 대응 정책이 실질적으로 어떤 영향을 미쳤는지를 명확하게 입증할 수 있어야 한다. 이러한 분석 결과는 향후 정책 수립과 예산 배분의 기준점으로도 활용될 수 있을 것이다.

또한, 강원랜드가 지역 경제에 일정 수준의 긍정적 기여를 해 왔음에도 불구하고, 폐광지역 도시의 장기적 존속을 위한 인구 구조 개선에는 일정한 한계가 존재한다. 특히 청년 인구의 유입과 정착 없이는 지역의 자연적 소멸을 막기 어렵다는 점에서, 단순한 출산 장려책만으로는 충분치 않다. 따라서 강원랜드를 중심으로 한 관광산업 기반이 청년층에게도 매력적인 삶의 터전으로 인식될 수 있도록, 정주 여건 개선, 주거 복지 강화, 문화·교육 인프라 확충 등의 정책이 지자체 및 중앙정부 차원에서 병행 추진되어야 한다.

이처럼 강원랜드의 역할은 단순한 공기업 차원을 넘어, 지역 재생과 소멸 대응의 정책 실험장으로 기능해 왔다. 앞으로의 정책 개선은 이 성과를 더욱 제도화하고, 실증적으로 입증하는 방향으로 나아가야 하며, 이는 한국형 지역 회복 모델의 정립이라는 더 큰 정책 과제로 연결될 수 있을 것이다.

제12장

사람과 기업을 부르는 힘, 지역 인프라 혁신: 한국교통안전공단

제1절 고령사회와 산업기반 약화에 따른 지역소멸 위기

1. 김천시의 인구현황

경상북도 김천시는 한때 교통과 물류의 중심지로서 '경북의 관문'이라 불리며 산업과 상권이 활기를 띠던 도시였다. 특히 1970년대와 1980년대에는 경부선과 경북선이 교차하는 철도 요충지로서, 농산물 유통과 제조업 생산의 거점 역할을 하며 지역경제의 성장을 이끌었다. 당시 김천시의 총 인구는 15만 명에 달했고, 시내 중심지는 사람과 차량으로 붐볐다.

그러나 도시의 호황은 영원하지 않았다. 1990년대 후반 이후 철도 중심의 물류 체계가 화물차 유가보조금 도입, 송유관 건설 등으로 고속도로와 항공, 해운 등 타 수단으로 재편되면서 김천의 전략적 중요성은 상대적으로 약화되기 시작했다. 이후 도시 기능의 중심이 대구, 대전 등 대도시로 집중되며, 김천은 점차 '지나가는 도시'로 전락했다. 이와 함께 인구 역시 점차 감소세를 나타냈다.

실제로 통계청 자료에 따르면 김천시의 인구는 2017년 142,908명 정점을 찍은 뒤 점차 줄어들었고, 2024년에는 약 130,000명대를 유지하고 있다. 향후에는 인구 자연감소세 전환에 따라 인구 감소가 가속화될 전망이며, 경북 혁신도시가 위치한 율곡동을 제외하고 읍, 면, 동의 인구는 서서히 감소하고 있다. 이는 청년층의 탈지방 현상에서 기인한 바가 크다. 특히 20~39세 청년 인구 비중은 18%로, 노년층 비중(65세 이상 약 28%)를 크게 밑돌고 있다. 김천은 이미 초고령사회에 진입하였으며, 그 비중은 확대될 것으로 전망된다.

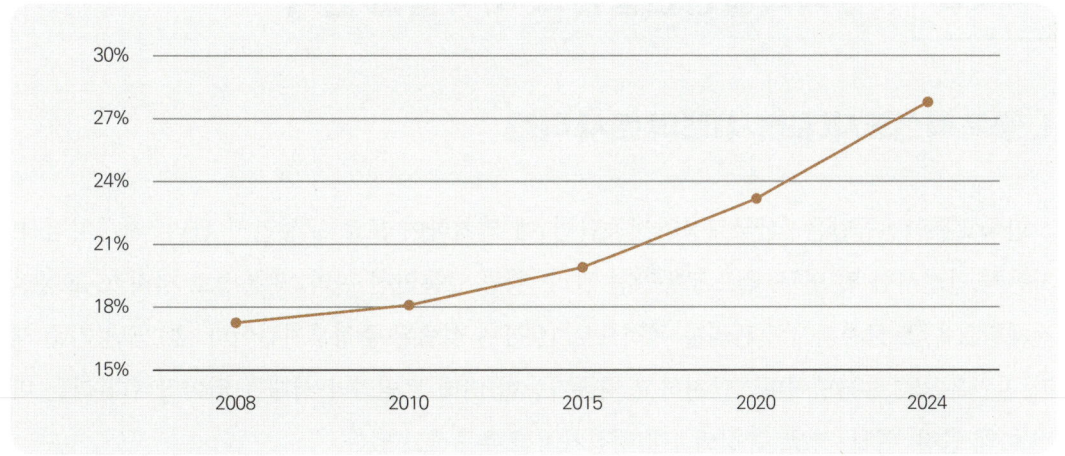

[그림 12-1] 김천시 65세 이상 고령인구 비율(2008~2024년)

2. 김천시의 산업구조

김천시의 경제는 전통적으로 농업과 제조업을 중심으로 형성되어 왔다. 자두, 포도, 사과 등 과수산업과 지역농협 중심의 농산물 가공 및 유통 산업은 김천의 대표적인 생계 기반이었다. 이는 김천이 대표적인 농촌 기반 중소도시였다는 점을 보여준다. 하지만 산업 구조는 시간이 흐르며 변화했다. 도시화, 산업 고도화, 그리고 농업 인구의 고령화로 인해 농업의 경제적 비중은 빠르게 줄어들었으며, 제조업 역시 전국적인 산업 재편과 경기침체 속에서 구조조정과 기업의 수도권 집중화로 이어지며 쇠퇴하였다.

그러나 김천시는 지역경제 회복을 위해 산업단지 개발과 혁신도시 조성을 통해 새로운 성장 동력을 발굴해 왔다. 김천1일반산업단지, 혁신도시 내 공공기관 유치, 자동차튜닝 일반산업단지 조성 등은 이러한 노력의 일환이다. 특히 교통(자동차, 철도, 항공), 모빌리티(드론, PM) 전문기관인 한국교통안전공단을 포함하여 한국도로공사, 한국전력기술, 한국건설관리공사, 한국법

무보호복지공단 등 다수의 공공기관이 김천 혁신도시에 이전하면서 지역 내 서비스 산업과 부동산 경기에 긍정적인 영향을 주고 있다. 그러나 기업 유치와 산업 기반 확충에도 불구하고 김천의 청년층은 여전히 대구, 서울, 수도권 등 대도시로 빠져나가고 있으며, 혁신도시의 기능 및 자족 기능을 지속적으로 강화해야 할 숙제를 안고 있다.

제2절 한국교통안전공단의 지역발전 전략

1. 경북 혁신도시(김천시)로의 본사 이전

한국교통안전공단은 「한국교통안전공단법」에 의거하여 도로 교통안전 관리, 자동차검사, 자동차 안전시험 및 연구, 철도교통안전 관리, 항공 교통안전 관리, 교통정보 서비스, 교통안전체험교육, 드론자격시험 관리를 목적으로 1981년 설립된 준정부기관이다. 2025년 기준 재직 인원은 약 1,895명이며, "안전하고 지속가능한 미래 모빌리티 시대를 열어갑니다"라는 비전 아래 안전, 혁신, 상생, 공정의 4대 핵심가치를 추구하고 있다.

21세기에 들어 서울과 수도권에 집중된 인구와 기업으로 대한민국의 지역 불균형 문제가 심화되고 있는 상황에서 「공공기관 지방이전에 따른 혁신도시 건설 및 지원에 관한 특별법」(2007년)이 제정되고, 공공기관의 지방이전이 개시됨에 따라 공단은 수도권 과밀화 해소 및 지역의 자생적 발전을 촉진하기 위해 2014년 본사를 경기도 안산에서 경상북도 김천시로 이전하였다.

본사 이전 이후 공단은 2015년 경북 혁신도시 12개 공공기관과 경상북도, 지자체와 "경북 혁신도시 드림모아" 프로젝트 기관장 전략회의를 통해 김천시 발전을 위한 10개의 핵심사업을 설정하고, 공단은 오천만 교통안심 프로젝트라는 세부 발전계획을 수립하여 첨단 자동차검사기술센터 구축을 시작으로 교통, 자동차, 모빌리티 산업 육성을 위한 종합 발전계획을 수립하였다.

이후 공단은 김천시를 포함한 경상북도 지역행사 참여 및 사회공헌활동을 추진하고 있으며, 2019년부터는 대중소농어업협력재단의 농어촌상생협력기금을 출연해 지역맞춤형 일자리창출 사업을 추진하여 신규 일자리를 창출 및 지역경제 활성화 성과와 지역대학 연계 오픈캠퍼

제12장 사람과 기업을 부르는 힘, 지역 인프라 혁신: 한국교통안전공단

[그림 12-2] 한국교통안전공단 본사 사옥 전경(경상북도 김천시 혁신6로 17)

스를 운영하는 등 공단의 교통, 자동차, 모빌리티 전문성을 활용한 이전지역 발전에 기여해오고 있다.

2. 경상북도 김천시 이전 지역 발전 및 상생협력 추진전략

정부는 대한민국 어디서나 살기 좋은 지방시대의 비전을 갖고 「지방자치분권 및 지역균형발전에 관한 특별법」 제62조 및 제63조에 따라 대통령 소속의 지방시대위원회를 설치하여, 5년 단위의 중기 법정계획을 수립하고 지역 간 불균형 해소, 지역 특성에 맞는 자립적 발전 및 지방자치분권을 통해 대한민국 어디서든 살기 좋은 지방시대 실현을 위한 다양한 과제를 추진하고 있다.

공단은 이러한 국가 정책, 사회적 배경 속에서 "지역사회와 소통하며 상생, 동행하는 TS"라는 지역발전 슬로건을 설정하고 "지역 유관기관 협업 지역 활력 Plus+," "지역특화 산업육성을 위한 거점 인프라 운영"이라는 추진과제 아래 다채로운 지역발전 사업을 기획하여 운영하고 있다(2025년).

[그림 12-3] 2025년 한국교통안전공단 지역발전 추진전략 일부 발췌

슬로건	"지역사회와 소통하며 함께 동행하는 TS"			
전략방향	지역 내 유관기관과 협력체계 적극 구축으로 지역 인구·일자리 위기 극복 동참			
추진과제	❶ 지역발전 협업으로 지역 활력 Plus+		❷ 지역특화 산업육성을 위한 거점 인프라 운영	
	아이키우기 좋은 지역 만들기	지역기관 협업 사회공헌	미래 신기술 산업육성	모빌리티 특화도시

공단의 지역발전 추진계획은 지역에 필요로 하는 사업을 중점 추진한다는 소통의지를 바탕으로 상생드림밸리협의체, 지역문제해결플랫폼, 지역사회보장협의체, TS시민참여혁신단 등 지역시민, 지방자치단체, 지역기업, 지역대학 등 다수의 이해관계자의 소통채널을 통한 의견수렴과 공단의 전문역량 분야를 고려하여 설정하고 과제를 수행하고 있다.

〈표 12-1〉 한국교통안전공단의 지역사회 소통채널

소통채널명	참여기관	주요 역할
김천 상생드림밸리협의체	지자체, 혁신도시 이전 기관	산업발전 등 6개분과 참여
경북 지역문제해결플랫폼	경상북도 등 37개 기관	지역현안해결 공동운영
김천 지역사회보장협의체	지자체, 시민단체 등	업 관련 사회공헌 지원
TS시민참여혁신단	지역 시·군·구 거주 일반시민	지역사회 참여 의견수렴

다음은 공단이 교통, 자동차 특화 산업 육성을 위해 김천 지역 내 첨단기술 연구 및 인증시험 인프라 시설 구축을 통해 지역 산업 클러스터를 형성하고, 역동적인 지역을 만드는데 기여한 대표 사례를 소개하고자 한다. 이는 첨단기술 연구 인프라가 지역에 직접 유입됨으로써 지역 기업들의 기술력 향상 및 경쟁력 강화를 촉진하고, 산학연 협력 체계를 구축하여 혁신 생태계를 조성하며, 장기적으로는 지역 산업 구조의 고도화와 지속 가능한 성장에 기여하는 중요한 역할을 한다는 점에서 의의가 있다.

제12장 사람과 기업을 부르는 힘, 지역 인프라 혁신: 한국교통안전공단

제3절 자동차·모빌리티 인프라 건립 주요 사례 및 성과

1. 지역거점 인프라 구축 개요

지역이 지속가능한 성장을 위해서는 기업과 산업의 육성이 핵심 요소이다. 이에 따라 특정 지역에서 핵심 산업을 육성하고 이를 중심으로 경제적 자립과 지속가능한 발전을 이루기 위해 지역의 거점이 되는 산업 인프라의 유치는 매우 중요한 일이다. 지역이 특화된 산업을 중심으로 성장할 수 있다면 그 지역은 외부 경제 의존도를 줄이고, 해당 산업의 연구개발, 생산, 유통의 순환을 통해 일자리 창출과 지역 주민의 삶의 질 향상도 자연스럽게 이어지게 된다.

공단은 이러한 관점에서 자동차 및 모빌리티 산업 육성을 위해 연구, 시험, 평가 시설을 지역의 육성산업과 유기적으로 클러스터를 조성하고자 첨단 연구시설을 본사 이전지역인 경북 김천에 건립을 적극적으로 추진하고 있다. 2020년 첨단자동차검사연구센터를 시작으로 2023년 튜닝안전기술원, 같은 해 김천드론자격센터를 차례대로 준공하며 자동차 검사연구에서부터 튜닝산업, 미래 UAM 산업까지 김천시의 자동차, 모빌리티 산업 생태계 조성에 앞장서고 있다.

2. 첨단자동차검사연구센터

공단은 자동차 기술이 친환경, 자율주행 등 급변하는 시대 흐름에 맞춰 자동차 검사기술 개발과 교육 등을 시행할 연구 인프라를 2017년부터 건립을 추진하여, 2020년 경북 김천시 혁신도시 클러스트 부지 8,969㎡에 지하 1층 지상 4층 규모의 첨단자동차검사연구센터(Korea Advanced Vehicle Inspection Research Center)를 준공하였다. 센터는 '첨단자동차 검사기술 선도,' '운행자동차 안전책임 강화,' '신산업 생태계 조성을 통한 사회적 가치 구현,' '전문인력 양성 및 일자리 창출'의 네 가지 핵심전략을 가지고 첨단 자동차 검사에 대한 전문 인력을 양성하고, 자동차 관련 국제협력 등의 업무를 수행하고 있다.

[그림 12-4] 첨단자동차검사연구센터 조감도(경상북도 김천시 혁신로 288-7)

　센터는 설립 이후 첨단 자동차검사 기술연구에 대한 역량을 바탕으로 성과 시연회, 국제 포럼, 검사원 교육 등으로 자동차 검사기술의 인력과 인프라를 경북 김천으로 이끌고 있다. 첨단안전장치(ADAS) 검사기술 개발 성과 시연회 개최, 독일 자동차검사기술연구소 초청 기술 세미나 개최, 몽골 자동차 검사역량 제고 및 시설 개선 사업을 위한 몽골 도로교통부 초청 등 자동차 검사 행사를 센터에서 주관, 개최함으로써 지역에 활력을 불어넣고 있다.

[그림 12-5] 첨단안전장치 평가기술개발 성과 시연회(좌)와 독일 초청 미래차기술 발전 국제세미나(우)

2023년에는 센터 주차장 부지를 활용하여 "전기차 충전용 기계식주차장 실증" 정부 R&D 사업을 추진함에 따라 50대 규모의 주차타워용 600W급 자동충전시스템 개발 및 실증연구를 진행하고 있다. 이는 전기차 충전용 기계식 주차장 안전기준 마련을 위한 실증설비로 전기차 충전용 기계식주차장의 전국 확산을 위한 선도적 모델이 될 것으로 기대하고 있다.

매년 전국의 자동차 검사기술 인력을 대상으로 자동차 종합검사 집합교육, 고전원 전기장치 등 취급자 안전교육, 전기자동차 전문강사 양성 프로그램 등을 통해 연간 약 5,000명의 교육 대상자가 센터에 방문함으로써 주변 상권과 숙박시설 등 경제 활성화에 기여하고 있으며, 2022년부터는 지역대학과 손잡고 오픈캠퍼스 운영을 통한 대학에 재학 중인 학생에게 다채로운 검사기술, 시연 등을 제공하며 인재양성에도 기여하고 있다.

3. 튜닝안전기술원

자동차 2,360만대 시대를 맞아 자동차 튜닝 산업이 신성장동력 산업으로 주목받음에 따라 정부는 '자동차 튜닝 활성화 대책'을 발표하였고, 이에 대응하여 튜닝기술을 검토하고 신기술을 접목한 튜닝, 자율주행 자동차 등 미래형 자동차 튜닝에 대한 성능 안전 시험, 튜닝항목 개발 및 확대를 위해 튜닝안전기술원(Korea Automotive Tuning Institute of Safety Technology) 설립을 추진하였다.

공단은 본사 이전 지역인 경상북도 김천시 일반산업단지 내 자동차 튜닝 클러스터 산업 조성을 위해 대지 약 50,392㎡를 확보하고 2020년 착공하여 연면적 6,233㎡ 규모의 기술원(KATIS)을 2023년 준공하였다. 기술원은 본관동, 튜닝안전시험동, 광학시험동, 충격연결장치 시험동으로 구성되어 있으며 자동차 튜닝 기술 검토, 신규 튜닝 항목 개발, 튜닝 자동차에 대한 성능 및 안전 시험 등 자동차 튜닝 산업 육성을 위한 사업을 종합적으로 수행한다.

이는 자동차 튜닝 사항에 대한 안전성 시험을 통해 인증을 받음으로써 자동차 안전을 확보하는 범위 내의 튜닝 규제를 완화하고, 전기자동차 등 점차 첨단화되고 있는 미래형 자동차의 튜닝 수요에 대응하여 과감한 기술혁신을 가진 튜닝 전문기업을 육성할 수 있는 기반이 되고 있다.

2024년 3월부터는 좌석 안전벨트 및 자석 잠금장치, 등화장치(전조등, 제동등, 후미등 등), 진동시험 등 약 17가지 항목에 대한 시험, 인증을 확대함으로써 튜닝기술을 개발하여 상업화하

[그림 12-6] 한국교통안전공단 튜닝안전기술원(경북 김천 어모면 다남리 1468번지)

고자 하는 튜닝기업은 튜닝안전기술원에서 기술 안전성 시험을 통해 튜닝 부품을 개발하고, 튜닝 부품 시장에 진출하게 가능하도록 함으로써 경북 김천을 튜닝 신기술 개발의 중심지로 육성해나가고 있다.

[그림 12-7] 튜닝기술 적합조사(등화장치)(좌), 튜닝기술 적합조사(연결장치)(우)

튜닝안전기술원은 지역기업, 대학과 협력한 튜닝 우수인력 양성에도 힘쓰고 있다. 지역대학, 상공회의소와 협약을 통한 'TS 튜닝 아카데미'를 신설하여 지역 대학생들을 위한 자동차 튜닝 산업에 관한 교육 커리큘럼을 운영을 통해 대학생들의 역량 향상에 기여하고 있다. TS 튜닝 아카데미는 튜닝업체 방문을 통한 실무교육까지 연계함으로써 우수한 역량을 가진 학생이 지역 튜닝기업에 취업할 수 있도록 지원하고 있다.

향후에는 미래형 자동차의 튜닝 안전성을 위한 시험연구동을 2029년까지 구축하여, 탄소중립 시대와 자동차 발전 패러다임 변화에 선제적으로 대응할 수 있도록 디지털 트윈 환경을 조성할 계획이다.

4. 김천드론자격센터

드론산업의 급격한 성장에 따른 드론 자격 수요 대응과 드론 택배 등 장거리 드론의 자격체계 연구, 산업개발을 위해 한국교통안전공단은 2023년 12월 22일 경북 김천시 개령면 덕촌리 493-1번지 일대에 축구장 면적 6배 크기의 부지면적 41,568㎡, 연면적 2,947.9㎡ 김천드론자격센터를 구축하였다. 김천 드론자격센터는 사무동 및 정비동 외 2개 부대시설(실시시험장, 350m 규모의 이착륙장)으로 구성되어 있으며, 총 사업비 365억을 투입하여 기존에 보유한 드론 인프라와 비교하여 활주로 등 시설 규모를 확대하고 비가시권 및 장거리 드론 자격시험이 가능한 첨단 시설을 구성하였다.

드론자격센터는 2024년 3월부터 비수도권 드론 자격시험 수요 대응, 비가시권 및 장거리 드론 자격체계 연구 및 개발, 교관 법정교육 및 임무특화 교육과정 운영, 지역주민 시설개방을 통한 드론 사업체 시험비행 지원 등의 업무를 수행하고 있으며, 공공분야 임무특화형 드론개발, 드론 배송 활성화 등 다양한 산업에서 드론의 활용과 혁신을 위한 드론 연구, 제도 개선을 지원하고 있다.

2024년 6월부터는 비수도권 지역 최초로 드론 실기시험과 학과시험을 상시 운영하는 미래 드론 전문 지도자 양성 특화 교육과정을 개설하고 '조종교육교관과정'과 '실기평가과정' 2개 세부과정을 운영하여, 수도권에만 집중되었던 드론 자격시험의 수요를 효과적으로 대응하고 그간 교육과정에 입과하기 위해 원거리 이동을 해야만 했던 지역 거주 수험자들의 불편을 줄임과 동시에 많은 응시수요로 발생했던 대기시간을 단축하였다.

[그림 12-8] 경북 김천 드론자격센터 전경(경상북도 김천시 개령면 덕촌2길 110)

함께 센터는 수험생들에게 실기시험장 3면을 연습비행 장소로 무료 제공하고, 드론 기업을 대상으로 350m 길이의 비행 활주로와 공유사무실을 개방하는 등 새롭게 개발되는 드론의 연습비행 또한 지원하고 있다.

센터는 경북 김천이 드론 기술교류, 문화의 중심지로 육성하기 위한 견학 및 체험 프로그램을 진행하고 있는데, 지역 사회복지시설 아동의 센터 견학 초청, 김천 도서관과 협업한 아동 및 청소년 대상 진로 탐방 견학 프로그램 운영, 공단 직원들이 직접 멘토로 참여하는 미래 항공 꿈나무들을 위한 진로 상담 시간 등 국내 드론 산업에 대한 체험 기회를 제공하고 있다.

2024년에는 미래 UAM(도심항공교통) 핵심 기술을 교류하고, 항공교통 분야 전문인력 양성을 위한 '2024 전국 대학생 UAM 올림피아드'를 경북 김천에서 개최하여 총 6개 부문(기체창작, 공간정보, 버티포트, 사회적수용성, 전파환경분석, 규제혁신 등) 56개 팀이 경북 김천에서 성과물을 발표하고 공유하는 드론 문화의 장을 개최하였다.

센터는 학생들의 기체 창작물에 대한 사전 안전도 평가와 본선 대회 준비를 위한 전문가 코칭, 지역 고등학생들의 기체비행 관람 및 UAM 강연 등 다양한 프로그램을 준비하여 전국에서 모인 참여자들의 큰 호응을 이끌어 냈다.

제12장 사람과 기업을 부르는 힘, 지역 인프라 혁신: 한국교통안전공단

[그림 12-9] 2024 전국 대학생 UAM 올림피아드(좌), 2024 전국 대학생 UAM 올림피아드(우)

이 외에 센터는 지역 주민을 안전 및 환경관리 요원으로 우선 고용하고, 센터의 승강기 안전관리와 조경 관리에 지역 업체를 활용하는 등 지역의 일자리 창출에도 직접 기여하고 있으며, 2025년에도 UAM 올림피아드 개최 등 경북 김천이 드론 문화의 중심지가 될 수 있도록 여러 지역상생 사업을 펼칠 계획이다.

제4절 지역 일자리 창출과 사회공헌활동

1. 지역 일자리 창출 사업

공단은 2014년 본사 이전 이후 김천시를 중심으로 지자체, 지역대학, 경제단체, 유관기관 등과 협력하여 우수한 인재 육성 및 지역 기업과의 연계를 통한 지방 인재 유치를 위해 지속적으로 노력하고 있다.

2019년부터 경북보건대와의 일자리 창출을 위한 인력양성사업 협약을 시작으로 김천대학교, 김천 상공회의소와 산학연 협약을 통해 구직 청년에서부터 중년, 노인 일자리 역량 향상과 중소기업과의 취업 매칭을 진행하고 있으며, 김천대학교와는 청년CEO 육성사업을 통해 우수한 창업 아이디어를 가진 청년에게 창업 교육과 비용 지원을 하여 새로운 지역 기업이 설립되도록 지원하고 있다.

드론자격센터, 튜닝안전기술원을 활용한 지역 특화산업을 육성하기 위해 "교통 특화사업"

을 개설하여, 1. 스마트 모빌리티 산업육성 재직자 훈련과정, 2. 물류 기능 인력 양성사업 및 견학프로그램을 통해 지역에서 거점으로 육성하고 있는 산업과 연계한 우수 인력양성을 추진하고 있다. 2024년 기준으로 공단은 12개 지역 일자리 창출 사업을 통해 약 285명의 교육생 수료, 422명 취업, 5개사 청년 창업가 육성을 달성하는 성과를 보였다.

〈표 12-2〉 한국교통안전공단 지역 일자리 창출 사업

과정명	운영기관	사업내용
신중년 일자리를 위한 NEW-START 인력양성 사업	경북보건대 (김천)	노인복지 서비스 분야 인력양성
청년 취업허브 아카데미		특성화고 재학생 취업 실무 교육
지역산업기반 인재양성 및 혁신기술개발사업 (U-city)		물류 자격증 취득, 취업박람회
스마트모빌리티 산업육성을 위한 재직자훈련 과정		드론 훈련 및 자격증 취득과정
HIVE_신중년 일자리를 위한 NEW START 인력양성		시니어 라이프케어 분야 인력양성
지역특화분야 연계직업교육프로그램		시민 대상 물류산업 특성화 교육
시니어 인턴십	김천 상공회의소	만 60세 이상 노년층 인턴십 사업
청년일자리 로컬솔루션 프로젝트		청년 채용 박람회, 컨설팅 사업
기업 수요 인력양성 사업(물류 기능 인력 양성)		물류 이론, 지게차 기능사 양성
모빌리티 산업 활성화를 위한 안전환경 구축사업		모빌리티 분야 기업안전환경 구축
김천시 우수기업체 견학		특성화고 학생 기업 현장 견학
청년CEO 육성사업(지식창업 등)	김천대	지역 청년창업가 교육 및 지원

2. 사회공헌활동

지역주민과 상생을 위한 사회공헌활동에도 힘쓰고 있다. 공단은 "사람과 사회를 잇는 TS"라는 슬로건 하에 "TS-With 봉사단"을 운영하고 있다. 특히 4愛 테마로 나누어 사회공헌을 추진하고 있는데 공단의 업 역량을 살린 '안전사랑'과 지역 자연보호를 위한 '자연사랑,' 저소득가정 등 취약계층 보호를 위한 '소외계층사랑,' 지역의 인프라, 시설 개선을 위한 '지역사랑'으로 구분하여 네 가지 영역에 맞춘 활동을 고루 추진하고 있다.

2024년에는 김천지역 교통사고 피해가정 및 저소득가정의 명절 제수비용 지원과 지역 장

제12장 사람과 기업을 부르는 힘, 지역 인프라 혁신: 한국교통안전공단

난감 도서관 후원, 1사1촌 농촌 일손돕기 및 혹한기 연탄 기부, 배달 등 지역 내 취약계층 보호를 위한 사회공헌을 실천하고, 김천시 및 경북 혁신도시 입주 공공기관과 함께 지역 내 노후주택 밀집지역 도시재생 사업을 참여하여 약 100개 가구에 대한 주거환경 개선을 추진할 예정이다. 함께, 김천지역의 ESG 문화 확산을 위한 다채로운 프로그램도 운영하고 있는데, 탄소중립학교를 통한 지역 초·중·고학생들에 대한 환경교육 및 김천 주민들이 참여하는 미세먼지 측정 리빙랩 등 지역주민이 참여형 ESG 사업을 통해 공단은 주민들과 교류하며 지역민들이 체감하는 활동을 추진하고 있다.

그 결과 공단은 대중소기업농어업협력재단이 주관하는 '농어촌ESG실천인정제도'와 보건복지부 주관의 '지역사회공헌인정제도'에서 공로를 인정받아 3년 연속 인정제를 획득해오고 있다(2024년 기준).

[그림 12-10] 농번기 1사1촌 농촌일손돕기 활동(좌), 혹한기 사랑의 연탄배달 활동(우)

제5절 맺음말

정부는 '균형발전'과 '지방시대'를 핵심 기조로 삼고, 수도권 일극 체제를 완화하여 지역의 자율성과 창의성을 강화하는 정책을 적극 추진하고 있다. 특히 공공기관의 지방이전은 이러한 정책 방향의 중심에 있는 전략 중 하나로 지역 내 양질의 일자리를 창출하고, 지역 산업과의 유기적인 연계를 통해 자립적인 성장 기반을 마련하는 것을 목표로 하고 있다. 이것은 단순한 행정적 재배치를 넘어 지역의 혁신 역량을 키우고 장기적으로는 지역 스스로가 발전을 주도할

수 있도록 하는 구조 전환의 시작이라고 할 수 있다.

　한국교통안전공단은 2014년 경북 김천으로의 본사 이전과 "경북 혁신도시 드림모아" 프로젝트를 위한 첨단자동차검사연구센터 등 모빌리티 시설 인프라를 지속적으로 구축하여 산업클러스터를 조성하고, 지역의 일자리 창출, 시설 및 주거환경 개선, 지역 기업의 기술역량 강화, 지역물품 구매 등 지자체, 대학 및 기업과의 유기적인 협업을 통해 경북 김천의 새로운 성장동력을 확보하고자 하였으며 지역민의 거주환경, 문화 등을 개선하였다. 공단은 앞으로도 경북 혁신도시 이전공공기관과 함께 지역발전, 환경개선, 기술세미나 및 행사 유치 등으로 지역에 활력을 불어넣을 수 있도록 노력할 것이라고 밝혔다.

제13장
경주시 중저준위 방폐장 유치지역 발전성과 사례

제1절 중저준위 방폐장 유치지역 지원사업 현황

경주시의 중저준위 방사성폐기물 처분시설(이하 방폐장) 유치는 단순한 시설 유치 차원을 넘어선 국가적 난제를 해결한 사례로 기록된다. 1986년부터 시작된 방사성폐기물 처분시설의 부지 확보 사업은 초기부터 난항을 겪었다. 부지 선정 과정에서의 정책적 일관성 부족, 지역주민의 반발, 절차적 정당성 미비, 사회적 신뢰 부족 등이 복합적으로 작용하며 무려 19년간 무산을 거듭했고, 사업 주체 역시 여러 차례 변경되었다. 이로 인해 방폐장 유치는 단순한 행정 행위가 아닌, 지역주민의 신뢰 회복과 국가적 숙원 과제 해결이라는 복합적 성격을 띠게 되었다.

이와 같은 배경 속에서 정부는 정책의 방향을 대대적으로 전환하였다. 기존의 일방적 행정 결정 중심의 방식에서 벗어나, 지역과 주민의 수용성을 최우선 가치로 두고 절차의 투명성과 참여의 민주성을 강화하는 방향으로 접근 방식을 변경한 것이다. 이 과정에서 정부는 부지 선정의 전 과정을 공개하고, 주민 의견을 반영할 수 있는 구조를 제도적으로 보장하기 위해 2004년 주민투표제를 도입하였다. 나아가 2005년에는 「중·저준위방사성폐기물 처분시설의 유치지역 지원에 관한 특별법」을 제정함으로써, 유치지역에 대한 제도적이고 지속 가능한 지원 체계를 구축하고 주민 복지와 지역 발전에 실질적으로 기여하는 장치를 마련하였다.

1. 중저준위 방폐장 유치지역 지원사업 개요

1) 경주 방폐장 유치 배경

2000년대 중반, 국내 방사성 폐기물 저장시설이 포화 상태에 도달함에 따라, 정부는 방폐물 관리의 시급성과 중장기적 대응의 필요성을 절감하게 되었다. 이에 따라 중저준위 방폐물과 고준위 폐기물(사용후핵연료)의 처분을 분리하여 추진하기로 방침을 변경하였고, 2004년 12월 17일 제253차 원자력위원회에서 관련 대책이 확정되었다. 이 방침에 따라 중저준위 방폐장 부지 선정 작업이 본격화되었다.

2005년 3월 31일에는 「중·저준위방사성폐기물 처분시설의 유치지역 지원에 관한 특별법」이 제정되었다. 이 특별법은 부지 유치에 따른 지역사회의 경제적 보상을 법적으로 명문화한 점에서 큰 의미를 가진다. 핵심 내용으로는 특별지원금 3,000억 원, 반입수수료를 활용한 지역지원(80만 드럼 기준 5,100억 원), 지역개발 특례제도, 그리고 한국수력원자력 본사의 경주 이전 등이 포함되어 있다. 이러한 조치는 단순히 재정적 보상 차원을 넘어, 지역의 지속가능한 발전과 자립 기반 조성을 위한 실질적 제도적 기반으로 작동하였다.

정부는 같은 해 3월부터 방폐장 부지선정위원회를 구성하고, 6월 16일에는 공식적으로 중저준위 방폐장 부지선정 절차를 공고하였다. 이에 따라 경주시 양북면을 비롯하여 군산시 비응도, 포항시 죽장면, 영덕군 축산면 등 4개 지역이 최종 유치 신청을 완료하였다. 2005년 9월 15일 산업자원부는 해당 지역에 주민투표를 공식 요청하였고, 11월 2일에 4개 지역이 동시다발적으로 주민투표를 실시하였다. 그 결과, 경주시 양북면 봉길리가 최종 부지로 선정되었으며, 이에 따라 경주시는 2006년 6월에 공식적인 지원요청서를 제출하게 되었다.

〈표 13-1〉 중저준위 방사성 폐기물 처분시설의 유치 주민투표 결과

구분	경주시	군산시	영덕군	포항시
총선거인수	208,607	196,980	37,536	374,697
투표인수	147,636	138,192	30,107	178,586
투표율	70.8%	70.2%	80.2%	47.7%
찬성률	89.5%	84.4%	79.3%	67.5%

이는 대한민국 행정사에서 매우 이례적인 주민 주도형 정책 결정 사례로 평가된다. 민주적인 절차를 통해 지역의 뜻이 반영된 이 결정은 향후 국가 정책에 있어 지역 수용성의 중요성을 일깨워준 전례가 되었으며, 방사성폐기물 정책의 사회적 정당성을 확보하는 데 중요한 전환점이 되었다.

2) 방폐장 유치지역 지원사업 추진 배경

경주시는 2006년 6월에 제출한 지원 요청서를 통해 총 116건, 약 8조 8,226억 원 규모의 대규모 지역 지원사업을 제안하였다. 이 가운데 국비 5조 1,787억 원, 지방비 7,912억 원, 기타 재원 2조 8,527억 원으로 구성되어 있었다. 이후 정부는 이 중 55건을 최종 승인하고, 2007년 6월에는 해당 사업들의 추진계획을 수립하였다. 이에 따라 유치지역 지원사업은 정부 차원에서 확정되어 본격적으로 추진되기 시작하였다.

이들 55건의 일반지원사업은 2023년 말 기준 총 3조 3,668억 원의 예산으로 추진되었으며, 이를 통해 경주시는 기반시설, 문화 인프라, 지역경제 활성화, 교육 및 보건복지 등 다양한 분야에서 실질적인 개발 효과를 경험하게 되었다. 이는 방폐장 유치에 따른 단순 보상이 아니라, 장기적인 도시 경쟁력 제고를 목표로 하는 전략적 지역개발의 일환으로 이해될 수 있다.

2. 중저준위 방폐장 유치지역 지원사업 내용

2005년 11월, 중·저준위방사성폐기물 처분시설(방폐장) 부지가 경주시로 최종 확정됨에 따라, 정부는 경주시를 대상으로 유치지역 지원 목적의 다양한 지원사업을 본격적으로 추진하게 되었다. [그림 13-1]에서 보는 바와 같이, 이 사업은 크게 일반지원사업(총 55개)과 특별지원사업(총 4개)으로 나누어지며, 총 사업비는 약 4조 7,927억 원에 이른다.

1) 일반지원사업

정부가 승인한 55건의 일반지원사업은 총 3조 3,668억 원 규모이며, 이는 산업통상자원부, 국토교통부, 문화재청 등 12개 부처가 참여하여 추진되었다. 이들 사업은 문화관광, 산업기반, 교통인프라, 교육 및 복지 증진 등 다양한 분야에 걸쳐 진행되었다. 특히 2023년 말 기준으로 39건이 이미 완료되었으며, 나머지 사업들도 대부분 순조롭게 진행 중이다. 일부 문화재

[그림 13-1] 중저준위 방폐장 유치에 따른 경주 지역 지원사업

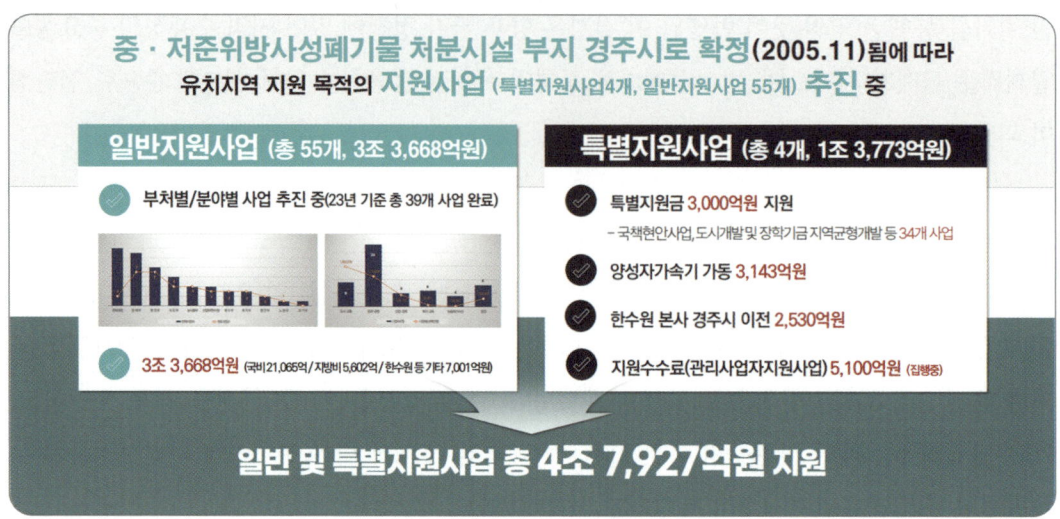

복원과 같은 특수 분야의 경우 지연이 발생하였으나, 전반적으로 높은 이행률을 보이고 있다.

[그림 13-2]에서 보는 바와 같이 대표적인 완료 사업으로는 문화시설 복원 및 확충, 지역 도로망 개선, 컨벤션센터 건립, 친환경 시설 조성 등이 있으며, 이는 경주시의 삶의 질 향상과 지역 경제 활성화에 기여하고 있다. 이러한 사업들은 단순한 물리적 기반시설 건설에 그치지 않고, 지역의 문화적 정체성 회복과 산업 생태계 재구성이라는 측면에서 높은 전략적 가치를 지닌다.

[그림 13-2] 대표 일반지원사업

월정교 복원
- 총사업비: 510억 원
- 사업기간: 2007~2018년
- 사업장소: 교동(사적 제457호)
- 사업내용: 교량·문루 복원 등 신라 궁성을 잇는 교량 복원으로 새로운 관광명소 확보

제13장 경주시 중저준위 방폐장 유치지역 발전성과 사례

교촌한옥마을 조성

- 총사업비: 215억 원
- 사업기간: 2006~2012년
- 사업장소: 교동 일원
- 사업내용: 전통 한옥마을 정비 및 체험장조성 등 한옥 관광 인프라 확보

경주~감포간 국도건설

- 총사업비: 3,398억 원
- 사업기간: 2004~2014년
- 사업장소: 진현동~감포읍
- 사업내용: 국도 4호선 17.64km 개통, 보문·불국·감포관광단지의 관광연계

경주 컨벤션센터(HICO) 건립

- 총사업비: 1,200억 원
- 사업기간: 2007~2014년
- 사업장소: 보문단지 내
- 사업내용: 보문관광단지 국제 회의가 가능한 대규모 행사 인프라 구축

생활쓰레기 소각장 설치

- 총사업비: 714억 원
- 사업기간: 2008~2013년
- 사업장소: 천군동 1516번지
- 사업내용: 생활쓰레기 처리 문제 해소, 찜질방·목욕탕 등 지역주민 복지시설 온수공급

2) 특별지원사업

한편 특별지원사업은 총 4건으로 구성되어 있으며, 이 중 3개 사업은 완료되었고 1개 사업은 계속 진행 중이다. 완료된 주요 사업은 다음과 같다.

첫째, 정부는 경주시에 총 3,000억 원 규모의 특별지원금을 직접 지원하였다. 이 예산은 주민 복지 증진과 지역 인프라 확충, 지역 기업 육성 등에 다양하게 사용되었다.

둘째, 한국수력원자력 본사를 경주시로 이전한 것은 단순한 공공기관 유치 차원을 넘어 경주의 행정 및 산업 기능을 강화하고 관련 산업의 집적 효과를 촉진시킨 성과로 평가된다. 이는 경주시를 원자력 중심의 에너지 클러스터로 발전시키는 데 있어 핵심적인 촉매 역할을 했다.

셋째, 첨단과학기술 인프라 구축의 일환으로 양성자가속기 부대시설이 경주에 설치되었다. 이 시설은 지역의 연구개발 역량을 높이고, 미래 기술 기반의 도시로의 발전 가능성을 높이는 중요한 인프라로 기능하고 있다.

계속 사업으로는 방폐장 반입에 따른 수수료를 관리사업자에게 지속적으로 지원하는 제도가 있으며, 이는 현재까지도 매년 경주시의 재정에 기여하고 있는 항목이다.

[그림 13-3] 특별지원사업

특별지원금 3000억원 지원
3,000억원
중·저준위 방사성폐기물 처분시설의 유치지역 지원에 관한 특별법 제8조에 따라 경주시에 2006년 3월 현금 지급 완료

한국수력원자력 본사 경주 이전
2,530억원
한국수력원자력 본사 경주 이전 특별법 제17조에 따라 경주시 문무대왕면 장항리로 2016년 3월 이전 완료

지원수수료(관리사업자지원사업)
5,100억원
방폐물 반입시 200ℓ드럼당 징수하는 지원 수수료를 재원으로 유치지역 주민의 삶의 향상을 위해 관리사업자가 추진하는 사업

양성자가속기 부대시설 경주 설치
3,143억원
100MeV급 양성자가속기 2013년 7월 가동 시작

한국원자력환경공단 본사 경주 이전 및 신사옥 이전
405억원
2011년 3월 용인시에서 경주시로 본사 이전 및 2017년 7월 서악동에 신사옥 준공·이전 완료

제13장 경주시 중저준위 방폐장 유치지역 발전성과 사례

제2절 경제적 영향

경주시가 중·저준위 방사성폐기물 처분시설을 유치함으로써 가장 두드러지게 나타난 변화 중 하나는 지역 경제에 미친 실질적인 파급효과이다. 방폐장의 건설과 운영, 그리고 한국원자력환경공단(KORAD) 본사의 경주 이전은 단기적 건설 투자에 그치지 않고, 장기적으로는 고용 창출, 산업 특화, 서비스 연관 산업의 성장 등 지역 경제 전반에 구조적 영향을 미쳤다. 이 절에서는 그러한 경제적 효과를 건설·운영, 연관산업의 측면에서 종합적으로 살펴보고자 한다.

1. 중·저준위 방폐장 및 한국원자력환경공단 본사 건립의 경제적 파급효과

방폐장 조성 사업의 1단계 건설공사비는 약 1조 5,436억 원에 달하였으며, 현재 진행 중인 2단계 공사비는 약 2,714억 원 수준이다. 여기에 원자력환경공단 본사 건립 비용 약 382억 원을 포함하면, 총 1조 8,532억 원이라는 막대한 투자가 경주시와 경북지역에 집행된 셈이다.

이와 같은 대규모 투자는 지역 경제에 다양한 방식으로 긍정적인 영향을 미쳤다. 산업연관분석에 따르면, 방폐장과 KORAD 본사 건립에 따른 생산유발효과는 총 2조 5,501억 원으로 추산되며, 이는 투자금 대비 약 1.4배에 해당하는 파급력을 지닌다. 이 가운데 부가가치 유발효과는 8,760억 원, 취업 유발효과는 총 33,562인으로 나타났으며, 이 중 실제 고용창출로 이어진 인원은 25,212인으로 분석되었다.

구체적으로는 건설산업 부문에서만도 생산유발효과 1조 8,542억 원, 부가가치 유발효과 6,533억 원, 취업 유발효과 26,967인(실제 고용 20,270인)이 발생하였다. 이는 지역 건설산업의 매출 증대, 관련 장비 및 자재업체의 동반 성장, 숙련·비숙련 인력 고용 확대 등을 통해 지역 내 경제순환을 견인하는 핵심 동력으로 작용하였다.

반면, 비건설 산업 부문에서도 생산유발효과 6,958억 원, 부가가치 유발효과 2,227억 원, 고용 유발효과 6,594인(실제 고용 4,942인)이라는 적지 않은 효과가 관찰되었다. 이는 부대서비스업, 운송업, 숙박·음식업, 금융·보험업 등 다양한 연관 서비스 산업을 활성화시켰고, 지역 전반의 소비 및 투자 여력을 끌어올리는 데 기여하였다.

[그림 13-4] 방폐장 및 원자력환경공단 본사 건설의 경북지역 경제적 파급효과

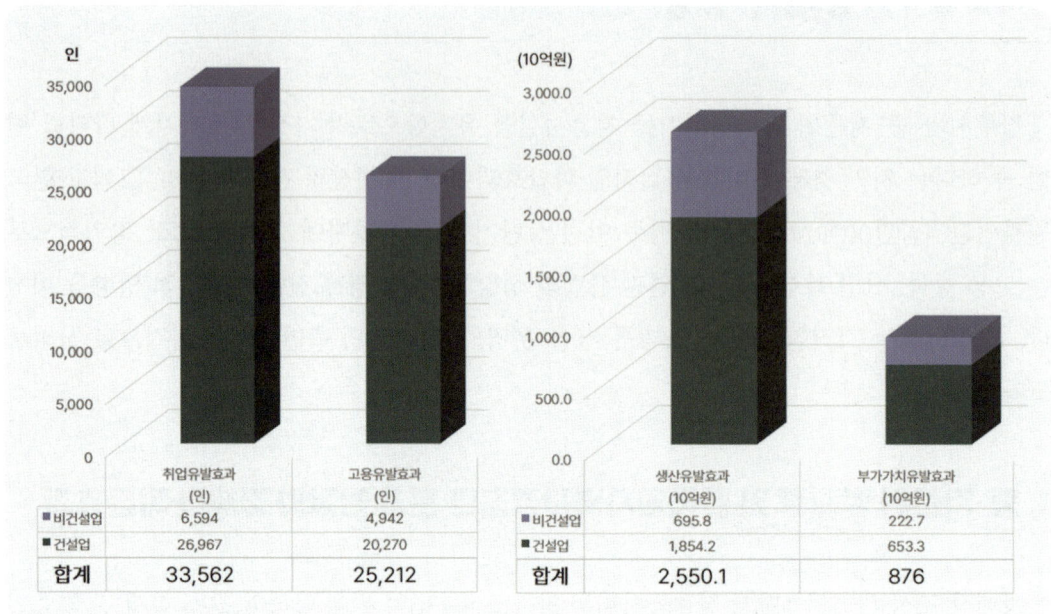

2. 방폐장 운영의 경제적 파급효과

방폐장 건설이 일회성 투자 효과를 가져왔던 것과 달리, 운영단계에서는 지속적인 예산 투입을 통해 장기적인 경제적 영향을 유발하고 있다. 최근 5년간(2018~2022년) 원자력환경공단의 방폐기금은 연평균 약 1,294억 원에 달하였다. 이 가운데 건설·기술개발 및 관리사업자 지원을 제외한 방폐장 운영 및 관리 부문에 연평균 약 923억 원이 투입되고 있다.

이와 같은 연간 투입 예산은 경북지역 산업 전체에 걸쳐 연쇄적인 생산·소득·고용 효과를 창출하고 있다. 구체적으로는, 생산유발효과 1,171억 원, 부가가치 유발효과 545억 원, 취업유발효과 1,538인(실제 고용 1,128인)이 발생한 것으로 분석되었다.

특히 방폐장 운영과 밀접한 산업인 '수도, 폐기물처리 및 재활용서비스 산업'에 한정하여 분석하면 더욱 뚜렷한 효과가 드러난다. 해당 산업에서만도 생산유발효과 985억 원, 부가가치 유발효과 475억 원, 취업 유발효과 1,315인(실제 고용 961인)에 달하는 경제적 기여가 나타났으며, 이는 방폐장 운영이 단순한 공공시설 관리 수준이 아니라, 지역 산업을 구성하는 중요한 경제축으로 자리 잡고 있음을 의미한다.

제13장 경주시 중저준위 방폐장 유치지역 발전성과 사례

<표 13-2> 원자력환경공단 예산

(단위: 백만 원)

구분	2018년	2019년	2020년	2021년	2022년	연평균 (18~22년)
계	101,917	112,774	135,742	149,055	147,813	129,460
건설	18,276	15,954	8,495	22,970	32,027	19,544
기술개발	8,425	8,652	20,399	26,697	21,336	17,102
관리사업자 지원사업	356	570	478	602	611	524
운영·관리 (인건비포함)	83,285	96,250	126,769	125,483	115,174	92,290

출처: 원자력환경공단 내부자료

참고로, 원자력환경공단 자체의 직접 고용도 높은 수준을 유지하고 있다. 2022년 기준으로 원자력환경공단의 직접 고용 인원은 총 416명에 달하며, 이는 지역 내 양질의 일자리 창출이라는 측면에서 방폐장 운영의 또 다른 사회적 기여로 평가할 수 있다.

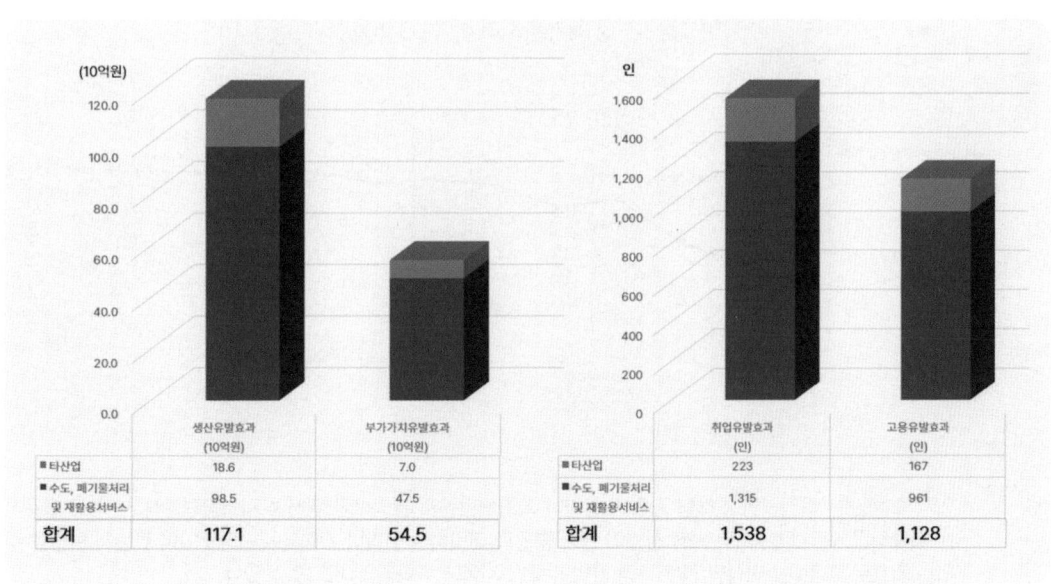

[그림 13-5] 방폐장 운영의 경북지역 건설업 경제적 파급효과

3. 방폐장 건설·운영 연관산업 경제적 효과 분석

　방폐장 건설 및 운영은 직접적인 시설 투자와 고용 창출에 그치지 않고, 산업 구조 전반에도 영향을 미쳐 특정 산업의 특화도를 높이는 방향으로 작용하였다. 이와 관련하여 특히 주목할 만한 산업이 '하수·폐기물 처리, 원료재생 및 환경복원업'과 '전문과학 및 기술서비스업'이다.

　이를 좀 더 정량적으로 확인하기 위해, 경주시 및 경상북도에 대한 산업별 입지계수(Location Quotient: LQ)[03]를 분석해 보면, 2006년 방폐장 착공 이전, 경주시의 폐기물 처리 관련 산업의 LQ는 0.57에 불과하여 전국 평균에도 미치지 못하였다. 반면 경북도 전체는 1 수준으로 전국 평균과 비슷한 수준을 유지하고 있었다. 그러나 방폐장 1단계 건설이 본격화된 2008년 이후 경주시의 관련 산업 LQ는 급격히 상승하기 시작하였으며, 2011년에는 1.27을 기록하며 전국 평균을 상회하게 되었다. 이후에도 꾸준한 상승세를 이어가며 2021년에는 무려 2.14에 도달, 전국 평균의 2배 이상 특화된 산업으로 성장하였다.

　이러한 변화는 방폐장을 중심으로 한 산업 클러스터 형성과 지역 내 환경산업, 기술서비스업, 공공관리업 등 연관 산업 생태계의 확대를 보여주는 실증적 사례이다. 특히 환경산업의 경우, 경주시가 향후 '친환경·순환경제 중심도시'로 발전할 수 있는 기초 역량을 갖추었음을 보여준다.

[그림 13-6] 폐기물 처리 산업 LQ 변화

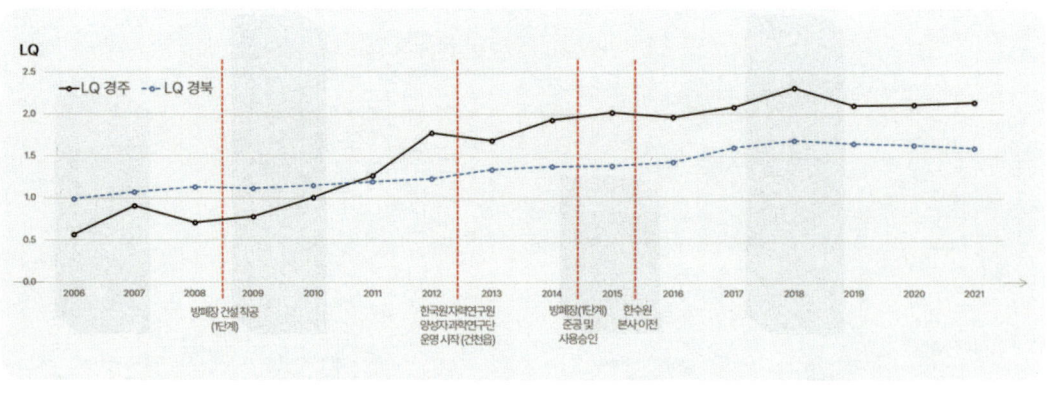

03　입지계수(LQ)는 특정산업이 해당 지역에 얼마나 특화되었는지 분석하기 위하여 지역경제분석 시 주로 활용하는 지표이다. 즉, LQ는 지역 특정 산업이 전국 평균과 대비하여 얼마나 특화(specialized) 되어 있는지 판단할 수 있는 지표로 그 값이 1 이상인 경우 특정 산업이 해당 지역에 특화되었다고 할 수 있다.

4. 소결

이와 같이 중저준위 방폐장의 건설과 운영은 단순히 국가 차원의 에너지정책 실현 수단에 머물지 않는다. 이는 지역경제에 구조적 변화를 유도하는 핵심 동력으로 작용하고 있으며, 방폐장 유치와 관련된 각종 지원 사업이 물리적 인프라 확충을 넘어, 산업구조 재편과 고용 기반 안정화라는 점에서 매우 실질적인 효과를 발휘하고 있다.

제3절 사회적 영향

경주시가 중·저준위 방사성폐기물 처분시설(이하 방폐장)을 유치하면서 얻게 된 영향은 경제적 효과에 국한되지 않는다. 오히려 사회 전반의 변화, 특히 문화·관광, 복지·교육, 환경 등 생활 기반의 질적 향상이 함께 진행되었다는 점에서 사회적 파급효과는 방폐장 유치의 또 하나의 본질적인 성과라 할 수 있다. 이 절에서는 이러한 사회적 변화를 세 분야로 나누어 종합적으로 살펴보고자 한다.

1. 문화·관광 분야

1) 문화기반 시설 확충

경주시는 문화유산의 보고로 잘 알려져 있으나, 방폐장 유치 이후 문화체육 기반시설의 양적·질적 확충이 뚜렷하게 이루어졌다. 2012년 '경주 교촌한옥마을'과 '환경드림파크 조성사업'은 지역의 전통성과 생태성을 동시에 담아내는 복합문화공간으로 자리매김하였다. 특히 2018년 조성된 '축구공원'은 단순한 체육시설을 넘어 전국 최대 규모의 유소년 축구대회인 화랑대기 전국 유소년 축구대회 개최지로서 위상을 굳혔다. 2024년 기준 610개 팀, 1만 2,000명의 선수단이 참가하면서 대회는 명실상부한 지역 문화관광 자산이 되었으며, 관련 방문객 유입과 체류형 소비 촉진을 통한 지역경제 파급효과도 가시화되고 있다.

문화 기반시설 수에서도 이러한 경향은 통계적으로 확인된다. 인구 10만 명당 문화시설 수는 2008년 5.6개에서 2021년 8.3개로 증가하였고, 총 시설 수는 15개에서 21개로 40% 확대되었다. 이는 경북 전체의 증가율(37.3%)을 상회하는 수치로, 경주시의 문화 인프라 확대가 지역 평균 이상으로 진전되었음을 보여준다. 이와 같은 시설의 증가는 단순한 물리적 공간의 증가에 그치지 않고, 지역 주민의 문화 향유권 보장과 도시 정체성 고양에 크게 기여하고 있다.

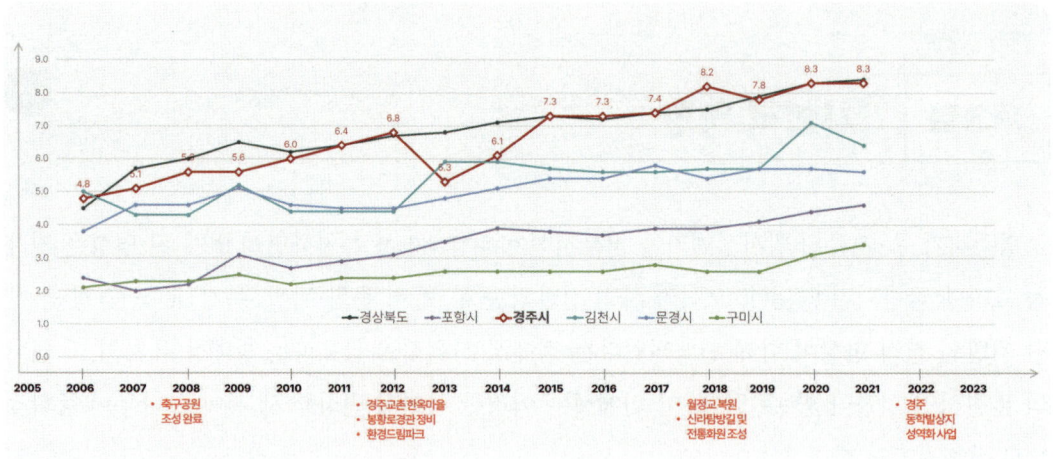

[그림 13-7] 경주시 십만 명당 문화기반 시설 수(2006~2021)

(단위: %)

출처: 국가통계포털, 인구 십만 명당 문화기반시설수(시·도/시·군·구), 각 년도.

2) 주요 관광지 조성

방폐장 유치로 확보된 특별지원금 3,000억 원은 경주의 관광 인프라 확장에 결정적인 자원이 되었다. 이 자금을 바탕으로 2011년 '동해안 어촌관광단지'와 같은 해안 기반 관광지 조성, 2012년 '관광안내시스템' 구축과 '관광객휴식공간 조성' 등의 프로젝트가 진행되었다. 또한 '봉황로 경관정비'와 '감포항 종합개발,' '월정교 복원 및 신라탐방길 조성' 등은 전통과 현대가 어우러진 관광 명소로 발전하였다.

이러한 다양한 문화관광 시설들은 지역 고유 자원의 보존과 현대적 활용이라는 이중의 효과를 창출하며 경주시를 역사문화 관광도시에서 체류형 관광거점 도시로 전환시키는 데 기여하였다.

3) 관광지 인식과 SNS 언급량

관광지의 인지도는 온라인 플랫폼 상의 언급량을 통해도 측정 가능하다. 한국관광공사 데이터랩에 따르면, 경주시는 인근 문화관광도시인 문경시, 안동시에 비해 월등히 높은 수준의 SNS 언급량을 기록하고 있다. 이는 관광지로서의 경주시가 여전히 대중의 관심과 선호를 받고 있음을 방증하며, 특히 2018년 이후 언급량이 지속적으로 증가하고 있는 점은 방폐장 유치 이후 시설 인프라 확충 및 도시 이미지 개선의 성과로 해석된다.

[그림 13-8] 경주 및 주요 도시 SNS 언급량(2008~2022)

(단위: 회)

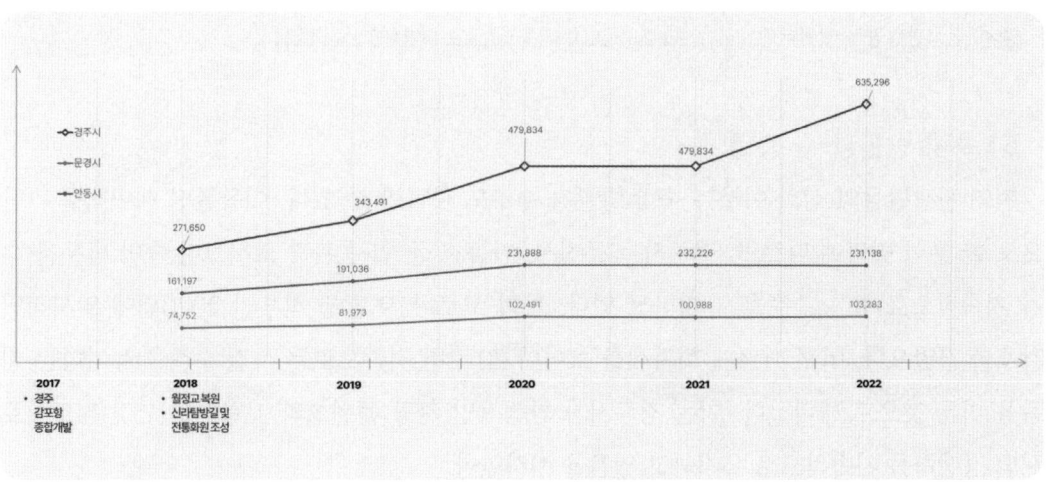

출처: 한국관광공사 데이터랩(https://datalab.visitkorea.or.kr/datalab/검색일 2023.10.11.).

4) 관광소비 규모 증가

경주시는 관광소비 측면에서도 뚜렷한 성장세를 보이고 있다. 신용카드 사용 데이터를 기반으로 분석된 관광소비 추이를 보면, 2022년 기준 경주시의 연간 관광소비 규모는 약 2,550억 원으로 추정된다. 이는 경북 도내 타 도시에 비해 압도적으로 높은 수치이며, 문화·관광 인프라 확충이 실질적인 소비 행위로 이어졌음을 보여주는 사례이다.

[그림 13-9] 경주 및 주요 도시 관광소비(2018~2022)

(단위: 천 원)

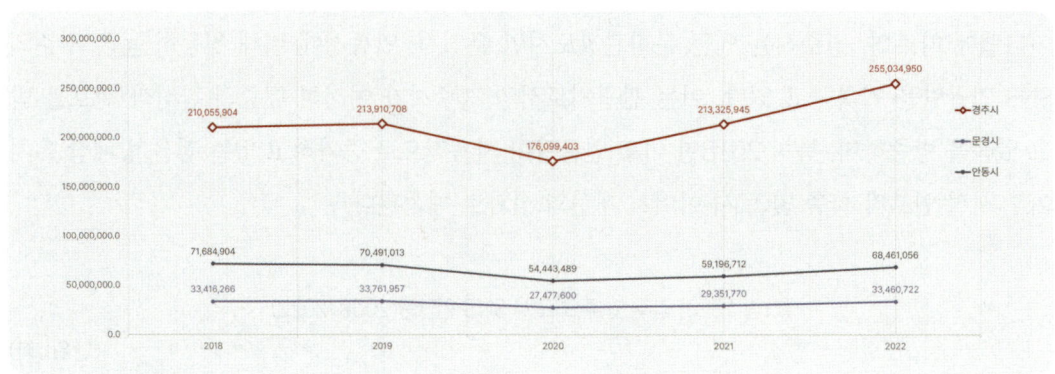

출처: 한국관광공사 데이터랩(https://datalab.visitkorea.or.kr/datalab/검색일 2023.10.11.).

5) 숙박 방문자 수 증대

지역 관광활동의 심화 여부는 숙박 방문자 수로도 파악할 수 있다. 이동통신 데이터를 기반으로 한 분석 결과에 따르면, 경주시는 문경시, 안동시 등 인근 관광 도시보다 숙박 방문자 수가 지속적으로 높은 수준을 유지하고 있다. 특히 코로나19 발생 직후인 2020년에 일시적인 감소를 겪었으나, 이후 빠르게 회복세를 보이며 2022년 기준으로는 사전 수준을 능가하는 회복을 이룬 것으로 나타났다. 이는 경주시가 안정적인 관광 콘텐츠와 기반시설을 갖춘 도시로서의 경쟁력을 지속적으로 유지하고 있음을 시사한다.

[그림 13-10] 경주 및 주요 도시 숙박 방문자 수(2018~2022)

(단위: 명)

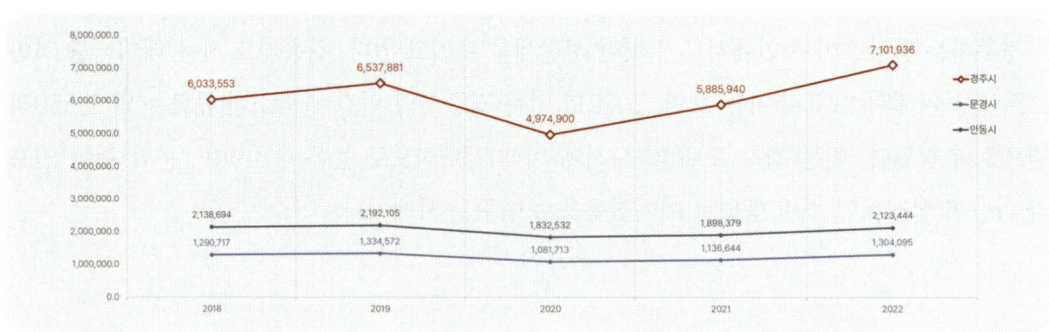

출처: 한국관광공사 데이터랩(https://datalab.visitkorea.or.kr/datalab/검색일 2023.10.11.).

2. 복지·교육 분야

1) 사회복지시설 확충

방폐장 유치로 확보된 일반지원사업을 활용하여 경주시는 2012년 '노인종합복지회관'과 '장애인회관' 등 핵심 복지시설을 신설하였다. 이러한 시설들은 지역 내 고령자와 장애인을 위한 복지서비스 제공의 중심거점 역할을 수행하고 있으며, 상담, 치료, 여가, 돌봄 등 다양한 기능을 통해 지역사회 안전망을 강화하고 있다.

사회복지시설은 단순한 수용 공간을 넘어, 지역의 삶의 질을 높이고 사회적 약자에 대한 배려 문화를 형성하는 데 기여한다는 점에서 사회적 자본의 주요 기반이다. 경북 내 타 지역과의 비교에서도 경주시는 인구 10만 명당 사회복지시설 수가 높은 수준을 기록하고 있다. 이는 경주시가 공공 인프라 측면에서 뿐만 아니라, 사회적 포용력 강화 측면에서도 모범적 도시로 기능하고 있음을 보여준다.

[그림 13-11] 10만 명당 사회복지시설 수(2005~2021)

(단위: %)

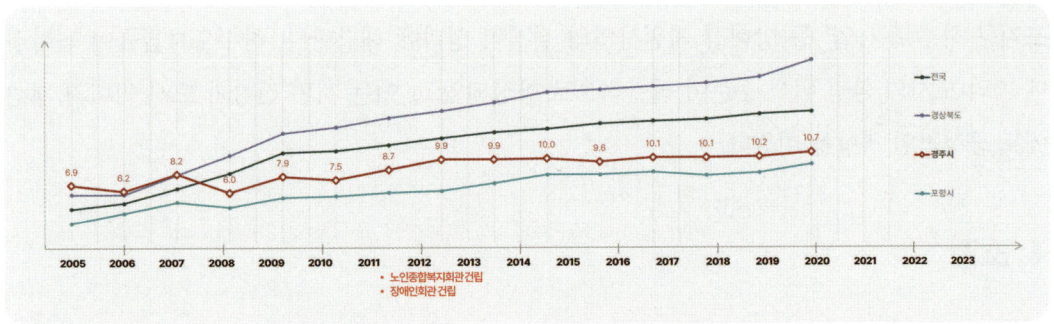

출처: 국가통계포털, 인구 십만 명당 사회복지시설 수(시·도/시·군·구), 각 년도.

3. 환경 분야

환경 분야에서도 방폐장 유치에 따른 영향은 뚜렷하게 나타났다. 특히 하수도보급률은 공공 하수도 서비스 수혜인구의 비율을 나타내는 지표로, 지역의 위생수준과 생활환경의 질을 보여주는 핵심 항목이다.

경주시의 하수도보급률은 방폐장 유치 전인 2005년 77.0%에 불과하였으나, 이후 시설 확충과 관련 예산 투입을 통해 2021년에는 94.6%에 도달하였다. 이는 경북 평균인 83.9%를 크게 상회하는 수치이며, 구미시(95.8%)에 이어 도내 2위에 해당한다.

[그림 13-12] 경북 및 주요 도시 하수도보급률(2006~2021)

(단위: %)

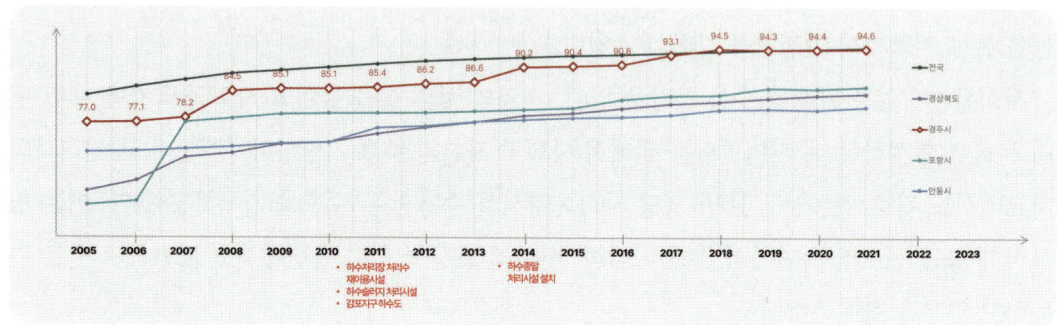

출처: 국가통계포털, 하수도보급률(시·도/시·군·구), 각 년도.

이러한 개선은 2011년 추진된 '하수처리장 처리수 재이용시설,' '하수슬러지 처리시설,' '감포지구 하수도 사업' 등 방폐장 지원사업의 실질적 성과에 해당한다. 하수도보급률이 높아짐에 따라 도시의 환경 위생 수준이 전반적으로 향상되었고, 이는 시민 건강과 도시 이미지 개선에도 긍정적인 영향을 미쳤다.

4. 소결

경주시의 방폐장 유치는 단순한 국가 기반시설 유치의 차원을 넘어, 도시의 사회적 역량을 전반적으로 강화하는 계기가 되었다. 문화·관광 자원의 다양화와 인프라 고도화, 복지 안전망의 확대, 환경 서비스의 질적 향상은 모두 방폐장 유치를 통해 확보된 재원과 정책적 집중의 결과물이다. 나아가 이러한 변화는 지역주민의 삶의 질을 실질적으로 개선하며, 경주시가 지속가능한 지역으로 성장할 수 있는 사회적 토대를 제공하고 있다.

제13장 경주시 중저준위 방폐장 유치지역 발전성과 사례

제4절 종합 평가 및 시사점

1. 지역주민의 요구에 부응하는 유치지역지원사업의 계획 및 운영

경주시는 천 년의 고도(古都)로서, 찬란한 신라 문화유산을 간직한 대표적인 역사문화도시이다. 지역 주민들은 경주의 문화적 정체성을 자부심으로 삼고 살아왔으며, 이는 도시의 브랜드이자 정체성 형성의 핵심 요소로 작용해 왔다. 그러나 그와 동시에 「고도보존에 관한 특별법」과 같은 엄격한 개발 규제는 지역 경제 활성화를 제약하는 요소로 작용해 왔으며, 이는 주민들에게 개발 정체와 기회의 상실이라는 이중적 경험을 안겨주었다.

1970년대 초 보문관광단지 개발 이후, 경주는 각종 국책개발의 중심에서 소외되어 있었다. 경마장, 태권도공원 등 대규모 프로젝트 유치 시도는 번번이 무산되었고, 이는 지역사회에 실망감과 좌절감을 안겨주었다. 이러한 상황에서 방폐장 유치는 단순한 국책시설 유치를 넘어, 지역 발전에 대한 염원을 담은 상징적 사건으로 작용하였다.

경주시는 이러한 절박한 배경 속에서 중·저준위 방폐장 유치를 통해 전환점을 마련하였다. 정부와 협의 하에 총 4개의 특별지원사업과 55개의 일반지원사업을 계획하고 추진하였으며, 이는 앞서 살펴본 바와 같이 경제적 파급효과, 사회·문화적 기반 확충, 환경 인프라 개선 등 다방면에서 성과를 창출하였다. 이 과정은 단지 예산 집행에 머물지 않고, 지역주민의 기대에 실질적으로 부응한 성과로 평가할 수 있다.

특히 정책적 실행 체계 측면에서 눈여겨볼 점은, 유치지역지원위원회의 제도적 구성과 기능이다. 국무총리를 위원장으로 하고, 산업통상자원부, 기획재정부, 행정안전부 등 관계 부처 장관은 물론 경상북도지사, 경주시장, 그리고 한국원자력환경공단 이사장 등 당연직 위원이 참여하는 이 위원회는, 유치지역에 대한 지원사업을 종합적으로 조정·운영하는 핵심 거버넌스로 작용하였다. 또한 실무위원회를 통해 부처별 사업을 조율하고, 연차별 사업 이행 현황을 정기적으로 점검하며, 사업 내용 변경이나 주민 의견 반영이 필요한 경우 이를 유연하게 수용함으로써 정책 운영의 신뢰성과 탄력성을 동시에 확보하였다.

이러한 구조적 장치는 지역주민의 요구를 제도화된 절차로 연계하는 창구로 기능했으며, 중앙정부와 지방정부, 공공기관 간의 협력 거버넌스 사례로서 높은 정책적 완성도를 보였다.

이는 향후 유사한 국가 기반시설 유치 및 지원사업에서 모범적인 행정운영모델로 제시될 수 있다.

2. 경주시 발전 성과를 바탕으로 고준위 방폐장 지역지원사업의 세밀한 추진 필요

경주시가 이룬 중·저준위 방폐장 유치와 그에 따른 지역발전 성과는 단순한 국책사업의 성공을 넘어, 한국형 사회적 합의모델의 전환점을 보여주는 중요한 이정표이다. 19년 동안 반복된 부지선정 실패와 사회적 갈등을 극복하고, 주민투표라는 민주적 절차를 통해 부지를 확정한 경험은 '풀뿌리 민주주의'의 실질적 구현 사례로서 학술적·정책적 의미가 크다.

특히 방폐장 유치를 통해 구축된 지원사업 체계는 산업기반 확충, 관광산업 활성화, 복지 및 환경서비스 향상 등 도시의 다차원적 발전을 이끌었고, 그 성과는 지역의 위상을 국가적 수준으로 끌어올리는 동력이 되었다. 이러한 성과는 결국 2025년 아시아·태평양 경제협력체(APEC) 정상회의의 국내 개최지로 경주시가 선정되는 결실로 이어졌다. 이는 중장기적으로 방폐장 유치가 도시 발전 전략의 일환으로 성공적으로 통합되었음을 방증한다.

이러한 점에서, 향후 추진될 고준위 방사성폐기물 처분장 유치 과정은 중·저준위 방폐장의 사례에서 얻은 경험을 기반으로 보다 세밀하고 진전된 정책적 설계가 요구된다. 고준위 방폐물은 그 위험성과 지역수용성의 민감도가 훨씬 더 높은 이슈인 만큼, 그에 따른 지역지원사업은 표준화된 모델이 아니라 지역 맞춤형 전략으로 접근할 필요가 있다.

2025년 2월, 「고준위방사성폐기물 관리에 관한 특별법」이 국회를 통과함에 따라, 한국원자력환경공단은 2038년까지 고준위 방폐물 최종 부지를 선정하여야 하는 법적 책무를 부여받았다. 이와 같은 장기계획의 성공을 담보하기 위해서는 사전에 체계적인 정책 설계가 필수적이다.

무엇보다도 지역지원사업의 계획 수립 단계부터 지역 주민과 이해관계자가 직접 참여하는 실질적 거버넌스를 구성해야 하며, 인구구조, 산업생태계, 경제적 수용역량, 도시공간의 미래 성장 가능성 등을 반영한 정밀한 도시계획적 논의가 병행되어야 한다. 단순히 재정지원을 약속하는 방식은 더 이상 지역 수용성을 이끌어내기 어렵다. 도시는 성장 전략의 관점에서 방폐장 유치를 평가하고, 그 결과가 지역의 지속가능성과 연결될 수 있도록 정책이 설계되어야 한다.

아울러 고준위 방폐장 지원사업은 국제사회에서도 주목받는 이슈로, 투명성과 공공성, 민주적 정당성이 확보될 때 '세계적 모범사례(Global Best Practice)'로 자리매김할 수 있다. 이를 위해서는 사전 계획부터 사후 평가까지 전 주기에 걸친 성과관리 체계를 구축하고, 지역의 신뢰를 얻기 위한 과학적 정보 공개, 시민 교육, 참여 포럼의 제도화를 병행해야 한다.

3. 종합적 시사점

경주시의 방폐장 유치는 갈등의 상처를 치유하고 공동체를 통합하는 방향으로 정책이 작동할 수 있음을 보여준 상징적 사례이다. 지역주민의 요구를 중심에 둔 정책 설계, 중앙과 지방의 협력적 거버넌스, 그리고 실질적 변화로 이어지는 사업 추진은 정책수용성과 행정효율성을 동시에 달성한 보기 드문 사례로 평가할 수 있다.

이제 이러한 경험은 고준위 방폐물 관리라는 좀 더 도전적인 과제를 앞두고 새로운 정책적 기준이 되어야 하며, 전국의 다양한 공공갈등 해소 모델에도 교훈을 줄 수 있는 자산이 되어야 할 것이다.

제14장 한국남동발전(주), 상생의 에너지로 지역소멸 위기를 기회로

제1절 서론

1. 공기업과 지역사회 상생의 필요성

대한민국은 수도권 집중, 지방 인구 감소, 고령화 등으로 인해 지역소멸 위기에 직면해 있다. 특히 경상남도 진주시는 인구 감소, 고령화, 청년 유출 등 복합적인 문제로 지역소멸 위험 지역으로 분류되고 있다. 이러한 위기를 극복하기 위해 공공기관, 기업, 시민사회 등 지역 전체의 노력이 필요하다.

이 장은 한국남동발전의 사회공헌활동을 중심으로 진주 지역소멸 위기 극복을 위한 노력과 성과를 심층적으로 분석하고, 사업 후의 성과점검 및 환류방향을 제시한다. 한국남동발전은 경남 진주에 본사를 둔 발전공기업으로서, 지역사회와의 상생 및 사회적 가치 실현을 위해 다양한 사회공헌활동을 전개하고 있다.

2. 진주시의 지역소멸 위기현황

1) 인구감소 현황 및 원인

진주시는 경상남도의 대표적인 중소도시이자 서부경남의 중심도시로 오랜 기간 인구 30만 명 이상을 유지해 왔다. 그러나 최근 10년간 인구구조 변화가 뚜렷하게 나타나고 있다. 2010년대 중반까지 진주시는 혁신도시 조성, 진주혁신도시 공공기관 이전, 경상대학교와 경남과학기술대학교 통합 등으로 인구가 일시적으로 증가했다. 실제로 2014년에는 인구가 34만 명을 돌파했고, 2020년에는 34만8천여 명까지 늘었다. 하지만 2020년 이후 인구는 매년 감소세로 전환되었다. 2021년 34만7천 명, 2022년 34만3천 명, 2023년 말에는 34만1천 명으로 줄었다. 2024년 3월 기준 진주시 인구는 34만 37명으로, 34만 명 선이 붕괴되었다. 6년간 (2018~2024) 5,952명이 감소했으며, 이는 연평균 약 1,000명씩 줄어든 셈이다.

인구감소의 주요 원인에 대해 분석한다. ① 전국적인 저출생 현상이 진주에도 심각하게 나타나고 있다. 2023년 진주시 출생아 수는 1,500명대에 불과하며, 합계출산율은 0.7명대로 전국 평균(0.72명)과 비슷하거나 더 낮은 수준이다. ② 2023년 한 해 동안 19~34세 청년층이 약 2,000명 순유출된 것으로 집계되었다. 이는 진주 지역 내 일자리 부족, 대도시로의 이주 선호, 대학 졸업 후 취업난 등 복합적 원인에 기인한다. ③ 고령화에 따른 자연감소로 사망자 수가 출생아 수를 초과하는 '인구 자연감소' 현상이 뚜렷하다. 2023년 진주시 사망자는 약 2,400명으로, 출생아 수보다 900명 가량 많았다. ④ 가구구조 변화로 1인 가구 비중이 2018년 29%에서 2023년 34%로 증가하였고, 세대당 인구도 2.41명에서 2.12명으로 감소했다. 이는 인구의 사회적 재생산력 저하로 이어진다.

2) 고령화 추세와 사회적 영향

2023년 말 기준 진주시 65세 이상 고령 인구는 6만 7,300명으로 전체 인구의 19.7%를 차지한다. 2024년에는 20%를 돌파해 '초고령사회'에 진입하였다. 또한 읍·면 지역의 고령화가 심각해 이반성면, 사봉면 등 외곽 농촌지역은 고령화율이 30%를 넘는 초고령사회에 들어섰다. 일부 마을은 1인 고령가구가 전체의 60%를 차지하기도 한다. 경남 전체 평균(2023년 20.6%)과 비교해도 진주시는 비슷하거나 약간 낮은 수준이지만, 증가 속도는 가파르다.

생산가능인구(15~64세)가 줄어들면서, 1명이 부양해야 하는 노인 수가 점차 늘고 있어 노인

부양 부담이 증가하고 있다. 2023년 기준 진주시의 노년부양비는 28.4명(생산가능인구 100명당 65세 이상 인구 수)로, 2030년에는 40명을 넘을 것으로 예측된다.

3) 지역산업구조와 경제적 한계

3차 산업(서비스업 등)이 62.9%로 가장 큰 비중을 차지한다. 도·소매, 숙박·음식, 교육, 보건·사회복지 등 서비스업 중심의 산업구조가 자리 잡고 있다. 제조업은 상평지방산업단지와 문산·금곡 등 4개 농공단지에 2,000여 개 업체가 입주해 있으나, 대부분 종업원 50명 미만의 소규모 기업이다. 전통산업으로는 실크(견직)산업이 유명했으나, 최근에는 바이오, 항공우주, 세라믹 소재, ICT 등 신산업 육성에 힘쓰고 있다.

대기업의 부재로 진주에는 500인 이상 대기업이 거의 없다. 이로 인해 청년층이 양질의 일자리를 찾아 외부로 유출되는 현상이 심화되고 있습니다. 상평공단 등 주요 산업단지는 30년 이상 노후화되어 시설 현대화, 업종 고도화가 시급하다. 이에 따라 생산성 저하, 신규 투자 감소, 입주기업 이탈 등의 문제가 발생하고 있다. 서비스업 중심의 산업구조로 서비스업은 상대적으로 부가가치와 임금 수준이 낮아, 청년들이 선호하지 않는 경향이 있다. 고용의 질이 낮아 인구유출의 원인으로 작용한다.

4) 진주시 지역소멸위험 지표 분석

진주시의 지역소멸위험 지수는 2017년 기준 0.84로 '쇠퇴위험지역'으로 분류되었으나, 2023년 기준 0.537로 경남 평균(0.56)보다 낮아 위험도 증가하였다. 읍·면·동별로는 금곡면, 수곡면, 이반성면, 사봉면, 지수면, 대곡면, 미천면이 매우 위험(0.2 미만), 정촌면, 명석면, 대평면, 진성면, 일반성면, 집현면, 중앙동이 위험(0.2~0.5), 문산읍, 내동면, 천전동, 성북동, 신안동, 이현동, 상봉동, 상평동이 쇠퇴(0.5~1.0), 충무공동, 평거동, 판문동, 하대1·2동, 초장동, 금산면 등이 정상(1.0 이상)으로 조사되었다.

이와 같이 진주시는 지방소멸지수, 인구감소율, 고령화 속도, 산업구조 취약성 등 복합적 지표에서 심각한 소멸 위험을 보인다. 청년층 유출과 고령인구 증가가 가속화되며, 경제적 기반 약화가 이를 부추기고 있다.

제14장 한국남동발전(주), 상생의 에너지로 지역소멸 위기를 기회로

제2절 한국남동발전(주) 개요 및 사회공헌 추진체계

1. 기업 개요

한국남동발전(주)는 정부의 전력 산업구조 개편에 따라 2001년 4월에 한국전력공사에서 발전부문이 분리되어 출범한 발전전문회사로 2014년 3월에 경남 진주로 본사를 이전하였다. 영흥발전본부를 비롯한 5개 발전소와 신재생 발전설비를 운영하여 총 9,346MW의 설비를 보유함으로써 대한민국 전체 전력생산의 약 7.7%를 책임지는 대표 에너지 공기업으로 국가경제 발전과 국민의 삶의 질 향상에 공헌하고 있다.

2. 사회공헌 추진체계

한국남동발전(주)는 "함께 나누는 행복, KOEN Together"라는 사회공헌 미션 아래 "KOEN 나눔봉사단 운영" 등을 통해 어려운 이웃에 대한 봉사와 선행에 앞장서고 있다. 또한 3대 추진전략인 ①"힘이 되는 '에너지': 업(業)연계 지역참여 확대로 역동적 지역경제 견인," ②"지속가능한 '희망': 국민 중심 나눔실천으로 사회안전망 강화," ③"든든한 '파트너': 소통·협업 플랫폼 강화로 참여기반 문제해결을 위한 특화된 사회공헌 사업"의 분야를 중점 추진하여 나눔과 봉사를 적극 실천하고 있다.

3. KOEN 나눔봉사단 운영

한국남동발전(주)는 2004년 9월부터 본사 및 사업소로 구성된 21개 지회, 2,800여명의 KOEN 나눔봉사단을 창단하여 지역 특성을 반영한 수혜자 맞춤형 지역 봉사활동을 시행하고 있으며, 취약계층 후원, 재능기부, 농촌봉사활동, 전통시장 활성화, 환경정화활동 등을 통해 매년 1천회 이상의 봉사활동을 실시하고 있다.

<표 14-1> 최근 5년간 KOEN 나눔봉사단 활동실적

구분	활동횟수 (건)	참여인원 (명)	봉사시간 (Hr)	4대 나눔봉사활동
2020년	1,091	11,524	39,519	• 이웃사랑(취약계층 후원, 재능기부, 재난구호 지원) • 문화사랑(지역 문화행사 지원, 체육행사 개최·지원) • 지역사랑(농어촌 일손·소득증대 지원, 전통시장 활성화) • 환경사랑(환경정화 활동, 행복홀씨 프로젝트, 생태보전)
2021년	1,476	12,070	41,007	
2022년	1,202	10,239	36,586	
2023년	1,157	10,658	38,412	
2024년	1,277	11,046	38,748	

4. 자발적인 나눔펀드 모금 및 매칭그랜트 출연

한국남동발전(주) 임직원들은 2005년부터 사회공헌활동을 위해 자발적으로 매월 나눔펀드 모금에 동참하고 있으며, 한국남동발전(주)는 매년 나눔펀드 모금액에 1:1 비율로 매칭그랜트를 출연하여 사회공헌활동 기금으로 사용하고 있다.

<표 14-2> 최근 5년간 나눔펀드 및 매칭그랜트 출연실적

구분	참여인원(명)	나눔펀드(원)	매칭그랜트(원)	합계(원)
2020년	2,317	183,117,000	183,117,000	366,234,000
2021년	2,368	182,516,000	182,516,000	365,032,000
2022년	2,416	178,697,000	178,697,000	357,394,000
2023년	2,389	170,824,000	170,824,000	341,648,000
2024년	2,452	163,651,000	163,651,000	327,302,000

5. 적극적인 기부예산 확보를 통한 사회공헌사업 추진

적극적인 사회공헌사업을 추진하기 위하여 기부예산을 지속적으로 확대하고 있으며, 사업의 범위도 지속적으로 확대하여 사회공헌 활동의 양과 질 모두를 향상시키기 위해 노력하고 있다.

제14장 한국남동발전(주), 상생의 에너지로 지역소멸 위기를 기회로

〈표 14-3〉 최근 10년간 기부금 예산 집행실적

구분	집행실적(천 원)	구분	집행실적(천 원)
2015년	1,360,191	2020년	9,013,999
2016년	1,989,967	2021년	4,819,026
2017년	7,600,588	2022년	9,564,060
2018년	3,204,244	2023년	9,030,346
2019년	5,024,167	2024년	12,451,970

제3절 한국남동발전(주) 사회공헌 사업현황

1. 힘이 되는 '에너지': 업(業)연계 지역참여 확대로 역동적 지역경제 견인

1) KOEN Sunny Together: 에너지복지 실현

에너지 빈곤층과 취약계층의 에너지기본권 보장 및 에너지 복지 향상을 위해 2011년부터 핵심역량(전기, 에너지공급)과 연계한 4개 분야의 사업을 추진하고 있다.

〈표 14-4〉 KOEN Sunny Together 활동실적

구분	사업내용	수혜규모(누계)
Sunny Place	• 에너지취약계층 주거환경 개선사업 - 고효율 보일러, 단열, 난방, LED조명 교체 등	약 500세대 (22.7억 원)
Sunny Plant	• 전기 미공급가구 신재생 발전기 지원사업 - 전기미공급가구 및 도서지역에 신재생 발전기 설치	19개소 (30.1억 원)
Sunny Garden	• 복지시설 옥상녹화로 휴게공간 제공 - 옥상방수, 정원 조성, 편의시설 설치 등	13개 기관 (4.2억 원)
Sunny Market	• 전통시장 에너지시설 및 환경개선 지원사업 - LED 조명교체. 화장실 개보수, 온실가스 감축 등	23개 전통시장 (7.7억 원)
소계		64.7억 원

2) KOEN Edu Together: 지역사회 미래인재 육성

신바람에너지교육은 2016년부터 한국에너지공단과 협업하여 시행 중인 에너지 통합형 진로체험 프로그램으로 초·중·고·대학생에게 에너지 이론 교육 및 진로체험 프로그램 등을 지원하여 에너지 분야 핵심 인재 양성에 앞장서고 있다.

〈표 14-5〉 신바람에너지교육 활동실적

프로그램명	교육 주제	교육대상
신바람에너지교실	신재생에너지 이해	초등학교 돌봄교실
신바람에너지놀이터	지속가능한 에너지	지역아동센터
신바람에너지스쿨	일상 속 에너지와 진로탐색	자유학년(기)제 중학교
신바람에너지캠프	전력수급 및 신재생에너지 주요 이슈	고등학교
신바람에너지웍스	신재생에너지 관련 정책, 컨설팅, ICT 등	대학교 또는 대학원

구분	수혜인원	수혜기관	지원금액
2016~2024년	14,821명	164개소	7.8억 원

〈표 14-6〉 드림키움 프로젝트 활동실적

분야	주요 활동	수혜규모(누계)	
		인원	금액
과학스쿨	초중생 대상 에너지, 드론 등 과학캠프 운영 주니어과학교실, 창의원예교실 등	523명	2.1억 원
영어스쿨	초중생 대상 Only English 겨울방학 영어캠프(11일) 영어야 놀자 캠프, 해외 어학연수(필리핀) 지원 등	478명	7억 원
역사스쿨	취약계층 자녀대상 독도 역사탐방캠프 운영 백두산, 일본 등 역사문화탐방, 선비문화체험 등	673명	1.4억 원
축구스쿨	초·중등생 대상 드림키움 엘리트반 축구교실 지원 여름방학 축구캠프, 초등학교 축구대회 개최	2,410명	2.1억 원
멘토링	지역대학생 - 취약계층 아동 멘토링 지원 대학생 봉사단 - 지역아동센터 과외 지원	621명	1.1억 원
	소계	4,705명	13.7억 원

드림키움 프로젝트은 2015년부터 발전소주변지역 자녀 및 취약계층 자녀 등에게 양질의 교육프로그램을 제공하고자 5개 분야의 사업을 운영하고 있다.

2. 지속가능한 '희망': 국민 중심 나눔실천으로 사회안전망 강화

1) KOEN Job Together: 취약계층 사회적 일자리 창출

노인, 장애인, 저소득 자활계층 등 일자리 취약계층에게 경제적 자립을 위한 양질의 일자리를 제공하여 지역사회 활성화 및 사회적 경제를 창출하기 위해 사회공헌형 일자리 창출사업을 꾸준히 시행하고 있다. 일자리사업은 공공형, 창업지원형, 기술습득형으로 구분하고 있으며, 특히 2024년에는 645명의 일자리를 창출하였다(2017~2024년: 3,124명).

〈표 14-7〉 2024년 KOEN Job Together 활동실적

구분	사업명	협업기관	일자리
공공형	바다사랑지킴이 사업	대한노인회, 시니어클럽	267명
	미세먼지 저감식물 보급	한국노인인력개발원	146명
	영흥 대부도 환경지킴이	안산시니어클럽	31명
창업 지원형	어르신 전통과자방 창업지원	사천시니어클럽	31명
	실버카페 창업지원	사천시니어클럽	21명
	폐목재 활용 창업지원	강릉시, 강릉자원봉사센터 등	6명
	정담초록농장 창업지원	고성군, 고성시니어클럽	14명
	커피트럭 창업지원	강릉자원봉사센터, 지적장애인자립센터	14명
	청년 스마트팜 창업지원	경상대, 사천시	5명
기술 습득형	사랑그림숲 장애인 자립지원	사랑그림숲	9명
	주거환경개선 지원인력	경남광역자활센터, 자활기업 등	6명
	신바람에너지스쿨	한국에너지공단	83명
	온드림 공유스튜디오 운영	모두의경제 사회적협동조합	9명
	청년카페 자활근로사업	전남여수시민지역자활센터	3명
	소계		645명

2) KOEN Green Together: 지역 환경개선 및 환경공헌활동

발전공기업으로서의 기후변화대응 및 환경적 책임을 이행하기 위하여 탄소상쇄도시숲 조성사업, 저소득층 슬레이트 지붕 교체 사업, 미세먼지 저감식물 활용 실내환경 개선사업, 행복홀씨 입양사업 등 다양한 활동을 통하여 지역사회와 함께 친환경 가치를 공유하고, 깨끗한 자연환경을 조성하는데 기여하고 있다.

〈표 14-8〉 KOEN Green Together 활동실적

분야	주요 활동	수혜규모(누계) 사업기간	수혜규모(누계) 금액
탄소상쇄숲 조성사업	• 내용: 도심속 식생복구를 통한 시민 휴식공간 제공 • 협업: 대구광역시-대구생명의숲(NGO)	2017년~	2억 원
석면지붕 개량사업	• 내용: 경남 저소득층의 노후 석면슬레이트 지붕 교체 • 협업: 경남사회복지공동보금회-경상남도	2016년~	2.5억 원
공기정화식물 보급사업	• 내용: 노인일자리 연계 빌레나무 등 보급으로 환경개선 • 협업: 한국노인인력개발원	2020년~	3억 원
행복홀씨 입양사업	• 내용: 발전소 주변지역의 공원 또는 지역명소를 입양해 환경정화 및 꽃길조성 등 자율적 환경개선	2016년~	2.1억 원
도심공원 지원사업	• 내용: 대학캠퍼스 내 산책로 노후시설 개보수 지원으로 지역주민에게 휴게쉼터 제공 등 녹색 인프라 구축	2020년~	1억 원
소계			10.6억 원

3. 든든한 '파트너': 소통·협업 플랫폼 강화로 참여기반 문제해결

1) 더 안전한 학교만들기 사업

2019년부터 경남지역 46개 초등학교 대상 스쿨존 내 보행자와 운전자를 위한 안전장치를 설치하고 학교내 안전시설 구축 지원을 통해 어린이 교통사고와 안전사고를 예방하고자 경상남도 자원봉사센터와 경남사회복지공동모금회가 함께 협업하여 사업을 추진하고 있다.

제14장 한국남동발전(주), 상생의 에너지로 지역소멸 위기를 기회로

〈표 14-9〉 더 안전한 학교만들기 사업 활동실적

구 분	주요 내용	수혜기관	지원금액
2019~2024년	진입로 도색, 반사경 설치 등	48개 초등학교	1.8억 원

2) 사회적경제기업 지원을 위한 온드림 공유 스튜디오 사업

코로나19로 사회적경제기업의 기존 대면판로가 제한됨에 따라 디지털 경영환경 변화에 대응한 자생환경을 조성하기 위해 2020년부터 추진한 사업이다. 김해와 진주 등에 촬영 관련 시설·장비·소품 등을 제공하는 온드림 공유 스튜디오를 개소하고, 촬영·교육·콘텐츠제작·마케팅 등을 지원하여 사회적경제기업의 성장발판을 마련함. 누적이용건수 804회 및 콘텐츠제작·입점지원 515건 등으로 이용기업의 매출액이 10.9억 원 향상되었다.

〈표 14-10〉 온드림 공유 스튜디오 사업 활동실적

구분	추진 내용	주요성과
1차년도 (2021년)	• 온라인 컨텐츠 제작 공유스튜디오 구축: 2개소 • 사회적경제기업 청년 마케터 육성: 10명	• 이용건수: 86회 • 매출향상: 0.8억 원
2차년도 (2022년)	• 기능확장: 사진촬영 중심+라이브커머스 추가 • 시설확대: 진주·김해+창원·거제 확대미니스튜디오 추가	• 이용건수: 224회 • 매출향상: 4.5억 원
3차년도 (2023년)	• 지원대상 확대: 사회적경제기업+소상공인+장애인기업 • 온드림 운영체계 고도화: 온드림 멘토단, 지원기관 협업	• 이용건수: 494회 • 매출향상: 5.6억 원

3) 국내외 재난구호 활동

산불, 태풍, 화재 등 국내·외 재난·재해의 극복과 빠른 회복을 돕기 위해 성금을 자발적으로 기탁하고, 물품지원 및 피해복구 노력봉사 활동을 적극적으로 펼치는 등 공기업의 사회적 책임 완수를 위한 노력을 다하고 있다.

⟨표 14-11⟩ 국내외 재난구호 활동

구분	활동 시기	주요 내용	지원 실적
국내	2019.04	강원도 대형산불 관련 재난구호성금	1.1억 원
	2020.02	취약계층 코로나19 극복 성금	0.1억 원
	2020.03	코로나19 극복 성금	1.9억 원
	2020.08	경남하동, 합천 수해 구호성금	1억 원
	2020.08	전력그룹사 공동 수해복구 성금	1억 원
	2022.03	동해안 산불피해복구 성금	1억 원
	2023.02	통영시 먹는 물 기부	0.1억 원
	2023.04	강릉산불 구호물품(이불) 200set 지원	0.14억 원
	2023.04	강릉지역 산불피해 복구지원 구호성금	1억 원
	2025.04	산청 산불피해 지원	1억 원
국외	2023.02	튀르키예 지진관련 구호성금	1억 원

4. 지역사회 밀착형 사회공헌 활동 전개

　지역주민 및 지역사회 맞춤형 사회공헌 활동을 통해 지역사회와의 상생가치를 실현하고, 따뜻한 나눔을 실천함으로써 공동체적 나눔문화를 선도하고 있다. 한국남동발전은 앞으로도 우리 사회의 어두운 곳에 빛을, 어려운 이웃에게 희망과 에너지를 전하는 에너지 나눔 희망 파트너로서 소임을 다하기 위해 지속적으로 노력할 계획이다.

① 설·추석 명절맞이 전통시장 장보기 행사 및 사회공헌 집중기간 운영
② 진주원예농협과의 MOU를 통한 지역 농·특산물 구매 및 기부
③ KOEN 대학생봉사단 운영사업
④ 지역행사 및 대회 후원
⑤ 문화예술 지원활동(메세나)
⑥ 장학 및 교육기자재 지원사업
⑦ 만학도·고령자 검정고시 지원
⑧ 진주다문화엄마학교 지원사업

제14장 한국남동발전(주), 상생의 에너지로 지역소멸 위기를 기회로

⑨ 경남 및 혁신도시 대상 사회공헌 협업사업
⑩ 경영진 및 노사협력 사회공헌활동 추진 등

제4절 지자체·지역주민·대국민과의 소통 강화

한국남동발전(주)는 사회공헌 이해관계자를 지자체, 지역주민, 대국민으로 분류하여 소통협의체 20개를 운영하고 있다. 협의체별 활동기준을 설정하여 지역의 니즈를 청취하고 문제해결을 위한 상생사업 추진을 논의하고 있으며, 2024년 운영횟수는 총 93회이다.

〈표 14-12〉 이해관계자와의 소통

이해관계자	지역	협의체명	주관	소통 내용	2024년 실적	운영기준
지자체 (3개)	진주	이전공공기관 실무협의회	경남도/ 진주시	공공기관 정주여건개선 논의	4회	1회/분기
		생활안전협의회	충무공 파출소	치안강화 및 민원관리	11회	1회/분기
		스마트도시 사업협의회	진주시	진주시 도시문제 개선	1회	필요 시
		소계			16회	
지역주민 (15개)	진주	주민모니터단	KOEN	사회공헌 등 합동 추진	1회	1회/년
		바다사랑지킴이	KOEN	노인일자리사업 공동추진	7회	1회/분기
		대학생봉사단	KOEN	사회공헌 등 합동 추진	2회	1회/반기
	영흥	민관공동조사단	KOEN	환경감시 및 환경정책 점검	4회	1회/분기
		1부 1리	KOEN	농촌일손돕기 등 사회공헌	8회	1회/분기
	삼천포	환경옴부즈만	KOEN	환경민원예방 및 정보교류	4회	1회/분기
		1팀 2촌 (자매결연)	KOEN	경로당 등 사회공헌 및 후원	9회	1회/분기
	분당	소통협의체	KOEN	민원예방 및 정보교류	8회	1회/분기
		상생협의회	KOEN	건설관련 지역지원	2회	필요 시

	영동	환경모니터링	KOEN	환경민원예방 및 정보교류	2회	1회/반기
		1팀 1리	KOEN	농촌일손돕기 등 사회공헌	4회	1회/분기
	여수	산단 입주기업 실무협의단	KOEN	환경민원예방 및 정보교류	4회	필요 시
		1사 1촌	KOEN	농촌일손돕기 등 사회공헌	8회	1회/분기
	송산	상생협의회	KOEN	건설관련 지역지원	4회	필요 시
	천안	주민설명회	KOEN	건설관련 지역지원	7회	필요 시
		소계			74회	
대국민 (2개)	전국	협업이음터	행안부	협업 파트너 탐색 및 협업사업 추진	1회	필요 시
	전국	대국민 공모전	KOEN	신규 사회공헌사업 발굴	2회	1회/반기
		소계			3회	
		합계			93회	

제5절 사회공헌 성과 점검·환류

한국남동발전(주)의 사회공헌활동 전반에 대한 이해관계자 만족도 설문조사를 매년 시행하여 국민의 사회공헌 니즈를 파악하고, 차년도 사회공헌활동 추진방향 수립에 환류하고 있다. 사회공헌 이해관계자 만족도 조사는 사회복지단체와 지역주민을 대상으로 ① 남동발전의 역할 및 인지도, ② 남동발전 시행 사회공헌활동 만족도, ③ 발전소 주변지역 지원사업 만족도,

〈표 14-13〉 최근 3년간 사회공헌 이해관계자 만족도 조사결과

조사 내용	2022년도	2023년도	2024년도
① KOEN 역할 및 인지도	87.9점	90.3점	90.4점
② 사회공헌활동 만족도	89.0점	91.3점	93.2점
③ 지역지원사업 만족도	81.2점	89.3점	90.4점
종 합 만 족 도	85.6점	90.2점	91.3점

제14장 한국남동발전(주), 상생의 에너지로 지역소멸 위기를 기회로

④ 사회공헌 니즈 파악을 위한 활동 방향성 등에 대하여 조사하고 있다. 대국민 이해관계자 만족도지수는 2024년 91.3점을 달성하여 매년 상승하고 있다.

제6절 지역발전 성과 및 향후계획

  이처럼 한국남동발전(주)는 진주혁신도시에 본사를 둔 공기업으로서 ①"힘이 되는 '에너지': 업(業)연계 지역참여 확대로 역동적 지역경제 견인," ②"지속가능한 '희망': 국민 중심 나눔실천으로 사회안전망 강화," ③"든든한 '파트너': 소통·협업 플랫폼 강화로 참여기반 문제해결을 위한 특화된 사회공헌 사업"의 분야를 중점 추진하여 진주시의 지방소멸 위기 극복에 적극적으로 동참하고 있다.

  이와 함께 지역 대학 출신 인재를 우선적으로 채용하고, 청년 인턴십·직업체험 등 다양한 프로그램을 운영해 지역 청년들이 진주에 정착할 수 있도록 지원한다. 또한 공기업의 특성을 살려 지역 중소기업과 협력사업을 확대하고, 신재생에너지 등 지역 특화사업을 추진함으로써 새로운 일자리와 경제적 활력을 불어넣는 데 힘쓰고 있다. 그리고, 에너지복지, 취약계층 지원, 지역사회 공헌활동 등 다양한 사회공헌사업을 펼치고, 진주시 및 혁신도시 내 정주여건(주거, 교육, 문화 등) 개선에도 적극 협력하는 등 지역사회와 함께 성장할 수 있는 다양한 상생모델을 모색하고 있다.

  앞으로도 한국남동발전(주)는 '지방소멸 대응 선도 공기업'으로서의 역할을 더욱 강화할 계획이다. 진주시와 긴밀히 협력하여 지역의 지속가능한 발전과 인구유입, 청년정착에 실질적인 도움이 되도록 노력할 것이다.

전통과 역사가 숨 쉬는 전북의 미래를 여는 국민연금공단의 지속가능한 동행

제1절 전북특별자치도의 숙원사업과 위기 현황

1. 전북특별자치도의 숙원사업 '제3 금융중심지' 지정

전북특별자치도는 국민연금공단의 전북 이전(2015~2017년)을 계기로 연기금 및 자산운용 등 전북 특성에 맞는 금융산업을 육성하여 국내 금융산업의 발전을 도모하고, 전북의 신성장 동력으로 삼고자 '글로벌 자산운용 중심 금융중심지'를 비전으로 제시하여, 특정분야·지역발전에 기초한 특화형 중심지로의 부상을 통한 서울·부산에 이은 제3 금융중심지 지정이라는 목표를 위해 세계 3대 연기금인 국민연금 중심 자산운용 분야 연관산업 확장 등 자본과 사람이 모이는 금융생태계 조성을 위해 노력하고 있다.

금융인프라 확충을 위해 전북테크비즈센터를 준공(2021년 5월)하고, 전북금융센터 건립을 추진(2027년 완공 목표)하고 있으며, 금융혁신 생태계 조성을 위해 핀테크 벤처 지원(2019년~), 금융 빅데이터 센터 구축(2021년), 전북 혁신 도시 내 금융 혁신기업 공유오피스 개소(2023년 11월) 등을 추진하였으며, 정치권·학계·금융권·유관기관 등이 참여한 금융도시 추진위원회, 금융산업 발전위원회를 구성·운영하고 있다.

2023년 제3 금융중심지 지정에서 전북이 배제되었으나, 국가 단위 금융중심지 기본계획 반영, 세제지원, 금융기관 유치 자금지원, 전문인력 양성 등의 인센티브가 있는 정부의 제3 금융중심지 지정은 포기할 수 없는 숙원사업이 되었다.

전북의 향토 금융기관인 JB금융그룹이 부산은행과 함께 국내 대표 지방금융 지주사로 성장하고, 금융 및 보험업 부가가치 비중 등 금융산업 현황을 고려하더라도 국민연금과 같은 우수 자원을 연계한 전략적 금융산업 육성으로 지역 내 고부가가치산업 성장 및 지역경제 파급효과 견인이 필요하다.

〈표 15-1〉 전북특별자치도 금융 및 보험업 부가가치 비중

(단위: 조 원, %)

비중 순위	행정구역	지역내 총생산	금융 및 보험업	금융 및 보험업 비중
-	전국	2,166	136.73	6.31
1	서울	486	67.32	13.85
2	부산	104	7.03	6.76
5	제주	21	1.27	6.05
7	전북	58	3.10	5.34

출처: 통계청, 지역소득(2023년 발표).

이를 위해 금융타운 적기 조성을 통한 금융기관 집적 및 MICE 산업 등 시너지 도모, 전북 특성에 맞는 신금융모델 성공사례 발굴·육성, 자산운용 금융도시와 연관성 깊은 금융 공공기관 추가 유치를 우선 과제로 추진하고, 동시에 국민연금 기금 관련 금융기관 집적을 통한 규모의 경제 실현과 지역개발 신사업과 연계한 금융 수요 발굴로 실물경제와 금융산업의 시너지를 도모하고 있으며, 핀테크 육성 등 디지털 기반 금융생태계 조성을 추진하고 있다.

2. 지역소멸 위기의 전북특별자치도

전북특별자치도는 1966년 250만 명이었던 인구가 지속 감소하여 1995년 200만 명 이하가 되었고, 2000~2015년 180~190만 명의 정체기를 거쳐 2020년 180만 명, 이후 지속 감소

하여 2025년 4월 기준 1,746,890명이며, 2022년 이후 매년 평균 1.25%씩 인구가 감소하고 있으며, 2019년 19.7%였던 고령인구 비율은 2024년 말 25.3%로 전국에서 세 번째로 높아 초고령사회에 진입하였으며, 청년인구 비율 또한 30.3%로 17개 광역단체 중 14위에 해당하여 지역소멸 위기가 심각한 상태이다.

20~39세 여성 인구 수를 65세 이상 노인인구 수로 나눈 소멸위험지수에 따르면 전라북도 내 지자체 중 79%가 30년 내 소멸위험이 있는 것으로 예측되고 있다.

[그림 15-1] 전북특별자치도 인구 추이

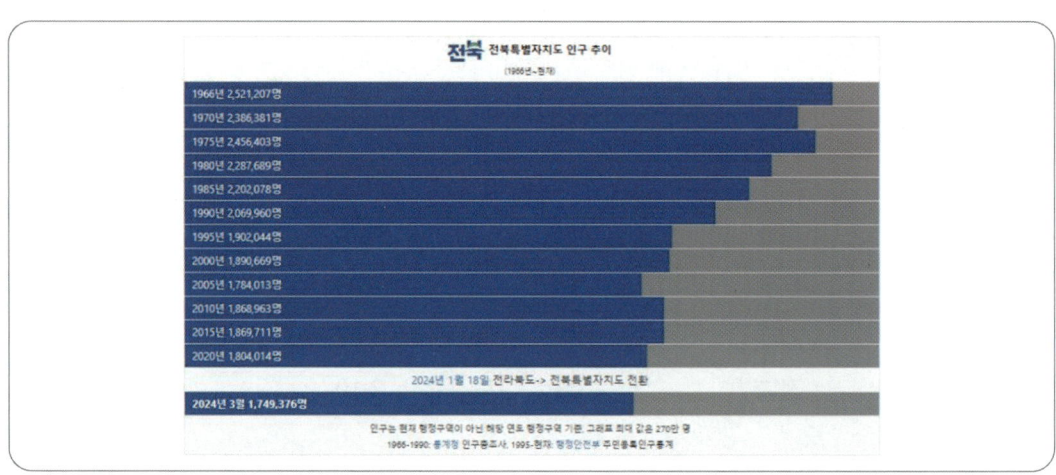

[그림 15-2] 전북특별자치도 고령 인구 비율 및 청년 인구 비율

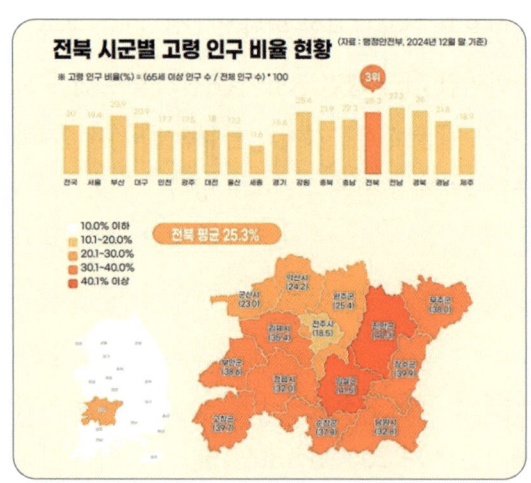
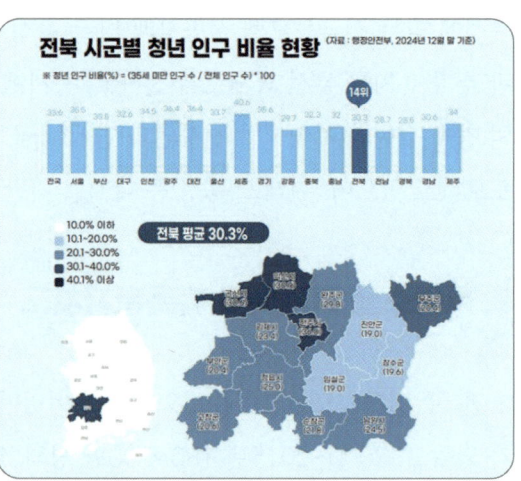

제15장 전통과 역사가 숨 쉬는 전북의 미래를 여는 국민연금공단의 지속가능한 동행

제2절 국민연금공단의 전북 국제금융허브 발전 지원 사례

국민연금공단의 전주 이전을 계기로 전북특별자치도는 세계 3대 연기금을 운용하는 국민연금 기금운용본부와 연계한 자산운용 중심의 '국제 금융허브 발전 전략'을 수립하고, 전담 조직(금융산업지원팀, 금융타운조성팀) 구성하여 금융투자교육원을 개원하는 등 서울과 부산에 이은 제3 금융중심지 지정을 최대 숙원사업으로 정하고 금융 분야에 있어 국제 경쟁력 강화, 인프라 확충을 추진해오고 있으며, 국민연금공단은 국제금융행사 개최, 국내외 금융기관 전북 유치 등으로 전북지역의 금융산업 발전을 지원하고 있다.

1. 전북 국제 금융컨퍼런스 개최

1) 국제 금융컨퍼런스 개요

급변하는 경제 환경속에서 지역이 혁신 성장을 주도하고 변화에 유연하게 대응할 수 있는 글로벌 경제 네트워크 구축의 필요성과 금융·경제·일자리·미래산업을 융합하고 '자산운용 중심 금융도시' 도약을 위한 국내외 인지도 제고를 위해 전북특별자치도와 전주시, 국민연금공단은 2020년부터 전북 유일의 국제금융행사인 '지니(Global Emerging Network In Economy: GENIE)' 포럼을 공동으로 개최하고 있다.

국민연금공단은 '지니포럼'의 메인 행사인 국제금융컨퍼런스(JIFIC)를 주관하여 급변하는 금융 패러다임 속에서 전북특별자치도가 자산운용 관련 지식·정보가 축적되고 확산하는 금융허브로 성장할 수 있도록 지원하고 있다.

금융 트렌드를 반영한 시의성 높은 컨퍼런스 주제 선정과 국민연금 기금운용본부의 네트워크를 활용해 글로벌 전문가를 연사·패널로 섭외하여, 컨퍼런스에 참석한 전북지역 금융·학계·기업 관계자에게 글로벌 인사이트를 경험할 기회를 제공하고 있다.

2) 전북 국제 금융컨퍼런스 개최 현황

'자산운용 중심 금융도시 전북' 도약을 위해 2020년부터 개최하고 있는 '지니포럼'의 메인 행사인 국제금융컨퍼런스는 지금까지 5차례 개최되어 국제 금융 트렌드 및 전북 금융산업 발

전방안을 전북특별자치도에 제시하고 있다.

코로나19 팬데믹의 영향으로 2020년은 온라인으로 컨퍼런스를 개최하였고, 2021년에는 코로나 방역기준에 따라 50명 이내로 참석자를 제한하여 개최하였으며, 이후 점차로 오프라인 행사를 확대하여, 기조연설자와 주제 발표자의 내한 인원과 전북지역 금융·학계·기업 등 참석자도 확대해 오고 있으며, 전북특별자치도는 지방시대 세미나, 스타트업 스토리지 데모데이 등 컨퍼런스 참석자를 대상으로 부대 행사를 추가로 운영하여 참가 기업의 투자유치 지원 등 행사의 내실화를 기하고 있다.

〈표 15-2〉 국제금융컨퍼런스 개최 현황

년도	컨퍼런스 주제	주요 연사, 패널	참석인원
2020년	글로벌 팬데믹 : 대한민국 금융, 가보지 않은 길을 찾다 - 포스트 코로나 시대의 패러다임 전환	APG 자산운용 회장 메리츠 자산운용 대표 Jörg Michael Dostal 교수	코로나로 온라인 개최
2021년	동반 번영을 위한 이머징 마켓 투자 1) 아시아 신흥시장 투자위험과 기회 2) 지역 특화 금융산업 활성화 방안	Baring Private Equity CEO Michael Rubens Bloomberg 전 뉴욕시장 등	45명
2022년	자산운용의 미래와 지역 금융의 역할 1) 세계 경제흐름과 대체투자 2) 에너지와 지역 금융의 역할	칼라일 글로벌 의장 AIF 글로벌 CEO CBRE 투자 자문 이사 등	70명
2023년	대전환시대, 금융의 미래와 전북의 도전 1) AI 및 디지털라이제이션 기반 투자 혁신 2) 전북의 미래와 금융의 역할	워버그핀크스 CEO 프랭클린템플턴 부사장 JP모건 아태지역 부회장 등	95명
2024년	글로벌 넷제로 투자 트렌드와 리더십 얼라이언스 & 탄소중립과 자산운용	UNFI 총괄 수석 제네럴 애틀렌틱 부회장 APG 책임투자 이사 등	151명

2. 국내외 금융기관 전주사무소 유치

1) 국민연금 기금 수탁 금융기관

국민연금공단 기금운용본부는 수익률 제고 등 효과적인 기금운용을 위해 국내외 주식·채권·대체투자 등 금융상품에 투자 시 국내외 금융기관에 위탁하여 투자하고 있다. 이들 금융기관은 전주에 사무소를 설치하여 수탁 투자자산의 운용과 관련해 기금운용본부와 긴밀히 연락하고, 효율적으로 업무를 처리하고 있으며, 아울러, 전북특별자치도의 금융산업 발전을 위해 상호 협력하고 있다.

2) 국민연금공단의 글로벌 금융기관 유치 노력

국민연금공단은 기금 위탁 운용 금융기관과의 정보 교환 등 신속한 소통을 통한 기금운용 역량 강화와 금융기관 집적을 통한 전북특별자치도의 자산운용 중심 금융허브 발전을 위해 국내외 금융기관의 전주사무소 유치를 위해 노력하고 있다.

세계 3대 연기금으로 성장한 국민연금 기금의 규모와 우수한 운용성과를 바탕으로 국민연금공단 이사장이 직접 글로벌 자산운용사의 경영진을 면담하는 등 전주사무소 유치에 적극적으로 나서고 있으며, 대체투자 확대 등 투자 포트폴리오 다변화를 통해 부동산, 사모펀드 등에 투자하는 글로벌 대체투자 자산운용사의 전주사무소 설치를 이끌어내고 있다.

3) 국내외 금융기관 전주사무소 유치 현황

2025년 4월 말 기준으로 국민연금공단과 위·수탁 관계에 있는 국내외 금융기관의 전주사무소는 16개이며, 이 중 글로벌 금융기관이 10개소이다. 특히 글로벌 자산운용사의 전주사무소가 2023년부터 8개가 개소하고 있는 것이 눈에 띄는 성과이다.

〈표 15-3〉 국내 금융기관 전주사무소 현황

연번	금융기관	수탁업무	전주사무소 개소
1	SK증권 전북혁신도시 프론티어 오피스	국내 주식·채권 거래 및 금융상품 관리	2019.12.4.
2	우리은행 자산수탁 전주사무소	국내 주식수탁 및 해외정보 관리	2019.12.5.
3	하나펀드서비스 전주센터	국민연금 수탁 관련 행정사무	2021.3.10.
4	신한은행 전주사무소	국내 채권	2021.4.5.
5	하나은행 전주사무소	국내 대체투자	2021.8.21.
6	코람코 자산운용 전주사무소	국내 대체(부동산)투자	2025.1.21.

〈표 15-4〉 글로벌 금융기관 전주사무소 현황

연번	금융기관	수탁업무	전주사무소 개소
1	SSBT 은행 전주사무소	해외 주식·대체투자	2019.8.21.
2	BNY Mellon 은행 전주사무소	해외 채권	2019.9.5.
3	BNY Mellon 자산운용 Contact Office	해외 주식·채권	2023.6.1.
4	프랭클린템플턴 전주사무소		2023.8.8.
5	블랙스톤 전주사무소		2024.1.2.
6	하인즈 전주사무소	해외 대체(부동산)투자	2024.10.22.
7	티시먼 스파이어 전주사무소	해외 대체(부동산)투자	2025.3.24.
8	핌코 전주사무소	해외 채권·대체투자	2025.4.2.
9	스텝스톤 전주사무소	해외 대체투자	2025.4.22.
10	PGIM	해외 주식·채권·대체투자	2025.5.13.

제3절 국민연금공단 사회공헌 특화브랜드 '마을자치연금' 추진 사례

　우리나라의 노인빈곤율은 38.9%로 익히 알려진 바와 같이 OECD 국가 중 가장 높다. 우리나라 국민의 노후소득은 대부분 기초연금, 국민연금 등 공적 연금에 의존하고 있으며, 공적 연금 수령액은 월 78만 원 수준으로 적정 노후 생활비(177만 원), 최저 생활비(124만 원)보다 현저히 낮은 상황이다.

　특히 전북은 저출산 및 고령화, 탈농촌, 지역 경제위기로 인한 지역 소멸 우려가 심각하고, 이에 따른 농촌 고령 인구의 빈곤, 고독감, 사회적 소외 등은 사회문제로 대두되었고, 이러한 지역사회 문제 해결을 위해 공단이 보유한 연금제도 운영 노하우와 다양한 기관의 힘을 모아 농촌 공동체의 노후소득을 증가시키는 새로운 사회공헌 사업으로 '마을자치연금'을 기획하였다.

제15장 전통과 역사가 숨 쉬는 전북의 미래를 여는 국민연금공단의 지속가능한 동행

[그림 15-3] 우리나라의 노인빈곤율과 노후 생활비

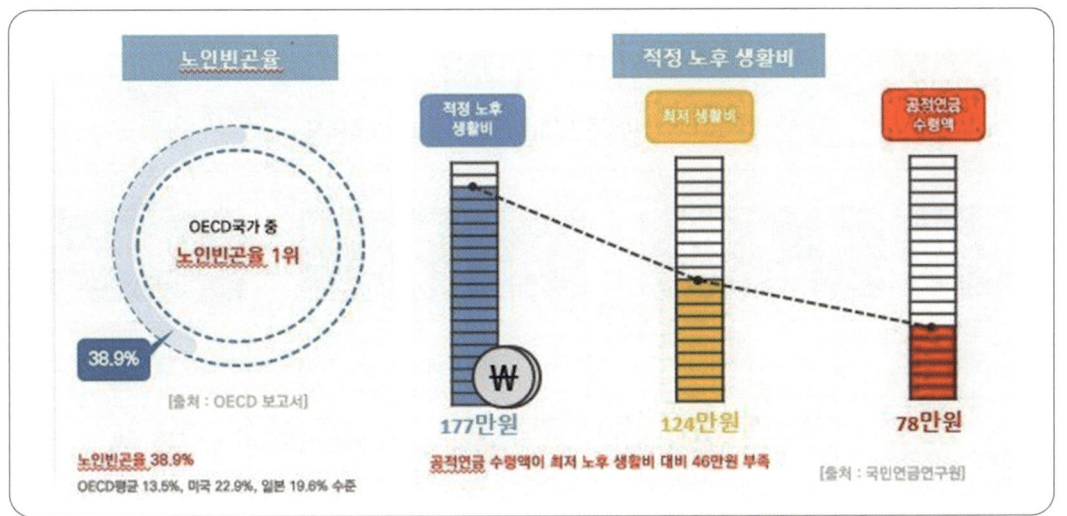

1. 마을자치연금 개요

> 마을의 특성에 맞는 수익사업 발굴과 시설지원으로 발생하는 수익을 마을 어르신께 연금 형식으로 지급하는 국민연금공단의 마을공동체 노후소득 지원 특화 사회공헌활동

이 사업은 지역 소멸 위기에 직면한 공동체의 재활성화를 지원하고, 노후 대비책이 부족한 고령층 주민들의 소득 기반을 강화하는 것을 주요 목적으로 한다. 특히 지역공동체 내에서 자체적으로 수익이 발생할 수 있는 마을을 도입 대상으로 삼으며, 지자체장의 사업 추진 의지가 높고 주민 간 공동체 의식이 강한 지역을 우선적으로 선정하게 된다.

연금 재원은 마을공동체에서 발생하는 수익과 신규 설치되는 시설의 수익으로 구성된다. 예컨대 지자체와 농어촌상생협력기금이 각각 50%씩 부담하여 태양광 설비 등을 설치하고 이를 통해 발생하는 수익을 활용하게 된다.

연금 수급 대상자는 일정 연령 이상이며, 해당 마을에서 일정 기간 이상 거주한 이력이 있어야 한다. 이처럼 일정 요건을 충족한 어르신들에게는 공동체에서 결정한 기준에 따라 월 10만 원 내외의 금액이 지급되며, 이는 수익금 재원 범위 내에서 조정된다.

마을자치연금의 운영과 지원 체계는 [그림 15-4]에 제시된 구조를 따른다. 이 체계를 통해 지역주민의 자발적 참여와 공동체 기반의 자립적 복지 시스템 구축이 가능하도록 한다.

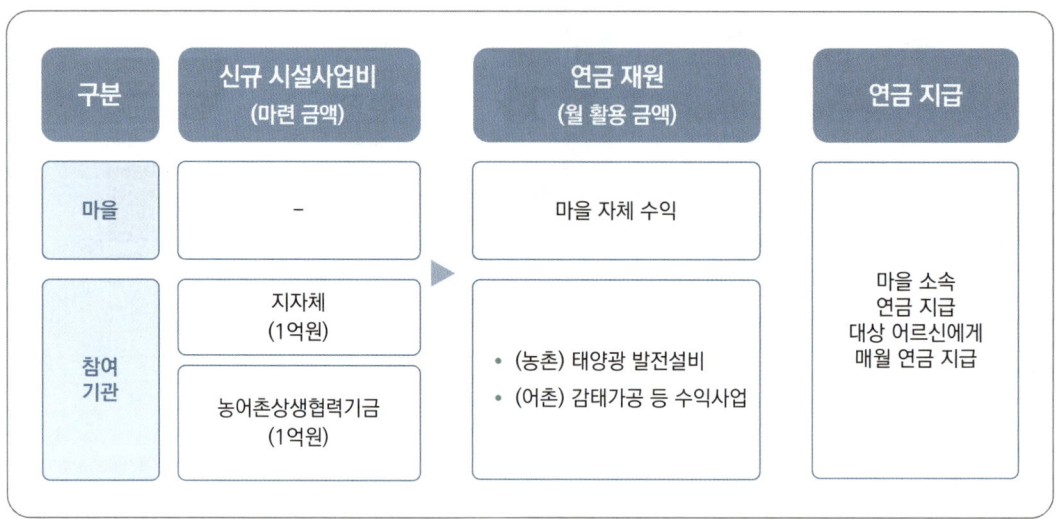

[그림 15-4] 마을자치연금 운영 및 지원 체계 예시

〈표 15-5〉 협업 기관별 역할

협업 기관	주체별 역할
국민연금공단	• 기금 출연, 마을자치연금 홍보, 지자체, 후보 마을 대상 사업설명 및 자료 제공 • 마을별 적정 연금 설계 및 컨설팅 지원
대·중·소기업· 농어업협력재단	• 마을자치연금 펀드 조성 기관의 기금 수탁·영수 처리 • 사업 종료 후 사업비의 적정 집행여부 회계감사 실시
지자체	• 마을자치연금 공모 및 선정, 지방비 확보(1억원 내외) • 수급자 사망, 주민등록 변경 등 연금 지급대상자 및 지급현황 모니터링
해양수산부	• 어촌마을 사업지침을 수립하여 지자체에 시달 • 사업의 추진상황, 지방비 확보 등을 점검하여 사업부진 예방
어촌어항공단	• 마을별 적합 수익시설 발굴(마을협의) • 수익시설 설치 및 관리
마을 공동체	• 마을 구성원 간 협의를 통한 마을자치연금 도입 결정 • 지속가능한 마을공동체 수익 창출 및 자체 소득을 활용하여 연금재원 마련

제15장 전통과 역사가 숨 쉬는 전북의 미래를 여는 국민연금공단의 지속가능한 동행

<표 15-6> 마을자치연금 도입 마을 현황

마을 명	수급자 수	수급 연령	연금 지급액	도입 시기
(농촌1호) 익산성당포구	27명	70세	10만 원	2021년 8월
(농촌2호) 완주 도계	32명	75세	7만 원	2022년 5월
(어촌1호) 서산 중리	22명	78세	10만 원	2023년 5월
(농촌3호) 익산 금성	5명	70세	10만 원	2023년 6월
(농촌 4호) 익산 두동편백	34명	70세	7만 원	2024년 12월
(농촌 5호) 익산 망성하발	13명	70세	10만 원	2024년 12월
(어촌 2호) 고창 장호	9명	78세	7만 원	2024년 12월
(농촌 6호) 익산 용안송산	44명	70세	6만 원	2025년 1월

2. 마을자치연금 도입을 위한 장애 요인 및 극복 노력

마을자치연금 제도를 도입하는 과정에서는 여러 장애 요인이 존재하였다. 가장 큰 어려움은 신규 수익시설을 설치하기 위한 재원을 마련하는 문제와, 마을자치연금 모델을 실제로 적용할 수 있는 적합한 마을을 선정하는 일이었다. 이 두 가지는 제도의 초기 안착을 저해하는 주요한 장애물로 작용했다.

이를 극복하기 위해 여러 노력이 병행되었다. 먼저 재원 확보를 위해 중소벤처기업부 산하의 대중소기업농어촌협력재단에 기금을 출연하고, 농어촌상생협력기금을 활용한 공동사업 추진을 위한 업무협약을 체결하였다. 이를 통해 수익시설 설치에 필요한 자금을 조달할 수 있는 기반을 마련하였다.

또한, 제도의 현장 적용 가능성을 높이기 위해 민간의 선도적 사례들을 벤치마킹하고, 국민연금연구원과 원광대학교가 공동으로 수행한 연구 결과를 바탕으로 마을자치연금 모델을 개발하였다. 이 모델은 지자체에 설명회를 통해 공유되었으며, 기업의 지원이 가능하고 제도 도입에 적극적인 참여 의사를 밝힌 익산시의 특정 마을을 대상으로 '1호 적용 마을'을 공모를 통해 선정하였다. 이와 같은 노력은 제도의 실효성을 높이고 전국 확산을 위한 기반을 다지는 데 기여하고 있다.

3. 마을자치연금 도입 현황

1호 마을인 익산 성당포구마을(21년 8월)을 시작으로 도입된 마을자치연금은 2023년부터 어촌형 모델을 추가하여 2025년 1월 기준으로 8개 마을에 도입되어 186명의 어르신이 매월 5~10만 원의 연금을 수령 중으로 추가적인 노후 소득 방안으로 점차 확산되고 있다.

제4절 지역발전 성과 및 향후 계획

국민연금공단은 전북특별자치도가 신성장동력으로 키우고자 하는 '자산운용 중심의 제3 금융중심지'라는 청사진을 조기에 달성할 수 있도록 국제금융행사 개최, 글로벌 금융기관 유치 지원과 우수한 기금운용 성과를 통해 전북특별자치도의 '글로벌 금융허브 발전전략' 추진과 금융도시 이미지 제고하였고, 이러한 노력을 바탕으로 전북특별자치도 역시 2026년으로 예정된 금융위원회의 제3 금융중심지 지정 심사에 재도전을 준비하고 있다.

또한, '마을자치연금'의 확대 노력으로 침체한 농어촌 공동체에 활력을 불어넣어 인구 유입을 촉진하고, 어르신의 추가적인 소득 확충에도 애쓰는 등 지방소멸 위기 대응에도 기여하고 있다.

1. 국제금융컨퍼런스 개최의 성과

국제금융컨퍼런스는 전북 전주에서 국내외 금융인이 모인 최초의 금융행사로 큰 의미를 가진다. 자본과 사람이 모이는 국제금융도시 전북 전주의 청사진 제시하였고, 전국 언론을 통해 보도되어 '금융도시 전북'의 이미지를 제고하는 성과를 거두고 있으며,

컨퍼런스를 통해 기후에너지 금융 육성, 새만금 친환경 에너지를 활용한 수출기업 유치 방안 등 전북의 금융산업 발전 해법과 경제 활성화 방안 등을 제시하였고, 아울러 지역 금융 활성화 방안으로 자체적인 금융 전문인력 육성의 필요성을 제기하여 전북특별자치도와 국민연금공단이 금융투자교육원 전주센터를 유치·개원하는 성과를 거두기도 하였다.

제15장 전통과 역사가 숨 쉬는 전북의 미래를 여는 국민연금공단의 지속가능한 동행

〈표 15-7〉 국제금융컨퍼런스 개최 성과

구분	2021년	2022년	2023년	2024년
추진 성과	금융 전문인력 육성 제안	기후에너지 금융 육성 방안 제시	금융 핀테크 산업 육성방안 제시	넷제로 관점의 기업 유치 방안 제시

〈표 15-8〉 2024년 국제금융컨퍼런스(ESG 금융포럼) 개최 사례

글로벌 ESG 리더와 함께 금융 패러다임의 변화를 논하다!

☑ 최고의 전문가: UN, 글로벌 연기금·자산운용사 등 글로벌 ESG 금융 최고 전문가(Keyman) 참여
☑ 장애 극복: 기금 네트워크(종전 행사)에 추가로 공단 ESG 네트워크를 활용해 패널 섭외 비용 최소화

*제네럴 애틀랜틱 부회장 "글로벌 키맨과의 토론, 국민연금과의 만남 기대~ 기꺼이 자비로 참석"

■ 포럼 개요 및 성과

2024 전북국제금융컨퍼런스 ESG 금융 포럼 (2024.10.23. 전북대)	• NPS, 전북특별자치도 공동 개최 　- NPS: 주제선정, 연사·패널섭외, 사업비 　- 전북도: 행사운영, 홍보, 사업비 　- 참석: 금융·학계·기업·해외 VC 등 151명

▶ 포럼 내용 및 패널: 글로벌 넷제로 투자 트렌드와 리더십 동맹 & 탄소중립과 자산운용

국제기구	글로벌 연기금	자산운용사	국내기구
• UNFI(환경계획 금융 이니셔티브) 총괄 수석	• NPS 수탁자책임 실장 • APG(네덜란드) 책임투자 이사	• 제네럴 애틀랜틱 부회장 • 모건스탠리 넷제로 연구책임	• 지속가능성기준위원회 (KSSB) 상임위원

▼

전북의 나아갈 방향 제시	국내기업 인식 제고	국내 자산운용사 파급효과
• 공급망 관점: 새만금 친환경 에너지는 전북의 기회, 이를 활용한 수출·에너지기업 유치	• ESG 경영 필요성, 방향 제시와 함께 ESG는 선택이 아닌 생존이라는 경종의 메시지	• 글로벌 투자기관의 넷제로 투자 확대 트렌드는 국내 투자기관의 ESG 투자 확대에 영향

2. 국내외 금융기관 전주사무소 유치의 성과

전주사무소를 개설한 글로벌 금융사(7개)는 전북특별자치도, 공단과 네트워킹하며 외부 전문가로서 전북도의 금융산업 육성 조례 개정[04]을 지원하여 금융산업 육성에 역할 하고 있으며, 국제금융컨퍼런스 금융 전문가 연사 섭외를 지원하며 글로벌 수준의 '금융 포럼' 개최에 협력하고 있으며, 글로벌 금융사 직원이 지역 대학을 대상으로 금융특강을 실시하고, 인턴십을 운영하는 등 지역인재 육성에도 기여하고 있다. 특히 2024년에는 금융특강을 확대 운영(4회)하였고, SSBT은행은 지역인재 2명을 정규 채용하기도 하였다.

이러한 글로벌 금융기관 유치가 마중물이 되어 전북도가 추진하는 전북국제금융센터 및 컨벤션 건립 등 실질적인 지역경제 활성화 성과로 이어질 것으로 기대하고 있다.

3. 마을자치연금 도입의 성과

전국 시골 마을이 지역소멸을 걱정하는 것과 달리 마을자치연금을 도입한 마을은 어르신들의 노후 소득 증가와 인구 유입 효과로 공동체가 이전보다 활성화되고 있음을 익산 성당포구 마을(1호) 사례를 통해 확인할 수 있으며, 어르신들의 생계 안정은 물론 귀농·귀촌 등 공동체 활성화의 선순환 모델로 평가받고 있으며, 마을 구성원의 적극적인 참여를 통해 노인 소외 해소 등 지역문제를 스스로 해결하고, 단순 현금·현물 기부 성격의 일회성 사회공헌 사업과 달리 지속가능한 사회적 가치를 창출하고 있다.

> **마을자치연금 도입마을 주민 인터뷰**
>
> ◇ 익산성당포구 마을 김*영: "다른 집이랑 비교하면 어떨지 몰라도 나한테는 그것도 정말 크고 귀한 돈이에요 그런데 세상에 우리 마을 젊은 사람들이 힘을 모아서 마을 어르신들에게 한 달에 10만 원씩이나 큰돈을 준다니 이 얼마나 감사하고, 고마워요.

---

[04] ① **69조** 금융기관 유치지원, ② **68조, 70조** 금융인력 양성, ③ **71조** 핀테크 육성지구 지정, ④ **72조** 부동산 간접투자 활성화 등 구체화 및 금융산업 범위·위원회 정비

제15장 전통과 역사가 숨 쉬는 전북의 미래를 여는 국민연금공단의 지속가능한 동행

> 노인한테는 그게 얼마나 든든하고 행복한 일인지 몰라요."
> ◇ 익산 성당포구 마을 김*녀: "마을에서 이렇게 어르신들을 위해 연금을 주니까 고맙고, 좋아. 다들 이제는 늙고 병들어서 하나같이 병원비로 쓰겠지만은, 그래도 이렇게 큰 도움을 주니 고맙지. 자식들한테 엄마 병원비 줘라 소리 안 할거에요. 마을 연금이 있으니까 안 해도 되겠어."

마을자치연금은 익산시 마을자치연금 조례제정(2023년)에 이어 전북특별자치도가 마을자치연금 지원 조례를 제정(2024년 9월)하여 '1시군구 1마을자치연금'을 추진하는 등 익산에서 시작해 전북특별자치도로 확산하고 있다.

국민연금공단은 전북특별자치도의 '1시군구 1마을자치연금' 확대를 지원하여 농어촌 공동체 활성화를 통한 지역 소멸 위기에 대응에 적극 동참할 계획이며, 아울러, 기존 시행 중인 마을자치연금 사업에 대한 성과를 평가하여 개선점을 도출하는 노력과 해수부, 지자체 등 주요 협업 기관과의 협력 강화를 통해 향후 전국확대를 추진할 계획이다.

[그림 15-5] 마을자치연금 도입 효과

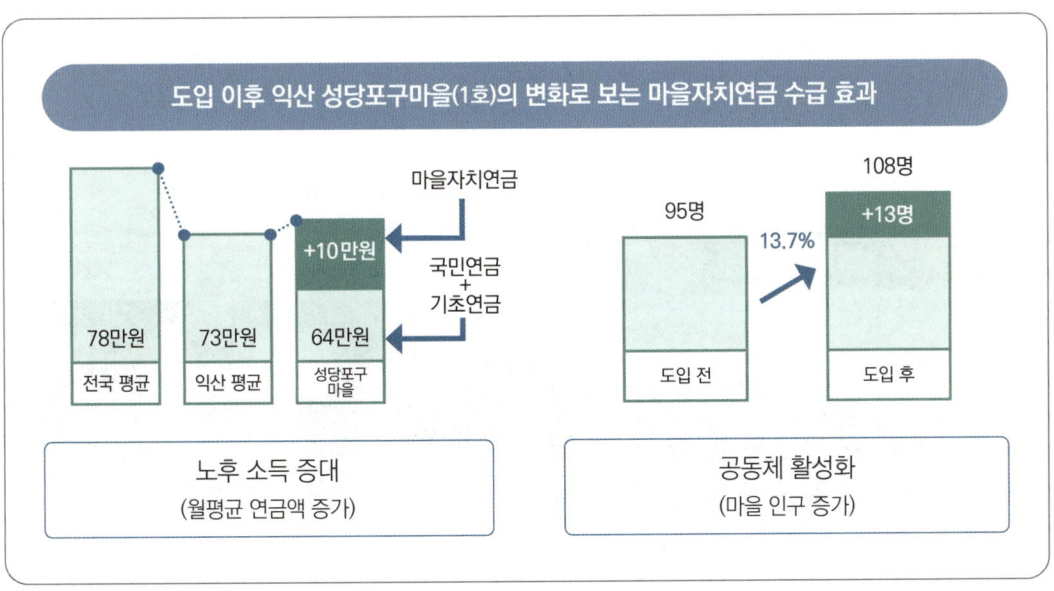

[그림 15-6] 마을자치연금 도입 마을 언론 기사

경향신문

"연금 준다는 소문에 이사 왔어요"…지역 인구 늘리는 '마을자치연금'

김창효 선임기자 chkim@kyunghyang.com
2024.05.21 21:02 입력 2024.05.21 21:03 수정

전북 익산 성당포구마을

> 108명 거주, 3년간 13명 이주
> 70세 이상 주민에 월 10만원
> 태양광발전 수익금 등 재원

전북 익산에 사는 이종수씨(83)는 나라에서 지급하는 공적 연금 외에 매달 연금을 또 받는다. 그가 사는 성당포구마을에서 주민들에게 지급하는 '마을자치연금'이다. 이씨는 "마을연금을 받아 장에 가서 고기도 사고, 손주 용돈도 주곤 한다"고 말했다.

21일 익산시에 따르면 성당포구마을에는 현재 70세 이상 주민 26명이 매달 10만원씩 마을자치연금을 수령하고 있다. 성당포구마을에는 108명이 살고 있는데 4명 중 1명꼴로 연금을 받고 있는 것이다.

마을자치연금은 익산시가 인구 감소에 따른 마을공동체 붕괴 등 농촌 지역이 겪고 있는 문제를 해결하기 위해 국민연금공단과 함께 추진해 2021년 도입한 사업이다. 마을 주민들에게 공적 연금 외 별도의 연금을 지급해 안정적인 주거를 지원하는 것이 골자다.

민관 협력 프로젝트인 태양광발전(70kW)을 통해 얻은 수익금과 영농조합법인의 체험·숙박 시설, 야영장 운영 수익으로 연금의 재원을 마련한다. 주민들은 마을로 편입한 지 3년이 지나 공동출자금 150만원을 내면 영농법인 조합원 자격이 주어진다. 마을자치연금은 이로부터 2년이 지나 70세 이상이 돼야 받을 수 있다.

처음부터 사업이 순항한 것은 아니다. "연금을 주려면 다 주지 겨우 몇몇만 주느냐" "태양광발전소가 들어서면 환경이 훼손되고 전자파가 발생해 건강을 위협한다"며 반대하는 주민들도 있었다. 하지만 개발 이익을 공유하고 연금을 수령하는 주민이 점차 늘면서 여론도 달라졌다.

마을자치연금이 자리를 잡았다는 소식이 알려지면서 성당포구마을로 이사 오는 이들도 생겨났다.

황종화씨(71)의 경우 지난해 군산에서 익산의 성당포구마을로 이사 왔다. 황씨는 "일자리도 주고 연금도 주고 노후에 살기 딱 좋은 곳이라는 생각이 들었다"며 "도시에서 계속 살았다면 꿈도 못 꿀 선물과도 같아서 지인들에게도 홍보하고 있다"고 했다.

지난 3년간 황씨처럼 다른 지역에서 성당포구마을로 이주해 온 이들은 13명. 이 기간 동안 46가구 95명이던 성당포구마을의 인구는 54가구 108명으로 늘었다.

[그림 15-7] 마을자치연금 도입 마을 수익시설 사진

농촌 1호: 익산 성당포구 마을 – 마을연금 연수소

제15장 전통과 역사가 숨 쉬는 전북의 미래를 여는 국민연금공단의 지속가능한 동행

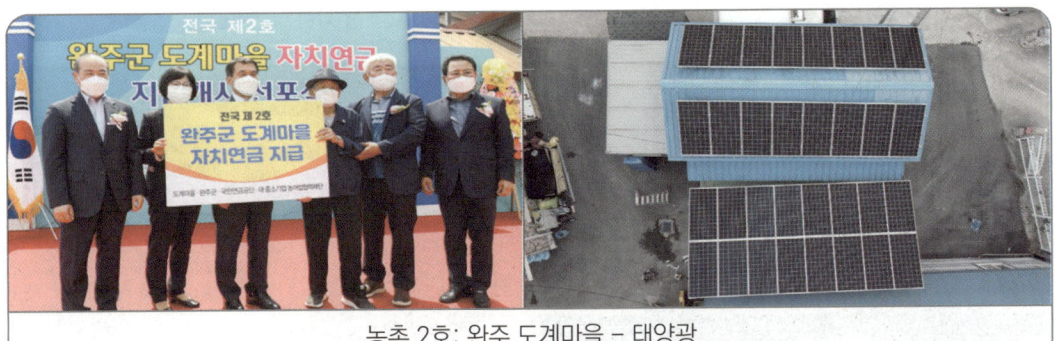
농촌 2호: 완주 도계마을 – 태양광

농촌 3호: 익산 금성마을 – 태양광

농촌 4호: 익산 두동편백 마을 – 태양광

농촌 5호: 익산 망성하발 마을 – 태양광

[그림 15-8] 마을자치연금 도입 마을 수익시설 사진

농촌 6호: 익산 용안송산 마을 – 태양광

어촌 1호: 서산 중리마을 – 감태가공 시설

어촌 2호: 고창 장호마을 – 숙박시설

제16장

영산강이 흐르는 천년도시, 나주를 지키는 한전KPS

제1절 나주시의 지역발전 현안

현재 우리나라는 2024년 기준 합계출산율이 OECD 최저 수준인 0.75명으로 저출산 현상이 지속되고 65세 이상 인구가 전체인구의 20%를 초과하는 초고령화 사회로 접어들었다. 특히 지방을 중심으로 이러한 특성이 도드라지며 지역소멸 현상이 심화되고 있는데 고용정보원의 지방소멸위험지수 조사에 따르면 2024년 3월 기준 전국 시군구 중 57%에 해당하는 130여개의 지자체가 소멸위험지역으로 분류되어 있어 상황이 매우 심각한 수준이다.

한전KPS 본사 소재지인 나주시 또한 같은 처지에 놓여있다. 오래전부터 넓고 비옥한 평야와 온화한 기후 등 좋은 영농조건으로 농업 생산량이 많고 배를 비롯한 복숭아·포도·사과·감 등의 다양한 과일 생산의 산지이기도한 나주시는 영산포구가 조선시대 해상 운송의 중요 항구로 이용되어온 덕분에, 한 때 전라도를 대표하는 도시로 번성하기도 하였다. 그러나 산업화 시기(1960~1990년대)를 거치며 지역 내 산업시설 부재, 하굿둑 건설로 인한 항구기능 소실 등의 여파로 여느 지방도시와 같이 인구 및 경제규모가 점차 감소되었다.

우선 인구 측면에서 아래 그래프를 보면, 한 때 20만 명대였던 총 인구수는 2013년 약 8만 8천 명까지 감소하였다. 매년 전입인구 대비 전출인구의 규모가 더 컸고, 출생아수 대비 사망

자수의 수치가 2배에 달하여 인구감소가 지속되었다. 지역의 경제활동 규모를 확인할 수 있는 지역내총생산(GRDP)[05] 또한 농업 및 임업 위주의 산업구조의 한계로 인해 2010년대 초반에는 평균 2조 4천억 원을 기록, 전라남도 내 주요 5개 시(목포시, 여수시, 순천시, 광양시, 나주시) 중 가장 낮은 수치에 해당하여 이전의 번영은 찾아볼 수 없는 상황이었다.

[그림 16-1] 나주의 인구와 지역내총생산

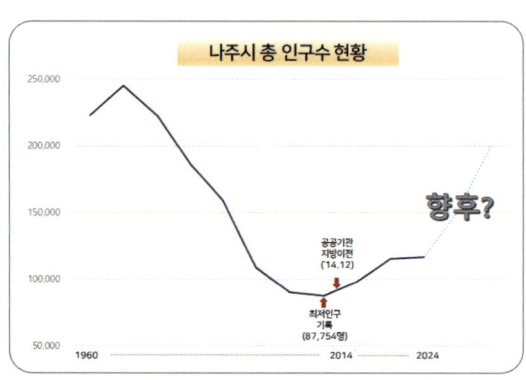
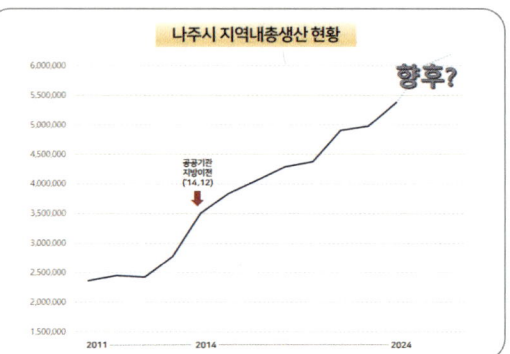

출처: 통계청 국가통계포털(KOSIS).

그러나 2014년 공공기관 지방이전 이후부터 나주시의 인구, 경제적 양상은 반전되었다. 그동안은 전입인구 대비 전출인구의 규모가 더 커서 전체적으로 인구가 줄어드는 형태였으나, 2014년 이후 전입인구의 규모가 이전 대비 2배 가까이 늘었다. 구체적으로 2023년 한 해 전출인구는 13,431명인 반면 전입인구는 14,792명을 기록하여 1,361명의 순 인구유입 실적을 기록하였다. 2023년 연간 출생아수도 722명에 달해 합계출산율 1.1명대의 높은 인구재생산 비율을 기록하고 있다(2023년 전국 합계출산율 평균 0.72명). 지역내총생산도 공공기관 지방이전 이후 금융업, 부동산업의 증가와 개인 및 공공서비스의 증가로 급격히 성장하여 2021년 기준 5조 4천억 원을 기록하였다.

현재의 추세로 보면, 기존의 나주시의 주요 산업이었던 농업 및 임업 등은 경제지수 및 취업자 수 등이 지속적 감소 추세에 있지만 공공기관 이전을 통한 관련산업의 지역 내 파

---

05   Gross Regional Domestic Product: 일정기간 동안 정해진 경제구역 내에서 생산된 모든 최종재화와 서비스의 시장가격 합, 즉 각 시·도내에서 경제활동별로 얼마만큼의 부가가치가 발생되었는가를 나타내는 경제지표다. 시·도별 GDP라고 할 수 있다.

제16장 영산강이 흐르는 천년도시, 나주를 지키는 한전KPS

급효과로 인구 및 경제 수치는 일정수준을 유지할 것으로 보인다. 하지만, 공공기관 이전이 완료되고 지역성장을 위한 추가 유인책이 발굴되지 않는 현재는 전반적 성장률이 둔화되어 지속성장과 쇠퇴의 갈림길에 놓여있다고 볼 수 있다. 따라서 다음절에서부터는 한전KPS 본사의 광주전남 혁신도시(나주시) 이전 이후 지역발전을 위한 노력과 성과를 되돌아보며 나주시의 지속가능한 발전을 위한 한전KPS 역할과 향후 추진 방향에 대해서 이야기 해 보고자 한다.

제2절 지역발전을 위한 한전KPS의 노력과 성과

1. 한전KPS 기관소개

한전KPS는 1984년 4월 1일 한국전력공사가 전액 출자하여 설립된 산업부 산하 준시장형 공기업으로, 발전설비 정비를 전문으로 수행하는 공기업이다. 발전·송전 등 전력설비 성능과 신뢰도 제고로 전력의 안정적 공급 및 전력산업 발전에 기여함을 설립목적으로 하고 있다. 주요사업은 화력·원자력·양수발전소 및 송전 설비의 유지보수, 성능진단, 설비개선, 정비기술개발 등이며, 국민의 일상을 지키는 숨은 조력자로서의 역할을 묵묵히 수행하고 있다.

기관은 2024년 기준 인력 6,664명을 운영하고 매출 1조 5,343억 원을 기록하고 있다. 영업이익 또한 매년 향상되고 있어 안정적 재무건정성을 확보하고 있다. 청렴·투명경영을 강화하고, 지역사회와의 상생을 도모하는 등 공공기관으로서 환경, 사회, 국민에 대해 책임 있는 ESG경영을 추진하고 있는데, 이를 바탕으로 2023년 기재부 공공기관 경영실적평가에서 기관 최초로 'A등급'을 달성하였고, 한국ESG기준원 ESG평가에서 3년 연속 'A등급'을 달성하는 등 우수한 경영성과를 대외에서 입증 받고 있다.

한전KPS는 수도권 공공기관 지방이전 정책에 따라 2014년 경기도 성남시에서 전남 나주(광주전남혁신도시)로 본사 이전을 추진하였으며, 2024년 12월에 본사 이전 10주년을 맞이하였다. 지난 10년간 한전KPS는 모범 공공기관으로서 본사 소재지인 나주시와 함께 지역사회 발전을 위한 상생의 정책을 적극적으로 추진하였다.

2. 나주시 지역발전을 위한 추진전략

한전KPS는 지방소멸 문제가 단순한 인구감소를 넘어 지역 공동체의 붕괴로 이어질 수 있는 심각한 사회·경제적 문제임을 인지하고 본사이전이 완료된 이듬해부터 사회, 경제, 문화, 교육 등 다방면의 측면에서 나주시와 협업을 바탕으로 지역발전을 위한 정책을 수립 및 추진하였다. 우선 기관의 중장기 전략체계 상 핵심가치에 '사회책임'을 전략방향에 '국민신뢰 ESG 경영 실현'을 설정하여 지역사회와의 접점을 넓히고 공공기관으로서 사회적 책임을 실현할 수 있는 정책 추진기반을 마련했다.

[그림 16-2] 한전KPS 비전-전략체계

비전	세계 No.1 전력설비 정비산업 Grand 플랫폼 기업			
핵심가치	안전우선 / 고객신뢰 / 기술중시 / 혁신성장 / 사회책임			
경영목표	매출액 2.2조원	신성장사업 비중 43%	영업이익률 13%	ESG경영지수 100점
전략방향	정비산업생태계 경쟁력 강화	신성장 사업 전략적 육성	지속가능 경영혁신체계 구축	국민신뢰 ESG경영 실현

이러한 전략체계를 바탕으로 '국민신뢰 ESG경영'을 전략방향으로 설정하여, ① 지역 일자리 창출 및 이주 직원 정착 지원, ② 지역의 산업·서비스 발전 및 정주여건 개선을 통한 계속 살고 싶은 도시 조성, ③ 지역인재 역량강화 등을 통한 미래자원 육성의 지역발전 선순환 실행전략을 수립했고, 지역 스스로 자립할 수 있는 기반을 조성하기 위해 노력하였다.

제16장 영산강이 흐르는 천년도시, 나주를 지키는 한전KPS

3. 지역 일자리 창출 및 유동인구 생성

1) 지역 일자리 창출

한전KPS는 양질의 일자리 제공을 통해 지역의 우수 인재들이 타 도시로 유출되는 것을 막고 외부로부터 지속적으로 인력이 유입될 수 있도록 유도하였다. 이는 정부의 공공기관 지역인재 채용목표제 준수 실적으로 확인할 수 있는데, 한전KPS는 이전 지역인재 채용의무가 적용된 2018년부터 7년 연속 정부목표를 초과달성하고 있다(2018년~현재까지 채용한 이전지역 인재 수 총 665명).

〈표 16-1〉 한전KPS 지역인재 채용실적

구분	2018년	…	2022년	2023년	2024년
지역인재 채용목표	18%	…	30%	30%	30%
지역인재 채용실적(인원)	21.2% (43명)	…	31.3% (56명)	40.7% (84명)	42.5% (136명)

2) 이주 직원 정착 지원

본사 이전 초기 이주 직원들의 이탈을 방지하고 가족동반 지역 정착을 도모하기 위해 다양한 지원책을 마련하였다. 「공공기관 지방이전에 따른 혁신도시 건설 및 지원에 관한 법률」에 따라 이전 초기인 2014년 12월부터 2년간 이주 직원 대상 이주수당을 1인당 월 20만 원씩 지급하였고, 이주 직원의 이사비용도 정부예산편성지침 등에 따라 경비에 편성하여 지급하였다. 주거 측면에서도 소액대부제도, 결혼자금대부 등을 운영하여 신청인원 평균 1,260만 원의 대부를 지원하는 등 안정적 정주여건 조성을 돕고 있다.

직원들의 가족동반 정착을 활성화하기 위해 2016년 9월 본사 부지 내에 '한전KPS 사랑나무어린이집'을 개원하여 운영 중에 있으며, 연간 평균 3억 7천만 원 규모의 복리후생 예산을 집행하여 어린이집 운영을 적극 지원하고 있다. 또한, 직원들이 자녀를 안정적으로 출산하고 양육할 수 있도록 관련한 사내 정책 및 지원제도를 매년 강화하고 있다. 여성직원의 임신·출산·육아뿐만 아니라 남성직원들의 자녀 맞돌봄 문화 확산을 위해 관련 제도를 합리적으로 개선하고 사용을 적극적으로 독려하고 있다. 또 혁신도시 내 10개 공공기관들과 저출생 현안을 공동으로 대응하고 일·가정 양립 지원을 강화하기 위한 협의체를 구성(2024년 10월)하여 가정친화 기업문화 마련과 지역 균형발전을 위한 실질적인 협력방안을 논의하고 있다.

〈표 16-2〉 한전KPS 출산 및 보육 지원제도

구분	주요 내용
휴가휴직	• 산전후휴가, 배우자 출산휴가, 난임치료 휴가 • 육아휴직 자녀당 3년 부여 • 자녀돌봄휴가(연간 2일)
모성보호 제도	• 임신기 근로시간 단축 전기간(1일 2시간) • 임신 중 여성근로자 육아휴직 신청 가능
육아제도	• 육아기 근로시간 단축 • 육아시간제(1일 2시간, 총 3년간 사용)
경제지원	• 자녀 출산시마다 출산축하금 지급 • 자녀 부양직원 복지포인트 추가 지급 • 다자녀·장애자녀 부모 대상 매월 가족수당 지급

[그림 16-3] 연도별 본사직원 나주 정주인원 변동추이(2015~2023년)

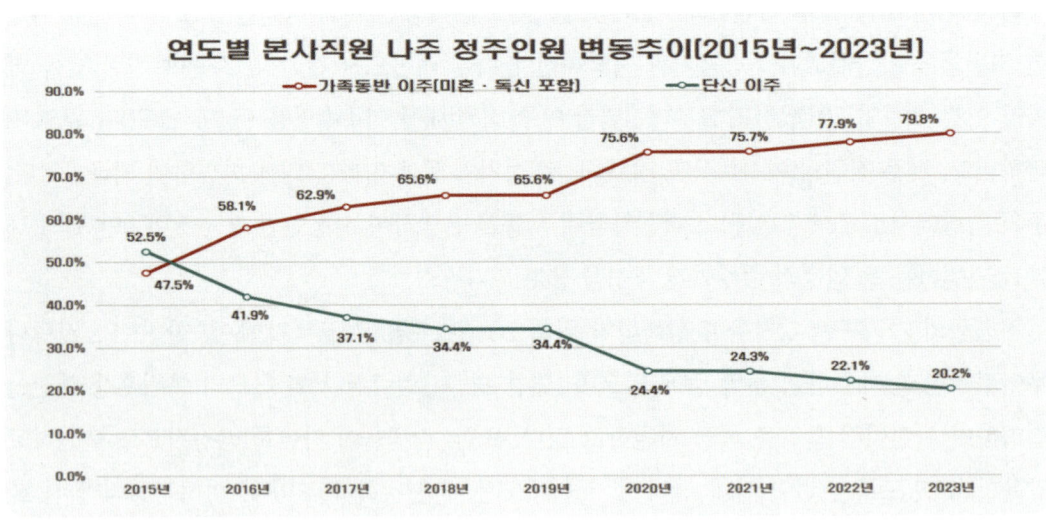

출처: 한전KPS 내부자료.

제16장 영산강이 흐르는 천년도시, 나주를 지키는 한전KPS

이러한 회사의 노력은 직원들의 본사 이전 지역인 나주시 정착으로 이어졌으며, 그 결과 2014년 12월 본사 이전 이후 나주시 정주인원이 눈에 띄게 증가하였다. 이전 초기인 2015년 말에는 가족동반(미혼·독신 포함)이주가 현원 대비 47.5%로 낮은 수준이였으나, 2023년 말에는 79.8%로 크게 증가하였다.

3) 유동인구 생성

한편, 한전KPS 본사 이전과 함께 2017년 한전KPS 인재개발원이 충남 태안에서 나주시 다도면으로 이전하였는데 이로 인해 전국에 산재한 66여 개 사업소에서 연간 4,200여 명의 직원들이 평균 4박 5일의 사내 교육과정 이수를 위해 매년 나주시를 방문하고 있다.

[그림 16-4] 한전KPS 인재개발원 전경(나주시 다도면 소재)

인재개발원뿐만 아니라 본사 및 종합기술원에 업무협의 등을 위한 연간 출장은 평균 약 73백여 명으로 총 16억 원의 출장비가 집행되며, 출장건당 평균 2~3일 정도 나주시에 머무르는 것으로 집계되었다. 해당 유동인원들은 나주시에 머물며 지역상권에 소비효과를 창출하고 있다.

〈표 16-3〉 최근 2년간 나주지역 교육 및 출장 실적

구분		2023	2024
인재개발원 교육	교육과정	132개	136개
	교육인원	4,296명	4,372명
본사·종합기술원 출장	출장인원	9,090명	5,978명

4. 살고 싶은 도시 조성

1) 지역 중소기업 육성

한전KPS는 지역 내 중소기업들의 지속가능한 성장과 육성 지원을 위해 다각적인 노력을 기울이고 있다. 기업들의 4차산업 선제적 대응을 위해 디지털 전환을 견인하는 스마트공장 구축 지원 사업, 창업벤처기업의 시제품 제작·마케팅 비용 및 인증 취득 비용 등을 지원하는 상생형 창업벤처기업 지원사업, 기업 프로세스 혁신을 통해 생산성·품질향상, 납기단축, 원가절감 등 경쟁력을 제고하는 혁신파트너십·산업혁신 운동 그리고 사회적경제기업의 판로 확대 및 역량강화 지원사업 등 추진을 통해 지역 내 기업들의 경쟁력을 제고하는 한편, 지역경제 활성화의 근간을 마련하고 있다.

〈표 16-4〉 중소기업 동반성장 추진실적

구분	지원 내용	2022년	2023년	2024년
스마트 공장 구축 지원사업	제조분야 중소기업 대상 ICT연계 자동화, ERP 구축 등 디지털 전환 지원	㈜청풍인 등 나주소재 중소기업 2개社포함 18개사	㈜에코퓨어셀 등 나주소재 중소기업 1개社포함 12개사	㈜경신기업 등 나주소재 중소기업 2개社포함 18개사
창업벤처기업 지원사업	창업벤처기업 육성 및 자금 지원	-	㈜에코드림 등 총 3개사	㈜테클리트 등 나주소재 중소기업 3개社포함 5개사
혁신파트너십 지원사업 및 산업혁신운동 등	중소기업 제품 및 프로세스 및 마케팅 분야 혁신 지원	㈜잇다 등 총 15개사	유모아이스콘㈜ 등 나주소재 중소기업 1개사(社)포함 15개사	㈜하이옥스 등 나주소재 중소기업 2개社포함 10개사
사회적경제기업 지원 사업	사회적경제기업 육성 및 판로지원	6개사 30백만원 기금 지원	판로지원 13개사 등	20개사 투자유치 역량 강화

※ 상기 자료는 나주시를 포함한 광주전남지역 실적에 해당

2) 지역 내 자영업자, 소상공인 등 지원

한전KPS는 지역 내 자영업자 및 소상공인을 다양한 형태로 지원하여 지역 경제 활성화를

위해서도 노력하고 있다. 매년 총 구매액 중 30%인 150억 원 규모를 지역 내 재화·서비스 우선구매에 지출하여 지역 경제 선순환 구조에 이바지하고 있으며, 본사 및 인재개발원 구내식당에서 지역농산물을 적극적으로 활용하고 있다.

또한, 한전KPS는 2022~23년에 나주시 및 전라남도와 함께 나주 대표 지역 시장인 나주목사고을시장의 현대화를 위한 '나주목사고을 소통의 장' 조성사업을 추진하였다. 코로나19 이래 전통시장 방문객수 저하가 뚜렷해지자, 이를 해결하기 위해 시장 환경개선을 통한 쾌적한 쇼핑환경 조성 지원을 추진하였다. 시장 건물 외관과 조화되는 조명연출을 통한 야간 개장 홍보, 노후화된 보행통로의 공간조명과 자동개폐문 설비 개선, 기존 노후화된 구식 가로등을 친환경 LED로 교체하여 전통시장을 현대적인 분위기로 전환함과 함께 시장 시설의 에너지 절감을 도모하였다.

[그림 16-5] 나주목사고을시장 현대화

3) 지역주민을 위한 예술·문화 지원

국토부 주관 혁신도시 정주여건 만족도 조사(2022년) 결과, 혁신도시 근무 직원들의 정주여건 불만사유로 '여가·문화 체험 부족' 항목의 응답비율이 가장 높았다. 문화 인프라가 저조한 시골 농촌 지역의 한계를 극복하고자 한전KPS는 혁신도시 내 8개 이전 공공기관과 협력하여 나주시민을 대상으로 'Fall in Art' 사업을 추진하였고 양질의 문화예술 향유기회 확대를 통해 지역주민 정주여건 만족도 향상을 꾀하였다. 구체적으로 2022년 문화나눔의 날을 기획하여 어린이들을 위한 공연 '울어버린 빨간 도깨비 오니,' '해피해프닝' 공연을 최초로 진행하였고, 이후 'Fall in Art' 사업으로 프로그램을 체계화하여 클래식, 무용 등 다방면의 예술공연을 지역주민들에게 무료로 제공하고 있으며, 이전 공공기관들의 인프라를 활용함으로써 지속가능한 문화·예술사업으로 발전시켜 나가고 있다.

[그림 16-6] 지역주민을 위한 예술·문화 지원

2022년 어린이 공연

2023년 FALL IN ART

2024년 FALL IN ART

4) 지역환경 개선을 위한 친환경 활동

한전KPS는 기후변화에 대응한 지속가능한 지역환경 조성을 위하여 친환경 사회공헌 사업, 친환경·탄소중립 캠페인 등 다양한 활동을 추진하고 있다. 2022년에는 지역 카페에서 발생하는 커피찌꺼기를 수거하여 지역 농가에 비료로 업사이클링하여 제공하는 '커피박 친환경 재자원화 사업'을 추진하였으며, 2023년에는 지역주민들의 자원순환 인식을 확산하기 위하여 폐전기·전자제품을 친환경적으로 회수하는 참여형 캠페인을 기관최초로 시행하였다. 또한 기후변화에 대응한 미래인재 양성을 위하여 지역사회 환경전문가 양성 및 초·중학교대상 환경교육을 지원했다. 2024년에는 지역시민들의 자원순환 활동을 일상화하기 위하여 플라스틱 페트병 회수 로봇을 설치하여 사용을 독려하는 캠페인을 시행하였으며, 지역축제와 연계한 자원순환 캠페인을 시행함으로써 지역시민들의 친환경인식 강화에 일조하였다.

제16장 영산강이 흐르는 천년도시, 나주를 지키는 한전KPS

[그림 16-7] 지역환경 개선을 위한 친환경 활동

지역축제 연계 폐전기전자제품 회수 캠페인

페트병 재활용 캠페인

5. 미래인재 육성

1) 'KPS 패러데이 스쿨' 프로그램 운영

'KPS 패러데이 스쿨'은 한전KPS가 발전설비 정비산업 뿌리기술인력 육성을 위해 개발한 정비엔지니어링 전문인력 개발 프로그램으로 마이스터고 학생들에게 발전설비 정비관련 이론 및 현장교육을 제공한다. 2019년 최초로 시작된 'KPS 패러데이 스쿨'은 한전KPS가 보유한 자체 교육 인프라(연수원, 260여 종의 실습설비), 전문 교수요원(평균 25년 이상) 등을 활용하여 운영되고 있다. 주요 교육과정으로는 기계·전기 등 설비 분야별 이론교육 및 현장실습이 진행된다. 특히, 2024년에는 '찾아가는 KPS 패러데이 스쿨'을 최초로 시도하여 전문교수가 나주공업고등학교를 직접 방문하여 강의를 시행하였고 인재육성아카데미와 협력하여 광주·나주 고등학생을 대상으로 진로체험 등을 실시, 우수 인재에게는 장학금을 수여하는 등 꾸준한 동기부여로 산업기초인력 양성에 기여하고 있다. 이 같은 노력의 결과로, 한전KPS는 2023년 교육기부 진로체험 인증기관 선정, 행정안전부 장관 표창을 수여받았으며, 2024년 기초 기술인력 양성을 위한 적극적 교육기부 활동으로 교육부 주관 교육기부대상을 수상하였다.

〈표 16-5〉 KPS 패러데이스쿨 교육 및 장학금 지급 인원

연도	교육인원	장학금 지급
2022	569명	190명(총 19개교), 190백만 원
2023	431명	150명(총 15개교), 150백만 원
2024	543명	90명 (총 9개교), 90백만 원

2) 체험형 인턴 및 멘토링 프로그램 운영

이외에도 한전KPS는 지역 대학 및 마이스터고 학생들에게 직무역량 향상 기회를 제공하는 장기현장실습(IPP) 체험형 인턴 제도와 공공기관 재직자가 취업준비생에게 해당기관 취업 팁을 알려주는 공공기관 멘토링 프로그램 운영 등 지역인재 육성을 위해 노력 중이다.

〈표 16-6〉 지역인재 양성 프로그램 운영 실적

구분	2022년	2023년	2024년
IPP인턴십	동신대, 목포대 등 총 30명 참여	동신대, 목포대 등 총 30명 참여	동신대, 목포대 등 총 33명 참여
멘토링 프로그램 운영	동신대, 나주공고 등 7개교 251명 참여	동신대, 나주공고 등 8개교 147명 참여	나주공고 등 5개교 506명 참여

제3절 한전KPS의 지역발전 성과

이처럼 한전KPS는 본사 이전 지역인 나주시의 외부인구 유입·정착 지원, 지역경제 활성화·정주여건 개선을 통한 계속 살고 싶은 도시 조성, 교육 및 산학연 인프라 지원을 바탕으로 미래성장동력 확충 등의 지역발전 선순환 사업을 다방면으로 추진하였다. 그 결과 나주시는 앞서 제1절에서 제시하였듯, 공공기관 이전(2014년 12월)이래로 인구가 지속적으로 확대되어 2010년 8만 명 수준의 인구가 현재 11만 명 이상으로 성장하였고, 지역 내 출생아 수도 증가하여 인구성장을 뒷받침하고 있다. 나주시의 지역내총생산(GRDP)도 급격히 성장하여 본사 이전 이후의 지역경제 활성화를 위한 지원사업 등의 효과를 가시적으로 확인할 수 있다. 또, 나

주시의 1인당 근로소득 또한 전국 평균 및 전남 평균 대비 높은 수준을 기록하여, 높은 근로소득 및 정착률을 기반으로 지역 내 활발한 소비가 이루어지고 있다.

[그림 16-8] 나주시 인구 변동 추이 및 1인당 근로소득 변동 추이

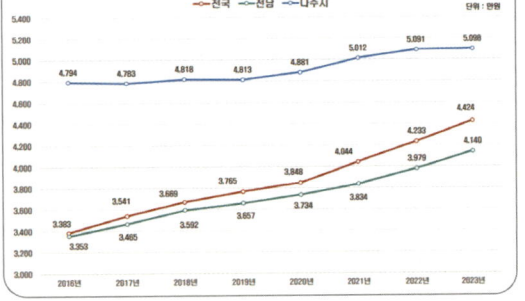

출처: 통계청 국가통계포털(KOSIS)

한편, 이러한 노력과 성과에도 불구하고 향후 나주시 지역발전을 위한 고민과 숙제는 남아 있다. 현재 나주시의 인구증가 및 경제발전은 공공기관이 이전된 혁신도시(빛가람동)을 중심으로 진행되고 있다는 점이다. 인구 수, 출생아 수 등의 지표는 혁신도시의 실적이 다수를 차지하고, 나주시 전체로 보면 나주시는 지방소멸위험지수 0.426으로 소멸위험 진입단계로 분류되고 있어 지속적인 관심과 지원이 필요한 실정이다.

〈표 16-7〉 전국 소멸위험지역 현황(2024년 3월)

구분		소멸위험지수	시군구(개수)	비고
소멸위험 낮음		1.5 이상	0(0%)	
소멸위험 보통		1.0~1.5 미만	12(5.3%)	
주의단계		0.5~1.0 미만	86(37.7%)	
소멸위험지역	진입단계	0.2~0.5 미만	73(32%)	나주시(0.426)
	고위험	0.2 미만	57(25%)	
소멸위험지역 소계			130(57%)	
전체			228(100%)	

출처: 한국고용정보원

한국개발연구원(KDI)은 공공기관의 지방이전 효과를 분석한 자료(KDI 정책포럼, 2021년 10월)를 통해 "지속적인 지역발전을 위해서는 지식기반산업[06]의 조성이 중요한데, 이전 공공기관은 고학력·고숙련 일자리가 다수이므로, 지역의 특성산업과 시너지효과를 창출할 수 있는 분야에 공공일자리를 배치할 필요가 있다"고 강조하였다. 그리고 나주시는 혁신도시에 에너지 공공기관이 다수 이전한 이점을 살려 나주시를 에너지 특화도시로 조성하기 위해 국가 예산 확보 및 외부 투자 유치를 위해 노력하고 있다. 한전KPS는 청년 유입과 정착을 위한 지원책과 더불어 발전설비 정비 기술서비스 기업으로서의 업(業)을 살려, 나주시가 지속가능한 에너지 특화도시로 더욱 발돋움할 수 있도록 에너지 산업 기반의 일자리 창출 및 인프라 강화를 위한 투자 및 협업을 지속할 것이다. 이를 통해 궁극적으로 나주시가 성공적인 지속가능한 지방도시 발전모델로 자리 잡고 타 지자체들의 모범이 되기를 기대하고 있다.

---

[06] 지식을 이용해 상품과 서비스의 부가가치를 크게 향상시키거나 고부가가치의 지식서비스를 제공하는 산업으로 기술, 특허, 정보, 아이디어 등 지식을 생산하거나 지식을 활용하는 산업은 모두 지식기반산업이라 할 수 있다.

제17장

젊은 혁신도시 충북 진천·음성과 한국가스안전공사의 상생발전

제1절 대한민국 중심 충북, 충북의 중심 진천·음성의 지역 현안

1. 충청북도의 지역 불균형 심화

대한민국의 중심에 지리적으로 위치한 충청북도는 17개 광역시·도 전체 인구 비율 중 3.1%(2025년 3월 말 주민등록인구 기준)에 불과하다. 게다가 충청북도 주민등록인구 1,590,512명 중 53.8%가 청주시에 쏠려있고, 나머지 10개 시·군 중 6개 지역(괴산군, 단양군, 보은군, 영동군, 옥천군, 제천시)은 행정안전부 지정 인구감소지역으로 분류될 정도로 충청북도 내에서도 인구 쏠림현상이 심각하고, 이로 인해 지역 불균형 문제가 고착화되고 있다.

2013년 고령자비율 14.1로 고령사회로 진입한 충청북도는 2023년 고령자비율 20.9로 초고령사회에 진입하였고, 한국고용정보원이 분석한 충청북도의 지방소멸위험지수는 2024년 3월 기준 0.487점으로 2023년 대비 0.037점 하락하여 '소멸위험지역'으로 진입하였다. 그 중 괴산군·보은군·단양군·영동군·옥천군 총 5개 군이 소멸위험지수 0.2점 미만 '소멸고위험지역'이다.

충청북도의 산업구조는 제조업 48.8%, 서비스업 43.5%, 건설업 6.3%, 농림어업 2.5%, 광업 0.2%, 전기가스업 -1.3%로 구성되어 제조업 기반 산업구조를 갖고 있으나, 진천·음성군의 제조업 비중은 각각 72.1% 및 63.6%에 달하고, 제천시와 단양군의 경우에는 서비스업 비중이 각각 61.4% 및 56.7%에 달해 지역별 특정 산업 편중화가 심각한 수준이다. 제조업 중심의 산업구조 편중은 정주여건 개선을 통한 지역 삶의 질 향상에 제약요인으로 작용할 가능성이 있고, 서비스업 편중 구조의 경우 연관산업 활성화를 통한 경제규모 확대에 어려움이 있을 수 있어, 지역경제 활력 제고를 위해서는 신산업 발굴·육성이 시급하다.

그럼에도 긍정적인 수치도 찾아볼 수 있는데, 충청북도는 2023년 4월 말부터 2024년 1월 말까지 10개월 연속 출생아 수 증가율 전국 1위를 달성하였고, 지역내총생산(GRDP)과 사업체·종사자 수 또한 연속적으로 상승하고 있다. 이와 같은 성장에는 충북 진천·음성에 조성된 충북혁신도시의 역할이 크게 기여했다고 볼 수 있다.

2. 충북 진천·음성의 성장

충청북도 진천군 덕산면과 음성군 맹동면 일대, 유일하게 두 도시에 걸쳐 조성된 충북혁신도시는 면적 총 6,899㎢로 전국 혁신도시 중에서 세 번째로 넓다. 수도권 1시간 생활 범위라는 최적의 입지를 갖추고 있지만, 전국 10개 혁신도시 중 유일하게 군 단위 읍·면에 소재하는 농촌지역 혁신도시로, 인근 배후도시도 없이 허허벌판에 조성되었다.

2013년 12월 19일 한국가스안전공사의 최초 이전을 시작으로, 2019년까지 정보통신·과학기술, 교육·인재개발, 공공서비스 기능군의 총 11개 공공기관이 3천여 명의 직원들과 함께 충북혁신도시로 이전하였다. 혁신도시 조성 초기부터 지금까지 교통·교육·의료·생활편의·문화 등 턱없이 부족한 인프라로 지역주민과 유입인구의 정주 여건 개선에 어려움을 겪고 있지만, 그럼에도 충북혁신도시로의 공공기관 이전이 집중적으로 이뤄진 10여 년의 기간 동안 비약적 성장을 이뤘다.

2014년 2,600여 명에 불과했던 인구는 3만천여 명까지 늘었고, 현재 1인당 GRDP는 진천이 전국 4위, 음성은 7위까지 올라섰다. 이 장에서는 한국가스안전공사가 이전한 이후로 충북 지자체·지역주민과 함께 도시 인프라 조성, 정주 여건 개선, 사회공헌, 지역경제 활성화, 문화 생활 개선 등 다방면에서 지속가능한 충북 진천·음성 지역발전에 기여한 활동과 성과를 체계

제17장 젊은 혁신도시 충북 진천·음성과 한국가스안전공사의 상생발전

적으로 분석한다.

제2절 한국가스안전공사와 손잡고 친환경 수소 도시로의 도약

기후변화와 에너지 전환이 전 세계의 화두로 떠오른 오늘날, 수소는 지속 가능한 미래를 향한 중요한 에너지 자원으로 주목받고 있으며, 특히 수소 에너지 기술의 발전은 지역사회에도 새로운 기회를 제공하고 있다. 수소가 국내는 물론 전 세계의 관심을 받게 됨에 따라 국내 여러 지역에서는 친환경적이고 지속 가능한 도시로 성장하고 국가 수소 산업의 선두 주자가 되기 위해 수소의 생산, 운송, 저장 및 사용 기술 개발과 상용화를 위해 다양한 정책과 사업을 추진하고 있다.

충청북도 음성군과 진천군에 걸쳐 조성된 충북혁신도시에 소재하고 있는 국내에서 유일한 가스안전 전문기관인 한국가스안전공사(이하 '공사')는 2020년 7월 1일 「수소경제 육성 및 수소 안전관리법」에 따라 정부로부터 공식적으로 수소안전전담기관으로 지정되었다. 이 지정으로 공사는 수소안전 법적 기준과 제도 개발, 수소충전소 등 시설 검사·점검, 수소안전기술 개발·실증 및 전문인력 양성·교육 등 국가 수소 산업의 안전한 발전을 위해 수소안전전담기관의 다양한 역할을 체계적으로 수행하고 있다.

특히, 태동기를 지나 성장기에 접어든 국내 수소 산업의 신속한 발전을 지원하고 글로벌 기술 우위를 확보하기 위해서는 다양한 관련 인프라들의 구축이 반드시 후행되어야 하며, 이를 위해 한국가스안전공사는 수소안전 5대 핵심인프라 구축을 계획하고 그중 4개의 핵심인프라를 2022년부터 충북 음성군과 협업하여 추진하고 있다.

2022년 한국가스안전공사는 전국 최초로 충북혁신도시에 체험형 수소안전 복합시설인 '수소안전뮤지엄'을 성공적으로 구축 완료 후 운영하고 있다. 또한, 2024년에는 수소 버스 및 화물차 등 수소 상용차에 설치되는 수소 내압 용기를 비롯해 수소충전소 부품의 시험과 인증 업무를 총괄하는 '수소제품 시험평가센터'와 수소분야 안전관리 전문가 양성을 위해 법정전문교육, 양성교육 및 자격교육을 전담하는 '수소안전 아카데미'를 구축 완료하고 2025년 6월 완공을 목표로 미래 지속적으로 확대될 액화수소 시장의 성장 지원을 위한 '액화수소 검사지원센

터'를 구축하고 있다.

이를 기반으로 미래 100년 신성장산업(에너지 신산업, 시스템반도체, 이차전지, 헬스케어, 기후대응농업)을 집중적으로 육성하고 있는 음성군은 수소안전 인프라 구축을 필두로 '에너지 신산업' 정책을 원활히 추진하고 있으며, 한국가스안전공사와의 적극적인 인프라 구축 협업을 통해 지역 내 일자리 창출, 건설투자 확대와 국내 관련 기업들의 지역교류 활성화 및 기업 유치에 활용하는 등 지역의 발전을 위한 중요한 전략적 자원으로 활용하고 있다.

〈표 17-1〉 수소안전 5대 핵심인프라

구분	수소산업 시험·검사·인증 3대 인프라			수소산업 교육·홍보 2대 인프라	
명칭	수소제품 시험평가센터	수소용품 검사인증센터	액화수소 검사지원센터	수소안전 뮤지엄	수소안전 아카데미
위치 (완공일)	음성군(2024년 3월)	완주군(2024년 11월)	음성군(2025년 6월)	음성군(2022년 12월)	음성군(2024년 7월)
분야	초고압 분야	수소용품 분야	액화수소 분야	대국민 홍보	전문인 양성
주요 역할	수소버스·충전소 부품 시험 인증	수소용품 4종 검사 및 기업지원	액화수소 관련 제품시험·검사	대국민 수소안전 체험형 홍보	수소 안전관리 전문 인력 양성

1. 수소안전뮤지엄

수소의 안전성과 미래 가치를 국민들이 직접 체험하고 이해할 수 있도록 설립된 국내 최초의 수소 가스안전 체험교육관인 수소안전뮤지엄은 기존에 일반인들이 가지고 있던 "수소는 위험한 물질이다."라는 잘못된 인식을 바로 알리고 수소에 대한 긍정적인 인식을 확산시키는 것을 목적으로 운영되고 있다.

수소의 분자구조를 형상화한 모습의 수소안전뮤지엄은 지난 2020년 산업통상자원부가 주관한 공모사업에 선정돼 총 153억 원이 투입되어 부지면적 10,698m2, 건축 연면적 2,154m2, 지상 2층 규모로 건축되었다. 관람객들을 위한 전시공간은 수소안전홍보관, 가스안전체험관이 마련되어 있으며, 4D 영상관을 통해 전달되는 수소와 가스안전에 관한 흥미로운 영상과 음향으로 몰입도 높은 체험 공간을 제공한다.

제17장 젊은 혁신도시 충북 진천·음성과 한국가스안전공사의 상생발전

또한, 단순한 전시와 체험 공간을 넘어 2023년 12월에 교육부가 주관하는 '교육기부 진로체험기관'으로 선정되어 수도권에 비해 낮은 인근 지역의 교육환경을 개선하기 위해 2024년부터 어린이, 초·중·고 학생 등 청소년들을 대상으로 교과 연계 수소 과학 체험교육과 지역인재 양성을 위한 진로체험 프로그램을 본격적으로 운영하고 있다.

수소 과학 체험교육은 현직 과학 교사와 교육 전문기관의 자문을 받아 수소 모형 조립, 수소 로켓 제작 및 발사, 교육용 수소연료전지 자동차 제작 및 구동 등 연령대별 체험 중심 신규 교육 프로그램 3종을 개발하였으며, 2024년 운영 첫해 총 3,393명이 참여하였다. 그리고 새롭게 개발한 교육 프로그램을 바탕으로 진로체험 콘텐츠를 보완하고 교육지원청, 지역 내 학교 등과의 협업을 더욱 활발히 한 결과, 2024년 진로체험 프로그램에 총 751명이 참여하여 전년도 대비 참여 인원이 696명 늘어난 성과를 거두었다.

이러한 교육 프로그램 외에도 친근한 수소이미지를 조성하고 지역 주민들의 삶의 질 향상을 위해 어린이날(5월 5일), 수소의 날(11월 2일), 크리스마스(12월 25일) 등 특정 기념일을 대표하는 참여 행사를 매년 개최하여 가족 단위 방문객들의 만족도를 높이고자 노력하고 있다.

그리고 방문객들의 눈높이에 맞춰 유익한 경험을 제공하기 위해 공간디자인을 지속적으로 개선하고, 산업부가 주최하는 2024 굿디자인어워드 브랜드디자인 부문 동상에 선정된 대표 캐릭터 및 로고를 활용하여 제작한 굿즈 배포, SNS와 지역 축제와 연계한 홍보를 통해 지역을 대표하는 브랜드 이미지를 구축해 나가고 있다.

[그림 17-1] 수소안전뮤지엄 전경(좌)과 어린이날 행사에 참여한 방문객 사진(우)

시범운영을 거쳐 2023년 3월부터 본격 운영된 수소안전뮤지엄은 다양한 참여 프로그램과 지역 중심 운영 정책을 통해 개관 첫해인 2023년부터 지난 2년간 지역주민들을 포함하여 방

문 인원이 8,353명에서 13,176명으로 증가하는 등 지역발전을 위한 하나의 동력원으로 자리매김하고 있다.

2. 수소제품 시험평가센터

지난 2019년, 정부는 2030년까지 전국 총 660개소 수소충전소 보급 계획을 담은 '수소경제 활성화 로드맵'(2019년 1월 17일)과 수소 산업의 안전관리 법·제도의 조속한 마련을 위해 '수소 안전관리 종합대책'(2019년 12월 26일)을 발표하고, 2023년 12월 관계부처 합동 제6차 경제위원회에서 2030년까지 수소차 30만대 보급 계획을 포함한 수소 전기 자동차 보급 확대 방안을 추가로 발표하였다.

2019년부터 2024년까지 국내에 약 37,500여대의 수소자동차가 보급되었고 250개소의 수소충전소가 구축되었는데, 정부는 당초에 설정한 정책목표를 달성하기 위해 수소 버스 및 화물차 등 수소 상용차 보급을 확대하고 수소충전소 구축 지원을 강화해 나가고 있다.

[그림 17-2] 수소경제 동향

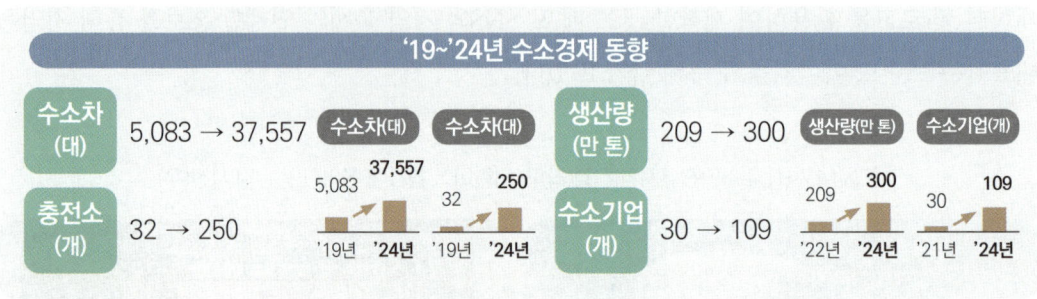

이 같은 정부 정책목표를 달성하기 위해서는 수소 상용차에 설치되는 수소가스 저장설비인 내압 용기와 수소충전소의 부품 안전성 향상이 필수적인데, 이를 위해서 공사는 2020년 4월부터 총 예산 260억 원을 투입하여 대지면적 20,000m^2, 연면적 2,271m^2 규모로 사무동, 수소시험동, 부품시험동으로 구성된 수소제품시험평가센터를 구축하고 2024년 3월에 개소 후 관련 업무를 적극적으로 추진하고 있다.

그간 시험장비 구축 여력이 없는 국내 기업들은 수소 사용차용 내압용기의 안전성을 시험하고 인증받기 위해 값비싼 의뢰 비용과 장기간이 소요되는 해외 시험기관을 이용해 왔으나, 국내 최초로 수소제품시험평가센터 수소시험동에 175리터급 대형 수소 상용차용 내압용기 시험장비 등 총 8종의 장비가 설치되어 국내 기업들의 비용 부담을 완화하고 시험·인증에 소요되는 시간을 단축할 수 있게 되었다.

또한, 부품시험동에는 수소충전소에서 기계적 조작이 빈번한 주요 3종 밸브류(수동밸브, 유량밸브, 체크밸브)의 안전성 시험을 위한 시험 설비가 구축되어 KS 인증시험을 진행하고 있으며, 향후 시험대상 품목을 6종으로 확대하여 수소충전소의 안전성을 더욱 강화해 나가기 위한 계획을 세우고 있다.

이처럼 수소제품시험평가센터는 국가 수소산업 발전에 기여하고 있을 뿐만 아니라 구축 과정에서 지역 내 663개의 일자리를 창출하고 260억 원 규모의 건설 투자가 이루어졌으며, 장기적으로는 국내 기업들의 지역 교류 확대 및 관련 기업 유치 활성화 등 향후 충북 지역발전에 지속적으로 긍정적인 효과를 불러일으킬 것으로 기대하고 있다.

[그림 17-3] 수소제품시험평가센터 사무동(좌)과 시험동 내부 사진(우)

3. 수소안전 아카데미

「수소경제 육성 및 수소 안전관리에 관한 법률」에 따라 수소용품 제조사 안전 관리자 법정교육이 의무화되면서 국내 수소분야 안전관리 전문가의 양성을 전담하는 교육기관인 수소안전 아카데미가 2024년 7월에 충북 음성군에서 개소하였다.

그동안 전문적인 교육환경을 갖춘 시설이 국내에 없어 수소 안전관리 전문인력을 양성하는데 한계가 있었지만, 야외 실습장 등 5개의 실습장과 수소충전소 체험설비를 포함한 총 22종의 교육 설비를 갖춘 수소안전 아카데미를 통해 그 한계를 극복할 수 있게 되었다.

개소 이후 2024년 12월까지 법정 교육과 비법정 교육을 통해 총 6,054명의 교육 이수자를 배출하였는데 법정 교육 이수자가 5,847명으로 가장 높은 비율을 차지하였으며, 그 뒤를 수소학과를 운영 중인 5개 대학교와 연계한 대학교육 참여 학생 132명과 충북 등 비수도권 지역에서 수소 사업을 추진 중인 43개 기업 맞춤형 기업 교육 참여자 75명이 이었다.

수소안전 아카데미는 개소 2년차를 맞아 실습교육에 최적화되고 변화하는 수소산업 트렌드를 반영한 현장 중심의 교육 커리큘럼 개발에 박차를 가하고 있으며, 수소 안전관리 전문 인력을 양성하는 거점으로 거듭나 향후 국내 수소산업의 성장과 함께 많은 이들의 왕래와 지역의 발전을 이끄는 견인차 역할을 할 것으로 기대하고 있다.

[그림 17-4] 수소충전소 체험실습장 내부 사진

4. 액화수소 검사지원센터

액화수소는 기체수소에 비해 용기 압력이 1/200 정도로 낮아 더욱 안전하고, 운송 용량은 10배 이상 향상되어 안전성과 경제성 측면에서 수소경제의 지형을 바꿀 게임 체인저로 주목받고 있으며, 한국가스안전공사는 미래 액화수소 상용화 시대를 준비하기 위해 2025년 7월 정식 운영을 목표로 국내 최초 액화수소 검사지원센터를 충북 음성군에 건설하고 있다.

총 사업비 약 332억 원을 들여 23종의 검사·시험·인증 장비가 구축되는 액화수소 검사지원센터는 국내 액화수소용 제품의 검사 및 시험인증과 기술지원 등의 업무를 수행하게 될 예정이며, 수소제품 시험평가센터와의 시너지 효과를 통해 국내 수소충전소 보급에 속도를 높이고 새로운 기술력의 잠재성을 바탕으로 또 다른 지역 성장의 기회를 제공하게 될 것으로 보인다.

[그림 17-5] 액화수소 검사지원센터 착공식 사진(2023년 12월 19일)

제3절 에너지 산업 중심 지역 우수 인재 육성 및 적극 채용

1. 오픈캠퍼스 사업을 통한 이전지역 인재 육성

한국은행(2023년 11월)에 따르면 2015~2021년 사이 수도권에서 순유입으로 늘어난 인구의 78.5%가 청년이다. 특히 청년은 급여 외 문화·도시 편의시설 등 접근성을 중요하게 여기기 때문에 지방도시는 지역혁신을 통해 도시의 생활 매력도를 증진시켜 지역인재 친화적 취업환경과 인프라를 조성하는 것이 필요하다. 이를 위해 공사는 2018년부터 산학협력 및 현장실습을 확대하고 지역인재의 취업률 향상을 목표로 오픈캠퍼스 사업을 추진하고 있다. 오픈캠퍼스란 이전기관과 충북 지역대학이 기관 특성에 부합하는 프로젝트(교육과정)를 개발하여 공동 운영 및 지역인재를 양성하는 사업을 의미한다.

공사는 가스안전 전담기관으로서 가스에너지 안전 교육 진행, 공사시설을 활용한 현장경험을 제공하고, 전체 프로그램을 구성하였다. 대학은 오픈캠퍼스 과정의 학점을 인정하고, 산업체는 산-학-공공 협력 네트워크 조성효과를 극대화할 수 있도록 실무경험을 제공하여 우수한 인재 발굴 기회를 얻을 수 있다. 2019년 '가스-에너지-안전 실무특론' 과정을 개설하여 3기까지 운영하였고, 2021년 4기부터는 수소안전전담기관으로서 충북지역에서 성장중인 수소 산업계로의 진로 탐색 기회를 제공하기 위해 '수소에너지산업 인재 양성' 과정을 개설하여 수강생을 배출하였다. 한편, 충북·충남지역 대학생을 대상으로 2018년부터 공사 전문가를 활용한 전문자격(ISO 심사원) 취득 교육을 무료로 지원하는 등 다방면으로 지원하고 있다.

2019년 1기 개설 이후 총 402명의 수료생을 배출하였으며, 코로나19로 미개설된 2020년 상반기를 제외하면 참여자 수가 매년 증가했음을 확인할 수 있다. 2022년부터는 기존 충북권 대학에 충남권 2개 대학과의 추가 협약을 통해 충청권 수소에너지 인재를 양성하고자 노력하였다. ISO 심사원 취득 교육은 충북대, 청주대 등 지역대학생을 중심으로 260명이 수료하였으며, 시험응시자 180명 중 156명(87%)이 합격하였으며, 공사 및 대기업 등 32명이 취업에 성공하는 성과를 도출하였다.

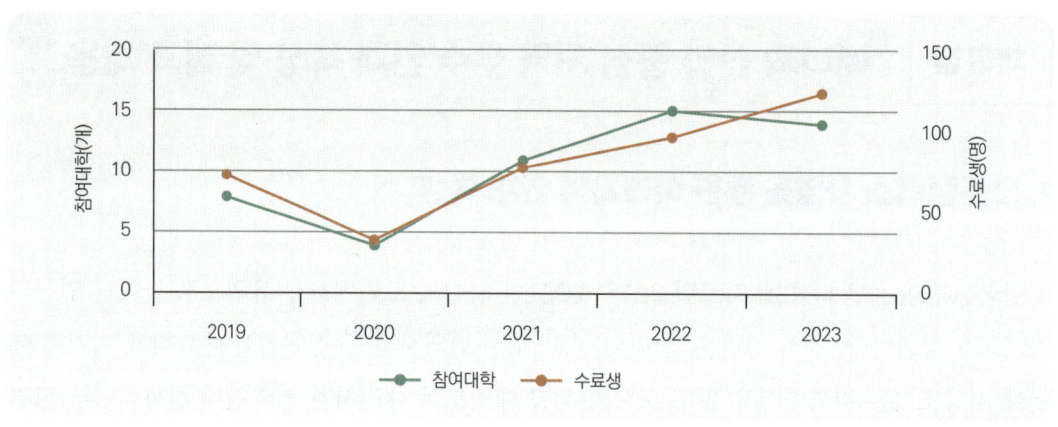

[그림 17-6] 연도별 참여대학 및 수료생 수(2019~2023년)

* 2020년은 코로나19로 인해 하반기만 운영

2. 이전 지역인재 맞춤형 채용

공사는 이전 지역인재를 위한 맞춤형 지역인재 채용설명회에 참여하여 채용상담을 진행하고 있으며, 최근 참여를 확대하는 추세이다(2023년 8회, 2024년 9회). 또한 이전지역인재 대상 추가합격제를 시행하고 있으며, 충북지역 자립준비청년의 취업역량 강화하기 위해 교육 프로그램을 제공하였다. 특히, 2024년에는 이전기관 협의체 중심으로 지역인재 육성과 충북 관내 정착을 유도하기 위해 공공캠퍼스 프로그램을 운영했다. 3개 이전기관 및 충북테크노파크, 충북대학교 협업으로 취업준비생에게 기관 시설견학 및 선배직원 멘토링을 진행했다. 또한, 혁신도시 내 청년 취업 여건을 개선하기 위해 정책 대상별 맞춤 일경험 서비스를 제공하였다. 재학 중 청년에게는 직업체험 중심 훈련연계형으로 운영하였고, 지역인재 대상으로는 기업탐방형으로 운영, 졸업 청년에게는 인턴형으로 운영하여 실무경험을 압축적으로 제공하였다.

지역사회 내 미취업 청년의 취업여건 향상과 적극적 채용 노력으로 2024년 채용인원 중 42.8%를 이전지역인재로 채용하여 정부권장(30%) 대비 12.8%p 초과 달성하였다. 공사가 최근 6년간(2018~2023년) 채용한 지역인재는 123명으로 모두 정규직이다. 연도별 채용인원은 2018년 14명, 2019년 45명, 2020년 10명, 2021년 24명, 2022년 19명, 2023년 11명이다. 지역인재 법정의무고용률은 2018년 18%를 시작으로 매년 높아져 2022년 이후에는 30%를 최저기준으로 두고 있는데, 공사는 이와 같은 법정의무고용률보다 매년 3~9%를 초과해 지역인재를 채용하여 충청권 우수인재가 입사할 수 있는 기회를 제공하고 있다.

제4절 여러 계층을 아우르는 감동이 있는 사회적 약자 복지 실현

1. 지역사회의 안전망 구축과 사회적 가치 실현

2006년 6월, 공사는 지방이전 예정지 확정을 계기로 충북 진천군 덕산면 구산리 마을과 1사(社) 1촌(村) 제1호 '가스안전마을' 사업을 시작했다. 이 사업은 도농상생(都農相生)의 정신을 바탕으로 도시와 농어촌지역 간 균형발전과 상대적으로 가스사고에 취약한 농어촌지역의 사고예방을 위한 것으로 공사는 최장 3년간 협약마을의 노후된 가스시설 개선과 타이머 콕 등 안전기기 설치 및 점검, 농촌 어르신과 다문화가정을 대상으로 올바른 가스용품 사용 교육, 일손 돕기 등 마을 발전을 지속적으로 지원하고 있다. 충북 도내 진천, 음성, 충주, 제천, 청주, 단양 등 9개 마을을 포함해 2025년 현재까지 전국 62개 가스안전마을과 협약을 체결하고 본 사업을 이어가고 있다. 또한, 공사의 인적·물적 자원을 활용하여 타이머콕 보급, 가스시설 개선 등 다양한 안전 인프라 구축 사업을 통해 지역사회의 안전을 강화하고 있다.

2. 이전공공기관 연합 지역사회공헌 활동

공사의 연간 사회공헌활동 재원은 사업예산과 임직원의 자발적 성금모금을 통해 조성되며,

지방이전 직후인 2014년 229백만 원이었던 재원은 2025년 기준 약 251백만 원 규모로 점진적으로 확대되었다. 지방 이전 초기에는 기관의 단독 추진에 그쳤지만, 지역발전 효과를 극대화하기 위해 다양한 지역문제 해결 협의체 구성 등 유관기관 협업을 확대했다. 지역문제 해결 및 지역발전을 위한 협의체로는 '충북혁신도시 11개 이전기관장 협의회'와 '다함께소통단(이전 기관 지역발전 소관부서 실무협의체)' 등이 있다. 다양한 협의체를 통해 2020년부터는 기관별 홍보와 협력사업을 공동으로 발굴하고, 함께하는 활동을 추진 중이다.

2024년 협력을 통한 사회공헌 성과 중 하나로, 음성군·한국노인인력개발원·우리공사 등 5개 공공기관·지역 시니어클럽 공동 협력체계를 활용한 '공공 세탁방 운영사업'이 있다. 일방적 지원방식에서 생각을 바꾸어 음성군 소재 취약계층을 직접 찾아가 실질적으로 필요로 하는 사항을 조사하였고, 그 결과를 반영한 '공공 세탁방'을 음성군에 2개소를 신규 설치·운영하였다. 수혜대상 맞춤형 지원을 실현하면서 세탁물 수거배달-세탁건조-이불 수선 등 40명의 시니어 일자리를 창출하는 효과도 거두었다.

3. 지역사회 지원활동 확대

시간적·지리적 접근성과 지자체 협력 강화를 위해 충북혁신도시 위주로 사회공헌활동을 펼쳐왔으나, 인구감소가 사회적 위기로 대두되며 충북혁신도시를 넘어 충북 도내 6개 인구감소 위기지역(괴산, 단양, 옥천, 제천, 영동, 보은)으로 지원활동을 확대했다. 2024년 활동 건수는 24건, 투입비용은 48백만 원으로 전년 대비 각 1.8배, 1.6배 증가했다.

2024년 인구소멸위기지역에 대한 세부 지원활동으로는 괴산군 농촌일손돕기 봉사활동 등 4건(52명 참여, 7,875천 원), 집중호우 피해지역인 옥천군 안전점검 및 복구지원금 전달 등 2건(30명 참여, 7,375천원), 애완견 의류 제작 등 영동군 다문화가정 여성 일자리 창출 지원을 위한 미싱 및 생활용품 지원 등 2건(28명 참여, 5,860천 원), 단양군 가스안전마을 협약 등 3건(37명 참여, 6,015천 원), 제천시 영유아원 아동과의 체험봉사활동 등 3건(43명 참여, 7,875천 원), 보은군 조손가정 중학생의 대학입학 시까지 1:1 정기후원(학급성적 1등으로 중학교 졸업 후, 2025년 자사고 진학), 취약계층 어르신 대상 무료급식 등 3건(52명 참여, 10,975천 원)이 있다.

제17장 젊은 혁신도시 충북 진천·음성과 한국가스안전공사의 상생발전

제5절 지역 맞춤형 경제 활성화로 지역 결속력과 경쟁력 강화

1. 지역 경제 체질 개선을 위한 지역 연계 경영

1) 지역기업 물품 우선 구매

2018년부터 '충북지역 사회적경제 우선구매 업체 구매간담회'를 시작으로 매년 지역기업을 대상으로 공공 구매상담회에 참여하여 신규 업체를 발굴, 우선구매 제도 설명 등 판로 지원 방안을 모색하고 있다. 또한 매년 전체 계약금액의 5% 이상을 지역 물품으로 우선구매하고 있으며 이를 위해 내부규정(소액구매제도 운영에 관한 지침)에 혁신도시 지역기업을 우대하는 기준을 신설하여 우선 구매 촉진에 기여하기도 하였다.

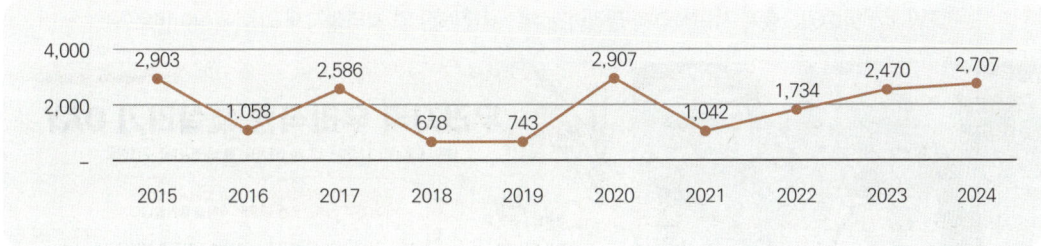

[그림 17-7] 지역물품 우선구매액(2015~2024년)

(단위: 백만 원)

2) 지역기업 판로개척

2019년에는 지역 영세 소상공인 일자리 창출 및 판로 확대를 위해 충북·세종 육아 문화정보 카페인 '맘스캠프'와 연계한 오픈마켓 행사를 지원하였다. 총 3차례에 걸친 오픈마켓의 전시·판매장소를 제공하고 지역주민들의 홍보 역할을 도맡아 총 145개 업체들을 지원하였다.

공공기관 이전 10주년을 맞이한 2023년에는 혁신도시 이전기관 4개 기관이 공동으로 '2023 충북 사회적경제 플리마켓'을 개최하여 충북지역 소재 사회적 경제기업 23개사의 판

로 확대를 지원하였다. 이 행사는 2012년부터 시작된 대규모 지역 에너지 행사인 '2023년 친환경 에너지 페스티벌'과 연계하여 사회적 경제기업 제품 홍보, 에코화분 다육심기·홍차 티백 만들기 등 각종 체험행사와 밴드공연 등 다채로운 행사로 기획하여, 지역주민뿐만 아니라 에너지 산업 종사자 등 약 33,000여 명의 행사장 방문객들에게 제품·서비스를 홍보할 수 있는 장을 마련하였다.

3) 지역 농특산물 소비 확대

지역 물품 및 서비스의 구매뿐만 아니라 지역 식자재 구매도 적극적으로 지원하고 있다. 공사의 구내식당의 식자재 구매액 중 월 5% 이상을 로컬 농산물로 구매하도록 하여 지역 농산물 구매를 촉진하고 있다. 또한 구내식당 위탁운영사와의 정기회의를 통해 지역 식자재 이용 방안에 대한 논의를 지속하고 있으며, 식자재 구매비용을 위탁운영사에 지원하여 해당 예산으로 음성소재 소상공인 판매 농·축산물을 100%로 구매하고 있다. 더불어 지역 식자재를 이용한 특식 이벤트를 실시하여 로컬푸드에 대한 임직원 만족도 향상 및 지역 농·축산물에 대한 긍정적 인식 확대에 기여하고 있다.

[그림 17-8] 2023 충북 사회적경제 플리마켓 부스 사진(좌) 및 지역식자재 이용 특식이벤트(우)

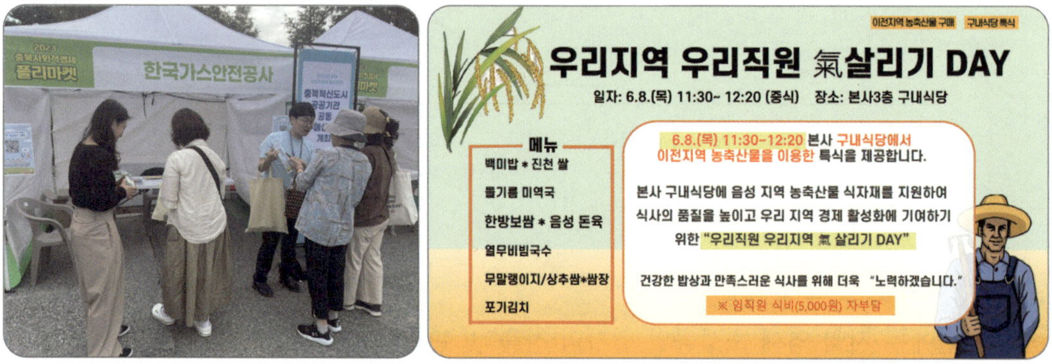

2. 전통시장 살리기로 지역 결속력 강화

전통시장의 쇠퇴는 주변 상권, 학원, 병원 등의 연쇄적인 지역 상권 축소로 이어져 주민들의 전반적인 생활환경을 약화시키게 된다. 이로 인해 젊은 층의 도시 이탈을 가속화시키고, 지역

주민들은 기본 생필품 소비조차 외부에 의존하게 되는 경향이 강화되며 지역에 대한 주거 매력을 떨어뜨리게 된다. 전통시장을 살리기 위해서는 정책적인 지원뿐만 아니라 인구 유입을 통한 자생력 강화가 필수적일 것이다. 충북 진천군의 생거진천 전통시장도 충북혁신도시 이전 공공기관 직원들로 인해 젊은 층이 유입되어 활기를 되찾고 있다.

공사 또한 전통시장의 중요성과 위기를 인지하고, 지역사회의 전통시장 활성화를 위한 각종 활동을 수행하고 있다. 온누리상품권을 활용하여 명절 전후 전통시장 장보기 행사를 꾸준히 추진하고 있으며, 충북 진천·음성 지역뿐만 아니라 전국의 지역본부·지사에서 지자체 및 유관기관과 협력하여 전통시장 내 점포 대상 가스시설 안전점검 및 가스안전 홍보 캠페인을 진행하며 전통시장의 노후시설 가스안전을 확보하여 상인과 시장 방문객들의 신뢰 형성에도 기여하고 있다.

3. 일자리 창출과 가스안전확보 선순환 고리 형성

5년째 추진 중인 '시니어 가스안전관리원'은 지자체, 한국노인인력개발원, 지역 시니어클럽 및 노인회와 공사가 공동으로 협업하여 추진하는 사회서비스형 일자리 선도형 모델이다. 충북 지역의 시니어클럽을 통해 모집한 60세 이상의 구직자를 대상으로 공사에서는 가스안전 점검 교육을 제공하여 시니어 가스안전관리원을 배출한다. 이들은 가스누출검지기를 활용하여 2인 1조로 주택 내 LP가스 안전점검 활동과 동시에 독거노인 안부 묻기 등 노노케어를 실천하고 있다.

정부에서 인건비(인당 약 76만 원/월 수준)를 지원하고 있으며, 2021년 시범사업으로 79명으로 시작해 2022년 290명, 2023년 393명, 2024년 781명, 2025년 669명의 시니어 일자리를 창출하고 연간 점검대상 가구는 2024년 기준, 약 15만 가구이다. 노인 일자리 창출로 지역경제 활성화와 동시에 가스안전 확보와 독거노인 등 사회적 취약가구 케어까지 사회적 현안을 해결하는 선순환 구조를 실현하고 있다.

제6절 지역주민 삶의 질을 향상하는 고품격 문화 콘텐츠 제공

1. 온 가족이 즐기는 지역 문화행사 선도

문화예술을 즐길 수 있는 마땅한 시설인프라가 부족한 지역문제를 해결하기 위해 충청북도와 우리 공사 등 6개 이전 공공기관은 '충북혁신도시 문화협의체'를 구성해 공동비용 부담으로 매년 반기별 1회씩 문화콘서트를 개최하고 있다. 콘서트 주제와 내용을 보면 충북혁신도시가 왜 '전국에서 가장 젊은 혁신도시'라고 불리는지 짐작할만하다. 구성인구의 연령층을 고려할 때 젊은 부부가 많아 자녀 또한 어리다는 점을 고려해 프로그램을 이들의 눈높이에 맞춰 계획하기 때문에 만족도가 꽤 높은 편이다.

2014년 제1회를 시작으로 코로나19 발발 전인 2019년까지 매년 가정의 달 5월에는 다문화가정, 저소득 소외계층, 장애·비장애 아동 및 학부모 등을 공사로 직접 초청해 개최하는 이 지역 대표 축제인 '가스안전 어린이 축제'를 진행했다. 안전의 소중함과 미래의 희망 메시지를 전달하는 문화행사로, 유사시 대처 방법에 대한 가스안전 VR 체험 등 다양한 안전 프로그램 운영으로 아이들에게 안전의식을 함양하고, 온 가족이 즐길 수 있는 명랑운동회·마술쇼·뮤지컬 등 각종 행사로 채워 문화예술 기회가 적었던 지역 아동과 학부모에게 큰 호응을 얻어왔다.

[그림 17-9] 제5회 가스안전 어린이축제 사진

2023년 상반기에는 유명 유튜버, 작가 등을 초청하여 3일간 우리 동네 북콘서트를 진행하

제17장 젊은 혁신도시 충북 진천·음성과 한국가스안전공사의 상생발전

였고, 하반기에는 과학커뮤니케이터 초청강연과 뮤지컬·마술·음악공연을 개최하였다. 2024년엔 상반기 심리학 강연과 팝페라·태권도·아카펠라 등 공연을 한데 이어, 하반기에는 ICT 신기술 체험과 마술·푸드마켓 운영 등의 문화공연으로 진행됐다. 회당 관람인원은 5백 명대에서 많게는 8백 명대에 이른다.

특히, 2022년 12월 충북 음성군 맹동면에 개관한 국내 최초 수소에너지 체험관인 수소안전뮤지엄은 어린이, 중고등학생, 성인 등 다양한 계층을 대상으로 전문 가이드와 함께 고품격 관람 및 체험 콘텐츠를 상시적으로 제공하고 있다. 더불어 2024년 제1회 수소의 날 맞이 '수소 Science Class' 행사를 성공적으로 개최하였고, 어린이날 '수소야 놀자(2024),' '지구를 지켜라! 수소대작전(2025)' 등 각종 기념일마다 다양한 콘텐츠와 함께 지역행사를 주도하는 기관으로 성장하였다.

또한, 충청북도음성교육지원청과 지역 학생들에게 양질의 과학교육 프로그램을 제공하여 수소에너지 인식 제고와 학생 교육 지원을 협력내용으로 하는 수소에너지 꿈나무 양성 업무협약을 체결하고, 과학교육 전문가와 협업하여 교과과정과 연계한 교육 프로그램을 개발하는 등 지역사회와 함께 지역교육 프로그램의 질 향상에도 기여하고 있다.

[그림 17-10] 수소야 놀자 행사 사진, 수소의 날 행사 사진, 수소대작전 행사 포스터(좌측부터)

2. 지역주민이 편리하게 이용하는 '공공자산 나눔' 실천

다양한 문화·체육시설 등 인프라가 절대적으로 부족한 충북 진천·음성 지역의 문제를 적극적으로 해소하기 위해 2018년부터는 본격적으로 온라인 접수를 통해 공사가 보유한 시설들을 지역주민을 대상으로 무상 개방하고 있다. 혁신도시 내에 2개소에 불과한 실내체육관 중 1개를 보유한 공사는, 이를 포함하여 테니스장, 축구장, 대강당, 주차장을 전면 무료로 개방하고 있으며, 시간 단위로 시설을 개방하여 이용을 희망하는 지역주민을 최대한 수용하기 위해 노력하고 있다. 특히, 2024년에는 대규모 지역행사를 적극 지원하여 지역사회 음악회(대강당, 약 300명), 지역 내 합동 어린이집 행사(실내체육관, 총 3회 약 600명), 지역 테니스대회 개최 등 다양한 문화·체육행사의 성공적으로 개최에 기여하였다.

2024년 기준 공사의 시설개방 실적을 금전적으로 환산할 경우 약 23백만 원(충북혁신도시 내 유료 대관 중인 타기관 대관료 기준 환산 금액)을 지역사회에 환원한 것으로 나타났으며, 개방 건수는 유사 SOC·안전 공공기관의 평균 실적(104건) 대비 약 2배(208건) 높은 수준으로 나타났다.

〈표 17-2〉 최근 5년 간 연도별 개방실적

구분	2020년	2021년	2022년	2023년	2024년
이용횟수(건)	4	1	3	30	208
이용인원(명)	802	20	41	2,194	3,699
비고	2020년 2월 코로나19로 제한적 운영			본격 개방	

제7절 공사와 지역이 함께하는 지역발전과 향후 과제

1. 안정적 정착을 넘어 지역발전의 주체로 성장

2013년 충북혁신도시로의 이전 이후 지난 10여 년의 기간 동안 공사는 충북 진천·음성의 지역사회에 안정적으로 적응하고 구성원이 되는 정착의 시간을 넘어 지역발전의 주체로 변화하였다. 이제는 본사 이전기관이 아닌, 지역 기반이 되어 충북 진천·음성과 함께 성장하는 기관으로 지역사회의 신뢰를 받고 있다. 국민의 안전이라는 가치를 중심으로 지역사회의 등 다양한 영역에서 상생하는 모델을 구축하여 지역경제와의 선순환을 촉진할 수 있는 모델을 구축하였다.

2. 젊은 혁신도시 충북 진천·음성의 무궁무진한 잠재력

2016년 충북혁신도시 주민등록인구가 최초 1만 명을 돌파하였고, 지난 2022년까지는 101개월 연속 인구 증가 진기록을 세웠다. 이후에도 계속 증가하여 2021년 이후 2025년 현재까지 3만 명을 상회하고 있다. 충북혁신도시 인구의 평균 나이는 34.2세로 전국 10개 혁신도시 중 가장 젊은 도시라는 점도 주목할 부분이다. 지자체와 이전 공공기관이 다함께 상호협력하여 살고 싶은 정주여건 조성을 위해 노력한 결과, 젊은 층의 안정적 정착에 기여했다고 볼 수 있다.

[그림 17-11] 충북혁신도시 인구추이(2014~2024년)

(단위: 명 / 2024년 12월 기준)

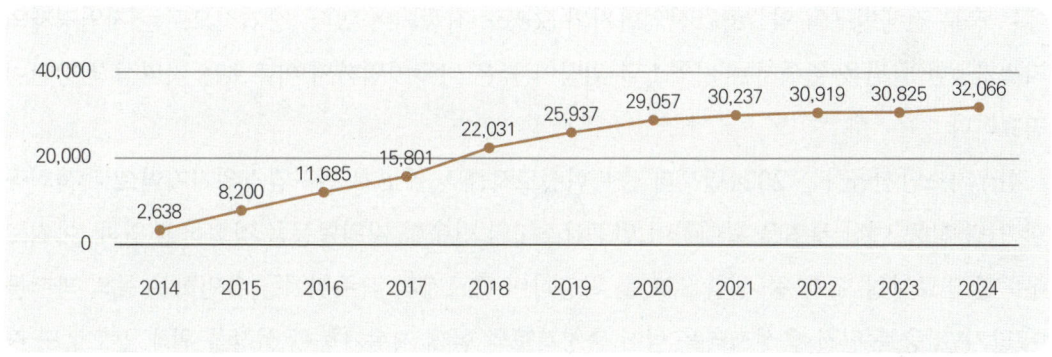

더불어, 충북 진천·음성지역은 충북혁신도시를 중심으로 최근 5년간 사업체 수 1만 859개소, 종사자 수 2만 4천 88명이 증가하는 등 인구와 사업장이 급격하게 증가하는 중부권 핵심 지역으로 부각되고 있다. 2022년 충북 시·군별 1인당 지역내총생산(GRDP)은 음성군 1억 503만 원으로 충북 시군 중 가장 많고, 다음으로 진천군 9,781만 원으로 충북 도내 1·2위를 차지하며 충북 명품 생활권을 입증했다. 이와 같은 성장은 공사만의 노력이 아닌 지자체-주민-산·학-이전공공기관 모두가 상호협력하고 소통한 성과로 볼 수 있다.

대표적으로 2018년 발족된 충북혁신도시 이전기관장 협의회는 2025년 5월 제19차 협의회가 개최되었다. 이전기관의 유대관계 형성과 상호협력을 통한 지역발전방안 모색을 목적으로 운영되고 있는 협의회는 살기 좋은 충북혁신도시를 만들기 위한 정주여건 개선 관련 협의, 중부 내륙철도 지선 국가철도망 계획 반영 등 지역문제 해결을 위해 노력하고 있다. 또한, 지난 2024년 7월에는 공사에서 충북혁신도시 발전을 위한 소통·공감 현안 설명회를 개최하였다. 충북도·진천군·음성군·이전기관 직원 등 181명이 참여하여 충북혁신도시 관련 현안 공유와 지역발전 관련 대담 및 의견수렴의 장을 통해 지역문제를 함께 논의하고 해결책을 고민하여, 지역주민을 위한 정책적 시사점을 도출하는 기회를 마련하였다.

3. 충청북도로 넓혀 가는 지속가능한 성장과 향후과제

충북 진천·음성의 성장에도 불구하고 충청북도의 지역 불균형 발전 문제는 지속적으로 제기되고 있다. 충청북도 내 11개 시·군별 실질 GRDP를 살펴보면 청주시(50.8%), 음성군(11.9%), 충주시(10.6%), 진천군(10.6%) 4개 시·군이 83.9%를 점유하고 있는데, 해당 4개 시·군에는 충북 전체인구의 약 78%, 산업단지의 66%도 집중되어 있다. 장기적으로는 지역경제의 지속가능한 발전을 위해서는 지역소멸 위험이 높은 낙후지역까지 아우르는 지역성장 방안이 필요하다.

한국가스안전공사는 2024년부터 충북혁신도시를 넘어 6개 인구감소위기지역으로 사회공헌 인원·활동·예산 투입을 확대하여 인구감소지역 맞춤형 지원활동을 강화하고 있다. 아직도 부족한 의료시설, 교통 등 생활 SOC를 확충하여 근로자의 직주일치를 유인하는 등의 과제들이 많지만, 충북 진천·음성지역을 넘어 충청북도와 함께 지속가능한 성장을 위해 앞으로도 적극적인 소통의 자세로 지역의 당면한 문제를 지역사회가 함께 협력하여 해소해나갈 계획이다.

제18장

사람과 지역이 함께 자라는 길, 태안과 한국서부발전(주)의 상생 이야기

제1절 태안군 지역소멸 위기 현황

1. 인구 감소와 고령화 추세

태안군은 최근 10년간 인구 정체 및 감소와 급속한 고령화로 지방소멸 위기가 현실화되고 있다. 2014년 약 6만 2천 명이던 총인구는 2017년에 6만 3,932명으로 소폭 증가한 후 정점을 찍었으나, 이후 지속 감소하여 2023년 말에는 60,784명까지 줄어들었다. [그림 18-1]의 그래프에서 보듯이 인구는 2017년 정점 이후 뚜렷한 감소세로 전환되었다. 한편 65세 이상 고령인구 비율은 2014년경 20% 초반 수준에서 매년 상승해 2019년엔 29.6%에 이르렀고, 2023년에는 약 35% 내외로 추정된다. 이는 전국 평균보다 훨씬 높은 수준으로, 태안군 전 지역이 이미 초고령사회(65세 이상 인구 20% 이상)에 진입한 상태이다. 고령인구는 계속 늘어나는데 반해 청년층 유출 및 출생아 감소로 인구 구조의 불균형이 심화되고 있다. 예를 들어 2023년 한 해 출생아는 145명에 불과한 반면 사망자는 750명에 달해 자연감소 폭이 매우 크다. 또 청소년 인구(예: 관내 초중고 신입생 수)는 최근 몇 년 사이 큰 폭으로 줄어들어, 2019년 대비 2023년에 주요 학교 신입생 수가 30~40% 감소하는 등 미래 세대 인구도 급감하는 추세다. 이러한 청년층의 유출과 저출산 현상은 지역의 지속가능성을 위협하고 있다.

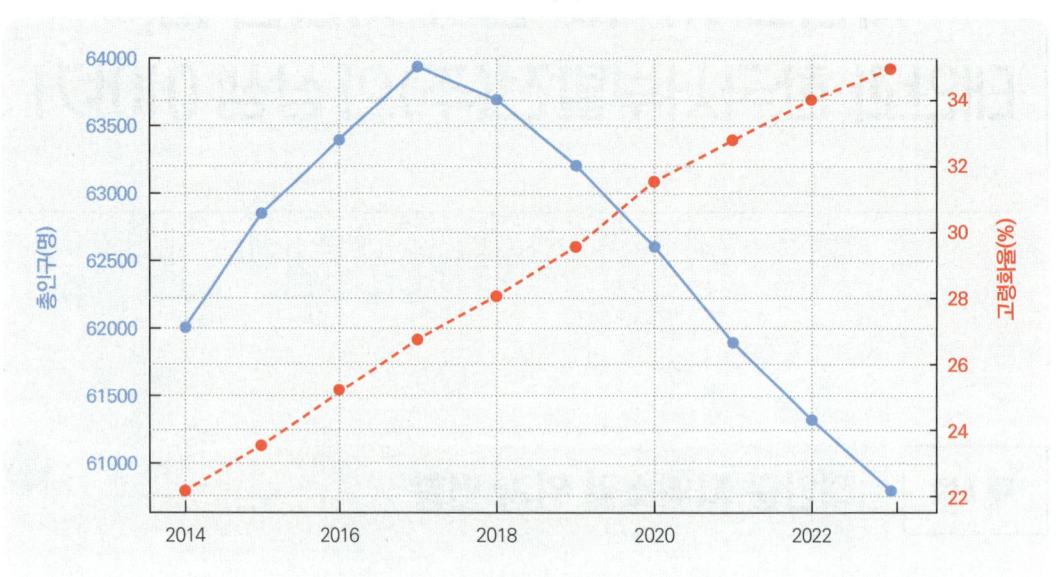

[그림 18-1] 태안군 인구 및 고령화율 추이(2014~2023년)

태안군 인구는 2017년 6만 3,932명으로 정점을 찍은 후 감소 전환되었고, 고령화율은 2019년 29.6%에서 2023년 약 35%에 달해 초고령사회가 되었다.

2. 지역경제와 산업 구조

태안군 경제는 정체 내지 불안정한 성장을 보이고 있으며, 특정 산업 의존도가 높아 지역소멸 위험을 가중시키는 요인이다. 태안군의 지역내총생산(GRDP)은 2010년대 중반 약 3조 원 수준으로, 해마다 등락을 반복해 왔다. 2015년 한국서부발전㈜ 본사 이전 등의 영향으로 GRDP가 일시 증가하기도 했으나 그 후로는 크게 정체되어, 2019년 GRDP는 약 3조 2,380억 원으로 도내 중위권 수준에 머물렀다. 2019년과 2020년에는 지역 경제가 위축되어 GRDP가 감소했고, 2021년부터 소폭 반등하는 양상을 보였다. 산업별 구성을 보면 태안군 경제는 발전소 등 에너지 산업 의존도가 매우 높다. 실제로 2018년 기준 태안군 GRDP에서 전기·가스 등 에너지산업 비중은 40%에 달해 태안군 경제의 거의 절반을 차지하였다. 이는 충남 다른 시군과 비교해도 월등히 높은 수준으로, 태안군이 특정 산업에 편중된 경제구조를 가졌음을 보여준다. 그 외 산업으로는 농림어업이 약 12%, 공공행정·국방 및 사회보장 행정이 10% 가량을 차지하여 비중이 큰 편이며, 나머지는 건설업, 관광을 포함한 서비스업 등이 차지하고 있다. 다만 석탄화력 발전소 단계적 폐쇄가 진행되면서 2021년경에는 전기·가스업 비중이 26.4% 수준으로 낮아지고 농림어업(12.3%), 공공행정(10.4%) 등의 비중이 상대적으로 높아지는 변화가 포착되었다. 이는 일부 발전 설비 운휴 및 다른 부문의 완만한 성장에 따른 구조 변화로 보이나, 여전히 발전산업이 지역경제의 핵심임은 분명하다. 이러한 산업구조 탓에 발전 산업이 위축될 경우 지역경제에 막대한 타격이 불가피하다. 실제로 태안군은 관내 태안화력발전소 10기 중 노후 설비의 폐지가 2025년까지 단계적으로 예정되어 있어, 이로 인한 세수 감소와 인구 유출을 크게 우려하고 있다. 발전소 관련 일자리와 협력 업체의 경제활동이 축소되면 젊은 연령층의 외부 유출이 가속화되어 지역소멸 위험이 더 커질 수 있기 때문이다.

3. 지역소멸위험 지표

인구구조와 경제여건을 종합한 지방 소멸위험지수에서도 태안군은 높은 위험 수준으로 평가된다. 지방소멸위험지수는 한 지역의 20~39세 여성 인구를 65세 이상 인구로 나눈 값으로, 0.5 미만이면 소멸위험 단계, 0.2 미만이면 소멸 고위험 단계로 분류한다. 태안군의 소멸위험지수는 2020년 5월 기준 0.235로 충남 15개 시·군 중 다섯 번째로 낮았으며, 소멸위험 '경고' 수준에 해당했다. 이는 불과 10년 전(2010년)만 해도 소멸위험 진입 단계였던 태안군이 이제는 한층 악화되어 고위험에 근접했음을 뜻한다. 실제로 한국고용정보원이 발표한 2022년 지역소멸위험 분석에서 태안군은 청양·부여·서천 등과 함께 소멸 고위험지역으로 지목되었다. 요컨대 젊은 층의 급격한 유출과 고령화, 그리고 발전산업 위축에 따른 경제기반 약화가 맞물려 태안군은 현재 소멸위험이 매우 높은 지역으로 분류되고 있다. 이러한 현실 인식하에 태안군과 지역 주체들은 인구 유입 및 정주여건 개선을 위한 다양한 대응책을 모색하고 있다.

제2절 한국서부발전(주)의 사회공헌 전략 개요

1. 한국서부발전(주) 본사 이전과 지역 공기업으로서의 역할

　한국서부발전(주)(이하 '서부발전')은 국내 발전 전문 공기업으로, 2000년대까지 본사가 수도권에 위치해 있었다. 그러나 2015년 서부발전 본사가 태안군으로 이전함에 따라 태안군은 주요 공공기관을 유치하게 되었고, 서부발전은 태안지역의 거점 공기업으로서 지역사회에 대한 책무가 한층 커졌다. 본사 이전 당시 서부발전과 태안군은 상생협력 과제 57개를 수립하여 직원들의 정착 지원과 지역 발전에 힘썼고, 그 결과 대부분의 서부발전 임직원(가족 포함 약 3~4천 명)이 태안군에 전입하는 성과를 거두었다고 보고되었다. 이는 본사 이전이 단순히 행정구역상의 변화에 그치지 않고 지역 인구 증가와 경제 활력에 직접 기여했음을 보여준다. 본사 이전 이후 서부발전은 "태안군민과 함께 어우러질 수 있는 지역사회 공헌사업을 지속 추진"하겠다고 밝히며, 지역과의 상생을 핵심 경영방침으로 삼고 있다. 공기업으로서 서부발전은 지역 인프라 투자, 일자리 창출, 복지 증진 등 다양한 분야에서 지역 밀착형 사회공헌 활동을 전개하며 태안군의 소멸위기 극복에 일조하고 있다.

2. 지속가능발전목표(SDGs) 및 ESG 연계 전략

　서부발전은 기업의 사회적 책임을 다하기 위해 유엔 지속가능발전목표(SDGs)와 ESG 경영 전략에 부합하는 사회공헌 체계를 구축하고 있다. 회사 비전인 "Beyond Energy, Create Happiness"에 맞춰 에너지 분야 본업과 연계하면서 지역사회에 행복을 창출하는 것을 목표로 삼고 있다. 전사 차원의 사회공헌 추진전략은 세 가지 축으로 요약되는데, ① 본업 연계형 사회공헌, ② 지역 경쟁력 강화, ③ 생활 인프라 개선이 그것이다.
　첫째, 본업 연계형 사회공헌은 발전 공기업으로서의 전문역량을 살려 친환경 에너지 전환, 온실가스 감축, 에너지 취약계층 지원 등에 기여하는 사업들로, 예를 들어 노후 보일러 교체를 통해 마을단위 온실가스 400톤을 감축한 "기후위기 안심마을" 사업 등이 해당된다. 둘째, 지역 경쟁력 강화 분야는 지역의 청년과 주민들에게 경제적 자립과 성장의 기회를 제공하는 것

제18장 사람과 지역이 함께 자라는 길, 태안과 한국서부발전(주)의 상생 이야기

으로, 지역 특화산업인 농어업 지원, 청년 창업지원, 일자리 창출 프로그램 등이 중심을 이룬다. 마지막으로 생활 인프라 개선 분야는 의료·복지·교육 등 주민 삶의 질 향상을 위한 인프라 투자와 복지사업을 가리키며, 예를 들어 앞서 언급한 태안군 건강복지관 건립 지원이나 응급의료 인력 확충 지원 등이 이에 속한다. 이처럼 서부발전의 사회공헌 활동은 환경(E), 사회(S), 거버넌스(G) 측면을 고루 고려한 ESG 경영의 일환으로 자리 잡고 있다. 특히 환경 분야에서는 신재생에너지 사업과 연계한 탄소중립 노력과 더불어 지역 생태계 보전을 위한 사업(치어 방류, 해양 생태 복원 등)을 펼치고 있으며, 사회 분야에서는 교육, 복지, 일자리에 초점을 맞춰 지역주민의 역량 강화와 삶의 질 개선을 지원하고 있다. 이러한 전략적 사회공헌 활동들은 UN SDGs 중 양질의 교육(SDG 4), 양호한 일자리와 경제성장(SDG 8), 산업·혁신(SDG 9), 불평등 감소(SDG 10), 지속가능한 도시·공동체(SDG 11), 기후행동(SDG 13), 해양생태계 보존(SDG 14), 건강복지(SDG 3) 등에 직접적으로 기여함으로써 기업의 경영목표와 지역사회의 지속가능성을 연결하고 있다. 서부발전은 이러한 노력의 성과로 보건복지부 주관 '지역사회공헌 인정제'에서 6년 연속 인정기업으로 선정되어 최고 등급을 유지하고 있으며, 지역사회에 긍정적인 사회적 가치 창출을 인정받고 있다.

3. 전략적 사회공헌의 주요 방향

태안군의 소멸위기 극복을 위한 서부발전의 사회공헌은 크게 청년, 복지, 생태환경, 교육, 지역경제의 다섯 가지 분야에 초점을 맞추고 전개되고 있다. 첫째, 청년 분야에서는 지역 청년들의 유출을 방지하고 정착을 유도하기 위해 청년 일자리와 창업을 지원하고, 지역 인재를 양성하는 프로그램을 운영한다. 둘째, 복지 분야에서는 노인복지와 의료 인프라 확충에 주력하여 주민 삶의 기본 여건을 개선하고 있다. 셋째, 생태환경 분야에서는 태안의 자연환경과 지역산업을 고려해 해양 생태계 보전(치어 방류 등)과 지역 농어촌 지원(화훼농가 지원, 자원순환 사업 등)을 시행하며, 이를 통해 환경보호와 주민소득 증대라는 두 마리 토끼를 잡고 있다. 넷째, 교육 분야에서는 지역 학생들에게 도시에 뒤처지지 않는 양질의 교육 기회를 제공하기 위해 멘토링, 장학사업 등을 실시하고 있다. 다섯째, 지역경제 활성화 분야에서는 지역 특산업인 농수산업의 부가가치를 높이고 중소상공인을 돕는 한편, 창업 생태계 조성을 통해 새로운 산업과 일자리를 창출하고 있다. 이러한 활동들은 개별적으로 추진되면서도 상호 보완적으로 작용하

여 젊은 층 유입, 일자리 창출, 정주여건 개선이라는 궁극적 목표 '태안군의 지역소멸 위기 극복'에 기여하고 있다.

제3절 한국서부발전(주)의 사회공헌 추진 사례 및 성과

이어서, 앞서 살펴본 사회공헌 전략이 실제로 어떻게 구현되고 있는지를 주요 사례별로 구체적으로 살펴보겠다. 태안 지역의 인구감소와 경제침체를 완화하고 주민 삶의 질을 높이기 위해 서부발전이 전략적으로 추진 중인 사회공헌 사업에는 WP School(위피스쿨) 교육사업, 청년 창업기업 지원 사업, WP 소셜플라워 화훼농가 지원사업, 수산종자 방류 사업, 지역 의료인프라 확충 지원사업 등이 있다. 각 사업의 내용과 성과를 자세히 기술하면 다음과 같다.

1. 서부공감 위피스쿨: 지역인재 육성 멘토링

서부발전의 대표적인 교육 분야 사회공헌 프로그램인 '서부공감 위피스쿨(WP School)'은 태안군을 비롯한 농어촌 지역 학생들에게 다양한 교육 기회를 제공하고 미래 지역인재를 육성하기 위해 2017년 도입된 교육기부 멘토링 프로그램이다. 이 사업에서는 서부발전이 선발한 대학생 멘토들이 태안 지역 청소년(중학생 등 멘티)을 대상으로 방학 기간 등을 활용한 창의융합교육, 진로탐색, 정서교류 멘토링을 진행한다. 예컨대 환경보호를 주제로 한 체험학습, 멘토 전공을 살린 특강(도시계획, 연극 등) 등을 통해 시야를 넓히는 기회를 제공한다.

[그림 18-2] 서부공감 위피스쿨

제18장 사람과 지역이 함께 자라는 길, 태안과 한국서부발전(주)의 상생 이야기

서부발전은 위피스쿨 운영을 위해 전문 교육단체(한국메타교육협회 등)와 협력하고 있으며, 참가하는 대학생 멘토에게는 장학금 지원과 봉사활동 인증을 부여하여 지속적인 참여를 독려하고 있다. 2017년 첫 기수를 시작으로 2025년 현재 15기까지 운영되는 동안, 지금까지 멘토 192명, 멘티 1,749명 등 총 1,941명의 참가자를 배출하였고, 태안 지역 대표적인 인재양성 프로그램으로 자리매김하고 있다. 정성적 성과로서, 멘토링을 받은 지역 학생들의 자기주도학습 능력 향상과 진로의식 고취 등 긍정적 변화가 보고되고 있으며, 학부모와 지역사회로부터 큰 호응을 얻고 있다. 서부발전은 위피스쿨을 통해 교육격차 완화(SDG 4)에 기여함과 동시에, 배출된 멘티들이 훗날 지역에 기여하는 인재로 성장하도록 돕는 장기적인 인구투자 효과를 기대하고 있다. 위피스쿨 사업은 8년간의 꾸준한 운영으로 그 성과를 인정받아 2022년 교육부 주관 농어촌 교육기부 우수프로그램에 선정되는 등 대외적으로도 높은 평가를 받고 있다.

〈표 18-1〉 연도별 서부공감 위피스쿨 주요 실적

구분	2017	2018	2019	2020	2021	2022	2023	2024	2025	누적 합계
운영 기수	1	2~3 (2회)	4~5 (2회)	6~7 (2회)	8~9 (2회)	10~11 (2회)	12~13 (2회)	14	15	총 15회
대학생 멘토 수	20	40	42	26	16	16	16	8	8	192명
청소년 멘티 수	163	506	438	240	104	111	99	44	44	1,749명
주요 프로그램	멘토링 캠프, 학습지도	멘토링, 진로특강	문화체험, 진로 콘서트	온라인 멘토링 병행	진로캠프, 코딩수업	진로 콘서트 개최	AI·환경교육	웰빙북 활용 교육	AI 디지털 교육	

2. 청년 창업기업 지원: 태안청년창업비즈니스센터 운영

태안군과 서부발전은 지역 청년의 정착과 일자리 창출을 위해 2021년 업무협약을 맺고 청년 창업 인프라 구축 사업을 공동 추진하고 있다. 이는 충청남도 지역균형발전사업의 일환으로 선정되어 2021년부터 2025년까지 5년간 총 20억 원 규모로 진행되는 프로젝트다.

[그림 18-3] 청년 창업기업 지원

태안 청년창업 인큐베이팅 & 사업화 지원을 위한
서부발전-태안군 업무협약식

태안청년창업비즈니스센터 성과공유회

출처: 충청뉴스.

　핵심 실행사업은 '태안청년창업비즈니스센터' 설치·운영으로, 태안군은 2025년까지 태안읍에 민간건물을 임차하여 센터를 조성하고 서부발전은 센터 임차료 등 운영비용을 지원하는 형태다. 이 센터는 예비 창업가들에게 사무공간(1인 오피스)을 제공하고 창업 아이템 발굴, 사업화 자문, 창업 교육, 네트워킹(co-working) 지원 등을 원스톱으로 지원하는 인큐베이팅 허브 역할을 담당한다. 2022년 3월 센터가 개소한 이후 현재(2024년 말 기준) 약 30개의 청년창업기업이 입주하여 한 해 동안 성과공유회 등을 통해 성장 성과를 발표하는 등 활발히 운영되고 있다. 지원 대상은 태안군민 청년뿐만 아니라 외지에서 태안으로 전입을 희망하는 청년 예비창업가까지 포괄하여, 창업을 계기로 외부 청년 유입도 도모하고 있다. 이 사업을 통해 기술 스타트업부터 지역 자원을 활용한 사회적기업까지 다양한 분야의 청년기업이 태안에 뿌리를 내리고 있으며, 일부 입주기업은 창업 경진대회 수상이나 투자 유치 등의 성과를 거두며 성장 가능성을 보이고 있다. 정량적 성과로는 센터를 통한 신규 창업 30건, 50여명의 청년 고용 창출 등이 나타나고 있다. 정성적으로는 지역 내 청년창업 문화의 확산과 청년 공동체 형성이라는 효과가 있다. 청년 창업가들은 "수도권에 비해 저렴한 비용으로 창업할 수 있고 공기업의 체계적 지원을 받아 사업에 집중할 수 있다"는 만족감을 표하고 있다. 서부발전과 태안군의 이 협업 모델은 지자체-공기업 간 성공적인 청년지원 사례로 주목받아 2023년 행정안전부 지역활력프로젝트 우수사례로 선정되기도 했다. 청년친화적 환경 조성을 통해 장기적으로 청년 인구 유입 및 정착을 유도하는 이 사업은 태안군의 지방소멸 위기 대응에

제18장 사람과 지역이 함께 자라는 길, 태안과 한국서부발전(주)의 상생 이야기

실질적 해법을 제시하는 노력으로 평가된다.

3. WP 소셜 플라워: 지역 화훼농가 및 복지시설 지원

[그림 18-4] WP 소셜 플라워 사업

WP 소셜 플라워 사업

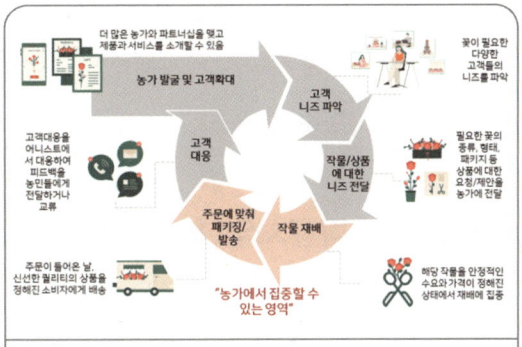
스토리텔링 중심 B2B 온라인 플랫폼 구축

　태안군은 전국 유수의 꽃 생산지로, 충남 화훼 생산량의 30%를 차지해 '꽃의 도시'란 이미지를 가지고 있다. 서부발전은 이러한 지역 특색을 반영하여 2018년부터 'WP 소셜 플라워' 사업을 추진, 태안 지역 화훼농가의 판로 개척을 지원하는 한편 복지시설 어르신들에게 원예치료를 제공하는 지역 맞춤형 사회공헌사업을 전개하고 있다.

　이 사업은 서부발전이 농림축산식품부의 농어촌상생협력기금을 활용해 재원을 마련하고, 지역 화훼농가와 협력하여 진행된다. 구체적으로, 태안읍 일대 화훼농가에서 재배된 꽃을 서부발전이 온라인으로 대량 구매하여 지역 노인복지관 등에 제공하고, 복지관에서는 이를 활용한 원예치료 수업을 어르신들에게 제공한다. 이를 통해 꽃 농가는 판로를 확보하고 매출을 올리며, 어르신들은 꽃을 돌보고 활력과 정서적 안정을 얻는 상생 모델이 구축되었다. 2018년 3월 사업 시작 이후 1년 간 플랫폼 구축과 원예치료 프로그램 운영을 통해 지역에 9명의 일자리가 새로 창출되었고, 화훼농가 25곳이 참여하였다. 2019년에는 참여 농가를 15곳 추가 확대하여 총 40호 농가로 늘리는 등 사업 규모를 키웠다. 코로나19 시기에는 '플라워 버킷 챌린지' 캠페인에 동참해 지역에서 생산된 꽃을 구매하는 등 어려움에 처한 화훼농가를 지원하기도 했다. 정량적 성과로 WP 소셜 플라워 사업은 매년 수만 송이의 꽃 판매를 촉진하여 참여

농가들의 평균 소득을 상승시켰으며, 고용인원과 유통 인프라가 확대되는 효과를 거두었다. 정성적 성과로는 지역 어르신들의 우울감 해소와 삶의 만족도 제고에 기여하고, 지역 주민들에게 공동체 활력을 불어넣었다는 평가를 받고 있다. 서부발전 관계자는 "WP 소셜 플라워를 통해 지역 화훼농가 소득증대와 지역경제 활성화를 위한 특화된 사회공헌사업을 지속 추진하고 있다"고 밝혔으며, 지역 주민들 또한 "서부발전 덕분에 태안의 꽃이 더 많은 곳으로 팔려나가고, 어려운 어르신들도 꽃과 함께 웃을 수 있게 되었다"고 호응하고 있다. 이 사업은 지역경제와 복지를 동시에 살린 모범사례로서, ESG 경영 측면에서 사회(S) 가치와 경제적 가치를 창출한 모델이라 할 수 있다.

4. 수산종자 방류사업: 해양자원 회복과 어민 지원

태안군은 서해 연안을 끼고 있어 어업이 발달한 지역이지만, 수산 자원 고갈과 남획으로 어려움을 겪어왔다. 이에 서부발전은 지역 어민들과 해양 생태계를 보호하기 위해 태안군과 함께 수산종자 매입·방류사업을 추진하고 있다. 2017년 5월 태안군과 "수산종자방류사업 상생협력" 업무협약을 체결한 이후 매년 대규모 치어 방류를 시행 중이다. 2018년에는 6월과 7월 두 차례에 걸쳐 참돔 치어 72만 마리와 꽃게 치폐유 79만 5천 마리를 구입하여 태안 앞바다에 방류했고, 2019년 7월에는 조피볼락 치어 약 86만 3천 마리를 추가로 방류하였다. 이렇게 2018~2019년 3차례에 걸쳐 총 165만 9천 마리의 수산 종자가 만대항, 학암포항, 통개항 인근 해역에 풀려나 태안 연안 수산자원 증강에 기여한 것으로 집계되었다. 방류된 어린 물고기들은 수년 내로 태안 앞바다의 어획량 증가로 이어져 어업인 소득증대에 도움이 될 것으로 예상된다. 서부발전은 치어만 풀어놓는 데 그치지 않고 무분별한 어린 물고기 포획을 막기 위한 홍보와 어장 환경 개선 활동도 병행하여 지속적인 자원 관리에 힘쓰고 있다. 이 사업에는 연간 약 3억 원 규모의 예산이 투입되며, 발전소 온배수(따뜻한 냉각수)를 활용한 수산양식시설이 향후 건립될 때까지 지속 추진될 계획이다. 정량적 성과로 치어 방류량을 보면 2020년 이후로도 매년 수십만 마리씩 추가 방류되고 있어 누적 방류량은 2025년 현재 수백만 마리에 이르고 있다. 덕분에 일부 지역에서는 꽃게 등 자원량이 증가 조짐을 보이고 있어 어민들로부터 "어장에 활기가 돈다"는 긍정적인 평가를 받고 있다. 또한 정성적 효과로 어업 종사자들에게 심리적 안정감을 주어 "정부와 공기업이 우리 바다를 위해 노력한다"는 신뢰를 형성하고, 지역사회에

제18장 사람과 지역이 함께 자라는 길, 태안과 한국서부발전(주)의 상생 이야기

환경 보전의식을 높이는 계기를 마련했다. 서부발전은 "태안 연안 생태계 복원에 조금이나마 도움이 되길 바란다"며 지역어업인과 마을공동체의 소득증대를 위해 지속 노력하겠다는 의지를 표명했다. 이처럼 수산종자 방류사업은 해양환경(E)을 보호하면서 지역경제(S)를 살리는 1석 2조의 지역밀착형 ESG 경영실천 사례로 평가된다.

[그림 18-5] 수산종자 매입방류사업

2024년 수산종자 매입방류사업

2025년 상반기 수산종자 매입방류사업

5. 의료 인프라 확충 지원: 공공의료 역량 강화와 주민 건강증진

인구 고령화와 함께 의료 접근성 문제는 태안군이 직면한 또 다른 도전이다. 태안군에는 종합병원이 없고 보건의료원이 유일한 공공의료기관인데, 전문의 인력과 시설이 부족하여 응급의료 취약지역으로 분류되어 왔다. 충남도 전체 인구 1천 명당 의사수가 1.12명인데 태안군은 0.6명에 불과할 정도로 의료 인프라 격차가 컸다. 이를 해소하기 위해 서부발전은 2019년 4월부터 서울대학교병원과 손잡고 인근 서산의료원(태안군과 인접한 권역 거점병원)에 호흡기내과, 신경과 등 4개 과목 전문의를 파견하는 사업을 지원하기 시작했다. 서부발전이 사업비를 부담하여 대형병원 전문의(서울대 의료진 등)를 지방 병원에 일정기간 근무하도록 함으로써, 태안 주민들도 심뇌혈관질환 등 중증 질환 진료를 제때 받을 수 있도록 한 것이다. 아울러 2021년 4월에는 태안군보건의료원에 응급의료 전문인력 운영기금을 전달하여, 의료원 응급실에 전담의사를 채용·유지하고 장비를 보강하는 것을 도왔다. 이로써 야간 응급환자 대응능력이 향상되고 응급환자의 원거리 이송 사례가 줄어드는 등 응급의료 공백 해소에 큰 도움이 되고 있다.

서부발전은 이 외에도 찾아가는 의료봉사, 장애인 건강검진 지원 등 지역주민 대상 맞춤형 의료서비스 제공 활동을 펼쳐 태안·서산 지역의 의료 취약계층을 지원해 왔다. 특히 응급의료 인력 확충은 골든타임 내 환자치료 가능성을 높여 주민 생명권을 지키는 중요한 성과로 이어지고 있다. 서부발전은 "지역사회에 부족한 응급의료 인원을 확충하고 공공의료 역량을 강화하여 지역균형발전의 기반을 조성하는 데 노력하겠다"고 밝히며, 지방 공기업으로서 지역 보건복지 향상에 앞장서고 있다. 이 의료 지원 사업은 양질의 건강과 복지(SDG 3) 달성에 기여함으로써 인구 유출을 막는 간접효과까지 노리는 전략적 사회공헌 사례로 평가된다.

이상에서 살펴본 각 사업들을 표로 정리하면 〈표 18-2〉와 같다.

이상의 사례들을 종합하면, 한국서부발전(주)는 지역 밀착형 사회공헌을 통해 태안군의 인구유지 및 지역 활력 제고에 크게 기여하고 있다. 교육부터 창업, 농어업, 환경, 의료에 이르는 다양한 분야에서 전략적이고 지속적인 투자를 함으로써 청년이 돌아오는 지역, 어르신이 행복한 지역, 지속가능한 지역경제 기반을 만드는 데 도움을 주고 있다. 물론 이러한 사회공헌 활동만으로 곧바로 인구 감소세가 반전되거나 지역소멸 위험이 해소되는 것은 아니다. 그러나 공기업의 선도적인 노력은 지방자치단체, 지역주민, 다른 기업들의 참여를 이끌어내어 지역문제 해결의 마중물이 된다는 점에서 의미가 크다. 태안군 역시 서부발전과 협력하여 아이 낳기 좋은 환경 조성, 청년 정책 발굴 등 추가 대책을 펼치고 있어, 산·학·연·관이 함께하는 지역사회 통합 노력이 전개되고 있다. 앞으로도 한국서부발전(주)는 본사가 위치한 태안군에서 ESG 경영을 바탕으로 한 사회공헌 활동을 꾸준히 이어갈 계획이며, 이는 태안군이 지방소멸 위기를 극복하고 지속가능한 지역사회로 거듭나는 데 중요한 밑거름이 될 것으로 기대된다. 마지막으로, 태안군 사례는 국가 균형발전 관점에서도 시사하는 바가 크다. 수도권과 대도시로의 인구 쏠림이 심각한 한국사회에서, 공공기관 이전과 이에 따른 사회공헌은 인구와 자원의 지역 재분배를 가져올 수 있음을 보여준다. 한국서부발전(주) 본사 이전으로 약 3~4천 명의 인구가 태안에 증가하고 세수가 늘어난 것처럼, 향후 공공 및 민간 부문의 적극적인 지방 투자가 지역소멸 위기를 완화하는 데 핵심 역할을 할 것이다.

제18장 사람과 지역이 함께 자라는 길, 태안과 한국서부발전(주)의 상생 이야기

<표 18-2> 태안 지역 소멸위기 극복을 위한 서부발전 주요 사회공헌 사업 현황 및 성과

사회공헌 사업	시행 시점	주요 내용	투입 예산/인원	핵심 성과
서부공감 위피스쿨 (지역인재 교육멘토링)	2017년 ~ 현재	농어촌 청소년 대상 대학생 멘토링 교육 운영	대학생 멘토 192명참여(누적)	지역 청소년 1,749명에게 양질의 교육기회 제공지역 대표 인재양성 프로그램으로 성장
청년창업 지원 (태안청년 창업비즈니스센터)	2021년 ~ 현재	청년 창업공간 제공, 창업교육· 사업화 지원	총 사업비 20억 원(~2025) 센터 입주기업 30개(2024년)	청년 30개 스타트업육성, 50여 명 신규고용지역 내 창업생태계 조성 및 청년정착 기반 마련
WP 소셜 플라워 (화훼농가 판로지원 및 원예치료)	2018년 ~ 현재	지역 화훼 온라인판로 구축,복지시설 원예치료 수업	농어촌상생 협력기금 활용 25호 농가 40호로 참여 확대(2019년)	일자리 9명 창출(플랫폼 운영 등) 화훼농가 매출 증대 및 복지시설 어르신 정서 지원
수산종자 방류사업 (해양자원 조성)	2017년 ~ 현재	어린 물고기·게 치어 매입 후 연안에 방류	연간 약 3억 원규모 치어 방류(2018~19년 누적 165만 9천 마리 방류	연안 수산자원 회복(어획 증가 추세)어업인 소득증대 기반 마련, 해양생태 복원
의료 인프라 확충 (공공의료 역량강화)	2019년 ~ 현재	전문의 지방파견, 의료원 인력·장비 지원	서산의료원 전문의 4개과 파견지원. 태안의료원 22억 원 응급인력기금 지원	응급의료 공백 해소: 의사 1인당 주민수 개선주민 의료만족도 향상, 응급환자 생존율 제고

참고 문헌

국내 문헌

Arthur O'Sullivan 지음. 이번송·홍성효·김석영 옮김(2022). 「오설리반의 도시경제학」(제9판). 서울: 박영사.
강명구·이창수(2015). 스마트도시 개념의 변화와 비교: 서울시 사례 분석을 중심으로. 「한국지역개발학회지」, 27(4): 45-63.
강서윤(2022). 지역의 사회자본과 인식, 거주기간 간 관계 분석: 살고 싶은 지역은 어떻게 만들 수 있는가. 「도시행정학보」, 35(4): 193-213.
강원연구원(2024). 한눈에 보는 탄광지역 통계 주요지표.
강현주(2022). 인구구조 변화가 장기 거시경제 추세에 미치는 영향. 자본시장연구원 이슈보고서, 22-26.
고경훈·안영훈·김건위(2012). 지방자치단체의 사회적 자본 측정 및 증진방안. 서울: 한국지방행정연구원.
구형수·김태환·이승욱·민범식(2016). 저성장 시대의 축소도시 실태와 정책방안 연구. 서울: 국토연구원.
권영상·염철호·고은정(2008). 한국적 도시공간 구현방향 설정을 위한 기초 연구: 기존 담론과 연구의 현황조사를 중심으로. 서울: 건축도시공간연구소.
김경용·김영욱(2015). 공간구조와 경제활동의 선·후행관계에 관한 연구: 가로망구조와 고용밀도의 변화를 중심으로. 「국토계획」, 50(5): 43-58.
김도경(2023). 포항 R&BD기관의 집적과 지역에 대한 영향. 「대한지리학회지」, 58(5): 548-561.
김동철·김대건(2021). 시민참여와 사회적 자본의 관계에서 공동체 의식의 매개효과에 관한 연구: 춘천시 주민자치회 전환 지역을 중심으로. 「사회과학연구」, 60(1): 3-29.
김민곤(2019). 지역중심성이 지역의 경제성장에 미치는 영향에 있어 산업구조(특화 및 다양성)의 조절효과: 수도권과 부산·울산권을 대상으로. 서울대학교 대학원, 14(3): 85-123.
김민영·이소영(2024). 인구감소지역·관심지역 구분 및 행재정적 지원 확대방안. 한국지방행정연구원.
김유진(2020). 지속가능한 도시재생을 위한 시민참여 사례 연구: 독일, 영국 사례를 중심으로. 대한건축학회 2020년도 추계학술발표대회논문집, 367-370.
김은영·이태희(2019). 4차 산업혁명과 지역의 산학협력 활성화 방안에 관한 연구: 포항지역 중심으로. 「전문경영인연구」, 22(3): 261-279.
김은지·전희정(2023). 주거빈곤이 정신건강에 미치는 영향: 사회적 자본의 조절효과 및 연령별 차이를 중심으로. 「도시행정학보」, 36(2): 23-45.
김인·유환종(1995). 최근 도시지리학의 연구동향. 「지리학논총」, 26: 1-17.
김종석(2025). 건축적 변화로 만드는 마을의 지속가능성. 무브먼트C 세미나 발표자료.
김주영·김원규·김인철·임소영·조재한·길은선·송단비·송영진·임은정·정선인·김한흰·이영환(2019). 인구구조 변화에 따른 산업구조와 노동시장 변화 분석 및 정책과제. 서울: 산업연구원.
김천권(2004). 「도시개발과 정책」. 고양: 대영문화사.
김현호·이제연(2021). 국가위기 대응을 위한 지방소멸 방지전략의 개발. 한국지방행정연구원.
김형준·박인권(2018). 인구집적이 지식확산에 미치는 영향: 서울시 생활인구 데이터 분석. 대한국토·도시계획학회 2021 추계학술대회 발표논문집.
김혜영·이상헌(2023). 1960년대 대서울계획의 동심원구조와 선형도시구조 대안이 서울의 도시구조에 미친 영향. 「서울학연구」, 90: 43-103.
남승균(2015). 사회적경제와 지역의 내발적 발전에 관한 연구. 「인천학연구」, 1(23): 85-124.
남영우(2015). 「도시공간구조론」(제2판). 서울: 법문사.
노승용·김현·문정우·박용수·서영완·송하령·이명진·조성배·조인경·최승일·황수덕(2025). 「공공 디지털 혁신」. 서울: 윤성사.

노형규·정의철(2018). 「도시경제학」. 서울: 출판문화원.
마스다 히로야 지음, 김경환 옮김(2014). 「지방소멸」. 와이즈베리.
명성준(2011). 친환경 도시건설에 관한 연구: 영국 레스터시와 브라질 꾸리찌바시의 사례를 중심으로. 「국가정책연구」, 25(2): 5-27.
모종린(2016). 「작은 도시 큰 기업」. 서울: 알에이치코리아.
모종린(2017). 「골목길 자본론」. 파주: 다산북스.
모종린(2024). 제4의 창조도시론. 골목길 경제학자의 브런치.
모종린(2024). 「크리에이터 소사이어티」. 파주: 김영사.
모종린(2025). 도시와 소상공인: 베를린과 서울의 차이. 골목길 경제학자의 브런치.
모종린(2025). 장사하기 좋은 동네의 건축환경: 3단 구조론. 골목길 경제학자의 브런치.
문윤상(2018). 도시의 성장과 집적에 대한 연구: 거점도시의 영향을 중심으로. 세종: 한국개발연구원.
박길용(2021). 「생태도시학: 생명과 지속성」. 서울: 윤성사.
박미선·조윤지(2020). 연령대별·성별 1인가구 증가 양상과 주거특성에 따른 정책 대응방향. 「국토정책 Brief」, 1-8.
박순매·윤재신(2018). 도시 설계를 위한 도시 공간의 구조 체계 분석: 도시 공간 구조에 관한 논문들을 사례로. 대한건축학회 2018년도 춘계학술발표대회논문집.
박순애·김아미(2024). 「지속가능한 미래를 설계하다: ESG경영에서 기후난제까지」. 고양: 대영문화사.
박순창(2012). 한국의 인구구조 변화와 대응 전략. 「유라시아연구」, 9(1): 249-271.
박하일·박창귀(2017). 우리나라의 인구구조 변화와 정책과제. 「한국경제의 분석」, 23(2): 47-87.
박혜영·김정주(2012). 사회적자본이 지역주민의 만족도와 공동체의식에 미치는 영향 분석: 지역축제 참여주민을 대상으로. 「한국거버넌스학회보」, 19(3): 47-66.
박희봉(2002). 사회자본이론의 논점과 연구경향. 「정부학연구」, 8(1): 1-44.
변병설(2005). 지속가능한 생태도시계획. 「국토지리학회지」, 39(4): 491-500.
서준교(2014). 도시쇠퇴와 수축의 원인가 대응전략 연구: 리버풀과 라이프치히의 사례를 중심으로. 「한국지방자치학회보」, 26(1): 97-115.
설영훈·이유환·유진아(2025). 2022년 GRDP로 살펴 본 충북 시군경제. 「충북 FOCUS」, 2025-06(234호).
성균관대학교 도시발전연구소(2025). 강원랜드 모델을 통한 폐광지역(정선 등)의 지속가능성 평가.
손예령(2024). 지방소멸 대응을 위한 도시문화 전략에 관한 연구: 피츠버그 사례를 중심으로. 「문화와융합」, 46(1, 특별호): 197-209.
손정렬(2011). 새로운 도시성장 모형으로서의 네트워크 도시: 형성과정, 공간구조, 관리 및 성장전망에 대한 연구동향. 「대한지리학회지」, 46(2): 181-196.
송성수(2022). 기술능력 발전의 시기별 특성: 포항제철 사례연구. 「기술경영경제학회지」, 10(10): 174-200.
송주연(2021). 한국의 도시 성장 유형과 사회적 지속가능성. 「한국지역지리학회지」, 27(4): 505-527.
송주형·임은택·허지수·손동화(2024). 국내 고령친화 스마트홈의 사회 이슈 및 연구 동향 분석과 발전 전망. 「Journal of the Korean Housing Association」, 35(6): 001-010.
엄기복(2024). 「인공지능 도시: 스마트시티 이후의 도시」. 서울: 좋은땅.
여인애·이정재·윤성환(2010). 친환경도시계획에 따른 도시기온 및 공조에너지 특성변화. 「대한건축학회논문집」, 26(2): 255-265.
오단이·정은정·김선영·이은진·최유진(2024). 지방소멸 대응을 위한 사회적경제 사례 연구: 춘천시 사례를 중심으로. 「사회적경제와 정책연구」, 14(2): 113-140.
우해봉(2013). 인구 고령화의 인구학적 요인 분석. 「보건사회연구」, 43(1): 50-68,
이규명·김진열·정문기(2014). 도시경제성장을 위한 창조산업의 활성화 및 정책적 노력: 서울특별시를 중심으로. 「한국사회와 행정연구」, 25(2): 217-240.
이길제·김지혜·이재춘·조윤지(2022). 미래 트렌드와 주거의식 변화에 대응하는 주거복지 정책방향. 「국토정책 Brief」, 1-8.
이병호(2020). 제2차 인구변천 이론, 1986-2020: 특징, 논쟁, 함의. 「한국인구학」, 43(4): 37-68.
이상림(2020). 청년인구 이동에 따른 수도권 집중과 지방 인구 위기. 「Health Welfare Issue & Focus」, 395: 1-9.
이상호·이나경(2023). 지방소멸위험 지역의 최근 현황과 특징. 「지역산업과 고용」, 112-119.

이상호(2024). 지방소멸: 광역대도시로 확산하는 소멸위험.「지역산업과 고용」, 126-137.
이상호 외(2020). 지방소멸 위기극복을 위한 지역 일자리 사례와 모델. 한국고용정보원.
이종호·이재욱·서동구·황은경(2022). 스마트홈 활성화를 위한 서비스 분야의 연구동향 분석: 국외 연구동향 및 등재 학술지를 중심으로.「한국산학기술학회 논문지」, 23(4): 238-251.
이준희(2016). 사회적 자본이 사회적 기업의 성과에 미치는 영향.「한국콘텐츠학회논문지」, 16(4): 644-654.
이지혜·신메이 카나·배정희(2024). 지방소멸 대응을 위한 사회적기업 사례연구: 일본 (주)시만토드라마를 중심으로.「비판사회정책」, 85: 93-127.
이찬영·문제철(2016). 광주·전남 지역의 연령별·이동지역별 인구이동 결정요인 분석.「산업경제연구」, 29(6): 2239-2266.
이현덕(2025). 장사하기 좋은 동네, 해방촌 10년 분석. 이현덕의 브런치.
이현우·이지호·한영빈(2011). 사회자본(Social Capital) 특성이 지역주의에 미치는 영향: 결속형과 교량형을 중심으로.「한국정치학회보」, 45(2): 149-171.
인구보건복지협회(2022). 지방소멸 체감도 및 우선 지원책.
임석회(2018). 인구감소도시의 유형과 지리적 특성 분석.「국토지리학회지」, 52(1): 65-84.
임조순·양준호(2017). 정치경제학적 도시연구의 동향에 관한 지식사회학적 고찰: 마르크스주의 그리고 제도주의적 도시론의 과거와 현재.「인천학연구」, 1(26): 7-67.
임준형·명성준(2014). 민관 파트너십 중심의 지역개발과 중재집단의 역할-피츠버그 기술센터 브라운필드 재활용 사례를 중심으로. *Korean Journal of Local Government & Administration Studies*, 28(4): 305-325.
장인수·우해봉·임지혜·손호성·박종훈(2020). 지역 인구 변화에 따른 정책 과제와 대응 방안. 서울: 한국보건사회연구원.
장철순(2015). 산업도시의 특성분석 및 정책과제.「국토」, 402: 14-24.
전희정(2022). 제11장. 도시주택. 도시행정의 이론과 실제. 한국도시행정학회 편저. 고양: 대영문화사.
정소양·김현중(2024). 지역사회 계속거주 (Aging in Place) 에 대한 고령자의 인식과 결정요인.「국토연구」, 59-77.
정지훈(2016). 제4차 산업혁명은 도시를 어떻게 변화시킬 것인가.「세계와 도시」, 14: 1-13.
정필립·우명제·남진(2015). 성장기제 이론을 통한 도시성장의 정치경제학적 접근: 전남도청 이전을 둘러싼 성장연합들의 갈등을 중심으로.「국토계획」, 50(4): 5-22.
조영태(2024). 인구는 내 미래를 어떻게 바꾸는가: 내가 디자인하는 삶과 세상. 파주: 김영사.
조영하(2008). 지역사회의 요구에 부응하는 대학의 역할에 관한 연구: 지역혁신을 위한 산학협력 관점에서의 이해.「한국교육」, 35(1): 191-226.
주상현(2023). 지역소멸 대응정책 중요도 분석과 정책적 함의.「지방정부연구」, 26(4): 115-136.
진보정책연구원(2024). 2024년 지역별 거주 선호도 조사. 진보정책연구원.
최경애(2016). 지역공동체 활성화와 사회적 자본형성.「공공사회연구」, 6(4): 76-120.
최기조(2006). 지역발전에 기여하는 사회적 자본의 역할에 대한 실증연구.「한국행정연구」, 17(3): 249-277.
최남희(2015). 새로운 지역개발전략으로서의 회복탄력성의 요소와 인과순환적 원형구조에 관한 연구.「한국 시스템 다이내믹스 연구」, 16(4): 155-178.
최예나(2016). 사회적 자본이 지방정부 신뢰에 미치는 영향 연구: 주민들과 선출직 기관들간 소통의 조절효과를 중심으로.「지방정부연구」, 20(3): 69-88.
토마스 로버트 맬서스 지음. 이서행 옮김(2016).「인구론」. 서울: 동서문화사.
포틀랜드스쿨(2025). Movement C 3차 포럼 후기. 네이버 블로그.
하성규·은난순·곽도(2004). 아파트 공동체 활성화 방안: 수도권 신도시를 중심으로.「주택연구」, 12(2): 139-160.
한광야(2022).「도시의 진화 체계」. 서울: 커뮤니케이션북스.
한국갤럽(2019). 살고 싶은 도시 조사. 한국갤럽데일리오피니언.
한국고용정보원(2024). 한국의 지방소멸.
한국조세재정연구원 공공기관연구센터(2024). 2024년 ㈜강원랜드 수시 맞춤형 경영컨설팅 보고서.
한홍석(2009). 경제발전 전략과 대기업의 성장: 포스코와 중국 보강그룹의 사례를 중심으로.「한중사회과학연구」, 7(13): 67-96.
황두진(2015).「무지개떡 건축」. 서울: 메디치미디어.

국외 문헌

Allen, D. N., & Robertson, G. E. (1983). Silicon, Sensors and Software: Listening to Advanced Technology Enterprises in Pennsylvania. Pennsylvania MILRITE Council.

Andes, S., Horowitz, M., Helwig, R., & Katz, B. (2017). *Capturing the next economy: Pittsburgh's rise as a Global Innovation City*. The Anne T. & Robert M. Bass Initiative on Innovation and Placemaking at Brookings.

Beatley, Timothey (2012). *Green Cities of Europe: Global Lessons on Green Urbanism*. Washington: Island Press.

Bentley, G. C., McCutcheon, P., Cromley, R. G., & Hanink, D. M. (2016). Race, class, unemployment, and housing vacancies in Detroit: An empirical analysis. *Urban Geography*, 37(5): 785-800.

Berry, Brian J. L. & Frank E. Horton. (1970). *Geographic Perspectives on Urban Systems: With Integrated Readings*. Englewood Cliffs, NJ: Prentice-Hall.

Bloom, B. L. (2024). The 20 best cities to live in the world, ranked in a 2024 report. Forbes. https://www.forbes.com/sites/laurabegleybloom/2024/06/26/the-20-best-cities-to-live-in-the-world-ranked-in-a-2024-report/

Bosworth, B. (2011). Expanding certificate programs. *Issues in Science and Technology*, 28(1): 51-57.

Breingan, D. & Bhatt, D. (2025). The Case for Citywide Mandatory Inclusionary Zoning in Pittsburgh.

Brookings Institution. (2017). Capturing the Next Economy: Pittsburgh's Rise as an Innovation City. Metropolitan Policy Program.

Brunel, A. & Burke, M. (2019). Pennsylvania. In *Promoting High Technology Industry* (pp. 191-229). Routledge.

Bukowczyk, J. J. (1984). The Decline and Fall of a Detroit Neighborhood: Poletown vs. G.M. and the City of Detroit, 41 Wash. & Lee L. Rev. 49.

Burgess, Ernest W. (1925). The Growth of the City: An introduction to a Research Project. in Robert E. Park, Ernest W. Burgess, & Roderick D. McKenzie Eds., *The City*, Chicago: University of Chicago Press, 47-62.

Calthorpe, Peter (2013). *Urbanism in the Age of Climate Change*. Washington: Island Press.

Campbell, C. (2014). From Boom to Bust: The Decline of the Mon-River Valley. First Class: A Journal of First-Year Composition, 2015(1). Retrieved from https://dsc.duq.edu/first-class/vol2015/iss1/5

Carter, M., Dillon, N., Gutsche, F., Leidinger, K. P., Otte, J. N., & Signorelli, S. (2023). Population Decline: Detroit's Exodus. In *The Strategic Management of Place at Work: Why, What, How and Where* (pp. 195-210). Cham: Springer Nature Switzerland.

Caves, R. E. (2000). Creative Industries: Contracts between Art and Commerce. Cambridge, MA: Harvard University Press.

Cha, Misook & Eunjoo Cho (2021). *Crisis of Local Extinction and Policy Directions*. Korea Research Institute for Human Settlements.

Chen, S. H., Nasongkhla, J., & Donaldson, J. A. (2015). University social responsibility (USR): Identifying an ethical foundation within higher education institutions. *Turkish Online Journal of Educational Technology-TOJET*, 14(4): 165-172.

Citizens Research Council of Michigan. (2022). Examining Detroit's Vacancy Rate Drop. https://crcmich.org/examining-detroits-vacancy-rate-drop

City of Detroit. (2020). Proposal N. https://detroitmi.gov/departments/housing-and-revitalization-department/strategic-plans-reports-and-data/proposal-n

City of Detroit. (2022). City of Detroit tackles blight removal, blight remediation a priority in executing Mayor Duggan's Blight to Beauty strategy. https://detroitmi.gov/news/city-detroit-tackles-blight-removal-blight-remediation-priority-executing-mayor-duggans-blight#:~:text=The%20City%20of%20Detroit%20blight,of%20properties%20throughout%20the%20city.

City of Pittsburgh, County of Allegheny, University of Pittsburgh, & Carnegie Mellon University. (1985). *Strategy 21: Pittsburgh/Allegheny Economic Development Strategy to Begin the 21st Century: A Proposal to the Commonwealth of Pennsylvania*. Office of the Mayor.

Coulson, N. E. & Leichenko, R. M. (2004). Historic preservation and neighbourhood change. *Urban Studies*, 41(8): 1587-1600.

Coy, R. W. (1983). *Human and R & D Resources for Advanced Technology in Pennsylvania*. Pennsylvania MILRITE Council.

Cugurullo, F., et al. (2023) Artificial Intelligence and the city. Urbanistic perspectives on AI. London: Routledge

Cui, L. & Walsh, R. (2015). Foreclosure, vacancy and crime. *Journal of Urban Economics*, 87: 72-84.

Darden, J. (1990). *Detroit: Race and uneven development*. Temple University Press.

Detroit Blight Removal Task Force (2014). Detroit Blight Removal Task Force Plan. https://s3.documentcloud.org/documents/1173946/detroit-blight-removal-task-force-plan-may-2014.pdf

Detroit Economic Growth Corporation (2023, April 24). Revving up Detroit's entrepreneurial scene: Motor City Match distributes $1.5 million in cash grants to fuel 38 new and established businesses.

Detroit Future City (2012). The Economic Growth Element: The Equitable City. Detroit, MI: Detroit Future City. Retrieved from https://detroitfuturecity.com/wp-content/uploads/2014/02/DFC_EconomicGrowth_2ndEd.pdf

Dreier, P. (1989). Economic growth and economic justice in Boston: Populist housing and jobs policies. *Unequal partnerships: The political economy of urban redevelopment in postwar America*, 35-58.

Dunlop, W. S. (2012). How varying levels of community participation affect brownfield redevelopments: case study comparisons in Pittsburgh, PA, Portland, OR, Dallas, TX, and Fort Worth, TX

Duranton, Gilles, & Diego Puga (2013). The Growth of Cities. in Steven Durlauf and Philippe Aghion Eds. *Handbook of Economic Growth* (Volume 2A) Amsterdam: North Holland, 781-853.

Duranton, Gilles, & Diego Puga (2004). Micro-foundations of Urban Agglomeration Economies. in J. V. Henderson & J. F. Thisse Eds., *Handbook of Regional and Urban Economics* Vol. 4. New York: Elsevier, 2063-2117.

Dutta, U. & Tadi, R. R. (2005). Detroit People Mover: Past, Present and Uncertain Future (?): Lessons Learned. In *Automated People Movers 2005: Moving to Mainstream* (pp. 1-9). American Society of Civil Engineers. https://doi.org/10.1061/40766 (174)26

Elliott, D., Srini, T., Hedman, C., Kooragayala, S., & Lou, C. (2017). Denver and the State of Low-and Middle-Income Housing. *Urban Institute*.

EntryPoint. (2021). Detroit Entrepreneurial Ecosystem Report 2021. https://entrypointmi.com/wp-content/uploads/2021/06/Lo-Res-EntryPoint-2021-Detroit-Entrepreneurial-Ecosystem-Report.pdf

Feloni, R. (2018). Billionaire Dan Gilbert has already bet $5.6 billion on Detroit's future, but money can't solve his biggest challenge. *Business Insider*.

Florida, R. (2002). *The Rise of the Creative Class: And How It's Transforming Work, Leisure, Community and Everyday Life*. New York: Basic Books.

Florida, R. (2017). *The New Urban Crisis: How Our Cities Are Increasing Inequality, Deepening

Segregation, and Failing the Middle Class. New York: Basic Books.
Foote, A. (2015). Decomposing the effect of crime on population changes. *Demography*, 52: 705-728.
Glaeser, Edward (2012). *Triumph of the City: How Our Greatest Invention Makes Us Richer, Smarter, Greener, Healthier, and Happier*. New York: Penguin Books.
Gleeson, R. E. & Paytas, J. (2005). Pittsburgh: Economic Restructuring and Regional Development Patterns, 1880-2000. In R. Bingham & R. Mier (Eds.), *Theories of Local Economic Development: Linking Theory to Practice* (pp. 159-184). Newbury Park, CA: Sage Publications.
Godschalk, D. R. (2004). Land use planning challenges: Coping with conflicts in visions of sustainable development. Journal of the American Planning Association, 70(1): 5-13.
Hackworth, J. (2014). The limits to market-based strategies for addressing land abandonment in shrinking American cities. *Progress in Planning*, 90: 1-37.
Hall, Peter (2002). *Urban and Regional Planning*. 4th Edition. London: Routledge.
Haller, W. (2005). Industrial Restructuring and Urban Change in the Pittsburgh Region: Developmental, Ecological, and Socioeconomic Tradeoffs. *Ecology and Society*, 10(1): 13, 1-29.
Hansen, S. B., Ban, C., & Huggins, L. (2003). Explaining the "Brain Drain" from Older Industrial Cities: The Pittsburgh Region. *Economic Development Quarterly*, 17(3): 207-220.
Harris, Chauncy D. & Edward L. Ullman (1945). The Nature of Cities. *Annals of the American Academy of Political and Social Science*, 242: 7-17.
Herath, H. M. K. K. M. B. & Mittal, M. (2022). Adoption of artificial intelligence in smart cities: A comprehensive review. *International Journal of Information Management Data Insights*, 2(1): 100076.
Hershberg, T. & Green, C. M. (1993). Steel City Gospel: Protestant Laity and Reform in Progressive-Era Pittsburgh. In T. Hershberg (Ed.), *Philadelphia: Work, Space, Family, and Group Experience in the Nineteenth Century* (pp. 217-244). Oxford University Press.
Hoyt, Homer (1939). *The Structure and Growth of Residential Neighborhoods in American Cities*. Washington, D.C.: Federal Housing Administration.
InnovatePGH (2017). Oakland Innovation District Plan. Supported by the Heinz Endowments and Brookings Institution.
Innovation Works (2025). Investment in Pittsburgh's technology sector. https://pub1.ey.com/2024/2412/2412-11211-cs/innovation-works-report/index.html#reports.
Jacobs, J. (1961). *The Death and Life of Great American Cities*. New York: Random House.
Jacobs, J. (1992). *The Death and Life of Great American Cities*. New York: Vintage.
Jun, H. J. & Ha, S. K. (2015). Social capital and assimilation of migrant workers and foreign wives in South Korea: The case of Wongok community. *Habitat International*, 47: 126-135.
Kerns-D'Amore (2023). Change in Marital Status Became More Common Reason for Moving from 2021 to 2022, Housing/Neighborhood Improvement Reasons Declined. U.S. Census Bureau. https://www.census.gov/library/stories/2023/09/why-people-move.html
Khater, S. & Yao, K. (2022). In Pursuit of Affordable Housing: The Migration of Homebuyers Within the US-Before and After the Pandemic. *Tysons Corner, VA: Freddie Mac*.
Kitchin, Rob (2014). Making Sense of Smart Cities: Addressing Present Shortcomings. *Cambridge Journal of Regions Economy and Society*, 8(1): 131-136.
Kreuzer, L., Becher, H., & Hanson, G. H. (2023). Regional Structural Policy in Pittsburgh and the Ruhr. Chicago Council on Global Affairs.
Lafitte, F. (1941). The economic effects of a declining population. *The Eugenics Review*, 32(4): 121.
Landry, C. (2000). *The Creative City: A Toolkit for Urban Innovators*. London: Earthscan.
League, P. E. (2009). The Economic Impact of the Ben Franklin Technology Partners, 2002-2006.
Lerner, Jaime (2016). *Urban Acupuncture*. Washington, DC: Island Press.

Levy, F. (2010). America's most livable cities. Forbes. https://www.forbes.com/2010/04/29/cities-livable-pittsburgh-lifestyle-real-estate-top-ten-jobs-crime-income.html

Li, X., Yang, H., Li, W., & Chen, Z. (2016). Public-private partnership in residential brownfield redevelopment: case studies of Pittsburgh. *Procedia Engineering*, 145: 1534-1540.

Lima, M. Francisca, & Mark R. Eischeid (2017). Shrinking Cities: Rethinking Landscape in Depopulating Urban Contexts. *Landscape ReseaRch*, 42(7): 691-698.

Lioudis, N. (2019). The collapse of Lehman Brothers: A case study. *Journal of investment banking*, 11(1): 34-36.

Lubove, R. (1995). *Twentieth-Century Pittsburgh: The Post-Steel Era*, University of Pittsburgh Press.

Madison, M. J. (2012). Contrasts in innovation: Pittsburgh then and now. In *Entrepreneurship and Innovation in Evolving Economies*. Edward Elgar Publishing.

Mallach, A. (2018). The Divided City: Poverty and Prosperity in Urban America. Island Press.

Mallach, A. (2018). The Other Postindustrial America: Small Cities, Mill Towns, and Struggling Suburbs. In *The Divided City*. Washington, DC.: Island Press. https://doi.org/10.5822/978-1-61091-782-7_8

Manson, S., Schroeder, J., Van Riper, D., Knowles, K., Kugler, T., Roberts, F., & Ruggles, S. (2024). IPUMS National Historical Geographic Information System: Version 19.0 [Dataset]. IPUMS. https://doi.org/10.18128/D050.V19.0

Mark Roseland (1997). Dimensions of the Eco-City. *Cities*, 14(4): 197-202.

Marshall, Alfred (1890). *Principles of Economics*. London: Macmillan.

Massey, Doreen. (1995). *Spatial Divisions of Labour: Social Structures and the Geography of Production*. New York: Bloomsbury Publishing.

McDonough, William, & Michael Braungart (2002). *Cradle to Cradle: Remaking the Way We Make Things*. New York: North Point Press.

Mitchell-Weaver, C. (1992). The post-industrial revitalization of Pittsburgh: myths and evidence. *Urban Studies*, 29(6): 893-915.

Morgan, J. (2017). South Korean universities lead way on industry collaboration. The Times Higher Education. https://www.timeshighereducation.com/

MPC Corporation. (1983). *Western Pennsylvania Advanced Technology Center: Ben Franklin Partnership Program Renewal Proposal*, Pittsburgh.

Myrdal, Gunnar (1957). *Economic Theory and Underdeveloped Regions*. London: Duckworth.

Notestein, Frank W. (1945). Population: The long view. in Theodore W. Schultz Eds., *Food for the World*, Chicago: University of Chicago Press, 36-57.

NUMBEO (2025). Cost of Living in the United States. https://www.numbeo.com/cost-of-living/country_result.jsp?country=United+States

Orr, M. E. & Stoker, G. (1994). Urban regimes and leadership in Detroit. *Urban Affairs Quarterly*, 30(1): 48-73.

Pennsylvania Department of Commerce. (1983). *Notice of Program Opportunity for the Ben Franklin Challenge Grant Program for Technological Innovation*. Department of Commerce, Commonwealth of Pennsylvania.

Perroux, François (1950). Economic Space: Theory and applications. *Quarterly Journal of Economics*, 64(1): 89-104.

Rachel Sugrue, T. (2012, October). Motor City: The Story of Detroit. https://ap.gilderlehrman.org/history-by-era/politics-reform/essays/motor-city-story-detroit

Raworth, Kate (2018). *Doughnut Economics: Seven Ways to Think Like a 21st-Century Economist*. London: Chelsea Green.

Rink, Dieter (2009). Wilderness: The Nature of Urban Shrinkage? The Debate on Urban Restructuring

and Restoration in Eastern Germany. *Nature and Culture*, 4(3): 275-292.
Robertson, G. E. & Allen, D. N. (1986). From kites to computers: Pennsylvania's Ben Franklin partnership. *Technovation*, 4(1): 29-43.
Rogers, L. & Wilder, K. (2022). Domestic Migration Plays Larger Role in Population Growth of Many Counties in Recent Years. *CENSUS Bureau*. https://www.census.gov/library/stories/2022/03/what-has-driven-population-change-in-united-states-counties.html
Sands, G. (2003). Michigan's Renaissance Zones: Eliminating Taxes to Attract Investment and Jobs in Distressed Communities. *Environment and Planning C*, 21(5): 719-734.
Saunders, P. (2018). Detroit, five years after bankruptcy. Forbes. Retrieved September, 19, 2022.
Schmenner, R. W. (1982). *Making business location decisions*. Englewood Cliffs, NJ: Prentice Hall.
Scott, A. J. (2000). *The Cultural Economy of Cities: Essays on the Geography of Image-Producing Industries*. London: Sage.
Sharp, Thomas (1932). *Town and Countryside: Some Aspects of Urban and Rural Development*. Oxford: Oxford University Press.
Shevky, Eshref, & Wendell Bell (1955). *Social Area Analysis: Theory, Illustrative Application and Computational Procedures*. Stanford, CA: Stanford University Press.
Somerstein, R. (2009). Can PPPs Save Detroit? Next City. https://nextcity.org/urbanist-news/can-ppps-save-detroit
Srivastava, S. (2023). The Role of Public-Private Partnerships in Downtown Detroit's Revitalization. SPUR. https://www.spur.org/news/2023-08-01/role-public-private-partnerships-downtown-detroits-revitalization
Startup Genome. (2022). Rankings 2022: Top 100 Emerging Ecosystems. Retired from https://startupgenome.com/article/rankings-2022-top-100-emerging-ecosystems.
Steven, Manson., Jonathan, Schroeder., David Van Riper., Katherine, Knowles., Tracy, Kugler., Finn, Roberts., & Steven, Ruggles (2024). IPUMS National Historical Geographic Information System: Version 19.0 [dataset]. Minneapolis, MN: IPUMS. 2024. http://doi.org/10.18128/D050.V19.0
Synder, L. (2024). CMU and NVIDIA to Lead Joint Research Center for Robotics, Autonomy & AI. Carnegie Mellon University. https://www.cmu.edu/news/stories/archives/2024/october/cmu-and-nvidia-to-lead-joint-research-center-for-robotics-autonomy-ai#:~:text=With%20strong%20institutions%20like%20NVIDIA,this%20transition%2C%22%20said%20Jahanian.
Tarr, J. A. (Ed.). (2011). *Devastation and Renewal: An Environmental History of Pittsburgh and Its Region*. University of Pittsburgh Press.
Tarr, J. A. & Muller, E. K. (2008). Pittsburgh's three rivers: From industrial infrastructure to environmental asset. In C. Mauch & T. Zeller (Eds.), *Rivers in history: Perspectives on waterways in Europe and North America* (pp. 41-61). University of Pittsburgh Press.
Tatian, P. A., Ramos, K., & Samuels, G. (2023). Promoting Affordable Housing Partnerships in Nashville.
The City of Detroit. (2020). Proposal N. The City of Detroit. https://detroitmi.gov/departments/housing-and-revitalization-department/strategic-plans-reports-and-data/proposal-n
Thompson, Warren. S. (1929). Population. *American Journal of Sociology*, 34(6): 959-975.
U.S. Census Bureau (2023). Age and Sex (Table S0101), Detroit, 2023 American Community Survey 1-Year Estimates, https://data.census.gov/table/ACSST1Y2023.S0101?g=160XX00US2622000&y=2023, accessed on 1 April 2025.
U.S. Census Bureau (2023). Age and Sex (Table S0101), Pittsburgh, 2023 American Community Survey 1-Year Estimates, https://data.census.gov/table/ACSST1Y2023.S0101?g=160XX00US4261000&y=2023, accessed on 1 April 2025.
U.S. General Accounting Office (1983). *The Federal Role in Fostering University-Industry Cooperation*.

Washington, D.C.: U.S. Government Printing Office: 1.
University of Pittsburgh (2000, June). Pittsburgh Economic Quarterly: June 2000. University Center for Social and Urban Research. https://ucsur.pitt.edu/sites/default/files/PEQ/peq_2000-06.pdf
USDA (2019). Components of Population Change. USDA Economic Research Service. https://www.ers.usda.gov/topics/rural-economy-population/population-migration/components-of-population-change/
Venkatu, G. (2018). Rust and Renewal: A Pittsburgh Retrospective. *Industrial Heartland Series*.
Weiss, M. A. & Metzger, J. T. (1987). Technology development, neighborhood planning, and negotiated partnerships: The case of Pittsburgh's Oakland neighborhood. *Journal of the American Planning Association*, 53(4): 469–477.
Westropp, J. C. (1996). The Pittsburgh Supercomputing Center, in IEEE Computational Science and Engineering, 3(1): 8–12. 10.1109/99.486755.
Wheeler, Stephen M. Eds. (2022). *The Sustainable Urban Development Reader*. 4th Edition. London: Routledge.
Wileden, L. (2022). Employment Dynamics in Detroit. Detroit Metro Area Communities Study, University of Michigan. https://detroitsurvey.umich.edu/wp-content/uploads/2022/11/DMACS-Employment-Dynamics-11-22-Rev-1.pdf
Zhang et al. (2019) City brain: practice of large-scale artificial intelligence in the real world, *IET Smart Cities*, 28–37
Zonta, M. (2020). Expanding the Supply of Affordable Housing for Low-Wage Workers. *Center for American Progress*.

연구보고서

강민영·박도휘·이시언(2023). 내일의 도시: 또 한번의 진화를 앞둔 스마트시티, 삼정KPMG 경제연구원.
김소미(2022). 주요국 인공지능(AI) 거버넌스 분석(하), 한국지능정보사회진흥원.
김정곤·이삼수·이상준·임주호·황규홍·이성희(2015). 창조경제 실현을 위한 도시재생 모델 연구. 대전: 한국토지주택공사 토지주택연구원.
녹색기술센터(2014). 기후변화대응을 위한 창조적 녹색도시 협력체계 연구. 연구보고서.
서울대학교 환경대학원 도시계획연구실.「도시 내 위계와 주거지 분화」.
서울연구원.「도시 브랜드 전략과 지역 공동체 회복 정책」. 연구보고서.
서울특별시 도시재생본부.「강남구 반포주공1단지 재건축 사례분석 보고서」.
이상호·서룡·박선미·황규성·김필(2021). 지방소멸 위기 극복을 위한 지역 일자리 사례와 모델. 한국고용정보원.
이세원·유재성·이기훈·정예진(2023). 도시 AI(Urban AI) 구현을 위한 정책과제 연구, 수시23-15. 국토연구원.
이세원·유재성·이기훈·정예진(2024). 도시 AI구현을 위한 정책적 시사점, 국토정책 Brief, No. 949.
이은석·김성준·지석환(2023). 기후위기 대응력 강화를 위한 탄소중립도시 종합계획 수립 방안 연구. 세종: 건축공간연구원.
이정찬·박종순·안승만·조만석·성선용·이유진·임인혁·서정석(2020). 친환경·에너지 전환도시를 위한 그린 뉴딜 추진 방안 연구. 세종: 국토연구원.
임희지·양은정(2023). 전환시대 주거경쟁력 강화 위한 서울시 주거정책 발전방향. 서울연구원 정책과제연구보고서, 1–81.
중소기업기술정보진흥원(2018). 중소기업 전략기술로드맵 2019-2021 스마트시티부문.
포항시청.「2030 포항 도시기본계획」.
포항테크노파크.「입주기업 및 R&D 현황 브로슈어」.
한국건설산업연구원.「재개발 조합 설립 및 주민 참여형 모델 사례집」.
한국교육개발원.「교육 인프라와 지역 정주인구 상관관계 연구」.

한국사회보장정보원(2024). 빅데이터 AI 활용으로 복지 사각지대 해소에 최선 다하겠다. 복지저널 8호
한국은행 포항본부(2021). 철강산업의 다각화와 고도화 전략: 포항을 중심으로. 한국은행 지역연구보고서.
한국은행 포항본부(2024). 포항지역 이차전지 소재 산업 동향 및 美 인플레이션 감축법 (IRA)이 동 산업에 미치는 영향. 한국은행 지역조사연구자료.
한국지방행정연구원. 「지방 중소도시의 인구 유입 전략과 주거환경 개선 방안」.
Catalyst (2024). UNICEF is Using AI to Detect Malnourishment in Children, International Development News, retrieved from https://catalystmcgill.com/unicef-is-using-ai-to-detect-malnourishment-in-children/
Deloitte (2021). Urban Future With a Purpose: 12 trends shaping the future of cities by 2030, Deloitte insights.
Fireraven (2024) How Singapore became the World's first super-smart city, retrieved from https://www.fireraven.ai/blog/posts/Singapore-the-World%E2%80%99s-First-Super-Intelligent-City
Infrastructure Global (2023). Singapore's digital twin – from science fiction to hi-tech reality Singapore's digital twin retrieved from https://infra.global/singapores-digital-twin-from-science-fiction-to-hi-tech-reality/
LH공사. 『스마트시티 조성지침 및 커뮤니티 기반 주거단지 개발 전략』.
Marta Galceran-Vercher (2024). Mapping urban artificial intelligence: first report of GOUAI's Atlas of Urban AI, CIDOB briefings, 56, retrieved from https://www.cidob.org/en/publications/mapping-urban-artificial-intelligence-first-report-gouais-atlas-urban-ai
OPSI (2024). Case Study Library: Virtual Singapore – Singapore's virtual twin retrieved from https://oecd-opsi.org/innovations/virtual-twin-singapore/
Popelka, S. et al. (2023) Urban AI Guide 2023. Urban AI.
UN. (2019). 글로벌 지속가능발전 보고서.

정부·공공기관·국제기구자료

국토교통부(2021). 미래를 준비하는 핀란드 AI산업, 해외 스마트도시 소식 retrieved from https://smartcity.go.kr/2021/02/02/%EB%AF%B8%EB%9E%98%EB%A5%BC-%EC%A4%80%EB%B9%84%ED%95%98%EB%8A%94-%ED%95%80%EB%9E%80%EB%93%9C-ai-%EC%82%B0%EC%97%85/
국토교통부(2022). 신축 아파트, 40년 된 아파트보다 에너지 23% 절감, 대한민국 정책브리핑, 2022.05.31. https://www.korea.kr/news/policyNewsView.do?newsId=148902123. 2025년 05월 접근.
국토교통부(2023a). 「2022년도 주거실태조사」 결과 발표. 보도자료.
국토교통부(2023b). 「제1차 국가 탄소중립·녹색성장 기본계획」.
국토교통부(2024a). 「2023년도 주거실태조사」 결과. 보도자료.
국토교통부(2024b). 「제3차 장기 주거종합계획」.
디지털플랫폼정부위원회(2024). 공공부문 초거대 AI 도입·활용을 위한 가이드라인. 디지털플랫폼정부위원회.
탄소중립녹생성장위원회(2023). 「탄소중립·녹색성장 국가전략 및 제1차 기본계획」.
태안군(2023). 2023년 일자리대책 연차별 세부계획.
통계청 서산사무소 보도자료(2020). 최근 10년간 고령인구 통계(서산, 당진, 태안), p9-12.
포항시(2015). 2014~2015 시정백서. 포항시청. Retrieved from https://www.pohang.go.kr/portal/frame/ebookWhitepaperAdministration.do?mid=0404030100&token=1748785974110
포항시(2018). 2016~2018 시정백서. 포항시청. Retrieved from https://www.pohang.go.kr/portal/frame/ebookWhitepaperAdministration.do?mid=0404030100&token=1748785974110

포항시(2019). 2018~2019 시정백서. 포항시청. Retrieved from https://www.pohang.go.kr/portal/frame/ebookWhitepaperAdministration.do?mid=0404030100&token=1748785974110
포항시(2022). 시정백서(2020.01~2022.06). 포항시청. Retrieved from https://www.pohang.go.kr/portal/frame/ebookWhitepaperAdministration.do?mid=0404030100&token=1748785974110
포항시(2024). 2022~2024 시정백서. 포항시청. Retrieved from https://www.pohang.go.kr/portal/frame/ebookWhitepaperAdministration.do?mid=0404030100&token=1748785974110
포항시(2024). 2025년 포항시 주요업무계획. Retrieved from https://www.pohang.go.kr/portal/frame/ebookWhitepaperAdministration.do?mid=0404030100&token=1748785974110
한국소비자원(2022). 2021년 고령자 위해정보 동향 분석.
행정안전부(2017). 보도자료 "포항 지진피해 복구비 1,445억원 확정". Retrieved from https://www.mois.go.kr/frt/bbs/type010/commonSelectBoardArticle.do?bbsId=BBSMSTR_000000000008&nttId=60882
행정안전부(2024). 3년 이상 자립한 청년마을 14곳 등장. 보도자료.
행정안전부(2024). 지방소멸대응기금 배분기준 고시.
IPCC (2022). Sixth Assessment Report. 출처: https://www.ipcc.ch/assessment-report/ar6/. 2025년 6월 1일 19시 15분 접속.
UN DESA (2022). World Population Prospects 2022. New York: UN.
UN (2015). Sustainable Development Goals. 출처: https://sdgs.un.org/goals. 2025년 6월 1일 19시 16분 접속.
UN-Habitat (2020). World Cities Report: The Value of Sustainable Urbanization. 출처: chrome-extension://efaidnbmnnnibpcajpcglclefindmkaj/https://unhabitat.org/sites/default/files/2020/10/wcr_2020_report.pdf. 2025년 6월 1일 19시 51분 검색.
World Bank (2020). Urban Development Overview. World Bank Publications.

통계자료

https://kosis.kr/visual/eRegionJipyo/regionJipyo/eRegionJipyoRegionJipyoView.do
KOSIS. 국가통계포털 주민등록인구현황, 행정구역(시군구)별/1세별 주민등록인구
KOSIS (2024). 인구주택총조사. https://kosis.kr/index/index.do, 2025년 05월 접근.
경상북도(2024). 경상북도 시군 장래인구추계: 2022-2024. https://www.gb.go.kr/Sub/open_contents/section/datastat/page.do?mnu_uid=7883&dept_code=&dept_name=&BD_CODE=sigun_stat&bdName=&cmd=2&Start=0&B_NUM=260419501&B_STEP=260419500&B_LEVEL=0&key=0&word=&p1=0&p2=0&V_NUM=5&tbbscode1=sigun_stat
광주광역시도시재생공동체센터(2024). https://www.gurcc.or.kr/index.php. 2025년 05월 접근.
국민은행 KB부동산 리브온.「지역별 아파트 시세 및 거래량 리포트」.
마이홈포털(2025). https://www.myhome.go.kr/hws/portal/main/getMgtMainHubPage.do. 2025년 05월 접근.
충청북도청. 통계정보시스템, 2022년 기준 시군단위 지역내총생산 추계결과, https://www.chungbuk.go.kr/stat/selectBbsNttView.do?key=1411&bbsNo=186&nttNo=302591&searchCtgry=&searchCnd=all&searchKrwd=&pageIndex=1
충청북도청. 통계정보시스템, 2025년 3월말 주민등록인구통계, https://www.chungbuk.go.kr/stat/selectBbsNttView.do?key=1406&bbsNo=181&nttNo=306423&searchCtgry=&searchCnd=all&searchKrwd=&pageIndex=1
통계청(2025). 상권별 소규모 상가 공실률 (분기 2024 3/4~2024 4/4). https://kosis.kr/statHtml/statHtml.do?sso=ok&returnurl=https%3A%2F%2Fkosis.kr%3A443%2FstatHtml%2FstatHtml.do%3FtblId%3DDT_40801_N220201%26orgId%3D408%26

통계청(2025). 상권별 중대형 상가 공실률 (분기 2024 3/4~2024 4/4). https://kosis.kr/statHtml/statHtml.do?sso=ok&returnurl=https%3A%2F%2Fkosis.kr%3A443%2FstatHtml%2FstatHtml.do%3FtblId%3DDT_40801_N220201%26orgId%3D408%26

통계청. e-지방지표, "충북"

통계청. 국가통계포털, "지역통계", 출처: https://kosis.kr/statisticsList/statisticsListIndex.do?parentId=V.1&vwcd=MT_ZTITLE&menuId=M_01_01

통계청. 『장래인구추계(시도·시군구 기준)』.

포항시청(2025). 포항시 주요 사업 현황. https://www.pohang.go.kr/portal/contents.do?mid=0407020000

포항창조경제혁신센터(2025). https://ccei.creativekorea.or.kr/pohang/

포항철강산업 단지 관리공단(2025). 고용 현황. http://www.phsic.or.kr/www/area/employ.html

포항철강산업 단지 관리공단(2025). 생산 및 수출 현황. http://www.phsic.or.kr/www/area/production.html

한국고용정보원. 한국고용정보원 누리집, "지방소멸위험지수 원시자료(2024)", https://www.keis.or.kr/keis/ko/bbs/145/detail.do?pstSn=63579&pageIndex=1&pageItm=10&searchOrderSort=0&searchGbn=0

한국부동산원(2025). 전국주택가격동향조사 (월간) 시계열통계표. https://www.reb.or.kr/r-one/portal/bbs/rpt/selectBulletinPage.do

한국부동산원. 「포항시 지곡·양덕·효자지구 아파트 시세 자료」.

언론 보도

강찬수. 한국 주거건물 온실가스 증가, 1인 가구 확산이 주도, ESG경제, 2025.04.06. https://www.esgeconomy.com/news/articleView.html?idxno=10690. 2025년 05월 접근.

경북매일신문(2016). 김천혁신도시 드림모아 프로젝트 경북 미래 밝힌다. 출처: https://www.kbmaeil.com/387393.

경북신문(2024). 제3회 전국 대학생 UAM 올림피아드 김천 드론자격센터서 열려. 출처: https://www.kbsm.net/news/view.php?idx=452134.

국토일보(2023). 한국교통안전공단, 튜닝안전기술원 준공식 성료. 출처: https://www.ikld.kr/news/articleView.html?idxno=286072.

권종일(2021). 뉴데일리경제, 서부발전, 태안보건의료원에 응급의료 전문인력 운영기금 22억 전달. 출처: https://biz.newdaily.co.kr/site/data/html/2021/04/14/2021041400168.html.

김병욱(2016). 투데이에너지, 서부발전, 의료보건 복지 증진'앞장', 출처: https://www.todayenergy.kr/news/articleView.html?idxno=115123.

김보경. 인제군 청년 농촌보금자리 조성사업 선정, 강원일보, 2024.03.05. https://www.kwnews.co.kr/page/view/2024030410382067578. 2025년 05월 접근.

김정기 기자. "2차 공공기관 이전 최적지 '충북혁신도시'", 「중부매일」, 2025.1.30. 출처: https://www.jbnews.com/news/articleView.html?idxno=1465311.

김태희. 텅텅 비고 허허벌판…공공기관뿐인 도시에 '정착'할 삶은 없다, 경향신문, 2022.05.03. https://www.khan.co.kr/article/202205032204005. 2025년 05월 접근.

매일경제. 한국경제, 조선일보 부동산 섹션. (2022~2024년 기사).

매일경제. (2025.03.26). 코로나 때가 더 나았어요…쓰러지기 직전 韓산업, 일선현장은 더 우울. https://www.mk.co.kr/news/economy/11273555

매일신문(2022). 한국교통안전공단, 첨단자동차검사연구센터 견학 프로그램 실시. 출처: https://www.imaeil.com/page/view/2022051211420459647.

매일신문(2025). 한국교통안전공단, 김천혁신도시 이전 10년 지역 상생의 새 역사를 쓰다. 출처: https://www.imaeil.com/page/view/2025010611355904154.

박로명. 2028년엔 수선비만 1.7조 원 전망, LH 공공주택 임대료 현실화해야, 헤럴드경제, 2025.01.16. https://

biz.heraldcorp.com/article/10400228?ref=naver. 2025년 05월 접근.

방인상(2023). 태안미래신문, 태안군 인구소멸 고위험 경고 어떻게 극복할 것인가? 출처: https://www.tanews.co.kr/news/articleView.html?idxno=21636.

송고. 정선 고한 마을 호텔 18번가 개소, 폐광지 도시재생 미래, 연합뉴스, 2020.05.19. https://www.yna.co.kr/view/AKR20200519153300062. 2025년 05월 접근.

안창현(2025). 포항시·포스텍, 청년 창업거점 조성 업무협약 체결. 국민일보. https://www.kmib.co.kr/article/view.asp?arcid=0027967351

안혜주 기자. 「공공기관 이전, 충북혁신도시 경제성장 이끌었다」, 충북일보, 2024.2.5., 출처: https://www.inews365.com/news/article_print.html?no=800483.

연합뉴스(2021). 세계 167개 도시 중 상위 25곳서 온실가스 52% 배출 집중 2021.7.12. retrieved from https://www.yna.co.kr/view/AKR20210712036500009

연합뉴스(2025). 빈살만 승부수, 네옴시티에 AI 데이터센터 들어선다. 2025.02.12. retrieved from https://www.yna.co.kr/view/AKR20250212060900009

이영채(2023). 신아일보, 태안군, 인구증가 1등 공신 서부발전 본사 이전. 출처: https://www.shinailbo.co.kr/news/articleView.html?idxno=1717822.

이정택(2023). 포항시 인구 감소율 도내 2위…50만명 붕괴, 특단의 대책 필요하다. 영암경제신문. https://www.ynenews.kr/news/articleView.html?idxno=37710

전홍식(2016). 생태도시의 조성과 도시의 미래. 충주신문 2016년 8월 20일. 출처: https://www.cjwn.com/29874. 2025년 5월 29일 19시 05분 검색.

조선비즈(2016, March 30). 철강도시의 상상력.

철강금속신문(2025.04.01). [포스코특집①] 포스코, 기술로 위기를 넘다… '7대 미래혁신'으로 초일류 도약. http://www.snmnews.com/news/articleView.html?idxno=550204

최인수(2024). 에너지신문, LNG발전소 이전, 충남 태안 어쩌나…지역경제파급. 출처: https://www.energy-news.co.kr/news/articleView.html?idxno=202999.

한경(2025.03.27.). 포스코, 철강위기에도 대규모 미래 투자… 단단한 지역 사랑. https://www.hankyung.com/article/2025032720031

New York Times (2019, December 20). Five Places to Visit in Stockholm.

Schneider, M. (2024, November 16). Going downtown or to the 'burbs? Nope. The exurbs are where people are moving. AP News.

웹사이트

European Commission. European Green Deal. 출처: https://commission.europa.eu/strategy-and-policy/priorities-2019-2024/european-green-deal_en. 2025년 6월 1일 20시 00분 검색.

FutureBuilt. FutureBuilt Vision and Projects. 출처: https://www.futurebuilt.no/. 2025년 6월 1일 19시 45분 검색.

OECD. Green Growth in Cities. 출처: https://www.oecd.org/en/about/projects/green-growth-in-cities.html. 2025년 6월 1일 20시 07분 검색.

Smart Cities World. 출처: https://www.smartcitiesworld.net/trend-reports/cities-climate-action-report-2022. 2025년 6월 1일 20시 07분 검색.

Smart Nation Singapore. 출처: https://www.smartnation.gov.sg/. 2025년 6월 1일 19시 48분 검색.

Future Mobility Finland: https://futuremobilityfinland.fi/vision/mobility-as-a-service/.

Virtual Singapore Official Portal. https://www.nrf.gov.sg.

저자 소개

노승용
서울여자대학교 행정학과 교수
행정학 박사, Rutgers, the State University of New Jersey, Newark
2025년 한국정책학회 부회장
2025년 행정안전부 지방공기업 경영평가단 단장
2015년 Visiting Scholar, University of Exeter

경국현
성균관대학교 경영전문대학원 겸임교수 겸 ㈜탑스리얼티 대표이사
한성대학교 부동산대학원 박사졸업
前 한국상가권리금연구소 소장
前 매경부동산자산관리사 시험출제위원

고영석
한국교통안전공단 기획조정실 ESG경영처 과장
학사, 상명대학교 금융경영학

김수현
한국원자력환경공단 대외협력팀 차장
학사, 서강대학교 경제학
한국원자력환경공단 재무팀(회계/계약/보수)
한국원자력환경공단 감사실(공직기강/윤리경영/자체감사)

김시은
한국남동발전(주) 동반상생처 상생협력부 차장
법학사, 중앙대학교 법과대학 법학과
한국남동발전(주) 동반성장처 일자리창출부
한국남동발전(주) 삼천포발전본부

김응수
국민연금공단 경영지원실 ESG경영부장
경영학사, 부산대학교
2023년 국민연금공단 동울산지사장
2022년 국민연금공단 가입지원실 자격관리부장
2021년 국민연금공단 기획조정실 경영혁신 차장

김중연
(주)강원랜드 성과혁신팀 과장
경영학 석사, 서강대학교 경영전문대학원
2023년 ISO 37001·37301 강원랜드 내부심사원

남윤우
미국 네브라스카 대학 도시 및 지역계획학과 교수
도시 및 지역계획학 박사, University of Pennsylvania
2025년 네브라스카 주지사 직속 정책위원회 이사
2025년 미국 도시 및 지역계획학회 (ACSP) 국제교육 위원회

박정원
한국가스안전공사 성과평가부장
학사, 연세대학교 중어중문학과

박형준
성균관대학과 행정학과. 국정전문대학원 교수
행정학 박사, Florida State University
2025년 한국정책학회 회장
2025년 지방시대위원회 위원
2025년 인문사회융합인재양성단(인구구조컨소시엄) 주관대학 사업단장

오승은
제주대학교 행정학과 교수
행정학 박사, 연세대학교 사회과학대학 행정학과
2025년 한국지방자치학회 상임이사
2024년 한국국정관리학회 회장
2023년 한국정책학회 연구부회장

이성윤
서울여자대학교 행정학과 조교수
행정학 박사, State University of New York(SUNY) at Albany
2025년도 한국행정학회 편집위원회 편집위원
2025년도 한국국정관리학회 빅데이터 행정위원회 위원장
2024년도 국토교통부 기타공공기관 경영평가 위원

이양희
한국서부발전(주) 상생협력처 사회공헌부장
석사, 성균관대학교 경영대학원
한국서부발전(주) 평택발전본부 총무부장, 노무상생부장

이재철
한전KPS 경영혁신처장
경영학 석사, 서울대학교 경영학과
한전KPS 기획처 전략기획실장
한전KPS 인재개발원 교육기획실장
한전KPS 인사노무처 인사실장

- 저자 소개

이종섭
서울대학교 경영대학 교수
경영학 박사, Stern School of Business, New York University
University of Florida, Warrington 경영대학 교수
서울대학교 AI 연구원 겸무교수
기획재정부 재정정책 자문위원

이지영
박사후 연구원(Postdoctoral Researcher), University of Nebraska-Lincoln, Nebraska
지리학 박사, Louisiana State University, Louisiana
2017년 국가공간정보 개방 민간 자문위원단 위원

전희정
성균관대학교 행정학과 교수
도시 및 지역계획학 박사, Ohio State University
2025년 한국지역학회 학술위원장
2014~2015년 미국 Eastern Michigan University 지리학과 조교수
2010~2014년 미국 University of West Georgia 정치 및 계획학과 조교수

최익순
지리학 박사후보생, University of Nebraska-Lincoln, Nebraska
PhD Candidate, University of Nebraska-Lincoln, Nebraska
경영학 석사(MBA), Bellevue University, Nebraska
1991-2020, 육군

황은진
제주대학교 행정학과 조교수
행정학 박사, University of Gerogia
제주도청 정보공개심의위원
한국행정연구원 초청연구위원
서울대학교 국가경쟁력센터 전임연구원

Reimagining the Future of K-Cities

K-도시의 미래를 새롭게 상상하다

다시 뛰는 포항, 함께 크는 지역